Droit pénal du travail camerounais

Paul-Gérard POUGOUÉ
Monique Aimée MOUTHIEU NJANDEU

Droit pénal du travail camerounais

L'Harmattan
Cameroun

5-7, rue de l'Ecole-Polytechnique, 75005 Paris

http://www.editions-harmattan.fr

ISBN : 978-2-336-41930-5
EAN : 9782336419305

Des mêmes auteurs

A. Paul-Gérard POUGOUÉ

1. *Précis de droit du Travail et de la Prévoyance au Cameroun,* tome 1, Rescue Afrique et Presses Universitaires du Cameroun 1988, 333 pages.
2. *Droits de l'Homme en Afrique Centrale* (en Codirection avec D. Maugenest), Karthala, Paris, 1996, 282 pages.
3. *Code Camerounais de 1992 annoté,* PUC, Yaoundé, 1997, 540 pages.
4. *Traité et textes OHADA commentés et annotés* (en codirection avec J. ISSA SAYEGH et M. FILIGA SAWADOGO) Juriscope, Poitiers, 1999.
5. *Droit des Sociétés Commerciales et du groupement d'intérêt économique OHADA,* P.U.A, Yaoundé, 1998,638p (en collaboration avec Mme NGUEBOU TOUKAM et F. ANOUKAHA).
6. *OHADA : présentation générale et procédure,* PUA, Yaoundé, 1998, 90 pages.
7. *L'organisation des Procédures Collectives d'apurement du passif OHADA,* PUA, Yaoundé (collaboration avec Kalieu Yvette).
8. *Droit de l'arbitrage dans l'espace OHADA,* PUA Yaoundé, 2000, 506 pages. (en collaboration avec J. M. TCHAKOUA et A. FENEON.
9. *Sociétés commerciales et GIE* (sous la coordination de P. G. POUGOUE), collection droit uniforme, Bruylant, Bruxelles, 2002, 589 pages.
10. *La saisie immobilière OHADA* (en collaboration Avec Me Fidèle TEPPI KOLOKO) PUA, Yaoundé, 2005, 155 pages.
11. *La saisie attribution des créances OHADA* (en collaboration avec Me TEPPI KOLOKO) PUA, Yaoundé, 2005, 117 pages.
12. *Le statut du commerçant dans l'espace OHADA* (en collaboration avec FOKO Athanase) PUA, Yaoundé, 2005, 261 pages.
13. *Introduction critique à l'OHADA,* (en collaboration avec Yvette KALIEU ELONGO), PUA, Yaoundé, 2008, 220 pages.

14. *Les grandes décisions de la Cour Commune de Justice et d'Arbitrage* (en codirections avec M. Sylvain Sorel KUATE TAMEGUE), Paris, L'Harmattan, 2010, 694 pages.
15. *Encyclopédie du Droit OHADA* (sous la direction de P.G. POUGOUE) Lamy, Paris, 2011, 2200 pages.
16. *L'Entreprenant OHADA* (en collaboration avec Sylvain Sorel KUATE TAMEGUE), PUA, Yaoundé, 2013, 267 pages.
17. *Saisies et mesures conservatoires de droit OHADA* (en collaboration avec NJEUFACK TEMGOUA), PUA, Yaoundé, 2015, 168 pages.
18. *L'arbitrage dans l'espace OHADA,* Académie de droit international, recueil des cours, tome 380, 2016.
19. *Introduction générale au droit OHADA,* collection Droit uniforme africain, Juriscope, Université de Poitiers, 2021 (en collaboration avec Yaya Bodian, Mohamed Bachir NIANG, Dorothé C. SOSSA et Jean Claude TCHEUWA), 300 pages.
20. *Droit camerounais du travail,* Tome I, Relations individuelles du travail, 2e édition (en collaboration avec MIENDJIEM Isidore Léopold), PUA, Yaoundé 2021, 504 pages.
21. *La saisie immobilière OHADA* (en collaboration Avec Me Fidèle TEPPI KOLOKO) 4e édition, PUA, Yaoundé, 2022, 1110 pages.

B. Monique Aimée MOUTHIEU épouse NJANDEU

1. *L'intérêt social en droit des sociétés,* L'Harmattan, 2009.

2. *Le consommateur des technologies de l'information et de la communication en Afrique noire francophone* (dir.), L'Harmattan, 2021.

Principales abréviations et sigles

AFSJP/UD : Annales de la Faculté des sciences juridiques et politiques de l'Université de Dschang

AJDA : Actualité juridique de droit administratif

AJP : Association des juristes progressistes

Art : Article

BIT : Bureau International du Travail

Bul: Bulletin

C/ : Contre

CA : Cour d'appel

CADHP : Charte africaine des droits de l'homme et des peuples

Cah. Prud : Cahiers prud'homaux

Cass. Crim: Cour de Cassation chambre criminelle

CE : Cour européenne

CEACR : Commission d'experts pour l'application des conventions et recommandations

CEDEF : Convention sur l'élimination de toutes formes de discrimination à l'égard des femmes

CEDH : Cour européenne des droits de l'homme

CEMAC : Communauté économique et monétaire de l'Afrique Centrale

Chron : Chronique

CIEDR : Convention internationale sur l'élimination de toutes les formes de discrimination raciale

CIT : Conférence internationale du travail

CNPS : Caisse nationale de prévoyance sociale

Corr : Correctionnel

CP : Code pénal

CPP/CPPC : Code de procédure pénale/ Code de procédure pénale camerounais

CREDIJ : Centre régional pour le développement, la formation et l'insertion des jeunes

C. S. : Cour suprême

D : Dalloz

Dir : Direction

Dr. : Droit

DUDH : Déclaration universelle des droits de l'homme

Ed : Edition

Gaz Pal.: Gazette du palais

HALDE : Haute Autorité de lutte contre les discriminations et pour l'égalité

JCL : Juris classeur en ligne

JCP: Juris classeur périodique

Jurispr : Jurisprudence

LF : Loi fédérale

LGDJ : Librairie générale de droit et de jurisprudence

MTPS : Ministère du Travail et de la Prévoyance sociale

Obs : Observations

OHADA : Organisation pour l'harmonisation en Afrique du droit des affaires

OIT : Organisation internationale du travail

Ouvr : Ouvrage

P : page

Pén : pénal

PM : Premier ministre

PP : pages

Préc : Précité

PUA : Presses universitaires d'Afrique

PUCAC : Presse de l'université catholique d'Afrique centrale

PUF : Presse universitaire de France

RCD : Revue camerounaise de droit

Rev : Revue

Rev. sc. crim : Revue de sciences criminelles

RID : Revue internationale de droit

RJS : Revue de jurisprudence sociale

RSC : Revue des sciences criminelles et de droit pénal comparé

S : Suivant

SARL : Société à responsabilité limitée

SAS : Société par actions simplifiée

SCS : Société en commandite simple

SMIG : Salaire minimum interprofessionnel garanti

SNC : Société en nom collectif

Soc. : Social

Somm : Sommaire

Spéc : Spécialement

Sté : Société

T : tome

TGI : Tribunal de Grande instance

TPI : Tribunal de première instance

TPOM : Travail et professions d'outre-mer

Trib : Tribunal

UE : Union européenne

UEAC : Union économique de l'Afrique centrale

UIMM : Union des industries et métiers de la métallurgie

UMAC : Union monétaire de l'Afrique centrale

V : Voir

Sommaire

Sommaire

Introduction

1. Sous-branche du droit privé, le droit pénal connaît deux grandes variantes à savoir : le droit pénal de fond et le droit pénal de forme. Si le premier comprend pour l'essentiel le droit pénal général et le droit pénal spécial, le second renvoie à la procédure pénale qui est sa mise en œuvre concrète. De manière succincte, le vocabulaire juridique entend par droit pénal la *« branche du droit ayant pour objet traditionnel la prévention et la répression des infractions »*[1]. Il est également appréhendé comme « *la branche du droit positif qui étudie la répression par l'État des atteintes contre les valeurs sociales protégées* »[2]. Il peut de ce fait être considéré comme la réponse officielle de l'État face à la transgression des valeurs sociales. Aussi, l'impératif de protéger la relation de travail[3], grâce à la sanction pénale, est apparu pour le législateur comme une nécessité face à la faiblesse des autres sanctions, et ce, depuis le Code du travail d'Outre-mer de 1952[4].

Le droit du travail est généralement considéré comme un droit *« de protection »* créé dans le but[5] de protéger le *« plus faible »* (le salarié) vis-à-vis du *« plus fort »* (l'employeur). Le droit pénal du travail est l'accessoire répressif de ce *« droit de protection »* et tend essentiellement à contraindre l'employeur à respecter le prescrit de la législation en la matière[6]. Le droit pénal du travail est donc né de la rencontre du droit pénal et du droit du travail. Il participe à la répression de la violation des normes dans les relations professionnelles afin d'en garantir le respect. C'est avant tout pour assurer un respect maximal des principales lois du travail que le législateur les a

---

[1] G. CORNU (sous dir.) Association Henri CAPITANT, *Vocabulaire juridique*, 9 éd., PUF, 2011, p. 745.

[2] L.C. AMBASSA, *Droit pénal général*, Yaoundé, St Augustin, 2014, p.14.

[3] La volonté de protéger la relation d'affaires a conduit à l'érection du droit pénal des affaires. Deux ouvrages ont traité de cette thématique. Il s'agit de : R. SOCKENG, *Droit pénal des affaires OHADA*, UNIDA, 1ère éd., Presses MINSI LE COMPETING, mars 2007 ; R. DJILA KOUAYI KEMAJOU, *Le droit pénal des affaires au Cameroun*, L'Harmattan, Paris, 2015.

[4] Loi 52-1322 du 15 décembre 1952. C'est le tout premier Code du travail en vigueur au Cameroun.

[5] L'autre but du droit du travail est spécifiquement la sauvegarde de l'emploi. Cela ressort par exemple de la législation de travail de 1992 au Cameroun à la suite des difficultés ayant plongé les entreprises dans la récession du fait de la crise économique intervenue quelques années plus tard.

[6] F. LAGASSE, M. PALUMBO, *Manuel de droit pénal social*, 2ème éd., Larcier, 2011, p. 1.

renforcées par des sanctions pénales applicables non seulement à l'employeur, mais encore à ses préposés ou à ses mandataires.

I. Définition et évolution du droit pénal du travail

2. Le droit pénal du travail peut être défini comme étant le droit instituant les infractions à la législation du travail ainsi que leurs sanctions. Il pose le problème de la délimitation de son périmètre, car il soulève ou aborde le problème de l'application du droit pénal dans l'entreprise. Sur ce plan, il est précisé qu'il s'intéresse au sujet ou encore à la dimension humaine de l'entreprise et se sépare ainsi du droit pénal des affaires, envisagé à partir de l'objet des infractions[7].

Ce droit pénal des affaires aux contours imprécis[8], est appréhendé pratiquement, comme un droit de synthèse. Il regroupe *« des qualifications pénales de droit commun (vol, escroquerie, abus de confiance, etc.), des incriminations relevant du droit pénal économique ou du droit pénal financier ou fiscal et, naturellement, du droit pénal commercial. Mais, il est à l'heure actuelle plus que cela, pour venir croiser le sillage du droit pénal de l'informatique, de celui de l'environnement, du droit pénal boursier ou encore, parfois, du droit pénal du travail ou celui de la consommation »*[9]. Il semble toutefois que cette approche *ratione materiae* devrait être complétée par une approche *rationae personae* supposant que les auteurs de ces infractions agissent dans le cadre d'une entreprise, soit pour le compte de celle-ci, soit pour leur propre compte si le mécanisme de l'infraction est lié à l'existence de pouvoirs de décision essentiels à la vie de l'entreprise[10]. Une autre approche fondée sur la valeur sociale protégée est proposée par certains auteurs. Ceux-ci considèrent que le droit pénal des affaires protège *« les activités de production, de distribution et de consommation des richesses... »*[11], excluant ainsi les infractions du droit du travail ou de l'environnement. D'aucuns pensent qu'on pourrait admettre par ailleurs que, peu ou prou, le droit du travail comme le droit de l'environnement puissent

---

[7] A. CŒURET, E. FORTIS, F. DUQUESNE, *Droit pénal du travail*, 6ème éd., Manuel, LexisNexis, Paris, 2016, §1, p. 1.

[8] M. VÉRON, *Droit pénal des affaires*, coll. « Cours », 8ème éd., Dalloz, Paris, 2009, n° 1 ; Ph. BONFILS, *Droit pénal des affaires*, Montchrestien, Paris, 2009, nos 4 et s.; F. STASIAK pour qui « le droit pénal des affaires est une chimère » : *Droit pénal des affaires*, 2ème éd., LGDJ, Paris, 2009, p. 1.

[9] A. LEPAGE, P. MAISTRE Du CHAMBON, R. SALOMON, *Droit pénal des affaires*, 4ème éd., LexisNexis, Paris, 2015, n° 8, p. 2 ; dans le même sens, d'aucuns parlent de « flexibilité du contenu du droit pénal des affaires OHADA » : R. SOCKENG, *Droit pénal des affaires OHADA*, *op. cit.*, p. 5.

[10] M. DELMAS-MARTY et G. GIUDICELLI-DELAGE, *Droit pénal des affaires*, 4ème éd., PUF, Paris, 2000, p. 13.

[11] W. JEANDIDIER, *Droit pénal des affaires*, 5ème éd., Dalloz, Paris, 2003, n° 56.

être liés à des activités de production, de distribution ou de consommation. Il en découle que le chef d'entreprise qui exploite des travailleurs clandestins ou qui s'affranchit des normes anti-pollution peut réduire ses coûts de production et rompre l'égalité entre concurrents[12]. On le voit bien, la discussion doctrinale sur la délimitation de la frontière du droit pénal des affaires semble bien nourrie et sans fin. Toutefois, il nous paraît judicieux d'appréhender le droit pénal du travail dans le cadre de cet ouvrage comme un droit autonome qui s'affranchit du droit pénal des affaires et du droit pénal social.

Le droit pénal social quant à lui, peut être défini comme étant l'ensemble des règles juridiques de contraintes étatiques destinées à garantir l'application des règles de droit social et à réprimer par des peines d'emprisonnement ou d'amendes judiciaires leur violation. Il a un domaine assez vaste qui prend en compte tant les infractions relatives au droit du travail que celles relatives au droit de la sécurité sociale[13]. Cette dernière peut être définie comme : « *une technique qui consiste d'un côté à percevoir des ressources au moyen de cotisations ou d'impôts et, de l'autre, à les redistribuer sous forme de prestations aux individus pour les protéger contre divers risques sociaux résultant de la disparition ou de la réduction sensible de leurs revenus par suite des évènements tels que : la maternité, les accidents de travail et maladies professionnelles, le chômage, l'invalidité, la vieillesse et le décès* »[14].

Il se dessine une similitude entre le droit du travail et le droit pénal. En effet, comme le droit pénal, le droit du travail a un caractère impératif et d'ordre public. On a d'ailleurs relevé à ce sujet que tout le droit du travail est d'ordre public même si dans certains cas, il s'agit de l'ordre public de protection (protection créée dans le but de protéger le plus faible qui est le salarié vis-à-vis du plus fort qui est l'employeur). Ce caractère justifie l'existence et le développement pénal de la législation du travail, même si le débat sur la dépénalisation en droit du travail demeure d'actualité.

En France, la question s'est posée en 2004 avec le rapport VIRVILLE qui indiquait déjà qu'une réflexion devrait être engagée sur la dépénalisation[15] sélective du Code du travail[16]. Ensuite, les recommandations du ministre de

---

[12] Fr. STASIAK, *Droit pénal des affaires*, LGDJ, Paris, 2005, p. 3.

[13] G. F. RANERI, C. E. CLESSE, *La doctrine juridictionnelle du droit pénal social*, Bruxelles, Larcier, 2010, p. 526.

[14] J. M. NYAMA, *Droit et contentieux du travail et de la sécurité sociale*, Yaoundé, PUCAC, 2014, p. 377.

[15] Selon G. LEVASSEUR, la dépénalisation renvoie à un affaiblissement de la réaction sociale qui tantôt abandonne la voie proprement pénale, tantôt la modère, tantôt lui substitue d'autres voies, moins traumatisantes et plus efficaces : « le problème de la dépénalisation », *APC*, n° 6, 1983, pp. 53-69.

[16] M. de VIRVILLE, Pour un droit du travail plus efficace, Rapport remis à Monsieur François FILLON Ministre des Affaires sociales, du Travail et de la Solidarité, le 15 janvier 2004.

la Justice, Garde des Sceaux français, sur la dépénalisation de la vie des affaires, relevaient en même temps les effets pervers de la pénalisation excessive[17]. Cependant, ce mouvement de dépénalisation n'a pas survécu[18]. C'est ainsi qu'en France de nouvelles sanctions ont été créées pour réprimer le harcèlement moral et en Belgique, un Code pénal social a été adopté le 06 juin 2010[19]. Dans le contexte africain, l'avant-projet OHADA du droit de travail a maintenu les sanctions pénales nonobstant les appels à la dépénalisation du droit du travail provenant de la Côte d'Ivoire et du Gabon[20]. Cet avant-projet OHADA *« prévoit des incriminations pour des infractions commises par l'employeur ou son représentant, mais aussi pour celles commises par le seul travailleur ou communes à l'employeur et au travailleur ou encore communes à l'employeur, au travailleur et aux tiers »*[21]. Le Cameroun en particulier s'est inscrit dans la trajectoire de la pénalisation du monde des affaires avec la répression dans son nouveau Code pénal[22] de la filouterie de loyer dans le cadre des contrats de bail et du non-remboursement du crédit bancaire[23].

On le voit donc, le recours aux sanctions pénales douées par nature d'une vertu plus intimidante que les sanctions civiles à l'appui du respect des obligations et des interdictions établies par le droit du travail[24] singulièrement

---

[17] Lettre de R. DATI à COULON, 14 oct. 2007.

[18] En France, de nouvelles sanctions ont été créées à l'instar du harcèlement moral.

[19] L'exposé des motifs indique que ce code permet de regrouper dans un seul document les différentes atteintes à la relation de travail, et de rendre ce faisant le droit pénal du travail plus cohérent et plus effectif.

[20] P. AUVERGNON « Des esprits présents dans le projet d'acte uniforme OHADA portant droit du travail », *De l'esprit du droit africain,* Mélanges en l'honneur de P.-G. POUGOUÉ, CREDIJ, 2014, pp. 115-150.

[21] *Ibid*

[22] Voir, art. 322-1 de la Loi n° 2016/007 du 12 juillet 2016 portant Code pénal qui dispose : « *est puni d'un emprisonnement de six (06) mois à trois (03) ans et d'une amende de cent mille (100.000) à trois cent mille (300.000) francs ou de l'une de ces deux peines seulement, le preneur par bail, dûment enregistré, d'un immeuble bâti ou non qui, débiteur de deux mois de loyers, n'a ni payé lesdits loyers, ni libéré l'immeuble concerné, un mois après sommation de payer ou de libérer les lieux* ». Le ministre d'État, ministre de la Justice, Garde des Sceaux Laurent ESSO avait fait une communication gouvernementale à l'effet d'expliquer à grand renfort d'arguments juridiques les innovations contenues dans l'avant-projet de loi portant Code pénal. Au cours de cette communication, il était revenu abondamment sur la farouche opposition de l'Ordre des Avocats du Cameroun sur l'incrimination ainsi que la répression de la filouterie de loyer.

[23] Loi n° 2019/021 du 24 décembre 2019 fixant certaines règles relatives à l'activité de crédit dans les secteurs bancaires et de la micro finance au Cameroun : Voir, M. A. MOUTHIEU Epse NJANDEU, « Le risque de crédit bancaire : Prévention et stratégies ex-post, in A. TIOUMAGNENG (sous la coordination de), *Banques en Afrique centrale : Problématiques organisationnelles*, L'Harmattan, Paris, 2020, chap. 10, pp. 181-192.

[24] G. LEVASSEUR, « Droit social et droit pénal », *in Mélanges offerts à André BRUN*, Librairie sociale et économique, Paris, 1974, p. 320.

et le droit des affaires en général est devenu une nécessité pour les pouvoirs publics. Ce levier lui permet d'assurer la protection des droits économiques et sociaux et de garantir le respect des principes de la politique économique et sociale.

Le droit pénal du travail est un droit pénal spécial qui tend à se détacher sur bien de points des règles du droit pénal commun. Cela se vérifie sur le triple plan de ses sources, de ses caractéristiques et de son évolution.

Pour ce qui est des sources, le droit pénal camerounais du travail est principalement prévu par le titre X de la loi n° 92-007 du 14 août 1992 portant Code du travail (articles 166 à 173 consacrés aux sanctions) et accessoirement par certaines dispositions du Code pénal, certains actes réglementaires et un nombre important de conventions internationales.

3. Le droit du travail étant par nature le droit des obligations mises à la charge de l'employeur dans les relations de travail avec les salariés, les sanctions du droit pénal du travail tendent essentiellement à réprimer les agissements frauduleux de l'employeur. Les peines applicables étant adaptées à la nature particulière des infractions, la peine d'amende est la plus fréquemment prévue[25]. Toutefois, en l'absence de dispositions spéciales du Code du travail et des autres textes d'application, le droit pénal du travail demeure régi par les principes généraux du droit commun pénal. Il en est ainsi de sa soumission au principe de la légalité criminelle tel qu'indiqué à l'article 17 du Code pénal en ces termes : *« les peines et les mesures sont fixées par la loi et ne sont prononcées qu'en raison des infractions légalement prévues ».* Par ailleurs, l'élément intentionnel de l'infraction n'occupe qu'une place relativement réduite dans la définition des infractions. Le plus souvent, il s'agit des infractions matérielles dont la seule réalisation du fait incriminé suffit à caractériser celles-ci. En est-il par définition, pour toutes les contraventions dont la responsabilité des auteurs existe, alors même que l'acte ou l'omission n'est pas intentionnel ou que la conséquence n'en a pas été

[25] En l'absence d'une disposition spéciale de la loi, celle-ci demeure soumise au régime du droit commun de non-cumul des amendes, à moins qu'il ne s'agisse de contraventions procédant chacune d'une faute distincte. En droit pénal du travail, il y a souvent « autant de fois d'infractions qu'il y a de salariés à l'égard desquels les dispositions du Code du travail n'ont pas été observées » (article 172 du Code de travail). C'est dire que les amendes contraventionnelles sont cumulées en fonction du nombre d'infractions constatées qui correspond au nombre de salariés concernés par l'infraction. On le voit bien, la volonté du législateur de réprimer sévèrement certaines infractions qui sont des obligations pour l'employeur se manifeste par l'effet multiplicateur qu'il y associe. Si on tient compte du nombre de salariés qui peuvent être touchés par la violation d'une seule de ces infractions, l'on s'aperçoit que le préjudice économique que pourrait subir un employeur fautif est énorme. Aussi l'effet multiplicateur serait-il beaucoup plus dissuasif qu'on ne peut imaginer : Voir, F. B. D. MAYOUE, S. H. APIEMBOMVE, *Code du travail annoté et commenté, Cameroun*, éd. 2022, JURIAFRICA, p. 500.

voulue[26] ? En outre, le principe de la personnalité des peines demeure applicable en droit pénal du travail dès lors que la responsabilité pénale n'est pas expressément imputée à l'employeur[27].

Le développement rapide de la législation sociale a entraîné une véritable prolifération des infractions pénales dont le champ d'application, initialement limité à la protection individuelle des travailleurs (hygiène et sécurité, durée du travail), s'est élargi à la faveur d'une politique sociale visant à l'instauration de droits collectifs dans l'entreprise[28]. L'on comprend que *« durant des siècles, le droit pénal intervint pour sanctionner toute tentative d'organisation collective de travailleurs (le syndicalisme) ou encore toute action collective (la grève). Les premières règles juridiques auxquelles se heurtent les organisations naissantes furent bien des dispositions pénales »*[29]. Le droit pénal du travail était pendant longtemps au service des employeurs. Il intervenait pour réprimer la grève, la violence dans les conflits du travail, l'entrave à la liberté du travail, l'organisation collective des travailleurs, la détérioration des marchandises et objets servants, les séquestrations, les injures, la diffamation, le vol, l'abus de confiance, l'attentat aux mœurs et la divulgation du secret professionnel.

L'effritement graduel du libéralisme et l'interventionnisme qu'il a générés ont favorisé l'adoption progressive de nombreuses règles du droit du travail couvrant les domaines des rapports individuels et collectifs du travail. Le droit du travail s'est au départ préoccupé d'une part, de protéger la vie et la santé du travailleur, d'autre part, de lui assurer un certain niveau de vie en relation avec ses besoins et ceux de sa famille (grâce à la fixation d'un salaire minimum, aux assurances sociales, à celles de la réparation des accidents du travail et aux prestations familiales). Le droit pénal à son tour, est intervenu successivement pour assortir de sanctions suffisantes les obligations imposées[30].

4. L'on peut dire que le droit pénal du travail est lié à l'évolution de la réglementation du travail. Toutefois, il existe deux catégories de droit pénal appliqué aux relations du travail : la première concerne certaines normes pénales sanctionnant la violation des règles protectrices des travailleurs : c'est le droit pénal du travail, au sens propre du terme ; mais il existe aussi un autre

---

[26] Voir, article 74 (4 2°) Code pénal camerounais.

[27] En effet, plusieurs textes d'incrimination visent l'employeur, titulaire de l'obligation de faire ou de ne pas faire, et dont l'inobservation est constitutive d'infraction. En pareille situation, l'employeur peut être déclaré responsable de l'infraction quand bien même il n'est pas l'auteur matériel des agissements incriminés.

[28] F. LAGASSE, M. PALUMBO, *Manuel de droit pénal social*, *op. cit.*, p. 3.

[29] J.-Cl. JAVILLIER, « Ambivalence, effectivité et adéquation du droit pénal du travail. Quelques réflexions en guise d'introduction », *Dr. soc.* 1975, p. 376.

[30] G. LEVASSEUR, « Droit social et droit pénal », *Mélanges offerts à André BRUN*, Librairie sociale et économique, Paris, 1974, p. 320.

droit pénal appliqué aux relations du travail. Il s'agit de dispositions du droit pénal général qui peuvent réprimer les agissements de certains travailleurs. Historiquement, c'est sans aucun doute la seconde acception du droit pénal appliqué aux relations de travail qui a prévalu[31].

Le domaine du droit pénal du travail s'est élargi et son vocable s'est enrichi. Actuellement, la quasi-totalité des violations du droit du travail est assortie des sanctions pénales à tel point qu'on parle du droit pénal des conditions de travail, du droit pénal de l'hygiène et de la sécurité du travail, du droit pénal des accidents et maladies professionnelles, du droit pénal de l'emploi, du droit pénal de la sécurité sociale[32]. En effet, l'analyse des différents Codes du travail, qui se sont succédé dévoile qu'ils ont comporté de tout temps, de nombreuses incriminations fondant la responsabilité pénale en la matière[33].

II. La détermination des infractions

5. On entend par infraction, toute action ou omission que la société interdit sous la menace d'une sanction pénale ; c'est un comportement qui porte atteinte à une valeur sociale protégée par la loi pénale. Alors que le droit pénal général incrimine et sanctionne les comportements qui portent atteinte à l'organisation de la vie sociale et aux valeurs essentielles de la société en général, le droit pénal du travail intervient pour sanctionner spécifiquement les violations des dispositions du droit du travail revêtant le caractère impératif et d'ordre public.

A. En droit pénal général

6. Le droit pénal général détermine les éléments constitutifs de l'infraction et procède à une classification de celle-ci.

1. Les éléments constitutifs de l'infraction

7. Pour qu'un fait soit susceptible d'être reproché à son auteur, il faut qu'il ait été, au préalable qualifié d'infraction par un texte : c'est le principe de la légalité criminelle. En outre, il faut que cette infraction ait été effectivement

---

[31] J.-Cl. JAVILLIER, « Ambivalence, effectivité et adéquation du droit pénal du travail : quelques réflexions en guise d'introduction », *Dr. soc.* 1975, p. 375.

[32] A. BOUHARROU, *Le droit pénal du travail et de la sécurité sociale, Les infractions à la législation sociale et leurs sanctions*, éd. Maarif, Friedrich Ebert Stiftung, 2012, p. 10.

[33] On peut citer le titre IX du Code du travail des territoires d'Outre-mer du 15 décembre 1952, consacré aux pénalités (articles 219 à 233), le Code du travail du 12 juin 1967 qui prévoyait également des pénalités et le Code du travail du 27 novembre 1974, qui consacrait son titre X aux pénalités. Il en est de même de celui du 14 août 1992 dans les articles 166 à 173 de son titre X.

réalisée : c'est l'élément matériel de l'infraction. Enfin, il faut qu'elle ait été volontairement ou sciemment commise : c'est l'élément moral de l'infraction.

Encore appelé élément légal de l'infraction, le principe de la légalité criminelle est illustré par l'adage latin « *Nullum crimen, nulla poena sine lege* ». C'est la plus importante des règles du droit pénal. Ce principe est prévu dans le Code pénal camerounais par l'article 17 qui dispose : « *les peines et les mesures sont fixées par la loi et ne sont prononcées qu'à raison des infractions légalement prévues* ». Le principe de la légalité s'applique tout d'abord au législateur qui est à l'origine de la norme pénale. Il s'applique ensuite au juge qui est chargé de l'appliquer. Le législateur a l'obligation d'élaborer les textes d'incriminations, les textes prescrivant les peines et les règles de procédure.

L'élément matériel de l'infraction est la composante la plus courante des infractions. Son exigence vient du fait que le droit pénal n'incrimine la plupart de temps que les faits matériels accomplis, c'est-à-dire les faits qui ont effectivement porté préjudice à la victime contre laquelle l'infraction était dirigée. Il s'agit du geste qui aboutit à la réalisation de l'infraction.

Mais il arrive même qu'en l'absence d'élément matériel, l'infraction soit constituée. Il en est par exemple de l'article 283 du Code pénal qui punit l'omission de porter secours, de l'article 94 sur la tentative punissable. Dans ce dernier cas, l'infraction n'est constituée que du seul élément intentionnel.

Encore appelé élément intentionnel ou psychologique, l'élément moral est établi par l'article 74 (2) de notre Code pénal en ces termes : « *est pénalement responsable celui qui volontairement commet les faits caractérisant les éléments constitutifs d'une infraction avec pour intention que ces faits aient pour conséquence la réalisation de l'infraction* ». Il en ressort que l'élément moral est constitué de la volonté et de l'intention criminelle.

2. La classification des infractions

8. On peut classer les infractions selon leur gravité, leur nature ou leur mode d'exécution. Dans le cadre de ces développements seule sera abordée, la classification fondée sur la gravité de l'infraction. L'article 21(1) du Code pénal dispose :

« *les infractions sont classées en crimes, délits et contraventions selon les peines principales qui les sanctionnent :*

- sont qualifiées crimes les infractions punies de la peine de mort ou d'une peine privative de liberté dont le maximum est supérieur à dix ans et d'une amende lorsque la loi en dispose ainsi;

- sont qualifiées délits les infractions punies d'une peine privative de liberté ou d'une amende lorsque la peine privative de liberté encourue est supérieure

à dix jours et n'excède pas dix ans ou que le maximum de l'amende est supérieur à 25.000 francs ;

- sont qualifiées contraventions les infractions punies d'un emprisonnement qui ne peut excéder dix jours ou d'une amende qui ne peut excéder 25.000 francs ».

La gravité des infractions se déduit du quantum de la peine. Il suffit de connaître la peine applicable pour classer l'infraction dans l'une des trois catégories.

B. En droit du travail

9. Pour assurer le respect des dispositions importantes du Code du travail, le législateur a assorti la plupart de sanctions pénales variables selon la gravité de l'infraction et destinées à rendre effective l'application. Il s'agit là d'un droit spécial, empreint d'une grande sévérité parce que les règles de protection du travail intéressent aujourd'hui l'organisation politique et sociale du pays. C'est ainsi que la majorité des infractions prévues ne supposent pas l'existence d'une intention coupable ; que les peines d'amende se cumulent, avec une limite maxima très élevée ; que la récidive est très largement admise et très sévèrement sanctionnée[34].

1. La spécificité des infractions

10. La plupart des infractions prévues par le droit pénal du travail sont matérielles, c'est-à-dire qu'elles sont constituées dès que l'élément matériel est caractérisé, sans qu'on ait à se livrer à une recherche de l'intention coupable chez le délinquant. Quand bien même le législateur paraîtra rechercher l'intention coupable, on se limitera au dol général c'est-à-dire la conscience chez le délinquant d'enfreindre les normes[35].

Les infractions en droit du travail sont relatives aux syndicats professionnels, à l'embauche, au contrat de travail, au salaire, aux conditions de travail, à la sécurité et à la santé au travail, à l'administration du travail et à la prévoyance sociale, ainsi qu'aux fonctions de délégué du personnel.

---

[34] Voir, Commentaire titre IX du *Code du travail des territoires d'Outre-mer du 15 décembre 1952*, Guide de l'usager, Société d'Editions Africaines, Paris, p. 281.

[35] Ce regain de sévérité par rapport au code de 1974 se justifie par le fait que les objectifs du droit du travail ne peuvent être atteints que si la menace de sanction est réelle : Voir, commentaire sous article 172 du Code du travail, *in* P.-G. POUGOUÉ, *Code du travail camerounais annoté*, PUA, Yaoundé, 1997, p. 239. La volonté du législateur est de réprimer sévèrement certaines infractions qui sont des obligations pour l'employeur : voir, commentaire sous article 172 du Code du travail *in* F. B. D. MAYOUE, S. H. APIEMBOMVE, *Code du travail annoté et commenté*, Cameroun, JURIAFRICA, éd. 2022, p. 499.

En droit pénal du travail, l'article 172 du Code de travail prévoit dans certaines situations, autant de fois d'infractions qu'il y a de salariés à l'égard desquels les dispositions du Code du travail n'ont pas été observées. La pluralité des infractions en fonction des salariés qui constitue une des caractéristiques de plusieurs infractions, est établie dans de nombreux articles du Code du travail. Il en est ainsi notamment des infractions prévues aux dispositions des articles 29, 40, 62, 64, 67, 68, 82, 86, 87, 88, 97, 98 et 100, dont certaines font partie des principales (infractions) en la matière.

Relation entre droit pénal du travail, droit interne du travail et droit international du travail

11. Cette relation est mise en exergue lorsque l'infraction pénale est prise pour réprimer la violation d'une disposition interne du travail qui à son tour, est contraire à une convention internationale de l'OIT ou à une convention internationale relative aux droits de l'homme.

Il est question ici de la légalité d'une infraction réprimant la violation d'une loi interne contraire à une convention internationale du travail ou de façon générale, aux engagements internationaux en matière de droits fondamentaux[36].

L'invocation par les parties, de deux dispositions relevant du droit international et du droit national du travail faisant partie de l'ordonnancement juridique interne, au cours de l'examen de l'affaire soumise au juge social compétent, pose de sérieuses difficultés au plan pratique. L'une des parties au litige pourrait par exemple invoquer une disposition issue, soit du droit international du travail, soit du droit international de l'homme. Si la légalité de l'invocation ne pose pas de problème, l'application en revanche de cette disposition par le juge s'avère être une tâche ardue. L'invocation par l'une des parties au litige d'une convention internationale signée ou ratifiée revêt-elle la même valeur juridique ? Les effets juridiques de ces deux instruments sont-ils identiques ? Quelle attitude pourrait avoir le juge face à un litige au cours duquel l'une des parties convoque une disposition de droit interne contraire à une convention internationale ratifiée qui, dans la hiérarchie des normes juridiques lui est supérieure ? Devra-t-il écarter systématiquement la disposition de droit interne non conforme à la convention internationale ratifiée au profit de cette dernière ? Possibilité est-elle offerte de déférer l'affaire pendante à un autre juge par voie d'exception en soulevant l'illégalité du texte interne ? Sur la question de la non-cohérence d'un texte national régissant le droit du travail avec le droit international en relation avec les droits de l'homme, est-il possible pour la partie qui argue de la contrariété entre les dispositions des deux normes de saisir le juge africain des droits de l'homme ?

[36] Ce questionnement sera davantage analysé et élucidé dans les développements relatifs à la Convention n° 87 de l'OIT sur la liberté syndicale et au droit de grève.

À titre illustratif, le défaut d'enregistrement d'un syndicat constitue l'infraction d'existence illégale d'un syndicat. En effet, aux termes de l'article 6 (1) du Code du travail, *« un syndicat professionnel n'a d'existence légale qu'à partir du jour où un certificat d'enregistrement lui est délivré par le greffier des syndicats ».* Cette disposition pénale interne viole un droit fondamental à savoir la liberté syndicale, objet de la Convention n° 87 de l'OIT. Le fondateur d'un syndicat poursuivi du chef de cette infraction peut-il saisir la Cour africaine des droits de l'homme et des peuples ? Dans ce sens, il a été relevé que, cette dernière *« n'hésite pas ... à décider dans tel ou tel État (que) tel ou tel texte n'est pas en cohérence avec ses engagements internationaux relatifs aux droits fondamentaux »*[37]. Par ailleurs, l'applicabilité de la convention internationale ratifiée dans le droit interne est-elle automatique, mieux, cette convention internationale présente-t-elle un caractère self-executing c'est-à-dire qu'elle n'appelle pas pour son exécution une mesure nationale complémentaire ?[38]

Il convient de souligner que l'une des particularités des normes internationales du travail est qu'elles encadrent directement les relations de travail et la politique sociale des membres de l'Organisation. Aussi, leur ratification rend-t-elle les droits et obligations qu'elles créent ou dont elles favorisent l'émergence directement applicables aux sujets de droit par les tribunaux nationaux.

S'agissant de la possible application des conventions de l'OIT non ratifiées, obligation est faite aux États membres d'établir un rapport sur leur législation et leur pratique relative au contenu de celles-ci. Cependant, elles peuvent intervenir indirectement dans la solution du litige pour éclairer le sens à donner à la disposition du droit interne applicable au litige. En outre, les juges peuvent construire la jurisprudence en s'inspirant des normes internationales du travail pertinentes ayant une valeur non contraignante en

---

[37] CADHP, LOHE ISSA KONATE c/ BURKINA FASO, Requête n° 004/2013 commentée par S. S. KUATE TAMEGHE, *La justice, ses métiers, ses procédures*, 4ème éd., L'Harmattan-Paris, Études africaines, 2021, p. 521.
Dans cette affaire, la question au cœur du débat est celle de savoir si les lois du Burkina Faso en vertu desquelles le demandeur a été condamné pour diffamation, à savoir les articles 109 et 110 du Code de l'information et 178 du Code pénal, sont compatibles avec, entre autres, l'article 9 de la Charte africaine des droits de l'homme et des peuples , l'article 19 du Pacte international relatif aux droits civils et politiques. La Cour y répond en disant que l'État défendeur a violé les textes en cause du fait de l'existence dans sa législation de sanctions privatives de liberté en matière de diffamation ; que l'État du Burkina Faso a violé les conventions internationales visées du fait de la condamnation du requérant à une peine d'emprisonnement. En conséquence, elle ordonne à l'État Burkinabé de modifier sa législation sur la diffamation afin de la rendre compatible notamment avec la Charte africaine des droits de l'homme et des peuples et le Pacte international relatif aux droits civils et politiques.

[38] Autant de questions juridiques, que nous pouvons démultiplier à dessein, qui méritent des réponses éclairantes pour le plus grand bonheur des justiciables.

droit interne. Bien plus, référence peut être faite à la norme internationale du travail pour renforcer une décision fondée sur le droit interne[39]. Quant à leur application directe à la suite de leur invocation devant le juge social, à bien y regarder, la reconnaissance circonstancielle et limitée dans le temps et l'espace du droit naturel par le droit positif c'est-à-dire le droit en vigueur pourrait nous inspirer des solutions juridiques. La règle *« pacta sunt servanda »*, inspirée du droit naturel, conduit à soutenir que la signature d'une convention internationale crée un lien juridique entre les signataires et constitue par conséquent, un argument difficilement réfutable en soutien de l'applicabilité de cette dernière.

Il semble que l'on doit pouvoir admettre que la partie, à l'égard de qui la disposition textuelle fait grief, peut soulever l'exception d'illégalité de la disposition pénale devant le juge social. On est donc en présence d'une question préjudicielle qui oblige le juge social à surseoir à statuer et à renvoyer les parties devant le juge répressif[40].

En dépit de son entrée récente dans la scène juridictionnelle camerounaise[41], le juge constitutionnel pourra être invité à procéder au contrôle de constitutionnalité d'une convention internationale[42]. Au cours de ce contrôle par voie d'action, le saisissant lui défère directement la norme dont il conteste la constitutionnalité[43] avant son entrée en vigueur. La décision du Conseil constitutionnel y relative est insusceptible de voie de recours[44] et acquiert par conséquent, un caractère définitif.

2. Les sanctions

12. Les pénalités en droit du travail sont organisées par les articles 166 à 173 du Code du travail. L'infraction en droit du travail est essentiellement réprimée par les amendes qui peuvent varier de 20 000 (voir article 165 sur le

---

[39] Voir, P.-G. POUGOUÉ, I. L. MIENDJIEM, *Droit camerounais du travail. Relations individuelles du travail*, 2ème éd., T 1, PUA, p. 32 et s.

[40] Même si pour certains doctrinaires l'on ne saurait parler de question préjudicielle en matière pénale, mais plutôt de l'application de l'adage selon lequel « le criminel tient le civil en l'état » : Voir en ce sens, L. CADIET et E. JEULAND, *Droit Judiciaire privé*, 8e éd., n° 244 ; J. THERON et T. LE BARS, *Droit judiciaire privé*, Paris, LEXTENSO, 2015, n° 1005 ; J. THERON, J.-CL Procédure civile, Fasc 600-30 : « Moyens de défense-généralités », n° 43.

[41] Il a pris ses fonctions en 2018 à l'occasion du contentieux des élections présidentielles.

[42] Article 47 (1) de la Constitution réaffirmé dans la loi n° 2004/004 du 21 avril 2004 portant organisation et fonctionnement du Conseil constitutionnel modifiée et complétée en 2011.

[43] Le plus souvent, ce contrôle peut être déclenché contre les lois ou alors les engagements internationaux ou contre les règlements des assemblées parlementaires, et au terme duquel la déclaration d'inconstitutionnalité de la norme déférée au Conseil constitutionnel pourra en résulter.

[44] Article 50 de la Constitution.

lock-out relativement au travailleur ou article 168) à 2 000 000 FCFA (article 169). La gravité ici est appréciée au regard du montant de l'amende.

Exceptionnellement, l'auteur de l'infraction peut subir une peine d'emprisonnement en cas de récidive (article 170). Le terme récidive désigne le cas du délinquant qui, avant sa comparution en justice a subi une ou plusieurs condamnations. Dans le cas des infractions visées par le Code du travail, il n'y a récidive que si les faits qui ont motivé la ou les premières condamnations sont de même nature que ceux qui motivent la nouvelle comparution en justice[45].

La récidive a pour résultat une aggravation de la peine, aggravation qui est d'ailleurs indiquée d'une façon précise pour chacune des infractions prévues.

Il est cependant nécessaire de distinguer la récidive de délits et la récidive de contraventions, car elles sont soumises à des règles différentes.

Il y a récidive pour des faits qualifiés de délits si le second délit a été commis dans un délai qui commence à courir à compter de la date de condamnation devenue définitive et qui expire cinq (05) ans après l'exécution de la peine prononcée ou sa prescription[46]. Il n'est pas nécessaire que les deux délits aient été commis dans le ressort du même tribunal.

Mais il n'y a récidive pour les faits qualifiés de contraventions que si la seconde contravention a été commise dans un délai qui commence à courir à compter de la date de la condamnation devenue définitive, et qui expire douze (12) mois après l'exécution de la peine prononcée ou sa prescription[47]. Il faut que toutes les deux contraventions aient été commises dans le ressort du même tribunal.

À côté de ces règles spécifiques du droit de travail, il faut dire que le Code du travail camerounais renvoie explicitement la sanction de certaines infractions au Code pénal. Il en est ainsi de la résistance, d'outrage et de violence contre les inspecteurs du travail et les médecins-inspecteurs du travail ; de l'usurpation des fonctions d'inspecteur du travail ou de médecin-inspecteur du travail, du travail forcé (article 171).

---

[45] Voir, Commentaire sous article 232 *Code du travail des territoires d'Outre-mer du 15 décembre 1952, Guide de l'usager*, Société d'Editions Africaines, Paris, p. 288.

[46] Article 88 (1) a Code pénal.

[47] Article 88 (1) b Code pénal.

III. La juridiction compétente

13. La juridiction compétente pour poursuivre et punir les infractions prévues au titre X relatif aux pénalités est la juridiction pénale ordinaire (tribunal correctionnel et tribunal de simple police)[48].

Il existe en effet, en dehors des juridictions administratives, deux catégories de juridictions qui ont chacune un rôle distinct : d'une part, les juridictions civiles qui sont compétentes pour trancher les litiges qui peuvent naître entre des personnes privées, et, d'autre part, les juridictions pénales qui sont compétentes pour poursuivre et punir les personnes qui troublent l'ordre public et les bonnes mœurs. Or, les infractions à la législation du travail troublent l'ordre public et doivent être réprimées.

La détermination de la juridiction pénale compétente va dépendre de la gravité des fautes. En principe, c'est le tribunal de première instance statuant en matière de simple police, qui est compétent pour réprimer les faits les moins graves, qui sont qualifiés de contraventions tandis que ceux qualifiés de délits sont réprimés par la même juridiction statuant en matière correctionnelle.

14. C'est sur le terrain de la procédure que le droit pénal du travail marque profondément sa particularité par rapport au droit pénal général. Cette particularité apparaît tant en ce qui concerne la constatation que la poursuite des infractions. Aussi, les autorités compétentes traditionnelles voient-elles leur monopole brisé.

Les poursuites devant la juridiction pénale peuvent avoir lieu soit à l'initiative du procureur de la République sur la base des procès-verbaux dressés par les inspecteurs du travail (qui agissent en qualité d'officier de police judiciaire à compétence spéciale) et par les officiers de police judiciaire qui constatent les infractions aux lois et règlements en vigueur en matière de travail. C'est encore au procureur de la République que sont adressées les plaintes des victimes des infractions et les dénonciations émanant de personnes quelconques.

Cependant, ces plaintes et procès-verbaux n'obligent pas le procureur de la République à poursuivre le délinquant et à demander sa condamnation au tribunal. C'est d'ailleurs pour parer à l'inaction du procureur de la République que le Code du travail a donné aux inspecteurs du travail le pouvoir de saisir directement les tribunaux sans passer par le parquet (article 109 (2)).

Si l'inspecteur du travail reste lui aussi inactif, la personne lésée a encore la possibilité de saisir elle-même la justice, soit en citant directement le délinquant devant le tribunal, soit en déposant une plainte entre les mains du

---

[48] Voir, sur la question de la juridiction compétente, le commentaire du titre IX relatif aux pénalités du Code du travail des territoires d'Outre-mer *op. cit.*, pp. 281-283.

juge afin qu'il poursuive lui-même. Il convient de préciser toutefois que cette plainte et la citation directe ne sont valables que si la victime s'estime lésée par l'infraction et si elle demande en même temps des dommages-intérêts en réparation du préjudice qu'elle a subi : on dit qu'elle s'est constituée partie civile. Dans cette hypothèse spécifique, les sanctions pénales se cumulent avec les sanctions civiles parce que les intérêts privés ont été touchés par l'infraction. La constitution de partie civile peut avoir lieu non seulement avant le début de la poursuite, mais aussi lorsque celle-ci est déjà engagée, la partie civile intervenant alors au cours de l'instance.

L'on doit souligner que la partie civile peut être soit un individu, soit un syndicat qui s'estimerait lésé par l'inobservation des règles de travail.

Pour mieux cerner le droit pénal du travail, il importe au préalable d'étudier les incriminations en la matière avant d'envisager sa mise en œuvre dans le cadre procédural. C'est dire qu'il mérite d'être saisi à la fois dans sa dimension substantielle (1ère partie) et dans sa dimension procédurale (2ème partie).

Ière partie

Le droit pénal substantiel du travail

15. En vertu du principe de la légalité des délits et des peines, les peines et les mesures sont fixées par la loi et ne sont prononcées qu'à raison des infractions légalement prévues (article 17 CP). La loi est la seule source du droit pénal, elle seule détermine ce qui est infraction ou ne l'est pas et prévoit les peines applicables aux faits qu'elle qualifie crimes, délits ou contraventions[49]. Le principe de la légalité est le rempart contre l'arbitraire du pouvoir. C'est la loi seule qui dresse la liste des infractions et prévoit la peine applicable, c'est elle qui détermine les tribunaux compétents, les formes suivies devant eux, ainsi que les garanties qui doivent être assurées aux personnes poursuivies pour faire valoir leur défense. Bien plus, sous l'angle politique, le juge empiéterait sur le pouvoir législatif s'il pouvait librement créer des incriminations, choisir des peines et juger sans respecter les règles de compétence ou de procédure impérativement fixées. On comprend alors qu'au législateur incombent ces tâches que le juge ne saurait assumer, car seul le législateur, émanation de la volonté générale, a le pouvoir de limiter les droits individuels. Il s'ensuit que le principe doit être appréhendé de manière large, parce qu'il est appelé à couvrir également tout le domaine de la procédure répressive pour bien assurer le respect des libertés individuelles et la vie de la collectivité[50].

Dans la sphère du droit pénal substantiel du travail, il appartient au législateur d'incriminer les comportements infractionnels en relation avec le travail. Cette première partie de l'ouvrage sera consacrée aux principales infractions en droit pénal du travail (titre1) et aux auteurs de ces infractions (titre 2).

---

[49] R. MERLE, A. VITU, *Traité de droit criminel : Problèmes généraux de la science criminelle, Droit pénal Général*, Tome I, 5ème éd., CUJAS, Paris, 1984, n° 155 et s., p. 224 et s.

[50] L'expression « légalité des délits et des peines » peut toutefois laisser croire qu'en matière pénale, le principe concerne exclusivement les lois de fond. Pourtant, il demeure tout autant applicable dans le domaine procédural.

Titre 1.

Les principales infractions

16. Ce titre a pour objectif, de regrouper l'essentiel des infractions en droit pénal du travail. Certaines infractions de droit commun trouvent également leur place ici dans la mesure où les agissements qu'elles répriment sont eux-mêmes relativement fréquents dans les relations de travail. Tel est le cas par exemple du délit de discrimination raciale ou religieuse ou encore du délit d'entrave à la liberté du travail. L'absence d'un critère précis de regroupement commande un grand effort de synthèse qui a permis de fédérer les idées autour de trois axes :

- les atteintes aux personnes (chapitre 1) ;
- les infractions dans le cadre des relations individuelles de travail (chapitre 2) ;
- les infractions dans le cadre des relations collectives de travail (chapitre 3).

Chapitre 1.

Les atteintes aux personnes

17. Le législateur assure la protection de l'intégrité physique ou morale des personnes. Cette primauté de la personne humaine est encadrée par diverses conventions internationales. Il en est ainsi singulièrement de l'article 4 de la Charte africaine des droits de l'homme et des peuples, lequel prévoit le caractère inviolable de la personne humaine dont la matérialité se concrétise par la consécration des dispositions protectrices du respect de la vie et de l'intégrité physique ou morale de celle-ci. Rattaché aux droits humains, nul ne peut en être privé arbitrairement[51]. Cette conception d'ensemble innerve toute la sphère du droit en général et de manière spécifique, le droit pénal du travail. Cette protection s'étend à l'entreprise personne morale. Sous ce prisme, il sera successivement question d'examiner les atteintes à la dignité des personnes (section 1), les atteintes à la santé et à la sécurité des personnes (section 2) ainsi que les atteintes au crédit de l'entreprise, personne morale (section 3).

Section 1. Les atteintes à la dignité des personnes

18. La dignité est le fait que la personne ne doit jamais être traitée comme un moyen, mais comme une fin en soi[52], mieux, comme une entité intrinsèque. La notion de dignité humaine présente des dimensions multiples, au niveau philosophique, religieux et juridique. Sous ce dernier angle, elle a été reconnue en droit pénal. C'est ainsi que pour protéger la dignité humaine du travailleur, le législateur érige en infractions les discriminations (§1), le harcèlement (§2) et la violation du secret professionnel (§3).

§1. Les discriminations

19. Il existe actuellement un nombre considérable d'instruments internationaux qui prohibent la discrimination au point que le principe de non-discrimination apparaît comme un principe fondamental du droit international dans le domaine des droits humains dont le droit du travail constitue le champ

---

[51] A. MINKOA SHE, *Droits de l'homme et droit pénal au Cameroun*, Economica, Paris, 1999, p. 1 et s. : l'auteur démontre l'interaction entre les droits de l'homme et le droit pénal, en soutenant l'idée d'une imbrication entre « l'individu et le pouvoir en matière pénale » ou encore l'idée selon laquelle « les grandes questions du droit pénal (ont) fonctionné comme catalyseur d'une constitutionnalisation de l'État et de l'émergence du concept des droits de l'homme ».
[52] Définition retenue par le philosophe Emmanuel KANT.

de prédilection. C'est ainsi que plusieurs de ces instruments à portée tant universelle que régionale, voire sous-régionale, garantissent l'égalité d'accès au travail au Cameroun. Il s'agit notamment de : la Déclaration universelle des droits de l'homme, le Pacte international relatif aux droits économiques, sociaux et culturels du 16 décembre 1966, le Pacte international relatif aux droits civils et politiques du 16 décembre 1966, la Déclaration sur l'élimination de la discrimination à l'égard des femmes du 7 novembre 1967 (les textes sur l'élimination des discriminations à l'égard des femmes sont complétés par deux protocoles), la Convention concernant la discrimination (emploi et profession) n° 111 adoptée le 25 juin 1958, entrée en vigueur le 15 juin 1960 et ratifiée par le Cameroun le 17 décembre 1987, la Charte africaine des droits de l'homme et des peuples adoptée le 27 juin 1981, ratifiée par le Cameroun le 29 décembre 1987, le Protocole à la Charte africaine des droits de l'homme et des peuples relatif aux droits de la femme, adopté le 11 juillet 2003 et ratifié par le Cameroun le 28 mai 2009, la Convention régissant l'Union économique de l'Afrique centrale (UEAC) du 26 mars 1996.

Le principe de non-discrimination en matière d'emploi a pour objectif de garantir à toute personne l'accès à l'emploi sans distinction injustifiée. Aussi, le non-respect constitue-t-il une infraction saisie à la fois par le Code pénal (A) et par le Code du travail (B).

A. Les discriminations réprimées par le Code pénal

20. L'article 242 du Code pénal prévoit le délit de discrimination en ces termes : *« est puni d'un emprisonnement de un (01) mois à deux (02) ans et d'une amende de cinq mille (5000) à cinq cent mille (500 000) francs, celui qui refuse à autrui l'accès soit dans des lieux ouverts au public, soit dans des emplois en raison de sa race, de sa religion, de son sexe ou de son statut médical, lorsque ledit statut ne met personne en danger ».* Cette incrimination a pour objet de protéger les libertés fondamentales de la personne. Il convient d'en indiquer les éléments constitutifs (1) et la répression (2).

1. Les éléments constitutifs

21. Le Code pénal commence par définir la discrimination en énumérant les motifs qui ne peuvent donner lieu à une distinction licite entre les personnes. Il s'agit d'une liste limitative. Pourtant l'article 1 paragraphe 1.a de la Convention n° 111 prévoit 7 critères ou motifs interdits de discrimination : la race, la couleur, le sexe, la religion, l'opinion politique, l'ascendance nationale ou l'origine sociale. En effet, le Code pénal n'a prévu que quatre motifs de discrimination : la race, la religion, le sexe et le statut

médical[53]. Cependant, l'absence de définition des motifs ne rend pas leur appréhension aisée.

Selon le dictionnaire le Petit Robert, la race désigne un groupe ethnique qui se différencie des autres par un ensemble de caractères physiques héréditaires (couleur de la peau, forme de la tête, proportion des groupes sanguins, etc.) représentant des variations au sein de l'espèce[54]. La religion est une attitude intellectuelle et morale de l'être humain qui résulte de sa croyance en la reconnaissance d'un pouvoir supérieur de qui dépend sa destinée et à qui obéissance et respect sont dus, et qui peut constituer une règle de vie pour lui. Le sexe, quant à lui, est la conformation particulière qui distingue l'homme de la femme. Par contre, la notion de « statut médical » semble plus complexe à saisir. Est-ce l'état de santé ou un handicap, ou l'état de grossesse, ou alors la prise en compte des tests génétiques prédictifs ayant pour objet une maladie qui n'est pas encore déclarée ou une prédisposition génétique à une maladie ou encore des conséquences sur l'état de santé d'un prélèvement d'organe ?

La loi ouvre néanmoins la porte aux justifications à la discrimination tirée d'un motif légitime, mais semble la limiter au statut médical. L'on peut comprendre que l'inaptitude médicale ou l'état de santé jugé incompatible avec les risques particuliers que présente le travail justifie un refus d'embauche. Mais l'on pourrait également admettre une discrimination lorsque la différence de traitement fondée sur le sexe en matière d'embauche constitue une exigence professionnelle essentielle et déterminante et pour autant que l'objectif soit légitime et l'exigence proportionnée[55]. Bien plus, toute distinction, exclusion ou préférence justifiée par les qualifications exigées par un emploi ne saurait être considérée comme discriminatoire.

22. Les éléments constitutifs de l'infraction doivent être nettement caractérisés. Le délit est consommé par la seule offre d'emploi discriminatoire

---

[53] Il s'agit d'ailleurs d'une avancée, car l'ancien code ne prévoyait que deux critères ou motif de discrimination à savoir la race et la religion tel qu'il ressort des dispositions de l'ancien article 242 : *« est puni d'un emprisonnement de un mois à deux ans et d'une amende de 5000 à 500 000 francs celui qui refuse à autrui l'accès soit dans des lieux ouverts au public, soit dans des emplois, en raison de sa race ou sa religion »*.

[54] P. ROBERT, *Le petit Robert 1, Dictionnaire alphabétique et analogique de la langue Française*, Paris, 1992, V° « race ».

[55] À titre de Droit comparé, en ce sens, l'article 225-3 3° nouveau du Code pénal français. Par ailleurs, la loi n° 2008-496 du 27 mai 2008 a ajouté deux nouveaux types de discriminations justifiables dans la liste :

- celles fondées, en matière d'accès aux biens et services, sur le sexe lorsque cette discrimination est justifiée par la protection des victimes de violences à caractère sexuel, des considérations liées au respect de la vie privée et de la décence, la promotion de l'égalité des sexes ou des intérêts des hommes et des femmes, la liberté d'association ou l'organisation d'activités sportives ;
- celles fondées sur la nationalité en matière de refus d'embauche lorsque ce refus résulte de l'application des dispositions statutaires relatives à la fonction publique.

quels qu'en soient les effets à l'instar d'une offre fondée sur la nationalité[56] voire qui mentionne « éviter le personnel de couleur »[57], ou par un refus d'embauche discriminatoire[58].

Dans le cadre des relations de travail, il s'agit essentiellement de la discrimination au moment de l'embauche. Ce qui semble très restrictif dans la mesure où les discriminations fondées sur les mêmes motifs peuvent s'opérer en cours d'exécution du contrat de travail, voire justifier le licenciement du travailleur. Par ailleurs, le législateur n'a pas visé de manière expresse les discriminations fondées sur l'origine, l'âge, la situation de famille, l'appartenance ou la non-appartenance à une ethnie, l'état sanitaire du travailleur[59]. Ce qui est regrettable compte tenu des réalités des relations de travail dans une société où le tissu économique est dominé par le secteur informel et de nombreuses entreprises familiales. Doit-on en déduire que la discrimination fondée sur ces autres motifs n'est constitutive d'aucune infraction ? À s'en tenir à l'interprétation restrictive de la loi pénale, tributaire du principe de la légalité des délits et des peines, aucun autre motif non mentionné ne peut fonder les poursuites du chef de cette infraction.

Les personnes ayant un handicap physique ou mental sont souvent victimes de discrimination en matière d'accès à l'emploi et de conditions du travail. Deux instruments internationaux du travail, la convention n° 159 et la recommandation n° 168 sur la réadaptation professionnelle et l'emploi des personnes handicapées ont été adoptés pour lutter contre les discriminations directes ou indirectes et prévoir des mesures nécessaires en matière de formation pour asseoir une égalité effective de chances des personnes handicapées. Le non-établissement d'un *« aménagement raisonnable »* du travail et du lieu du travail pour la gestion du travail du handicapé au sein de l'entreprise, constitue une forme de discrimination à l'embauche[60].

Cependant, à parcourir l'évolution des législations, il apparaît que le périmètre de la discrimination a connu un important élargissement. En effet,

---

[56] Cass. crim., 20 janv. 2009, *Bull. crim.* 2009, n° 19 ; *Rev. sc. crim.* 2009, 589, obs. Y. MAYAUD, *D.* 2009, p. 997, note S. DETRAZ.

[57] Cass. crim., 14 nov. 1989, *Bull. crim.* 1989, n° 416.

[58] Cass. crim., 12 sept. 2000, n° 00-80, 175.

[59] En pratique, les personnes vivant avec le VIH sont victimes de discrimination et de stigmatisation allant jusqu'au refus d'un emploi. On peut toutefois relever qu'au Cameroun, en sus des efforts faits au niveau du ministère de la Santé et du Comité national de lutte contre le SIDA (CNLS) pour la prise en charge de personnes vivant avec le VIH, certains instruments juridiques nationaux et internationaux antidiscriminatoires peuvent être utilement invoqués. A ce titre, la recommandation n° 200 instruit aux États membres de proscrire toute discrimination ou stigmatisation à l'encontre des travailleurs, notamment des personnes à la recherche d'un emploi et des demandeurs d'emploi, en raison de leur statut sérologique réel ou supposé (Paragraphe 3 c) et 12).

[60] A. BOUHARROU, *Le droit pénal du travail et de la sécurité sociale. Les infractions à la législation sociale et leurs sanctions*, El Maarif, Rabat, 2012, p. 30.

si certaines conventions internationales réprimant les formes de discrimination fondées en particulier sur la race[61], l'ethnie et le sexe[62] existent depuis très longtemps, de nouvelles formes de discrimination comme celles fondées sur la séropositivité, sur l'orientation sexuelle, les antécédents professionnels, voire consécutifs au harcèlement sexuel, commencent à se manifester de plus en plus dans le monde contemporain[63].

2. La répression des discriminations prévues par le Code pénal

23. La preuve de la matérialité des agissements incriminés pourrait être difficile à rapporter par la victime et même par les inspecteurs du travail du moment où leur compétence au constat des infractions semble être limitée à celles prévues par le Code du travail. Il appartiendra donc au procureur de la République de constater par procès-verbal les délits de discrimination en cause. Pour y parvenir, il faudra certainement qu'il soit doté de pouvoirs spécifiques permettant d'entreprendre des investigations poussées et procéder, le cas échéant, aux vérifications nécessaires au sein des entreprises[64]. La question se pose de savoir s'il ne faut pas reconnaître aux associations sur autorisation de la victime ou de son représentant légal, le droit d'engager les poursuites au moyen de leur action civile. Cette poursuite doit être exercée contre les auteurs des actes de discriminations incriminés. Il peut s'agir du chef d'entreprise et ses collaborateurs munis d'une délégation de pouvoirs ou non, mais également d'autres professionnels comme les responsables des agences pour emploi, de la personne morale ou son représentant, lorsqu'il a été complice de cette dernière.

Les peines encourues en cas de discrimination sont un emprisonnement de un (01) mois à deux (02) ans et une amende de cinq mille (5000) à cinq cent mille (500 000) francs. La juridiction saisie est tenue de prononcer obligatoirement les deux peines. Par ailleurs, la victime a la possibilité de

---

[61] Convention internationale sur l'élimination de toutes les formes de discrimination raciale (CIEDR) adoptée en 1965 et ratifiée le 24 juin 1971.

[62] Convention sur l'élimination de toutes formes de discrimination à l'égard des femmes (CEDEF) adoptée en 1979 et ratifiée par le Cameroun le 23 août 1994. Elle a été complétée par son protocole facultatif du 06 octobre 1999 ratifié le 23 août 2005.

[63] Voir, le rapport global établi en vertu du suivi de la Déclaration de l'OIT relative aux droits fondamentaux soumis à la 100ième session de la conférence internationale du travail tenue à Genève en juin 2011.

[64] En France, l'article 2 de la loi du 31 décembre 2004 portant création de la Haute Autorité de lutte contre les discriminations et pour l'égalité (HALDE) devenue le Défenseur des droits, a été complété par la loi sur l'égalité des chances afin de permettre aux agents de cette autorité administrative indépendante spécialement assermentés et habilités par le procureur de la République, de constater par procès-verbal les délits de discrimination. Il est expressément prévu que ces constatations peuvent intervenir en cas de *testing* ; les résultats des tests d'embauche pourront alors être constatés par ces agents.

demander réparation du préjudice subi du fait de la discrimination, par l'octroi des dommages et intérêts.

B. Les discriminations réprimées par le Code du travail

24. L'on ne peut parler de discrimination au sens du droit du travail que si à la base de l'acte discriminatoire, il y a une obligation légale ou la violation d'une obligation légale. Il convient donc de distinguer la discrimination-incrimination en droit pénal du travail de la discrimination positive. Celle-ci est une mesure spéciale de protection ou d'assistance prévue par les textes internationaux et pouvant être justifiée par des raisons inhérentes au sexe, à l'âge, à l'invalidité, aux charges de famille ou au niveau social.

Les textes répressifs du Code du travail consacrés à la discrimination concernent essentiellement deux catégories de comportements : ceux qui opèrent une différence de traitement à partir de l'appartenance ou de l'activité syndicale (1) et ceux qui réalisent cette même différence en matière de rémunération (2).

1. La discrimination syndicale ou l'atteinte à la liberté syndicale

25. La représentation des travailleurs hors de l'entreprise est assurée par les syndicats. Il s'agit des organisations professionnelles créées librement, dont l'objet est l'étude, la défense, le développement et la protection de leurs intérêts notamment économiques, industriels, commerciaux et agricoles, ainsi que le progrès social, économique, culturel et moral de leurs membres[65]. Cette énumération est exhaustive et l'on comprend que tout autre objet que celui indiqué par ce texte serait illicite. Il en sera ainsi de l'activité politique, confessionnelle ou commerciale. Mais cela ne signifie pas qu'un syndicat ne peut pas être d'une tendance politique donnée, ou être influencé par un courant religieux ou effectuer des opérations d'achat et de vente dans l'intérêt de ses membres. Ce qui est interdit c'est la création sous couvert d'un syndicat d'un parti politique, d'association à but religieux, de sociétés en vue d'un bénéfice, etc.[66]. Au final, l'objet de l'activité des syndicats est déterminé par la loi conformément au principe de spécialité. En vertu de ce principe, un syndicat ne peut poursuivre notamment un but politique ou religieux.

Il est relevé pour marquer le rôle indéniable des syndicats, que *« si la relation de travail est passée de la qualification de contrat d'entreprise dans le Code civil de 1804 à travers la formule « de louage des gens de travail », à un contrat de travail progressivement devenu autonome, c'est en grande partie grâce aux luttes sociales de la fin du XIXème siècle précisément*

---

[65] Article 3 Code du travail.
[66] P.-G. POUGOUÉ (sous dir.), *Code du travail camerounais annoté*, PUA, 1997, p. 8.

organisées sous l'impulsion des organisations syndicales... »[67]. Dans le même sens, l'on fait remarquer que sur le plan des relations de travail, ils ont contribué largement à la disparition progressive des abus de la période coloniale et à l'amélioration constante des conditions de travail ainsi qu'au développement de la conscience collective dans l'entreprise[68].

Le droit de créer des syndicats professionnels est reconnu aux travailleurs (et aux employeurs) comme un droit fondamental tout comme celui de s'affilier à un syndicat de leur choix. Dans ce sens, l'article 4 (1) du Code du travail dispose que : « *les travailleurs et les employeurs ont le droit de s'affiler à un syndicat de leur choix dans le cadre de leur profession ou de leur branche d'activité* ». La liberté syndicale est affirmée par le préambule de la Constitution de l'OIT, par la Convention de l'OIT n° 84 de 1947 sur le droit d'association, par la Convention n° 87 de 1948 sur la liberté syndicale et la protection du droit syndical[69], par la Convention de l'OIT n° 98 de 1949 sur le droit d'organisation et de négociation collective[70] et par la Constitution du Cameroun qui précise dans son préambule que le droit syndical est garanti dans les conditions fixées par la loi. Ce dernier texte relaie à n'en point douter l'article 11 de la Convention n° 87 de 1948 concernant la liberté syndicale et la protection du droit syndical qui a été ratifiée par le Cameroun en 1960 et qui dispose que *« tout membre de l'Organisation internationale du travail pour lequel la présente convention est en vigueur s'engage à prendre toutes les mesures nécessaires et appropriées en vue d'assurer aux travailleurs et aux employeurs le libre exercice du droit syndical ».* Si on pouvait à juste titre en 2019 regretter que jusque-là, le législateur camerounais ne se soit pas encore manifesté, si bien que le paysage syndical était très segmenté[71], un pas a été franchi en 2020. La législation en vigueur sur les syndicats est constituée des dispositions du Code du travail, de la Loi n° 2020/009 du 20 juillet 2020 modifiant et complétant certaines dispositions de la Loi n° 90/053 du 19 décembre 1990 relative à la liberté d'association, du Décret n° 2017/1344/PM du 28 décembre 2017 fixant la forme des syndicats professionnels admis à la procédure d'enregistrement et son annexe, de la Loi n° 68/LF-19 du 18

---

[67] T. LAHALLE, « Les syndicats », *in* B. TEYSSIE (sous dir.), *La norme pénale et les relations de travail*, Panthéon Assas, Colloque, 2015, p. 256.

[68] P.-G. POUGOUÉ, I. L. MIENDJIEM, *Droit camerounais du travail. Relations individuelles du travail*, T 1, 2ème éd., PUA, 2021, n° 34, p. 27.

[69] L'article 2 de ladite Convention prévoit que : « *les travailleurs et les employeurs, sans discriminations d'aucune sorte, ont le droit, sans autorisation préalable, de constituer des organisations de leur choix, ainsi que celui de s'affilier à ces organisations, à la seule condition de se conformer aux statuts de ces dernières* » .

[70] Son article 1.1 dispose que : « *les travailleurs doivent bénéficier d'une protection adéquate contre tous actes de discrimination tendant à porter atteinte à la liberté syndicale en matière d'emploi* ».

[71] J.-M. TCHAKOUA, *in* préface ouvrage G. G. TSASSE SAHA, *Les dimensions du droit syndical au Cameroun*, L'Harmattan, Cameroun, 2019, p. 11.

novembre 1968 relative aux associations ou syndicats professionnels non régis par le Code du travail c'est-à-dire conformément à son article 1er, aux syndicats de fonctionnaires et son décret d'application n° 69-DF-7 du 06 janvier 1969. Au-delà, ces différents textes mettent davantage l'accent sur la liberté syndicale dans ses différents aspects, au détriment du droit syndical.

L'on comprend que l'absence d'un cadre juridique spécifique aux syndicats pourrait expliquer largement les difficultés que connaît le dialogue social au Cameroun[72]. Une simple rétrospective permet de relever que le syndicat reste le parent pauvre dans l'échiquier des associations. En effet, la Loi n° 90/053 du 19 décembre 1990 portant sur la liberté d'association est adoptée et exclut de son champ d'application les syndicats et les partis politiques pour lesquels elle renvoie à des textes particuliers. La Loi n° 90/056 du 19 décembre 1990 régissant les partis politiques a été prise le même jour et celui sur les syndicats demeure simplement annoncé jusqu'aujourd'hui. Cet état de fait conforte l'idée très véhiculée selon laquelle à cause de leur objectif principal qui est de défendre les intérêts des travailleurs, les syndicats ouvriers apparaissent comme un instrument de revendication efficace et suscitent par conséquent la méfiance des employeurs et des pouvoirs publics.

À notre sens, après avoir pris trop de liberté relativement à l'application au plan interne de la Convention n° 87 de 1948 concernant la liberté syndicale et la protection du droit syndical, violant ce faisant le principe de la hiérarchie des normes juridiques, il est temps pour le Cameroun de revenir à l'orthodoxie juridique. À ce titre, la construction d'un véritable droit syndical qui devra unifier les règles relatives à l'exercice de la liberté syndicale et la protection du droit syndical dans les secteurs public et privé est amorcée *de lege ferenda* à travers le projet de loi sur les syndicats au Cameroun rédigé en 2016[73]. Nous appelons de nos vœux l'effectivité de ce texte en gestation qui reconnaît la capacité d'exercice du droit syndical à la fois aux travailleurs au sens de l'article 1er du Code du travail, à ceux régis par le statut général de la fonction publique, aux travailleurs indépendants et à ceux du secteur informel[74].

Au demeurant, la liberté syndicale est garantie et mérite d'être protégée[75]. Sa protection dans l'entreprise est assurée dans ses différents aspects. Elle tend d'une part, à protéger le salarié contre les atteintes portées par l'employeur au

---

[72] *Ibid.*

[73] G. G. TSASSE SAHA, *Les dimensions du droit syndical au Cameroun*, *op. cit.*, p. 21.

[74] Art. 1 (2) (a) du projet de loi sur les syndicats au Cameroun.

[75] En effet, les syndicats ouvriers suscitent généralement la méfiance de la part des employeurs.

droit qui lui est reconnu d'adhérer à un syndicat de son choix[76] et d'y militer[77] et d'autre part, à garantir à chaque salarié la liberté d'adhérer ou de ne pas adhérer à une organisation syndicale.

L'atteinte à la liberté syndicale est réprimée par l'article 168 en ces termes : « sont punis ...

(2) toute personne qui commet à l'égard d'un travailleur affilié à un syndicat, un acte de discrimination tendant à porter atteinte à la liberté syndicale en matière d'emploi ;

(3) toute personne qui se rend coupable de l'une des pratiques visées à l'article 4 (2)[78] »

Il s'agit de toute pratique tendant à : subordonner l'emploi des travailleurs à leur affiliation ou à leur non affiliation à un syndicat ; les licencier ou leur causer un préjudice quelconque en raison de leur affiliation à un syndicat ou de leur participation à des activités syndicales[79]. Cette incrimination mérite

---

[76] L'article 4 (1) Code du travail dispose en ce sens que :
(1) « les travailleurs et les employeurs ont le droit de s'affiler à un syndicat de leur choix dans le cadre de leur profession ou de leur branche d'activité ».
(2) Sont interdits à l'égard des travailleurs ;
a) Tout acte de discrimination tendant à porter atteinte à la liberté syndicale en matière d'emploi;
b) Toute pratique tendant à :
- subordonner leur emploi à leur affiliation ou à leur non-affiliation à un syndicat;
- les licencier ou leur causer un préjudice quelconque en raison de leur affiliation ou de leur non-affiliation à un syndicat ou de leur participation à des activités syndicales ».

[77] Le travailleur doit mener ses activités syndicales en toute liberté. L'employeur ne doit pas empêcher le travailleur de prendre part aux activités syndicales. Les jours d'absence pour participation aux réunions syndicales sont considérés comme temps de travail effectif, non récupérables ni déductibles du congé annuel. Ils donnent lieu à des autorisations exceptionnelles d'absences payées, mais variables selon les conventions collectives : J.-M. NYAMA, *Droit et contentieux du travail et de la sécurité sociale au Cameroun*, 2ème éd., 2014, n° 329, p. 346.

[78] Cet article précise que *: « sont interdits à l'égard des travailleurs :*
a) tout acte de discrimination tendant à porter atteinte à la liberté syndicale en matière d'emploi ;
b) toute pratique tendant à :
- subordonner leur emploi à leur affiliation ou à leur non affiliation à un syndicat ;
- les licencier ou leur causer un préjudice quelconque en raison de leur affiliation ou de leur non affiliation à un syndicat ou de leur participation à des activités syndicales ».

[79] Plusieurs conventions collectives prévoient d'ailleurs que : *« les employeurs s'engagent à ne pas prendre en considération le fait d'appartenir ou non à une association ou un syndicat professionnel, non plus que les opinions politiques ou philosophiques, les croyances religieuses ou origines sociales, ethniques et raciales du travailleur, pour arrêter leurs décisions en ce qui concerne l'embauche, la conduite ou la répartition du travail, les mesures de discipline, l'avancement ou le licenciement »* : Voir, convention collective nationale des entreprises d'exploitation, convention collective nationale des banques et établissements financiers, convention collective nationale des assurances.

d'être cernée à la fois à partir de ses éléments constitutifs (a) et sa répression (b).

a. Éléments constitutifs de l'infraction

26. L'atteinte à la liberté syndicale est définie à la fois de manière très large et très précise. Est constitutive d'infraction, la discrimination fondée sur l'appartenance ou l'activité syndicale du travailleur.

i. Élément matériel de l'infraction

27. Les discriminations susceptibles de donner lieu à des poursuites pénales ne sont pas limitativement énumérées par l'article 168 (2 et 3). Seuls sont précisés les domaines concernés. Sont principalement visées, les discriminations en matière d'embauche et de licenciement. Mais l'article 4 (2) auquel fait référence l'article 168, y inclut « un préjudice quelconque ». Ce qui revient à dire que le préjudice dont il s'agit peut résulter d'une discrimination émanant d'un domaine étranger à l'embauche et au licenciement. On peut en conclure que l'interdiction de discrimination est d'une portée générale au regard de l'application de la législation du travail[80]. Elle concerne au-delà des discriminations en matière d'embauche et de licenciement, les discriminations en matière de conduite et de répartition du travail, de formation professionnelle, d'avancement, de rémunération et d'octroi d'avantages sociaux, de mesures de discipline, dès lors qu'un préjudice quelconque en résulte.

Aux termes de l'article 168 (2), l'acte matériel de discrimination n'est pas défini. Le texte parle tout simplement d' *« un acte de discrimination tendant à porter atteinte à la liberté syndicale en matière d'emploi »*. La liste des actes pouvant donner lieu à poursuite n'est donc pas exhaustive. Ce qui confère un large pouvoir d'appréciation aux juges du fond.

28. En raison de la diversité des décisions de l'employeur susceptibles de conduire au délit, l'élément matériel du délit se présente sous plusieurs formes. Le délit est caractérisé lorsqu'à l'expiration de la mission de cinq travailleurs temporaires, l'employeur a fait le nécessaire pour replacer quatre des intéressés dans un autre établissement situé dans la même ville, mais a pris soin d'écarter de ce nouvel emploi le cinquième d'entre eux, par ailleurs délégué syndical de l'entreprise, en lui offrant un poste dans une région éloignée que sa situation familiale ne permettait pas d'accepter[81]. Caractérise encore l'infraction, le fait de soumettre un salarié à des mutations successives

---

[80] Voir, NDIE NGAH, *Le droit pénal camerounais du travail et de la prévoyance sociale*, Mémoire de maîtrise en Droit privé, Université de Yaoundé, 1985, p. 80.

[81] CA Nîmes, 21 avr. 2000, *JurisData* n° 2000-120860.

pour sanctionner son appartenance syndicale[82] ou de lui imposer des sujétions ayant pour finalité essentielle de l'isoler de ses collègues[83] ou le retrait à un cadre des moyens indispensables à l'exercice normal de son activité de directeur de production[84]. Il en est de même du licenciement d'un salarié ordinaire[85] ou des sanctions infligées aux grévistes[86], provoquées par leur appartenance ou leur action syndicale.

L'identification de l'élément matériel du délit semble toutefois délicate lorsqu'on n'est pas en présence d'une décision ou d'un comportement ponctuel de l'employeur parce qu'il faut situer un ensemble d'agissements perpétrés par ce dernier dans le temps. Tel est le cas du ralentissement de carrière du militant syndical et de la moindre progression de sa rémunération, lesquels ne peuvent souvent être constatés qu'après plusieurs années de collaboration. Il semble que l'appréciation de cette évolution défavorable afin de déceler ses liens avec les motifs discriminatoires, devrait partir de la date d'embauche[87]. Le recours à la méthode comparative avec un référent pertinent en l'occurrence l'évolution professionnelle des salariés syndiqués par rapport aux non-syndiqués de l'entreprise, permet de révéler dans ces hypothèses une éventuelle discrimination syndicale. Au demeurant, c'est l'objectivité et le caractère pertinent des justifications présentées par l'employeur qui conditionnent l'issue du litige. Dans ce sens, le manque de disponibilité du salarié syndiqué ne paraît pas constituer une raison acceptable pour retarder ou refuser un avancement[88]. En revanche, si des insuffisances et manifestations d'incompétence sont relevées à l'encontre du salarié syndiqué, l'infraction n'est pas constituée[89].

ii. Élément moral de l'infraction

29. Pour caractériser l'atteinte à la liberté syndicale, la prise en compte de l'activité syndicale de certains salariés doit être nécessairement intentionnelle ; ce qui ne signifie pas pour autant être animée d'une intention de nuire. Ainsi, s'agissant d'une prime exceptionnelle dont l'attribution a été

---

[82] Cass. crim., 5 mai 1998, *Dr ouvrier* 1998, p. 558 : la discrimination consiste dans le fait d'avoir, dès l'accès de la salariée à des fonctions représentatives, procédé à son affectation dans un bureau délabré et privé celle-ci du libre accès aux armoires contenant les documents comptables nécessaires à l'exercice de sa fonction de comptable.

[83] Cass. crim., 4 janv. 1991, *RJS* 1991, 181, n° 346.

[84] Cass. crim., 29 janv. 2008, *JurisData* n° 2008-043078; *RJS* 2008, n° 564.

[85] Cass . crim., 4 avr. 1979, *Bull. crim.* 1979, p. 409.

[86] Cass. crim., 31 mars 1981, *D.* 1982, inf. rap. P. 83, obs. J. PELISSIER.

[87] Ce qui impliquait que l'on considère l'infraction comme ayant un caractère continu et que l'on fasse courir le délai de prescription de l'action publique seulement à partir de la constatation des faits par le fonctionnaire du travail : Cass. crim., 11 oct. 1989, *RJS* 1989, n° 943 ; Cass ; crim., 14 juin 200, *Bull. crim.* 2000, n° 226 ; Cass. crim., 20 juin 2006, *JurisData* n° 2006-034785.

[88] Cass. crim., 19 mai 1987, *Dr. ouvrier* 1988, p. 452.

[89] Cass. crim., 8 oct. 1991, *RSJ* 1992, n° 50.

refusée aux salariés ayant participé à une grève déclenchée par les organisations syndicales, la coïncidence relevée entre le non-versement de la prime et la participation à une grève ne permet pas de caractériser de façon irréfutable cette intention délictueuse dès lors que la distribution de la prime était justifiée par le surcroît de travail exigé de ses bénéficiaires en vue de maintenir la nécessaire ponctualité de livraisons intéressant la santé publique et qu'elle entrait en outre dans les prévisions du règlement intérieur[90].

L'on comprend que le comportement de l'auteur des faits doit obéir de façon univoque à la volonté de porter atteinte à la liberté syndicale. Mais cette volonté n'a pas pour autant à être exclusive, car le délit est constitué même si la discrimination syndicale n'a pas été le seul motif des mesures prises[91]. Dans ce sens, une sanction disciplinaire infligée à un délégué syndical du fait de grève alors qu'il est le seul sanctionné parmi les grévistes, caractérise la discrimination dès lors que le lien entre la sanction prononcée et l'appartenance syndicale se trouve établi, même si la sanction pouvait apparaître fondée en elle-même[92]. Le caractère délibéré des décisions prises à l'encontre d'un salarié investi de fonctions représentatives du personnel est suffisamment démontré par des processus de privation systématique des moyens indispensables à l'exercice de son activité professionnelle[93]. Très souvent, l'élément moral est déduit des éléments matériels significatifs.

Dans tous les cas, pour être condamné, l'employeur doit manifester la ferme volonté de porter atteinte de quelque manière que ce soit à la liberté syndicale. En outre, le dol spécial qui naît de la volonté de nuire à une valeur sociale protégée doit exister. Dans l'atteinte à la liberté syndicale, l'employeur ne se contente pas de violer la loi. « *Il le fait dans le but d'affaiblir les corps intermédiaires que sont les organisations syndicales* »[94]. L'infraction est établie « *si le responsable du personnel heurte volontairement un gréviste avec sa voiture quand bien même la grève avait eu pour objectif de soutenir un syndicat* »[95].

b. Répression de la discrimination fondée sur l'action syndicale

30. La violation de l'interdiction des mesures discriminatoires fondées sur l'appartenance syndicale ou l'activité syndicale donne lieu à l'application des sanctions.

---

[90] Cass. crim., 28 nov. 1978, *Bull. crim.* 1978, n° 336; Cass. crim., 13 mai 1980, BERTHOLLET.

[91] Cass. crim., 14 juin 2000, *Bull. crim.* 2000, n° 226.

[92] Cass. crim., 21 nov. 1989, *Dr. ouvrier* 1990, p. 410.

[93] Cass. crim., 29 janv. 2008, *JurisData* n° 2008-043078; *RJS* 2008, n° 564.

[94] T. LAHALLE « les syndicats », *in* B. TEYSSIE (sous dir.), *La norme pénale et les relations de travail*, Panthéon Assas, Colloque, 2015, p. 262.

[95] Cass. crim., 28 avr. 2009, *RJS* 10/09 n° 807.

Le délit de l'article 168 du Code du travail peut être *a priori* reproché à tout le monde, faute d'imputation légale limitative du fait de l'emploi de l'expression *« toute personne »* qui en réalité ne vise pas une personne déterminée. Or, il paraît évident que dans le domaine des relations du travail et de la vie des entreprises, les mesures discriminatoires fondées sur l'appartenance ou l'activité syndicale ne peuvent être prises que par ceux qui ont été régulièrement investis des prérogatives correspondantes : l'employeur lui-même, le chef d'entreprise, les fondés de pouvoir, etc. Dans ce cas, la responsabilité de l'infraction ne peut être imputable qu'à l'auteur matériel des agissements incriminés.

En pratique, la preuve des faits constitutifs d'une discrimination s'avère souvent, difficile à rapporter, d'autant plus que le juge répressif doit s'en tenir à l'examen des faits qui lui sont limitativement déférés. Ainsi, en matière d'embauche notamment, l'infraction est difficilement matérialisée à moins que le candidat n'ait été invité par le futur employeur à répondre à un questionnaire comportant une question relative à son appartenance syndicale. En cas de licenciement, le motif réel de la décision demeure déterminant.

La première infraction est punie d'une amende de 200 000 à 1 500 000 francs. Le cumul des amendes appliqué autant de fois qu'il y a des salariés atteints par les mesures discriminatoires n'est pas expressément autorisé. Par conséquent, il doit être fait application du non-cumul des peines de l'article 51 du Code pénal.

Il n'est pas rare, compte tenu du contexte syndical qui caractérise les entreprises, que l'infraction pour atteinte à la liberté syndicale s'accompagne, lorsqu'elle concerne un salarié protégé, de l'entrave à l'exercice des fonctions de représentant du personnel. Il en est ainsi du licenciement d'un employé, à la fois pour son activité syndicale et pour sa déclaration de candidature à des fonctions de délégué du personnel. En pareil cas, les deux infractions étant punies des mêmes peines, si c'est la peine d'amende qui est retenue, celle-ci ne peut être appliquée qu'une seule fois en raison de la règle de non-cumul des peines, à moins que les deux infractions soient qualifiées de contraventions.

En cas de récidive, la peine d'emprisonnement peut être prononcée.

En outre, les sanctions civiles frappent l'auteur de l'infraction en cas de préjudice résultant de la discrimination. La victime peut alors demander des dommages et intérêts. Dans ce sens, le licenciement du travailleur motivé par son appartenance ou sa non-appartenance à un syndicat, considéré comme une rupture abusive du contrat, peut donner lieu à des dommages et intérêts (article 39 (1) Code du travail)[96].

2. La discrimination en matière de salaire

31. La Convention internationale du travail n°100 établit le principe de l'égalité en matière de rémunération entre la main-d'œuvre masculine et la main-d'œuvre féminine pour un travail de valeur égale. Ce principe d'égalité concerne le domaine de la rémunération qui comprend le salaire ou traitement ordinaire, de base ou minimum, et tous les autres avantages, payés directement ou indirectement, en espèce ou en nature, par l'employeur au travailleur en raison de l'emploi de ce dernier.

32. Le principe de l'égalité en matière de rémunération est affirmé par l'article 61 (2) du Code du travail en ces termes : *« à conditions égales de travail, d'aptitude professionnelle, le salaire est égal pour tous les travailleurs, quels que soient leur origine, leur sexe, leur âge, leur statut et leur confession religieuse, dans les conditions prévues au présent article »*. Il s'ensuit qu'il est interdit à l'employeur de faire des discriminations en fonction de tous les éléments étrangers à la notion de salaire considéré comme contrepartie du travail.

Le terme « salaire » signifie, quels qu'en soient la dénomination et le mode de calcul, la rémunération ou les gains susceptibles d'être évalués en espèces et fixés, soit par accord, soit par des dispositions réglementaires ou conventionnelles, qui sont dus en vertu d'un contrat de travail par un employeur à un travailleur, soit pour le travail effectué ou devant être effectué, soit pour les services rendus ou devant être rendus (article 61 (1) Code du travail).

L'article 61 (2) évoque plusieurs critères fondant une éventuelle discrimination salariale. Cependant, celui relatif au sexe semble prégnant du fait de la réalité en entreprise qui est assez révélatrice. L'on comprend que l'accent soit davantage mis sur l'égalité de rémunération entre la main d'œuvre masculine et la main d'œuvre féminine, qui vise *« les taux de rémunération fixés sans distinction fondée sur le sexe »*.

Aussi, lorsque les circonstances de travail (temps, lieux, moyens) et les qualifications personnelles (capacités que possèdent les salariés d'occuper un emploi donné) sont les mêmes, les travailleurs doivent percevoir le même

---

[96] Il convient de préciser que ces dommages et intérêts ne se confondent ni avec l'indemnité pour inobservation du préavis qui répare le préjudice causé par le caractère brusque de la rupture, ni avec l'indemnité de licenciement qui est accordée à tout travailleur licencié qui a passé au moins deux ans dans l'entreprise et qui n'a pas commis de faute lourde.

salaire. En revanche, les salaires doivent être différents pour des conditions de travail ou des qualifications différentes.

Sont considérés comme ayant une valeur égale, les travaux qui exigent des salariés un ensemble comparable de connaissances professionnelles consacrées par un titre, un diplôme ou une pratique professionnelle, de capacités découlant de l'expérience acquise, de responsabilités et de charges physiques ou nerveuses[97].

Pour concrétiser ce principe d'égalité, des mesures devraient être prises pour encourager l'évaluation objective des emplois sur la base des travaux qu'ils comportent. Les méthodes à suivre pour effectuer cette évaluation peuvent faire l'objet de décisions étatiques ou de règles conventionnelles. Toutefois, les différences entre les taux de rémunération qui correspondent à des différences résultant de l'évaluation ne devront pas être considérées comme attentatoires au principe de l'égalité de rémunération entre la main-d'œuvre masculine et la main d'œuvre féminine pour un travail de valeur égale[98].

33. Le législateur n'ayant pas curieusement prévu de manière expresse de sanction à la discrimination en matière salariale[99], il y a lieu d'admettre que le droit de poursuite appartient au salarié victime, mais aussi aux organisations syndicales représentatives. Le tribunal saisi, pourrait faire injonction à l'employeur de définir, après consultation des délégués du personnel et dans un délai déterminé, les mesures propres à assurer dans l'entreprise en cause le rétablissement de l'égalité professionnelle entre les femmes et les hommes et ce, avec effet rétroactif. En outre, le tribunal pourrait ordonner l'affichage de sa décision et son insertion dans la presse. Parallèlement, l'on devrait pouvoir admettre l'action civile de la victime en vue faire condamner l'employeur au paiement des dommages et intérêts pour réparation du préjudice résulté du traitement salarial discriminatoire.

§2. Le harcèlement

34. Le législateur camerounais ne réprime que le harcèlement sexuel à travers l'article 302-1 du Code pénal (A) en laissant de côté le harcèlement moral qui en constitue une autre forme (B) auquel il convient d'ajouter le chantage sexuel (C).

---

[97] Article L 3221-4 du Code du travail français.

[98] A. BOUHARROU, *op. cit.*, p. 25.

[99] En droit français, le fait de méconnaître les dispositions relatives à l'égalité de rémunération entre hommes et femmes est puni d'un emprisonnement d'un an et d'une amende de 3750 euros : article L 3222-1 Code du travail.

A. Le harcèlement sexuel

35. Selon le BIT, « *on entend par harcèlement sexuel au sens large du terme toute avance, remarque ou comportement physique inopportuns, à caractère sexuel, ayant pour objet ou conséquence de s'immiscer sans raison dans l'accomplissement du travail d'une personne ou de créer un cadre de travail intimidant, hostile, abusif ou offensant* »[100].

D'après cette définition, sont considérés comme harcèlement sexuel :

- « les insultes, remarques, plaisanteries et insinuations à caractère sexuel et les commentaires inopportuns sur les vêtements, le physique, l'âge ou la situation de famille d'une personne ;
- les contacts physiques non souhaités et non justifiés, tels que attouchements, caresses, pincements ou voies de fait ;
- les remarques embarrassantes et autres formes de harcèlement verbal;
- les regards et gestes lascifs ;
- les invitations compromettantes ;
- les demandes de faveurs sexuelles »[101].

Au Cameroun, avant l'adoption du Code pénal du 12 juillet 2016, aucun texte ne réprimait le harcèlement sexuel bien que cette pratique établie dans les entreprises était le lot quotidien de plusieurs travailleurs qui ruminaient leur souffrance en silence[102]. Désormais, l'article 302-1 (1) du Code pénal définit le harcèlement sexuel ainsi : *« est puni..., quiconque, usant de l'autorité que lui confère sa position, harcèle autrui en donnant des ordres, proférant des menaces, imposant des contraintes ou exerçant des pressions dans le but d'obtenir des faveurs de nature sexuelle ».* Les termes employés dans cette définition n'ayant pas été explicités, il convient de s'y employer pour mieux appréhender le comportement incriminé à travers ses éléments constitutifs (1) avant d'envisager sa répression (2).

1. Les éléments constitutifs du harcèlement sexuel

36. Ils sont de deux ordres : l'élément matériel et l'élément moral.

---

[100] BIT, *ABC des droits des travailleurs et de l'égalité entre hommes et femmes*, première édition, Genève, 2003,
p. 46.

[101] *Ibid.*

[102] Il a été relevé à juste titre que : « *ces peines ressenties par le travailleur ou la travailleuse génèrent en eux un sentiment d'injustice et d'insécurité, qui entraîne en général une baisse de motivation, d'implication et d'engagement au travail, c'est-à-dire une baisse d'adhésion aux buts et valeurs de l'entreprise, une perte de confiance en l'employeur voire une méfiance vis-à-vis des autres travailleurs. Lorsque la victime n'en peut plus, c'est la démission* » : L.N. MANGA, *Femme et travail : la fin des discriminations ?*, Yaoundé, Clé, 2015, p. 136.

a. L'élément matériel

37. Les actes de harcèlement sexuel sont susceptibles d'emprunter de multiples formes que résument les quatre termes ci-après : « ordres, menaces, contraintes et pressions ». Ils caractérisent les abus d'autorité, seuls visés par l'article 302-1 (1) du Code pénal. Cela précisé, l'on comprend que le harcèlement punissable n'est conçu que dans le cadre d'une relation d'autorité. Ce qui semble limiter son périmètre au harcèlement mettant en cause uniquement le supérieur hiérarchique à l'exclusion du harcèlement dit « horizontal », qui viendrait du collègue de même niveau hiérarchique et du harcèlement dit « ascendant » émanant du collègue du niveau hiérarchique inférieur. Les actes matériels constitutifs du harcèlement sexuel doivent avoir été imposés. Ce qui revient à affirmer que la victime les subit et par conséquent, il y a absence de consentement. À vrai dire, la nature pénale du texte commande une interprétation stricte : le législateur a entendu incriminer un comportement qui, dans le dessein de faveurs de nature sexuelle et par le recours à des moyens dont l'énumération évoque les manifestations objectives d'une relation d'autorité, caractérise l'exploitation d'une situation de subordination ou de dépendance de la victime.

L'usage de ces actes doit être orienté vers un seul but : l'obtention des faveurs de nature sexuelle. L'expression est appréhendée de manière large. Ainsi, au-delà du coït, on entend par *« faveurs de nature sexuelle »,* tout acte de nature sexuelle, et notamment les simples contacts physiques destinés à assouvir un fantasme d'ordre sexuel, voire à accentuer ou provoquer le désir sexuel[103]. Il s'agit souvent d'un chantage sexuel. Ne rentre pas dans cette définition, la seule attitude de séduction même émanant d'un supérieur hiérarchique[104].

38. Les comportements sont donc très variés. La jurisprudence a fourni des illustrations de ce que l'interprète doit entendre par là. Est reconnu coupable de harcèlement sexuel, l'employeur qui exerce sur ses salariées une pression quasi quotidienne par ses allusions à connotation sexuelle et ses gestes déplacés pour obtenir des faveurs de nature sexuelle[105] ou qui conditionne le maintien dans l'emploi de la salariée à des relations sexuelles présentées comme un acte de confiance indispensable[106]... Constitue le délit de harcèlement sexuel, le fait pour un professeur d'art dramatique, exerçant dans le cadre d'un enseignement à visée professionnelle, d'user de menaces et de pressions graves à l'encontre de ses élèves dans le but d'obtenir des faveurs de nature sexuelle, en abusant de l'autorité que lui confèrent ses fonctions[107].

---

[103] CA Paris, 18 janv. 1996, *Gaz. Pal.* 1996, I, 267, note KATZ (référé prud'homal).
[104] CA Versailles, 29 nov. 1996, *Gaz. Pal.* 1997, I, somm. 288.
[105] Cass. crim., 30 sept. 2009, n° 09-80.971, *JurisData* n° 2009-050007.
[106] CA Versailles, 31 janv. 1997, *Rev. Sc. crim.* 1998, p. 105.
[107] Cass. crim., 15 juin 2000, *Bull. crim.* n° 227.

Des attouchements répétés, imposés par un supérieur hiérarchique, entrent dans les pressions de toutes natures exercées dans le but d'obtenir des faveurs sexuelles[108]. Sont des menaces et des contraintes émanant du contremaître d'une usine, prévenu, qualifié d'*« obsédé sexuel »* par la permanence de ses sollicitations, les faits de déclarer à une de ses subordonnées : *« n'oubliez pas que je suis le chef et que j'ai mon mot à dire auprès du directeur, alors, il faut être gentille avec le chef »* et d'indiquer à une autre que si elle faisait des *« histoires »*, son emploi serait menacé, menace d'autant plus caractérisée que cette salariée était sous contrat à durée déterminée[109]. Tombe sous le qualificatif de harcèlement le fait pour un employeur de proférer des menaces à l'encontre de la salariée telles que *« tu le paieras très cher de ne pas être gentille avec moi »* ou d'avoir usé de mesures de rétorsion à l'égard de sa salariée en raison du rejet de ses avances par cette dernière, comportement caractérisant la contrainte morale destinée à obtenir ultérieurement des faveurs de nature sexuelle[110]. L'infraction est encore caractérisée à l'encontre du chef de magasin d'un super marché qui, dans le cadre de l'exercice de son activité professionnelle, a usé sur une longue période de menaces ou de contraintes exercées sur trois employées du supermarché pour obtenir d'elles des faveurs de nature sexuelle[111].

Les actes matériels constitutifs du harcèlement sexuel doivent avoir été imposés. Il faut prouver l'absence de consentement de la personne à ces actes et la contrainte qu'elle supporte. On retient généralement que ces actes doivent être répétés, le terme harcèlement sous-entendant une réitération. Mais il avait été admis qu'une tentative d'embrasser une apprentie serveuse suffisait à constituer le harcèlement[112]. Aussi avait-on proposé que le harcèlement revête deux formes : le *« harcèlement-chantage »* pouvant être constitué par un seul acte manifestant une contrainte et le *« harcèlement-lassitude »* accompli par des actes insistants ne nécessitant pas une position d'autorité du harceleur[113]. Il convient d'ajouter aujourd'hui, le cyber-harcèlement sous ses multiples facettes[114]. On peut donc admettre valablement un harcèlement sexuel constitué par un acte unique fait avec une pression grave sur la personne visée.

39. Les faits objets du harcèlement sexuel ayant été identifiés, l'on devrait pouvoir aller au-delà de l'incrimination proprement dite en réprimant les

---

108 CA Paris, 18 sept. 1996, *D.* 1996, IR 264.

109 CA Lyon, 26 nov. 1998, *JCP* 1999, II, 10145, note MISTRETTA.

110 Cass. crim., 20 févr. 2002, *Juri-soc.* 2002, n° 101, p. 22, note TOPPINO.

111 CA Toulouse, 7 nov. 2002, *JCP* 2003, IV, 1707.

112 CA Poitiers, 15 janv. 1999, *JurisData* n° 1999-042540.

113 V. MALABAT, « A la recherche du sens du droit pénal du harcèlement », *Dr. soc.* 2003, p. 491.

114 Dans ce sens, la Loi française n° 2018-703 du 3 août 2018 renforçant la lutte contre les violences sexuelles et sexistes modifiait l'article 222-33 du Code pénal en ajoutant l'adjectif *« sexistes »* aux *« propos ou comportements à connotation sexuelle » répréhensibles*, en incriminant des formes de cyber-harcèlement.

suites de celle-ci dès qu'elles ont pour cadre les relations de travail, que la victime soit salariée, candidate à un recrutement, à un stage ou à une période de formation en entreprise ou déjà en formation ou en stage. Ces mesures de rétorsion peuvent être constituées de la sanction, du licenciement ou une mesure discriminatoire, directe ou indirecte, portant notamment sur la rémunération ou la promotion. Tel est le cas de l'employeur *« qui avait cessé de verser à l'une de ses employés une prime exceptionnelle lorsqu'elle avait refusé ses propositions et l'avait affectée à des postes très pénibles et inadaptés à son handicap ; que, dans le cas d'une autre salariée, après lui avoir accordé une promotion lorsqu'elle avait accepté d'avoir une relation sexuelle avec lui, il l'avait ensuite reléguée au nettoyage des toilettes lorsqu'elle avait refusé de poursuivre cette relation ; qu'en ce qui concerne la troisième, il lui avait caressé la joue et avait tenté de l'embrasser, mais celle-ci ayant repoussé ses avances, il l'avait licenciée »*[115]. Il convient de sanctionner ces mesures de rétorsion du moment où on peut y déceler ne serait-ce qu'un seul acte de harcèlement sexuel.

b. L'élément moral

40. Pour ce qui est de l'élément moral du harcèlement sexuel, la prise en compte des moyens mobilisés et la finalité recherchée par l'auteur permettent d'affirmer que c'est un délit nécessairement intentionnel. Il indique clairement la volonté délibérée de nuire de son auteur, celle d'abuser de l'autorité qu'il détient sur la victime pour parvenir à ses fins. En d'autres termes, le comportement de l'auteur des faits doit obéir de façon univoque à la volonté d'exploiter l'état de subordination de la victime. Tel ne semble pas être le cas lorsque les actes d'un président directeur général commis sans chantage, n'ont été que de simples signaux sociaux conventionnels, lancés de façon espacée les uns les autres dans le temps, de façon à permettre d'exprimer la manifestation, non fautive au plan pénal, d'une inclinaison pouvant être sincère[116].

2. La répression du harcèlement sexuel

41. Le délit de harcèlement sexuel est puni d'un emprisonnement de six (6) mois à un an (1) et d'une amende de cent mille (100 000) à un million (1 000 000) de francs (article 302-1 (1) Code pénal). Si toute personne peut se trouver potentiellement exposée à des comportements de harcèlement sexuel, le législateur prend en compte la réalité sociologique en renforçant la répression lorsque les faits expriment une exploitation de la vulnérabilité d'autrui. C'est ainsi que les peines du harcèlement sont aggravées par la qualité de la victime. Dans ce sens, l'article 302-1 (2) porte la peine à un

---

[115] Cass . crim., 18 févr. 2004, n° 03-83.302.
[116] CA DOUAI, 10 sept. 1997, *JCP* 1998, II, 10037, note GARÉ.

emprisonnement de un (1) à trois (3) ans, si la victime est une personne mineure et lorsque l'auteur des faits est préposé à l'éducation de la victime, la peine est un emprisonnement de trois (3) à cinq (5) ans (article 302-1 (3)).

L'on doit néanmoins relever que la qualité de victime doit être largement entendue. La première catégorie de victime est le salarié qui va être sanctionné, licencié ou faire l'objet d'une mesure discriminatoire dans le cadre de son activité professionnelle pour avoir subi ou refusé de subir les faits de harcèlement. La deuxième catégorie dépasse le cercle de salarié pour englober les candidats à une intégration temporaire ou permanente dans l'entreprise (stage, recrutement) ou à une formation, voire des personnes déjà en formation ou en stage qui peuvent être exposées à une forme de chantage sexuel lié à leur candidature ou à leur situation précaire dans l'entreprise[117].

Les poursuites pénales sont engagées par le parquet. La victime du harcèlement sexuel peut aussi exercer une action civile personnelle qui sera appuyée éventuellement par l'action des associations et des syndicats. Elle conduira à l'octroi des dommages et intérêts pour le préjudice subi. Mais très souvent, elle préfère subir la situation, n'osant pas dénoncer son supérieur hiérarchique dont les représailles pourraient entraîner la perte de son emploi, conséquence très redoutée en cette période de récession économique. C'est dire que dans la pratique, on enregistre un faible nombre de plaintes déposées sur le fondement du harcèlement sexuel bien que les faits caractérisant cette incrimination soient devenus des réalités du vécu quotidien en entreprise au point où on tendrait à les percevoir comme des comportements normaux et par conséquent, à les banaliser. Or, loin d'être un sujet tabou, il s'agit au contraire des agissements portant atteinte à la dignité humaine. L'évolution des mœurs permet d'attester que les victimes du harcèlement sexuel emboîteront le pas déjà franchi sur le plan de l'exercice des poursuites de plus en plus enregistré par les victimes du viol, en vue de la sanction des auteurs.

B. Le harcèlement moral

42. L'infraction de harcèlement moral est fondée sur l'organisation des conditions de travail dans l'entreprise et sur la qualité de celles-ci. À ce titre, elle est susceptible d'entraîner des conséquences très importantes sur les relations professionnelles[118] du fait de la nature pernicieuse de la violence qui la caractérise. Elle est définie comme des agissements répétés, des propos ou comportements ayant pour objet ou pour effet une dégradation des conditions de travail susceptible de porter atteinte aux droits et à la dignité du salarié,

---

[117] C'est le lieu de relever que les personnes en situation économique ou sociale précaire, constituent les personnes les plus exposées que d'autres, à un chantage sexuel.

[118] M.-F. HIRIGOYEN, *Le harcèlement moral, la violence perverse au quotidien*, Syros, 1998 ; C. DEJOURS, *Souffrance en France, La banalisation de l'injustice sociale*, Le Seuil, 2002 ; F. MEYNADIER, *Le harcèlement professionnel*, Thèse Montpellier I, 2007.

d'altérer sa santé physique ou mentale ou de compromettre son avenir professionnel[119]. Le délit de harcèlement moral ne requiert ni que les conséquences de la dégradation des conditions de travail soient avérées ni qu'il existe un lien de subordination hiérarchique entre l'auteur et la victime[120]. L'auteur du harcèlement moral peut être soit un supérieur hiérarchique, soit un simple collègue, soit un subalterne[121], voire une personne qui n'a aucun lien avec l'entreprise[122]. L'indication des éléments constitutifs (1) précèdera celle de la répression (2) de ce délit.

1. Éléments constitutifs du harcèlement moral

43. Pour que le délit soit caractérisé, il faut la répétition des actes qui le définissent à savoir les agissements, les comportements ou propos. Les agissements répétés peuvent être constitués par la répétition d'un même acte[123] comme par la commission d'actes différents. Parmi ces derniers, on peut identifier non seulement les actes de commission, mais également des omissions : retard dans la mise en œuvre de la réduction du temps de travail, imposition d'heures de présence incompatibles avec d'autres occupations professionnelles, obstruction au libre accès au lieu de travail et aux documents, reproches injustifiés et réflexions désobligeantes, privation irrégulière de salaires qualifiés comme un ensemble de mesures vexatoires injustes et inappropriées, trouvant leur justification dans la volonté de se séparer de la victime[124]. Il en est ainsi d'un chef d'entreprise qui a pratiqué un harcèlement quotidien à l'encontre de salariées, ne leur laissant aucun répit en raison de ses colères incessantes et non justifiées, les poussant à la faute en les humiliant devant des clients par des remarques désobligeantes[125].

Les agissements, propos ou comportements répétés ont pour objet ou pour effet une dégradation des conditions de travail, qu'elles soient humaines, relationnelles ou matérielles. Le vocable *« ayant pour objet »* laisse entendre qu'il n'est pas exigé que la dégradation des conditions de travail se soit réalisée effectivement. En revanche, dans le cas des actes ayant pour effet la dégradation des conditions de travail, un résultat matériel est exigé. Dans tous les cas, il semble que ces deux types de harcèlement coexistent : l'un se

---

[119] Article 222-33-2 du Code pénal et article L 1152-1 du Code du travail français. Ce délit est puni à la fois par le Code du travail et le Code pénal en droit français. Nous empruntons donc cette définition qu'ils nous offrent pour conduire notre analyse.

[120] Cass. crim., 6 déc. 2011, *Dr. soc.* 2012, 539, obs. DUQUESNE ; *JCP S* 2012, 1176, obs. LEBORGNE-INGELAERE.

[121] Cass. crim., 18 janv. 2011, n° 10-83389, *Dr. pén.* 2011, n° 47, comm. M. VÉRON.

[122] Cass. soc., 1er mars 2011, *RJS* 2011, n° 390.

[123] Cass. crim., 26 janv. 2016, n° 14-80455.

[124] Cass. crim., 21 juin 2005, *Bull. crim.* 2005, n° 187 ; *Dr. pén.* 2005, n° 157, obs. M. VÉRON ; *Rev. sc. crim.* 2005, 850, *obs.* Y. MAYAUD.

[125] Cass. crim., 17 juin 2014, n° 12-84.918.

traduisant concrètement par une dégradation avérée des conditions de travail et l'autre dont la répression suppose une recherche du degré de nocivité du comportement et de ses conséquences éventuelles[126].

44. La dégradation des conditions de travail doit être susceptible de porter atteinte aux droits et à la dignité du salarié, d'altérer sa santé physique ou mentale ou de compromettre son avenir professionnel. On cite à titre d'illustration, les convocations multiples accompagnées de reproches graves comme la commission de malversations qui ont eu sur la santé de la salariée des conséquences que celle-ci justifie par des certificats médicaux ; au final son avenir professionnel a été compromis, car elle a été licenciée pour faute grave après trente ans d'exercice de ses fonctions sans avoir fait l'objet d'une procédure disciplinaire[127]. Dans le même sens, le harcèlement moral est caractérisé dès lors que l'employeur impose à un salarié de manière répétée, au mépris des prescriptions du médecin du travail, d'effectuer des tâches de manutention lourde qui avaient provoqué de nombreux arrêts de travail puis, au vu des avis médicaux successifs, lui avait proposé des postes d'un niveau inférieur[128].

Le harcèlement moral peut être le fait d'un comportement isolé, sans lien avec la hiérarchie de l'entreprise, que l'expression d'un système de gestion des ressources humaines qui dépasserait l'exercice normal du pouvoir de direction, mais aurait pour motif des considérations économiques. C'est dire que le harcèlement moral institutionnel, parce que utilisé comme un instrument de gestion du personnel est condamné, quels que soient les motifs de sa mise en œuvre[129].

Pour ce qui est de l'élément moral, la jurisprudence affirme que le harcèlement moral est constitué dès lors que sont caractérisés des agissements répétés, quel que soit le mobile qui l'a inspiré et alors même que son auteur n'aurait pas voulu causer le dommage qui en est résulté. L'intention d'obtenir le résultat qui s'est produit n'est donc pas nécessaire. Il suffit que les agissements répétés aient été volontaires. L'intention de nuire en tant qu'élément psychologique constitutif de l'infraction de harcèlement moral n'est pas exigée. Dans ce sens, *« la situation de harcèlement est caractérisée par un ensemble d'agissements répétés ayant eu des répercussions sur la santé, la dignité ou le parcours professionnel d'une personne sans que soit en*

---

[126] A. CŒURET, E. FORTIS, F. DUQUESNE, *Droit pénal du travail*, 6ème éd., Manuel, LexisNexis, Paris, 2016, n° 684, p. 394.

[127] Cass. crim., 19 juin 2012, n° 11-87.963, *Dr. pén.* 2012, 141, obs. M. VERON.

[128] Cass. soc., 28 janv. 2010, *D.* 2010, AJ 447.

[129] Il a été jugé que peuvent constituer un harcèlement moral les méthodes de gestion mises en œuvre par un supérieur hiérarchique, dès lors qu'elles se manifestent, pour un salarié déterminé, par des agissements répétés, etc. : Cass. soc., 10 nov. 2009, n° 07-45.321, *Semaine sociale Lamy*, n° 1417, note H. GOSSELIN.

outre, exigée, la preuve d'une intention malveillante »[130] ou alors que *« l'employeur a ainsi, pendant de nombreux mois, délibérément voulu porter atteinte au statut de cadre de F... »*[131], sans que l'on exige la preuve de l'intention de nuire.

La complicité de harcèlement moral du dirigeant est réprimée. Dans ce sens, des cadres dirigeants peuvent être poursuivis pour complicité de harcèlement, même si leur mise en examen cite parmi les victimes du délit des salariés qui n'étaient pas sous leur responsabilité au moment des faits ; les prévenus ayant, en participant à la mise en œuvre d'une politique de l'entreprise, influé sur la situation de l'ensemble du personnel du groupe, y compris des salariés n'appartenant pas à leur service[132].

Il reste que le problème de cumul de qualifications pourrait se poser : c'est le cas des infractions d'entrave au droit syndical et de harcèlement moral qui peuvent être toutes deux retenues dès lors qu'elles sanctionnent la violation des intérêts distincts. Des recoupements peuvent également être admis entre la discrimination et le harcèlement moral. Il a par exemple été jugé qu'avait commis un harcèlement moral à l'égard d'une collègue, le salarié qui avait eu un comportement discriminatoire ayant conduit à la dégradation progressive des conditions de travail[133].

2. La répression du harcèlement moral

45. Le cercle des victimes est plus restreint ici, car il se limite aux personnes qui sont déjà dans l'entreprise.

Si on peut concevoir naturellement que l'interdiction du harcèlement moral soit assortie de sanctions civiles qui s'expliquent par le préjudice subi par la victime, la poursuite de l'infraction devrait également être envisagée sur le plan pénal. Il appartiendra donc au magistrat du parquet de discriminer afin d'opérer la sélection des cas de harcèlement pour lesquels les poursuites s'imposent du fait de leur gravité. C'est une tâche pas aisée du fait que plusieurs actes[134] peuvent se combiner pendant un temps plus ou moins long

[130] Trib. Corr. Paris, 1er avr. 2010, cité par F. Le SUEUR, « Le harcèlement moral au travail : le positionnement pragmatique du parquet », *AJP* 2010, 529.
[131] Cass. crim., 20 mai 2008, *JCP S* 2008, 1583, note C. ANDRÉ.
[132] Cass. soc., 5 juin 2018, n° 17-87.524 P ; *RJS* 10/2018, n° 580.
[133] CA Poitiers, 24 mars 2006, *JurisData* n° 2006-304927.
[134] Il est difficile de déterminer un seuil de gravité entre les harcèlements du fait de la diversité des comportements matériels y relatifs : stratégie d'isolement, remarques négatives systématiques et non fondées, privation de travail, surveillance continue, humiliations publiques, insultes, menaces, diminution de salaire…

pour constituer plutôt un *« dépassement de l'exercice normal du pouvoir de direction »*[135] ou des limites de l'exercice du pouvoir disciplinaire[136].

À notre sens, les peines devant être les mêmes que celles prévues pour le harcèlement sexuel, nous nous permettons de renvoyer aux développements qui y ont été consacrés précédemment[137].

Toutefois, en cas de cumul de qualification, l'employeur pourrait se voir condamner au paiement d'une indemnisation spécifique. C'est ainsi que des faits uniques, caractérisant simultanément une discrimination et un harcèlement moral, permettent au salarié subissant de tels agissements de prétendre à une double indemnisation en présence de préjudices distincts[138].

C. Le chantage sexuel

46. Le chantage est prévu par le Code pénal à l'article 303. Cet article dispose en son alinéa 1 qu' *« est puni ... celui qui, avec ordres ou conditions, menace autrui d'une imputation diffamatoire ou d'une révélation ».*

Composante de la vie privée et particulièrement de la sphère d'intimité du salarié, le sexe est protégé par le droit[139]. Toutefois, aujourd'hui, on constate une forte présence du sexe dans le monde du travail. Ce sexe est devenu un moyen de pression dont usent et abusent les parties engagées dans la relation de travail. Le législateur pénal a pris conscience de cet état de choses en incriminant uniquement le harcèlement sexuel alors que le chantage sexuel est tout aussi une réalité vivante dans le monde professionnel.

Le chantage sexuel est une forme de pression en se servant des ordres, des conditions, des menaces[140], d'une imputation diffamatoire ou d'une révélation d'information intime dans le but d'exiger ou d'obtenir des faveurs sexuelles. La pertinence de l'institution d'une telle incrimination dans notre corpus normatif s'inspire de la démarche du législateur pénal de 2016 vis-à-vis de l'infraction de corruption. Ce dernier a étendu son champ infractionnel. Outre

---

[135] Cass. crim., 26 mai 2009, n° 08-87.874 ; Cass. crim., 27 mai 2015, n° 14-81.489, *Dr. soc.* 2016, 37, obs. R. SALOMON.

[136] Cass. crim., 29 janv. 2008, n° 07-80.748.

[137] Voir supra, la répression du harcèlement sexuel, p. 36.

[138] Cass. soc., 3 mars 2015, *D. actu.* 17 mars 2015, obs. M. PEYRONNET ; *JSL* 2015, n° 386-3, obs. Ph. PACOTTE et G. HALIMI.

[139] En droit pénal, on peut citer : le proxénétisme (art. 294), la prostitution (art. 343), l'outrage privé à la pudeur (art. 295), l'outrage à la pudeur en présence d'une personne mineure de 16 ans (art. 346), l'outrage à la pudeur sur une personne mineure de 16 à 21 ans (art. 347), le mariage subséquent (art. 297), les pénalités aggravées (art. 298), l'homosexualité (art. 347-1), le viol (art. 296), la discrimination (art. 242), le danger moral (art. 345), le harcèlement sexuel (art. 302-1) ;
En droit du travail, on note la discrimination, le harcèlement sexuel.

[140] Elles peuvent être simples (art. 301 Code pénal) ou sous conditions (art. 302 Code pénal).

la corruption passive[141], active[142], de l'employé[143], de la jeunesse[144] et les infractions assimilées y relatives[145], il a consacré des infractions de corruption particulières : corruption et violences en matière électorale[146], corruption en matière de concours administratifs ou d'examens[147]. La surabondance du sexe dans le monde du travail ne peut pas être circonscrite au harcèlement sexuel puisque le chantage sexuel gagne du terrain. Cette consécration ne sera pas une exclusivité locale quand on sait que le droit français l'a introduite dans ses dispositions pénales. C'est le droit comparé français qui nous permet de comprendre aisément l'infraction de chantage sexuel.

Le chantage sexuel est visé par l'article 222 -33 alinéa 2 du Code pénal français qui précise que : *« est assimilé au harcèlement sexuel le fait, même non répété, d'user de toute forme de pression grave dans le but réel ou apparent d'obtenir un acte de nature sexuelle, que celui-ci soit recherché au profit de l'auteur des faits ou au profit d'un tiers »*.

1. Les éléments constitutifs du chantage sexuel

47. Pour que cette infraction soit réalisée, il faut la réunion des éléments matériel (a) et moral (b).

a. Élément matériel

48. D'après l'article sus-mentionné, l'agent doit exercer une pression grave sur la victime dans le but réel ou apparent d'obtenir un acte de nature sexuelle pour lui-même ou pour un tiers. Cette pression doit être répétée et doit avoir pour objectif d'obtenir des faveurs sexuelles. Cette pression qui se manifeste sous des formes variées s'est amplifiée avec l'avènement des technologies de l'information et de la communication[148]. Bien que le terme pression soit imprécis, la gravité de la pression devra être évaluée *in concreto* par les juges de fond.

---

[141] Article 134-1 Code pénal.

[142] Article 134 Code pénal.

[143] Aujourd'hui présenté sous la qualification de « corruption des agents du secteur privé » (art. 312 Code pénal)

[144] Article 344 Code pénal.

[145] Prévues dans le Code pénal camerounais : détournement des deniers publics (art. 184), intérêt dans un acte (art. 135), participation dans une affaire (art. 136), etc. ; dans les textes pénaux spéciaux (Décret n° 2018/366 du 20 juin 2018 portant Code des marchés publics abrogeant le Décret n° 2004/275 du 24 septembre 2004 : fractionnement des marchés, marchés fictifs, livraisons tardives, etc.) ; dans les conventions internationales ratifiées par le Cameroun : Convention de Mérida de 2003 (concussion, délit d'initié incorporé dans le Code pénal camerounais : art. 135 (1), l'enrichissement illicite) ; Convention de Maputo de 2003.

[146] Article 123 Code pénal.

[147] Article 163-1 Code pénal.

[148] Tel est le cas de la publication des vidéos compromettantes dans les réseaux sociaux.

b. Élément moral

49. S'agissant de l'élément moral, étant donné que les délits sont intentionnels, il faut comprendre qu'en droit français, que l'on soit en présence du harcèlement sexuel ou du chantage sexuel, l'agent doit avoir personnellement accompli l'acte. Le chantage sexuel n'implique ni la violence, ni la contrainte ; il s'agit d'une pression morale.

2. La répression du chantage sexuel

50. Il nous semble que sa répression peut obéir au régime juridique du chantage en général prévu par l'article 303 du Code pénal aux termes desquels *« est puni d'un emprisonnement d'un (01) à cinq (05) ans et d'une amende de deux cent mille (200 000) à deux millions (2 000 000) de francs celui qui, avec ordres ou conditions, menace autrui d'une imputation diffamatoire ou d'une révélation »*. Le législateur a prévu une circonstance aggravante à l'alinéa 2 à savoir que *« la peine prévue à l'alinéa 1 ci-dessus est doublée s'il s'agit de l'imputation d'un crime »*. Possibilité est également offerte à l'alinéa 3 à la juridiction compétente de prononcer les déchéances prévues à l'article 30.

Toutefois, le délit de chantage sexuel étant assimilé au harcèlement sexuel, l'on peut aussi envisager que sa répression soit identique à celle du harcèlement sexuel. C'est dire que l'auteur du chantage sexuel sera puni d'un emprisonnement de six (6) mois à un an (1) et d'une amende de cent mille (100 000) à un million (1 000 000) de francs (article 302-1 (1) Code pénal). La prise en compte de la réalité sociologique par le législateur conduit à renforcer la répression lorsque les faits expriment une exploitation de la vulnérabilité d'autrui. C'est ainsi que les peines du harcèlement sont aggravées par la qualité de la victime. Dans ce sens, l'article 302-1 (2) porte la peine à un emprisonnement de un (1) à trois (3) ans, si la victime est une personne mineure et lorsque l'auteur des faits est préposé à l'éducation de la victime, la peine est un emprisonnement de trois (3) à cinq (5) ans (article 302-1 (3)).

§3. La violation du secret professionnel

51. L'article 310 (1) du Code pénal dispose *« est puni... celui qui révèle, sans l'autorisation de celui à qui il appartient, un fait confidentiel qu'il n'a connu ou qui ne lui a été confié qu'en raison de sa profession ou de sa fonction »*. Son alinéa 2 poursuit en disant que l'alinéa 1 *« ne s'applique ni aux déclarations faites aux autorités judiciaires ou de police judiciaire portant sur des faits susceptibles de constituer un crime ou un délit, ni aux réponses en justice à quelque demande que ce soit »*. L'alinéa 2 ne s'applique pas :

a) au médecin et au chirurgien qui sont toujours tenus au secret professionnel sauf dans la limite d'une réquisition légale ou d'une commission d'expertise ;

b) au fonctionnaire sur l'ordre écrit du gouvernement ;

c) au ministre du culte et à l'avocat.

Le secret professionnel est certes un secret protégé, mais susceptible d'être dévoilé dans des cas bien encadrés par la loi. Le délit de violation du secret professionnel est institué non seulement dans l'intérêt général, pour assurer la confiance qui s'impose dans l'exercice de certaines professions, mais également dans l'intérêt des particuliers, pour garantir la sécurité des confidences que ceux-ci sont dans la nécessité de faire à certaines personnes du fait de leur état et de leur profession[149]. Si celui qui a reçu la confidence d'un secret a toujours le devoir de le garder, la révélation de cette confidence ne le rend punissable que s'il s'agit d'une confidence liée à l'exercice de certaines professions. Quels sont les éléments constitutifs du délit de violation du secret professionnel? (A) Comment sa répression est-elle organisée ? (B) De nos jours, il existe une technique de dénonciation qui lui est proche : il convient alors d'établir la frontière entre le délit de violation du secret professionnel et l'alerte (C).

A. Les éléments constitutifs de la violation du secret professionnel

52. Le législateur qui interdit de révéler un fait confidentiel sans autorisation ne définit pas les faits couverts par le secret professionnel. Mais les faits confidentiels dont il s'agit, sont ceux parvenus à la connaissance d'une personne dans l'exercice d'une profession ou d'une fonction aux actes de laquelle la loi, dans un intérêt général et d'ordre public, a imprimé le caractère confidentiel, ou dans le sceau du secret en raison d'une semblable profession ou fonction. La notion même de confidence suppose une démarche spontanée de celui qui se confie envers celui qui la reçoit. C'est pourquoi la connaissance des faits par d'autres personnes n'est pas de nature à leur enlever leur caractère confidentiel et secret.

L'obligation au secret ou de *« se taire »* s'applique à tous ceux auxquels leur état ou leur profession l'impose en ce qui concerne les faits dont la connaissance leur est parvenue en raison de l'exercice de leur profession. Elle concerne en général, les dépositaires des données à caractère confidentiel. Elle est cependant exacerbée à l'endroit des médecins, des fonctionnaires, des ministres du culte, des avocats au point où elle devient plutôt un devoir.

---

[149] CA Paris, 27 mai 1997, *JCP* 1997, II, 22894, note DERIEUX ; *Gaz. Pal.* 1997, 2, *somm.* 362.

L'allusion au fonctionnaire suppose une relation de travail dans une administration publique, caractérisée par un lien de subordination. Cette notion doit être entendue largement pour englober les travailleurs régis par le Code du travail, qui eux aussi, sont assujettis à l'obligation au secret professionnel. Cela précisé, sont couvertes par le secret professionnel non seulement les confidences faites au salarié, mais également toutes les informations qu'il a pu acquérir et tout ce qu'il a pu apprendre, constater, découvrir ou déduire à l'occasion de l'exercice de ses fonctions. Le champ d'application de cette obligation se densifie en fonction de la nature de l'activité. C'est ainsi que dans une entreprise commerciale, l'obligation au secret professionnel se cumule avec celle du secret commercial. En effet, l'article 311 du Code pénal punit *« celui qui révèle, sans l'autorisation de celui auquel il appartient, un fait ou procédés industriels ou commerciaux dont il a eu connaissance en raison de son emploi »*.

53. La révélation d'un fait confidentiel réprimée à l'article 310 (1) du Code pénal est la communication de l'information reçue par voie verbale ou écrite et n'en suppose pas la divulgation. Elle peut exister, alors même qu'elle en est donnée à une personne unique et que cette personne est elle-même tenue au secret. Seule la publicité intégrale du fait est de nature à le priver de son caractère confidentiel, et même si le fait est partiellement connu ou divulgué, sa révélation par le professionnel dépositaire du secret, qui lui confère un caractère certain, est punissable. Mais, cette révélation peut être justifiée conformément aux dispositions de l'article 310 (2) et en cas d'exercice des droits de la défense[150]. Dans ce sens, il est admis qu'un salarié, dans le litige l'opposant à son employeur, peut produire en justice des documents dont il a eu connaissance à l'occasion de ses fonctions[151]. De même, nonobstant le secret professionnel auquel les commissaires aux comptes et les experts-comptables sont tenus dans l'intérêt de la société bénéficiaire, constitue un moyen de preuve légalement admissible, la production par ceux-ci de documents nécessaires à la manifestation de la vérité relatifs aux diligences et contrôles par eux effectués au sein d'une société, dans un litige ayant pour objet d'établir leur responsabilité à l'égard d'un tiers, créancier de ladite société en liquidation, à raison des conséquences dommageables des fautes de négligence qui leur sont reprochées dans l'exercice de leurs fonctions[152]. La question de savoir si la communication, entre agents liés par des relations de

---

[150] On ne saurait refuser à qui que ce soit le droit de se défendre ; cette liberté essentielle ne peut être remise en échec par les règles du secret professionnel : CA Douai, 26 oct. 1951, *Gaz. Pal.* 1951, 2, 425. Lorsque la compétence ou la bonne foi d'un professionnel est mise en doute devant une juridiction, celui-ci se trouve alors dans la nécessité de transgresser le secret pour apporter aux juges les preuves de sa bonne foi ou de la qualité de ses prestations, étant observé que la révélation doit être limitée aux strictes exigences de sa défense : TGI Paris, 26 juin 1998, *BICC* 1998, 1390.

[151] Cass. soc., 30 juin 2004, n° 02-41.720 P ; *D.* 2004, 2326 (3ème esp.), note KOBINA GABA.

[152] Cass. com., 14 nov. 1995, n° 93-10.937 P; *Bull. Joly* 1996, 37.

travail hiérarchisées, d'un secret acquis dans l'exercice des fonctions, pour les besoins du service, constitue une révélation susceptible de tomber sous le coup de la loi pénale reste toutefois posée. En toute logique, on devrait pouvoir y répondre par la négative, eu égard à l'intérêt en cause.

54. Le délit de violation du secret professionnel est un délit instantané, indépendamment de la permanence de ses effets. Il s'ensuit qu'un secret peut être violé par une même personne autant de fois qu'elle le divulgue successivement à des personnes différentes.

S'agissant de l'élément moral, il convient de souligner que le délit existe dès que la révélation a été faite avec connaissance, indépendamment de toute intention spéciale de nuire. L'intention frauduleuse consiste dans la conscience qu'a le salarié de révéler le secret dont il a connaissance, quel que soit le mobile qui a pu le déterminer.

La complicité de ce délit est envisageable. C'est ainsi que les éléments constitutifs de complicité de violation du secret professionnel ont été relevés par un arrêt qui constate à la charge du prévenu le fait qu'il a provoqué par des promesses, machinations ou artifices coupables, le chef de la division du contrôle d'un organisme de sécurité sociale, à lui communiquer les listes nominatives de personnes en difficultés avec cet organisme et susceptibles ainsi de devenir les clients de son cabinet d'affaires[153]. Par ailleurs, le journaliste qui fournit à l'auteur d'une violation du secret professionnel les moyens de révéler au public les faits secrets dont il est dépositaire se rend complice par fourniture de moyens[154].

B. La répression de la violation du secret professionnel

55. Toute transgression du secret professionnel peut entraîner des poursuites pénales ou disciplinaires. Les poursuites pénales et disciplinaires sont indépendantes l'une de l'autre.

Sur le plan pénal, les poursuites peuvent avoir lieu dans le délai de trois ans à compter de la divulgation de l'information à un tiers[155]. L'article 310 (1) du Code pénal punit l'auteur de la violation du secret professionnel d'un emprisonnement de trois (3) mois à trois (3) ans et d'une amende de vingt mille (20 000) à cent mille (100 000) francs. Il est prévu qu'en outre, la juridiction peut prononcer les déchéances de l'article 30[156] (article 310 (4)).

---

153 Cass. crim., 21 janv. 1959, *Bull. crim.* n° 59.

154 Cass. crim., 25 janv ; 1968, *Bull. crim.* 1968, n° 25; *D.* 1968, 153, rapp. COSTA ; *JCP* 1968, II, 15425 ; *Gaz. Pal.* 1968, 1, 164.

155 En effet, le délit de violation du secret professionnel n'est pas une infraction commise, par nature, de manière clandestine. Le point de départ de la prescription est la date à laquelle l'infraction a été consommée et non celle où elle est apparue et a pu être constatée.

156 Il s'agit de :

En cas de cumul de qualifications découlant de concours idéal d'infractions notamment si la révélation du secret constitue à la fois une violation du secret professionnel et une violation du secret commercial, en vertu du principe de non-cumul des peines et conformément à l'article 51 (1) du Code pénal, seule la peine la plus rigoureuse sera prononcée. Dans le cas d'espèce, il s'agit de celle issue de l'article 311 du Code pénal qui dispose que l'auteur de la violation *« est puni d'un emprisonnement de trois (3) mois à trois (3) ans et d'une amende de cent mille (100 000) à cinq millions (5 000 000) de francs ou de l'une de ces deux peines seulement ».*

La victime de la révélation prohibée peut engager une action civile au pénal pour obtenir une indemnisation pour le préjudice subi.

Sur le plan disciplinaire, les ordres professionnels peuvent engager des poursuites contre leurs membres qui enfreignent la règle déontologique d'obligation au secret professionnel. De la même manière, dans le cadre des relations subordonnées de travail, l'employeur ou le chef d'entreprise devrait pouvoir prononcer des sanctions disciplinaires à l'encontre du salarié auteur de la violation du secret professionnel. En fonction de la gravité de l'objet révélé et surtout, de son impact sur l'intérêt de l'entreprise, les sanctions ci-après pourront être prononcées : avertissement, blâme, licenciement.

C. Frontière entre la violation du secret professionnel et l'alerte

56. Un lanceur d'alerte[157] est toute personne, groupe ou institution qui, ayant connaissance d'un danger, un risque ou un scandale, adresse un signal

---

- la destitution et l'exclusion de toutes fonctions, emplois ou offices publics ;
- l'incapacité d'être juré, assesseur, expert, juré-expert ;
- l'interdiction d'être tuteur, curateur, subrogé tuteur ou conseil judiciaire, si ce n'est de ses propres enfants, ou membre d'un conseil de famille ;
- l'interdiction de porter toute décoration ;
- l'intervention de servir dans les forces armées ;
- l'interdiction de tenir une école ou même d'enseigner dans un établissement d'instruction et, d'une façon générale, d'occuper des fonctions se rapportant à l'éducation ou à la garde des enfants.

[157] Le terme français *« lanceur d'alerte »* a été inventé dans les années 1990 par les sociologues Francis CHATEAURAYNAUD et Didier TORNY. Il a ensuite été popularisé au début des années 2000 par le chercheur André CICOLELLA, lui-même un *« lanceur d'alerte »,* en interaction avec des juristes, des journalistes et des militants associatifs. La création de cette notion visait explicitement à la séparer de celles de dénonciateur (sincère) et de délateur (intéressé). Contrairement à ce que de nombreux journalistes ont écrit, l'expression de lanceur d'alerte n'a pas été développée comme une traduction de *whistleblower* (littéralement *« personne soufflant dans un sifflet »* ; autrement dit, celui qui sonne l'alarme). Alors que le *whistleblower,* particulièrement développé dans les traditions juridiques anglo-saxonnes, désigne avant tout celui qui entend donner un coup d'arrêt à une action illégale, irrégulière ou injuste, le lanceur d'alerte a d'abord été conçu comme celui ou celle qui se donne pour but de signaler un danger ou un risque, afin de l'éviter en interpellant les pouvoirs en place et en suscitant la prise de conscience de ses contemporains. Cependant, au fil de la multiplication des

d'alarme et, ce faisant, enclenche un processus de régulation, de controverse ou de mobilisation collective[158]. Est un lanceur d'alerte, selon le Conseil de l'Europe, *« toute personne [...] qui révèle des informations concernant des menaces ou un préjudice pour l'intérêt général dans le contexte de sa relation de travail, dans le secteur public ou privé »*. Le droit français le définit à l'article 6 de la loi Sapin 2[159] en ces termes : *« un lanceur d'alerte est une personne physique qui révèle ou signale, de manière désintéressée et de bonne foi, un crime ou un délit, une violation grave et manifeste d'un engagement international régulièrement ratifié ou approuvé par la France, d'un acte unilatéral d'une organisation internationale pris sur le fondement d'un tel engagement, de la loi ou du règlement, ou une menace ou un préjudice grave pour l'intérêt général, dont elle a eu personnellement connaissance. Les faits, informations ou documents, quel que soit leur forme ou leur support, couverts par le secret de la défense nationale, le secret médical ou le secret des relations entre un avocat et son client sont exclus du régime de l'alerte défini par le présent chapitre »*.

Il est retenu en général que :

- l'alerte doit concerner une atteinte à l'intérêt général ;
- pour pouvoir être entendue et traitée à temps, mais aussi en cas d'action en justice, l'alerte doit pouvoir être attestée (écrits, courriels, entretiens, témoins) ;
- elle doit présenter une chronologie claire (antériorité de l'alerte sur les représailles, dont un éventuel licenciement).

Selon les standards internationaux et la jurisprudence de la Cour européenne des droits de l'homme – sauf cas spécifiques (implication de la hiérarchie dans le délit), l'alerte doit être effectuée d'abord en interne, puis auprès des autorités judiciaires ou administratives, ou de la presse – si la gravité et l'urgence de l'alerte le justifient. Dans ce sens, la loi française du 9 décembre 2016 permet l'alerte du public en cas de forte gravité ou après

---

affaires et des scandales, du Mediator à Luxleaks en passant par les révélations d'Edward SNOWDEN, les deux concepts tendent à converger dans les discours publics. Au Québec et au Canada francophone, le terme utilisé pour traduire *whistleblower* a longtemps été celui de *« dénonciateur »* – bien que le terme *« lanceur d'alerte »* ait été reconnu en 2006 dans la fiche *« dénonciation »* (domaine comptabilité) du *Grand Dictionnaire terminologique* de l'Office québécois de la langue française.
Les lanceurs d'alerte peuvent interagir en amont et/ou en aval, avec toutes sortes d'*« acteurs vigilants »*, appelés aussi des sentinelles de veille : W
https://fr.wikipedia.org/wiki/Lanceur_d%27alerte, consulté le 18 avril 2020 à 14h30.

[158] Selon Wikipédia.

[159] Il s'agit de la loi n° 2016-1691 du 9 décembre 2016 relative à la transparence, à la lutte contre la corruption et à la modernisation de la vie économique.

3 mois d'absence de réaction des autorités compétentes, après échec du signalement à la hiérarchie.

57. Si l'objectif poursuivi par le donneur d'alerte semble noble, car il rompt le silence pour signaler, dévoiler ou dénoncer des faits, passés, actuels ou à venir, il y a lieu de craindre toutefois que sous le canal d'intérêt collectif, il soit parfois accompagné d'une intention de nuire. C'est le cas lorsque l'information rendue publique ou diffusée est teintée d'imputation diffamatoire ou injurieuse. Ce sera certainement le cas, si dans son initiative, le lanceur d'alerte venait à révéler un secret professionnel[160]. De toute évidence, il sera passible des sanctions pénales de l'article 310 (1) du Code pénal et des représailles que son employeur pourrait lui infliger sur le plan disciplinaire[161]. À dire vrai, le caractère très ténu de la frontière entre la violation du secret professionnel et le lancement d'alerte semble avéré. Le régime de cette dernière activité mériterait d'être mieux précisé et encadré.

§4. Les atteintes à l'intégrité morale du travailleur

58. La protection de l'intégrité morale est destinée à préserver le travailleur de toutes informations dégradantes au sujet de sa personne. Il s'agit des atteintes découlant du non-respect de sa vie privée, de la violation de correspondance et du mauvais usage des caméras de vidéo-surveillance[162].

A. Les atteintes découlant du non-respect de la vie privée du travailleur

59. Ces atteintes étant variées, il convient de présenter au préalable leurs éléments constitutifs (1) avant d'envisager leur sanction (2).

1. Éléments constitutifs

60. La vie privée, écrivait le doyen Jean CARBONNIER, c'est le droit à une certaine *« sphère d'intimité »*. La vie privée s'oppose à la vie publique qui, elle, se déroule en public et au regard de tous. Ce qui signifie que chaque individu a, en principe, une vie publique et une vie privée. Pourtant, il n'est

---

[160] Des difficultés pourraient toutefois se poser au cas où sans être lui-même dépositaire du fait confidentiel de par sa profession ou fonction, il en a eu connaissance à la suite de la révélation du dépositaire et s'est contenté tout simplement de sa divulgation. Il semble qu'il sera poursuivi sous le chef de complicité de la violation du secret professionnel si les éléments constitutifs de la complicité sont réunis contre lui.

[161] On vérifiera tout simplement que le principe de proportionnalité entre la faute commise et la sanction infligée a été respecté par l'employeur.

[162] L'article 12 de la Déclaration universelle des droits de l'homme de 1948 dispose que *« nul ne sera l'objet d'immixtions arbitraires dans sa vie privée, sa famille, son domicile ou sa correspondance, ni d'atteintes à son honneur et à sa réputation. Toute personne a droit à la protection de la loi contre de telles immixtions ou de telles atteintes »*.

pas toujours facile de tracer la limite entre ces deux vies. Consacré aussi bien par le droit international[163] que par le droit camerounais[164], le respect de la vie privée est un droit fondamental inhérent à la personne humaine. Il vise à satisfaire *« le sentiment profond de discrétion et de pudeur qui existe au fond de chaque être humain »*[165]. Le respect de la vie privée permet de maintenir un équilibre entre les intérêts de l'entreprise et la protection de la vie personnelle des salariés. Le contrat de travail repose sur un fort *intuitu personae*[166]. L'on comprend alors que *« l'intérêt de l'entreprise commande de ne point s'en tenir au seul examen des aptitudes professionnelles du candidat »*[167]. Aussi, se fondant sur son pouvoir d'investigation[168], l'employeur peut être poussé à poser toutes sortes de questions au travailleur. Bien qu'il soit justifié, ce pouvoir d'investigation ne doit pas le conduire à porter des atteintes à la vie privée des candidats à l'emploi ou des travailleurs. Bien plus, le recueil des informations personnelles sur le candidat à l'emploi, peut être une source de discrimination. Or, la discrimination viole le principe universel d'égalité entre les individus[169]. En effet, les informations recueillies peuvent nuire le travailleur dans son emploi en raison de ses opinions, de ses croyances ou de son appartenance à un syndicat.

L'atteinte à la vie privée peut nuire à la dignité de la personne humaine lorsqu'elle a pour objet la recherche ou la divulgation d'informations susceptibles d'abaisser ou d'humilier la personne qu'elles concernent aux

---

[163] *Ibid.*

[164] Bien que consacré dans le préambule de la Constitution, le droit camerounais ne donne aucune définition légale du concept de *« vie privée »*. En effet, l'article 9 du Code civil français tel qu'issu de la Loi du 17 juillet 1970 qui dispose que *« chacun a droit au respect de sa vie privée »*, n'a pas encore de correspondance dans le Code civil applicable au Cameroun. Les avancées législatives sur la protection de la notion sont plutôt opérées en droit positif camerounais des technologies de l'information et de la communication : Voir, article 53 de la Loi n° 98/014 du 14 juillet 1998 régissant les télécommunications au Cameroun ; la Loi n° 2010/012 du 21 décembre 2010 relative à la cyber-sécurité et à la cybercriminalité au Cameroun, la Loi n° 2010/013 du 21 décembre 2010 régissant les communications électroniques au Cameroun, la Loi n° 2010/021 du 21 décembre 2010 régissant le commerce électronique au Cameroun et la Loi n° 2015/006 du 20 avril 2015 modifiant et complétant certaines dispositions de la Loi n° 2010/013 du 21 décembre 2010 régissant les communications électroniques.

[165] H. MAZEAUD, préface du livre de P. KAYSER, « *La protection de la vie privée par le droit* », Economica, 1995, p. I.

[166] M. A. « *L'intuitu personae* dans le contrat de travail », *Dr. social*, 1995, p. 129 et s.

[167] B. TEYSSIE, « Personnes, entreprises, et relations de travail », *Dr. social* 1988, p. 374 et s.

[168] S. SICHEL-LICARI, *La protection pénale de la dignité du salarié*, Thèse de doctorat en droit, Université de Nancy II, 1999, p. 24.

[169] La Déclaration des droits de l'homme et du citoyen du 26 août 1789 dispose dans son article premier que *« les hommes naissent et demeurent libres et égaux en droits. Les distinctions sociales ne peuvent être fondées que sur l'utilité commune »*. Cette égalité est également consacrée par le préambule de la Constitution camerounaise.

yeux des autres ou à ses propres yeux[170]. Dans ce sens, on peut convoquer la recommandation du Conseil de l'Europe selon laquelle *« le respect de la vie privée et de la dignité humaine de l'employé (...) devrait être préservé lors de la collecte et de l'utilisation de données à caractère personnel à des fins de l'emploi »*[171].

La vie privée du salarié s'oppose à sa vie professionnelle qui elle concerne, en principe, le temps passé au travail. Aujourd'hui ce principe admet, à des proportions variables, des nuances.

Premièrement, même au travail, le travailleur reste une personne qui a droit au respect de sa vie privée, de sorte qu'un motif tiré de la vie personnelle du salarié ne peut justifier un licenciement disciplinaire. D'où l'interdiction à l'employeur de fonder un licenciement sur le fait que le salarié utilise sa connexion internet professionnelle pour ses messages personnels[172]. De la même façon, les écoutes et enregistrements vidéo à l'insu du salarié pendant le travail[173] ou la filature d'un salarié par un détective privé constituent des atteintes à la vie privée.

Deuxièmement, il faut dire que *« la vie personnelle »,* pour reprendre une expression retenue par les travaillistes, est de nos jours délocalisée sur le lieu de travail du fait du développement des communications électroniques. Cependant, sous l'impulsion de la jurisprudence, la frontière entre la vie privée et la vie professionnelle a évolué vers une intrusion de l'employeur dans la vie personnelle du salarié[174]. C'est ainsi que des circonstances extérieures au travail peuvent être invoquées dès lors qu'elles affectent la relation salariale. Dans un arrêt du 19 octobre 2011, la chambre sociale de la Cour de cassation reconnaît à l'employeur la possibilité de licencier pour des propos à caractère sexuel et des attitudes déplacées du salarié à l'égard de personnes avec lesquelles il est en contact en raison de son travail comme ne relevant pas de sa vie personnelle[175]. Cette décision qui établit à travers la notion de *« rattachement »,* sous réserve toutefois de manquements aux obligations professionnelles, un lien entre un fait de la vie privée et la vie

---

[170] S. SICHEL-LICARI, *La protection pénale de la dignité du salarié*, Thèse de doctorat en droit précitée, p. 25.

[171] Art. 2. de la Recommandation n° R (89) 2 adoptée par le Comité des ministres du Conseil de l'Europe le 18 janvier 1989 relative à la protection des données à caractère personnel utilisées à des fins d'emploi.
Voir, sur l'ensemble de la question, J. A. BATOUAN BOUYOM, « La protection de la vie privée du consommateur des TIC », *in* M. A. MOUTHIEU (sous dir.), *Le consommateur des technologies de l'information et de la communication en Afrique noire francophone*, L'Harmattan-Paris, 2021, pp. 377- 403.

[172] Cass. soc., 2 oct. 2001, *Bull. civ.* V, n° 291, p. 233.

[173] Cass. soc. 10 décembre 1997, affaire Euromarché, n° 95-42-661.

[174] Cass. soc. 13 janvier 2009, n° 07-43282.

[175] Cass. soc., 19 oct. 2011, *Bull.* 2011, V, n° 236.

professionnelle, confirme une tendance déjà amorcée par la haute juridiction française. En tout état de cause, la protection de la vie privée du salarié au travail est assurée par les juges qui tiennent compte de l'équilibre entre les pouvoirs de l'employeur, les impératifs de l'entreprise et la vie privée du travailleur.

2. Sanction

61. Le Code pénal dans la section III consacrée aux *« atteintes à la tranquillité des personnes »* qui est logée dans le chapitre II intitulé *« des atteintes à la liberté et à la paix des personnes »,* frappe de sanctions les atteintes à l'intimité de la vie privée lorsqu'elles sont réalisées par certains procédés déterminés[176].

Au plan civil, les règles de droit commun de la responsabilité délictuelle (articles 1382 et 1383 du Code civil de 1804) permettent d'assurer la protection de la vie privée de la personne. Les atteintes sont considérées comme des fautes engageant la responsabilité de leurs auteurs. Peu importe le mobile. Cependant, l'évaluation du montant de la réparation s'avère difficile en raison du caractère souvent moral du préjudice.

B. La violation de la correspondance et le mauvais usage de la vidéo-surveillance

62. La protection de l'intégrité morale du travailleur dans le cadre de sa vie privée couvre aussi ses correspondances (1) et l'usage de la vidéo-surveillance par l'employeur (2).

1. La violation du secret de la correspondance

63. Les correspondances permettent à des personnes que la distance sépare, de communiquer, d'entretenir des relations. Le droit au secret de la correspondance implique l'interdiction de toute immixtion et de toute divulgation au public des correspondances échangées entre des personnes sans leur autorisation (art. 12 et 17, DUDH). Le principe de l'inviolabilité de la correspondance est consacré dans le préambule de la Constitution.

Le Code pénal réprime la violation de correspondance[177]. Il est interdit par conséquent à un tiers de prendre connaissance d'une correspondance qui ne lui est pas destinée. Le terme correspondance est entendu ici au sens large. Il s'agit de tout message ayant une expression écrite que ce soit une lettre, une

---

[176] Il en est ainsi de la diffamation (art. 305 CP), des injures (art. 307 CP), de l'outrage (art. 152 CP), de la propagation de fausses nouvelles (art. 240 CP), de la violation de domicile (art. 299 CP) et de la violation de correspondance (art. 300 CP).

[177] Article 300 du Code pénal.

carte postale, ou un imprimé[178]. Une correspondance est en général définie, comme toute relation par écrit entre deux personnes identifiables, qu'il s'agisse de lettres, de messages ou de plis ouverts ou fermés[179]. Le document ne doit pas forcément être confié à la poste[180].

Il y a violation du secret de la correspondance lorsqu'une tierce personne prend connaissance, sans le consentement préalable de l'émetteur, d'un courrier à caractère privé. Du chef de la violation de correspondance, le travailleur peut subir plusieurs atteintes à son honneur et partant, à sa dignité. Son intimité se trouve ainsi violée et justifie la répression de ce délit.

Sur le plan pénal, l'article 300 (1) du Code pénal punit *« d'un emprisonnement de quinze (15) jours à un (01) an et d'une amende de cinq mille (5000) à cent mille (100 000) francs ou de l'une de ces deux peines seulement, celui qui, sans l'autorisation du destinataire, supprime ou ouvre la correspondance d'autrui »*[181]. De même, l'article 80 de la Loi n° 2010/013 du 21 décembre 2010 régissant les communications électroniques au Cameroun dispose que *« est punie d'un emprisonnement de six (06) mois à deux (02) ans et d'une amende de 1 000 000 (un million) à 5 000 000 (5 millions) de francs ou de l'une de ces deux peines seulement toute personne qui, admise à participer à l'exécution d'un service de communications électroniques, viole le secret d'une correspondance ou qui, sans l'autorisation de l'expéditeur ou du destinataire, divulgue, publie ou utilise le contenu de ladite correspondance »*.

La violation du secret de correspondance est sanctionnée au civil par la responsabilité de l'auteur sur le fondement des articles 1382 et 1383 du Code civil au titre d'atteinte à la vie privée.

Se pose également la question de l'incrimination de la mauvaise utilisation de la vidéo- surveillance.

2. Le mauvais usage de la vidéo-surveillance

64. La vidéo-surveillance est un système de transmission d'images, disposé dans un espace public ou privé pour le surveiller à distance. Au Cameroun, l'utilisation abusive ou anarchique de la vidéo-surveillance ne constitue pas une infraction. Pourtant, la vidéo-surveillance conduit à une captation d'image ou de son, susceptible de saper la relation de travail. On le voit bien, elle peut

---

178 M.L. RASSAT, *Droit pénal spécial*, Paris, précis Dalloz, 1999, n° 364.

179 P. NGO NOLLA., *Secret et procès pénal au Cameroun*, Mémoire de D.E.A., Université de Yaoundé II, 2010, in www, mémoire on line, consulté le 20 juillet 2020.

180 A. VITU, *Traité de droit criminel. Droit pénal spécial*, 1982, T 2, n° 2016.

181 Cette disposition de l'article 300 (1) du Code pénal n'est pas applicable aux conjoints ou aux père, mère, tuteur ou responsable coutumier à l'égard des enfants mineurs de vingt et un (21) ans non émancipés.

porter atteinte à la relation de travail. Aussi, la mise en place d'un dispositif de surveillance à distance n'est possible en France que dans les lieux et établissements ouverts au public particulièrement exposés à des risques d'agression ou de vol, aux fins d'y assurer la sécurité des personnes et des biens[182]. En d'autres termes, c'est la nécessité de prévenir un risque d'agression qui doit justifier le recours à la vidéo-surveillance et non la volonté de surveiller les travailleurs. Si l'employeur utilise la vidéo-surveillance pour épier ses travailleurs, il doit être pénalement sanctionné. Ainsi, lorsque *« l'employeur a mis en place un dispositif de protection en invoquant un risque d'agression, il ne devrait jamais utiliser les images recueillies pour justifier une sanction à l'égard d'un travailleur. Par exemple si le directeur d'un grand magasin a mis en place un dispositif de vidéo-surveillance des caisses en arguant d'un risque d'attaque à main armée, il ne devrait pas pouvoir se servir des images pour justifier un licenciement en démontrant que les caissières sont impolies avec les clients ou passent leur temps à bavarder »*[183]. La vidéo-surveillance est donc une atteinte sérieuse à la dignité du travailleur. Le travailleur qui se voit en train d'être épié par l'employeur avec une vidéo- surveillance doit pouvoir engager la responsabilité de cet employeur[184].

Section 2. Les atteintes à la santé et à la sécurité des personnes

65. Pour prévenir les maladies professionnelles et les risques d'accidents du travail, le législateur a mis en place un ensemble de dispositions impératives auxquelles l'employeur doit se soumettre. Leur non-respect est constitutif d'infraction. Les infractions portant atteinte à la santé et à la sécurité des travailleurs sont certes de natures différentes, mais en pratique, elles peuvent se retrouver étroitement imbriquées, à partir de certains de leurs éléments constitutifs, dans une même affaire. Certaines d'entre elles, constituent des infractions spéciales définies par le Code du travail (§1) tandis que d'autres font partie des infractions générales contenues dans le Code pénal (§2).

§1. Les atteintes prévues par le Code du travail

66. Le Code du travail envisage à travers ses dispositions, deux principales catégories d'infractions qui sont en général des infractions formelles, c'est-à-

[182] Art. 10 de la loi n° 95-73 du 21 janvier 1995 d'orientation et de programmation relative à la sécurité.
[183] S. SICHEL-LICARI, Thèse précitée, p. 73.
[184] Voir sur la question, H. O. BELOMO TSIMI, *La protection pénale de la relation de travail*, Thèse de doctorat, Université de Yaoundé II, 2022, p. 158.

dire des infractions qui ne comportent aucun résultat dans leurs définitions légales[185]. Il s'agit de celles relatives aux services médicaux des entreprises (A) et celles concernant l'hygiène et la sécurité des travailleurs (B).

A. Les infractions relatives aux services médicaux des entreprises

67. Il convient de souligner au préalable que certaines prescriptions en vigueur en matière de services médicaux des entreprises sont obligatoires sous menace de sanctions pénales prévues par l'article 167 (1) du Code du travail. Elles sont complétées par les dispositions prévues par l'arrêté portant organisation et fonctionnement des services médicaux du travail[186]. Il s'agit du défaut de mise en place d'un service médical et sanitaire dans l'entreprise (1), de l'infraction relative à la surveillance médicale du personnel (2), de celle consécutive à une maladie du travailleur (3) et de celle liée à l'évacuation sanitaire du personnel (3)[187].

1. Défaut de mise en place d'un service médical et sanitaire dans l'entreprise

68. L'article 98 (1) du Code du travail dispose que *« toute entreprise ou tout établissement de quelque nature que ce soit, public ou privé, laïc ou religieux, civil ou militaire, y compris ceux rattachés à l'exercice de professions libérales et ceux dépendant d'associations ou de syndicats professionnels, doit organiser un service médical et sanitaire au profit de ses travailleurs »*.

Selon l'importance et la nature des entreprises, leur situation géographique, l'infrastructure médicale existante, le service médico-sanitaire est organisé :

- soit sous la forme d'un service autonome, propre à l'entreprise ou à l'établissement [188];

---

[185] D. HENNEBELLE, « La place de l'infraction formelle en droit pénal du travail : regard d'un travailliste », *Dr. social* 2001, p. 935.

[186] Il a été relevé que les infractions issues des textes réglementaires sont pour la plupart assorties de peines contraventionnelles, en l'occurrence, celles indiquées pour les contraventions de 4ème classe prévues à l'article R. 370 (12) du Code pénal : Voir, NDIE NGAH, *Le droit pénal camerounais du travail et de la prévoyance sociale*, Mémoire de maîtrise en Droit privé, Université de Yaoundé, 1985, p. 223. Par conséquent, nous n'évoquerons que les peines prévues par le Code du travail dans notre étude.

[187] Sur l'ensemble de ces infractions, NDIE NGAH, *Mémoire précité*, pp. 48-53.

[188] Le service médical autonome est obligatoire :
- à partir d'un effectif de 250 travailleurs ;
- pour les entreprises et établissements situés à plus de 15 km du centre médical public ou privé le plus proche et utilisant plus de 100 travailleurs ;
- pour les entreprises employant un minimum de 20 travailleurs et comportant des risques spéciaux dont la liste est fixée par le ministre du Travail et de la Sécurité sociale.

- soit sous la forme d'un service inter-entreprises commun à plusieurs entreprises ou établissements[189] ;
- soit sur la base d'une convention de visites et de soins passée avec un médecin privé, ou un établissement hospitalier public ou privé[190].

Les expressions *« toute »* et *« tout »* utilisées par l'article 98 (1) renseignent à suffisance sur le caractère impératif de cette disposition. L'infraction est constituée dès lors que l'entreprise ou l'établissement n'a pas organisé un service médical et sanitaire au profit des travailleurs salariés qu'il emploie.

Les peines prévues contre les contrevenants sont fixées ainsi qu'il suit :

- une amende de cent mille (100 000) à un million (1 000 000) de francs (article 167 (1) du Code du travail ;
- en cas de récidive, un emprisonnement de six (6) jours à six (6) mois (article 170 (1) Code du travail)
- les sanctions pécuniaires prévues sont multipliées par le nombre de travailleurs touchés par l'infraction réprimée (article 172 du Code du travail).

2. Infractions relatives à la surveillance médicale du personnel

69. Les salariés doivent faire l'objet de visite médicale avant l'embauche et pendant leur emploi. L'inobservation de ces obligations par tout employeur est sanctionnée pénalement.

Les infractions relatives à la surveillance médicale du personnel sont caractérisées par :

L'entreprise qui ne dispose pas d'un service médical autonome doit prévoir une boîte de secours permettant de dispenser des soins urgents et de première nécessité.

[189] Les services médicaux inter-entreprises sont organisés à l'initiative des employeurs, soit sur une base géographique, soit par branche professionnelle.

Pour être agréé, tout service médical inter-entreprises doit grouper au moins 500 travailleurs sauf dérogation accordée sur proposition du médecin-inspecteur du travail ou à défaut, de l'inspecteur du travail pour les localités où les effectifs des travailleurs n'atteignent pas ce minimum.

[190] Les entreprises et établissements non soumis à l'obligation d'organiser un service médical autonome et qui n'ont pas adhéré à un service médical inter-entreprises doivent passer une convention de visites et de soins, soit avec un médecin privé agréé exploitant un cabinet personnel, soit à défaut avec une clinique médicale privée, ou une formation médicale publique, selon la réglementation en vigueur.

a. Le défaut d'examen médical d'embauche (article 100 (1) Code du travail)

70. Tout salarié fait obligatoirement l'objet d'un examen avant l'embauche ou au plus tard avant l'expiration de la période d'essai qui conduit à l'embauche sauf les cas où cet examen est obligatoire avant l'emploi. L'examen comporte une radioscopie pulmonaire et, au besoin, une radiographie qui est pratiquée soit dans le service médical du travail, soit dans un centre spécialisé.

Cet examen a pour but de dépister toute tare ou maladie contagieuse ou non, et de déterminer l'aptitude du sujet au travail envisagé. Il donne lieu à l'établissement :

- d'une fiche d'aptitude destinée à l'employeur et qui doit être conservée par celui-ci pour être présentée à toute réquisition de l'inspecteur du travail et du médecin-inspecteur du travail ;
- d'un dossier médical individuel et confidentiel tenu par le médecin[191].

Il s'agit d'une condition préalable à la conclusion du contrat de travail qui s'impose aux parties prenantes qui sont l'employeur et le travailleur[192]. Ainsi, l'abstention ou le refus du salarié de se soumettre à la visite d'embauche à laquelle il a été régulièrement convoqué ne constitue pas un cas de force majeure susceptible d'exonérer l'employeur de sa responsabilité pénale[193]. La Chambre criminelle de la Cour de cassation française considère que l'infraction est caractérisée par l'embauchage effectué en l'absence de certificat médical[194]. L'interprétation de cette jurisprudence permet de retenir que la visite d'embauche est une condition résolutoire du contrat et que dès lors, l'infraction est réalisée si la visite d'embauche n'est pas effectuée avant la conclusion de celui-ci[195] ou encore lorsque l'employeur arrête sa

---

[191] Il convient de relever que des dispositions matérielles sont prises pour assurer le secret médical et l'inviolabilité du fichier détenu par le médecin. Aussi, les dossiers médicaux individuels ne peuvent-ils être communiqués qu'aux médecins-inspecteurs du travail qui demeurent liés par le secret professionnel en ce qui concerne les indications non relatives à une affection professionnelle à déclaration obligatoire : Voir, J.-M. NYAMA, *Droit et contentieux du travail et de la sécurité sociale au Cameroun*, PUCAC, Yaoundé, 2014, n° 207, p. 232.

[192] Il s'agit d'une position contraire à celle de l'article 107 1° du Code du travail de 1974 qui prévoyait que *« sans préjudice des dispositions spéciales prises dans le cadre de l'hygiène et de la prévention de certaines maladies professionnelles ou dans celui de la protection de certaines catégories de travailleurs, tout salarié doit faire l'objet d'un examen médical, au plus tard dans les huit jours qui suivent son embauche »*.

[193] En revanche, il conviendrait d'envisager des sanctions disciplinaires contre les salariés qui refuseraient de se soumettre à l'examen médical d'embauche.

[194] Cass. crim., 4 mai 1976, *Dr. soc.* 1977, 47, obs. J. SAVATIER.

[195] Ce délai correspond en droit français à l'expiration de la période d'essai qui suit l'embauche.

décision d'embauchage sans tenir compte de l'avis du médecin du travail sur l'aptitude au poste de travail[196].

Par ailleurs, le fait pour l'employeur de ne pas prendre en considération l'avis émis par le médecin du travail au sujet de l'aptitude constatée ou, le cas échéant, des adaptations de postes nécessaires, peut être constitutif d'infraction.

Cette infraction est réprimée par une amende de cent mille (100 000) à un million (1 000 000) de francs (article 167 (1) Code du travail). Cette amende est multipliée par le nombre de travailleurs recrutés en l'absence d'examen médical d'embauche (article 172 Code du travail).

b. L'absence de surveillance médicale tout au long de la carrière du salarié (article 100 (2) Code du travail)

71. Tout salarié bénéficie pendant sa carrière professionnelle, de la surveillance médicale due par l'employeur. Ce dernier y est légalement tenu et le fait qu'il ne communique pas au médecin du travail les informations nécessaires pour lui permettre de procéder à des visites périodiques peut être constitutif d'infraction. Certes, seul le médecin du travail est juge de la fréquence des visites nécessaires[197]. Toutefois, leur exercice demeure encadré dans la mesure où les arrêtés du ministre chargé du Travail, pris après avis de la Commission nationale de santé et de sécurité au travail, fixent les conditions dans lesquelles sont effectuées les visites médicales avant et pendant l'emploi[198].

Le non-respect par tout employeur des prescriptions relatives à la surveillance médicale de son personnel est réprimé par une amende de cent mille (100 000) à un million (1 000 000) de francs (article 167 (1) Code du travail). Cette amende est multipliée par le nombre de travailleurs touchés par l'infraction réprimée (article 172 Code du travail).

En outre, des sanctions civiles peuvent être encourues par l'employeur. Il en est ainsi du fait du préjudice causé à un salarié suite au défaut de visite médicale tel, celui résultant du dépistage tardif d'une maladie. En pareil cas, l'employeur ne peut être tenu de réparer que les conséquences de la maladie

[196] J. SAVATIER, *obs.* précitée.

[197] Il en est ainsi en l'absence de prescriptions spéciales, pour les femmes enceintes, les mères d'enfant de moins de deux ans, des mutilés et des invalides qui doivent faire l'objet d'une surveillance particulière.

[198] Article 100 (3) Code du travail. Il convient de préciser néanmoins que tous les salariés font obligatoirement l'objet d'un examen médical systématique avec radioscopie pulmonaire au moins une fois par an. Les salariés de moins de 18 ans sont examinés tous les six mois.

imputables à son dépistage tardif et non le dommage total résultant de la maladie dès lors que celle-ci n'est pas imputable en elle-même au travail[199].

3. Infractions consécutives à une maladie du travailleur

72. Dans certaines circonstances que précise la loi, le manquement par l'employeur aux obligations qui lui incombent en cas de maladie du travailleur, est assorti de sanctions pénales. À ce titre, sont constitutifs d'infractions :

- le manquement à l'obligation de fourniture de soins par l'employeur en cas de maladie du travailleur, de son ou ses épouse (s) et de ses enfants logés avec lui par l'employeur lorsque l'exécution du contrat de travail a nécessité son installation hors de sa résidence habituelle (article 101 (1) Code du travail) ;
- le manquement à l'obligation de fourniture des médicaments et accessoires nécessaires dans la limite des moyens définis par arrêté du ministre chargé du Travail, pris après avis de la Commission nationale de santé et de sécurité au travail (article 101 (1) Code du travail);
- le manquement par l'employeur à l'obligation d'assurer l'alimentation du travailleur malade et hospitalisé dans l'infirmerie de son entreprise (article 101 (2) Code du travail).

Tout manquement par l'employeur aux obligations qui lui incombent en cas de maladie du travailleur ou de l'une des personnes visées à l'article 101 (1) est sanctionné par une amende de cent mille (100 000) à un million (1 000 000) de francs (article 167 (1) Code du travail)[200].

Il convient de souligner que l'employeur peut être condamné également à des dommages et intérêts envers la victime de l'infraction s'il est avéré que son abstention coupable lui a causé un préjudice. Il en sera ainsi en cas d'aggravation résultant de la maladie et ce, dans les limites des conséquences qui en découlent.

---

[199] Cass. soc., 10 juin 1976, *Bull. civ.* 1976, n° 75-40 329 : le chef d'entreprise qui n'a pas fait procéder aux visites médicales annuelles obligatoires à un salarié atteint d'une affection pulmonaire, qui aurait dû nécessairement et inévitablement être décelée par ces examens, ne peut être tenu de réparer que les conséquences de son retard, et non le dommage total de la maladie non imputable en elle-même au travail.

[200] Voir, sur la question de l'obligation de prise en charge du travailleur malade par l'employeur : M. A. MOUTHIEU épse NJANDEU, « Heurs et malheurs du travailleur atteint d'une maladie non professionnelle », *in L'effectivité du droit*, Mélanges en l'honneur du Professeur François ANOUKAHA, L'Harmattan-Paris, 2021, pp. 523-536 ; J. KOM, « Droit du travail et maladie non professionnelle », *Rev. Jur. Af.* 1994, p. 214 et s.

En cas de méconnaissance de la maladie de l'employé par l'employeur, ce dernier ne peut le licencier, la protection du salarié doit être respectée, surtout s'il justifie par des certificats médicaux, la réalité de la maladie[201].

4. Infractions relatives à l'évacuation sanitaire du personnel

73. La loi impose à l'employeur qui n'est pas en mesure de répondre par les moyens dont il dispose en cas de blessures ou maladies graves nécessitant une intervention appropriée, des obligations précises dont l'inobservation est sanctionnée pénalement.

Sont constitutifs d'infractions :

- le défaut d'évacuation sur la formation médicale la plus proche des blessés et malades transportables, non susceptibles d'être traités par les moyens dont dispose l'employeur (article102 (1) Code du travail)[202]. On le voit bien, il est le seul juge de l'opportunité de procéder ou non à l'évacuation ; s'il opte pour la première solution, il doit tout mettre en œuvre pour garantir sa bonne fin. Dans tous les cas, il doit assumer les conséquences liées à son choix ;
- le défaut d'avis de l'autorité administrative la plus proche pour qu'elle procède par les moyens à sa disposition, à l'évacuation desdits blessés et malades dès lors que l'employeur est dépourvu de moyens appropriés nécessaires à cet effet (article 102 (2)). Aussi, tous les frais occasionnés de ce fait à l'administration doivent-ils être remboursés par l'employeur sur la base des tarifs officiels en vigueur en ce domaine (article 102 (4)). En tout état de cause, le refus par l'employeur de rembourser ces frais peut être aussi constitutif d'infraction.

Pour ce qui concerne la sanction du manquement à cette obligation, le Code du travail n'ayant rien prévu de manière spécifique, il semble que l'on devrait appliquer dans cette hypothèse de non-assistance à personne en danger, les dispositions du droit pénal général. À ce titre, l'article 283 qui réprime le délit d'omission de porter secours, prévoit que *« est puni d'un emprisonnement de un (01) mois à trois (03) ans et d'une amende de vingt mille (20 000) à un million (1 000 000) de francs ou de l'une de ces deux peines seulement, celui qui s'abstient de porter à une personne en péril de mort ou de blessures graves, l'assistance que, sans risque pour lui ni pour les tiers, il pouvait lui prêter soit par son action personnelle, soit en provoquant un secours »*.

Des sanctions civiles peuvent par ailleurs frapper l'employeur en cas de préjudice direct résultant de son abstention coupable.

---

[201] Arrêt n° 11, C. S., 17 mai 1979.

[202] CA Yaoundé, 21 mars 1978, arrêt n° 14 : accident du travail-évacuation sanitaire ordonnée à destination de la France-frais à la charge de la compagnie d'assurance.

B. Infractions relatives à l'hygiène et à la sécurité

74. Les conditions d'hygiène et de sécurité sur le lieu du travail sont définies par arrêté du ministre chargé du Travail, pris après avis de la Commission nationale de santé et de sécurité au travail. C'est l'arrêté n° 039/MTPS/IMT du 26 novembre 1984 qui fixe les mesures générales d'hygiène et de sécurité sur les lieux de travail[203]. Cet arrêté tend à assurer aux travailleurs, tout en prenant en considération les conditions et contingences locales, des normes d'hygiène et de sécurité conformes à celles recommandées par l'Organisation internationale du travail et d'autres organismes techniques reconnus sur le plan international[204]. Cependant, le rôle du droit pénal du travail ne se réduit pas à punir les atteintes à l'intégrité physique des travailleurs ; il s'attache aussi à prévenir la survenance de tels dommages[205]. L'examen des dispositions relatives à l'aménagement des locaux affectés au travail (1) et à l'interdiction des produits dangereux (2) permettra de s'en convaincre.

1. En matière d'aménagement des locaux affectés au travail

75. Les dispositions générales du Code du travail encadrant l'hygiène et la sécurité du travail comprennent des obligations à la charge des employeurs d'une part et des interdictions tendant à la préservation de la santé des travailleurs d'autre part. Quant à la détermination exacte des lieux dans lesquels doit s'appliquer cette réglementation, il convient de retenir qu'elle s'applique non seulement aux locaux où s'exerce habituellement l'activité professionnelle de l'employeur, mais aussi à tous les chantiers extérieurs sur lesquels le personnel intervient sur instruction de l'employeur[206]. De manière générale, les établissements et locaux doivent être tenus dans un état constant de propreté et présenter les conditions d'hygiène et de salubrité nécessaires à la santé du personnel. Ils doivent être aménagés de manière à garantir la

---

[203] Voir, articles 1(1) et 2 (1) Arrêté n° 039 /MTPS /IMT du 26 novembre 1984 fixant les mesures générales d'hygiène et de sécurité sur les lieux de travail :
- l'article 1 al. 1. précise que *« le présent arrêté fixe les règles de base en matière d'hygiène et de sécurité sur les lieux de travail en vue d'une protection aussi efficace que possible de la santé des travailleurs ».*
- l'article 2 al. 1. indique que *« l'employeur est directement responsable de l'application de toutes les mesures de prévention, d'hygiène et de sécurité destinées à assurer la protection de la santé des travailleurs qu'il utilise ».*

[204] Article 95 (1) et (2) du Code du travail.

[205] L'infraction sera matériellement constituée si l'employeur n'a pas respecté les prescriptions de l'arrêté sus visé. De ce fait, les plans de construction, d'agrandissement ou de transformation des bâtiments, des normes techniques susceptibles de garantir des conditions d'hygiène et de salubrité nécessaires à la santé des travailleurs doivent être respectés par les établissements.

[206] Cass . crim., 11 oct. 1994, *Bull. crim.*, 1994, n° 325.

sécurité des travailleurs. L'infraction sera matériellement constituée si l'employeur n'a pas respecté les prescriptions de l'arrêté sus-visé.

a. L'hygiène du travailleur

76. Tout local doit satisfaire aux normes de construction permettant une bonne ambiance thermique, visuelle et sonore dans les lieux de travail. Ils doivent être aérés, éclairés, ventilés, équipés de masques pour faire face aux dégagements de poussières, de vapeurs, de gaz toxiques ou irritants. Les lieux du travail doivent être maintenus en constant état de propreté avant ou après, et non pendant les heures de travail.

Il revient aussi aux employeurs de prévoir des installations à usage personnel des travailleurs. De ce fait, les employeurs doivent mettre gratuitement de l'eau potable et fraîche à la disposition des travailleurs et en quantité suffisante. Il est interdit d'introduire et de consommer les boissons alcooliques sur les lieux et pendant les heures de travail[207], sauf autorisation pendant les heures d'arrêt du travail et uniquement dans les cantines et réfectoires[208]. Il est interdit au salarié en état d'ébriété ou d'ivresse de pénétrer dans les lieux du travail. De même, toute interdiction d'alcool peut être formulée par le chef d'entreprise à l'encontre des salariés.

La consommation des repas dans les locaux de travail est interdite sauf autorisation de l'inspecteur du travail ou du médecin-inspecteur du travail. Des réfectoires ou d'autres lieux de repas doivent être mis sur pied.

Le chef d'entreprise doit prévoir les installations sanitaires et en bon état : lavabo, douche, selon le cas, en nombre suffisant, et séparées pour hommes et femmes. La loi recommande à l'employeur que tout établissement doit disposer des lavabos à eau courante et douches, à raison d'un lavabo pour 15 personnes et d'une douche pour 10 personnes lorsque la nature des travaux expose les travailleurs à une température excessive et aux poussières.

Il doit aussi prévoir des sièges individuels et collectifs.

Les vestiaires doivent être aménagés et pourvus de sièges et d'armoires individuelles fermant à clef en nombre suffisant. L'établissement doit également disposer de cabinets d'aisance et d'un urinoir pour 25 hommes et au moins d'un cabinet pour les femmes.

b. La sécurité des travailleurs

77. La sécurité des travailleurs doit être respectée. Ainsi l'employeur doit prendre certaines mesures visant à assurer la sécurité des travailleurs. Il s'agit :

---

[207] Article 97 (1) Code du travail.

[208] Article 97 (2) Code du travail ; TPI Yaoundé, 19 août 1980 : licenciement-état d'ébriété pendant le service- altercations avec le personnel et les clients.

des mesures de protection contre les chutes de personnes et d'objets de travail en hauteur[209]; de l'emploi d'appareils et machines dangereuses[210]; des appareils de levage, ascenseurs, monte-charge et transporteurs[211]; des substances dangereuses[212]; des courants électriques[213]; des mesures de prévention et de lutte contre les incendies[214]; des mesures destinées à combattre tout commencement d'incendie[215].

Les règles relatives à la sécurité des travailleurs portent, pour l'essentiel, sur la protection contre les accidents de travail et contre les incendies.

i. La protection contre les accidents de travail

78. Dans le cadre des dispositions générales de sécurité, il est interdit d'installer des appareils, engins, matériels, machines et autres moyens de travail dangereux sans que soient mis en place des dispositifs de sécurité répondant aux normes internationales et agrées par le ministre chargé du Travail.

L'on comprend que ce n'est pas seulement au moment de l'exécution de la prestation de travail que les mesures de sécurité doivent être prises. Elles doivent l'être notamment en amont au moment de la conception de l'installation des machines. Dans ce sens, les machines, outils et engins affectés au travail doivent être munis de dispositifs de protection d'une efficacité reconnue et tenus dans les meilleures conditions possibles de sécurité afin que leur utilisation ne présente pas de danger pour le salarié. Bien plus, éviter tout ce qui pourrait constituer un facteur d'accident devrait être une préoccupation constante de ceux qui construisent des bâtiments à usage professionnel. À ce titre, les plans de construction, d'agrandissement ou de transformation des bâtiments des entreprises doivent respecter les normes techniques susceptibles de garantir la sécurité des travailleurs. En outre, les maîtres d'ouvrage entreprenant la construction ou l'aménagement de bâtiments destinés à l'exercice d'une activité industrielle, commerciale ou agricole, sont tenus de se conformer à une réglementation particulière destinée à assurer notamment la sécurité du travail[216].

Le dispositif protégeant le travailleur contre tout risque de chute doit aussi être aménagé. À titre illustratif, des échafaudages de bonne qualité doivent

---

[209] Articles 65 à 70 Arrêté 26 novembre 1984.
[210] Articles 71 à 79 *idem.*
[211] Articles 80 à 95 *idem.*
[212] Articles 96 à 109 *idem.*
[213] Articles 110 à 117 *idem.*
[214] Articles 118 à 126 *idem.*
[215] Articles 127 à 128 *idem.*
[216] B. TEYSSIÉ, *Droit du travail, Relations individuelles de travail*, T 1, 2ème éd., Litec, Paris, 1992, n° 727, p. 400.

être construits en matériaux solides et résistants, protégés par des garde-corps et une plinthe, lorsque l'exécution d'un travail sur l'échelle est susceptible de présenter un risque pour le travailleur.

Par ailleurs, tous appareils, machines ou éléments de machines reconnus dangereux doivent être disposés ou protégés de manière à empêcher le personnel d'entrer volontairement ou involontairement en contact avec eux pendant leur fonctionnement[217].

Outre un devoir général d'information adaptée et de formation renforcée placé sous le signe de la prévention des risques professionnels, l'employeur a l'obligation d'organiser une formation pratique à la sécurité du poste de travail au bénéfice des salariés nouvellement recrutés, de ceux qui changent de poste de travail ou de technique, des travailleurs temporaires et des salariés qui reprennent leur activité après un arrêt de travail.

ii. La protection contre les incendies

79. En vue de la prévention des incendies, les entreprises présentant des risques d'incendie doivent être implantées dans les zones spéciales. Elles doivent être séparées d'autres établissements pour la sécurité de ceux-ci et pour faciliter la lutte et la circonscription de l'incendie.

La protection contre l'incendie est assurée par un classement par catégories des matières inflammables et la réglementation de leur manutention, de leur situation et de leur conditionnement. Elle est également assurée par l'installation des postes de secours et l'obligation de prévoir les issues de secours ainsi que les possibilités de dégagement.

Les chefs d'établissement doivent mettre en place un équipement approprié en vue de déceler tout commencement d'incendie et de le combattre efficacement[218]. Ils doivent veiller par ailleurs à ce que le personnel soit

---

[217] J.-M. NYAMA, *Droit et contentieux du travail et de la sécurité sociale au Cameroun*, PUCAC, Yaoundé, 2014, pp. 224 et s.

[218] À cet effet, ils doivent :
- aménager un système d'alerte fonctionnant automatiquement ou à défaut, organiser un service de ronde ;
- disposer d'eau sous pression et d'un nombre suffisant de prises ou de bouches d'eau munies de tuyaux appropriés voire d'un système de pulvérisation automatique d'eau ;
- disposer en permanence d'un nombre suffisant d'extincteurs convenablement répartis et utilisant un produit adapté aux types d'incendies susceptibles de se produire dans chaque lieu de travail. Ces extincteurs doivent être maintenus en état constant de bon fonctionnement et faire l'objet d'essais et de vérifications périodiques par une personne ou un organisme approprié. Une fiche de contrôle est établie à chaque contrôle ;
- disposer de récipients contenant du sable, de seaux, de pelles et de toiles ignifugées ;
- disposer à l'usage des personnes exposées des couvertures anti-feu ou d'autres équipements appropriés.

instruit des mesures d'évacuation de l'entreprise et soit entraîné à l'utilisation de l'équipement de lutte contre l'incendie[219].

Pour renforcer la sécurité des travailleurs, ces derniers devraient bénéficier non seulement des mesures de protection individuelle, mais surtout des mesures de protection collective. Une hiérarchie entre ces mesures semble s'instaurer à telle enseigne qu'il est affirmé qu'en ne mettant à la disposition de son personnel qu'une protection individuelle (harnais et ligne de vie), le chef d'entreprise manque à l'obligation de sécurité qui lui est imposée par les textes ; la protection collective prévue (échafaudages, plates-formes, planches ou échelles) est, en effet, obligatoire prioritairement lorsqu'aucun élément technique ne s'oppose à sa mise en place[220].

80. En pratique, les règles d'hygiène ou de sécurité du travail sont très souvent transgressées. Or le simple constat qu'une prescription obligatoire n'a pas été respectée suffit en principe à caractériser l'élément moral et l'élément matériel de l'infraction. Aucune intention coupable n'est par conséquent requise au titre de l'élément moral de l'infraction par application du pur droit pénal commun. C'est dire que la responsabilité des auteurs se trouve engagée par le seul accomplissement de l'action ou de l'omission incriminée. Les dispositions du Code du travail ne prévoient pas de sanctions pénales. Il y a lieu de penser qu'en la matière, seules les sanctions administratives sont visées. Ainsi, en cas de conditions de travail jugées dangereuses pour les salariés, l'inspecteur du travail ou le médecin-inspecteur du travail doit-il mettre en demeure l'employeur d'y remédier[221]. La mise en demeure est consignée dans le fascicule n° 3 du registre d'employeur ou à défaut adressée par lettre recommandée avec accusé de réception. Elle est datée et signée, et précise l'infraction retenue. Les formalités de date et de signature paraissent substantielles : leur défaut entraînerait la nullité de toute la procédure[222]. La durée de la mise en demeure est proportionnelle à la gravité de l'infraction, et tient compte des possibilités objectives de la faire disparaître. Elle peut être renouvelée si l'employeur fait montre d'une bonne volonté de corriger la faute[223]. Si cette action n'est pas suivie d'effet du fait de la contestation de l'employeur, le litige est soumis à l'arbitrage de la Commission nationale de santé et de sécurité au travail. Dans tous les cas, l'inspecteur du travail ou le médecin-inspecteur du travail adresse un rapport à ladite Commission sur les

---

219 J.-M. NYAMA, *Droit et contentieux du travail et de la sécurité sociale au Cameroun*, PUCAC, Yaoundé, 2014, pp. 227 et s.

220 Cass. crim., 1er juil. 1997, n° 96-83.032.

221 L'article 30 de l'Arrêté du 26 novembre 1984 prévoit que la mise en demeure est obligatoire lorsqu'une infraction est relative à l'hygiène et à la sécurité.

222 En ce sens, P.-G. POUGOUÉ, *Droit du travail et de la prévoyance sociale au Cameroun*, T 1, PUC, Yaoundé, 1988, p. 43.

223 Voir, A. BEKOULE, « Procès-verbaux d'infractions : l'inspecteur doit être un conseiller et non un gendarme pour les partenaires sociaux », *in Monde du travail*, n° 34, juin 1985, p. 33 et s.

conditions jugées dangereuses, en vue de l'élaboration éventuelle des mesures réglementaires appropriées. Toutefois, en cas de danger imminent pour la santé et la sécurité des travailleurs, l'inspecteur du travail ou le médecin inspecteur du travail ordonne les mesures immédiatement exécutoires[224].

Parce qu'étant de nature parfois à mettre en péril la vie même des travailleurs, les risques auxquels ils sont exposés ne devraient pas laisser indifférents les partenaires sociaux, leurs organisations professionnelles et les pouvoirs publics. Seule la conjugaison de leurs efforts pourrait permettre de les réduire en ayant conscience du fait que les dangers auxquels les travailleurs sont confrontés dans leurs conditions de travail varient selon la nature de leur emploi et le secteur professionnel dans lequel ils interviennent[225].

2. En l'absence de déclaration de l'utilisation des produits dangereux

81. Selon l'article 13 de la Loi n° 77-11 du 13 juillet 1977 portant réparation et prévention des accidents du travail et des maladies professionnelles, l'employeur qui utilise les produits et techniques de travail susceptibles de provoquer les maladies professionnelles définies dans les tableaux de maladies professionnelles établis par décret pris après avis de la Commission nationale de santé et de sécurité au travail, est tenu d'en faire la déclaration avant le commencement desdits travaux par lettre recommandée au ministre chargé des questions de travail et de sécurité sociale[226].

La question se pose aujourd'hui de savoir si la notion de produits dangereux (qui renvoie entre autres aux explosifs, produits inflammables, substances toxiques, nocives ou corrosives, substances émettant des radiations ionisantes), ne devrait pas englober l'amiante et la céruse. Dans ce cas, à défaut de leur interdiction qui consoliderait davantage la protection de la santé et de la sécurité du travailleur en milieu professionnel, leur utilisation devrait être soumise à déclaration.

82. L'amiante est un produit minéral connu pour ses propriétés isolantes et ignifuges. C'est un matériau qui est très utilisé dans le secteur du bâtiment et par de nombreux corps de métiers : les tôliers-chaudronniers, les soudeurs, les ajusteurs, les carrossiers, les plombiers, les charpentiers et les électriciens. Si on lui reconnaît des vertus du fait de ses qualités protectrices contre la chaleur et le bruit, l'amiante est néanmoins dangereux pour la santé lorsque ses fibres, en suspension dans l'air, sont respirées. Cependant, il faut en moyenne 20 à

---

[224] Articles 95 (3) et 96 (1) et (2) du Code du travail.

[225] L'on pense que les ouvriers sont particulièrement plus exposés aux risques et que ceux-ci sont moindres dans l'informatique que dans le bâtiment ou la manutention.

[226] Sur l'ensemble de la question d'absence de déclaration de l'utilisation des produits dangereux, NDIE NGAH, *Le droit pénal camerounais du travail et de la prévoyance sociale*, Mémoire de maîtrise en Droit privé, Université de Yaoundé, 1985, p. 194.

40 ans pour que se déclare un cancer du poumon ou un cancer de la plèvre dû à l'amiante. C'est dire que ces cancers surviennent plutôt longtemps après le début de l'exposition.

Il convient de relever à ce sujet que certaines observations liées à la Convention de l'OIT n° 162, ratifiée par le Cameroun en 1989, ont été faites par la Commission d'experts pour l'application des conventions et recommandations OIT (CEACR) en vue de l'interdiction totale ou partielle de l'utilisation de l'amiante ou de certains produits d'amiante[227].

83. Relativement à la céruse (peinture), il faut préciser que la Convention n° 13 sur la céruse, 1921 a pour objet d'interdire l'emploi de la céruse, du sulfate de plomb et de tous produits contenant ces pigments dans les travaux de peinture intérieure des bâtiments. Sont exemptés, les gares de chemins de fer et des établissements industriels dans lesquels il est déclaré nécessaire par les autorités compétentes, après consultation des organisations professionnelles des employeurs et des travailleurs. De même, l'emploi des pigments blancs contenant au maximum 2 pour cent de plomb, exprimé en plomb métal tout comme la peinture décorative ainsi que les travaux de filage et de rechampissage demeurent autorisés.

En attendant que le législateur réglemente en interne l'emploi de la céruse dans les travaux où il est autorisé, les employeurs devraient se conformer aux mesures de prévention et aux soins de propreté à prendre par les ouvriers tels que indiqués dans les conditions d'utilisation dudit produit par les articles 5 à 7 de la convention.

La simple omission suffit à caractériser l'infraction, de même que la déclaration faite négligemment, la déclaration faite par simple lettre au lieu d'une lettre recommandée. Il en est ainsi d'une déclaration adressée à une personnalité autre que le ministre chargé des questions du travail et de la sécurité sociale. C'est le cas par exemple d'une déclaration adressée sciemment au directeur général de la Caisse nationale de prévoyance sociale (CNPS) pour transmission au ministre chargé des questions de travail et de la sécurité sociale. C'est aussi le cas d'une déclaration faite précipitamment par l'employeur au début de l'exécution des travaux, alors qu'il disposait de tout le temps pour le faire avant.

Pour que l'infraction soit caractérisée dans tous ses éléments, l'employeur ou son substitut doit avoir agi en connaissance de cause. Il doit s'être abstenu volontairement de faire la déclaration exigée en vue d'atteindre le but prohibé par le législateur qui est d'exposer la santé des travailleurs à des risques de maladies graves.

---

[227] Observation (CEACR) adoptée en 2006 et publiée à la 96ème session de la Conférence internationale du travail (CIT) en 2007.

L'inobservation de cette obligation est constitutive d'un délit puni par l'article 49 (2) de la loi du 13 juillet 1977 d'une amende de cinq cent mille (500 000) à cinq millions (5 000 000) de francs et d'un emprisonnement d'un (01) à cinq (05) ans ou de l'une de ces deux peines seulement.

§2. Les atteintes involontaires à la vie et à l'intégrité physique de la personne ou les délits d'homicide et de blessures involontaires

84. L'expression est utilisée en droit pénal du travail pour désigner un accident du travail ayant entraîné des lésions corporelles ou la mort, qui s'avère être le résultat d'une faute d'imprudence, de négligence ou d'inobservation des règlements. L'article 49 (1) de la loi du 13 juillet 1977 autorise les poursuites sur le fondement des blessures ou homicides involontaires. Ce délit tel que conçu en matière d'accidents du travail, obéit à des sanctions plus sévères et ne doit pas être confondu avec celui de droit commun visé à l'article 289 (1) du Code pénal[228]. Il sera étudié à partir de ses éléments constitutifs (A) et sa répression (B).

A. Éléments constitutifs de l'infraction

85. Pour que l'infraction soit caractérisée, il faut que soit établie : une négligence, imprudence ou inobservation des règlements ayant été la cause ou l'une des causes d'un accident ou le cas échéant, d'une maladie professionnelle ayant occasionné la mort ou une incapacité de travail égale ou supérieure à 66% (article 49 (1)). S'agissant particulièrement des accidents du travail, la faute et le lien de causalité qui unit celle-ci au dommage, méritent un examen approfondi.

1. Agissements fautifs

86. Ils sont expressément cités dans le texte d'incrimination qui indique l'imprudence, la négligence ou l'inobservation des règlements.

---

[228] L'article 289 (1) du Code pénal dispose : *« est puni ... celui qui, par maladresse, négligence, imprudence ou inobservation des règlements, cause la mort ou des blessures, maladies ou incapacités de travail, telles que prévues aux articles 277 et 280 ».*
L'article 277 intitulé *« blessures graves », punit « celui qui cause à autrui la privation permanente de l'usage de tout ou partie d'un membre, d'un organe ou d'un sens ».*
L'article 280 intitulé *« blessures simples »*, punit *« celui qui, par des violences ou des voies de fait, cause, même involontairement à autrui, une maladie ou une incapacité de travail supérieure à trente (30) jours ».*

a. Inobservation des règlements

87. L'inobservation des règlements relatifs à l'hygiène et à la sécurité des travailleurs[229] constitue la cause la plus susceptible d'entraîner l'application de ces dispositions. Si elle a entraîné la mort ou une incapacité de travail supérieure ou égale à 66%, la violation d'une prescription légale ou réglementaire destinée à assurer la protection physique des travailleurs suffit pour déclencher l'application de l'article 49 (1) de la loi de 1977, sans qu'il soit nécessaire de démontrer en outre la négligence du responsable désigné[230].

Il en va ainsi quand bien même l'infraction serait amnistiée, les faits subsistant dans leur matérialité et constituant une imprudence en soi[231]. Autrement exprimé, il suffit que l'infraction au règlement considéré existe en fait, quand bien même elle n'est pas légalement punissable.

Si le règlement édicte une obligation de résultat, la survenance de l'accident ne fait que révéler le non-respect du texte[232]. En revanche, s'il n'édicte qu'une obligation de moyen, son inobservation doit faire l'objet d'une constatation expresse. Tel est le cas lorsque les seules dispositions susceptibles d'avoir été violées n'imposent qu'un contrôle périodique des machines ayant causé le dommage.

Ainsi, statuant dans une espèce où un accident avait eu pour origine un semi-portique, la Chambre criminelle approuve les juges du fond d'avoir relaxé le chef d'entreprise en constatant que le prévenu n'avait pas manqué à ses obligations dès lors qu'il avait fait procéder par un organisme spécialisé à un examen de l'appareil lors de sa mise en service et à des visites de contrôle suffisamment fréquentes[233].

En revanche, il en est autrement dans les situations de mise à disposition de personnel à une autre entreprise dite *« utilisatrice »* dans lesquelles l'employeur de la victime est astreint à une série d'obligations préalables dont le non-respect est susceptible de jouer un rôle causal lors de la réalisation ultérieure du risque d'accident. Ainsi, la Chambre criminelle de la Cour de cassation française approuve les juges du fond d'avoir retenu la culpabilité du chef d'entreprise d'appartenance après avoir relevé le nombre de manquements dont un défaut de recensement pertinent des risques et un défaut de formation adaptée d'intérimaires dépourvus d'expériences[234].

---

[229] Il s'agit surtout de l'arrêté n° 039 /MTPS /IMT du 26 novembre 1984 fixant les mesures générales d'hygiène et de sécurité sur les lieux de travail.

[230] Cass. crim., 15 janv. 1955, *Bull. crim.* 1955, n° 24; Cass. crim., 11 juil. 1968, *Bull. crim.* 1968, n° 222.

[231] Cass. crim., 12 janv. 1971, *Bull. crim.* 1971, n° 7.

[232] Cass. crim., 27 févr. 1973, *Bull. crim.* 1973, n° 97.

[233] Cass. crim., 14 mai 1975, *Jurispr. soc.* UIMM, n° 352, p. 241.

[234] Cass. crim., 22 juin 2004, n° 03-85.273.

Quel que soit le type d'obligation violée, l'inobservation des règlements réalise simultanément une infraction à la loi du 13 juillet 1977 et une infraction au Code pénal. La jurisprudence considère qu'en dépit de l'unité d'action ou d'omission, l'on est en présence d'infractions distinctes caractérisées par des éléments constitutifs différents et que par conséquent, il n'y a pas lieu d'appliquer à cette situation la théorie du cumul idéal.

b. Négligence ou imprudence caractérisée

88. Théoriquement distinctes quant à leur contenu, ces fautes sont caractérisées le plus souvent, dans le domaine des accidents du travail, par une attitude de négligence. En l'état actuel du droit positif, l'appréciation d'une telle attitude est faite par rapport, non seulement au contenu de la fonction de celui à qui les faits sont reprochés, mais encore au comportement, aux procédés de travail ou, le cas échéant, aux techniques mises en œuvre, qui sont considérés comme devant être normalement ceux de l'homme de l'art.

Il s'avère dès lors que la responsabilité pénale du chef d'entreprise ou de son substitut peut également se trouver engagée pour atteinte involontaire à la vie ou à l'intégrité physique d'un salarié sans qu'aucun règlement de travail n'ait été transgressé. L'infraction résulte alors de la violation d'un devoir général de prudence et de diligence qui, appliqué à l'hygiène et à la sécurité du travail, se traduit par la violation d'une obligation générale de sécurité[235].

Cette faute de négligence faisait l'objet de la part des tribunaux, d'une appréciation *in abstracto*, qui s'effectue par comparaison avec ce qu'aurait fait un dirigeant d'entreprise moyennement prudent et diligent placé dans les mêmes circonstances que celles qui ont entraîné l'accident. Cependant, cette analyse a été renouvelée en droit positif français en faveur de l'appréciation *in concreto* de la faute constitutive du délit d'imprudence qui doit se faire à partir de ce qui définit ordinairement la situation d'un chef d'entreprise ou d'un délégataire[236]. L'auteur des faits ne sera alors poursuivi que s'il est établi qu'il n'a pas accompli les diligences normales, compte tenu, le cas échéant, de la nature de ses missions, de ses compétences ainsi que du pouvoir et des moyens dont il disposait[237]. Ce qui introduit une limitation dans le champ de la responsabilité de la personne poursuivie.

---

235 Cass. crim., 14 oct. 1997, *Bull. crim.* 1997, n° 334; *RD pén. Crim.* 1998, n° 25.

236 Voir, Circulaire d'application n° 96-19/F1, 27 août 1996 qui prévoit que *« ...un chef d'entreprise ne pourra invoquer comme moyen de défense le fait qu'il ne disposait pas des compétences, des pouvoirs et des moyens suffisants pour faire respecter la réglementation en matière d'hygiène et de sécurité ; c'est en effet au dirigeant qu'il incombe de faire respecter cette réglementation et il commet une faute s'il n'est pas en mesure de le faire lui-même ou par l'intermédiaire d'un délégué »* ; Voir également, Cir. N° 00-9/F1, 11 oct. 2000 ; Cass. crim., 9 déc. 1997, *Bull. crim.* 1997, n° 419 ; Cass. crim., 29 juin 1999, *Dr. ouvrier* 1999, p. 383.

237 Voir, lois n° 96-393 du 13 mai 1996 et n° 2000-647 du 10 juillet 2000.

89. La Chambre criminelle de la Cour de cassation française considère en effet que, même en l'absence de toute infraction aux dispositions législatives et réglementaires assurant la protection physique des travailleurs, une imprudence ou une négligence dans les conditions d'affectation d'un ouvrier à un travail dangereux peut constituer, à la charge du chef d'entreprise, une faute personnelle de nature à engager sa responsabilité pour homicide et blessures involontaires[238].

Il en va de même pour le défaut d'instructions hiérarchiques susceptibles d'exclure la fausse manœuvre à l'origine de l'accident[239] ou un défaut d'entretien normal du matériel[240].

En outre, la faute de négligence peut résulter de ce que le prévenu connaissait la violation des prescriptions réglementaires même si leur observation ne lui incombait pas personnellement[241].

En matière d'accidents du travail, une telle solution peut trouver à s'appliquer dans les cas suivants :

- lorsque le chef d'entreprise a délégué ses pouvoirs à l'un de ses subordonnés et qu'il a eu connaissance de l'inobservation des règlements sans intervenir. Ceci suppose toutefois qu'une faute personnelle de négligence soit relevée à sa charge[242] ;
- lorsque plusieurs entreprises sont momentanément réunies pour effectuer un travail en commun. Dans cette hypothèse, l'employeur de la victime ou son délégataire peut se voir condamné pour homicide ou blessures involontaires, bien qu'une autre entreprise ait la charge d'assurer l'hygiène et la sécurité sur le chantier.
- en cas de sous-traitance. Ainsi, est reconnu à bon droit coupable d'homicide involontaire en raison de sa négligence à observer dans la livraison du chantier au sous-traitant une obligation de sécurité commune d'origine contractuelle, le conducteur des travaux de l'entreprise principale qui a omis d'ordonner l'obstruction des trémies et ce, bien qu'aucune infraction au Code du travail ne puisse être retenue à sa charge, la convention de sous-traitance prévoyant que

---

238 Cass. crim., 18 oct. 1977, *Bull. crim.*, 1977, n° 305; *D.* 1978, p. 772, note A. BENOIT.
239 Cas. crim., 23 janv. 1979, *Bull. crim.*, 1979, n° 31 ; *Dr. soc.* 1979, p. 160, note J. SAVATIER (en l'espèce, la négligence était imputable non au chef d'entreprise, mais à l'ingénieur en chef chargé du service).
240 Cass. crim., 13 févr. 2001, *Bull. crim.* 2001, n° 41; Cass. crim., 24 juin 2014, n° 13-83.126.
241 Cass. crim., 31 mars 1965, *Bull. crim.*, 1965, n° 96; Cass. crim., 23 janv. 1975, *JCP G* 1976, II, 18 833, note J. H. ROBERT
242 Cass. crim., 15 oct. 1970, *Dr. soc.* 1970, 733, note COSTA; Cass. crim., 25 juin 2013, n° 11-88.037; *Bull. crim.* 2013, n° 153; *JCP S* 2013, 1337, obs. F. DUQUESNE.

l'entreprise à laquelle appartenait la victime était seule responsable de son personnel et de son matériel[243].

90. Lorsque certains professionnels de l'entreprise sont spécialement chargés de par leurs fonctions, d'assurer la protection physique du personnel, les tribunaux n'hésitent pas à engager leur responsabilité, non seulement pour inobservation des règlements, mais également pour n'avoir pas pris les mesures que les circonstances commandaient comme relevant de l'obligation générale de sécurité leur incombant[244] .

Se rend coupable d'homicide involontaire, le chef de service de sécurité qui s'abstient d'attirer l'attention des utilisateurs d'un produit sur les dangers d'inflammation qu'il présente, malgré l'information qui lui avait été transmise en ce sens par le service de prévention des accidents du travail[245].

Il convient de souligner que la victime des actes incriminés c'est le salarié. La protection pénale ne s'étend donc pas à autrui. Il s'ensuit que si une salariée enceinte est victime d'un accident, imputable à une violation de sécurité, pesant sur l'employeur, qui entraîne la mort du fœtus, la condamnation ne portera que sur les blessures involontaires causées à la victime et non sur un homicide involontaire du fœtus[246].

L'atteinte involontaire à l'intégrité de la victime peut aussi être constituée d'une maladie transmise ou provoquée. La gravité du préjudice est la résultante de l'incapacité de travail qui peut être permanente ou temporaire. L'incapacité temporaire de travail représente la période, exprimée en jours ou en mois, durant laquelle le dommage subi va empêcher la victime de vaquer à ses obligations. Cette durée est fixée par un médecin. Le législateur utilise les notions d'incapacité totale et partielle de travail pour exprimer la gravité de l'atteinte subie et donc les peines encourues par l'auteur.

2. Lien de causalité

91. Les agissements fautifs sont constitutifs d'infractions dès lors qu'ils présentent un lien de causalité certain avec l'accident. Il n'est pas nécessaire pour autant qu'ils soient la cause directe et exclusive de l'accident[247].

---

243 Cass. crim., 31 mai 1976, *Bull. crim.* 1976, n° 191; *Rev. sc. crim.* 1977, p. 98, obs. G. LEVASSEUR; Cass. crim., 13 mars 1990, note BERNACKI.

244 Cass. crim., 29 oct. 1968, *Bull. crim.* 1968, n° 274; *Rev. sc. crim.* 1969, p. 404, obs. G. LEVASSEUR; Cass. crim., 12 janv. 1971, *Bull. crim.* 1971, n° 7; *Rev. sc. crim.* 1971, p. 942, obs. G. LEVASSEUR; Cass. crim., 27 févr. 1978, *JCP CI* 1979, II, 12 959, note M.-E. CARTIER et O. GODARD ; Cass. crim., 25 févr. 1981, Graux ; Cass. crim., 18 déc. 1990, Casset et Vincent.

245 Cass. crim., 21 mai 1974, *Jurispr. soc.* UIMM 1974, n° 345, 3ème espèce.

246 Cass.crim., 29 juin 2001, *JCP G* 2001, II, 10569 ; *D.* 2001, p. 2907.

247 Cass. crim., 6 oct. 1977, *Bull. crim.* 1977, n° 295.

L'application de ce principe de droit commun en matière d'accidents du travail emporte les conséquences suivantes :

- un même accident peut procéder de plusieurs fautes distinctes ;
- le fait de la victime, le fait d'un tiers ou, le cas échéant, la force majeure, constituent autant de causes d'exonération.

a. Pluralité de fautes

92. L'analyse des circonstances qui entourent la réalisation d'un accident du travail fait souvent apparaître que l'accident a non pas une cause unique, mais plusieurs causes. Il n'est pas rare, lorsque l'on reconstitue l'enchaînement des causalités conduisant à l'accident, de constater l'interaction d'éléments divers imbriqués les uns dans les autres de telle sorte que chacun d'entre eux a une part dans la survenance de l'accident. À ce titre, il convient toutefois de ne retenir que les causes certaines de l'accident et non les causes possibles.

Chaque faute constatée, dès lors qu'elle est en relation certaine avec l'accident, peut être constitutive d'une infraction distincte[248]. Encore faut-il que les agissements fautifs reprochés soient suffisamment caractérisés pour pouvoir être différenciés. Lorsque l'accident résulte par exemple d'une infraction aux dispositions de l'arrêté du 26 novembre 1984 fixant les mesures générales d'hygiène et de sécurité sur les lieux de travail, l'identification d'une faute distincte de l'inobservation de la prescription incriminée peut être nécessaire pour pouvoir poursuivre plusieurs responsables. En pareil cas, la jurisprudence, faisant application de la théorie de l'équivalence des conditions, retient toutes les fautes en relation causale avec l'accident[249].

La pluralité des liens de causalité apparaît en effet dans deux séries d'hypothèses :

- d'abord au sein d'une même entreprise. Ainsi, la responsabilité du directeur général de la société dans laquelle s'est produit l'accident, n'est pas exclusive de celle du directeur général adjoint, et du chef de chantier sous l'autorité directe duquel était placée la victime[250] ;
- ensuite à l'encontre des prévenus appartenant à des entreprises différentes. À la suite d'un accident survenu au cours d'un travail en commun, la Chambre criminelle de la Cour de cassation française a approuvé la condamnation du chef de chantier de l'entreprise à laquelle appartenait la victime et celle du directeur de l'entreprise de gros œuvre

[248] G. LEVASSEUR, in *Rev. sc. crim.* 1968, p. 77.
[249] Sur cette question, voir, CORNU, *JCP G* 1952, II, 7272 ; G. LEVASSEUR, *in Rev. sc. crim.* 1968, p. 77.
[250] Cass. crim., 15 oct. 1970, *Dr. soc.* 1970, 733, note COSTA.

chargée contractuellement d'assurer la sécurité de l'ensemble des ouvriers[251].

b. Causes d'exonération

93. L'exigence d'un lien de causalité certain entre les agissements reprochés et l'accident n'est, par définition, pas satisfaite lorsqu'il est établi que l'accident a pour cause unique et exclusive le fait de la victime, le fait d'un tiers ou, le cas échéant, la force majeure.

Certains auteurs tendent cependant à limiter le rôle exonératoire de la faute de la victime, considérant qu'en toute hypothèse, la réalisation de l'accident est en soi constitutive, pour le chef d'entreprise, d'un manquement à l'obligation générale de sécurité qui lui incombe[252]. Parfois, la faute de la victime peut être révélatrice d'une faute du chef d'entreprise[253].

Le caractère exonératoire de la faute de la victime est retenu chaque fois que son rôle déterminant dans la réalisation de l'accident est établi[254] et qu'elle en constitue la cause exclusive[255].

La jurisprudence adopte la même position dans l'hypothèse de la faute de la victime à l'égard du fait d'un tiers. La faute imputée à un tiers non compris dans les poursuites n'exonérerait le prévenu de la responsabilité pénale et civile de l'accident que s'il était constaté qu'elle en a été la cause unique et exclusive[256].

Quant à la force majeure, elle demeure une cause suffisante d'exonération dès lors que l'évènement dont elle procède est à la fois imprévisible et irrésistible. Mais l'appréciation très restrictive qui est faite par la jurisprudence des éléments constitutifs de force majeure prive en fait celle-ci, pour une large part, d'un véritable effet exonératoire.

B. Pénalités

94. Le délit d'homicide et blessures involontaires est puni des peines particulièrement sévères (article 49 (1) loi du 13 juillet 1977) contre l'employeur, le chef d'entreprise ou son substitut qui en est l'auteur. Celles-ci

---

251 Cass. crim., 22 janv. 1969, *Bull. crim.* 1969, n° 45; Cass. crim., 27 janv. 1971, *Bull. crim.* 1971, n° 28.

252 A. CŒURET, « Pouvoirs et responsabilités en droit pénal social », *Dr. soc.* 1975, 396 ; A. BENOIST, note sous Cass. crim., 18 oct. 1977, *D.* 1978, 472.

253 Cass. crim., 15 nov. 1955, *Bull. crim.* 1955, n° 479; Cass. crim., 22 avr. 1966, *Bull. crim.* 1966, n° 125; Cass. crim., 15 mars 1994, *Bull. crim.* 1994, n° 97; Cass. crim., 1er déc. 1998, *JurisData* n° 1998-005 180; *JCP E* 1999, chron. p. 2062.

254 CA Douai, 29 juin 1977, *RJS* n° 387, p. 267.

255 Cass. crim., 10 mai 2006, *JCP S* 2006, 1637; Cass. crim., 30 oct. 2012, n° 11-88.350, *Dr. pén.* nov. 2013, n° 11, chron. 10, obs. M. SEGONDS.

256 Cass. crim., 29 janv. 1976, *Bull. crim.* 1976, n° 38.

sont constituées d'une amende de cinq cent mille (500 000) à cinq millions (5 000 000) de francs et d'un emprisonnement d'un (01) à cinq (05) ans ou de l'une de ces deux peines seulement.

Toutefois, la situation particulière caractérisée par le cumul d'infractions ou encore la pluralité de personnes responsables d'un même accident appelle des précisions.

1. Cumul d'infractions

95. Chaque fois qu'il y a cumul du délit d'homicide et blessures involontaires avec une autre infraction au droit camerounais du travail, le principe du non-cumul des peines correctionnelles de l'article 51 (1) du Code pénal conduit à appliquer la peine la plus rigoureuse qui, dans la plupart des cas, sera celle de l'article 49 (1). Cette règle ne joue que si les deux infractions considérées sont des délits à moins qu'il ne s'agisse d'une contravention connexe au délit d'homicide et blessures involontaires. Dans le cas contraire, les peines prévues à cet égard peuvent être cumulées avec celles de l'article 49 (1) sauf si les infractions reprochées procèdent d'un fait unique, comme c'est souvent le cas chaque fois que l'accident est imputable exclusivement à l'inobservation d'un règlement. Seule la plus haute qualification pénale est alors retenue.

Cette situation peut souvent apparaître chaque fois qu'il y a infraction aux dispositions de l'arrêté n° 039 du 26 novembre 1984 fixant les mesures générales d'hygiène et de sécurité sur les lieux de travail.

2. Situation des co-auteurs

96. En droit commun, lorsque plusieurs fautes distinctes constitutives d'homicide et blessures involontaires sont à l'origine d'un même accident, l'auteur de chaque faute peut faire l'objet de poursuites distinctes et est passible personnellement des peines encourues à ce titre.

S'agissant d'un accident du travail, les règles particulières de la législation des accidents de travail s'opposent à la condamnation solidaire des co-auteurs aux réparations civiles. L'article 39 de la loi du 13 juillet 1977 semble en effet exonérer l'employeur de toute responsabilité de droit commun lorsque l'accident n'est dû ni à sa faute intentionnelle, ni à celle de son préposé. Seule la responsabilité civile d'un tiers peut être mise en cause. Mais le problème se pose dès lors que l'un des co-auteurs de l'homicide et blessures involontaires est l'employeur ou l'un de ses préposés. Dans ce cas, le tiers peut-il, dans l'hypothèse où la réparation intégrale du préjudice a été mise à sa charge, se retourner contre celui-ci pour obtenir le remboursement de la part du préjudice lui incombant ?

La jurisprudence de la Chambre criminelle de la Cour de cassation l'admet largement. Le tiers ne peut être tenu que de sa part de responsabilité dans le dommage qu'il appartient alors au juge répressif d'évaluer afin de limiter la condamnation contre lui à la mesure de cette part[257].

Mais il semble que ce n'est pas la position du droit camerounais. D'après l'article 39 (1) de la loi du 13 juillet 1977, lorsque l'accident ouvrant droit aux prestations est dû à la faute d'un tiers, la Caisse nationale de Prévoyance sociale (CNPS) doit verser à la victime ou à ses ayants droit les prestations auxquelles ils ont droit. C'est alors qu'elle peut exercer un recours contre le tiers responsable de l'accident pour récupérer les prestations versées nonobstant une action en dommages et intérêts intentée par la victime ou ses ayants droit. Il s'ensuit au final, que l'employeur ou le préposé co-auteur de l'homicide et blessures involontaires se trouve couvert par la CNPS qui ne saurait se retourner contre lui pour la récupération des prestations versées. De toute évidence, la lecture qui s'y dégage est que le fait fautif est par définition unique : c'est la violation de telle ou telle prescription. Il ne peut dès lors y avoir qu'un seul auteur de l'infraction, à savoir, le tiers.

97. À notre sens, il semble que pour asseoir la lutte contre l'insécurité des travailleurs sur les lieux de travail et par conséquent, leur aménager un cadre décent de travail comme le prescrit l'OIT[258], ce corpus de règles devrait être complété en empruntant au droit comparé, par l'incrimination de mise en danger d'autrui, ou de risques causés à autrui. Dans ce sens, aux termes de l'article 223-1 du Code pénal français *« le fait d'exposer directement autrui à un risque immédiat de mort ou de blessures de nature à entraîner une mutilation ou une infirmité permanente par la violation manifestement délibérée d'une obligation particulière de sécurité ou de prudence imposée par la loi ou le règlement est puni d'un an d'emprisonnement et de 15 000 euros d'amende »*. À ce titre, se trouvent condamnés pour avoir exposé un grand nombre de salariés aux risques liés à l'inhalation de poussières d'amiante, non seulement un *« haut »* délégataire responsable du site, mais également la personne morale employeur des salariés exposés[259]. La principale particularité de cette infraction est d'exister bien qu'aucun résultat dommageable ne se soit produit à l'égard des personnes[260]. Il s'agit d'une infraction formelle ou de comportement qui peut par ailleurs, présenter un

---

[257] Cass. crim., 19 nov. 1974, *Bull. crim.* 1974, n° 339; Cass. crim., 3 avr. 1978, *RJS* n° 385, p. 207 ; Cass. crim., 6 nov. 1978, Auclair PICAUD, *inédit*.

[258] Le travail décent est fondé sur l'idée que le travail est source de dignité personnelle, de stabilité familiale, de paix dans la communauté et de démocratie, de croissance économique qui augmente les possibilités d'emploi productif et de développement des entreprises.

[259] CA Douai, 6 mars 2008, n° 072135 ; A. CŒURET et F. DUQUESNE, « Amiante et mise en danger », *RJS* 2008, chron. p. 591.

[260] Il est donc impossible de cumuler les infractions d'homicide et de blessures involontaires et le délit de mise en danger d'autrui : Cass. crim., 11 sept. 2001, *Bull. crim.* 2001, n° 176.

caractère instantané ou continu selon que la violation incriminée se produit dans l'instant ou qu'elle se prolonge dans le temps. Quant à l'élément moral de l'infraction, il repose théoriquement sur la notion de dol éventuel[261], ainsi que l'atteste l'exigence par le texte d'incrimination d'une mise en danger délibérée d'autrui[262].

Il appartient à la Commission nationale de santé et de sécurité au travail instituée auprès du ministre chargé du travail, d'assurer la veille stratégique à travers la pro-action, afin que la vie et la santé des travailleurs soient préservées en entreprise. Il semble que les obligations qui relèvent de son cahier de charges telles que prescrites par les articles 120 et suivants du Code du travail, l'invitent à cela.

Section 3. Les atteintes au crédit de l'entreprise, personne morale

98. En dehors de l'abus de biens sociaux[263] qui constitue une infraction appréhendée en droit pénal des affaires, deux principales infractions portent atteinte au crédit de l'entreprise en droit pénal du travail. Il s'agit essentiellement du délit de corruption de l'employé (§1), et de l'abus de confiance et escroquerie aggravés (§2).

§1. Le délit de corruption d'employé

99. Ce délit est prévu par l'article 312 (2) du Code pénal qui réprime « ... *celui qui, quel que soit le moment, sans être dépositaire de l'autorité publique ou chargé d'une mission de service public, et exerçant dans le cadre d'une activité professionnelle ou sociale, une fonction de direction ou un travail pour une personne physique ou morale ou un organisme quelconque, cède à*

---

[261] J. CEDRAS, « Le dol éventuel : aux limites de l'intention », *D.* 1995, chron. p. 18. Le dol éventuel consiste, de la part de l'agent, à prévoir comme possible le résultat sans en vouloir la réalisation : B. BOULOC, *Droit pénal général*, Dalloz, 21ème éd., 2009, n° 269.

[262] Pour les développements relatifs à ce délit, A. CŒURET, E. FORTIS, F. DUQUESNE, *Droit pénal du travail*, LexisNexis, 6ème éd., 2016, n° 592 et s.

[263] L'infraction d'abus des biens sociaux prévue à l'article 891 de l'Acte Uniforme du 30 janvier 2014 relatif au droit des sociétés commerciales et du groupement d'intérêt économique réprime le gérant d'une société à responsabilité limitée, les administrateurs, le président-directeur général, le directeur général, le directeur général adjoint, le président de la société par actions simplifiée, l'administrateur général ou l'administrateur général adjoint qui, de mauvaise foi, font des biens ou du crédit de la société, un usage qu'ils savent contraire à l'intérêt de celle-ci, à des fins personnelles, matérielles ou morales, ou pour favoriser une autre personne morale dans laquelle ils sont intéressés, directement ou indirectement. Sur la question, voir : M. A. MOUTHIEU épse NJANDEU, *L'intérêt social en droit des sociétés*, L'Harmattan, Paris, 2009, n° 6, p. 18 ; N. C. NDOKO, S. YAWAGA, « Infractions relatives à la gestion des sociétés », *Encyclopédie du droit OHADA*, Lamy, Paris, 2011, pp. 974-986 ; R. DJILA KOUAYI KEMAJOU, *Le droit pénal des affaires au Cameroun*, L'Harmattan, Paris, 2015, p. 118.

des sollicitations, accepte des offres, dons, promesses, présents ou avantages quelconques, en vue d'accomplir ou de s'abstenir d'accomplir un acte de son activité ou de sa fonction, ou facilite la commission dudit acte par son activité ou sa fonction, en violation de ses obligations légales, contractuelles ou professionnelles ».

Il s'agit pour le législateur, de sanctionner pénalement le manque de loyauté de préposés ou dirigeants qui s'abstiendraient d'exécuter un acte de leur fonction ou qui, de manière réversible, l'accompliraient en violation de leurs obligations légales, contractuelles ou professionnelles. Se trouve ainsi visée, la corruption tant active que passive de l'employé.

Pour que l'infraction soit caractérisée, il faut :

- qu'il s'agisse d'un agent du secteur privé, mieux, d'un employé ou travailleur c'est-à-dire *« toute personne qui s'est engagée à mettre son activité professionnelle moyennant rémunération, sous la direction et l'autorité d'une personne physique ou morale, publique ou privée, celle-ci étant considérée comme employeur »* (article 1 (2) Code du travail) ;
- que ce travailleur cède à des sollicitations, agrée des offres, dons, promesses, présents ou avantages quelconques qui pourraient être en nature, en industrie, d'ordre matériel ou financier, etc., pour faire ou s'abstenir de faire un acte relevant de son service, sans autorisation de son patron. L'incrimination suppose donc de la part de l'agent soit qu'il sollicite un avantage, soit qu'il accepte l'offre qui lui a été faite en vue d'accomplir ou de s'abstenir d'accomplir un acte de sa fonction ou facilité par elle. L'objet de la sollicitation ou de l'agrément est de nature variée. Les termes auxquels renvoie le texte à savoir *« des offres, dons, promesses, présents ou avantages quelconques »* sont suffisamment larges pour y englober les biens mobiliers ou immobiliers les plus divers. Le bien remis va de la remise classique d'argent liquide jusqu'à la remise d'objets ou de marchandises divers.

100. Mais, cette remise peut être indirecte et consister en un paiement d'une dette personnelle de la personne corrompue ou dans l'octroi d'un crédit avantageux, voire dans le financement de voyages d'agrément ou de séjour de chasse[264].

L'employé doit agir sciemment en vue d'atteindre le but prohibé par le législateur qui est de porter atteinte à la confiance du patron. L'article 312 (2) vise essentiellement à protéger les affaires des employeurs contre

---

[264] Cass. crim., 27 oct. 1997, *Bull. crim.*1997, n° 352; *JCP G.*1998, II, 10017, note PRALUS; *Dr. pén.* 1998, comm. 16, *obs.* M. VÉ RON; Cass. crim., 16 mai 2001, *Bull. crim.* 2001, n° 124 ; *Dr. pén.* 2001, *comm.* 125, *obs.* M. VÉRON, *D.* 2002, *somm.* 1797, obs. M. SEGONDS.

l'indélicatesse de certains employés sans scrupule, voués à servir des intérêts autres que ceux de leurs patrons.

Aux termes de l'article 312 (2), cette infraction ne peut être poursuivie que contre les employés. Cependant, compte tenu du fait qu'il s'agit d'une infraction de droit commun, les poursuites peuvent être engagées à l'encontre de toute autre personne en qualité de complice dès lors qu'elle a concouru à la commission de l'infraction.

Le délit de corruption de l'employé est puni d'un emprisonnement de un (01) à cinq (05) ans et d'une amende de deux cent mille (200 000) à deux millions (2 000 000) de francs.

Outre ces sanctions pénales, l'employeur peut se constituer partie civile et demander sous forme de dommages et intérêts, réparation du préjudice subi suite à la commission de l'infraction.

§2. Abus de confiance et escroquerie aggravés

101. L'abus de confiance et l'escroquerie, au même titre que le vol, tendent à l'appropriation du bien d'autrui. Il s'agit des infractions contre la fortune d'autrui. Mais, alors que le vol suppose une soustraction, l'escroquerie implique le recours à la ruse pour se faire remettre le bien convoité et l'abus de confiance postule le détournement d'une chose remise, à l'origine volontairement par la victime. Dans l'abus de confiance, l'auteur de l'infraction détient donc la chose de manière parfaitement régulière. L'abus de confiance et l'escroquerie sont qualifiés d' « aggravés » ici parce qu'ils sont commis par un employé au préjudice de son employeur et réciproquement (article 321 b Code pénal).

La relation de travail, comme tout contrat, est fondée sur la loyauté. Elle se traduit concrètement par la confiance. Celle-ci est « *inhérente à la relation de travail* »[265]. C'est parce que l'employeur a confiance au travailleur qu'il lui confie le matériel de l'entreprise, l'utilisation d'un bien de l'entreprise voire la gestion d'un service (délégation d'autorité) ou de fonds (délégation de signature)[266]. Le manquement à cette confiance peut conduire à l'abus de confiance appréhendé comme « *la face pénale de l'obligation de loyauté* »[267] et engendrer des conséquences pénales.

---

[265] B. BOSSUS, « Confiance en droit du travail », in B. TEYSSIE (sous dir.), *La cause en droit du travail*, Paris, éd. Panthéon-Assas, 2013, n° 346 et s.

[266] Y. PAGNERRE, « Détournement de la relation de travail : l'abus de confiance du salarié », in B. TEYSSIE (sous dir.), *La norme pénale et les relations de travail, Panthéon Assas, Colloque*, 2015, p. 224.

[267] E. FORTIS, « Droit pénal de l'entreprise », *JCP*, 2005, p. 816.

L'abus de confiance est le fait pour une personne de détourner, au préjudice d'autrui, des fonds, des valeurs ou un bien quelconque qui lui ont été remis et qu'elle a acceptés à charge de les rendre, de les représenter ou d'en faire un usage déterminé. Aussi, l'article 318 b du Code pénal réprime-t-il celui qui porte atteinte à la fortune d'autrui *« par abus de confiance, c'est-à-dire en détournant ou détruisant ou dissipant tout bien susceptible d'être soustrait et qu'il a reçu, à charge de le conserver, de le rendre, de le représenter ou d'en faire un usage déterminé »*.

Le délit est caractérisé lorsqu'il y a détournement, destruction ou dissipation après remise réelle de la chose. Ces actes constitutifs de l'abus de confiance sont qualifiés dès lors que le propriétaire de la chose confiée ne peut plus exercer ses droits sur elle par suite des agissements frauduleux de celui qui la détenait à titre précaire. L'expression *« tout bien »* employée permet ainsi de réprimer les détournements portant indifféremment tant sur des biens corporels, quelle que soit leur nature, fonds, valeurs et autres marchandises, écrits divers constatant ou éteignant un droit, que sur les biens incorporels. Il en est ainsi lorsque par exemple, un employé omet de transmettre des fonds qui lui ont été remis à charge d'en faire un usage déterminé[268]. Il en est de même lorsqu'il fait usage du numéro de la carte bancaire ou d'une carte de crédit appartenant à une entreprise pour payer des dépenses personnelles ou encore lorsqu'il utilise à des fins personnelles, un ordinateur et la connexion internet mis à sa disposition au titre de son activité professionnelle. Il en est également ainsi du détournement d'informations relatives à une clientèle considérée comme un bien susceptible d'appropriation. Dans ce sens, la Chambre criminelle de la Cour de cassation française censure ainsi une chambre d'instruction pour avoir jugé qu'un directeur régional de société n'est pas l'auteur d'un abus de confiance pour avoir détourné une partie de la clientèle de la société au motif quc la clientèle n'était pas un bien susceptible d'être détourné et qu'aucun détournement de fichier n'a été établi. La Haute juridiction considère que des informations relatives à la clientèle constituent un bien susceptible d'être détourné[269]. Pour la Haute juridiction, si l'abus de confiance peut porter sur des biens incorporels, encore faut-il que ceux-ci puissent faire l'objet d'une appropriation, ce qui est le cas des informations sur la clientèle, non de la clientèle elle-même[270]. Une solution analogue peut être dégagée d'un arrêt de la chambre criminelle qui affirme que le

[268] TPI Yaoundé, 15 juillet 1980, décision n° 26 : Faute lourde-Détournement d'un chèque de 27 410 francs par l'employé.

[269] Cass. crim., 16 nov. 2011, n° 10-87.866 P; *JurisData* n° 2011.025156 ; *Rev. pénit.* 2011, p. 914, *obs.* V. MALABAT ; *Dr. pén.* 2021, comm., 1, obs. M. VÉRON ; *D.* 2011, actu. 2935, obs. LÉNA ; *D.* 2012, p. 137, *note* BEAUSSONIE.

[270] Voir en ce sens, V. MALABAT sous Cass. crim., 16 nov. 2011, précité.

détournement d'un contrat n'est pénalement punissable que s'il porte sur l'écrit le constatant, mais non sur les stipulations qu'il contient[271].

Tel est également le cas du cadre technico-commercial chef de projet, embauché à titre exclusif, afin de déployer et commercialiser les produits destinés à l'aménagement de stations d'épuration, qui a mis au point une borne informatique de gestion destinée à une société, a envoyé un devis à cette société sur papier à entête de son employeur, et a repris à l'identique ce même devis pour l'adresser au même client sous couvert d'une autre société, avec laquelle il était entré en contact. Le prévenu a disposé au profit d'un tiers et comme d'un bien propre d'un projet qui, dès sa réalisation, était la propriété de son employeur et dont il n'était devenu que détenteur[272].

102. L'article 318 c du Code pénal punit celui qui porte atteinte à la fortune d'autrui *« par escroquerie, c'est-à-dire en déterminant fallacieusement la victime soit par des manœuvres, soit en affirmant ou dissimulant un fait »*. Pour une meilleure appropriation de la notion, une incursion en droit français est nécessaire. L'escroquerie est le fait, soit par l'usage d'un faux nom ou d'une fausse qualité, soit par l'abus d'une qualité vraie, soit par l'emploi de manœuvres frauduleuses, de tromper une personne physique ou morale et de la déterminer ainsi, à son préjudice ou au préjudice d'un tiers, à remettre des fonds, des valeurs, ou un bien quelconque, à fournir un service ou à consentir un acte opérant obligation ou décharge[273].

Les procédés frauduleux destinés à tromper sont nombreux et donnent de relever que l'escroquerie serait par conséquent, une infraction de commission dont la consommation suppose un acte positif, caractérisé par l'usage ou l'emploi d'un des moyens frauduleux décrits. Cependant, il est de jurisprudence établi que l'abstention intervenue dans l'exercice d'une fonction équivaut à l'action. Les juridictions n'hésitent pas alors à condamner, pour escroquerie, le directeur financier d'une entreprise qui signe les bordereaux Dailly, permettant le transfert des créances correspondantes, sans avoir vérifié la réalité des créances cédées[274]. De manière plus subtile, les mêmes juridictions assimilent l'abstention à la prise de fausse qualité. Aussi, a-t-il été procédé ainsi pour sanctionner une personne qui omet de déclarer aux organismes sociaux une activité professionnelle afin de continuer à

---

[271] Cass. crim., 1er déc. 2010, n° 09-88478, *JurisData* n° 2010-025198 ; *Dr. pén.* 2011, *comm* 29, obs. M. VÉRON.

[272] Cass. crim., 22 sept. 2004, n° 04-80.285 P ; *D.* 2005, p. 411, note de LAMY (1ère esp.) ; *Dr. pén.* 2004, p. 179, obs. VÉRON ; *JCP* 2005, II, 10034, *note* MENDOZA-CAMINADE.

[273] Article 313-1 Code pénal français.

[274] Cass. crim., 22 févr. 1993, *Bull. crim.* 1993, n° 83.

percevoir des indemnités de chômage, en s'arrogeant la fausse qualité de chômeur[275].

L'infraction est caractérisée dès lors que l'usage de mensonges à travers le faux nom ou la fausse qualité ou l'abus de qualité vraie ou encore les manœuvres frauduleuses ont conduit à obtenir la remise volontaire de fonds, meubles ou effets de la part de l'employeur ou de l'employé. Autrement exprimée, l'utilisation de ces actes a pour effet de préjudicier à la fortune d'autrui en l'occurrence de l'employeur ou de l'employé.

L'abus de confiance et l'escroquerie aggravés sont des infractions intentionnelles. Au-delà du dol général, l'auteur agit dans le but d'atteindre un résultat précis (dol spécial). Dans l'abus de confiance, l'intention se caractérise chez l'agent par la conscience du caractère précaire de la détention et par la volonté de se comporter en véritable propriétaire[276]. L'élément intentionnel est écarté en cas d'autorisation de l'employeur, mais l'autorisation doit être antérieure au détournement[277]. S'agissant de l'escroquerie, il faut que l'agent ait effectivement voulu tromper la victime, la simple négligence ou imprudence de celui-ci ne saurait suffire.

L'article 321 (b) du Code pénal réprime l'abus de confiance et l'escroquerie commis par un employé, au préjudice de son employeur et réciproquement. La qualité d'employé et d'employeur étant une circonstance aggravante aux termes de l'article 321 (b), le délit de l'article 318 devient un crime puni du double des peines prévues par ce dernier texte, soit un emprisonnement de dix (10) à vingt (20) ans et une amende de deux cent mille (200 000) à deux millions (2 000 000) de francs.

---

[275] CA Paris, 27 sept. 1978, *Gaz. Pal.* 1979, 1, *somm.* 58; *D.* 1979, I, 178, *obs.* G. ROUJOU de BOUBÉE; Cass. crim., 30 nov. 1981, *Bull. crim.* 1981, n° 315; Cass. crim., 26 avr. 1994, *Bull. crim.* 1994, n° 149; *Rev. sc. crim* . 1994, 773, *obs.* G. GIUDICELLI-DELAGE; Cass. crim., 8 avr. 1999, *Dr. pén. 1999*, *comm.* 126, *obs.* M. VÉRON; Cass. crim., 30 avr. 2003, *Dr. pén.* 2003, *comm.* 119, obs. M. VÉRON.

[276] Un usage privé du bien de manière ponctuelle ne constitue pas une infraction car il n'empêche pas au propriétaire d'utiliser son bien.

[277] Cass. crim., 16 oct.1997, *Bull. crim.*, n° 341.

Chapitre 2.

Les infractions dans le cadre des relations individuelles de travail

103. Les relations individuelles de travail naissent de l'existence d'un contrat entre un employeur et un travailleur. Elles concrétisent ainsi le principe de la liberté du travail, élément d'une tradition individualiste et libérale, qui emporte à la fois la liberté de travailler et le libre choix du travail[278]. Ces relations épousent en outre la plupart des liens qui se tissent entre ceux-ci destinées à faire fonctionner l'entreprise. Les vicissitudes qui peuvent néanmoins entourer le maintien de ces relations contractuelles autorisent le législateur à prévoir leur encadrement pénal. Il sera successivement question dans ce chapitre de distinguer les infractions liées à la nature illégale du travail (section 1), de celles qui concernent l'exécution du contrat de travail (section 2) et enfin, des infractions ayant trait à la rupture du contrat de travail (section 3).

Section 1. Les infractions liées à la nature illégale du travail

104. La convention n° 29 concernant le travail forcé ou obligatoire, considérée comme une convention fondamentale, est entrée en vigueur en 1930 et a été ratifiée par le Cameroun le 01 janvier 1963. Cette convention prévoit en son article 1 que « *tout membre de l'organisation internationale du travail qui ratifie la présente convention s'engage à supprimer l'emploi du travail forcé ou obligatoire sous toutes ses formes dans le plus bref délai possible* ». La convention n° 105 sur l'abolition du travail forcé entrée en vigueur en 1957 (convention fondamentale) dispose à son tour en son article 1 que « *tout membre de l'organisation qui ratifie la présente convention s'engager à supprimer le travail forcé ou obligatoire et à n'y recourir sous aucune forme (...)* ».

La Déclaration universelle des droits de l'homme du 10 décembre 1948 reconnaît le droit au travail et le droit au choix de son travail. Il s'agit donc d'une interdiction implicite du travail forcé. Le Protocole des droits civiques

---

[278] B. TEYSSIE, *Droit du travail, Relations individuelles du travail*, 2ème éd., Litec, Paris, 1992, n° 260, p. 145.

et politiques adopté en 1966 interdit en son article 8, l'esclavage, la servitude et le travail forcé ou obligatoire.

À leur suite, le Code du travail interdit le travail forcé ou obligatoire et l'emploi illégal des travailleurs. Le législateur pénal incrimine le travail forcé (§1) et l'esclavage (§2). Il faut y ajouter le travail dissimulé (§3).

§1. L'interdiction du travail forcé ou obligatoire

105. L'article 2 (3) du Code du travail interdit le travail forcé[279] et l'article 292 du Code pénal en fait une infraction. L'expression travail forcé ou obligatoire est définie à l'article 2 (4) du Code du travail comme tout travail ou service, exigé d'un individu sous la menace d'une peine quelconque, pour lequel ledit individu ne s'est pas offert de son plein gré[280]. Cette définition reprend celle contenue à l'article 2 al. 1 de la Convention n° 29 de l'OIT sur le travail forcé du 28 juin 1930 qui dispose *« aux fins de la présente convention, le terme travail forcé ou obligatoire désignera tout travail ou service exigé d'un individu sous la menace d'une peine quelconque et pour lequel ledit individu ne s'est pas offert de plein gré ».* Toutefois, l'alinéa 5 ne considère pas 4 types de travaux comme étant obligatoires. Il s'agit de :

- tout travail ou service exigé en vertu des lois et règlements sur le service militaire et affecté à des travaux de caractère purement militaire ;
- tout travail ou service d'intérêt général faisant partie des obligations civiques des citoyens, telles qu'elles sont définies par les lois et règlements ;
- tout travail ou service exigé d'un individu comme conséquence d'une condamnation prononcée par une décision judiciaire ;
- tout travail ou service exigé dans les cas de force majeure, notamment dans les cas de guerre, de sinistres ou menaces de sinistres tels qu'incendies, inondations, épidémies et épizooties violentes, invasions d'animaux, d'insectes ou de parasites végétaux nuisibles et, en général, toutes circonstances mettant en danger ou risquant de mettre en danger

---

279 En vertu de la Convention n° 29 de l'OIT, les États membres s'engagent à supprimer le travail forcé dans le plus bref délai possible. Cet instrument trace un cadre global fixant les conditions du recours au travail forcé, les devoirs des pouvoirs publics et les conditions de travail des personnes réquisitionnées c'est-à-dire forcées à exécuter certains travaux. La Convention n° 105 de 1957 sur l'abolition du travail forcé dispose que tout État qui la ratifie s'engage à supprimer le travail forcé et à n'y recourir que dans les formes ci-dessus mentionnées. C'est le cas en droit du travail camerounais tel qu'il ressort de sa réglementation contenue à l'article 2 alinéas 3, 4 et 5.

280 Voir, P.-G. POUGOUÉ, « Idéaux de la révolution française et droit du travail en Afrique », *Bull. Comptrasec*, Bordeaux, 1987, p. 213 et s.; Voir également, J.-M. TCHAKOUA, *Dignité et droits fondamentaux des salariés : réflexions à partir des droits camerounais et français*, Thèse de Doctorat, Université de Yaoundé II, 1999.

la vie ou les conditions normales d'existence de l'ensemble ou d'une partie de la population.

Les éléments constitutifs de ce délit (A) ainsi que sa répression (B) seront précisés.

A. Éléments constitutifs du délit

106. L'article 292 du Code pénal dispose *« est puni...celui qui, pour satisfaire son intérêt personnel, impose à autrui un travail ou un service pour lesquels il ne s'est pas offert de son plein gré ».* L'acte coupable consiste à contraindre une personne à faire un travail ou un service contre son gré dans le seul but pour l'auteur de satisfaire son intérêt personnel. Mais le législateur n'a pas précisé l'importance de l'intérêt personnel à satisfaire. Compte tenu de ce silence, l'on doit admettre qu'un intérêt même minime suffirait à caractériser le délit.

Les actes de menaces, violences ou intimidations exercés contre l'intéressé pour qu'il se soumette à un tel travail ou service sont caractéristiques de l'infraction. Dès lors, l'acceptation de la victime ne saurait être prise en considération puisqu'elle accepte contre son gré, et ne saurait en conséquence constituer pour l'auteur un fait justificatif ou une circonstance atténuante.

L'infraction est caractérisée dans tous ses éléments si la victime est une personne dont la volonté est abolie en l'occurrence un dément.

La question qu'on est en droit de se poser est de savoir si, en dehors de toute contrainte physique, une contrainte simplement morale peut aussi caractériser le délit. Cette analyse pourrait prospérer avec beaucoup de difficultés compte tenu des réalités sociales en général, et familiales en particulier. Toutefois, il y a lieu de retenir que la contrainte morale, voire économique peut de même caractériser l'infraction dans des hypothèses spécifiques. Il appartiendra aux juridictions d'en assurer l'appréciation.

Une autre question consiste à savoir si l'infraction peut être considérée comme constituée dans le cas où le travail accompli ou le service rendu dans les conditions de l'article 292 est rémunéré. La réponse mérite d'être nuancée. Un tel travail peut être constitutif du délit si la rémunération ne reflète nullement la valeur des services rendus, et surtout, si ce travail est accompli dans des conditions à la fois illégales et inhumaines. En revanche, si le travail est exécuté dans les conditions légales et que le chef d'entreprise n'a fait qu'exercer son pouvoir de direction en dehors de tout abus, l'infraction n'est pas constituée.

Le véritable problème qui se pose est celui de la définition ou de l'étendue de la notion d'intérêt personnel si l'on admet que tout travail même d'intérêt général, comporte toujours un intérêt personnel, tant il est vrai que l'intérêt personnel se déduit de l'intérêt général.

107. Quoi qu'il en soit, le but poursuivi par le législateur par cette incrimination est tout simplement de faire obstacle à toute tentative d'exploitation de l'homme par l'homme.

En général, les formes du travail forcé ont beaucoup évolué. Le rapport global de l'OIT de 2001 consacré au travail forcé a énuméré 8 principales formes qui sont : l'esclavage et les enlèvements, la participation obligatoire à des travaux publics, le travail forcé dans l'agriculture et le recrutement forcé dans les zones rurales éloignées, les employés de maison en situation de travail forcé, la servitude pour dette, le travail imposé par les militaires, le travail forcé lié à la traite des êtres humains, les travaux pénitentiaires effectués dans certaines conditions et la rééducation par le travail.

C'est ainsi que la Commission d'experts pour l'application des conventions et recommandations OIT (CEACR) a observé qu'il y avait plusieurs travailleurs qui étaient soumis au travail forcé. Elle demande au gouvernement de prendre les mesures nécessaires pour compléter la législation, notamment l'article 24 du Code pénal[281] qui prévoit que les personnes condamnées à une peine d'emprisonnement sont astreintes au travail, de manière à ce que le consentement des détenus travaillant au profit d'entités privées soit formellement exigé.

Sur ce plan, une harmonisation de la législation camerounaise du travail avec la convention relative au travail forcé s'avère donc urgente.

S'agissant de l'élément moral, l'article 292 est muet sur la question et l'on en déduit qu'il doit obéir au droit commun. Il s'agit d'une infraction intentionnelle telle que définie à l'article 74 (2) du Code pénal. L'auteur doit agir sciemment en vue d'atteindre le but prohibé par le législateur qui est de faire travailler de force une personne en vue de satisfaire un intérêt personnel.

B. Répression du délit

108. L'interdiction du travail forcé demeure à ce jour une interdiction ouverte dans le Code du travail camerounais. Il n'existe pas explicitement de sanctions contre la violation de l'interdiction du travail forcé. L'incrimination est donc indirectement définie. En effet, c'est à partir de la violation des obligations relatives aux conditions de travail telles que le temps de travail, la durée du travail, le repos (congés annuels, jours fériés) que l'interdiction du travail forcé est incriminée en droit camerounais. Comme en matière de

---

[281] L'article 24 du Code du pénal dispose que *« l'emprisonnement est une peine privative de liberté pendant laquelle le condamné est astreint au travail, sauf décision contraire et motivée de la juridiction »*.

discrimination, le droit pénal du travail au Cameroun reste assez faible dans la garantie de l'interdiction internationale du travail forcé ou obligatoire ; les instruments internationaux, même s'ils sont ratifiés, ne contiennent pas véritablement de normes répressives dont l'édiction est laissée à la stricte compétence de l'État.

Sa sanction est renvoyée au Code pénal. La violation de l'interdiction de travail forcé ou obligatoire est constitutive d'un délit puni par l'article 292 d'un emprisonnement de un (01) an à cinq (05) ans et d'une amende de dix mille (10 000) à cinq cent mille (500 000) francs ou de l'une de ces deux peines seulement.

§2. L'esclavage et le travail déshumanisant

109. Ces deux incriminations seront présentées tour à tour.

A. L'esclavage

110. Selon l'OIT, on dénombre aujourd'hui plus de personnes en situation d'esclavage qu'à toute autre période de l'histoire. Plus de 21 millions de femmes, d'hommes et d'enfants vivent dans des situations d'esclavage moderne, soit 3 personnes sur 1000 dans le monde. L'article 293 du Code pénal réprime l'esclavage, mais il n'en donne aucune définition.

L'esclavage désigne au XVIIIème siècle la condition sociale des esclaves, des travailleurs non libres et généralement non rémunérés qui sont juridiquement la propriété d'une autre personne et donc négociables (achat, vente, location, ...), au même titre qu'un objet ou un animal domestique. On parle davantage de nos jours, d'esclavage moderne qui désigne la traite des êtres humains et les formes d'exploitation assimilées. La plupart des personnes victimes de l'esclavage travaillent dans des secteurs comme l'agriculture, la pêche, la construction, l'industrie, les mines, les services et le travail domestique.

1. Éléments constitutifs

111. L'esclavage qui est une forme de servitude et par conséquent un délit, est constitué de toutes les situations d'exploitation d'autrui caractérisées notamment par:

- l'exploitation de la vulnérabilité ou l'état de dépendance apparent ou connu de l'auteur, pour obtenir des services non rétribués ;
- l'exploitation de la vulnérabilité ou l'état de dépendance apparent ou connu de l'auteur, en échange d'une rétribution manifestement sans rapport avec l'importance du travail accompli ;
- les conditions de travail inhumaines ;

- l'exploitation de l'état de nécessité économique de la victime.

L'appréciation de la caractérisation du délit laisse place à une large appréciation du juge. À ce titre, est constitutif d'infraction, le fait pour l'employeur d'imposer de façon répétée des horaires excessifs à ses salariés, usant ainsi de sa qualité d'employeur pour exploiter la vulnérabilité sociale et la dépendance économique d'une grande partie de ceux-ci qui ont subi la fatigue inhérente à de tels horaires[282].

Cette infraction a été aussi retenue dans le cadre de stages en entreprise. Les élèves d'une école hôtelière avaient reçu pour l'accomplissement d'un travail de nuit et pour une durée hebdomadaire dépassant parfois soixante heures, une rémunération correspondante non appropriée. Par conséquent, l'employeur qui avait privé les stagiaires, requalifiés en salariés à temps complet par les juges du fond, de la rémunération minimale à laquelle ils avaient droit et qui avait profité de l'état de vulnérabilité et de la situation de dépendance dans laquelle ils se trouvaient placés, a été reconnu coupable[283]. Au-delà, l'anormalité du déséquilibre entre le travail fourni et la rémunération payée pouvait aussi servir de base à la caractérisation du délit.

L'exploitation peut aussi concerner des personnes atteintes d'un handicap. C'est le cas lorsque la personne handicapée participe non seulement à la gestion d'un magasin, mais aussi à différentes tâches ménagères ainsi qu'à la garde d'une enfant de façon permanente pendant quatre années en contrepartie d'une rémunération insignifiante[284].

Les conditions de travail inhumaines et l'exploitation de l'état de nécessité économique servent également d'éléments constitutifs du délit. Dans une espèce, le chef d'entreprise dirigeait ses salariés en ayant recours à des hurlements permanents, leur faisait subir des vexations en les insultant publiquement et utilisait divers procédés inadmissibles pour les humilier ainsi que les cadences et les conditions matérielles de travail imposées, qui étaient incompatibles avec la dignité humaine. La Cour de cassation a conclu que *« pour imposer de telles conditions de travail aux salariées concernées, le prévenu a profité de leur situation de vulnérabilité sociale et économique résultant de leur absence de qualification, de la situation particulièrement difficile de l'emploi en milieu rural et notamment dans le secteur de la confection »*[285].

---

282 CA Bordeaux, 7 janv. 1997, *JCP G* 1997, IV, 2, 420.

283 Cass. crim., 3 déc. 2002, *Bull. crim.* 2002, n° 215 ; *RJS* 2003, p. 248 ; *Dr. pén.*, 2003, n° 30 ; *Dr. soc.* 2003, p. 428, *obs.* F. DUQUESNE ; CA Aix-en-Provence, 3 déc. 2001, *JurisData* n° 2001-177883.

284 CA Toulouse, 14 févr. 2002, *JurisData* 2002-169557.

285 Cass. crim., 4 mars 2003, *Bull. crim.* 2003, n° 58; *Dr. pén.* 2003, n° 83 ; *RJS* 2003, n°702 ; D. 2003, *somm. Comm.* 181, obs. AUBERT-MONTPEYSSEN ; *JCP* 2004, I, 105.

112. Les éléments constitutifs de l'esclavage avons-nous vu, revêtent des formes variées qui évoluent en fonction de l'environnement économique et social. Ce qui invite à quitter une sorte d'état d'hibernation pour un renouvellement permanent, mieux, une interprétation évolutive telle que relevée par la Cour Européenne des droits de l'homme à travers l'affaire Siliadin contre France. Elle soulevait la question dite de l'« esclavage domestique » qui, comme l'a souligné l'Assemblée parlementaire du Conseil de l'Europe, sévit aujourd'hui en Europe, concernant principalement *« des femmes, qui travaillent le plus souvent chez des particuliers, chez qui elles arrivent comme domestiques immigrées, personnes au pair ou « épouses achetées par correspondance »*. La Cour EDH constate la violation de l'article 4 de la Convention européenne des droits de l'homme, qui prohibe l'esclavage, la servitude et le travail forcé ou obligatoire. Cette solution va de pair avec le souci de donner sa pleine effectivité au droit garanti par l'article 4 et conduit le juge européen à effectuer une lecture de cette disposition, adaptée *« aux conditions de vie actuelles »*[286].

L'emploi des domestiques et employés de maison est dominé par le non-respect des contrats conclus, les salaires dérisoires, le temps de travail très long (jusqu'à 14h par jour chez certains), le non-respect des heures supplémentaires, l'absence de congés payés ou de repos hebdomadaire, le défaut d'affiliation à la CNPS, le harcèlement sexuel, les sévices et la déconsidération. Pourtant, il est encadré par toutes les conventions de l'OIT ratifiées par le Cameroun et qui s'appliquent à tout travailleur, sauf si une disposition d'une convention les en exclut. Il en est ainsi particulièrement de la Déclaration de l'OIT relative aux principes et droits fondamentaux au travail et son suivi adopté en juin 1998. La Déclaration oblige les États membres, qu'ils aient ou non ratifié les conventions correspondantes, à respecter et à promouvoir les principes et les droits, classés selon quatre catégories[287]. Le Cameroun a ratifié les conventions qui couvrent ces quatre domaines. Des mesures pratiques de mise en œuvre de ces conventions sont contenues dans la Recommandation OIT n° 201 sur les travailleuses et travailleurs domestiques adoptée en 2011, notamment celles contenues dans les articles 2 à 5. Il s'agit des mécanismes destinés à protéger les travailleurs domestiques victimes d'abus, de harcèlement sexuel et de violence :

---

286 F. SUDRE, « Commentaire sur : Cour européenne des droits de l'homme - « Esclavage domestique » et Convention européenne des droits de l'homme », *JCP G 2005*, n° 42, II 10142.

287 Ces quatre catégories sont considérées comme le socle social minimum à reconnaître à tous les travailleurs y compris les domestiques et employés de maison. Elles comprennent :
- la liberté d'association et la reconnaissance effective du droit de négociation collective ;
- l'élimination de toute forme de travail forcé ou obligatoire ;
- l'abolition effective du travail des enfants ;
- l'élimination de la discrimination en matière d'emploi et de profession.

signalement et plaintes, instruction obligatoire de ces plaintes, organisation des mesures d'hébergement provisoire et des soins médicaux.

2. Sanction du délit d'esclavage

113. Le délit d'esclavage est caractérisé lorsqu'une véritable exploitation du travail d'autrui, qui n'est pas synonyme de la seule violation à la réglementation du travail comme le non-respect du salaire minimum interprofessionnel garanti (SMIG) ou de la durée légale hebdomadaire du travail ou le non-paiement d'une heure supplémentaire due, est réalisée. À ce moment, l'article 293 du Code pénal intervient pour punir d'une peine d'emprisonnement de dix (10) ans à vingt (20) ans, celui qui réduit ou maintient une personne en esclavage.

Il est prévu que la juridiction peut en outre, prononcer les déchéances de l'article 30 du Code pénal.

S'il y a cumul d'infractions, en fonction de la nature du concours de qualification, on débouchera soit sur un concours idéal d'infractions qui donnera lieu à l'application de la peine la plus sévère (article 51 Code pénal), soit sur un cumul réel d'infractions réglé selon les modalités fixées par l'article 51(2) du Code pénal.

B. Le travail déshumanisant

114. La femme tout comme l'enfant ayant une nature physiologique assez faible, leur soumission à des conditions de travail incompatibles avec cette nature est interdite. Il est en effet fait obligation à l'entreprise de proportionner le travail des femmes et des enfants à leur aptitude physique. Pour s'assurer du respect de cette prescription, l'inspecteur du travail peut requérir l'examen des femmes ou des jeunes travailleurs par un médecin agréé en vue de vérifier si le travail dont ils sont chargés n'excède pas leurs forces. Cette réquisition est de droit à la demande des intéressés.

L'analyse des dispositions légales en la matière révèle que le *« travail déshumanisant »* renvoie de manière générale aux hypothèses de maintien d'une femme ou d'un enfant dans un emploi reconnu au-dessus de ses forces. En l'état actuel, pour autant, cette conception traditionnelle semble restrictive, car le défaut d'aptitude physique face à un emploi ne saurait être exclusivement réduit à ces catégories légales. Il existe d'autres salariés qui visiblement présentent des déficiences physiques en raison de leurs statuts médicaux tels que les personnes handicapées. L'article 2 de la Loi n° 2010/002 du 13 avril 2010 portant protection et promotion des personnes handicapées et son Décret d'application n° 2018/6233/PM du 26 juillet 2018 fixant les modalités d'application de la loi de 2010 définit la personne handicapée comme *« toute personne dans l'incapacité d'assurer par elle-même tout ou partie des nécessités d'une vie individuelle ou sociale normale, du fait d'une déficience physique ou mentale, congénitale ou non ».*

115. L'article 3 de la loi de 2010 considère que le terme « *personne handicapée* » s'applique à différentes catégories de handicaps :

- les handicapés physiques : handicapés moteurs, handicapés sensoriels, aveugles, mal voyants, sourds, sourds-muets, muets, malentendants ;
- les handicapés mentaux : débiles, autistes, infirmes moteurs cérébraux, mongoliens, micro et macrocéphales, maladies psychiatriques et épileptiques ;
- les polyhandicapés : catégorie dans laquelle se retrouvent les personnes porteuses de plus d'un handicap.

Légalement, les personnes handicapées bénéficient d'une protection qui oblige l'employeur à procéder à des adaptations de leurs postes de travail, notamment lorsque le handicap survient en cours d'exécution du travail (article 39 de la loi de 2010). Ayant perdu ses aptitudes physiques, le travailleur handicapé ne peut plus exercer son activité professionnelle avec les mêmes forces physiques ou selon les charges antérieures ; d'où la nécessité légale d'imposer aux employeurs des mesures d'adaptation y afférentes. Dans ce sillage, il appartient à l'employeur de financer l'adaptation des machines et outils en même temps qu'il doit procéder à l'aménagement des postes de travail confiés aux salariés handicapés. Sauf différence de rendements justifiés et imputables aux handicapés, ils doivent bénéficier d'un salaire qui ne peut être inférieur à celui qui est dû à l'application des dispositions réglementaires au sein de la convention collective[288]. L'adaptation peut également prendre la forme d'une formation ou d'un perfectionnement professionnel personnalisé[289]. Dans l'hypothèse où ce handicap a une origine professionnelle, l'article 36 de la Loi n° 77/11 du 13 juillet 1977 portant réparation et prévention des accidents et des maladies professionnelles applicable en la matière dispose que : *« la Caisse nationale de Prévoyance sociale prend en charge ou rembourse les frais nécessités par le traitement, la rééducation professionnelle, la réadaptation et la reconversion professionnelle de la victime ».*

Cette solution d'adaptation prévue pour les personnes handicapées peut être étendue aux travailleurs atteints d'une déficience. L'article 2 de la loi de 2010 définit la déficience comme *« toute perte de substance ou altération d'une fonction ou d'une structure psychologique, physiologique ou anatomique ».* Cette définition autorise à humaniser davantage le travail des

[288] J.-M. NYAMA, *Droit et contentieux du travail et de la sécurité sociale au Cameroun*, PUCAC, Yaoundé, 2014, p. 244.
[289] P.-G. POUGOUÉ, I. L. MIENDJIEM, *Droit camerounais du travail. Relations individuelles du travail,* T 1, 2ème éd., PUA, Yaoundé, 2021, n° 447, p. 290.

personnes atteintes d'une déficience anatomique, à l'instar des personnes atteintes de drépanocytose. Bien que leur statut ne puisse être automatiquement décliné au moment de l'embauche pour éviter toute forme de discrimination, il apparaît judicieux que celui-ci soit connu même postérieurement afin de permettre à l'employeur de prévoir des mesures d'adaptation propres à leur aptitude physique.

Toutefois, la situation des personnes atteintes du VIH semble être différente dans l'hypothèse d'un traitement suivi, dans la mesure où leurs capacités physiques ne sont généralement pas altérées de manière à leur permettre de bénéficier d'une protection similaire.

Partant de cette analyse, tout employeur qui ne respectera pas ces mesures d'adaptations applicables aux personnes handicapées et à celles atteintes d'une déficience sera coupable de *« travail deshumanisant »* et devra subir des sanctions afférentes à cette infraction.

1. Éléments constitutifs

116. L'infraction résulte du non-respect par l'employeur des dispositions de l'article 87 (2) du Code du travail qui prévoient que *« la femme ou l'enfant ne peut être maintenu dans un emploi reconnu au-dessus des forces et doit être affecté à un emploi convenable. Si cela n'est pas possible, le contrat est résilié sans préavis à la charge d'aucune des parties ».* Elle est caractérisée par, d'une part, le maintien d'une femme ou d'un enfant dans un emploi reconnu au-dessus de ses forces, et, d'autre part, le refus par l'employeur de l'affecter à un emploi convenable

a. Le maintien d'une femme ou d'un enfant dans un emploi reconnu au-dessus de ses forces

117. Il s'agit pour les femmes des travaux ci-après[290] :

- port des fardeaux : 25 kg
- transport sur brouettes : 40 kg (véhicule compris)
- transport wagonnets circulant sur voie ferrée : 400 kg (véhicule compris)
- transport sur véhicules à 3 ou 4 roues : 60 kg (véhicule compris)
- transport sur véhicules à 2 roues tels voitures à bras, charretons, haquets à mains : 200 kg (véhicule compris).

Les transports sur brouettes et sur véhicules à 2 roues cités ci-dessus sont interdits aux filles et femmes âgées de moins de 18 ans, quel que soit le poids de la charge transportée.

---

[290] Voir article 7 de l'Arrêté n° 16/MTLS/DEGRE du 27 mai 1969 relatif au travail des femmes.

Le transport sur diables, cabrouets et autres engins analogues est interdit aux femmes de tout âge[291].

118. Pour les enfants, les poids limités autorisés sont les suivants[292] :

Port des fardeaux :

- garçons de 14 à 16 ans : 10 kg
- filles de 14 à 16 ans : 5 kg
- garçons de 16 à 18 ans : 20 kg
- filles de 16 à 18 ans : 10 kg

Transport par wagonnets circulant sur voie ferrée (véhicules compris)

- garçons de 14 à 16 ans : 200 kg
- filles de 14 à 16 ans : 100 kg
- garçons de 16 à 18 ans : 400 kg
- filles de 16 à 18 ans : 200 kg

Transport sur brouettes (véhicules compris)

- garçons de 14 à 16 ans : 40 kg
- filles de 14 à 16 ans : 25 kg

Transport sur véhicules à 3 ou 4 roues (véhicules compris)

- garçons de 14 à 16 ans : 50 kg
- filles de 14 à 16 ans : 35 kg
- garçons de 16 à 18 ans : 60 kg
- filles de 16 à 18 ans : 50 kg

Transport sur véhicules à 2 roues tels que voitures à bras, charrctons, haquets à mains (véhicules compris)

- filles de 14 à 16 ans : 80 kg
- garçons de 16 à 18 ans : 100 kg

Transport sur tricycles porteurs (véhicules compris)

- filles de 14 à 16 ans : 50 kg
- garçons de 16 à 18 ans : 75 kg

---

[291] Bien plus, l'Arrêté n° 16 du 27 mai 1969 interdit de faire effectuer par les femmes les travaux dangereux ou insalubres ainsi que les travaux de caractère immoral (articles 8 à 15).
[292] Voir, article 9 de l'Arrêté n° 17/MTLS/DEGRE du 27 mai 1969 relatif au travail des enfants.

Sont interdits aux enfants de sexe féminin les transports sur brouettes, véhicules à 2 roues et tricycles porteurs. Le transport sur diables, cabrouets et tous engins analogues est interdit aux enfants des 2 sexes[293].

119. Pour vérifier l'aptitude au travail, l'inspecteur du travail peut demander qu'un médecin agréé soumette les femmes et les enfants à une visite médicale.

L'article 87 (1) dispose que l'inspecteur du travail du ressort peut requérir l'examen des femmes et des enfants par un médecin agréé, en vue de vérifier si le travail dont ils sont chargés n'excède pas leurs forces. Cette réquisition est de droit à la demande de l'intéressé. Celui-ci ne peut donc être maintenu dans un emploi reconnu au-dessus de ses forces et doit être affecté à un emploi convenable.

b. Le refus par l'employeur d'affecter la femme ou l'enfant à un emploi convenable

120. La femme et l'enfant ne sont pas tenus de demeurer dans un emploi qui excède leurs forces. Pour ce faire, ils ont le droit de demander à être affectés à un autre emploi qui leur correspond. L'employeur qui refuse de s'exécuter se rend coupable de l'infraction de *« travail déshumanisant »*.

Aussi, pour vaincre sa résistance, le législateur prévoit que si l'employeur ne peut pas affecter la femme ou l'enfant soumis à un emploi reconnu au-dessus de ses forces à un emploi convenable, le contrat doit être résilié sans préavis à la charge d'aucune des parties (article 87 (2)). L'effet de la résiliation est en principe le même qu'elle soit unilatérale ou d'accord partie.

Le postulat qui fonde l'interdiction de faire effectuer aux femmes et aux enfants des travaux excédant leur force, est l'infériorité physique ou musculaire inhérente au sexe féminin ou au jeune âge. Il faut néanmoins se garder de toute généralisation dans la mesure où s'il peut être établi que le jeune travailleur est encore en phase de croissance et qu'en moyenne, la femme est effectivement plus faible que l'homme, la capacité d'une personne à accomplir une tâche doit être établie au cas par cas[294].

Par ailleurs, il faut craindre que la précarisation de l'univers du travail ne soit un frein à la dénonciation des employeurs qui refusent d'affecter la femme ou l'enfant en cause à un emploi convenable. En outre, ces restrictions peuvent

---

[293] En outre, l'arrêté n° 17 du 27 mai 1969 proscrit pour les jeunes :
- les travaux dangereux ou insalubres, les travaux souterrains dans les mines, carrières et galeries, les travaux dans l'air comprimé, les travaux de manipulation d'explosif ;
- Les travaux de caractère immoral pour les enfants même s'ils ne sont pas sanctionnés par la loi pénale (articles 10 à 23).

[294] I. L. MIENDJIEM, *Egalité et discrimination en droit camerounais du travail*, Thèse de doctorat 3ème cycle, Université de Yaoundé II, 1997, p. 248.

avoir un effet discriminant sur l'accès des adolescents et des femmes à l'emploi[295]. Il est donc souhaitable d'envisager périodiquement la révision de la liste des travaux interdits à la lumière des progrès techniques et du développement des connaissances scientifiques[296].

2. Sanction de l'infraction

121. La violation des dispositions de l'article 87 (2) est réprimée d'une amende de 100.000 à 1.000.000 de francs. Cette sanction pécuniaire est multipliée par le nombre de travailleurs victimes de cette pratique de travail jugée déshumanisante.

En droit béninois, l'article 299 du Code du travail[297] punit l'auteur de cette infraction d'une amende de 7000 à 35 000 francs et en cas de récidive, d'une amende de 14 000 à 70 000 francs. En outre, l'article 169 (2) dispose que *« la femme ou le jeune travailleur ne peut être maintenu dans un emploi ainsi reconnu au-dessus de ses forces et doit être affecté dans un autre emploi convenable. Si cela n'est pas possible, le contrat doit être résolu avec une indemnisation comme en cas de rupture normale du contrat de travail »*. Ce qui signifie que la résiliation du contrat de travail ouvre droit, au profit du travailleur, à des dommages et intérêts fixés par la juridiction compétente en fonction du préjudice subi. Ces dommages et intérêts ne peuvent toutefois être inférieurs à six mois de salaire pour tout travailleur ayant au moins cinq (5) ans de service effectif[298].

§3. Le travail dissimulé

122. Le travail dissimulé est un travail illégal. Encore dénommé travail au noir ou travail clandestin, il recouvre plusieurs comportements infractionnels qui se manifestent par la dissimulation d'activité, d'emploi, celle de salarié ou encore par l'emploi de la main-d'œuvre dans des conditions de précarité irrégulières. Ce type de travail est combattu avec beaucoup d'âpreté du fait que son coût humain et économique pénalise la collectivité nationale tout

---

[295] La restriction de l'article 7 de l'Arrêté n° 16 du 27 mai 1969 relative au port des fardeaux (pas plus de 25 kg pour les femmes) peut sembler sévère pour les employeurs car en général, lorsqu'il lui arrive de travailler pour son propre compte, la femme passe outre cette recommandation et n'en pâtit pas pour autant : Voir M. A. MOUTHIEU épouse NJANDEU, *La femme face au droit social camerounais*, Thèse de doctorat 3ème cycle, Université de Yaoundé, 1991, p. 40.

[296] P.-G. POUGOUÉ, I. L. MIENDJIEM, *Droit camerounais du travail. Relations individuelles du travail*, T 1, 2ème éd., PUA, 2021, n° 391, p. 249.

[297] Issu de la loi n° 98-004 portant Code du travail en République du Bénin.

[298] Article 52 du Code du travail béninois : ces dommages et intérêts ne sauraient être confondus ni avec l'indemnité pour inobservation de préavis, ni avec l'indemnité de licenciement éventuellement prévue par le contrat, les conventions ou accords collectifs ou les usages.

entière[299]. En effet, la lutte contre le travail dissimulé s'inscrit dans une politique globale d'amélioration de la connaissance des fraudes sociales et fiscales ayant un impact sur les finances publiques. Le dispositif pénal en place est relatif au travail dissimulé. Ses différentes facettes (A) et sa répression (B) seront envisagées.

A. Les délits liés au travail dissimulé

123. Le travail dissimulé peut revêtir plusieurs visages en fonction de l'évolution des comportements frauduleux dont font montre d'ingéniosité, les auteurs si bien qu'il s'avère difficile pour le législateur de les traquer tous[300]. Le Code du travail distingue deux modes[301] de travail dissimulé : la dissimulation d'activité à l'article 114 (1) et la dissimulation de salariés aux articles 115 et 116. Ils seront présentés à la fois dans leurs éléments matériel (1) et moral (2).

1. Éléments matériels des délits

124. Ils seront indiqués tour à tour, pour la dissimulation d'activité et pour la dissimulation de salariés.

a. La dissimulation d'activité

125. L'article 114 (1) du Code du travail dispose que *« toute personne qui crée ou remet en activité une entreprise ou un établissement de quelque nature que ce soit doit en faire la déclaration à l'inspection du travail du ressort. La même obligation est applicable en cas de changement ou de cessation d'activité et de transfert ».* Cette obligation s'impose à toute personne physique ou morale, quelles que soient sa forme et son activité, qui se propose d'employer ou qui emploie des travailleurs au sens défini par l'article premier du Code du travail camerounais[302].

---

[299] T. AUBERT-MONTPEYSSEN, « Le renforcement de la lutte contre le travail illégal », *Dr soc.* 1997, p. 915 ; Dossier D. BAUGARD (sous dir.), « Le travail illégal », *Cah. Soc.* 2014, p. 189 ; la fraude en matière sociale, dossier coordonné par G. STRAEHLI et R. SALOMON, *Dr. soc.* 2014, 876 ; H. GUICHAOUA, « Quarante ans de lutte contre le travail illégal », *Dr. soc.* 2014, 51.

[300] J.-P. FOURNEL, « L'évolution des comportements frauduleux en matière de travail dissimulé », *Dr. soc.* 2011, p. 518.

[301] En droit français, il existe une autre modalité de travail dissimulé qui est le recours au travail dissimulé. Est coupable de cette infraction, celui qui recourt, directement ou par personne interposée, aux services de celui qui exerce une activité dissimulée ou emploie des salariés dissimulés. La personne concernée doit se trouver dans la situation de donneur d'ordres et non dans celle de partie à un contrat de vente : article L 8221-1 du Code du travail.

[302] Sont dispensés de ces déclarations :
- les services et établissements publics ;

Aux termes de l'article 3 de l'Arrêté n° 020/MTPS/SG/CJ du 26 mai 1993 fixant les modalités de déclaration d'établissement, l'établissement s'entend comme une unité de production de biens et/ou des services, établie en un lieu géographique donné. L'entreprise est une unité économique de forme juridique déterminée (propriété individuelle ou collective) produisant des biens et/ou des services. Une entreprise peut avoir plusieurs activités économiques et comprendre un ou plusieurs établissements. L'entreprise unique et indépendante constitue à la fois une entreprise et un établissement.

Le législateur ne visant aucune activité particulière comme l'indique l'expression *« de quelque nature que ce soit »,* l'on comprend qu'aucune activité n'est exclue de l'infraction. Mais de toute évidence, l'activité exercée clandestinement est une activité économique et par conséquent, doit avoir un but lucratif. Sont donc exclues, les activités bénévoles et d'entraides[303]. Pour faciliter la preuve du caractère lucratif de l'activité, l'on doit pouvoir admettre les présomptions de but lucratif comme en droit français (article L 8221-4 Code du travail) notamment :

- le recours à la publicité sous une forme quelconque en vue de la recherche de la clientèle[304] ;
- la fréquence ou l'importance de l'activité établie[305];
- le matériel ou l'outillage présente par sa nature ou son importance un caractère professionnel pour les activités artisanales[306];
- absence de facturation ou facturation frauduleuse.

La notion de dissimulation s'entend comme la soustraction intentionnelle à l'obligation de déclaration de l'activité à l'inspecteur du travail du ressort (article 114 (1)) dans les hypothèses de :

- création d'une entreprise ou d'un établissement ;
- remise en activité d'une entreprise ou d'un établissement ;
- changement ou cessation d'activité ;
- transfert d'activité.

Il appartiendra aux juges de relever la dissimulation dans chaque situation, en examinant les circonstances dans lesquelles l'activité est vraiment exercée et non de s'en tenir à l'objet apparent de l'activité. Les juges répressifs ne se

- les personnes employant uniquement les gens de maison pour leur service personnel : article 1 (3) Arrêté n° 020/MTPS/SG/CJ du 26 mai 1993 fixant les modalités de déclaration d'établissement.

303 CA Grenoble, 9 déc. 1998, *JurisData* n° 1998-056056, CA Paris, 5 juin 2000, *JurisData* n°2000-125071.

304 CA Toulouse, 16 mars 2000, *JCP G* 2001, IV, 1134.

305 CA Grenoble, 5 mai 2000, *JurisData* n° 2000-123675.

306 Cass. crim., 8 févr. 2000, *RJS* 2000, n° 563.

privent pas de requalifier les situations qui leur sont soumises. Ainsi en est-il du prévenu président d'une association non déclarée, mais revendant des boissons à des tiers non membres de celle-ci et qui possède la qualité de commerçant[307]. L'existence de l'immatriculation, peut aussi masquer une autre situation juridique qui n'est plus l'exercice d'une activité indépendante, mais une dépendance à l'égard d'une autre structure. Il apparaît alors qu'il existe une relation de subordination juridique, camouflée par exemple sous un contrat de location de matériel[308] ou de sous-traitance[309].

b. La dissimulation de salarié

126. L'aricle115 du Code du travail dispose : *« tout employeur public ou privé, quelle que soit la nature de son activité, doit fournir à l'inspection du travail et aux services chargés de l'emploi du ressort des renseignements détaillés sur la situation de la main-d'œuvre qu'il emploie, sous la forme d'une déclaration... ».* À sa suite, l'article 116 (1) prévoit que *« l'employeur doit tenir constamment à jour, au lieu d'exploitation, un registre dit « registre d'employeur » destiné à recueillir toutes les mentions permettant l'exercice du contrôle des services de l'administration du travail et de la prévoyance sociale ».*

En cas d'emploi salarié, la dissimulation est le fait pour tout employeur de ne pas effectuer l'une des formalités prévues par les articles 115 et 116 du Code du travail à savoir :

- d'une part, fournir à l'inspection du travail et aux services chargés de l'emploi du ressort, des renseignements détaillés sur la situation de la main-d'œuvre qu'il emploie, sous forme de déclaration. Il est souhaitable que cette déclaration dont le contenu n'a pas été dévoilé de manière expresse[310], comprenne également le nombre de salariés des deux sexes, leurs catégories, le numéro de leur immatriculation à la CNPS ;

[307] CA Montpellier, 21 nov. 2006, *JurisData* n° 2006-326875 ; pour l'exercice illégal de l'activité d'agence de voyage : CA paris, 21 févr. 2006, *JurisData* n° 2006-303640.

[308] Cass. crim., 5 janv. 1995, Villar, cité par O. GODARD, *JCP E* 1996, I, 549 : il s'agit d'un chef d'entreprise qui louait des poids-lourds de la société à des artisans. Les juges ont relevé la présence d'une clause d'exclusivité concernant le personnel de conduite et le matériel loué qui exprimait un état de dépendance économique et de subordination juridique vis-à-vis de la société. Le contrat de location est requalifié en contrat de travail, support de l'infraction de travail dissimulé. Comp : pour une prétendue activité bénévole, Cass. crim., 23 juil. 1996, *Dr. ouvrier* 1997, p. 154.

[309] CA Grenoble, 20 janv. 1999, *JurisData* n° 1999-044415 ; Cass. crim., 24 févr. 1998, *JurisData* n° 1998-005195, pour un contrat d'affrètement requalifié en contrat de travail ; Cass. crim., 16 nov. 1999, *JurisData* n° 1999-004818.

[310] L'article 115 *in fine* précise seulement que la périodicité et les modalités de la déclaration sont fixées par arrêté du ministre chargé du Travail, pris après avis de la Commission nationale consultative du travail

- d'autre part, tenir un *« registre d'employeur »* actualisé au lieu d'exercice de l'activité professionnelle qui servira d'outil de travail dans le cadre du contrôle des services de l'administration du travail et de la prévoyance sociale. L'Arrêté n° 013/MTLS/DEGRE du 18 juin 1968 relatif au registre d'employeur indique le contenu du registre. Il est composé de trois fascicules : le premier est consacré à l'inscription par ordre d'entrée de tous les travailleurs de l'établissement. Il contient aussi l'état civil des travailleurs. Le deuxième est composé de feuilles nominatives individuelles. Il renferme entre autres les informations sur la nature du contrat, la classification professionnelle, l'emploi tenu, le taux du salaire, les primes et indemnités, les indications relatives au congé, éventuellement la date des sorties de l'établissement. Si le contrat de travail est soumis au visa, on indiquera son numéro et sa date. Le troisième est réservé aux visas, observations et mises en demeure.

L'alinéa 2 de l'article 116 prévoit néanmoins que certaines entreprises ou catégories d'entreprises peuvent être dispensées de la tenue dudit registre auquel cas, elles ne seraient pas coupables de violation de cette obligation[311].

127. Comme déjà précisé, les juges répressifs peuvent requalifier la situation juridique. En effet, dans le cas de dissimulation de salariés, les personnes employées sont généralement présentées comme des amis ou des professionnels indépendants[312] de la personne ou de l'entreprise, donneur d'ordres. Les juges doivent alors caractériser le lien de subordination existant entre donneur d'ordres/employeur et personnes dissimulées[313] pour requalifier la situation juridique. Ils retiennent par exemple les instructions données par le donneur d'ordres, le caractère permanent et soutenu de l'activité qui dépasse le cadre des échanges amicaux[314] ; ils retiennent encore l'exclusivité du travail pour l'entreprise donneur d'ordres et l'absence d'autonomie[315], le lieu

[311] L'arrêté du 18 juin 1968 prévoit certaines dispenses. D'abord, ne sont pas astreints à la tenue d'un registre les personnes employant les gens de maison pour leur service personnel. Ensuite, l'inscription au registre est facultative pour les travailleurs payés au plus tard la fin de chaque journée, les travailleurs saisonniers ou temporaires, à condition que le contrat de travail ne dure pas plus de deux mois. Enfin, sur dispense de l'inspecteur du travail, les entreprises peuvent ne pas tenir le fascicule 2, si elles utilisent des fiches individuelles contenant toutes les informations demandées au fascicule 2.

[312] Pour une discothèque : CA Aix-en-Provence, 2 mars 2000, *JurisData* n° 2000-109824 ; pour des prétendus auteurs, en réalité employés d'une société d'édition : CA Paris, 22 mars 2006, *JurisData* n° 2006-306170.

[313] Cass. crim., 19 mars 2002, *Dr. pén.* 2002, n° 87, obs. J. H. ROBERT ; Cass. crim., 8 juin 2010, n° 07-87.289, *Bull. crim.* 2010, n° 105.

[314] Cass. crim., 16 févr. 1999, *JurisData* n° 1999-002834 ; Cass. crim., 14 déc. 1999, *JurisData* n° 1999-004877 pour une prétendue entraide.

[315] Cass. crim., 22 juin 1999, *JurisData* n° 1999-003295 ; Cass. crim., 30 mars 1998, *Dr. ouvrier* 1998, p. 329 ; *D.* 1999, p. 137, note S. FROSSARD ; Cass. crim., 10 mars 1998 ; *JCP G* 1998, IV, 2 756 ; Cass. crim., 3 mars 2009, n° 07-81.043, *Bull. crim.* 2009, n° 50; Cass. crim., 22 janv. 2013, n° 12-80.734.

d'exécution du travail et l'utilisation du matériel de l'entreprise[316]. Par ailleurs, les juges sont particulièrement attentifs aux modalités d'exécution des stages. Ils retiennent, pour requalifier la situation juridique primaire, le non-respect de l'objectif du stage qui doit être en relation avec la formation de l'étudiant, l'absence de convention de stage, l'absence de maître de stage et l'existence d'une relation de subordination, les horaires excessifs, etc.

Ainsi, a été déclaré coupable de dissimulation d'emplois salariés, un employeur qui n'assurait aucune formation, avait établi une relation de subordination avec les « stagiaires » alors que le stage confié aux étudiants étrangers n'était pas en rapport avec leurs études[317]. Il convient de souligner que cette requalification peut aussi entraîner une autre responsabilité induite de l'infraction de dissimulation d'emploi : en cas d'accident du travail du faux indépendant ou d'un de ses salariés, c'est la responsabilité des dirigeants et de la personne morale, donneur d'ordres qui sera engagée[318].

Le travail dissimulé avons-nous vu, est constitué soit par la dissimulation d'activité, soit par la dissimulation d'emploi salarié. Sur le plan procédural, les juges doivent être tenus par l'objet de la citation. S'ils ne sont saisis que des faits de dissimulation d'activité, ils ne peuvent caractériser les éléments constitutifs de la dissimulation d'emploi salarié. Mais, si les faits le permettent, rien n'empêche que le cumul d'infractions de dissimulation soit possible[319].

2. Élément moral des délits

128. Ces deux délits sont tous intentionnels. La dissimulation d'activité ou d'emploi salarié étant fondée sur l'inobservation des dispositions du Code du travail, il est tentant de déduire l'élément intentionnel de la seule constatation du non-accomplissement des obligations légales de déclaration à l'inspecteur du travail et de tenue de registre de salariés. C'est cette orientation générale qu'ont adoptée les juges répressifs : *« la seule constatation de la violation en connaissance de cause d'une prescription légale ou réglementaire implique de la part de son auteur l'intention coupable exigée par l'article 121-3 du Code pénal »*[320].

---

316 Cass. crim., 16 févr. 1999, *JurisData* n° 1999-002835.

317 Cass. crim., 28 sept. 2010, n° 09-87.689.

318 Cass. crim., 12 déc. 2006, *JurisData* n° 2006-037134 : retenant la faute caractérisée du dirigeant.

319 Cass. crim., 16 févr. 1999, *JurisData* 1999; *JurisData* n° 1999-002834.

320 Cass. crim., 19 mars 2002, *Dr. pén.* 2002, n° 82; Cass. crim., 27 sept. 2005, *JurisData* n° 2005-030495; *RJS* 1/2006, n° 71; Cass. crim., 29 sept. 2009, n° 08-82.691; *JCP S* 2010, 1030, note A. MARTINON; Cass. crim., 9 nov. 2010, n° 10-81.074, *Dr. pén.* 2011, n° 39, note J.-H. ROBERT.

Cependant, la question se pose de savoir si l'accomplissement tardif des obligations prescrites est suffisant pour caractériser l'élément intentionnel du délit ? Il convient de discriminer entre le simple retard dans l'accomplissement des formalités qui ne semble pas suffire à établir le caractère intentionnel du délit et la régularisation effectuée postérieurement au contrôle, ce qui exprime plutôt un repentir actif qui ne fait pas disparaître l'infraction. Aussi, la Cour de cassation se montre-t-elle particulièrement sévère lorsque le retard dans l'accomplissement des formalités s'explique non par une simple négligence, mais plutôt par une volonté de repousser le point de départ des obligations sociales et donc le poids financier de celles-ci[321].

B. Répression du travail dissimulé

129. Il convient d'indiquer les personnes responsables du chef du travail dissimulé (1) avant de déterminer les sanctions qui leur sont applicables (2).

1. Les personnes responsables

130. Les personnes physiques tout comme les personnes morales peuvent être déclarées responsables des délits de dissimulation d'activité ou d'emploi salarié.

Deux catégories de personnes physiques sont susceptibles d'être poursuivies pour travail dissimulé. L'on doit au préalable exclure le salarié dissimulé. L'infraction de travail dissimulé ne peut être le fait de ce dernier qui se trouve dans un lien de subordination juridique et qui est considéré comme la victime de l'infraction[322]. Ce principe est cependant atténué si le salarié a intentionnellement accepté de travailler d'une manière dissimulée.

Sont susceptibles d'être poursuivis :

- pour dissimulation d'activité, celui qui exerce une activité dans les hypothèses indiquées dans l'article 114 (1) du Code du travail ;
- pour dissimulation d'emploi salarié, le chef d'entreprise qui dissimule les salariés ; s'il est aidé par d'autres personnes, celles-ci peuvent être poursuivies comme complices[323].

On doit relever que les dirigeants de fait, comme les dirigeants de droit, peuvent être poursuivis des chefs de ces infractions. En outre, si la personne

---

[321] Cass. crim., 30 nov. 2010, *Dr. soc.* 2011, 603, *obs.* F. DUQUESNE: la Haute juridiction se réfère en plus à la qualité de juriste de métier de l'employeur qui ne pouvait ignorer les formalités à accomplir.

[322] Le salarié dissimulé est placé sur le même plan que les autres salariés dans le cadre de la législation de travail ; pour un accident du travail d'un salarié dissimulé : Cass. crim., 11 févr. 2003, *Bull. crim.* 2003, n° 30 ; *Rev. sc. crim.* 2003, p. 804, obs. G. GIUDICELLI-DELAGE ; *D.* 2003, *Jurispr.* p. 2235, note SAINT-JOURS.

[323] Cass. crim., 20 janv. 2009 n° 08-83.933, *Dr. pén.* 2009, n° 53, note J.-H. ROBERT.

physique est un organe ou un représentant, la responsabilité pénale de la personne morale peut être engagée conformément à l'article 74-2 puisque ces infractions sont imputables aux personnes morales[324] ;

Est considéré comme auteur de l'infraction de travail dissimulé, celui qui dissimule volontairement une activité[325] ou un emploi salarié dans des conditions légales. La preuve de l'intention est allégée dans la mesure où elle résulte suffisamment de l'inexécution des formalités légales. La complicité est possible dans les conditions de droit commun. Dans ce sens, se rend coupable de complicité de travail dissimulé celui qui, en connaissance de cause, participe à la gestion d'une société exerçant son activité sans qu'ait été accomplie l'une des obligations prévues par les articles 114 (1), 115 et 116 du Code du travail.

2. Sanctions applicables

131. L'article 167 du Code du travail dispose que les auteurs du travail dissimulé, qu'il s'agisse de la dissimulation d'activité ou de la dissimulation d'emploi salarié, sont punis d'une amende de 100.000 à 1.000.000 de francs.

La timidité du législateur au niveau de la faible sanction retenue semble surprendre. Non seulement aucune peine d'emprisonnement n'a été envisagée en cas de récidive ou de double récidive, mais encore, cette infraction ne figure pas parmi celles dont les sanctions pécuniaires sont multipliées par le nombre de salariés touchés par l'infraction réprimée. L'espoir semble venir plutôt des inspecteurs du travail qui pourraient être les leviers d'éradication de cette fraude à la loi qu'est le travail au noir, si de manière systématique, ils venaient à établir des procès-verbaux en cas d'infractions, afin de les transmettre directement au procureur de la République aux fins de la poursuite de leurs auteurs, à défaut de le faire eux-mêmes conformément à l'article 109 (1) du Code du travail.

En droit français par exemple, le législateur a non seulement élargi les possibilités de contrôle en adjoignant aux inspecteurs et contrôleurs du travail d'autres agents, mais aussi, a aggravé les sanctions. L'on note une multiplication des sanctions pénales qui frappent aussi bien les personnes physiques que les personnes morales auxquelles s'ajoutent les mesures administratives et sociales[326]. Dans ce dernier sens, le salarié dissimulé victime de rupture de la relation de travail, bénéficie d'une garantie spécifique.

---

[324] Cass.crim., 7 juil. 1998, *Bull. crim.* 1998, n° 216 ; *RJS* 1998, n° 1389 ; Cass. crim., 22 janv. 2002, *JurisData* n° 2002-013184.

[325] Il peut s'agir d'un salarié *« officiel »* qui exerce pour son propre compte une activité dissimulée au préjudice de son employeur ; ce dernier est alors recevable à agir contre son salarié : Cass. crim., 17 nov. 1998, *Dr. pén.*, 1999, n° 44 ; *RJS* 1999, n° 560.

[326] Voir, A. CŒURET, E. FORTIS, F. DUQUESNE, *Droit pénal du travail*, 6ème éd., LexisNexis, Paris, 2016, n° 898 et s., p. 521 et s.

Il peut obtenir de la juridiction prud'homale la condamnation de son employeur au paiement d'une indemnité forfaitaire d'un montant de six mois de salaire, lorsque les éléments matériel et moral du délit de travail dissimulé sont réunis, étant relevé à cet égard que le manquement de l'employeur aux obligations visées par les articles L. 8221-3 et L. 82215 doit être volontaire[327].

L'exercice de l'action civile par le salarié dissimulé est possible contre son employeur sur le fondement de l'infraction dont il a été victime, afin de solliciter des dommages et intérêts pour la réparation du préjudice subi[328].

Section 2. Les infractions liées à la naissance et à la vie du contrat de travail

132. Les infractions traitées ici seront relatives à la formation du contrat de travail (§1) et à son exécution (§2).

§1. Les infractions liées à la formation du contrat de travail

133. Le caractère inégalitaire du droit du travail commande que soient réprimés pénalement, certains abus susceptibles d'être commis par l'employeur à la conclusion du contrat de travail. Dans ce cadre particulier, la faute peut être également imputée au travailleur. C'est ainsi qu'on peut recenser quatre infractions : il s'agit du défaut d'écrit pour les contrats dont la durée est supérieure à trois mois et de visa lorsque le travailleur est de nationalité étrangère (A), de l'inobservation des conventions collectives ayant fait l'objet d'extension (B), de l'usage d'un contrat fictif ou contenant des indications inexactes (C), et des infractions relatives au travail temporaire (D).

A. Défaut d'un écrit pour les contrats de travail supérieurs à trois mois et l'emploi irrégulier de travailleur de nationalité étrangère

134. La présentation des éléments constitutifs de ces délits (1) précèdera la répression (2).

1. Éléments constitutifs

135. C'est la violation des dispositions de l'article 27 qui est érigée en infraction. L'infraction est alors caractérisée par le défaut de rédaction d'un écrit et de l'ampliation du contrat à l'inspecteur du travail du ressort pour tout contrat de travail stipulant une durée déterminée supérieure à trois mois ou

---

[327] C. SOMMÉ, « Le salarié victime du travail dissimulé », *Dr. soc.* 2014, p. 938.
[328] Cass. crim., 6 févr. 2001, *Bull. crim.* 2001, n° 32; *Rev. sc. crim.* 2002, p. 343, *obs.* A. CERF-HOLLANDER.

nécessitant l'installation d'un travailleur hors de sa résidence habituelle (article 27 (1)). On devrait être en présence d'une infraction matérielle, mais en la matière, le législateur a omis de prévoir la sanction pénale applicable. Dans ce sens, l'article 8 du Décret n° 93/575/PM du 15 juillet 1993 fixant les modalités d'établissement et de visas de certains contrats de travail ne vise que l'article 27 (2) relativement au cas du travailleur de nationalité étrangère. Le mutisme du législateur se poursuit également concernant la validité de l'écrit. Cet écrit est-il exigé *ad validitatem* ou *ad probationem* ? Il nous semble judicieux de nous rallier à la tendance jurisprudentielle qui a cours en droit du travail stipulant la transformation desdits contrats s'ils étaient à durée déterminée en contrats à durée indéterminée[329].

L'infraction d'emploi irrégulier de travailleur de nationalité étrangère est caractérisée en l'absence de visa du ministre chargé du Travail avant tout commencement d'exécution du contrat de travail (article 27 (2)). À l'analyse, il s'agit d'une infraction intentionnelle. Pour prouver l'intention, il faut démontrer que l'employeur connaissait la qualité d'étranger du travailleur et qu'il a sciemment employé cet étranger. Cette preuve est largement facilitée par les obligations mises à la charge de l'employeur. En effet, les dispositions de l'article 27 (2) du Code du travail impliquent nécessairement que l'employeur s'informe de la nationalité de celui qu'il embauche et fasse les vérifications. La simple constatation de l'emploi irrégulier d'un étranger permet donc de déduire l'élément intentionnel de l'infraction.

2. Sanction

136. Seule l'inobservation des dispositions de l'article 27 (2) fait formellement l'objet de sanction prévue à l'article 168 à savoir, une amende de 20 000 à 1 500 000 FCFA. En cas de récidive, des peines d'emprisonnement de six (06) jours à six (06) mois peuvent, en outre, être requises à l'encontre de l'employeur (article 170 (1)). L'emprisonnement est obligatoirement prononcé en cas de double récidive (article 170 (2)).

Ainsi, on doit admettre que se rend coupable du délit d'emploi irrégulier de travailleur de nationalité étrangère par personne interposée, l'entrepreneur principal qui recourt aux services d'un sous-traitant fictif pour se procurer la main-d'œuvre qu'il emploie en pleine connaissance de cause. La régularisation de la situation des salariés irrégulièrement employés n'a pas pour effet de faire disparaître l'infraction[330].

---

[329] P.-G. POUGOUÉ, *Droit du travail et de la prévoyance sociale au Cameroun*, T 1, PUC, Yaoundé, 1988, 122 et s ; contrairement à une partie de la doctrine qui estime qu'en cette occurrence l'absence d'un tel écrit conduit plutôt à la nullité du contrat : J.-M. NYAMA, *Droit et contentieux du travail et de la sécurité sociale au Cameroun*, *op. cit.*, n° 65, p. 85.

[330] Cass. crim., 19 nov. 2002, *JurisData* n° 2002-017290.

Le renouvellement du contrat du travailleur étranger en méconnaissance de la formalité de visa, est constitutif d'infraction (article 25 (2) Code du travail).

Seule la production de faux titres de travail par l'employé peut alors exonérer l'employeur[331]. Dans ce sens, l'auteur de ces faux documents devrait être coupable de fraude.

B. Inobservation des dispositions des conventions collectives ayant fait l'objet d'un décret d'extension

137. Le droit commun pénal est régi par le principe de la légalité selon lequel seuls peuvent donner lieu à répression les agissements incriminés par une loi ou un règlement[332]. L'application de ce principe en droit du travail devrait conduire à exclure du domaine de la répression pénale, l'ensemble des prescriptions qui sont de nature contractuelle. Le droit pénal camerounais du travail comporte à cet égard, une dérogation visant les clauses des conventions collectives étendues en matière de salaire et d'accessoires de salaires.

L'extension d'une convention collective est prévue par l'article 53 du Code du travail[333]. Il s'agit du *« procédé par lequel le domaine d'application de la convention peut être étendu à tous les employeurs et tous les travailleurs compris dans le champ d'application professionnel et territorial de la convention, qu'ils aient été parties ou non à la convention »*. Son but est *« d'assujettir tous les salariés et tous les employeurs d'une profession donnée, dans un territoire déterminé, aux mêmes conditions de travail que des syndicats et des patrons ont préalablement établies par voie de convention collective »*[334].

L'extension est possible uniquement pour les conventions collectives nationales et non pour les conventions collectives d'entreprise. Elle a pour effet de rendre la convention collective obligatoire pour tous les travailleurs et employeurs qui sont compris dans son champ d'application professionnel

---

331 Cons. d'Etat, 2 mai 1985, *Dr. soc.* 1986, p. 429.

332 G. STEFANI et G. LEVASSEUR, *Droit pénal général*, 9ème éd., Précis Dalloz, Paris, 1976, n° 91 et s.; R. MERLE, A. VITU, *Traité de droit criminel*, 3ème éd., T 1, Cujas, n° 146.

333 *« À la demande de l'une des organisations syndicales les plus représentatives ou à l'initiative du ministre chargé du travail, les dispositions d'une convention collective répondant aux conditions déterminées par voie réglementaire, peuvent être rendues obligatoires, pour tous les employeurs et travailleurs compris dans le champ d'application professionnel et territorial de ladite convention, par décret pris après avis motivé de la commission nationale consultative du travail »* : article 53 (1) Code du travail.

334 J. BERNIER, « L'extension des conventions collectives dans le droit du travail : France, Grande Bretagne et Canada, Relations industrielles / Industrial Relations», vol. 24, n° 1, 1969, pp. 141-166.

et territorial[335]. Dès l'instant que le décret d'extension est intervenu, il n'y a plus lieu de distinguer entre les signataires de la convention et les autres membres de la profession. Le décret d'extension est sans incidence sur le contenu de la convention collective ainsi que sur son domaine territorial et professionnel. La convention étendue ne change pas de nature juridique. Elle demeure un contrat de droit privé et non point un règlement[336].

Parmi les clauses des conventions collectives étendues dont l'inexécution peut être sanctionnée pénalement, seules sont visées les clauses relatives au salaire et aux accessoires de salaire : *« sont punis... les auteurs d'infractions aux dispositions des conventions collectives ayant fait l'objet d'un décret d'extension en matière de salaire, primes, indemnités et de tous avantages évaluables en espèces »* (article 167 (5) Code du travail). La sanction pénale a pour objet ici d'éviter les entraves susceptibles d'être apportées à la procédure préalable à l'extension de la convention et d'assortir d'une force obligatoire absolue les dispositions concernant exclusivement les salaires minima et les accessoires du salaire évaluables en argent.

1. Éléments constitutifs de l'infraction

138. C'est l'inobservation même des dispositions des conventions collectives ayant fait l'objet d'un décret d'extension en matière de salaire, primes, indemnités et de tous avantages évaluables en espèces, qui est constitutive d'infraction[337]. Ces dispositions puisent leur force contraignante particulière précisément dans l'intervention de l'autorité réglementaire, de sorte qu'en pareil cas, le recours aux sanctions pénales peut être justifié.

2. Sanction

139. Le non-respect des dispositions des conventions collectives ayant fait l'objet d'un décret d'extension en matière de salaire et d'accessoires de salaire est puni d'une amende de 100.000 à 1.000.000 de francs (article 167 Code du travail).

---

[335] Ses dispositions s'appliquent sans qu'il soit nécessaire que l'employeur adhère à la convention ou à une fédération patronale signataire de cette convention. A contrario, une convention collective qui n'est pas étendue ne s'impose qu'aux seuls employeurs adhérents aux organisations patronales signataires.

[336] P.-G. POUGOUÉ (sous dir.), *Code du travail camerounais annoté, op. cit.*, p. 98 ; F. B. D. MAYOUE, S. H. APIEMBOMVE, *Code du travail annoté et commenté, Cameroun*, JURI AFRICA, éd. 2022, p. 234.

[337] Selon la doctrine, même si la procédure d'extension d'une convention collective ne modifie pas la nature juridique de la règle de droit qui reste contractuelle, l'intervention de l'autorité réglementaire a pour effet d'assortir cette règle d'une force obligatoire particulière qui suffit à légitimer la sanction pénale par dérogation au droit commun : Voir, M. DESPAX, *La gestion du personnel, aspects juridiques*, CUJAS, Paris, 1974, n° 243 et s.

C. Usage par toute personne d'un contrat fictif ou contenant des indications inexactes

140. Sont visées, les manœuvres frauduleuses, généralement destinées à tromper la vigilance d'un employeur. Elles donnent lieu à répression.

1. Éléments constitutifs

141. L'infraction prévue à l'article 168 (6) du Code du travail est caractérisée dès lors :

- qu'il y a usage d'un contrat fictif ou contenant des indications inexactes. Mais le texte ne dit pas si cet usage doit être personnel ou par personne interposée. Dans ce dernier cas, la personne interposée peut être considérée comme complice de la fraude ;
- que par ce contrat, l'intéressé se fasse embaucher dans une entreprise ou se substitue volontairement à un autre travailleur.

L'on est en présence d'une infraction intentionnelle telle que définie à l'article 74 (2) du Code pénal ; l'auteur doit avoir agi sciemment en vue d'atteindre le but prohibé par le législateur qui est d'user de manœuvres frauduleuses pour avoir accès à un emploi.

2. Sanction

142. Il convient, avant d'indiquer la sanction, de déterminer au préalable les personnes responsables de ladite infraction.

Les termes de l'article 168 (6) sont quelque peu équivoques. Ce texte vise *« toute personne »* sans exception. Il peut donc s'agir d'un travailleur, des tiers ou de l'employeur, d'un homme ou d'une femme. Mais la lecture entière du texte qui indique ce qui suit : *« toute personne qui, en faisant usage d'un contrat fictif ou contenant des indications inexactes, se fait embaucher ou se substitue volontairement à un autre travailleur »*, permet de se rendre compte au final que l'infraction visée ne peut être commise que par les travailleurs et les tiers, à l'exclusion des employeurs. Le travailleur peut la commettre soit en se substituant *« à un autre travailleur »*, soit en se faisant embaucher dans une entreprise ; et le tiers, exclusivement en se faisant embaucher dans une entreprise. L'expression *« toute personne »* n'est donc pas appropriée ici.

L'infraction est punie par l'article 168 d'une amende de 20 000 à 1 500 000 FCFA. Des peines d'emprisonnement de six (06) jours à six (06) mois peuvent, en outre, être requises en cas de récidive (article 170 (1)). L'emprisonnement est obligatoirement prononcé en cas de double récidive (article 170 (2)).

D. Violation des dispositions relatives au travail temporaire

143. Selon l'article 26 (2) du Code du travail, le travail temporaire[338] consiste pour une entreprise, à mettre provisoirement à la disposition d'utilisateurs des salariés qu'en fonction d'une qualification convenue, elle embauche et rémunère elle-même. Cette situation donne lieu à la conclusion de deux contrats : d'une part, un contrat de mise à disposition entre l'entreprise de travail temporaire et le client, l'entreprise utilisatrice et, d'autre part, un contrat de travail entre le salarié temporaire mis à disposition d'un utilisateur et son employeur, l'entreprise de travail temporaire (article 26 (5 et 6)). Le salarié étant la personne protégée, elle est exclue de la répression pénale (2) qui intervient après la caractérisation des infractions (1).

1. Les éléments constitutifs des infractions relatives au travail temporaire

144. Les infractions au travail temporaire peuvent être commises à la fois par l'entreprise temporaire et par l'entreprise utilisatrice

a. Violations commises par l'entrepreneur de travail temporaire

145. Deux types de délits peuvent être commis par l'entrepreneur de travail temporaire : l'absence d'exclusivité de l'entreprise de travail temporaire et l'inobservation des prescriptions liées à la mise à disposition.

i. L'absence d'exclusivité de l'entreprise de travail temporaire

146. L'alinéa 2 de l'article 26 dispose *« est considéré comme entrepreneur de travail temporaire, toute personne physique ou morale dont l'activité exclusive est de mettre à la disposition provisoire d'utilisateurs, des travailleurs qu'elle embauche et rémunère »*. Il s'ensuit que celui qui exerce l'activité de travail temporaire ne peut avoir, en principe, une autre activité. L'exclusivité devient alors une exigence dont le non-respect constitue une infraction. Ce principe ne semble cependant pas absolu. On admet qu'il est possible de cumuler plusieurs activités, à condition que ce cumul ne soit pas frauduleux.

La fraude ici se traduit par la *« séparation purement formelle d'activités dans le dessein d'échapper aux règles normalement applicables. Cette fraude paraît caractérisée lorsque, par exemple, la société utilisatrice de travailleurs temporaires est fictive ou que les deux sociétés ont des activités*

[338] L'ampleur de cette activité justifie son encadrement par l'édiction des règles en vue d'assurer sa moralisation et de permettre aux personnes employées temporairement d'avoir une protection sociale efficace.

confondues »[339], le plus souvent en cumulant les opérations de location de main-d'œuvre et de prestations de services[340].

Des précisions ont été par la suite apportées par la Chambre criminelle de la Cour de cassation française qui relève que l'entrepreneur de travail temporaire qui participe à la gestion d'autres entreprises formant avec l'entreprise de travail temporaire un ensemble économique unique, méconnaît l'exigence d'exclusivité. Pour établir l'existence de cet ensemble unique, les juges ont recours à un faisceau d'indices tels que le même siège social et le standard commun, des registres du personnel et bulletins de paie des salariés de plusieurs sociétés établis par la salariée de l'une d'elles, des équipes de travail composées des salariés de deux ou trois sociétés[341]. S'il résulte de cette situation que les employés *« transitent »* par une société de l'ensemble économique unique qui n'est pas une entreprise de travail temporaire, cela pourrait constituer l'infraction de prêt illicite de main-d'œuvre à but lucratif[342].

Toutefois, demeure permise à l'entreprise de travail temporaire, toute activité complémentaire en rapport avec le travail temporaire.

À ce titre, il est admis que le texte n'interdit pas à l'entrepreneur de fournir aux salariés les outils nécessaires à l'exécution de leurs tâches dès lors qu'il n'y trouve aucune source de profit distincte de son activité professionnelle[343].

ii. Les délits liés à la mise à disposition

147. Les éléments constitutifs de ces délits sont caractérisés dans les hypothèses ci-après :

- le fait de ne pas adresser un contrat écrit au salarié temporaire recruté après sa mise à disposition ou d'avoir conclu un contrat écrit ne comportant pas certaines mentions comme sa rémunération ou la qualification du salarié remplacé ou comportant ces mentions de manière volontairement inexactes. Or, en principe, le contrat de mise à disposition liant l'utilisateur à l'entrepreneur de travail temporaire devrait comporter le motif, assorti de justifications, pour lequel il est

---

339 A. LYON-CAEN, Observation sous, Cass. crim., 7 juin 1983, *D.* 1984, p. 374.

340 Cass. crim. 7 juin 1983, *préc.*

341 Cass crim., 7 mai 1996, *Bull. crim.* 1996, n° 194 : dans cette espèce, le président de l'entreprise de travail temporaire, spécialisée dans les travaux publics, était également dirigeant d'une société de travaux publics et d'une société de location de matériels de travaux publics.

342 Cass. crim., 15 juin 1984, *Bull. crim.* 1984, n° 229. Le prêt illicite de main-d'œuvre à but lucratif est *« toute opération à but lucratif ayant pour objet exclusif le prêt de main-d'œuvre »* : l'article L. 8241-1 (1) du Code du travail français interdit ce genre d'opération.

343 Cass. crim., 15 déc. 1981, *Bull. crim.* 1981, n° 333.
En droit français, par dérogation au principe d'exclusivité, les entreprises de travail temporaire peuvent exercer des activités de placement privé (article L. 5321-1 Code du travail) et celle d'entreprise de travail à temps partagé (article L. 1252-3 Code du travail).

fait appel au salarié temporaire ; ce qui permet de contrôler la réalité du recours au travail temporaire et éventuellement, à l'entrepreneur de travail temporaire, de prendre des mesures de précaution particulières lorsqu'elles s'imposent[344].

- le fait d'avoir méconnu les dispositions contractuelles en matière de rémunération. L'élément moral du délit étant constitué par l'intention, celle-ci se déduit de l'omission volontaire, dans le contrat, des indications légalement exigées ;
- le fait d'avoir exercé l'activité d'une entreprise de travail temporaire sans avoir obtenu l'agrément préalable du ministre chargé du Travail.

b. Violations commises par l'utilisateur

148. Les éléments constitutifs de violations peuvent être relevés à travers plusieurs comportements.

L'utilisateur est susceptible de commettre un délit en cas de recours au travail temporaire hors des cas légaux[345], d'utilisation du salarié pour une tâche durable[346] ou dangereuse ou par suite d'un licenciement pour motif économique[347], de non-respect d'un délai de carence pour pourvoir le poste par un contrat à durée déterminée ou temporaire, d'absence de contrat de mise à disposition[348].

L'utilisateur commet encore un délit s'il a recours à un salarié temporaire en méconnaissant les dispositions relatives aux termes du contrat[349], à la durée de la mission et au renouvellement[350].

Par ailleurs, la nature des infractions protège d'autres droits comme le droit de la grève. Une préoccupation demeure, celle de savoir si l'employeur peut recourir aux travailleurs temporaires en cas de grève ? Une réponse affirmative est retenue si le recours aux travailleurs temporaires a été fait alors que l'employeur n'était pas informé d'une grève prochaine[351].

---

[344] CA Paris, 12 avr. 1999, *JurisData* n° 199-024290.

[345] Article 26 (1) du Code du travail qui renvoie aux travailleurs visés à l'article 25 (4) à savoir les travailleurs recrutés pour effectuer exclusivement un travail temporaire, occasionnel saisonnier

[346] Article 26 (2) du Code du travail parle de *« mettre à la disposition provisoire d'utilisateurs des travailleurs... ».*

[347] L'entreprise qui a procédé à un licenciement collectif pour des raisons économiques, ne peut recourir au travail temporaire durant l'année suivant le licenciement pour l'exécution d'un accroissement d'activités temporaires de l'entreprise.

[348] Article 26 (6) du Code du travail prévoit la conclusion d'un contrat de mise à disposition.

[349] L'article 26 (6) du Code du travail prévoit que la durée du contrat de mise à disposition ne peut excéder un an avec le même utilisateur.

[350] Article 25 (5) du Code du travail.

[351] Cass. crim., 2 déc. 1980, *D.* 1981, p. 346; *Bull. crim.* 1980, n° 330; Cass. soc., 17 juin 2003, n°01-00.332.

A contrario, le recours aux travailleurs temporaires tombe sous le coup de la loi pénale lorsque ce recours fait suite à l'annonce d'un mot d'ordre de grève nationale pour une date déterminée, que l'employeur recourt aux travailleurs temporaires le matin même de la grève, peu important qu'il ne soit pas en mesure d'identifier avec précision les salariés grévistes[352]. L'impossibilité d'identifier les personnes ayant cessé le travail au moment du recrutement des temporaires ne remet pas en cause l'intention coupable du prévenu qui avait connaissance de l'imminence de la grève.

2. La répression des infractions relatives au travail temporaire

149. Les auteurs d'infractions aux dispositions de l'article 26 du Code du travail sont punis d'une amende de 20.000 à 1.500.000 FCFA (article 168). Des peines d'emprisonnement de six (06) jours à six (06) mois peuvent, en outre, être requises en cas de récidive (article 170 (1)) et l'emprisonnement est obligatoirement prononcé en cas de double récidive (article 170 (2) Code du travail). Ces sanctions peuvent être prononcées par le juge pénal suite au procès-verbal établi par l'inspecteur du travail dans le cadre de sa mission de contrôle. L'article 172 n'établit pas ici la pluralité des infractions en fonction du nombre des salariés pour lesquels les dispositions n'ont pas été respectées. Mais cette pluralité d'infractions sera privilégiée en cas de cumul d'infractions.

Il convient de préciser que les peines d'emprisonnement et d'amende peuvent être assorties d'une sanction administrative à savoir, l'interdiction d'exercer l'activité d'entrepreneur de travail temporaire, à travers la suspension ou le retrait de l'agrément par le ministre chargé du Travail[353]. Cette sanction ne dispense pas le responsable de l'entreprise de travail temporaire, de ses engagements vis-à-vis de ses salariés et de la Caisse nationale de prévoyance sociale.

En cas de dépassement de la durée de la mise à disposition ou en cas de violation des dispositions justifiant le recours au travail temporaire, l'utilisateur s'expose aussi à une sanction civile : il peut se voir opposer par le salarié les droits attachés à un contrat à durée indéterminée sur la base des dispositions de l'article 25 (3) du Code du travail.

150. Par ailleurs, les infractions relatives au travail temporaire sont souvent liées à d'autres situations d'illégalité telles que le marchandage[354] et le prêt

---

[352] Cass. crim., 8 déc. 2009, n° 09-83.273 ; *Dr. soc.* 2010, 557 : F. DUQUESNE, « Annonce de la grève et recours à l'intérim, Cour de cassation », Chambre criminelle 8 décembre 2009.

[353] L'article 26 (4) du Code du travail subordonne l'ouverture d'une entreprise de travail temporaire à l'agrément préalable du ministre chargé du Travail.

[354] Prévu à l'article L. 8231-1 du Code du travail français, *« le marchandage, défini comme toute opération à but lucratif de fourniture de main-d'œuvre qui a pour effet de causer un*

illicite de main-d'œuvre[355]. Très souvent, l'entrepreneur de travail temporaire et l'utilisateur sont poursuivis à la fois pour toutes ces infractions à la réglementation sur le travail. Il en est ainsi pour des contrats conclus entre une entreprise de peinture et une entreprise de travail temporaire. Des employés sont mis à disposition de la société utilisatrice pour des missions successives toutes justifiées par un surcroît occasionnel d'activité. Le total des périodes de missions effectuées par chacun des salariés excède la durée maximale permise sans l'accord de l'autorité administrative. De plus, les causes des missions sont identiques et l'utilisateur demande à l'entreprise de travail temporaire les mêmes salariés en raison de leur compétence particulière. Finalement, cinq salariés ont occupé de façon quasi permanente, sauf quelques brèves interruptions, les mêmes postes. Il n'y avait donc pas de surcroît occasionnel d'activité et les contrats de travail temporaire avaient pour objet d'éluder l'application de la loi[356]. La violation des règles du travail temporaire et les infractions de marchandage et de prêt illicite de main-d'œuvre étaient toutes constituées. Ce qui pourrait donner lieu à un éventuel cumul de peines[357].

L'érection par le législateur du non-respect des dispositions relatives au travail temporaire en infraction démontre sa volonté de limiter le recours aux travailleurs temporaires. On constate cependant une certaine évolution dans un contexte caractérisé par un taux de chômage très élevé, tendant à favoriser ce mode d'emploi, notamment à travers le recrutement de personnes sans emploi ou la formation professionnelle par la voie de l'apprentissage[358].

---

préjudice au salarié qu'elle concerne ou d'éluder l'application de dispositions légales ou de stipulations d'une convention ou d'un accord collectif de travail, est interdit ».

[355] Cass. crim., 22 juin 1999, *Dr. soc.* 1999, p. 1099, note M.-A. MOREAU ; CA Aix-en-Provence, 6 sept. 2004, *JurisData* n° 204-258915.

[356] Cass. crim., 22 mars 1983, *Bull. crim.* 1983, n° 91.

[357] Voir supra, les développements sur les hypothèses de cumul des peines, p. 25.

[358] Régi aux articles 45 du Code du travail et 6 de la Loi n° 2018/010 du 11 juillet 2018 régissant la formation professionnelle, le contrat d'apprentissage *« est celui par lequel le chef d'établissement industriel, commercial ou agricole ou un artisan s'oblige à donner ou à faire donner, sous sa responsabilité, une formation professionnelle méthodique et complète à une personne et par lequel cette dernière s'oblige, en retour, à se conformer aux instructions qu'elle recevra et à exécuter les ouvrages qui lui seront confiés en vue de son apprentissage »*. À ce sujet, la finalité de l'apprentissage, contrairement au contrat de travail proprement dit, vise à former l'apprenti en lui confiant la réalisation d'ouvrages utiles à l'entreprise ou servant aux besoins de celle-ci. Pour ce faire, l'acquisition d'une formation professionnelle complète requiert la surveillance par le maître des moyens ainsi que des résultats obtenus à la suite du travail fait par l'apprenti pendant la période d'apprentissage. Il peut avoir droit à une allocation, dès le début de l'apprentissage, dont les modalités peuvent être prévues par les conventions collectives : I. L. MIENDJIEM, P.-G. POUGOUÉ, *Droit camerounais du travail. Relations individuelles du travail* T 1, *op. cit.*, n° 416, p. 290.

§2. Infractions relatives à l'exécution du contrat de travail

151. Sont visées sous ce vocable, les infractions aux dispositions particulières concernant le contrat de tâcheronnat (A), l'infliction des amendes par l'employeur aux travailleurs (B), les infractions relatives aux conditions de travail (C) et au salaire (D).

A. Infractions aux dispositions particulières concernant le contrat de tâcheronnat

152. Le tâcheron est un sous-entrepreneur recrutant lui-même la main-d'œuvre nécessaire, qui passe avec un entrepreneur un contrat écrit pour l'exécution d'un certain travail ou la fourniture de certains services moyennant un prix forfaitaire (article 48 Code du travail). Le tâcheronnat fait l'objet d'une règlementation sommaire dont l'inobservation de certaines prescriptions est assortie de sanctions pénales. Il s'agit essentiellement du défaut d'affichage par le tâcheron de certaines informations sur sa personne (1) et d'entretien à jour par l'entrepreneur de la liste des tâcherons avec lesquels il a passé contrat (2).

1. Défaut d'affichage par le tâcheron

153. L'infraction du défaut d'affichage par le tâcheron est retenue lorsque les éléments constitutifs ont été réunis. Leurs existences donnent lieu à des sanctions pénales définies par le législateur.

a. Éléments constitutifs de l'infraction

154. L'infraction est caractérisée par le défaut d'affichage par le tâcheron de sa qualité de tâcheron, le nom et l'adresse de l'entrepreneur, les horaires de travail dans chacun des ateliers, magasins ou chantiers où il fait exécuter ses travaux[359] (article 50 (1) Code travail). En effet, l'affiche doit être apposée de façon permanente. Par conséquent, le fait pour le tâcheron d'enlever l'affiche à certaines occasions pour la replacer après, peut être constitutif d'infraction, surtout lorsqu'il s'agit de se soustraire à un contrôle.

b. Sanction

155. La pénalité prévue par l'article 167 est une amende de 100.000 à 1.000.000 de francs. En outre, le tâcheron peut être condamné à des dommages et intérêts envers l'entrepreneur, en réparation du préjudice matériel certain, et le cas échéant, moral, causé par le défaut d'affichage des mentions exigées par l'article 50 (1).

---

[359] Cet affichage est obligatoire même si les travaux s'exécutent dans les ateliers, magasins et chantiers de l'entrepreneur (article 50 (2) Code du travail).

2. Défaut d'entretien à jour par l'entrepreneur de la liste des tâcherons

156. La liste des tâcherons doit être entretenue à jour par l'entrepreneur. Le manquement à cette obligation est constitutif d'infraction assortie de pénalités.

a. Éléments constitutifs de l'infraction

157. Le défaut d'entretien à jour par l'entrepreneur de la liste des tâcherons avec lesquels il a passé un contrat est constitutif d'infraction (article 51 Code travail). Ainsi, le fait pour l'entrepreneur de ne pas faire figurer sur la liste en question les noms de tous les tâcherons peut être constitutif d'infraction surtout si cette omission est volontaire.

b. Pénalités

158. Le non-respect de la prescription de l'article 51 est puni d'une amende de 100.000 à 1.000.000 de francs (article 167). Si cette inobservation a été préjudiciable, l'entrepreneur peut être condamné à des dommages et intérêts envers la ou les victimes.

B. Infliction des amendes par un employeur

159. Dans le cadre de la direction de l'entreprise, le chef d'entreprise dispose non seulement d'un éventail très large de mesures disciplinaires, mais aussi d'une grande liberté dans le choix de la sanction. Tout en lui reconnaissant ce pouvoir disciplinaire, le législateur place des garde-fous pour éviter des abus dans son expression. À ce titre, le périmètre d'intervention de l'employeur est bien défini et encadré. Il lui est interdit d'inscrire les amendes et autres sanctions pécuniaires aux travailleurs parmi les sanctions disciplinaires.

1. Faits constitutifs

160. Si la mise à pied du travailleur est susceptible d'entraîner la privation du salaire[360], constitue par contre une infraction, le fait pour l'employeur d'infliger des amendes à ses employés. Il s'agit de la violation de l'interdiction de l'article 30 (1) du Code du travail. Cette interdiction s'étend également aux autres sanctions pécuniaires que le chef d'entreprise pourrait prendre contre ses employés en vertu de son pouvoir disciplinaire. Il s'agit d'une interdiction générale visant toute forme de retenue sur salaire à l'encontre d'un travailleur

---

[360] C'est la seule sanction pécuniaire fondée sur le pouvoir disciplinaire de l'employeur, qui existe en droit camerounais du travail. Elle se justifie par le fait que pendant la période de mise à pied, il y a absence de prestation de travail. Or, le salaire est la contrepartie de la prestation du travail (article 30 (2) Code du travail).

qui a normalement fourni sa prestation de travail[361]. Ce qui exclut les réductions de salaire en cas d'exécution volontairement défectueuse du travail. Les sanctions pécuniaires interdites doivent être distinguées des réductions ou suppressions de primes dont l'attribution est liée à une condition de présence du travailleur dans l'entreprise. Ainsi, constitue une amende interdite, la retenue sur salaire d'une somme forfaitaire ne correspondant pas au temps de travail effectué. En revanche, ne constituent pas des sanctions illicites : les retards à l'avancement justifiés par une insuffisance de la prestation de travail, les réductions ou les suppressions de primes en cas d'accident de la circulation, pour les chauffeurs ou en cas d'erreur de caisse pour les caissières de magasins[362].

L'infraction est caractérisée dès lors que l'employeur inflige une amende ou plus largement une sanction pécuniaire à un employé quel que soit le motif invoqué par lui, et quelle que soit la faute imputée au salarié.

2. Sanction

161. L'interdiction faite à l'employeur d'infliger les amendes (ou sanctions pécuniaires) est, aux termes de l'article 167 du Code du travail, punie d'une amende de 100.000 à 1.000.000 de francs. Des peines d'emprisonnement de six (06) jours à six (06) mois peuvent, en outre, être requises en cas de récidive (article 170 (1)). L'emprisonnement est obligatoirement prononcé en cas de double récidive (article 170 (2)).

C. Les infractions relatives aux conditions de travail

162. Elles concernent de manière spécifique certains aspects du temps de travail (1) et le travail des femmes, des enfants et des jeunes salariés (2).

1. Les infractions liées au temps de travail

163. La durée du travail est un élément important des conditions de travail, parce qu'elle est en relation directe avec la protection de la santé et de la sécurité des travailleurs. Relayant les textes internationaux, le législateur a prévu les durées maximales de travail dans tous les établissements : quarante (40) heures par semaine dans tous les établissements non agricoles et 2400 heures par an dans la limite maximale de 48 heures par semaine dans les établissements agricoles. Le Code du travail organise les modalités de son aménagement tant pour ce qui est de la prorogation de la durée journalière du

---

[361] Voir, M. MBONO, *Le pouvoir disciplinaire de l'employeur en droit camerounais du travail*, Thèse de doctorat 3ème cycle, Université de Yaoundé, 1985.

[362] P.-G. POUGOUÉ (sous dir.), *Code du travail camerounais annoté*, PUA, Yaoundé, 1997, p. 47 et s.; F. B. D. MAYOUE, S. H. APIEMBOMVE, *Code du travail annoté et commenté, Cameroun*, JURIAFRICA, éd. 2022, p. 123.

travail, de la récupération des heures perdues que pour ce qui est des heures supplémentaires et la majoration de leur rémunération (article 80). Des sanctions sont prévues en cas de dépassement de la durée de travail ou de non rémunération des heures supplémentaires par le décret qui les organise (article 80 (4)). Sur un autre plan, la protection du droit au repos hebdomadaire et aux congés payés est d'application générale et absolue. À ce titre, leur violation est assortie de sanctions pénales. Il convient d'examiner les différentes infractions qui s'y rattachent.

a. Les infractions au repos hebdomadaire

164. Il semble judicieux au préalable, de procéder à l'identification des faits constitutifs de ces infractions avant de s'appesantir sur leurs modalités de répression.

i. Faits constitutifs

165. La législation en matière de repos hebdomadaire s'appuie, aux termes de l'article 88 (1) du Code du travail, sur quatre principes fondamentaux :

- le repos hebdomadaire est obligatoire ;
- il est au minimum de vingt-quatre heures consécutives par semaine ;
- il est pris, en principe, le dimanche ;
- il ne peut en aucun cas être remplacé par une indemnité compensatrice.

Toutefois, des dérogations prévues par la loi, peuvent être apportées à ces principes.

Dans l'ensemble, on peut distinguer trois catégories d'infractions :

- Inobservation du repos hebdomadaire

166. Le repos hebdomadaire étant obligatoire, l'infraction est caractérisée dès lors que l'employeur fait travailler un ou plusieurs salariés pendant plus de six jours consécutifs et que le repos accordé ne correspond pas à vingt-quatre heures consécutives. Dans les entreprises où le travail a lieu de jour, les vingt-quatre heures de repos consécutives doivent être accordées de minuit à minuit[363].

En cas de dérogation admise par la loi, l'absence de repos hebdomadaire d'au moins vingt-quatre heures consécutives n'est pas constitutive d'infraction.

- Inobservation du repos dominical

167. Les règles relatives au repos dominical concernent seulement les salariés. Elles ne prohibent nullement l'ouverture d'un magasin le dimanche

---

[363] Cass. crim., 15 juil. 1910, *Bull. crim.* 1910, n° 715.

dès lors que c'est l'employeur qui y travaille. Cependant, l'ouverture d'un commerce le dimanche peut être une atteinte à la concurrence et à ce titre, elle devrait être réglementée.

Pour que l'infraction soit constituée, il suffit que l'employeur fasse travailler un ou plusieurs salariés le dimanche.

La jurisprudence fait une application stricte de ce principe[364]. La prescription du repos dominical est une règle impérative, ce qui interdit de prendre en considération le consentement des salariés au travail dominical[365]. Si ce sont des salariés habituellement employés, aucune distinction ne doit être faite selon qu'ils sont employés dans l'entreprise pendant un seul jour de la semaine ou pendant les autres jours[366]. L'infraction est caractérisée quand bien même l'autorisation a été demandée, mais n'a pas encore été obtenue[367]. Il en est également ainsi si la décision de refus de l'autorité compétente fait l'objet d'un recours en annulation devant le juge administratif. Toutefois, en l'absence de recours en annulation, l'exception d'illégalité de l'acte réglementaire concerné[368] peut être invoquée devant le juge répressif. Ce dernier ne peut déclarer l'infraction caractérisée dans tous ses éléments qu'après avoir confirmé la légalité de l'acte[369].

Le principe du repos dominical, fondé sur les traditions culturelles et religieuses, se heurte de nos jours à une diversification des rythmes de travail et aux modifications des habitudes de consommation. Ce qui justifie les dérogations qui lui sont apportées[370].

Des dérogations conventionnelles sont admises. Dans les entreprises comme les boulangeries, les stations-service, les débits de tabac, les hôpitaux, les entreprises de gardiennage, de sécurité, etc. où le travail s'effectue même

---

[364] Cass. crim., 23 juil. 1975, *Bull. crim.* 1975, n° 520.

[365] Cass. crim., 5 déc. 1989, *Bull. crim.* 1989, n° 466 qui applique le principe plus général selon lequel le consentement de la victime est sans incidence sur la responsabilité pénale de l'auteur de l'infraction.

[366] Cass. crim., 24 mai 1976, *Bull. crim.* 1976, n° 177 ; CA paris, 23 juin 1993, *Dr. pén.* 1994, *comm.* 16 ; Cass. crim., 16 mars 1999, *RJS* 1999, n° 681 ; *Rev. sc. crim.* 1999, p. 834, *obs.* G. GIUDICELLI-DELAGE.

[367] Cass. crim., 9 juin 1976, *Bull. crim.* 1976, n° 203.

[368] Par exemple un arrêté du Ministre en charge du travail.

[369] Cass. crim., 21 nov. 1972, *Bull. crim.* 1972, n° 352. Il convient de préciser que lorsque le juge répressif reconnaît l'illégalité d'un règlement en l'espèce de l'arrêté contesté, sa décision n'a qu'une portée relative. Elle a seulement pour effet de priver l'infraction reprochée au prévenu de ses éléments constitutifs sans pour autant rendre caduc ledit arrêté.

[370] Pour traduire l'ampleur des dérogations, d'aucuns ont relevé que la réglementation actuelle dans leur pays est un *« curieux mélange d'autoritarisme et de volontarisme »* : F. FAVENNEC-HERY et B. GRASSI, « Rigueur et incertitudes du principe du repos dominical », *Dr. soc.* 1993, p. 336 ; J. SAVATIER, « L'assouplissement des règles sur le repos dominical », *Dr. soc.* 1990, p. 434.

le dimanche, le repos peut être pris un autre jour de la semaine[371]. Dans l'industrie, des dispositions conventionnelles peuvent organiser le travail en continu en raison des nécessités économiques et prévoir ainsi l'octroi du repos hebdomadaire par roulement ou organiser le travail en instaurant des équipes de suppléance. Le repos hebdomadaire des membres de ces équipes peut alors être accordé un autre jour que le dimanche.

- Remplacement du repos hebdomadaire par une indemnité compensatrice

168. L'infraction est caractérisée par le versement d'une indemnité compensatrice à un ou plusieurs salariés, en remplacement du repos hebdomadaire auquel ils ont droit. L'infraction est constituée dès lors que l'employeur fait travailler le ou les salariés pendant la durée hebdomadaire moyennant indemnité.

L'on doit cependant rappeler à l'adresse à la fois des employeurs et des salariés vulnérables du fait de leur situation financière très précaire, qu'il s'agit d'un droit absolu qui ne saurait faire l'objet de transaction.

ii. Modalités particulières de la répression

169. Elles ont trait à l'exercice de l'action civile et aux pénalités applicables.

- Exercice de l'action civile

170. L'exercice de l'action civile par le salarié victime de l'infraction ne soulève pas en principe de difficultés, car il peut obtenir réparation du préjudice causé par le fait qu'il a été privé du repos hebdomadaire légal[372]. Il en va différemment de l'action civile susceptible d'être exercée par les organisations syndicales de salariés ou d'employeurs. La justification d'un préjudice porté à l'intérêt collectif qu'elles représentent n'a pas les mêmes implications pratiques selon l'organisation syndicale concernée.

Pour les syndicats de salariés, la jurisprudence admet très largement la recevabilité de l'action civile, considérant que la seule violation par l'employeur d'une prescription obligatoire à l'égard d'un salarié porte préjudice à l'intérêt de l'ensemble des salariés qu'ils représentent. Ce principe prévaut en matière de repos hebdomadaire, comme en tout autre domaine de la législation du travail.

La jurisprudence considère, en revanche, que l'intérêt collectif dont les syndicats d'employeurs sont habilités à assurer la défense est d'une autre

---

[371] Voir, les arrêtés n° 14 du 18 juin 1968 et n° 22 du 27 mai 1969 qui autorisent certaines entreprises à accorder le repos hebdomadaire un jour autre que le dimanche.

[372] Quand bien même le travail supplémentaire effectué ce jour-là a été régulièrement rémunéré : Cass. soc., 1er févr. 1968, *Bull. civ.* 1968, V, n° 77.

nature. Il ne saurait résulter de la seule violation de l'obligation de repos dominical[373]. La même solution prévaut d'ailleurs en cas d'infraction à la législation sur les congés payés[374].

Pour qu'une infraction à la législation sur le repos hebdomadaire puisse porter préjudice à l'ensemble des entreprises de la même profession, il faut que celle-ci résulte de la violation d'une décision fixant un régime identique de repos hebdomadaire pour toutes les entreprises d'une même profession[375].

- Sanction

171. Relativement à l'imputation de la responsabilité de l'infraction, la Cour de cassation française utilise la notion de délégation de pouvoirs. Ainsi, la Chambre criminelle approuve les juges du fond d'imputer le fait d'avoir employé un salarié le dimanche dans un magasin en province à la faute personnelle du dirigeant de la société dont le siège se trouve à Paris, après avoir constaté que le directeur du magasin local n'avait aucun pouvoir de décision quant aux heures d'ouverture du magasin[376]. Il en va de même lorsque la délégation de pouvoirs s'abstient de préciser qu'elle inclut les décisions relatives au repos dominical[377].

Ces différentes infractions relatives au repos hebdomadaire sont punies d'une amende de 100.000 à 1.000.000 de francs (article 167 Code du travail). En cas de récidive, d'un emprisonnement de six (06) jours à six (06) mois ou de l'une de ces deux peines seulement (article 170 (1) Code travail). Cependant, l'emprisonnement est obligatoirement prononcé en cas de double récidive (article 170 (2) Code travail).

La question de savoir si l'amende doit être appliquée autant de fois qu'il y a de salariés employés dans des conditions irrégulières a été tranchée par l'article 172 du Code du travail qui dispose que les peines pécuniaires prévues pour ces infractions, sont multipliées par le nombre de travailleurs touchés par l'infraction réprimée. La règle de droit commun de non-cumul des peines de l'article 51 (1) du Code pénal n'a donc pas vocation à s'appliquer ici. Il faut tout de même relever qu'en revanche, le cumul peut être admis lorsqu'une même personne est concernée par plusieurs infractions qualifiées de contraventions. L'amende peut être appliquée autant de fois qu'il y a d'infractions constatées, sous réserve que chacune d'elles procède d'une faute distincte, sauf si le tribunal en décide autrement (article 51 (5) Code pénal). Tel serait le cas lorsque les infractions à la règle du repos hebdomadaire

---

[373] Cass. crim., 9 juin 1976, *préc.* ; Cass. crim., 24 mai 1977, *Bull. crim.* 1977, n° 185; *Rev. sc. crim.* 1978, 116, *obs.* J. ROBERT.
[374] Cass. crim., 4 mai 1962, *Bull. crim.* 1962, n° 182.
[375] Cass. crim., 24 mai 1977, *préc.* ; Cass. crim., 28 févr. 1978, *Bull. crim.* 1978, n° 77.
[376] Cass. crim., 14 sept. 1988, *JCP E* 1989, II, 15 447, p. 177, obs. O. GODARD.
[377] CA Paris, 30 mai 1988, *JCP E* 1989, II, 15 447, p. 177, obs. O. GODARD.

(interdiction légale d'occuper un salarié plus de six jours par semaine) et à la règle du repos dominical sont commises concomitamment, les deux infractions comportant des éléments constitutifs spécifiques[378].

b. Les infractions relatives aux congés payés

172. Le droit au congé du travailleur est un droit consacré par plusieurs textes internationaux. D'abord, par la Convention de l'OIT n° 132 concernant les congés annuels payés[379] qui précise que *« toute personne à laquelle s'applique la présente convention a droit, après un an de service continu, à un congé annuel payé comprenant au moins six jours ouvrables »*[380]. Ensuite, par la Déclaration universelle des droits de l'homme qui précise que « *toute personne a droit au repos et aux loisirs et notamment à une limitation raisonnable de la durée du travail et à des congés payés périodiques* »[381]. Enfin, par le Pacte international de 1966 relatif aux droits économiques, sociaux et culturels[382] dont l'article 7 d indique clairement que : « *les États parties au présent pacte reconnaissent le droit qu'a toute personne de jouir de conditions de travail justes et favorables, qui assurent notamment, le repos, les loisirs, la limitation raisonnable de la durée du travail et les congés payés périodiques, ainsi que la rémunération des jours fériés* ».

Ces exigences ont été réceptionnées par le Code du travail. Aussi, certaines prescriptions de la législation en matière de congé payé sont rendues obligatoires sous peine de sanction. L'article 167 réprime toute infraction aux dispositions des articles 89, 92 et 93 du Code du travail. En dehors des infractions sus-visées, d'autres sont prévues par le Décret n° 75/28 du 10 janvier 1975 portant modalités d'application du régime des congés payés. L'identification des faits constitutifs d'infractions précèdera leur régime de répression.

i. Faits constitutifs d'infractions

173. Ils peuvent résulter des atteintes portées par l'employeur soit :

- au droit au congé payé d'un jour et demi par mois effectif de service (article 89 (1)) ;
- à l'exercice du droit de jouissance au congé payé (article 92 (1)) ;
- aux conditions de rémunération du congé payé (article 93)

---

[378] Cass. crim., 25 nov. 1997, *Bull. crim.* 1997, n° 401; Cass. crim., 16 nov. 1999, *Jurisdata* n° 1999-004820*; JCP E* 2000, chron. p. 1131, *obs.* E. FORTIS.

[379] Révisée en 1970, cette Convention a été ratifiée par le Cameroun le 07 août 1973.

[380] Art. 2 de la Convention n° 52 sur les congés payés entrée en vigueur septembre 1939.

[381] Art. 24 de la Déclaration universelle des droits de l'homme.

[382] Ce Pacte est entré en vigueur le 03 janvier 1976.

- **Inobservation du droit au congé payé d'un jour et demi par mois effectif de service**

174. L'article 89 (1) du Code du travail dispose que *« (...), le travailleur acquiert droit au congé payé, à la charge de son employeur, à raison d'un jour et demi ouvrable par mois de service effectif ».* Il s'ensuit que cet article consacre en faveur du travailleur un droit au congé payé à la charge de son employeur, à raison d'un jour et demi ouvrable par mois effectif de service. L'employeur ne peut donc y déroger. Les jours ouvrables s'entendent comme ceux qui sont en principe consacrés au travail dans l'entreprise. Le travail effectif, c'est celui que le salarié a réellement accompli pour un même employeur[383] ou encore le temps pendant lequel le travailleur est effectivement en activité[384]. Sont assimilées à un mois de service effectif, les périodes équivalentes à quatre semaines ou à 24 jours de travail (1,5 jours x 12 = 18 jours) ; ce qui donne 18 jours/an (article 89 (1 et 2) du Code du travail). Certains cas de suspension peuvent rentrer dans le champ de travail effectif. Il s'agit de la suspension due à un accident de travail ou à une maladie professionnelle, la suspension pour maladie dans la limite de six mois, le congé de maternité, le chômage technique[385]. Cependant, le temps de travail n'est pas toujours le temps de présence du travailleur dans l'entreprise[386]. Les jours fériés et les jours de repos ne sont pas pris en compte dans le calcul des mois effectifs de travail. Il en est de même des ponts[387].

Il convient de relever que la convention collective applicable peut prévoir une durée de congé plus longue. Dans ce sens, en application de l'ordre public social qui admet des possibles dérogations aux dispositions impératives de la loi lorsqu'il y va de l'intérêt du salarié (il s'agit de l'application de la clause la plus favorable au salarié), la Cour suprême a eu à juger que les dispositions d'un contrat de travail qui octroient cinq jours de congés payés par mois à un employé s'appliquent au détriment de celles de la loi qui, elle, ne lui reconnaît qu'un jour et demi ouvrable par mois[388].

Par ailleurs, la durée légale est augmentée pour les jeunes travailleurs, les mères salariées et les travailleurs anciens dans l'entreprise[389].

---

[383] P.G. POUGOUÉ (sous dir.), *Code du travail camerounais annoté*, *op. cit.*, p.130.

[384] F. B. D. MAYOUE, S. H. APIEMBOMVE, *Code du travail annoté et commenté, Cameroun*, *op. cit.*, p. 293.

[385] Article 89 (3) Code du travail.

[386] Dans l'affaire EPC contre François AKOA, la Cour suprême a décidé que le travail accompli à domicile est qualifié de travail salarié : C. S., arrêt n° 64/S du 22 octobre 1987.

[387] Le pont est un jour de congé entre deux jours fériés ou entre un jour férié et le week-end.

[388] C. S., arrêt n° 201 du 16 mai 1961, *RCJCS*, tome 3, années 1960-1980, p. 53.

[389] C'est ce qui ressort des dispositions de l'article 90 aux termes desquels :
- le droit au congé est porté d'un jour et demi à deux jours et demi par mois de service au profit des jeunes gens de moins de dix-huit (18) ans (alinéa 1) ;

L'infraction est caractérisée dès lors que l'employeur refuse d'octroyer à un ou plusieurs salariés qu'il emploie, y compris les apprentis, un congé payé d'un jour et demi ouvrable par mois de service effectif (article 89 (1)), soit un total annuel d'au moins dix-huit jours pour que l'infraction soit considérée comme constituée.

- Inobservation du droit de jouissance au congé payé

175. Le droit au congé est acquis après une durée de travail d'un an, commençant au début de l'exécution du contrat de travail ou le jour de retour du dernier congé. Mais si un accord prévoit une durée de congé plus longue, il peut aussi prévoir une période de travail plus longue, à condition que celle-ci ne dépasse pas deux ans.

Le congé doit être pris effectivement. Ainsi, l'employeur et le travailleur ne peuvent s'entendre pour que le premier verse au second de l'argent à la place du congé. L'argent ne peut être versé à la place du congé que si le contrat de travail cesse avant que le salarié n'ait eu la possibilité de prendre son congé. Le législateur justifie cette solution parce que le repos est le but du congé. Il est souligné que *« ce congé permet au travailleur de s'évader de son usine ou de son bureau, pour jouir de véritables vacances là où bon lui semble »*[390]. Pour la jurisprudence, le travailleur n'a pas droit à l'indemnité lorsqu'il n'a pas pris les congés, et la demande de congé ne peut porter que sur la dernière période qui donne droit au congé payé[391].

Le seul fait pour l'employeur de ne pas faire bénéficier, après une durée de service effectif égale à un an ou plus, selon les dispositions conventionnelles ou contractuelles, le ou les salariés qu'il emploie, y compris les apprentis, d'un congé payé dès l'instant où le titulaire du droit en cause réunit les conditions requises pour y prétendre, caractérise l'infraction (article 92 (1)).

L'infraction n'est pas constituée si le salarié renonce volontairement au bénéfice du congé après une année de service effectif. Mais, cette renonciation ne signifie pas cependant que le salarié perd son droit de jouissance au congé pour cette année. Cela veut dire qu'il va tout simplement reporter son congé à

- la durée du congé est augmentée en faveur des mères salariées, soit de deux (2) jours ouvrables par enfant âgé de moins de six (6) ans à la date de départ en congé, inscrit à l'état civil et vivant au foyer, soit d'un jour seulement si le congé principal se trouve ne pas excéder six (6) jours (alinéa 2) ;
- la durée du congé est augmentée en considération de l'ancienneté du travailleur dans l'entreprise, à raison de deux (2) jours ouvrables par période entière, continue ou non, de cinq (5) ans de service. Pour les mères salariées, cette majoration s'ajoute à celle prévue à l'alinéa ci-dessus (alinéa 3).

[390] J. M. NYAMA, *Droit et contentieux du travail et de la sécurité sociale au Cameroun*, Yaoundé, PUCAC, 2014, p. 209.

[391] C. S., arrêt n° 81/S du 18 sept. 1980, le Délégué du gouvernement près la commune de plein exercice de Nkongsamba c/TCHSSO FOTSO ; C. S., 10 juin 1982.

condition de respecter le délai de prescription de trois ans prévu à l'article 92 (3). Il faut relever que le report du congé annuel d'une année sur l'autre est une pratique très courante en droit du travail camerounais, toute chose contraire à l'idée de repos du travailleur que sous-tend le droit au congé payé.

- Défaut de versement d'une allocation au titre de congé payé

176. L'infraction peut être caractérisée dès lors que l'employeur :

- ou bien refuse le bénéfice de l'allocation du congé payé à un salarié (article 93) qui réunit par ailleurs toutes les conditions d'ouverture du droit de jouissance à congé[392] ;

Toutefois, l'infraction n'est pas constituée si le salarié n'a pas effectivement pris tout ou partie du congé auquel il a droit.

- ou bien, verse l'allocation après la date de départ en congé[393] ;
- ou bien, retient une base de calcul erronée pour fixer le montant de l'indemnité due[394].

Pour que l'infraction soit constituée, il faut que le mode de calcul erroné soit matérialisé par le versement d'une indemnité ne correspondant pas à l'indemnité due légalement. L'affichage d'une note de service faisant état du mode de calcul à appliquer ne suffit pas à caractériser l'infraction[395].

En pratique, l'infraction est rarement matérialisée en raison même de la diversité des modes de calcul de l'indemnité susceptibles d'être appliqués.

Par ailleurs, le fait pour l'employeur de refuser de verser l'indemnité compensatrice de congé payé due en cas de résiliation du contrat de travail avant que le salarié ait pu bénéficier de la totalité du congé auquel il avait droit, dès lors que la résiliation n'est pas imputable à une faute lourde du salarié, peut être constitutif d'infraction.

ii. Sanction

177. Les pénalités sont en principe les mêmes qu'en cas d'infraction à la législation sur le repos hebdomadaire à savoir une amende de 100.000 à 1.000.000 de francs (article 167 Code du travail). En cas de récidive, d'un emprisonnement de six (06) jours à six (06) mois ou de l'une de ces deux peines seulement (article 170 (1) Code travail). Cependant, l'emprisonnement est obligatoirement prononcé en cas de double récidive (article 170 (2) Code travail).

---

392 Cass. crim., 29 mars 1955, *RCJCS D.* 1955, 429.
393 L'article 93 du Code du travail dispose à ce sujet que l'allocation doit être versée par l'employeur au travailleur, au plus tard le dernier jour précédant la date de départ en congé.
394 Cass. crim., 15 juin 1962, *Bull. crim.* 1962, n° 225.
395 Trib. pol. Longwy, 26 oct. 1972, *Jurispr. soc.* 1972, n° 322, p. 354.

Sur le plan civil, l'employeur peut également faire l'objet d'une action en réparation qui peut conduire à l'octroi des dommages et intérêts en faveur de la victime, pour préjudice résultant de la privation du congé payé.

2. Les infractions liées au travail des femmes, des enfants et des jeunes salariés

178. La protection des enfants et des femmes au travail a été le point de départ de toute la législation sociale[396]. En droit du travail camerounais, il existe tout un ensemble de dispositions propres aux enfants et aux femmes et dont l'inobservation est assortie de sanctions pénales. Les analyses se limiteront à celles indiquées dans le Code du travail qui sont complétées par des dispositions réglementaires[397].

a. Interdiction du travail de nuit des femmes et des enfants dans l'industrie

179. L'interdiction du travail de nuit, défini comme tout travail effectué entre dix heures du soir et six heures du matin par l'article 81 du Code du travail est prévue à l'article 82 (2) du même texte et répond à une double préoccupation. Elle tend tout d'abord à assurer aux femmes et aux enfants des conditions de travail qui soient compatibles avec leurs aptitudes physiques, et ensuite, à les protéger contre les risques de maladie. C'est ce qui justifie certainement que les modalités d'application de cet article soient fixées par arrêté du ministre chargé du Travail, pris après avis de la Commission nationale consultative du travail.

L'employeur ne doit pas faire travailler de nuit les femmes et les enfants dans l'industrie[398]. L'infraction est matérialisée par le seul fait pour l'employeur de faire travailler les femmes et les enfants dans l'industrie la nuit. Toutefois, des dérogations sont apportées à cette interdiction par l'article 82 (3). Elle ne s'applique pas :

- aux femmes occupant des fonctions d'encadrement c'est-à-dire qui exercent des activités de direction ou d'organisation ;
- aux femmes occupées dans les services n'impliquant pas un travail manuel c'est-à-dire qui sont appelées à accomplir des tâches essentiellement intellectuelles.

Les peines encourues par l'employeur qui viole les dispositions de l'article 82 (2) sont une amende de 200 000 à 1.500.000 FCFA (article 168).

---

[396] Voir, loi française du 22 mars 1841.

[397] Arrêtés n°s 16 et 17 du 27 mai 1969 relatifs au travail des femmes et au travail des enfants : JO du 01 06 1969, pp. 936 et 939 ; IIème partie, titre II, chap. II.

[398] En revanche, ils peuvent fournir leurs prestations entre dix heures du soir et six heures du matin dans les établissements agricoles.

En cas de récidive, il encourt en plus de l'amende, un emprisonnement de six (06) jours à six (06) mois (article 170 (1) Code travail). Cependant, l'emprisonnement est obligatoirement prononcé en cas de double récidive (article 170 (2) Code travail).

En outre, l'amende est multipliée par le nombre de femmes et d'enfants utilisés dans les conditions illégales (article 172 Code du travail).

Ces sanctions pénales n'excluent guère les dommages-intérêts pour préjudice subi par les femmes et enfants que l'employeur a autorisés à travailler la nuit.

b. Infractions relatives à la protection de la maternité

180. La réglementation spéciale à laquelle l'emploi du personnel féminin est assujetti répond à la préoccupation d'assurer aux femmes des conditions de travail compatibles avec les exigences de la maternité. Aussi, ressort-il des dispositions de l'article 84 du Code du travail que :

(1) « toute femme enceinte dont l'état a fait l'objet d'une constatation médicale peut rompre son contrat sans préavis et sans avoir de ce fait à verser l'indemnité prévue à l'article 36 ci-dessus[399]*. Pendant cette période, l'employeur ne peut rompre le contrat de travail de l'intéressée du fait de la grossesse ».*

(2) « toute femme enceinte a droit à un congé de maternité de quatorze (14) semaines qui commence quatre (4) semaines avant la date présumée de l'accouchement. Ce congé peut être prolongé de six (6) semaines en cas de maladie dûment constatée et résultant, soit de la grossesse, soit des couches. Pendant la durée de ce congé, l'employeur ne peut rompre le contrat de travail de l'intéressée ».

(3) « Quand l'accouchement a lieu avant la date présumée, la période de repos est prolongée jusqu'à l'accomplissement des quatorze (14) semaines de congé auxquelles la salariée a droit ».

(4) « Quand l'accouchement a lieu après la date présumée, le congé pris antérieurement est prolongé jusqu'à la date de l'accouchement sans que le congé postérieur soit réduit ».

En quoi consistent les violations de cette réglementation ? Quelles en sont les sanctions ?

[399] Il s'agit de l'indemnité de préavis.

i. Faits constitutifs de l'infraction

181. Plusieurs comportements de l'employeur sont incriminés à savoir :

- la rupture du contrat de travail de la femme enceinte du fait de la grossesse (article 84 (1) Code du travail) ;
- le refus d'accorder un congé de maternité à la femme enceinte, congé qui commence obligatoirement quatre semaines avant la date présumée de l'accouchement et se termine dix semaines après la date de celui-ci ; soit un total de quatorze semaines (article 84 (2) Code du travail) ;
- le refus de prolonger le congé de maternité de six semaines en cas de maladie dûment constatée et résultant soit de la grossesse, soit des couches (article 84 (2)) ;
- la rupture du contrat de travail de l'intéressée pendant la durée du congé de maternité (article 84 (2)). En principe, durant ce congé, le contrat de travail de la femme salariée n'est pas rompu, mais plutôt suspendu. Le licenciement de la femme enceinte pendant cette période de suspension du contrat de travail est donc abusif sauf s'il est motivé par un fait extérieur à la grossesse. Il faut préciser néanmoins que le licenciement intervenu avant la période protégée peut être également considéré comme abusif s'il a pour seul motif d'éluder les obligations légales ;
- le refus de prolonger la période de repos quand l'accouchement a lieu avant la date présumée jusqu'à l'accomplissement des quatorze semaines de congé auxquelles la salariée a droit (article 84 (3)) ;
- le refus de prolonger le congé pris antérieurement jusqu'à la date de l'accouchement sans que le congé postérieur ne soit réduit, quand l'accouchement a lieu après la date présumée (article 84 (4)).

ii. Sanction

182. L'inobservation des prescriptions relatives à la protection de la maternité est punie d'une amende de 200 000 à 1.500.000 FCFA. Des peines d'emprisonnement de six (06) jours à six (06) mois peuvent, en outre, être requises en cas de récidive, pour les infractions prévues aux dispositions de l'article 84 (2) et (3). L'emprisonnement étant obligatoirement prononcé en cas de double récidive.

L'employeur pourra être condamné à payer des dommages et intérêts à la victime pour préjudice subi, indépendamment des indemnités auxquelles elle a droit notamment en cas de licenciement abusif. Il faut souligner que la décision de licencier la femme salariée pendant la période protégée pourra être frappée de nullité, au besoin assortie de l'obligation pour l'employeur de verser à la victime le montant du salaire qui aurait dû être perçu pendant la période couverte par la nullité.

c. Emploi des enfants dans l'entreprise avant l'âge de quatorze ou dix-huit ans

183. Cette infraction rentre dans le cadre des mesures particulières relatives aux conditions de travail des enfants et des jeunes gens. Elle vise à assurer la protection de leur santé physique et morale.

En effet, le législateur fixe l'âge légal de travail à quatorze ans. Il est interdit d'employer les enfants de moins de cet âge, même s'ils sont des apprentis. C'est l'emploi des enfants dans l'entreprise avant cet âge qui est constitutif d'infraction, et cela, même s'ils ne sont que des apprentis. L'enfant, c'est *« toute personne de l'un ou de l'autre sexe, salarié ou apprenti âgé de moins de (18) ans »*[400].

Mais l'interdiction n'est pas absolue. Une dérogation peut cependant être admise dès lors qu'elle est édictée par arrêté du ministre chargé du Travail compte tenu des circonstances locales et des tâches qui peuvent leur être demandées (article 86 (1) Code du travail).

La disposition est complétée par l'alinéa 2 qui ajoute que les jeunes gens de moins de 18 ans ne peuvent, en aucun cas, être employés à bord des navires en qualité de soutiers ou de chauffeurs. Toutefois, si la nécessité qu'ils soient embarqués s'impose, ils doivent subir une visite médicale qui établit qu'ils peuvent effectuer ce travail. L'aptitude doit être constatée par un certificat médical signé d'un médecin agréé.

L'employeur ne peut pas prétendre échapper à la répression en prétextant avoir ignoré l'âge de la victime. De même, il y a lieu d'admettre que l'erreur sur l'âge de la victime n'est pas exonératoire, sauf s'il y a eu fraude de la part de cette dernière.

La violation de la disposition de l'article 86 est punie d'une amende de 100.000 à 1.000.000 de francs. Des peines d'emprisonnement de six (06) jours à six (06) mois peuvent, en outre, être requises en cas de récidive. L'emprisonnement étant obligatoirement prononcé en cas de double récidive. Cette amende est multipliée par le nombre d'enfants recrutés.

d. Inobservation du barème de calcul des jours de congé pour les jeunes salariés

184. Le droit au congé est porté d'un jour et demi à deux jours et demi par mois de service au profit des jeunes gens de moins de dix-huit ans.

L'infraction est caractérisée dès lors que l'employeur refuse d'octroyer à un ou plusieurs jeunes gens de moins de dix-huit ans qu'il emploie, en qualité de salarié ou d'apprenti, un congé de deux jours et demi par mois de service

[400] Arrêté n° 17/MTPS du 27 mai 1969.

dès l'instant où le jeune salarié réunit les conditions requises pour y prétendre (article 90 (1) Code du travail)

Il suffit que le congé annuel octroyé au jeune salarié de moins de dix-huit ans soit d'une durée totale inférieure à trente jours pour que l'infraction soit constituée.

Les peines encourues sont une amende de 100.000 à 1.000.000 de francs (article 167 Code du travail). En cas de récidive, un emprisonnement de six (06) jours à six (06) mois peut, en outre, être prononcé (article 170 (1) Code du travail). L'emprisonnement est obligatoirement prononcé en cas de double récidive (article 170 (2) Code du travail).

Au-delà, le jeune salarié victime de l'infraction peut obtenir réparation du préjudice résultant de la privation du congé de deux jours et demi par mois de service, sous forme de dommages et intérêts.

3. Les autres infractions relatives aux conditions de travail

185. Seront évoquées la délivrance d'attestations mensongères, l'exigence ou l'acceptation d'une rémunération à titre d'intermédiaire et l'entrave à la liberté de travail.

a. La délivrance d'attestations mensongères

186. Certaines irrégularités susceptibles d'être commises relativement aux conditions de travail sont sanctionnées pénalement. Il en est ainsi en cas d'attestations mensongères relatives à la durée et aux conditions du travail accompli par le travailleur, et portées sciemment sur le registre d'employeur ou tout autre document par l'employeur lui-même, le fondé de pouvoir ou le préposé (article 168 (7) Code du travail).

Cette interdiction est générale. Elle s'impose à tous les employeurs, à tous les fondés de pouvoir et à tous les préposés. Elle concerne également tout travailleur qui fait usage de ces attestations mensongères.

S'agissant de l'élément moral, il faut que l'auteur de l'infraction ait l'intention de commettre l'acte telle que définie à l'article 74 (2) du Code pénal. Ce qui signifie que l'auteur doit avoir agi sciemment en vue d'atteindre le but prohibé par le législateur. Il ne peut pas prétendre échapper à la répression en prétextant avoir ignoré la prohibition légale.

L'article 168 (7) exige en plus de l'intention, l'existence d'une fraude qui sera prouvée par la constatation dans le registre d'employeur ou sur tout autre document, des attestations mensongères contraires à la réalité.

Les peines encourues sont une amende de 200 000 à 1.500.000 FCFA à laquelle s'ajoute un emprisonnement de six (06) jours à six (06) mois en cas de récidive. L'emprisonnement est obligatoirement prononcé en cas de double récidive (article 170 Code du travail).

b. L'exigence ou l'acceptation d'une rémunération à titre d'intermédiaire

187. Cette infraction est caractérisée dès lors qu'on exige ou accepte d'un travailleur une rémunération quelconque à titre d'intermédiaire dans le règlement ou le paiement de salaires, indemnités, allocations et frais de toute nature, ou pour l'obtention d'un emploi, ou pour le règlement d'un différend individuel du travail quel qu'en soit l'objet (article 168 (8) Code du travail). Il s'agit d'une infraction intentionnelle.

Toute personne, reconnue coupable des agissements incriminés, peut être poursuivie et punie d'une peine d'amende de 200 000 à 1 500 000 FCFA et d'un emprisonnement de six (06) jours à six (06) mois en cas de récidive. L'emprisonnement est obligatoirement prononcé en cas de double récidive (article 170 Code du travail).

Selon l'alinéa 2 de l'article 170, la peine d'emprisonnement est obligatoirement prononcée dès lors que l'auteur de l'infraction est l'un des membres chargés de l'administration ou de la direction d'un syndicat ou appartient au personnel de l'administration du travail et de la prévoyance sociale.

Outre les sanctions pénales, l'auteur de l'infraction peut être condamné à des dommages et intérêts en réparation du dommage subi par la victime.

c. L'entrave à la liberté de travail

188. Les faits constitutifs de l'infraction et les modalités de sa répression seront examinés.

i. Faits constitutifs de l'infraction

189. L'infraction est caractérisée dès lors qu'une contrainte est exercée sur un travailleur dans le but de l'amener à s'embaucher contre son gré, de l'empêcher de s'embaucher, de se rendre à son travail et, d'une manière générale, de remplir les obligations imposées par son contrat (article 168 (5) Code du travail). Cette hypothèse est différente de celle prévue à l'article 255 du Code pénal, qui vise plutôt une cessation concertée de travail.

Par sa généralité, cet article peut recouvrir les situations fort variées parmi lesquelles l'interdiction de se faire embaucher, de se rendre à son travail (quitter un emploi), de remplir les obligations imposées par son contrat de travail (suivre les consignes du chef d'entreprise). Cette infraction sera constituée notamment lorsque l'employeur de façon vexatoire, empêche le salarié d'exécuter le travail à travers les mises à pied intempestives, la fermeture de la porte du bureau, la brusque rupture du contrat de travail[401].

Par référence à l'article 255 du Code pénal, la contrainte utilisée peut se traduire concrètement par l'usage de violences, de menaces, tromperies, dol ou promesses.

Sont considérés comme actes de violence non seulement les coups et blessures proprement dits, mais encore toute atteinte à l'intégrité corporelle du travailleur. Il en est ainsi du fait de saisir un travailleur sans le frapper, d'employer la contrainte physique pour l'expulser de l'entreprise ou l'empêcher d'y pénétrer, de même que tous actes d'agression susceptibles de lui causer une impression vive, une émotion violente et de troubler sa sécurité[402].

Les voies de fait peuvent être appréhendées comme tout acte qui, sans atteindre directement le travailleur, est de nature à l'impressionner aussi vivement que des coups et blessures. Constitue une voie de fait, le fait pour une personne d'interdire l'entrée de l'entreprise à un travailleur en s'y plaçant, avec l'intention manifeste de s'opposer, au besoin par la force, à son passage[403].

Très souvent, les menaces conduisent aux voies de fait.

Les manœuvres frauduleuses révèlent chez leur auteur la volonté de nuire au travailleur ou de détourner certaines prescriptions légales. De telles manœuvres peuvent être réalisées à l'aide de tromperies, dol ou promesses.

ii. Modalités de la répression

190. Les poursuites peuvent être engagées contre *« toute personne »* reconnue coupable des agissements incriminés. Cette expression présente l'avantage de ne pas limiter le cercle de personnes qui peuvent être les auteurs matériels de l'infraction et à ce titre, se verront appliquer la sanction prévue.

Les peines sont constituées d'une amende de 200 000 à 1.500.000 FCFA et un emprisonnement de six (6) jours à six (6) mois en cas de récidive. L'emprisonnement étant obligatoirement prononcé en cas de double récidive (article 168 et 170 Code du travail).

Par ailleurs, le travailleur victime de l'infraction, peut obtenir réparation sous forme de dommages et intérêts, du préjudice résultant de la contrainte utilisée pour le priver de sa liberté de travail.

---

[401] P.-G. POUGOUÉ (sous dir.), Code du travail camerounais annoté, P.U.A., 1997, p. 243.
[402] Cass. crim., 21 nov. 1951, *préc.*
[403] Voir infra, nos développements relatifs à l'hypothèse de cessation de travail concertée de l'article 255 du Code pénal.

D. Infractions relatives au salaire

191. Grâce au développement des conventions collectives[404] en même temps que leur extension à un nombre très important de salariés, le rôle protecteur des sanctions pénales est nécessairement limité en matière de salaire. Ces sanctions sont prévues en cas d'inobservation par l'employeur des prescriptions relatives à la détermination du salaire, à celles concernant son paiement et aux retenues qui peuvent y être opérées.

1. Infractions liées à la détermination du salaire

192. Le terme *« salaire »* signifie, *« quels qu'en soient la dénomination et le mode de calcul, la rémunération ou les gains susceptibles d'être évalués en espèces et fixés, soit par accord, soit par dispositions réglementaires ou conventionnelles, qui sont dus en vertu d'un contrat de travail par un employeur à un travailleur, soit pour le travail effectué ou devant être effectué, soit pour les services rendus ou devant être rendus »*[405].

L'infraction relative à la détermination du salaire peut résulter soit du défaut d'affichage des taux minima de salaires, ainsi que des conditions de rémunération du travail à la tâche ou aux pièces, dans les lieux de paie du personnel ; soit du versement d'une rémunération inférieure au montant minimum du salaire ou de ses accessoires.

a. Défaut d'affichage des taux minima de salaires et des conditions de rémunération à la tâche

193. L'article 64 du Code du travail dispose que : *« les taux minima de salaires ainsi que les conditions de rémunération du travail à la tâche ou aux pièces sont affichés dans les lieux de paie »*.

L'infraction est caractérisée par le défaut d'affichage des taux minima de salaires d'une part, et des conditions de rémunération du travail à la tâche ou aux pièces d'autre part, dans les lieux de paie. Mais le texte ne précise pas si ces affiches doivent y être en permanence. En effet, le but poursuivi par le

---

404 D'après l'article 52 (1) du Code du travail, *« la convention collective de travail est un accord ayant pour objet de régler les rapports professionnels entre les employeurs et les travailleurs, soit d'une entreprise ou d'un groupe d'entreprises, soit d'une ou plusieurs branches d'activités. Cet accord est conclu entre :*
- d'une part, les représentants d'un ou plusieurs syndicats ou d'une union de syndicats de travailleurs ;
- d'autre part, les représentants d'une ou plusieurs organisations syndicales d'employeurs ou de tout autre groupement d'employeurs ou un ou plusieurs employeurs pris individuellement ».
La convention collective peut mentionner des dispositions plus favorables aux travailleurs que celles des lois et règlements. Elle ne peut déroger aux dispositions d'ordre public (article 52 (2) Code du travail).

405 Article 61 (1) Code du travail.

législateur est d'éviter toute fraude de la part de l'employeur ou toute transaction avec les travailleurs qui pourrait au final, leur être défavorable. Il est donc indispensable que ces affiches figurent de façon permanente sur les lieux de paie du personnel afin d'assurer l'information continue du personnel et de maintenir une veille pour faire échec à toute tentative de discrimination. Dès lors, l'utilisation par l'employeur d'un autre moyen d'information peut être constitutive d'infraction.

L'inobservation des prescriptions de l'article 64 est punie d'une amende de 100.000 à 1.000.000 de francs (article 167 Code du travail). Elle est multipliée par le nombre de travailleurs touchés par l'infraction réprimée.

b. Interdiction de verser une rémunération inférieure au montant minimum du salaire

194. Le salaire constitue la contrepartie directe de l'exécution du contrat de travail. Il est l'élément le plus important dans la relation de travail tant pour l'employeur, que pour l'employé. Le caractère d'ordre public du droit du travail a conduit l'État à définir ou à fixer le salaire minimum interprofessionnel garanti (SMIG)[406]. Le SMIG est un instrument de justice sociale. Il permet de rémunérer les salariés les moins qualifiés à un niveau acceptable afin de leur assurer une subsistance. Il permet de rééquilibrer le rapport de force entre patronat et syndicats des salariés en faveur de ces derniers. Le respect du SMIG constitue la 1ère obligation salariale. La Convention n° 131 sur la fixation des salaires minima, 1970 prévoit en son article 2-1 que *« les salaires minima auront force de loi et ne pourront pas être abaissés ; leur non application entraînera l'application de sanctions pénales et autres, à l'encontre de la personne ou des personnes responsables »*.

Le salaire est pénalement protégé, car *« il a une fonction alimentaire, une fonction de progrès social de l'employé et une fonction de maintien de la paix »*[407]. L'incrimination relative au salaire doit donc être déterminée entre le

---

[406] Le montant du SMIG a été revalorisé à 41 875 francs CFA à l'issue de la 24ème session de la Commission nationale consultative du travail tenue le 08 février 2023 par le Décret n° 2023/00338/PM du 21 mars 2023 fixant le salaire minimum interprofessionnel garanti. Il remplace celui institué par le Décret n° 2014/2217/PM du 24 juillet 2014 portant revalorisation du SMIG qui disposait en son article 1er que : « *le salaire minimum interprofessionnel garanti, en abrégé «SMIG », est, à compter de la date de signature du présent décret, fixé à trente-six mille deux cent soixante-dix (36 270) francs CFA par mois, sur toute l'étendue du territoire national, quelle que soit la branche d'activité* »), montant qui avait connu une légère augmentation par rapport à celui de 28.216 Frs CFA qui était en vigueur dans le texte antérieur (voir Décret n° 2008/2115/PM du 24 juin 2008 portant revalorisation du SMIG, abrogeant et remplaçant le décret n° 95/099/PM du 17 février 1995).

[407] A. FOKO, « La rémunération du travail et la paix sociale », *in De l'esprit du droit africain*, Mélanges en l'honneur de Paul Gérard POUGOUÉ, Wolters Kluwer, CREDIJ, 2014, pp. 279-304.

respect du salaire minimum et le caractère négociable du salaire. En d'autres termes, les conventions collectives ou les contrats ne sont guère autorisés à déterminer un salaire inférieur au SMIG. En revanche, ils peuvent prévoir un salaire supérieur à ce dernier qui ne constitue qu'un plancher déterminé par décret.

L'employeur conserve la liberté de fixer par voie contractuelle le montant du salaire et le cas échéant, ses éléments accessoires. Mais il est tenu de respecter le salaire minimum fixé par la convention collective ou l'accord d'établissement applicable à l'entreprise. La violation de cette obligation qui s'étend aux accessoires du salaire, que les taux fixés soient légaux ou conventionnels, est généralement assortie de sanctions pénales. Pour savoir si un salarié a perçu au moins le SMIG, l'on doit prendre en compte le salaire de base (salaire proprement dit) et ses compléments telles les commissions[408].

195. S'agissant des éléments constitutifs de cette infraction, il faut dire que c'est la violation de l'article 62 du Code du travail qui est érigée en infraction dès lors que :

- le salarié concerné entre dans la zone de salaire et que la rémunération versée est inférieure aux taux des salaires minima interprofessionnels. Celle-ci couvre, dans sa quasi-totalité, l'ensemble des professions et par conséquent des salariés, quel que soit leur mode de rémunération ;
- le salarié entre dans la catégorie professionnelle et que le salaire versé est inférieur au salaire minima afférent à ladite catégorie ;
- pour les heures supplémentaires, le travail de nuit, du dimanche et des jours fériés, la prestation de l'employeur est inférieure aux taux minima de rémunération ;
- la prestation de l'employeur est inférieure aux taux de l'indemnité de licenciement, de l'indemnité de déplacement, de la prime d'assiduité. Il suffit donc que l'employeur verse au salarié une somme inférieure au montant total de l'indemnité de licenciement ou au taux de l'indemnité de déplacement fixé par les parties ou de la prime d'assiduité[409] pour que l'infraction soit constituée.

---

408 Voir en ce sens, C. S., arrêt n° 69/S du 4 avril 1967, Aff. KAMANDE Michel c/ ITIGA André, *TPOM*, 234, p. 189 et observations M. A MOUTHIEU épse NJANDEU sous le même arrêt in J.-M. TCHAKOUA (sous dir.), *Les grandes décisions du droit du travail et de la sécurité sociale*, JusPrint, 2016, pp. 95-104.

409 Il faut néanmoins relever que la prime d'assiduité récompense la présence régulière du salarié. Elle a pour objet de lutter contre l'absentéisme et son attribution est aléatoire. En l'absence de dispositions conventionnelles contraires, on considère qu'elle n'est pas la contrepartie du travail fourni et qu'en conséquence, elle est exclue du calcul du salaire minimal : Voir, M. A. MOUTHIEU épse NJANDEU, obs. sous C. S., arrêt n° 69/S du 4 avril 1967, affaire KAMANDE Michel contre ITIGA André, in J.-M. TCHAKOUA (sous dir.), *Les grandes décisions du droit du travail et de la sécurité sociale*, JusPrint, 2016, p. 95 et s.

L'inobservation des prescriptions de l'article 62 du Code du travail est punie d'une amende de 100.000 à 1.000.000 de francs par l'article 167 (1) du Code du travail. Elle est multipliée par le nombre de travailleurs touchés par l'infraction réprimée.

2. Infractions liées au paiement du salaire

196. En principe, le salaire est dû par l'employeur, c'est-à-dire la personne physique ou morale avec laquelle le contrat de travail a été conclu et pour le compte de laquelle celui-ci est exécuté. Il doit être payé au salarié lui-même et donner lieu à la remise d'un bulletin de paie.

Le caractère alimentaire du salaire sous-tend les observations particulières auxquelles l'employeur est tenu de se conformer pour effectuer le paiement du salaire. Celles-ci ont pour objet, d'assurer une protection spéciale de la créance de salaire renforcée par l'application des sanctions pénales. Ces dernières ont toutefois une portée réduite parce qu'elles ne sont pas souvent mises en œuvre. C'est davantage sur le plan civil que l'action en réparation du préjudice causé par le non-paiement du salaire se fera dans la limite du respect du délai de prescription de trois ans.

Sont constitutifs d'infractions :

- le paiement du salaire en une monnaie n'ayant pas cours légal

197 Cette interdiction est prescrite à l'article 67 du Code du travail. Celui-ci dispose qu' : *« en dehors des prestations prévues à l'article 66, alinéas 1 et 3, le salaire doit être payé en monnaie ayant cours légal, tout autre mode de paiement étant interdit »*. Il en découle qu'exceptés, le logement et la fourniture d'une ration journalière de vivres auxquels l'employeur est tenu envers le travailleur dans les circonstances déterminées, l'interdiction frappe d'autres modes de paiement[410]. Cette dernière expression crée une confusion, car au quotidien, le paiement du salaire se fait soit en monnaies métalliques et billets de banque, soit par virement bancaire encore que ce mode semble exigé lorsque le salaire atteint un certain montant, soit par chèque[411] et par extension, un règlement par *mobile money*. Peut-être que l'interprétation la plus simple conduit à retenir que le salaire doit être payé en francs CFA car c'est la monnaie ayant cours légal au Cameroun[412]. Dans ce cas, on comprend

---

[410] Est réputée nulle la clause qui, hors cette hypothèse, prévoit un paiement par des bons ou jetons échangeables contre les marchandises livrées dans des économats d'entreprise ; il prohibe aussi le paiement en nature de tout ou partie du salaire et, notamment en alcool ou en boissons alcoolisées.

[411] Article 3 nouveau du Règlement CEMAC n° 3/16/CEMAC/UMAC/CM du 21 décembre 2016 relatif aux systèmes, moyens et incidents de paiement, révisant certaines dispositions du Règlement n° 02/03.

[412] Une monnaie a cours légal lorsque la loi oblige les créanciers à l'accepter en paiement pour la valeur nominale, c'est-à-dire la valeur indiquée par l'inscription que porte la monnaie.

davantage que toute stipulation contraire soit nulle et de nul effet, mieux, qu'elle constitue une infraction lorsque l'intention d'enfreindre la réglementation est clairement affichée par l'employeur.

- le paiement du salaire à intervalles irréguliers non conformes

198. Le paiement du salaire est périodique ; cette périodicité tranchée par l'article 68 (1) du Code du travail est d'ordre public. Il ressort de ce texte qu'à l'exception des professions pour lesquelles les usages établis prévoient une périodicité de paiement différente et qui seront déterminées par arrêté du ministre en charge du Travail, pris après avis de la Commission nationale consultative du travail, le salaire doit être payé à intervalles réguliers ne pouvant excéder un mois. Aussi, les paiements mensuels doivent-ils être effectués au plus tard 08 jours après la fin du mois qui en donne droit (31, 15 du mois). Toutefois, les travailleurs peuvent, sur leur demande, recevoir au bout de quinze jours un acompte portant sur la moitié de la quotité mensuelle de leur rémunération de base, leur situation étant obligatoirement apurée lors du paiement immédiatement consécutif.

Le travailleur absent le jour de la paie ne perd pas pour autant le salaire échu. Il peut seulement le percevoir aux heures ordinaires d'ouverture de la caisse et selon le règlement intérieur. L'employeur qui, sous prétexte de l'absence du salarié, n'entend pas le payer du tout peut être puni conformément aux dispositions des articles 168 et 170 du Code du travail.

L'employeur doit payer les salaires et indemnités non pas à la date prévue, mais dès que le contrat est résilié ou rompu. Cependant, en cas de litige ne permettant pas à l'employeur d'être réellement libéré à la suite du paiement, le président du tribunal de première instance peut, à la demande de l'employeur, ordonner que ce dernier garde provisoirement le montant (du salaire) que la loi l'autorise à saisir (l'employeur peut aussi recourir à la procédure du référé). S'il n'y a pas de litige, l'employeur qui ne paie pas le salaire dès l'arrêt du travail s'expose aux amende et emprisonnement prévus aux articles 168 et 170 du Code du travail.

Les infractions relatives au paiement du salaire sont punies d'une amende de 200 000 à 1.500.000 FCFA. Des peines d'emprisonnement de six (6) jours à six (6) mois peuvent, en outre, être requises en cas de récidive. L'emprisonnement est obligatoirement prononcé en cas de double récidive. Les sanctions pécuniaires prévues sont multipliées par le nombre de travailleurs touchés par l'infraction réprimée.

L'employeur peut être condamné à des dommages-intérêts moratoires exigés par le salarié pour le retard observé dans le paiement de son salaire. Le travailleur peut aussi demander des dommages-intérêts compensatoires qui sont destinés à réparer les préjudices autres que ceux qui résultent du retard.

L'exception d'inexécution permet au salarié d'arrêter son travail lorsque le salaire n'est pas payé à temps[413].

3. Interdiction des retenues sur salaire

199. L'interdiction faite à l'employeur de pratiquer des retenues sur le salaire de son personnel au-delà des limites expressément autorisées par la loi est sanctionnée pénalement.

L'infraction est caractérisée dès lors que l'employeur opère des retenues sur salaire en dehors des cas légalement prévus à l'article 75 (1) du Code du travail. Ce texte prévoit quatre hypothèses possibles, en dehors des prélèvements obligatoires, du remboursement des frais résultant de la fourniture d'une ration journalière des vivres au travailleur par l'employeur et des consignations[414] qui peuvent être prévues par les conventions collectives et les contrats individuels. Il s'agit donc des retenues sur salaire :

- par saisie-arrêt ;
- au titre des cotisations syndicales ordinaires dues par le travailleur ;
- par cession volontaire souscrite par le cédant et communiquée pour vérification à l'inspecteur du travail du ressort quand il s'agit du remboursement d'avances consenties par l'employeur au travailleur et devant le Président du tribunal compétent dans les autres cas ;
- en cas d'institution, dans le cadre des dispositions législatives et réglementaires en vigueur, de sociétés de secours mutuels comportant le versement de cotisations par le travailleur.

Il suffit donc que l'employeur sorte de ce cadre légal pour que l'infraction soit constituée.

Il convient d'ajouter que l'article 3 (1) du Décret n° 69/DF/289 du 30 juillet 1969 relatif aux saisies-arrêts, cessions et retenues sur le salaire interdit la compensation *« opérée par l'employeur entre d'une part les salaires et indemnités qu'il doit au travailleur et d'autre part les sommes que celui-ci pourrait lui devoir à quelque titre que ce soit ».* Il ne peut donc avoir de compensation conventionnelle ou unilatérale par retenue[415] sauf en cas de rupture de contrat du fait du travailleur sans préavis partiellement observé. Seule la compensation judiciaire est permise.

La compensation judiciaire n'est possible que si les dettes réciproques sont exigibles, liquides et connexes. Le juge social peut connaître de la

[413] M. KIRSCH, *Guide permanent du travail et de l'emploi au Cameroun*, T 2, Ediena, salaire, (4).
[414] La consignation désigne la somme que le travailleur remet à l'employeur à titre de garantie des créances éventuelles par exemple, liées aux manipulations des fonds.
[415] TGI Douala, jugement n° 40 du 9 juillet 1984, BELNOUN MAHOP Pie Marie c/Sté GBAC ; C. S., arrêt n° 22 du 11 décembre 1962 ; 14 juin 1966, *Bull.* 1966, p. 1414.

compensation (qui est une exception) en vertu du principe *« le juge de l'action est juge de l'exception »*.

La jurisprudence va plus loin en n'admettant la compensation qu'à la limite de la quotité cessible du salaire[416]. La compensation n'est totale que lorsque les dettes du salarié présentent un caractère délictuel ou frauduleux[417].

La violation des dispositions de l'article 75 (1) est, aux termes de l'article 168, punie d'une amende de 200 000 à 1.500.000 FCFA. Des peines d'emprisonnement de six (6) jours à six (6) mois peuvent, en outre, être requises en cas de récidive. L'emprisonnement est obligatoirement prononcé en cas de double récidive.

Section 3. Les infractions liées à la rupture du contrat de travail

200. Diverses infractions entourent la mise en œuvre de la rupture du contrat de travail lorsque celle-ci procède de l'initiative de l'employeur. Néanmoins, cette présence pénale reste faible et ne touche qu'un secteur, celui du licenciement pour motif économique. En revanche, elle rejaillit relativement dans d'autres hypothèses de cessation des relations de travail.

§1. Les infractions relatives au licenciement pour motif économique

201. Le licenciement pour motif économique est défini comme tout licenciement effectué par un employeur pour un ou plusieurs motifs non inhérents à la personne du travailleur et résultant d'une suppression ou transformation d'emploi ou d'une modification du contrat de travail, consécutive à des difficultés économiques, à des mutations technologiques ou à des restructurations internes (article 40 (2)). Il convient d'indiquer les éléments constitutifs des infractions qui en sont liées et leur sanction.

A. Les éléments constitutifs des infractions liées au licenciement pour motif économique

202. En droit positif, l'on s'accorde à observer que le motif économique peut exister alors que l'entreprise n'est pas encore en difficulté, mais se trouve plutôt en période de croissance. La loi admet désormais que la simple mutation technologique puisse justifier un licenciement pour motif économique.

[416] C. S., arrêt n° 96 du 20 décembre 1960.
[417] Tribunal du travail Nkongsamba, 12 avril 1965, TPOM 3296.

En effet, l'article 34 (1) du Code du travail dispose que : *« le contrat de travail à durée indéterminée peut toujours être résilié par la volonté des parties. Cette résiliation est subordonnée à un préavis donné par la partie qui prend l'initiative de la rupture et doit être notifiée par écrit à l'autre partie avec indication du motif de la rupture ».* Mais, ces dispositions de l'article 34 (1) ne s'appliquent pas en cas de licenciement pour motif économique[418].

Eu égard aux conséquences drastiques de ce genre de licenciement, le législateur prescrit à l'employeur de rechercher au préalable des mesures alternatives. Leur négociation se passe en présence de l'inspecteur du travail qui a un rôle de conseil le cas échéant. En l'absence des délégués du personnel, la négociation est menée par l'employeur et la collectivité des salariés. À ce titre, pour tenter d'éviter un licenciement pour motif économique, l'employeur qui l'envisage, doit réunir les délégués du personnel s'il en existe ou la collectivité des salariés et rechercher avec eux, en présence de l'inspecteur du travail du ressort, toutes les autres possibilités telles que : la réduction des heures de travail, le travail par roulement, le travail à temps partiel, le chômage technique, le réaménagement des primes, indemnités et avantages de toute nature voire la réduction des salaires (article 40 (3)). Cependant, cette négociation ne lie pas tous les travailleurs, puisque certains d'entre eux peuvent refuser les mesures envisagées et demander à être licenciés. Tout travailleur dans ce cas doit exprimer son refus par écrit et il est alors licencié avec paiement du préavis et, s'il remplit les conditions d'attribution, de l'indemnité de licenciement (article 40 (5) Code du travail).

La durée de ces négociations ne doit pas excéder trente (30) jours francs. En cas d'accord, l'inspecteur du travail dresse un procès-verbal des mesures arrêtées signé par les parties.

Lorsque les négociations prévues ci-dessus n'ont pas pu aboutir à un accord ou si, malgré les mesures envisagées, certains licenciements s'avèrent nécessaires, l'employeur doit établir l'ordre des licenciements en tenant compte des aptitudes professionnelles, de l'ancienneté dans l'entreprise et des charges familiales des travailleurs[419]. Dans tous les cas, l'ordre des licenciements doit tenir compte en priorité des aptitudes professionnelles. Conformément aux dispositions de l'Arrêté n° 021/MTPS du 26 mai 1993 fixant les modalités de licenciement pour motif économique, seront licenciés en premier lieu les salariés présentant les moindres aptitudes professionnelles pour les emplois maintenus, et en cas d'égalité d'aptitudes professionnelles,

[418] Article 40 Code du travail.

[419] Le licenciement économique nécessite pour les juges de fond d'examiner si toutes les conditions prévues par l'article 43 du Code du travail ont été remplies : C. S., arrêt n° 139/S du 16 septembre 1982, affaire Cardona MEDINA c/ Société les Crevettes du Cameroun ; licenciement pour compression du personnel- critères de l'ordre de licenciement : C. S., arrêt n° 32/S du 12 mars 1981, affaire GECICAM c/ NGONO Françoise.

les salariés les moins anciens, l'ancienneté étant majorée d'un an par conjoint légitime et d'un an pour chaque enfant à charge (article 2 (2) arrêté 1993). En vue de recueillir leurs avis et suggestions, l'employeur doit communiquer par écrit aux délégués du personnel, la liste des travailleurs qu'il se propose de licencier en précisant les critères de choix retenus (article 40 (6))[420].

Il en découle que le délit est constitué dans trois hypothèses :

- en cas de non-consultation des délégués du personnel en vue de la recherche des mesures alternatives au licenciement pour motif économique [421];
- en cas de défaut de sollicitation des avis et suggestions des délégués du personnel sur la liste des travailleurs que l'employeur envisage de licencier ;
- en l'absence de la transmission par l'employeur de la liste des travailleurs à licencier, appuyée de la réponse des délégués du personnel au ministre chargé du Travail pour arbitrage.

B. Sanction des infractions liées au licenciement pour motif économique

203. Il faut noter que l'obligation de l'employeur est celle de consulter les instances de représentation sociale et d'informer l'autorité administrative de tutelle. Aussi, commet une infraction l'employeur qui ne respecte pas ces obligations. À ce titre, il est puni d'une amende de 100 000 à 1 000 000 francs (article 167) ; cette amende est multipliée par le nombre de salariés licenciés (article 172).

S'agissant des personnes responsables, la loi utilise l'expression *« employeur »* dans le texte d'incrimination à savoir l'article 40. Ce qui laisse entendre que l'employeur peut être le dirigeant personne physique voire un chef d'entreprise qui dispose des prérogatives contractuelles permettant de l'assimiler à un employeur au regard de la mesure prise à l'encontre des salariés victimes de l'infraction, ou une personne morale.

---

420 Licenciement abusif- non-respect des formes - non-respect de l'ordre des licenciements- non communication aux délégués du personnel de la liste des travailleurs dont le licenciement était envisagé : C. S., arrêt n° 43/S du 16 avril 1981, affaire Société Confection camerounaise c/ MELINGUI Céline.

421 Au cas où le licenciement pour motif économique est envisagé dans un établissement où il n'existe pas de délégués du personnel, l'employeur doit saisir l'inspecteur du travail du ressort aux fins de faire désigner par celui-ci des représentants des travailleurs. L'inspecteur du travail doit procéder à cette désignation dans un délai de huit (8) jours, après consultation des travailleurs de l'établissement.

§2. Les autres infractions

204. Elles concernent la rupture du contrat de travail intervenue sans préavis (A) et le défaut de remise du certificat de travail (B).

A. La rupture d'un contrat de travail sans préavis

205. Le contrat à durée indéterminée est celui dont le terme n'est pas fixé à l'avance (article 25 (1) b Code du travail). Il est caractérisé par le fait que les parties n'ont pas dit d'avance quand il va prendre fin. Il peut donc cesser à tout instant par la volonté de l'une ou de l'autre partie, sous réserve des dispositions de l'article 34 du Code du travail. Il en ressort que cette résiliation est subordonnée à un préavis donné par la partie qui prend l'initiative de la rupture et doit être notifiée par écrit à l'autre partie avec indication du motif de la rupture[422]. C'est dire que celui qui décide de la rupture doit prévenir l'autre partie afin que celle-ci se prépare à la cessation des relations et prenne le cas échéant, les mesures qui s'imposent (par exemple chercher un autre emploi ou pourvoir à la vacance de poste). Se trouve ainsi consacré le principe d'un droit de résiliation unilatérale du contrat de travail reconnu au travailleur et à l'employeur. Dans ce sens, la Convention de l'OIT n° 158 concernant la cessation de la relation de travail précise qu'*« un travailleur qui va faire l'objet d'une mesure de licenciement aura droit à un préavis d'une durée raisonnable ou à une indemnité en tenant lieu, à moins qu'il ne se soit rendu coupable d'une faute grave, c'est-à-dire d'une faute de nature telle que l'on ne peut raisonnablement exiger de l'employeur qu'il continue à occuper ce travailleur pendant la période du préavis »*[423].

La durée du préavis est fixée par la loi, en tenant compte de la catégorie professionnelle et de l'ancienneté du travailleur[424]. Les conventions collectives ou les contrats individuels peuvent prévoir un délai plus long, mais ils ne peuvent pas fixer un délai plus court que le délai légal de préavis. Le délai de préavis est un délai préfix. Il ne peut être ni suspendu ni interrompu. Même une maladie survenue pendant le préavis ne suspend pas son cours[425]. L'employeur qui entend procéder au licenciement d'un travailleur doit lui donner un préavis, cette obligation est d'ordre public. Cependant, si au

---

[422] P.-G. POUGOUÉ, V. TCHOKOMAKOUA, *Jurisprudence sociale annotée*, T. 2, p. 57 et s. On comprend que le droit subjectif de résiliation s'il existe dans son principe, il n'est mis en œuvre que s'il existe un motif. C'est donc un droit causé : P.-G. POUGOUÉ, « Une relecture des articles 37, 39, 40 et 41 du Code du travail camerounais relatif à la rupture des relations de travail pour motifs non économiques », *Penant* 1990, n° 802, pp. 157 et s.

[423] Art. 11 de la Convention n° 158 concernant la cessation de la relation de travail à l'initiative de l'employeur.

[424] Voir, Arrêté n° 015/MTPS/SG/CJ du 26 mai 1993 déterminant les conditions et la durée de préavis.

[425] C. S., arrêt n° 187/S du 6 juillet 1971.

moment de la résiliation du contrat, le travailleur exerce une responsabilité quelconque dans la gestion de fonds, de matériel ou de personnel, il ne peut quitter son emploi quelle que soit la durée du préavis avant d'avoir passé le service[426].

La question que l'on pourrait se poser est de savoir si les périodes de suspension du contrat de travail entrent en compte dans la durée d'ancienneté. L'article 2 de l'arrêté du 26 mai 1993 répond par l'affirmative. D'après ce texte, sont considérés comme temps de service comptant pour l'ancienneté, les congés et les permissions exceptionnelles d'absence payés ou non, les périodes de suspension du contrat de travail visées aux alinéas c, d, g, i et k de l'article 32 du Code du travail, ainsi que les périodes de stage de formation prévues par les dispositions légales et réglementaires en vigueur. L'ancienneté doit s'apprécier à la date à laquelle le licenciement est notifié et non à l'expiration du préavis[427]. Les obligations des parties pendant la durée de préavis sont précisées par l'article 35 du Code du travail[428].

206. À titre de sanction, la partie à l'égard de laquelle ces obligations ne seraient pas respectées ne pourra se voir imposer un délai de préavis, sans préjudice des dommages-intérêts qu'elle jugerait bon de demander.

De même, il est retenu que la partie qui rompt le contrat de travail sans donner de préavis (sauf dans l'hypothèse de faute lourde de l'autre partie), est condamnée à une indemnité compensatrice du préavis. Celle-ci est égale à la rémunération et aux avantages de toute nature dont aurait bénéficié le travailleur pendant la durée du préavis. Elle est due intégralement même s'il est prouvé que le travailleur était dans l'impossibilité de travailler[429] pendant la durée du préavis. Elle est obligatoire parce que l'inexécution du préavis a pour cause le non-respect par l'employeur de ses obligations contractuelles et légales et non l'incapacité du travailleur à fournir sa prestation de travail[430].

---

[426] Art. 3 de l'Arrêté n° 015/MPTPS/SG/CJ/ du 26 mai 1993 déterminant les conditions et la durée du préavis.
[427] P.-G. POUGOUÉ (sous dir.), *Code du travail camerounais annoté*, PUA, Yaoundé, 1997, p. 62 ; voir également, F. B. D. MAYOUE, S. H. APIEMBOMVE, *Code du travail annoté et commenté, Cameroun*, JURIAFRICA, éd. 2022, p. 152.
[428] Article 35 (1) *: « Pendant la durée du préavis, l'employeur et le travailleur sont tenus au respect de toutes les obligations réciproques qui leur incombent.*
(2) « En vue de la recherche d'un autre emploi, le travailleur bénéficie pendant la durée du préavis d'un jour de liberté par semaine pris, à son choix, globalement ou heure par heure et payé à plein salaire ».
(3) « La partie à l'égard de laquelle ces obligations ne seraient pas respectées ne pourra se voir imposer un délai de préavis, sans préjudice des dommages-intérêts qu'elle jugerait bon de demander ».
[429] Il en est ainsi s'il était malade.
[430] Comp. Soc. 9 oct. 2001, *Bull. civ. V*, n° 308.

Cette indemnité compensatrice de préavis ne doit pas être confondue avec l'indemnité pour inobservation fautive du préavis qui répare un préjudice souffert par le salarié licencié. Il en est ainsi notamment lorsque l'employeur, en dehors du cas de faute lourde, tient au départ immédiat du salarié de l'entreprise et se livre à des actes d'obstruction de toute sorte :

- refus d'accorder au salarié licencié son jour de liberté par semaine ;
- opposition à ce que le salarié licencié continue à fournir sa prestation de travail pendant la durée de préavis ;
- refus en même temps de verser au salarié licencié la rémunération due s'il avait continué à travailler pendant la durée du préavis.

L'indemnité pour inobservation fautive du préavis est constituée des dommages et intérêts qui réparent le préjudice souffert par le travailleur du fait du comportement de l'employeur qui l'a privé du préavis (article 35 (3) Code du travail). L'appréciation de l'étendue du préjudice et du montant de la réparation revient au juge.

Il convient de souligner que de même, le salarié qui refuse de fournir sa prestation de travail pendant la durée du préavis alors qu'il n'a pas été régulièrement dispensé d'exécuter son obligation commet une faute et peut être condamné à verser à l'employeur des dommages-intérêts en plus de l'indemnité compensatrice du préavis qu'il doit servir à l'employeur (article 35 (3) Code du travail).

Sous l'angle pénal, l'on est en présence d'une contravention. Ce qui signifie que la culpabilité de l'employeur pourra être engagée alors que ce dernier n'aura même pas voulu commettre l'infraction. Il suffit que l'une des exigences de l'Arrêté n° 015/MTPS/SG/CJ du 26 mai 1993 déterminant les conditions et la durée du préavis ne soit pas respectée pour qu'il soit déclaré coupable. Cette déclaration de culpabilité a pour fondement l'article 74 (4) du Code pénal qui prévoit qu' *« en matière contraventionnelle, la responsabilité pénale existe alors même que l'acte ou l'omission ne sont pas intentionnels ou que la conséquence n'en a pas été voulue »*.

Dans ce sens, l'arrêté du 26 mai 1993 prévoit que *« toute infraction aux dispositions du présent arrêté est punie des peines prévues à l'article R. 370 (12°) du Code pénal »*[431]. Il s'agit d'une amende de quatre mille (4000) à vingt-cinq mille (25 000) francs inclusivement et d'un emprisonnement de cinq (5) à dix (10) jours ou de l'une de ces deux peines seulement.

207. Par ailleurs, le législateur pénal est intervenu pour encadrer certains contrats dont la rupture brutale peut être dommageable pour la société, à travers l'infraction de rupture d'un contrat de travail. Elle se traduit par la

---

[431] Art. 4 de l'Arrêté n° 015/MPTPS/SG/CJ/ du 26 mai 1993 déterminant les conditions et la durée du préavis.

rupture sans préavis d'une durée minimale de sept jours, d' *« un contrat de travail ... alors que la conséquence prévisible de cette rupture est soit un grave danger pour la santé publique ou pour celle des malades hospitalisés, soit des dommages corporels graves, soit une détérioration grave de biens de toute nature, soit une privation d'électricité, d'eau, de gaz ou de toute autre source d'énergie au préjudice de plusieurs personnes »* (article 262 (1) du Code pénal).

C'est dire que l'infraction de rupture d'un contrat de travail est caractérisée :

- lorsque la rupture du contrat a eu lieu sans aucun préavis ;
- lorsque la rupture du contrat a eu lieu après un préavis d'une durée inférieure à sept (07) jours (article 262 (2)).

La sanction prévue contre l'auteur de la rupture brusque d'un contrat de travail dont les conséquences peuvent être dommageables pour la société, est une peine d'emprisonnement de un (01) à six (06) mois (article 262 (1) Code pénal.

B. Le défaut de remise du certificat de travail

208. Conformément au paragraphe 17 de la Recommandation n° 166 de 1982 sur le licenciement, *« un travailleur licencié devrait avoir le droit de se faire délivrer, à sa demande, par l'employeur, un certificat indiquant seulement les dates de son entrée en service et de son départ ainsi que la nature du travail ou des travaux dont il était chargé ; néanmoins, et à la demande du travailleur, une évaluation de sa conduite et de son travail pourrait être donnée dans ce même certificat ou dans un certificat distinct »*[432].

Faisant sienne cette Recommandation, le Code du travail prévoit qu'*« à l'expiration du contrat de travail, quel que soit le motif de sa résiliation, l'employeur doit délivrer au travailleur, au moment du départ, un certificat de travail indiquant exclusivement la date de son entrée, celle de sa sortie, la nature et les dates des emplois successivement occupés »*[433].

A la cessation de l'emploi, l'employeur a l'obligation de remettre au salarié, au moment de son départ de l'entreprise, un certificat de travail (article 44 (1) Code du travail). Il doit le faire quel que soit le motif de la cessation de l'emploi, même s'il y a eu une faute lourde incombant au salarié[434], et quelle qu'ait été la nature du contrat. Le certificat de travail doit être délivré au salarié

---

432 Art. 17 de la Recommandation n° 166 de 1982 sur le licenciement.
433 Art. 44 Code du travail.
434 C. S., arrêt n° 47/S du 1er avr. 1982, NANGA Emile c/Direction diocésaine.

même en cas d'illicéité de la relation de travail[435]. L'obligation faite à l'employeur de remettre un certificat de travail au salarié en cas de résiliation du contrat[436] est enserrée dans des limites étroites justifiées par la double fonction à laquelle le certificat de travail répond : d'une part, permettre au salarié de rechercher un nouvel emploi correspondant à sa qualification et à son expérience professionnelle ; d'autre part, éviter que le nouvel employeur n'utilise un salarié encore dans les liens d'une relation contractuelle avec un autre employeur. L'inexécution de cette obligation est sanctionnée pénalement.

1. Éléments constitutifs de l'infraction

209. L'infraction est caractérisée par :

- le défaut de remise par l'employeur d'un certificat de travail à l'expiration du contrat et cela, quel que soit le motif de la résiliation (article 44 (1) Code du travail)[437].

Le seul fait de refuser de remettre le certificat de travail à l'employé constitue une faute pouvant entraîner des sanctions pénales. L'infraction est donc constituée dès le moment où le travailleur réclame son certificat de travail à l'employeur et ce dernier refuse de le lui remettre. Compte tenu d'une jurisprudence constante selon laquelle le certificat de travail est quérable et non portable, la preuve du défaut de remise par l'employeur du certificat de travail, est à la charge du salarié[438].

La loi n'impose aucune présentation formelle aux parties. Ainsi, l'infraction ne peut donc être caractérisée, du moment où l'employeur a régulièrement tenu le certificat de travail à la disposition du salarié dès la résiliation du contrat[439]. Il en est ainsi quel que soit le motif de la résiliation et quelle que soit la durée du contrat exécuté, du moment où il y a résiliation

---

435 Comp. CA Paris, 6 déc. 1990, *RJS* 1991, n° 262 : cas d'un travailleur de nationalité étrangère en situation irrégulière.

436 Le certificat de travail est la preuve que le salarié est libre de tout engagement. Parfois, cette mention y figure expressément. Sa remise ne signifie pas que le salarié est libéré de l'obligation de non-concurrence (Cass. soc., 13 déc. 1995, CSB, n° 78, B.51) ou de la clause de dédit-formation (clause contractuelle par laquelle le salarié ayant bénéficié d'une formation coûteuse, est obligé de rester au service de son employeur. Le salarié doit respecter un certain délai avant de pouvoir quitter l'entreprise qui lui a financé la formation : Cass. soc., 4 juill. 2001, RJS, 10/01 n° 1137) ou de toute autre obligation post-contrat de travail. Le certificat de travail informe seulement les tiers que les obligations liées à l'exécution du contrat de travail ont pris fin.

437 Certificat de travail. - délivrance automatique lors de la rupture sous peine de dommages-intérêts : TGI Yaoundé, 4 septembre 1982, décision n° 87.

438 Cass. soc., 17 janv. 1973, *Bull. civ.* 1973, V, n° 25 ; Cass. soc., 24 janv. 1979, *JCP* 1979, IV, n° 105.

439 TGI Yaoundé, 4 sept. 1992, *inédit.*

effective. La non-confirmation du contrat à l'issue de la période d'essai ne justifie pas la délivrance d'un certificat de travail.

- la remise d'un certificat de travail comportant d'autres mentions que celles limitativement énumérées par l'article 44 (1), ou ne comportant pas toutes les mentions obligatoires. Le certificat doit porter exclusivement les dates d'entrée et de sortie du travailleur, la nature et les dates des emplois successivement occupés, le nom du travailleur[440]. La nature de l'emploi doit s'entendre de la seule profession sans qu'il soit nécessaire de préciser la catégorie et l'indice. Il est interdit à l'employeur d'y porter d'autres mentions, notamment le motif de la rupture du contrat de travail, l'aptitude professionnelle et la manière de servir du travailleur[441]. L'on en déduit que la mention d'une appréciation de l'employeur sur les qualités professionnelles de l'intéressé peut être constitutive d'infraction, surtout si elle est défavorable au salarié.

L'employeur a l'obligation de délivrer le certificat de travail dès la rupture du contrat sans que le travailleur ait à le réclamer[442]. Une copie de la décision de licenciement ne saurait valoir un certificat de travail[443]. Au demeurant, dès lors que l'employeur délivre au travailleur un document contenant les énonciations légales à la fin du contrat de travail, il est déchargé de cette obligation[444].

2. Sanction

210. Le défaut de délivrance de certificat de travail par l'employeur constitue une infraction punie d'une amende de 100.000 à 1.000.000 de francs par l'article 167 du Code du travail. Le certificat de travail est exempt de droits de timbre et d'enregistrement[445].

Indépendamment de cette sanction pénale, l'employeur peut être condamné à la remise sous astreinte du certificat de travail[446]. En outre, des dommages et intérêts peuvent être alloués au travailleur en réparation du

---

[440] Le certificat de travail peut en outre, comporter la mention *« libre de tout engagement »*. Pour faciliter sa délivrance, le législateur précise qu'il est exempt de tous droits de timbre et d'enregistrement (art. 44 (2)).

[441] C. S., arrêt n° 50/S du 5 févr. 1995, *in Juridis Info* n° 5, p. 64, obs. V. TCHOKOMAKOUA.

[442] TGI Ydé, 4 sept. 1992, *inédit*.

[443] TGI Ydé, 4 déc. 1979.

[444] C. S., arrêt n° 50/S du 5 févr. 1987, *Juridis Info* n° 5, p. 64, note V. TCHOKOMAKOUA.

[445] Il en est ainsi, même s'il contient la formule *« libre de tout engagement »* ou tout autre formule ne constituant ni obligation, ni quittance : article 44 (2) Code du travail.

[446] Cass . soc., 29 juin 1966, *Bull. civ.* 1966, IV, n° 534 ; CA Douala, arrêt n° 32/S du 4 nov. 1983 ; CS arrêt n° 91/S du 26 juil. 1984.

préjudice matériel[447] et, le cas échéant, moral[448], causé par la non-délivrance du certificat ou sa remise tardive, ou encore par la rédaction défectueuse du certificat[449]. De même, il peut en obtenir si le certificat contient des mentions autres que celles prévues par le code et susceptibles de lui porter préjudice. Ces dommages et intérêts provenant de la condamnation de l'employeur qui n'a pas respecté la réglementation du certificat de travail ne sont pas plafonnés à la différence de ceux prévus en cas de licenciement abusif. Mais ils ne sont accordés que si le salarié apporte la preuve du préjudice subi. Des dommages et intérêts complémentaires peuvent être demandés en appel pour le préjudice nouveau souffert depuis la décision de première instance[450].

---

[447] CA Douala, arrêt n° 32/S du 4 nov. 1983 ; C. S., arrêt n° 91/S du 26 juillet 1984.

[448] Même si l'absence du certificat de travail n'a pas été la cause d'un refus d'emploi : CA Yaoundé, 4 déc. 1979.

[449] Cass. soc., 7 déc. 1957, *Bull. civ.* 1957, IV, n° 843 ; Cass. soc., 15 févr. 1967, *Bull. civ.* 1967, IV, n° 146 ; Cass. soc., 20 févr. 1974, *Gaz. Pal.* 1974, 1, Somm. 94.

[450] Cass. crim., 28 mai 1973, *Bull. crim.* 1973, n° 240.

Chapitre 3.

Les infractions dans le cadre des relations collectives

211. Ce chapitre conduira à étudier les infractions intervenues dans le cadre des institutions représentatives dans le domaine syndical (S1), à l'encontre des institutions administratives et professionnelles (S2) et celles dont l'exercice de la grève est parfois la source (S3).

Section 1. Les infractions commises dans le domaine syndical

212. Dans le domaine syndical, seront examinées les infractions attachées à la qualité de promoteurs des syndicats (§1) et celles qui découlent de l'exercice des relations syndicales au sein de l'entreprise (§2).

§1. Les infractions visant les promoteurs des syndicats

213. Le Code du travail prescrit un ensemble de règles devant régir les syndicats dont certaines se traduisent par des interdictions. Elles sont relatives à leur objet, à leur existence, au cadre d'exercice de l'activité syndicale. En cas de leur violation par les promoteurs, ces derniers seront passibles de sanctions prévues aux articles 166 et 170 (2) du Code du travail.

A. Atteinte à l'objet des syndicats

214. Les syndicats professionnels ont pour objet l'étude, la défense, le développement et la protection des intérêts économiques, industriels, commerciaux et agricoles, ainsi que le progrès social, économique, culturel et moral des membres. Cette disposition pose le principe de la spécialité en matière syndicale. Toute activité qui n'est pas de nature à promouvoir ces objectifs demeure interdite aux syndicats professionnels (article 3 Code du travail). Les éléments constitutifs de cette infraction (1) et sa répression (2) seront examinés.

1. Éléments constitutifs de l'infraction

215. En circonscrivant l'objet des syndicats à l'exercice de certaines activités[451], bien que l'énumération soit incomplète, l'article 3 vise principalement à exclure du champ d'action des syndicats, l'exercice d'une activité commerciale, confessionnelle ou le développement d'une action politique. Mais cela ne signifie pas qu'un syndicat ne peut pas être d'une tendance politique donnée, ou être influencé par un courant religieux ou effectuer des opérations d'achat et de vente dans l'intérêt de ses membres. Ce qui est interdit c'est la création sous le couvert d'un syndicat, d'un parti politique, d'associations à but religieux, de sociétés en vue d'un bénéfice[452].

L'interdiction faite aux syndicats de faire des actes de commerce semble pallier au risque de voir utiliser la forme syndicale pour faire du commerce en échappant aux règles qui gouvernent les sociétés commerciales. Cette restriction s'avère à l'usage pratiquement dénuée d'intérêt.

En revanche, l'action politique demeure une tentation permanente pour les syndicats. Cependant, il apparaît illusoire de prétendre dissocier l'action professionnelle et l'action politique dans la mesure où les problèmes d'intérêt général à contenu nécessairement politique, touchent inévitablement de près ou de loin, aux intérêts professionnels.

Toutefois, il semble qu'aux termes de l'article 3, les syndicats professionnels peuvent exercer une activité politique, pourvu qu'elle soit de nature à promouvoir les objectifs qui leur sont assignés. Le contraire suffira donc à caractériser l'infraction. La question que l'on peut se poser est celle de savoir quel est le genre d'activité politique visée ?

L'article 3 reste vague puisqu'il n'énumère pas les activités politiques auxquelles peuvent se livrer les syndicats et celles qui leur demeurent interdites. On ne sait pas quelle activité politique est de nature à promouvoir les objectifs qui leur sont assignés et quelle est celle qui ne l'est pas. Cette situation est certainement source d'arbitraire à la fois pour les autorités politiques que judiciaires. À notre sens, l'interprétation la plus simple consiste à retenir que les syndicats doivent se conformer à la politique générale du gouvernement sur les plans politiques, économiques, sociaux et culturels.

---

[451] L'énumération du texte est exhaustive et tout autre objet serait illicite.

[452] Il convient de dire que l'objet de l'activité des syndicats est déterminé par la loi conformément au principe de spécialité. En vertu de ce principe, un syndicat ne peut poursuivre un but politique ou religieux.
L'article 4 (1) AUSCGIE dispose que *« la société commerciale est créée par deux (2) ou plusieurs personnes qui conviennent, par un contrat, d'affecter à une activité des biens en numéraire ou en nature, ou de l'industrie, dans le but de partager le bénéfice ou de profiter de l'économie qui peut en résulter ... »*.

2. Répression

216. L'inobservation des prescriptions de l'article 3 du Code du travail quant à l'objet des syndicats par les membres chargés de l'administration ou de la direction d'un syndicat, est punie d'une amende de 50.000 à 500.000 FCFA (article 166 Code du travail).

B. Existence illégale du syndicat

217. Aux termes de l'article 6 (1) du Code du travail, *« un syndicat professionnel n'a d'existence légale qu'à partir du jour où un certificat d'enregistrement lui est délivré par le greffier des syndicats ».* Il s'ensuit que tout syndicat en voie de constitution doit se faire enregistrer. La demande d'enregistrement doit être adressée au greffier des syndicats, fonctionnaire nommé par décret[453]. En pratique, c'est le secrétaire général du ministère du Travail et de la Sécurité sociale qui officie en qualité de greffier de syndicat.

La forme dans laquelle les syndicats doivent être constitués pour être admis à la procédure d'enregistrement est fixée par le Décret n° 93/574/PM du 15 juillet 1993 (fixant la forme des syndicats professionnels admis à la procédure d'enregistrement). D'après l'article 1er (1) de ce texte, les syndicats professionnels d'employeurs ou de travailleurs admis à la procédure d'enregistrement doivent être constitués :

a) en un syndicat de base regroupant des membres employeurs ou travailleurs appartenant à la même branche d'activités ou à des branches d'activités connexes, suivant le cas ;

b) en union regroupant des syndicats de professions ou des branches d'activités différentes ;

c) en fédération regroupant les syndicats de base de la même profession ou de la même branche d'activité ;

d) en confédération regroupant par affinité des fédérations des syndicats, des syndicats de base constitués à l'échelon national, des unions de syndicats.

Sur la question de la soumission de la légalité des syndicats à leur enregistrement, il convient de souligner à cet égard, l'article 7 de la Convention n° 87, selon lequel l'acquisition de la personnalité juridique par les organisations de travailleurs et d'employeurs ne peut être subordonnée à des conditions de nature à limiter, en particulier, le droit de constituer des organisations sans autorisation préalable. La notion d'autorisation préalable doit être strictement interprétée. Dans ce sens et à titre de droit comparé, l'article 372 du Code du travail colombien prévoit que les organisations de travailleurs doivent enregistrer leur acte de constitution auprès du ministère

---

453 Art. 6 (3) Code du travail.

du Travail afin de bénéficier des droits reconnus aux syndicats en vertu de la législation nationale. La validité de cette disposition a été soulevée devant la Cour constitutionnelle pour violation présumée de l'article 2 de la Convention n° 87 de l'OIT et de l'article 39 de la Constitution colombienne qui reconnaît la liberté syndicale. Il était avancé que le processus d'enregistrement constituait en réalité une autorisation préalable en raison du contrôle extensif du contenu de l'acte de constitution réalisé par le ministère.

Après avoir rappelé que la Convention n° 87 de l'OIT faisait partie du bloc de constitutionnalité, la Cour s'est basée sur l'article 2 de ladite convention de même que sur l'article 39 de la Constitution nationale pour déclarer la constitutionnalité conditionnelle de l'article en question *« étant entendu que l'enregistrement concerné remplit exclusivement des fonctions de publicité, sans que cela n'autorise le ministère mentionné à réaliser un contrôle préalable sur le contenu de l'acte de constitution »*[454].

Pour ce qui est des syndicats professionnels non régis par le Code du travail, la procédure de leur agrément est organisée par la Loi n° 68/LF/19 du 18 novembre 1968 relative aux associations ou syndicats professionnels non régis par le Code du travail et son décret d'application n° 69-DF-7 du 06 janvier 1969. L'article 2 de la loi n° 68 dispose que *« les associations ou syndicats professionnels prévus à l'article précédent n'ont d'existence juridique qu'à partir du lendemain du jour où ils ont été agréés par le ministre de l'Administration territoriale »*. Cette exigence d'un agrément pour la création des syndicats de fonctionnaires est contraire aux prescriptions de la Convention n° 87 de l'OIT concernant la liberté syndicale et la protection du droit syndical de 1948[455] d'après lesquelles *« les travailleurs et les employeurs, sans distinction d'aucune sorte, ont le droit, sans autorisation préalable, de constituer des organisations de leur choix, ainsi que celui de s'affilier à ces organisations, à la seule condition de se conformer aux statuts de ces dernières »*. À la lecture croisée de ces dispositions issues des deux sources, l'une nationale et l'autre internationale, il en résulte que celle nationale exige un agrément pour la création des syndicats des fonctionnaires tandis que celle internationale requiert simplement une déclaration[456]. Il s'agit d'une violation flagrante de la Convention n° 87 de l'OIT car au régime de déclaration qu'elle prévoit, le législateur de 1968 lui a substitué un régime d'autorisation. Aussi un auteur relève-t-il que seule l'adoption d'une loi unique qui unifierait les règles de constitution des syndicats relevant du

---

[454] Cour constitutionnelle de Colombie, 9 juillet 2008, C-695/08.
[455] Ratifiée par le Cameroun le 07 juin 1960.
[456] Article 2.

secteur privé et du secteur public mettra un terme à cette violation flagrante de la hiérarchie des normes juridiques[457].

Cependant, le droit de constituer un syndicat sans autorisation préalable n'implique pas que la législation ne puisse exiger l'accomplissement, pour la constitution d'un syndicat, de certaines conditions formelles destinées à garantir sa publicité et le respect de l'ordre public[458]. C'est ainsi que la commission d'experts a déclaré à ce sujet que *« les formalités requises, telles celles qui visent à assurer la publicité juridique, ne doivent pas être si complexes ou si longues qu'elles donnent en pratique aux autorités un pouvoir discrétionnaire pour refuser la constitution des organisations. Un recours judiciaire quant au fond, devant une instance indépendante et impartiale, devrait exister contre toute décision administrative de cet ordre»*[459].

Par ailleurs, la Convention n° 87 de l'OIT sur la liberté syndicale et la protection du droit syndical de 1948 prévoit dans ses formalités constitutives que le syndicat est soumis au régime juridique de la déclaration. Étant donné qu'elle a une valeur infra constitutionnelle et supra légale, cette dernière doit être appliquée par les autorités publiques et surtout, par les juridictions. Logiquement, le juge saisi d'un litige au cours duquel est invoqué ce conflit de normes doit invalider la norme nationale pour laisser place à la norme internationale, en application de la hiérarchie des normes juridiques[460]. En fait, l'insertion de la norme internationale du travail dans l'ordonnancement juridique interne avec valeur supra législative a pour effet l'abrogation *erga omnes* de la législation nationale qui lui est contraire[461]. Le juge est donc tenu de s'abstenir de donner effet à une disposition législative nationale contraire à la Convention de l'OIT dûment ratifiée par le Cameroun.

Dans le prolongement de l'analyse, le législateur pénal a érigé en infraction cette disposition nationale anti-conventionnelle[462] sous l'appellation de défaut d'enregistrement du syndicat. Un débat se pose dès lors entre les dispositions du droit pénal national du travail et celles du droit international du travail. Un problème juridique naît lorsque l'infraction pénale est prise pour réprimer la

---

457 G. G. TSASSE SAHA, *Les dimensions du droit syndical au Cameroun*, L'Harmattan-Cameroun, 2019, p. 41.

458 X. BEAUDONNET (sous dir.), *Droit international du travail et droit interne, Manuel de formation pour juges, juristes et professeurs de droit*, CIF, Turin, 2009, p. 124.

459 Voir, BIT : Liberté syndicale et négociation collective. Étude d'ensemble de la Commission d'experts pour l'application des conventions et recommandations, Conférence internationale du Travail, 81ème session, Genève, 1994, rapport II (4b), § 106.

460 H. KELSEN, *Théorie pure du droit*, Paris, Dalloz, 1962, p. 183.

461 G. P. POUGOUE, I. L. MIENDJEM, *op. cit.*, p. 42 et s ; J. BOULOIS, « Les obligations du juge national découlant de l'effet direct de la primauté du droit communautaire », note, sous CJCE, 09 mars 1978, ADJA, 1978, p. 323.

462 Convention n° 87 sur la liberté syndicale et la protection du syndicat ratifiée le 07 juin 1960.

violation d'une disposition interne du travail qui à son tour est contraire à la Convention internationale de l'OIT n° 87. La partie, à l'égard de qui la disposition textuelle fait grief, peut soulever l'exception d'illégalité de la disposition pénale devant le juge social. On est en présence d'une question préjudicielle qui oblige le juge social à surseoir à statuer et à renvoyer les parties devant le juge répressif[463]. Il sera logique que la partie à l'égard de qui la disposition textuelle fait grief, ait gain de cause.

L'infraction d'existence illégale du syndicat est caractérisée par :

- le défaut du certificat d'enregistrement attestant la naissance du syndicat. Ce certificat tient lieu d'acte de naissance du syndicat et lui confère une existence légale à partir du jour où il lui est délivré ;
- la délivrance du certificat d'enregistrement par une personne autre que le greffier des syndicats, seul compétent en la matière.

La peine encourue par les promoteurs est constituée d'une amende de 50.000 à 500.000 FCFA (article 166 Code du travail). Sur le plan civil, l'absence de certificat d'enregistrement entraînerait l'irrecevabilité des actions en justice que le syndicat viendrait à engager, car il serait privé de la personnalité morale.

C. Simulation d'un syndicat non encore enregistré par ses promoteurs

218. Un syndicat professionnel n'a d'existence légale qu'à partir du jour où un certificat d'enregistrement lui est délivré par le greffier des syndicats.

L'enregistrement d'un syndicat se fait sur la base d'une demande régulière ainsi qu'il suit[464] :

- -une demande d'enregistrement du syndicat et ses statuts est présentée au greffier des syndicats. Cette demande est accompagnée de deux exemplaires des statuts du syndicat et d'une liste nominative des dirigeants, avec indication des fonctions qu'ils remplissent ;
- le greffier accuse réception de la demande et procède à l'examen et à l'enregistrement du syndicat et de ses statuts dans un délai d'un (1) mois. Passé ce délai, l'enregistrement est réputé effectif ;
- le greffier n'enregistre aucun syndicat déjà enregistré sous une dénomination identique ou semblable à celle d'un autre syndicat déjà enregistré et de nature à induire en erreur les membres de ces syndicats ou les tiers.

---

[463] Voir supra p. 11, note de bas de page n° 40.
[464] Article 11 (1) Code du travail.

Si la demande d'enregistrement ne répond pas aux conditions requises, le greffier fait connaître par écrit, à ceux qui l'ont présentée, ses observations en les invitant à présenter à nouveau leur requête.

Dès réception de la nouvelle requête, le greffier doit, soit procéder à l'enregistrement du syndicat, soit, s'il refuse de le faire, en aviser les demandeurs par écrit dans les trente (30) jours en motivant son refus[465].

L'infraction de simulation d'un syndicat non enregistré par ses promoteurs est caractérisée dès lors qu'ils se comportent comme si ledit syndicat avait déjà été enregistré (article 6 (2) Code du travail). Autrement dit, les promoteurs d'un syndicat non encore enregistré ne doivent pas se comporter comme si ledit syndicat avait déjà une existence légale sous peine de poursuites judiciaires.

Le but poursuivi par le législateur à travers cette interdiction, est de protéger les tiers qui peuvent être amenés à traiter de bonne foi avec les promoteurs d'un syndicat non encore enregistré, au nom de celui-ci. On peut faire application ici de la théorie du mandat apparent pour assurer la protection de ces derniers.

La peine prévue pour réprimer cette infraction est une amende de 50.000 à 500.000 FCFA (article 166 Code du travail).

En outre, les auteurs de tels agissements peuvent être condamnés à des dommages et intérêts envers les tiers, victimes de l'apparence, en raison du préjudice matériel ou moral subi.

D. Non-respect des qualités requises de certains membres

219. L'acquisition de la qualité de membre d'un syndicat de travailleur est subordonnée à l'exercice effectif d'une profession salariée au moment de l'adhésion. Il s'ensuit que les chômeurs (au sens de l'OIT) ainsi que les travailleurs indépendants ne peuvent pas adhérer à un syndicat. Mais cette règle connaît une exception. C'est ainsi que ceux qui ont cessé d'exercer leur fonction peuvent continuer à faire partie d'un syndicat professionnel de travailleurs à la double condition :

- d'avoir exercé celle-ci pendant au moins six (6) mois. Ce délai a été réduit par rapport à celui que prévoyait le code de 1974 car il était d'un an ;

---

465 Article 12 Code du travail. On le voit bien, le greffier apparaît comme le personnage central de la reconnaissance de l'existence d'un syndicat. Ce pouvoir est toutefois soumis à un contrôle juridictionnel.

- de se consacrer à des fonctions syndicales ou d'être appelés, à titre professionnel, à des fonctions prévues par les lois et les règlements[466].

Outre cette condition générale d'acquisition de la qualité de membre d'un syndicat, l'administrateur ou le dirigeant d'un syndicat doit satisfaire la condition spécifique d'honorabilité.

Aux termes de l'article 10 (1) du Code du travail, *« les promoteurs d'un syndicat ainsi que les membres chargés de son administration ou de sa direction doivent jouir de leurs droits civiques et ne pas avoir encouru de condamnation emportant les déchéances prévues à l'article 30 alinéa (1), (2) et (3) du Code pénal »*. L'alinéa 2 dispose que *« les étrangers doivent, en outre, avoir résidé pendant cinq (5) ans au moins sur le territoire de la République du Cameroun »*.

Les membres d'un syndicat doivent, pour être susceptibles d'assurer les fonctions d'administration ou de direction d'un syndicat, répondre à un certain nombre d'exigences définies par l'article 10 du Code du travail dans ses alinéas 1 et 2 à savoir :

- jouir de leurs droits civiques et ne pas avoir encouru de condamnation emportant les déchéances prévues à l'article 30 alinéas 1, 2 et 3 du Code pénal.

Ces « déchéances consistent dans :

(1) la destitution et l'exclusion de toutes fonctions, emplois ou offices publics ;

(2) l'incapacité d'être juré, assesseur, expert, juré-expert ;

(3) l'interdiction d'être tuteur, curateur, subrogé tuteur ou conseil judiciaire, si ce n'est de ses propres enfants, ou membre d'un conseil de famille » ;

- avoir résidé pendant cinq ans au moins sur le territoire de la République du Cameroun, s'ils sont des étrangers.

La violation de l'une ou l'autre de ces dispositions est punie d'une amende 50.000 à 500.000 FCFA (article 166 Code du travail).

E. Fausses déclarations

220. Aux termes de l'article 15 du Code du travail, *« les statuts de tout syndicat doivent comporter les dispositions suivantes :*

a) la dénomination du syndicat et l'adresse de son siège ;

---

[466] Articles 7 (1) et (2) Code du travail.

b) les fins en vue desquelles le syndicat est créé ;

c) la destination de ses ressources, la quotité des cotisations réservées à ses œuvres sociales ;

d) le mode selon lequel les statuts sont établis, modifiés, ou abrogés ;

e) le mode de désignation et de destitution de ses membres dirigeants ainsi que les sanctions dont peuvent être frappés ses adhérents ;

f) l'interdiction d'élection au poste de président, de secrétaire ou de trésorier ou d'autres fonctions analogues, d'une personne ne sachant ni lire, ni écrire en français ou en anglais ;

g) l'établissement d'une liste nominative des membres indiquant leur métier, profession ou activité normale et, le cas échéant, le nom de leur employeur ;

h) des dispositions concernant le placement des fonds ou leur dépôt en banque, la vérification fréquente et, en tout cas, au moins annuelle des comptes ;

i) la tenue d'une comptabilité complète et correcte par le trésorier, la vérification régulière des comptes par des personnes habilitées à cet effet et la communication aux membres qui le demandent d'un bilan préparé au moins une fois l'an par un comptable qualifié ;

j) le mode de dissolution du syndicat et le mode de dévolution de ses biens, ceux-ci ne pouvant en aucun cas être répartis entre les membres adhérents ».

Sous la seule réserve du respect de la loi, les rédacteurs des statuts des syndicats jouissent d'une liberté entière. Toutefois, les fausses déclarations relatives aux statuts et aux noms et qualités de membres chargés de l'administration ou de la direction d'un syndicat sont, aux termes de l'article 167 (2) du Code du travail, constitutives d'une infraction.

La peine applicable est une amende de 100 000 à 1 000 000 de francs, soit le double des taux minimum et maximum applicables dans tous les autres cas visés à l'article 166. À travers cette pénalité, cette infraction se révèle comme étant la plus grave des infractions relatives aux syndicats professionnels.

F. Absence de local

221. Au même titre que les personnes physiques, toute personne morale a un domicile qui correspond au lieu de son siège social. Celui-ci permet la localisation d'un syndicat nouvellement constitué.

S'agissant des syndicats professionnels relevant du Code du travail, l'article 16 (1) du Code du travail prévoit que : *« tout syndicat enregistré doit avoir un local auquel toutes les communications et tous les avis peuvent lui être adressés. Le greffier doit recevoir notification de l'adresse de ce local dans les trente (30) jours à compter de son ouverture et tout changement d'adresse doit lui être notifié dans les trente (30) jours qui suivent ce changement ».*

Aux termes de l'article 16 (2) du Code du travail, tout syndicat enregistré qui a fonctionné pendant trois (3) mois sans avoir un tel local est passible de sanction.

La loi a donc prescrit un cadre défini à l'article 16 (1) et (2) du Code du travail, pour l'exercice de l'activité syndicale[467]. L'inobservation des prescriptions y relatives constitue une infraction. Celle-ci est caractérisée dès lors que :

- le syndicat n'a pas un local auquel toutes les communications et tous les avis peuvent lui être adressés ;
- l'adresse du local n'a pas été notifiée au greffier des syndicats dans les trente jours à compter de son ouverture ;
- en cas de changement d'adresse, il n'y a pas notification dudit changement au greffier dans les trente jours qui suivent ;
- un syndicat enregistré a fonctionné pendant trois mois sans avoir un tel local.

Les peines prévues contre les membres chargés de l'administration ou de la direction d'un syndicat, auteurs de cette infraction sont une amende de 50.000 à 500.000 FCFA (article 166 Code du travail).

§2. Les infractions en matière de relation syndicale dans l'entreprise

222. Le droit du travail camerounais porte la marque du caractère souvent conflictuel des relations existant dans les entreprises entre employeurs et représentants des salariés. Les mesures destinées à protéger la liberté syndicale ou la qualité de membre de syndicat, membre qui doit faire montre d'une certaine probité, en constituent des illustrations. Dans un tel contexte, la sanction pénale prend une résonance particulière. Encore que le législateur s'abstient de donner une définition précise de l'incrimination, laissant le soin

---

[467] Le droit international du travail assure la protection des locaux et des biens syndicaux ainsi qu'il suit : « l'inviolabilité des locaux et des biens syndicaux constitue l'une des libertés civiles essentielles pour l'exercice des droits syndicaux » : Recueil 1996, 300ème rapport du comité de la liberté syndicale, cas n° 1795, § 189 et cas n° 1791 § 342. Cette protection qui malheureusement fait défaut dans le Code du travail de 1992, est envisagée par l'article 53 de l'avant-projet de loi sur les syndicats professionnels (mouture d'octobre 2016) comme suit : *« le local abritant un syndicat professionnel est inviolable. Il ne peut faire l'objet de perquisitions que sur réquisition de l'autorité judiciaire compétente ».*

à la jurisprudence d'en clarifier le contenu matériel à partir des faits qui lui sont soumis.

A. Poursuites exercées contre les excès d'une personne mandatée par le syndicat

223. L'infraction est caractérisée par le seul fait que des poursuites sont exercées contre une personne dûment mandatée par un syndicat ayant accompli une action visant à faire aboutir un différend du travail pour la seule raison qu'une telle action incite une autre personne à rompre un contrat de travail, ou constitue une ingérence dans le droit d'autrui à disposer de son capital ou de son travail à son gré (article 19 Code du travail).

Mais le législateur reste vague sur la nature des poursuites visées. S'agit-il des poursuites devant une juridiction ou des poursuites extra judiciaires ?

Étant donné que l'infraction est constituée contre une personne dûment mandatée par un syndicat, il semble que le législateur vise essentiellement l'hypothèse où une telle action est accomplie à l'égard d'un salarié affilié à un syndicat quelconque. Il semble que le but poursuivi par le législateur par cette disposition est de prévenir certains excès de zèle pouvant découler dans le cadre des relations syndicales entre syndiqués.

De toute évidence, si l'action du mandataire est préjudiciable à la personne qui la subit, cette dernière serait fondée à demander des dommages et intérêts sur la base de l'article 1382 du Code civil. Or, la rupture du contrat suite à une instigation de la part d'un tiers, l'ingérence dans le droit d'autrui à disposer de son capital ou de son travail à son gré, sont autant d'hypothèses de faits dommageables pour la victime outre le fait que l'infraction soit caractérisée pénalement.

Par ailleurs, on peut même envisager une poursuite sur le plan disciplinaire au sein du syndicat dont est affilié ce mandataire qui a outrepassé ses pouvoirs.

La violation de l'article 19 du Code du travail est punie d'une amende de 50 000 à 500 000 FCFA. Certains s'interrogent sur la possible poursuite de l'auteur de l'infraction sur le plan pénal, pour trouble dans le service tel que visé à l'article 185 du Code pénal[468].

---

[468] NDIE NGAH, *Le droit pénal camerounais du travail et de la prévoyance sociale*, Mémoire de maîtrise en droit privé, Université de Yaoundé, 1985, p. 129.
L'article 185 du Code pénal dispose : *« est puni d'un emprisonnement de six (06) jours à trois (03) mois ou d'une amende de mille (1000) à cinquante mille (50 000) francs, celui qui trouble le fonctionnement d'un service public auquel il est étranger »*.

B. Usurpation du titre de membre chargé de l'administration ou de la direction d'un syndicat

224. Les éléments constitutifs de l'infraction et les modalités particulières de sa répression seront examinés.

1. Éléments constitutifs de l'infraction

225. Pour être susceptibles d'assumer les fonctions d'administration ou de direction du syndicat, les membres du syndicat doivent répondre à un certain nombre d'exigences définies par l'article 10 du Code du travail, et dont le non-respect est sanctionné pénalement. En plus, l'exercice effectif de ces fonctions, commande d'avoir le titre qui sera prouvé par l'existence d'une carte de membre chargé de l'administration ou de la direction du syndicat.

L'infraction est caractérisée dès lors qu'une personne, même remplissant les conditions de l'article 10, fait usage sans droit du titre de membre chargé de l'administration ou de la direction d'un syndicat. Ce sera par exemple le cas lorsqu'elle ne peut pas justifier d'une carte matérialisant cette qualité. Il en est de même de celui qui fait usage sans droit du même titre alors qu'il ne remplit pas les conditions requises par l'article 10.

Mais, la loi ne détermine pas l'usage qui peut être fait du titre usurpé. Eu égard à ce silence, il y a lieu de retenir qu'il s'agit de quelque usage que ce soit dès lors qu'il est fait sans droit. C'est ainsi qu'il peut s'agir d'un acte accompli ou d'une action engagée au nom du syndicat.

L'auteur doit agir sciemment en vue d'atteindre le but prohibé par le législateur qui est de se servir du titre qu'on n'a pas pour se procurer un avantage quelconque ou pour causer un préjudice quelconque à autrui. Mais l'intention peut être présumée dès lors que l'acte est accompli.

2. Modalités particulières de la répression

226. Les poursuites peuvent être engagées contre toute personne dès l'instant où elle usurpe le titre de membre chargé de l'administration ou de la direction du syndicat.

L'usurpateur du titre de membre chargé de l'administration ou de la direction d'un syndicat est puni d'une amende de 100.000 à 1.000.000 de francs (article 167 Code du travail). Des peines d'emprisonnement de six (6) jours à six (6) mois peuvent, en outre, être requises en cas de récidive (article 170 (1) Code du travail).

Par ailleurs, le syndicat dont le titre de membre chargé de son administration ou de sa direction a été usurpé peut avoir agi en justice pour faire valoir ses droits en cas de préjudice subi par lui du fait de cette usurpation. Ce qui pourrait aboutir à l'octroi des dommages et intérêts.

Un problème se pose toutefois du fait que le Code pénal réprime de façon générale, l'usurpation d'un titre. La question est de savoir si l'auteur de l'usurpation du titre de membre chargé de l'administration ou de la direction d'un syndicat sera poursuivi sur la base du texte spécifique du Code du travail ou sur celle de l'article 219 du Code pénal.

A priori, la sanction pénale peut s'appliquer à toute personne coupable des agissements incriminés. Il semble qu'il soit cependant nécessaire d'opérer une distinction.

À travers les dispositions de l'article 167 du Code du travail, le législateur vise une certaine catégorie de personnes, à savoir, les employeurs et les employés, à l'exclusion des tiers. Cela semble plausible dans la mesure où la Loi n° 92-007 du 14 août 1992 portant Code du travail régit les rapports de travail entre les travailleurs et les employeurs ainsi qu'entre ces derniers et les apprentis placés sous leur autorité[469].

Aussi, peut-on admettre dès lors que si l'usurpateur de titre de membre chargé de l'administration ou de la direction d'un syndicat est un employeur ou un salarié régi par le Code du travail, affilié ou non à un syndicat dont le titre de membre chargé de l'administration ou de la direction a été usurpé ou à un autre syndicat, les peines de l'article 167 du Code du travail doivent lui être appliquées.

Dans le cas contraire en revanche, c'est-à-dire au cas où l'usurpateur est une personne qui n'est pas soumise aux dispositions du Code du travail (fonctionnaire, travailleur indépendant, personne sans emploi...), l'application des peines de l'article 219 du Code pénal relatif à l'usurpation d'un titre s'impose.

Toutefois, il revient aux tribunaux d'apprécier souverainement les faits qui leur sont soumis et de décider en fonction de chaque cas d'espèce, du texte applicable en restant dans la philosophie du législateur qui consiste à prévoir des sanctions moins sévères en droit pénal du travail par rapport à celles du droit pénal.

Comme pour les autres infractions de droit commun, le législateur aurait pu renvoyer aux dispositions de droit pénal commun pour sa répression comme il l'a expressément mentionné à l'article 171 du Code du travail ou tout simplement apporter des précisions au sujet des personnes visées comme pouvant être responsables de l'infraction d'usurpation de titre de membre chargé de l'administration ou de la direction d'un syndicat.

---

469 Article 1er du Code du travail.

C. Exigence ou acceptation d'une rémunération à titre d'intermédiaire

227. Cette infraction est caractérisée dès lors qu'est exigée d'un travailleur une rémunération quelconque à titre d'intermédiaire dans le règlement ou le paiement des salaires, indemnités, allocations et frais de toute nature, ou pour l'obtention d'un emploi, ou pour le règlement d'un différend individuel du travail quel qu'en soit l'objet (article 168 (8) Code du travail).

Toute personne reconnue coupable des agissements incriminés peut être poursuivie.

Les peines encourues sont une amende de 200 000 à 1.500.000 FCFA (article 168 Code du travail) et un emprisonnement de six (06) jours à six (06) mois en cas de récidive (article 170 (1) Code du travail).

La peine d'emprisonnement est obligatoirement prononcée lorsque l'auteur de l'infraction est l'un des membres chargés de l'administration ou de la direction d'un syndicat ou appartient au personnel de l'administration du travail et de la prévoyance sociale.

Outre les sanctions pénales, l'action civile de la victime peut permettre de condamner l'auteur de l'infraction à des dommages et intérêts en réparation du préjudice qu'elle a subi.

Section 2. Les infractions commises à l'encontre des institutions administratives et professionnelles

228. Dans le cadre de l'exercice de leurs fonctions, les institutions administratives et professionnelles peuvent être victimes des infractions dont il convient de faire l'examen.

§1. Délit d'entrave à l'exercice des fonctions d'inspecteur ou de médecin-inspecteur du travail

229. L'exercice, par les inspecteurs et médecins-inspecteurs du travail et de la prévoyance sociale, de la mission générale qui leur est impartie pour le contrôle de l'application de la législation du travail, fait l'objet d'une protection particulière destinée à pallier les risques d'obstacles auxquels un tel contrôle peut se heurter de la part des employeurs notamment. Les médecins-inspecteurs du travail disposent des mêmes pouvoirs de contrôle que les inspecteurs du travail et sont protégés dans les mêmes conditions (articles 111 et 169 Code du travail)

Les sanctions pénales prévues à cet effet sont d'une application générale.

Par ailleurs, le délit d'entrave à l'exercice des fonctions d'inspecteur ou de médecin-inspecteur du travail peut, dans une certaine mesure, être assimilé au délit d'entrave à l'exercice des fonctions de délégué du personnel. Si cela est évident en droit français depuis la loi du 5 juillet 1972 dans la mesure où les mêmes peines sont applicables aux deux infractions, il n'en va pas de même du droit pénal camerounais du travail. Le délit d'entrave à l'exercice des fonctions d'inspecteur ou de médecin-inspecteur du travail est puni des peines plus sévères (article 169).

Outre ces sanctions spécifiques, le droit commun des infractions contre les fonctionnaires est également applicable en cas d'atteinte portée aux inspecteurs et médecins-inspecteurs du travail dans l'exercice de leurs fonctions. L'article 171 (1) rend expressément applicables, en pareil cas, les sanctions pénales réprimant les actes de résistance, les outrages et les violences contre les fonctionnaires (article 154 et 156 du Code pénal).

Il faut noter enfin qu'en contrepartie des pouvoirs qui leur sont reconnus pour l'exercice de leurs missions de contrôle, les inspecteurs et médecins-inspecteurs du travail sont tenus au respect du secret professionnel à l'égard des secrets de fabrication et, en général, des procédés d'exploitation dont ils peuvent prendre connaissance à l'occasion de l'exercice de leurs fonctions (article 106 (1) Code du travail). La violation de cette obligation est passible des sanctions prévues par l'article 310 du Code pénal.

En fait, la mise en œuvre de sanctions pénales à l'encontre de ceux qui se rendent coupables d'entrave à la mission de contrôle des inspecteurs et médecins-inspecteurs du travail demeure exceptionnelle. La menace de sanction pénale joue davantage un rôle dissuasif.

A. Éléments constitutifs

230. Pour que l'infraction soit caractérisée, il faut :

- qu'il y ait obstacle effectif à l'intervention de l'inspecteur du travail. La volonté délibérée d'empêcher, ou à tout le moins de rendre difficile le contrôle de l'inspecteur ou du médecin-inspecteur du travail n'est pas en principe requise. Il n'est pas nécessaire non plus que l'obstacle soit insurmontable[470]. L'absence du chef d'entreprise n'est pas une excuse suffisante[471] ;
- que l'obstacle concerne l'exécution des obligations qui incombent aux inspecteurs et médecins-inspecteurs du travail. Celles-ci sont définies par les articles 105, 106 et 108 (2) du Code du travail. Il s'agit de l'interdiction faite aux inspecteurs et médecins-inspecteurs du travail

[470] Cass. crim., 6 mai 1964, *Bull. crim.* 1964, n° 153.
[471] Cass. crim., 18 avr. 1956, *Bull. crim.* 1956, n° 315.

d'avoir un intérêt quelconque dans les entreprises placées sous leur contrôle, de l'obligation de prêter serment de bien et fidèlement remplir leur charge devant la Cour d'appel du ressort, d'informer de leur présence l'employeur ou son représentant à l'occasion d'une visite d'inspection, à moins qu'ils n'estiment qu'un tel avis risque de porter préjudice à l'efficacité de leur contrôle. Cependant, il s'agit là d'obligations particulières, car les inspecteurs du travail ont l'obligation générale de veiller à l'application des dispositions du Code du travail, des lois et règlements non codifiés relatifs au régime du travail.

- que l'obstacle concerne l'exercice des pouvoirs de l'inspecteur ou du médecin-inspecteur du travail (article 169 Code du travail).

231. Ces pouvoirs sont définis par les articles 108, 109 et 111 du Code du travail. D'après ces textes, les inspecteurs et médecins-inspecteurs du travail sont autorisés :

a) à pénétrer librement, aux fins d'inspection sans avertissement préalable, à toute heure de jour et de nuit, dans tout établissement assujetti au contrôle de l'inspection ;

b) à pénétrer, aux fins d'inspection, dans toute infirmerie d'entreprise, cantine, installation sanitaire ou d'approvisionnement en eau à l'usage des travailleurs ;

c) à procéder à tous examens, contrôles ou enquêtes jugés nécessaires pour s'assurer que les dispositions légales et réglementaires en vigueur sont effectivement observées et notamment :

- à interroger, soit seul, soit en présence de témoins, l'employeur ou le personnel de l'entreprise sur toutes les matières relatives à l'application des dispositions légales et réglementaires ;
- à demander communication de tous livres, registres et documents dont la tenue est prescrite par la législation relative aux conditions de travail, en vue d'en vérifier la conformité avec les dispositions légales ou réglementaires et de les copier ou d'en établir des extraits ;
- à exiger l'affichage des avis dont l'apposition est prévue par les dispositions légales ou réglementaires ;
- à prélever et à emporter aux fins d'analyse des matières et substances utilisées ou manipulées, pourvu que l'employeur ou son représentant soit averti que les matières ou substances ont été prélevées et emportées à cette fin.

Par ailleurs, ils peuvent :

- constater les infractions aux dispositions de la législation et de la réglementation du travail ;

- poursuivre directement en justice, devant la juridiction compétente, tous les auteurs d'infractions aux dispositions de la loi du 14 août 1992 portant Code du travail et des textes pris pour son application.

Les modalités d'exercice des pouvoirs de contrôle des inspecteurs du travail sont, en tant que de besoin, fixées par voie réglementaire (article 109 (2) Code du travail).

232. La question de savoir si le refus de communiquer les documents ou registres nécessaires au contrôle, peut être constitutif d'entrave à l'exécution des obligations ou à l'exercice des pouvoirs d'un inspecteur ou d'un médecin-inspecteur du travail commande quelques observations.

D'une part, la communication n'est obligatoire que pour les documents ou registres pour lesquels un texte prévoit expressément qu'ils doivent être mis à la disposition des inspecteurs et médecins-inspecteurs du travail. Il s'agit, aux termes de l'article 108 (1) (c) du Code du travail des livres, registres et documents dont la tenue est prescrite par la législation relative aux conditions de travail. Ainsi, n'est pas constitutif d'infraction le refus de communiquer les fiches de pointage du personnel[472].

D'autre part, il n'est pas rare que les textes rendant obligatoire la communication de documents soient assortis de sanctions pénales spécifiques applicables en cas de refus. La jurisprudence a reconnu qu'en pareil cas, le refus de communiquer est constitutif d'une infraction particulière dont les éléments constitutifs sont distincts de ceux du délit d'entrave à l'exercice des fonctions d'inspecteur ou de médecin-inspecteur du travail[473]. Il s'ensuit que le refus de communiquer des documents à l'inspecteur ou au médecin-inspecteur du travail ne serait constitutif du délit d'entrave que dans un nombre limité d'hypothèses.

Par ailleurs, peuvent être exclues du domaine de la répression de l'article 169 les mesures qui reconnaissent à l'inspecteur ou au médecin-inspecteur du travail un droit de regard ou d'intervention pour l'application de certaines prescriptions législatives ou réglementaires. Le fait pour l'employeur de méconnaître les prérogatives reconnues à cet égard à l'inspecteur ou au médecin-inspecteur du travail peut être considéré comme n'étant pas constitutif d'atteinte à sa mission de contrôle. Les agissements fautifs de l'employeur seront dans ce cas, passibles des sanctions spécialement prévues à cet égard.

---

472 CA Lyon, 1er juil. 1977, *Cah. Prud.* 1978, 4/63

473 Cass. crim., 6 mai 1964, *Bull. crim.* 1964, n° 153.

B. Répression du délit d'entrave

233. La responsabilité du délit d'entrave peut être imputée à toute personne qui a mis obstacle à l'exécution des obligations ou à l'exercice des pouvoirs qui incombent aux inspecteurs ou médecins-inspecteurs du travail. Ce peut être le chef d'entreprise, mais également un préposé, quel qu'il soit, dès lors qu'il est appelé à être en relation directe avec l'inspecteur ou le médecin-inspecteur du travail. Il faut toutefois que celui-ci agisse de sa propre initiative et non sur l'ordre exprès de l'employeur lui ayant imparti de s'opposer au contrôle de l'inspection du travail.

S'agissant de la sanction, est punie d'une amende de 1.000.000 à 2.000.000 FCFA, toute personne qui s'oppose à l'exécution des obligations ou à l'exercice des pouvoirs qui incombent aux inspecteurs du travail et aux médecins-inspecteurs du travail (article 169 Code du travail). Des peines d'emprisonnement de six (6) jours à six (6) mois peuvent, en outre, être requises en cas de récidive (article 170 (1) Code du travail). En cas de double récidive, l'emprisonnement est obligatoirement prononcé (article 170 (2) Code du travail).

§2. Usurpation de fonctions d'inspecteur ou de médecin-inspecteur du travail

234. Dans le cadre du droit pénal du travail, il s'agit de l'usurpation de fonctions d'inspecteur du travail ou de médecin-inspecteur du travail (article 171 (3) Code du travail). Pour les éléments constitutifs et pénalités de cette infraction, l'on doit se reporter à l'article 216 du Code pénal.

A. Éléments constitutifs de l'infraction

235. L'article 216 (1) dispose : *« est puni... celui qui, sans titre, s'immisce dans des fonctions publiques, soit civiles, soit militaires ou accomplit des actes de l'une de ces fonctions »*. L'élément matériel de ce délit, c'est l'usurpation même des fonctions d'inspecteur ou de médecin-inspecteur du travail qui consiste à s'immiscer sans titre ou à accomplir un ou plusieurs actes de sa compétence. L'infraction est caractérisée dès lors qu'on n'est pas investi des pouvoirs d'inspecteur ou de médecin-inspecteur du travail.

Quant à l'élément moral, il s'agit d'une infraction intentionnelle conformément à l'article 74 (2) du Code pénal. L'auteur doit avoir agi en connaissance de cause. Il ne peut pas prétendre échapper à la répression en prétextant avoir ignoré les prohibitions légales. L'intention peut être présumée dès que l'acte est accompli.

B. Répression

236. L'article 216 (1) du Code pénal prévoit une peine d'emprisonnement de six (6) mois à cinq (5) ans contre l'auteur de l'usurpation de fonctions d'inspecteur ou de médecin-inspecteur du travail. Il exclut la peine d'amende.

Des sanctions pénales de trois (3) mois à deux (2) ans d'emprisonnement peuvent aussi être infligées à l'encontre de l'inspecteur ou du médecin-inspecteur du travail lui-même dès lors qu'il continue à exercer ses fonctions après notification officielle de la cessation temporaire ou définitive desdites fonctions (article 216 (2)).

Lorsque le coupable profite de l'usurpation de fonctions d'inspecteur ou de médecin-inspecteur du travail pour commettre des faits caractérisant une des infractions visant les fonctionnaires en activité[474], les peines qu'il encourt sont celles prévues à l'égard du fonctionnaire lui-même (article 216 (4)).

Outre les peines principales, les peines accessoires, notamment les déchéances de l'article 30 du Code pénal peuvent être prononcées par le tribunal à l'encontre de l'auteur de l'usurpation de fonctions d'inspecteur ou de médecin-inspecteur du travail (article 216 (3)).

§3. Outrages et violences aux inspecteurs ou médecins-inspecteurs du travail

237. L'article 171 (3) du Code du travail réprime les actes de résistance, les outrages et les violences contre les inspecteurs et les médecins-inspecteurs du travail. Il renvoie les sanctions aux dispositions du Code pénal. Ce dernier texte les appréhende de manière séparée dans le cadre de deux infractions.

A. Outrages aux inspecteurs ou médecins-inspecteurs du travail

238. L'article 154 (1) b du Code pénal prévoit qu': *« est puni...celui qui outrage sans pouvoir rapporter, en cas de diffamation, la vérité du fait diffamatoire, en raison de leurs fonctions ou de leur qualité... un fonctionnaire »*. Cette disposition s'applique aux fonctions d'inspecteurs ou médecins-inspecteurs du travail, qui sont des fonctionnaires. Il convient d'indiquer les éléments constitutifs de ce délit et sa répression.

1. Éléments constitutifs de l'infraction

239. L'acte coupable consiste en une diffamation, injure ou menace faite soit par des gestes, paroles, ou cris proférés dans des lieux ouverts au public,

---

474 Infractions commises par les fonctionnaires dans l'exercice de leurs fonctions : Voir, chap. 3, titre 1er du livre II du Code pénal.

soit par tout procédé destiné à atteindre le public[475]. Il s'ensuit que de simples affiches sur des lieux publics ou la publication d'une lettre de menace dans un journal suffisent à caractériser l'infraction.

En cas de diffamation, l'article 154 exige que soit rapportée la vérité du fait diffamatoire, sinon l'infraction est constituée. Cependant, des exceptions prévues par l'article 306 du Code pénal relatif à la diffamation sont applicables ici[476]. L'outrage n'est donc pas constitué si les faits commis correspondent à l'une des exceptions limitativement énumérées par ledit texte.

Pour ce qui est de l'élément moral, l'outrage est une infraction intentionnelle telle que définie à l'article 74 (2) du Code pénal. L'auteur doit agir sciemment en vue d'atteindre le but prohibé par le législateur qui est de porter atteinte à l'honneur ou à la considération d'un fonctionnaire, et notamment en l'espèce, un inspecteur ou un médecin-inspecteur du travail.

2. Sanction

240. Les peines sont un emprisonnement de trois (3) mois à trois (3) ans et une amende d'un million (1 000 000) à deux millions (2 000 000) de francs ou l'une de ces deux peines seulement.

Il convient de souligner que l'action publique présente une particularité en cas d'outrage, qui la rend dérogatoire du droit commun de la prescription. Elle se prescrit en cas d'outrage après quatre (4) mois révolus, à compter du délit ou du jour du dernier acte de poursuite ou d'instruction (article 152 (3) Code pénal). Cette dérogation semble se justifier d'abord, par la nature des faits constitutifs d'outrage, ensuite et surtout, par le souci d'éviter sinon la disparition des preuves, du moins leur dépérissement.

B. Violences aux inspecteurs ou médecins-inspecteurs du travail

241. L'article 156 (1) du Code pénal punit *« celui qui commet des violences ou voies de fait contre un fonctionnaire ».* Cette disposition est applicable aux inspecteurs ou médecins-inspecteurs du travail. L'infraction mérite d'être présentée à la fois dans ses éléments constitutifs et dans sa répression.

1. Éléments constitutifs de l'infraction

242. L'infraction est caractérisée d'abord par un élément matériel à savoir, les actes de violence ou voies de fait.

---

[475] Voir, définition de l'outrage donnée à l'article 152 (1) Code pénal.
[476] Article 152 (2) Code pénal.

Les actes de violence sont constitués de coups et blessures proprement dits, mais encore de toute atteinte à l'intégrité corporelle du fonctionnaire. Il en est ainsi du fait de saisir l'inspecteur ou le médecin-inspecteur du travail sans le frapper, d'employer la contrainte physique pour l'expulser d'un lieu, ou l'empêcher d'y pénétrer, de même que tous les actes d'agression qui, sans atteindre physiquement une personne, sont susceptibles de lui causer une impression vive, une émotion violente et de troubler sa sécurité[477].

Est qualifié de voie de fait, tout acte qui, sans atteindre directement la personne contre laquelle il est commis, est de nature à l'impressionner aussi vivement que des coups et blessures[478]. À ce titre, peut constituer une voie de fait, le fait pour l'employeur, après le refus de l'inspecteur du travail d'accorder l'autorisation de licenciement d'un délégué du personnel, de se rendre au bureau de l'inspecteur du travail pour l'y retenir avec l'intention manifeste de l'obliger, au besoin par la force, à revenir sur sa décision.

L'infraction est caractérisée ensuite par un élément intentionnel. En effet, l'acte incriminé doit avoir pour but, soit de porter atteinte à l'intégrité corporelle du fonctionnaire, en l'occurrence l'inspecteur ou le médecin-inspecteur du travail, soit de l'impressionner vivement.

2. Sanction

243. Les peines varient suivant le résultat de l'infraction et selon que l'auteur a agi simplement avec préméditation, intentionnellement ou non. Elles sont :

- un emprisonnement de un (1) mois à trois (3) ans et une amende de cinq mille (5000) à cent mille (100 000) francs sans possibilité de choix entre les deux peines ; le juge est par conséquent tenu de les prononcer simultanément (article 156 (1)) ;
- un emprisonnement de cinq (5) à dix (10) ans et une amende de vingt (20 000) à cinq cent mille (500 000) francs si les violences et voies de fait sont préméditées ou si elles entraînent, même non intentionnellement, des blessures telles que prévues aux articles 277 et 280 du Code pénal (article 156 (2)) ;
- l'emprisonnement à vie si les violences et voies de fait entraînent non intentionnellement la mort (article 156 (4)) ;
- la peine de mort si les violences et voies de fait sont commises avec intention de donner la mort (article 156 (5)).

---

477 Cass. crim., 2 nov. 1951, *D.* 1952, 360; *JCP* 1952, II, 16 686 ; Trib. correc. Bordeaux, 18 avr. 1977, *inédit.*

478 CA Bourges, 14 févr. 1952, *Jurispr. soc.* n° 68, p. 5.

Des peines accessoires, notamment les déchéances de l'article 30 du Code pénal frappent aussi le condamné si le tribunal en décide ainsi (article 156 (3).

Au cas où une personne est en même temps reconnue coupable d'outrage et de violences et voies de fait contre un fonctionnaire, en l'espèce un inspecteur ou médecin-inspecteur du travail, seule la peine la plus rigoureuse est prononcée conformément au principe de non-cumul des peines de l'article 51 (1) du Code pénal.

§4. Les incriminations relatives à la désignation et à l'exercice des fonctions de délégué du personnel

244. Ces incriminations sont prévues par l'Arrêté n° 019/MTPS/SG/CJ du 26 mai 1993 fixant les modalités de l'élection et les conditions d'exercice des fonctions des délégués du personnel. Il s'agit du non-respect des modalités de désignation du délégué du personnel (A) et du non-respect des modalités liées au scrutin (B).

A. Le non-respect du nombre de délégués et de leurs modalités de désignation

245. Les délégués du personnel doivent être obligatoirement élus dans tous les établissements installés sur le territoire national quelle qu'en soit la nature et quel qu'en soit l'employeur, où sont habituellement occupés au moins vingt travailleurs relevant du Code du travail. Au sens de l'article 2 de l'arrêté du 26 mai 1993, *« l'établissement s'entend d'un groupe de personnels travaillant en commun, en un lieu déterminé sous l'autorité d'un ou plusieurs représentants d'une même autorité directrice (personne physique ou morale, publique ou privée) ».* Ainsi, constituera une infraction le non-respect du nombre de délégués du personnel par établissement (1) et le non-respect des modalités de désignation du délégué du personnel (2).

1. Le non-respect du nombre de délégués du personnel par établissement

246. Il convient au préalable d'indiquer les éléments constitutifs de cette infraction avant de dégager la sanction.

a. Les éléments constitutifs de l'infraction

247. Il s'agit de l'élément matériel et de l'élément intentionnel.

i. L'élément matériel de l'infraction

248. Cet élément est constitué lorsque l'employeur n'accomplit pas une exigence prévue par l'arrêté du 26 mai 1993. Sa responsabilité peut être

engagée lorsque par exemple, il ne respecte pas le nombre de délégués titulaire et suppléant prévu par la loi ainsi qu'il suit :

- de 20 à 50 travailleurs : 2 délégués titulaires et 2 suppléants ;
- de 51 à 100 travailleurs : 3 délégués titulaires et 3 suppléants ;
- de 101 à 250 travailleurs : 4 délégués titulaires et 4 suppléants ;
- de 251 à 500 travailleurs : 5 délégués titulaires et 5 suppléants ;
- de 501 à 1000 travailleurs : 6 délégués titulaires et 6 suppléants ;
- plus 1 délégué titulaire et un suppléant par tranche supplémentaire de 500 travailleurs.

L'effectif à prendre en considération est celui des travailleurs occupés habituellement dans l'établissement, qu'ils soient ou non-inscrits au registre de l'employeur. Les travailleurs occupés sont :

- les apprentis et les travailleurs engagés à l'essai ;
- les travailleurs temporaires, occasionnels et saisonniers quand ils ont totalisé l'équivalent de six mois précédant l'établissement de la liste des électeurs ;
- les travailleurs collaborant à plusieurs établissements dépendant ou non de la même entreprise sont considérés comme appartenant au personnel de l'établissement auquel ils consacrent la plus grande partie de leur activité et subsidiairement, de celui où ils perçoivent le salaire le plus élevé.

Lorsque le chef d'établissement a la qualité de travailleur, il fait partie de l'effectif à prendre en considération[479].

ii. L'élément intentionnel de l'infraction

249. L'élément intentionnel suppose la volonté de commettre l'acte répréhensible. Mais en matière de contravention, la responsabilité subsiste même si la faute est non intentionnelle. Il suffit uniquement qu'une prescription ne soit pas effectuée pour que l'auteur puisse être reconnu coupable. C'est dire qu'en cas d'irrespect par l'employeur du nombre de délégués titulaire et suppléant par établissement, il encourt une responsabilité sur le plan pénal.

b. La sanction de l'infraction

250. L'arrêté du 26 mai 1993 fixant les modalités de l'élection et les conditions d'exercice des fonctions des délégués du personnel précise à l'article 27 que « *les infractions aux dispositions du présent arrêté sont passibles des peines prévues à l'article 168 paragraphe 4 du Code du travail*

---

[479] Art.3 (3) Arrêté du 26 mai 1993.

et à l'article R. 370 (12) du Code pénal ». L'article 168 (1) prévoit une amende de 200 000 à 1 500 000 francs et l'article R. 370 (12) une amende de quatre mille (4000) à vingt-cinq mille (25 000) francs inclusivement et un emprisonnement de cinq (5) à dix (10) jours ou l'une de ces deux peines seulement.

2. Le non-respect des modalités de désignation du délégué du personnel

251. Les modalités de désignation du délégué du personnel au sein des entreprises sont précisées par l'arrêté du 26 mai 1993 dans ses articles 6 à 19. Leur violation entraîne des sanctions pénales prévues à l'article 27 dudit arrêté. Il convient de relever les éléments constitutifs de l'infraction avant d'en indiquer la sanction.

a. Les éléments constitutifs de l'infraction

252. Deux éléments sont visés ici : l'élément matériel et l'élément moral de l'infraction.

i. L'élément matériel de l'infraction

253. L'infraction est constituée dès que l'une des prescriptions des articles 1 à 19 dudit arrêté n'est pas respectée. Il s'agit des dispositions d'ordre public qui s'imposent à l'employeur qui ne saurait sous aucun prétexte les violer. L'arrêté indique que :

- les délégués du personnel doivent être élus par des collèges de travailleurs tous les deux ans ;
- les électeurs doivent être répartis dans deux collèges : le collège des manœuvres, ouvriers et employés (catégorie I à VI) et le collège des agents de maîtrise, techniciens et assimilés, cadres (catégorie VII à XII)[480].

Quarante (40) jours avant la date prévue pour les élections, le chef d'établissement dresse la liste des travailleurs remplissant les conditions d'électorat exigées par la loi et répartis en collèges.

La répartition des sièges des délégués du personnel entre les deux collèges est effectuée au prorata des effectifs que comporte chacun d'eux. Le chef d'établissement communique la liste ainsi établie aux organisations syndicales les plus représentatives des travailleurs et l'affiche vingt jours avant la date du scrutin. En cas de divergence entre celles-ci et le chef d'établissement sur la répartition du personnel dans les collèges électoraux et sur la répartition des

[480] Art.8 (2) Arrêté du 26 mai 1993.

sièges entre les collèges, l'inspecteur du travail du ressort décide de cette répartition.

Le chef d'établissement doit adresser sans délai une copie à l'inspecteur de travail du ressort et aux organisations syndicales les plus représentatives en invitant ces dernières à lui faire parvenir les listes des candidats qu'elles présentent.

Pour être recevables, ces listes doivent être déposées au moins six (6) jours francs[481] avant la date fixée pour le scrutin. Les listes doivent être établies par collège électoral, séparément pour les délégués titulaires et pour les délégués suppléants. Elles ne peuvent comprendre un nombre de candidats supérieur à celui des sièges à pourvoir.

Les listes de candidats doivent être affichées six (6) jours francs au moins avant la date du scrutin par les soins du chef d'établissement ou son représentant, aux mêmes emplacements que la liste des électeurs et l'avis du scrutin. Elles doivent indiquer les noms, prénoms, âge et durée des services des candidats ainsi que les syndicats qui les représentent. Nul ne peut figurer en qualité de candidat sur deux ou plusieurs listes différentes.

Il faut relever que *« si aucune des organisations syndicales n'a fait parvenir de liste de candidats (...), le chef d'établissement fait constater cette carence par l'inspecteur de travail. Celui-ci après enquête, autorise le vote des candidats non présentés par une organisation syndicale »*[482].

La durée du mandat de délégué du personnel est de deux ans. Il est rééligible. Les délégués du personnel conservent leurs fonctions jusqu'à la prise d'effet du mandat des nouveaux délégués[483].

ii. L'élément intentionnel de l'infraction

254. Étant en présence d'une infraction matérielle et singulièrement d'une contravention, la responsabilité de l'employeur sera engagée alors même que la violation de l'arrêté du 29 mai 1993 fixant les modalités de l'élection n'est pas intentionnelle ou que les conséquences ne sont pas voulues.

b. La sanction de l'infraction

255. L'arrêté du 26 mai 1993 fixant les modalités de l'élection et les conditions d'exercice des fonctions des délégués du personnel précise à l'article 27 que *« les infractions aux dispositions du présent arrêté sont*

---

[481] Un jour franc est un jour qui dure de 0h à 24h. Un délai calculé sur cette base ne tient pas compte du jour de la décision à l'origine du délai, ni du jour de l'échéance. Si le délai s'achève un samedi, un dimanche ou un jour férié, il est reporté d'un jour. Pour décompter en jours francs, il faut exclure le jour de l'événement qui initie le point de départ du délai.
[482]Art.10 (3) arrêté du 26 mai 1993.
[483] Art. 6 Arrêté du 26 mai 1993.

passibles des peines prévues à l'article 168 paragraphe 4 du Code du travail et à l'article R. 370 (12) du Code pénal ». L'article 168 (1) prévoit une amende de 200 000 à 1 500 000 francs et l'article R. 370 (12) une amende de quatre mille (4000) à vingt-cinq mille (25 000) francs inclusivement et un emprisonnement de cinq (5) à dix (10) jours ou l'une de ces deux peines seulement.

B. Le non-respect des modalités liées au scrutin

256. Ces modalités sont relatives à l'organisation du scrutin et à sa fin.

1. Les incriminations relatives à l'organisation du scrutin

257. L'organisation du scrutin désigne les différentes opérations que doit accomplir l'employeur pour rendre crédible le vote. À cette fin, le chef d'établissement doit mettre des bureaux de vote à la disposition de l'électorat des travailleurs et veiller scrupuleusement à la bonne tenue des élections.

L'infraction sera constituée lorsque l'employeur n'aura pas respecté les prescriptions des articles 13 à 18 de l'arrêté du 26 mai 1993 y afférentes. Il convient d'en indiquer les éléments constitutifs ainsi que la sanction.

a. Les éléments constitutifs de l'infraction

258. Il s'agit d'une part, de l'élément matériel et d'autre part, de l'élément intentionnel.

i. L'élément matériel de l'infraction

259. L'élément matériel de l'infraction consiste en la violation des exigences des articles 13 à 18 de l'arrêté sus-visé. Ainsi, le chef d'établissement ou son représentant est chargé de l'organisation du déroulement régulier des élections, notamment de la constitution du bureau de vote qu'il préside, assisté de deux travailleurs non candidats désignés par les organisations syndicales les plus représentatives qui jouent le rôle de scrutateurs. Les travailleurs qui doivent faire partie du personnel de l'établissement, prennent place au bureau de vote et participent au dépouillement des votes.

L'article 13 de l'arrêté indique que le vote a lieu dans l'établissement, un jour ouvrable pendant les heures de travail. Le scrutin est de liste majoritaire à deux tours. Il est secret sous enveloppe, l'introduction du bulletin de vote s'effectue dans un isoloir. Il est procédé à chaque collège à des votes séparés pour les délégués titulaires et les délégués suppléants. À l'issue du premier tour, si aucune liste n'obtient la majorité absolue des suffrages exprimés, il est procédé dans un délai de 15 jours à un second tour entre les deux premières listes ayant le plus grand nombre de voix. Est élue, la liste qui obtient la majorité simple à l'issue du second tour.

En cas d'égalité entre les deux listes, les sièges à pourvoir sont attribués à la liste dont la moyenne d'ancienneté des candidats dans l'entreprise est la plus élevée. Les travailleurs en congé et ceux dont le contrat est suspendu, qui ne peuvent se rendre sur les lieux du scrutin et les travailleurs dont les occupations professionnelles hors établissement empêchent de prendre part au scrutin peuvent voter par correspondance[484].

ii. L'élément moral de l'infraction

260. L'infraction ne sera admise que si l'élément moral est constitué. Cependant, comme il s'agit d'une contravention, il n'est pas nécessaire d'établir l'existence de l'élément moral. C'est dire que la seule violation de la disposition suffit.

b. La sanction de l'infraction

261. L'article 27 de l'arrêté du 26 mai 1993 renvoie aux peines prévues à l'article 168 paragraphe 4 du Code du travail et à l'article R. 370 (12) du Code pénal. Il s'agit, pour le premier texte, d'une amende de 200 000 à 1 500 000 francs et pour le second, d'une amende de quatre mille (4000) à vingt-cinq mille (25 000) francs inclusivement et un emprisonnement de cinq (5) à dix (10) jours ou l'une de ces deux peines seulement.

2. L'incrimination relative à la fin du scrutin

262. Cette infraction est prévue par les articles 17 à 19 de l'arrêté du 26 mai 1993 fixant les modalités de l'élection et les conditions d'exercice des fonctions des délégués du personnel. Ses éléments constitutifs et sa sanction seront précisés.

a. Les éléments constitutifs de l'infraction

263. Il s'agit de l'élément matériel et de l'élément moral.

---

[484] Article 14 arrêté du 26 mai 1993. Le législateur OHADA a engagé depuis 2010 l'introduction des technologies de l'information et de la communication dans les actes uniformes (informatisation du RCCM, preuve électronique, signature électronique…) afin de moderniser son droit et de l'adapter à l'évolution de la société actuelle. En s'inscrivant dans l'ère du numérique le législateur social pourra à sa suite, instituer de manière générale le vote par visio-conférence comme une modalité de scrutin afin de renforcer la participation au vote des délégués du personnel par les travailleurs : Voir, MOUTHIEU épse NJANDEU (M. A.), « Les TIC, un stimulus de performance dans l'expression du droit de vote aux assemblées générales des sociétés », in *Signatures internationales*, Bulletin n° 3, juil. 2021, pp. 144-152.

i. L'élément matériel de l'infraction

264. L'élément matériel de l'infraction est constitué lorsque l'employeur ne respecte pas une des exigences prévues par les articles 17 à 19 de l'arrêté du 26 mai 1993. Ainsi, la loi précise que, dès la fermeture du scrutin, il doit être procédé au dépouillement des votes. Un procès-verbal est établi en trois exemplaires au moins par le président du bureau de vote, signé par lui et par les représentants du personnel membres du bureau. Le chef d'établissement ou son représentant doit proclamer immédiatement les résultats et afficher au même lieu que l'avis du scrutin et les candidatures, les noms, prénoms des délégués élus titulaires et suppléants.

Dans les 24 heures qui suivent la rédaction du procès-verbal, le chef d'établissement est tenu d'adresser deux exemplaires à l'inspecteur du travail du ressort. Il doit délivrer une copie de ce document aux organisations syndicales ayant participé aux élections, et aux représentants des listes élues. Une fois que le scrutin est terminé, les délégués du personnel élus doivent entrer en fonction.

ii. L'élément moral de l'infraction

265. Cet élément encore appelé élément moral ou psychologique n'est pas à démontrer puisqu'il s'agit d'une contravention. L'infraction est donc constituée dès que la prescription de l'arrêté du 26 mai 1993 fixant les modalités de l'élection et les conditions d'exercice des fonctions des délégués du personnel relative à la fin du scrutin n'a pas été respectée.

b. La sanction de l'infraction

266. L'article 27 de l'arrêté du 26 mai 1993 renvoie aux peines prévues à l'article 168 paragraphe 4 du Code du travail et à l'article R. 370 (12) du Code pénal. Il s'agit, pour le premier texte, d'une amende de 200 000 à 1 500 000 francs et pour le second, d'une amende de quatre mille (4000) à vingt-cinq mille (25 000) francs inclusivement et un emprisonnement de cinq (5) à dix (10) jours ou l'une de ces deux peines seulement.

§5. Le délit d'entrave aux fonctions de délégué du personnel

267. Le délit d'entrave aux fonctions de délégué du personnel est une composante importante du droit pénal du travail qui est à l'origine d'un contentieux abondant qui intéresse à la fois le pénaliste et le spécialiste des relations sociales en entreprise. Il donne lieu à l'occasion des poursuites exercées de ce chef, à une interprétation de la règle extra-pénale dont la violation est invoquée et permet de préciser la signification des règles de droit dans le domaine des rapports collectifs du travail. Cette interprétation extensive, qui s'appuie sur la méthode téléologique ou déclarative et qui vise

à donner leur pleine portée à des textes manquant parfois de précision, est caractérisée par le souci d'étendre les mesures protectrices en faveur des représentants du personnel. Le délit d'entrave aux fonctions de délégué du personnel sera appréhendé à partir de ses éléments constitutifs (A) et de sa répression (B).

A. Éléments constitutifs

268. Le délit d'entrave à l'exercice régulier des fonctions de délégué du personnel est prévu à l'article 168 (4) du Code pénal. Outre l'élément intentionnel, il se matérialise par des faits constitutifs qui n'ont pas été définis par ce texte.

1. Les faits constitutifs d'entrave

269. La lecture des dispositions législatives et réglementaires relatives aux délégués du personnel permet d'en prendre connaissance. Le délit d'entrave est constitué par le fait de porter ou de tenter de porter atteinte à la libre désignation et à l'exercice régulier des fonctions des délégués du personnel. L'incrimination retenue est très largement entendue et est pratiquement élargie aux moindres formes d'entrave[485]. Il s'agit d'une infraction multiforme susceptible de couvrir les situations les plus variées qui sont regroupées en entraves directes et indirectes.

a. Les entraves directes

270. Il s'agit des entraves dirigées contre le délégué du personnel pris ès qualités de représentant et non comme salarié.

Il y en a deux : la mise en place des délégués du personnel et le fonctionnement de l'institution représentative du personnel.

i. La mise en place des délégués du personnel

271. Les faits d'entrave peuvent résulter soit du refus par l'employeur de mettre en place les délégués du personnel alors que l'effectif légal de vingt salariés est atteint, soit de la préparation et de l'organisation matérielle des élections.

Il en est ainsi, notamment, de l'employeur qui :

- refuse de mettre en place les délégués du personnel au motif que l'effectif, réparti entre des chantiers distincts, est inférieur pour chacun d'eux au seuil légal, alors que lesdits chantiers ne présentent pas des caractères d'importance, de stabilité et d'autonomie suffisants pour leur

---

485 V. J. et A. M. LARGUIER, « Les délits d'entrave aux fonctions de représentants du personnel », *Dr. soc.* 1967, p. 550.

donner la qualité d'établissements distincts[486]. Dans le même sens, la jurisprudence se fonde sur la notion d'unité économique et sociale qui permet de ne pas tenir compte de la pluralité de personnes morales employeurs pour reconnaître l'existence d'un cadre unique d'implantation, dans une affaire où un dirigeant de société avait constitué de nouvelles personnes morales afin de faire échec à la libre désignation des délégués[487].

- fait obstacle, par son inertie prolongée, à l'organisation des élections des délégués du personnel[488] sans pouvoir invoquer le fait que le juge d'instance devait avoir été préalablement appelé à statuer sur une candidature litigieuse[489], ou encore que la liste des candidats ne lui avait pas été notifiée par lettre recommandée ni remise contre récépissé[490].

En fait, les difficultés les plus fréquentes qui se présentent à l'occasion de la mise en place des délégués du personnel sont généralement portées devant le tribunal de première instance territorialement compétent c'est-à-dire dans le ressort duquel se trouve l'établissement, pour connaître dans les délais très courts (trois ou quinze jours), selon le motif du litige, des contestations relatives à l'électorat, à l'éligibilité ainsi qu'à la régularité des opérations électorales (article 126 (1) et (2) Code du travail)

ii. Le fonctionnement de l'institution représentative du personnel

272. Les atteintes au fonctionnement régulier de l'institution des délégués du personnel s'apprécient théoriquement par rapport aux attributions qui leur sont légalement reconnues pour l'exercice du mandat de représentant du personnel. Toutefois, en raison même de la définition très large qui en est donnée par l'article 128 notamment, les prérogatives des délégués du personnel sont souvent difficiles à cerner dans la réalité concrète de la vie de l'entreprise, d'autant plus que celle-ci est variable selon la taille de l'entreprise, son organisation interne, la nature de son activité, etc.

Dans la recherche des faits constitutifs du délit d'entrave, les tribunaux sont dès lors conduits à examiner les agissements fautifs de l'employeur en fonction moins de la lettre des textes que de l'esprit qui préside, ou qui devrait présider selon eux, au fonctionnement de l'institution. Sous couvert de l'interprétation des textes, les tribunaux ont la possibilité de façonner, à partir de chaque cas d'espèce, le contenu réel des prérogatives reconnues aux

---

486 Cass. crim., 3 nov. 1965, *Jurispr. soc.* 1965, 276, p. 230 ; *Dr ouvrier* 1967, 114 ; Cass. crim., 10 janv. 1970, *Bull. crim.* 1970, n° 31.

487 Cass. crim., 23 avr. 1970, *JCP G* 1972, II, 17 046 ; *D.* 1970, p. 444 ; Cass. soc., 23 mai 2000, *RJS* 2000, doctr. p. 19.

488 Cass. crim., 20 oct. 1970, *Bull. crim.* 1970, n° 272; Cass. crim., 29 janv. 1974, *Bull. crim.* 1974, n° 43.

489 Cass. crim., 29 janv. 1974, *Bull. crim.* 1974, n° 43.

490 Cass. crim., 29 oct. 1975, *Bull. crim.*, 1975, n° 232.

représentants élus du personnel. Faisant large usage de cette possibilité, la Chambre criminelle de la Cour de cassation française a sur ce point fait prévaloir des solutions qui se démarquent parfois de celles dégagées par la Chambre sociale.

Relativement au fonctionnement de l'institution, les faits constitutifs d'entrave concernent :

- la tenue des réunions avec l'employeur ;
- les déplacements et affichages des communications ;
- le paiement des heures de délégation ;
- l'application des sanctions disciplinaires.

273. Les conditions dans lesquelles les délégués du personnel sont reçus par le chef de l'établissement ou son représentant sont précisées par les textes. C'est ainsi qu'il peut y avoir entrave à l'obligation pour l'employeur de réunir une fois par mois les délégués du personnel. Est à ce titre punissable, l'absence de réunion qui n'est justifiée ni par la force majeure, ni par le refus ou la défection des délégués eux-mêmes[491]. En revanche, le fait que les délégués n'auraient remis au préalable à l'employeur aucune note écrite précisant leurs réclamations n'est pas un fait justificatif[492]. En dehors de la réception mensuelle obligatoire, les délégués sont également reçus sur leur demande en cas d'urgence. Cette seconde catégorie de réception correspond à une obligation pour le chef d'entreprise si l'urgence le justifie. Ainsi, ce dernier peut-il refuser de recevoir les délégués lorsque cette condition d'urgence fait défaut. En revanche, l'employeur qui refuserait une réception que les circonstances rendent urgente serait passible des peines du délit d'entrave[493].

En ce qui concerne le déroulement de la réunion, lorsque l'employeur limite le temps consacré à la réunion de telle façon qu'il empêche l'épuisement de l'ordre du jour dans des conditions normales, tout en refusant de poursuivre plus tard la même réunion ou d'en organiser une seconde[494], ou encore interrompt la réunion dans des conditions jugées intempestives[495].

Le seul fait de ne pas tenir le registre des délégués du personnel est en lui-même une atteinte au fonctionnement régulier de l'institution *« puisqu'il prive à la fois les délégués de la garantie d'une réponse écrite à leurs réclamations, les autres salariés d'une source légale d'information et l'inspecteur du travail d'un moyen de contrôle »*[496].

---

[491] Art. 26-1, arrêté n° 21 du 28 oct. 1981 modifié par arrêté n° 24 du 27 juillet 1987.
[492] Cass. crim., 22 oct. 1975, *JCP* 1976, II, 18 396, note CALEB; *Gaz. Pal.* 1976, I, 79.
[493] Pour une application particulière, V. Soc. 15 oct. 1953, Inform ; Soc. 1953, 799.
[494] Cass. crim., 29 avr. 1977, *Jurispr. soc.* 1977, n°376, p. 292.
[495] Cass. crim., 17 nov. 1961, *D.* 1961, 201 ; Cass. crim., 29 mars 1977, *Bull. crim.* 1977, n°117.
[496] Cass. crim., 2 juin 1976, *JCP II*, 18 736, note A. DEKENWER

Dans le cadre de l'organisation des relations avec l'employeur, le fait pour l'employeur de refuser aux délégués du personnel de se faire assister par un représentant du syndicat de leur profession, sous prétexte que la réclamation faisant l'objet de la réunion serait étrangère à la mission[497] est constitutif d'entrave. En revanche, le délit n'est pas caractérisé si l'employeur refuse à un salarié reçu par la direction de se faire assister au cours de l'entretien par un délégué du personnel. Celui-ci peut seulement demander à être reçu seul en cette qualité, sur le même sujet[498].

Il y a entrave lorsque l'employeur exige que les délégués présentent seulement les réclamations des salariés qui n'auraient pas été satisfaites directement par la voie hiérarchique[499].

Cette jurisprudence ne semble pas être en parfaite cohésion avec la législation camerounaise si l'on s'en tient à la rédaction de l'article 128 (a) du Code du travail qui autorise les délégués du personnel à présenter aux employeurs toutes les réclamations individuelles ou collectives qui n'auraient pas été directement satisfaites, concernant les conditions de travail et la protection des travailleurs, l'application des conventions collectives, les classifications professionnelles et les taux de salaire. En effet, tout porte à croire qu'il est nécessaire que ces réclamations aient été préalablement soumises par les intéressés eux-mêmes à la direction ou à ses représentants. Tel ne semble pas être l'esprit du législateur dans la mesure où l'article 129 dispose clairement que *« nonobstant les dispositions ci-dessus, les travailleurs ont la faculté de présenter eux-mêmes leurs réclamations et suggestions à l'employeur »*.

274. Il n'existe aucune disposition particulière prescrivant les conditions dans lesquelles les délégués du personnel sont appelés à se déplacer tant à l'intérieur de l'entreprise qu'à l'extérieur, pour l'exercice de leur mandat dans la limite du crédit d'heures alloué pour exercer leurs fonctions. Le principe de la liberté des déplacements des délégués est d'ordre public. C'est pourquoi ces derniers eux-mêmes ne peuvent y renoncer effectivement. L'employeur qui tente d'obtenir cette renonciation se rend ainsi coupable du délit d'entrave[500]. La question se pose dès lors de savoir comment la liberté de mouvement nécessaire au fonctionnement régulier de l'institution représentative du personnel est compatible avec l'organisation interne du travail dont il appartient à l'employeur de fixer les modalités.

Pour la Chambre criminelle, le seul fait par l'employeur de subordonner le déplacement à une autorisation préalable d'absence est constitutif du délit

---

[497] Cas. crim ., 20 mai 1974, *Bull. crim.* 1974, n° 185.
[498] Cass. crim., 29 mars 1977, *Jusrispr. soc.* 1977, n° 376, p. 292.
[499] Cass. crim., 9 avr. 1975, *JCP* 1975, IV, 166.
[500] Rennes, 4 nov. 1968, *Dr. ouvr.* 1968, 433.

d'entrave, *« toute restriction non prévue par la loi constituant une entrave punissable, quand bien même une telle autorisation préalable serait prévue par une clause de convention collective »*[501].

L'employeur ne saurait exercer aucun contrôle *a priori* en subordonnant l'absence à une autorisation préalable, ou en contrôlant les motifs, ou en amenant le délégué à y renoncer, ou en restreignant sa liberté de déplacement soit par des instructions figurant dans un règlement intérieur ou une note de service, soit par des clauses de conventions ou d'accords collectifs[502]. Il peut seulement exiger *a posteriori* la justification du motif d'absence, pour le paiement des heures de délégation[503].

Les juridictions sociales admettent néanmoins que l'employeur peut exiger de l'intéressé qu'il prévienne, à l'avance, son chef hiérarchique de l'absence envisagée afin que celui-ci puisse organiser son remplacement et assumer la sécurité[504].

Est également constitutif d'entrave le fait d'interdire *« systématiquement »* le déplacement des délégués dans les ateliers[505].

En ce qui concerne les entretiens avec le personnel que les délégués du personnel peuvent être amenés à avoir sur les lieux de travail, ils doivent, pour être justifiés, porter sur l'examen des conditions de travail au poste qui ne peuvent être traitées ailleurs, et rester en toute hypothèse, de brève durée pour éviter de perturber l'exécution du travail[506].

De la même manière, dans le silence des textes relatifs à l'affichage, par les délégués du personnel, des communications à faire au personnel[507], la jurisprudence considère que l'affichage des communications ne peut être soumis à l'autorisation préalable de l'employeur[508]. L'on en déduit que constitue une entrave à l'exercice des fonctions du délégué du personnel, la

---

[501] Cass. crim., 22 févr. 1962, *JCP* 1962, II, 12 633, note BLAISE.
[502] P.-G. POUGOUÉ, V. TCHOKOMAKOUA, *Jurisprudence sociale annotée*, T 2, année 1986-1987, p. 31.
[503] Cass. crim., 2 mars 1961, *JCP* 1961, II, 12 095, note GUERIN.
[504] Cass. soc., 18 janv. 1961, *D.* 1961, somm. 95 ; CA Paris, 10 mars 1962, *Jurispr. soc.* 1962, n° 196, p. 53.
[505] Cass. crim., 28 juin 1978, *Jurispr. soc.* 1978, n° 389, p. 347.
[506] Cass. crim., 9 nov. 1971, *D.* 1972, 334, note J. M. VERDIER ; *JCP* 1972, II, 16 970, note PELISSIER.
[507] Même si l'Arrêté n° 007/MTLS/DEGRE du 17 juin 1968 fixe quelques modalités de communication et de dépôt et d'affichage du règlement intérieur prévu par l'article 34 du Code du travail, il ne concerne pas exclusivement les communications à faire au personnel par le délégué du personnel.
[508] CA Paris, 28 janv. 1961, *JCP* 1961, II, 12 053, note GUERIN ; *D.* 1962, chron. p. 207, note J. SAVATIER.

censure systématique de toutes les communications destinées à l'affichage et soumises au visa de l'employeur conformément à la réglementation.

Le refus d'affichage est en lui-même constitutif du délit d'entrave, l'employeur ayant seulement la possibilité de saisir le juge des référés de toute contestation sur le bien-fondé d'un affichage effectué par les délégués du personnel[509].

275. L'obligation faite à l'employeur de payer comme temps de travail, le temps consacré à l'exercice du mandat de délégué du personnel, dans les limites définies respectivement par les articles 124 (1) du Code du travail et 22 de l'arrêté n° 9 du 17 juin 1968 fixant les heures pendant lesquelles le travail est considéré comme travail de nuit, lorsqu'elle n'est pas respectée, est constitutive d'entrave. Il s'agit au fond d'une entrave indirecte à l'exercice du mandat puisqu'il peut y avoir tout au plus de la part de l'employeur refus *a posteriori*, de payer le temps d'absence, et non pas interdiction faite au représentant du personnel de s'absenter pour se livrer à telle ou telle activité.

Le refus de paiement peut être fondé soit sur le motif de l'absence si celui-ci est étranger au mandat de l'intéressé, soit sur le dépassement du crédit d'heures qui ne serait pas justifié par des circonstances exceptionnelles. Ce faisant, l'employeur opère nécessairement un contrôle sur l'exercice même de leur mandat par les délégués du personnel. Toutefois, les menaces de poursuites pénales pour refus de paiement tendent, en fait, à dissuader l'employeur de demander la justification de l'emploi des heures.

Pour apprécier les motifs d'absence susceptibles de justifier le paiement des heures de délégation, il convient de se rapporter à la définition même du mandat de l'intéressé et, par conséquent, à son objet.

Le point de vue des juridictions sociale et criminelle est en la matière, souvent divergent.

Est constitutif du délit d'entrave, le fait pour l'employeur de refuser d'indemniser le temps passé par un délégué du personnel à une réunion syndicale consacrée à l'application d'un accord collectif, alors qu'une discussion était engagée entre délégués du personnel et chef d'entreprise relativement aux modalités de cet accord et qu'il s'agissait nécessairement pour ladite entreprise d'un problème interne[510].

Cette solution va cependant à l'encontre de la jurisprudence habituelle de la Chambre sociale selon laquelle la participation à une réunion syndicale d'information n'entre dans les attributions des délégués du personnel que

---

[509] Cass. crim., 8 mai 1968, *JCP* 1968, II, 15 594 bis ; *Bull. crim.* 1968, n° 145 ; *D.* 1968, note J. M. VERDIER.

[510] Cass. crim., 22 mai 1974, *Bull. crim.* 1974, n° 199.

lorsqu'elle est liée à un problème né et actuel dans l'entreprise qu'elle a pour objet de résoudre[511].

L'appréciation des circonstances exceptionnelles qui légitiment le dépassement du crédit d'heures, est essentiellement une question de fait dont il est malaisé de cerner *a priori* les éléments matériels. Dès lors, un tel motif ne suffit généralement pas à servir de base à des poursuites pénales.

Quant à la preuve du bien-fondé des heures de délégation dont un représentant du personnel demande le paiement, c'est à l'intéressé qu'il appartient de justifier que ces heures ont bien été utilisées conformément à leur objet[512].

La Chambre sociale de la Cour de cassation a toujours admis qu'il appartient aux représentants du personnel de justifier de l'utilisation régulière de leur crédit d'heures, des affirmations non motivées étant insuffisantes[513].

276. L'exercice par l'employeur de son pouvoir disciplinaire à l'intérieur de l'entreprise est inséré dans des limites beaucoup plus étroites à l'égard des représentants du personnel que vis-à-vis du reste du personnel. Il doit en effet éviter un double écueil résultant d'une part, du risque de porter atteinte à l'autonomie dont les intéressés disposent dans l'exercice de leur mandat, d'autre part, de l'étroite imbrication qui caractérise les agissements d'une même personne prise dans sa double qualité de salarié et de représentant du personnel, de sorte que l'objet précis de la sanction est souvent malaisé à établir.

À partir de ces considérations, la jurisprudence a tendance à considérer que l'abus de pouvoir disciplinaire est constitutif de délit d'entrave dès lors qu'il est caractérisé par la seule intention discriminatoire de l'employeur à l'égard de celui auquel la sanction est infligée en raison même du mandat qu'il exerce.

Il en est ainsi des sanctions qui, à la suite d'un arrêt de travail, ont été prises à l'encontre seulement de ceux qui, parmi les participants à l'organisation ou à la réalisation de la grève, exerçaient un mandat syndical ou relevaient d'une organisation syndicale déterminée[514].

Inversement, la mise à pied, infligée à un délégué suppléant à la suite d'une série de manquements aux règles de sécurité n'est nullement discriminatoire et ne peut par conséquent caractériser le délit d'entrave[515].

---

[511] Cass. soc., 21 oct. 1964, *Bull. civ.* 1964, IV, n° 68.
[512] Cass. crim., 6 juin 1978, *Bull. crim.* 1978, n° 183.
[513] Cass. soc., 29 nov. 1973, *Bull. civ.* 1973, n° 616; Cass. soc., 8 mai 1974, *Bull. civ.* 1974, n° 280.
[514] Cass. crim., 27 nov. 1973, *Bull. crim.*, 1973, n° 437.
[515] Cass. crim., 12 déc. 1978, *JCP CI*, 1979, I, 7611.

Par ailleurs, dans l'exercice de certains pouvoirs que détient l'employeur en vue de gérer son entreprise, il peut y avoir détournement. En effet, sans violer les règles de compétence ou de forme ou la lettre de la règle de droit, il fait usage de son pouvoir à des fins étrangères à celles pour lesquelles ce pouvoir lui a été conféré. Concrètement, l'employeur utilisera son pouvoir non dans l'intérêt de l'entreprise, mais pour paralyser le délégué du personnel : le mobile, inavoué, est non la marche de l'entreprise, mais l'hostilité envers le délégué. Les manifestations les plus évidentes du détournement du pouvoir se rencontrent dans les mesures disciplinaires ou de réorganisation de l'entreprise[516], dans les modifications substantielles du contrat de travail et dans le refus de renouveler les contrats de travail à durée déterminée[517] .

La rétrogradation et la mutation[518] constituent souvent des formes d'entrave caractérisées à l'exercice des fonctions du délégué. La rétrogradation peut amener le délégué du personnel à changer de collège, ou à être aux pas de l'employeur avec le risque, dans l'un et l'autre cas, de n'être plus représentatif. La mutation ou le changement de poste pourra entraîner par voie de conséquence la cessation des fonctions du délégué du personnel et le régime de protection ne sera plus applicable, passé le délai de six mois[519].

Le non-renouvellement de contrat à durée déterminée du délégué du personnel peut également être un moyen aisé d'écarter ce dernier de l'entreprise.

De façon générale, l'entrave peut résulter de toute modification substantielle du contrat de travail proposée par l'employeur dans le but inavoué de porter atteinte à l'exercice du mandat du délégué. Outre la mutation à un poste équivalent dans un autre établissement ou la rétrogradation avec diminution de salaire, on peut citer comme une entrave effective une promotion susceptible de faire perdre au salarié la qualité de représentant du personnel. On peut en conclure que le caractère substantiel de la modification doit s'analyser non seulement au regard des conditions

---

[516] L'employeur qui change la forme juridique de l'entreprise pour faire fraude à la loi et empêcher l'évolution d'un délégué du personnel ou pour procéder à son licenciement, se rend coupable du délit d'entrave.

[517] P.-G. POUGOUÉ, V. TCHOKOMAKOUA, *op. cit.*, p. 31 et s.

[518] Il en est ainsi de la tentative de mutation qui s'accompagne de pressions et menaces en vue d'imposer à un délégué son affectation contre son gré dans un autre établissement de la même entreprise même si la décision de mutation n'a pas finalement été exécutée suite à des oppositions rencontrées par l'employeur : à dire vrai, il n'y a pas seulement tentative d'entrave, mais entrave consommée.

[519] Cette forme d'entrave est d'autant plus menaçante que la Cour suprême affirme que les juges ne sauraient se substituer au chef d'entreprise, maître de l'organisation de ses services, dans l'appréciation des intérêts de l'entreprise et des qualités et aptitudes professionnelles de ses collaborateurs : C. S., arrêt n° 18 du 27 novembre 1962 ; C. S., arrêt n° 15/S du 14 nov. 1967 ; C. S., arrêt n° 13/S du 23 nov. 1971 ; C. S., arrêt n° 53/S du 15 avril 1982 *(« le chef d'entreprise est le seul juge de l'intérêt légitime de l'entreprise »).*

d'exécution du contrat, mais aussi par rapport aux conditions d'exercice des fonctions représentatives du délégué.

La question d'entrave pourrait se poser quant à l'exercice des attributions des délégués du personnel dans les domaines dans lesquels ils doivent être consultés par l'employeur. De ce point de vue, ils encourent le risque d'être rendus inutiles au sein de l'entreprise, car l'exercice de leurs fonctions tire toute son importance des avis qu'ils doivent donner sur certaines initiatives de l'employeur. C'est d'abord le niveau de la consultation qui est visé et qui peut engendrer des poursuites pour entrave lorsque par exemple au lieu de consulter les délégués du personnel, l'employeur ne consulte que l'inspecteur du travail[520]. Ensuite, le défaut d'authenticité de la consultation, son caractère formel et non préalable par rapport à la prise de décision peut être sanctionné[521]. Enfin, c'est le champ de la consultation qui est concerné par l'entrave, l'employeur ayant refusé de respecter la procédure visée par le texte pour tel ou tel projet de décision[522].

b. Les entraves indirectes à la garantie d'emploi des délégués du personnel

277. L'expression renvoie aux attaques dirigées contre le délégué du personnel dans sa qualité de salarié. Il s'agit d'une entrave indirecte parce qu'elle vise à perturber les fonctions, voire à y mettre fin prématurément en passant par le détour du contrat de travail.

Les mesures spécialement prévues par le Code du travail en matière de licenciement des délégués du personnel, sont considérées comme l'une des garanties fondamentales attachées à la fonction, de nature à assurer aux intéressés l'indépendance nécessaire à l'exercice de leur mandat.

C'est pourquoi, très vite, la jurisprudence a considéré que le seul fait de ne pas respecter la procédure spéciale de licenciement était constitutif d'une

---

520 Il en serait par exemple ainsi, si, pour tenter d'éviter un licenciement pour motif économique, l'employeur qui envisage un tel licenciement procédait directement à la recherche des mesures alternatives avec l'inspecteur du travail du ressort, en se passant des délégués du personnel de l'entreprise, au mépris des dispositions de l'article 40 (3) du Code du travail.

521 L'article 40 (6) b du Code du travail dispose que : « *en vue de recueillir leurs avis et suggestions, l'employeur doit communiquer par écrit aux délégués du personnel, la liste des travailleurs qu'il se propose de licencier en précisant les critères de choix retenus* ».

522 Par exemple, avant la mise en vigueur du règlement intérieur, le chef d'entreprise ne le communique pas pour avis aux délégués du personnel alors qu'il en existe dans l'entreprise, comme l'exige l'article 29 (3) du Code du travail ou encore lorsque l'employeur envisage un licenciement collectif pour motif économique sans rechercher avec les délégués du personnel les mesures alternatives à celui-ci.

entrave au fonctionnement régulier de l'institution, fût-elle une entrave indirecte[523].

Par-delà la procédure spéciale de licenciement et sous couvert précisément de la protection particulière qu'appelle l'exercice du mandat de représentant du personnel, des garanties plus larges ont, peu à peu, été reconnues aux intéressés par la jurisprudence, notamment celles intervenues en matière de délit d'entrave. Ainsi, les faits constitutifs d'entrave débordent le cadre de la seule procédure de licenciement ou de mise à pied et tendent à recouvrir les différentes formes d'atteinte aux garanties que la Chambre criminelle de la Cour de cassation française n'hésite pas à qualifier de *« statutaires »*.

i. Les bénéficiaires de la garantie d'emploi

278. Aux termes de l'article 130 du Code du travail, les délégués du personnel bénéficient du statut protecteur, non seulement pendant la durée de l'exercice de leur mandat, mais également lorsqu'ils ne sont encore que candidats et pendant les six (6) mois qui suivent l'expiration du mandat.

279. Quant à la préoccupation consistant à assurer aux intéressés une protection contre le risque d'un licenciement préventif, la question la plus délicate est celle de savoir quel est le point de départ de la période de six (6) mois (article 130 (6) c) pendant laquelle les candidats bénéficient de la protection légale.

Selon la jurisprudence, le délit est matérialisé dès lors que le fait incriminé survient après la notification à l'employeur de la liste des candidatures[524] ; étant entendu qu'il n'existe pas de formalité particulière prévue par la loi pour cette déclaration de candidature, par conséquent l'employeur ne peut y opposer un caractère irrégulier[525].

Dans le cas où la liste initiale se trouve modifiée, c'est la publication de la nouvelle liste qui fait courir le délai[526]. Quoi qu'il en soit, il ne peut y avoir incrimination pour des faits antérieurs à la signature du protocole pré-électoral destiné à fixer la répartition du personnel dans les collèges électoraux et celle des sièges entre les catégories professionnelles. En effet, la publication des candidatures ne peut être valablement effectuée tant que la qualité des candidats pour l'éligibilité et le nombre de sièges à pourvoir n'ont pas été déterminés[527].

---

[523] Cass. crim., 5 mars 1953, *JCP* 1954, II, 7903; Cass. crim., 21 nov. 2000, n° 00-80.990; *Bull. crim.* 2000, n° 137.
[524] Cass. crim., 6 juil. 1965, *Dr. soc.* 1966, 102, obs. SAVATIER.
[525] Cass . crim., 23 mai 1970, *Jurispr. soc.* 1970, n° 298.
[526] Cass. crim., 31 janv. 1967, *Bull. crim.* 1967, n° 116.
[527] Cass. crim., 18 déc. 1968, *D.* 1970, 513, note PELISSIER.

Sur ce point, la Chambre criminelle a abandonné la solution plus libérale qu'elle avait adoptée précédemment en faveur des candidats[528]. Cette position est unanimement adoptée par les différentes juridictions, depuis un arrêt de l'Assemblée plénière du 27 octobre 1972[529].

Toutefois, la publication prématurée des candidatures n'en demeure pas moins valablement faite s'il est établi que les élections ont été retardées par une opposition injustifiée de l'employeur.

280. Pour que l'infraction soit matérialisée, il suffit que le fait incriminé porte atteinte à l'une quelconque des garanties statutaires qui sont reconnues aux intéressés pendant toute la durée de leur mandat, et pour autant qu'ils sont encore salariés de l'entreprise.

Il en est ainsi du refus de réintégrer un salarié qui avait été régulièrement candidat et élu postérieurement à son licenciement, mais pendant la durée du préavis. En refusant la réintégration de l'intéressé, l'employeur met obstacle à l'exercice de ses fonctions électives pendant la durée du préavis[530]. La Chambre sociale adopte sur ce point, la même position[531].

En revanche, il importe peu de savoir si l'intéressé a ou non, été régulièrement élu. La garantie s'applique même en cas de désignation irrégulière dès l'instant que celle-ci n'a pas été contestée[532].

281. Aux termes de l'article 130 (6) b Code du travail, les anciens délégués du personnel continuent à bénéficier pendant une durée de six (6) mois à compter de l'expiration de leur mandat, des garanties statutaires.

En droit français, une disposition analogue a été critiquée dans son principe, la doctrine considérant à juste titre que dès l'instant où un délégué du personnel cesse d'exercer son mandat, le fonctionnement régulier de l'institution à laquelle il appartenait jusque-là, n'est plus affecté par ses agissements personnels, de sorte que les garanties statutaires qui lui sont néanmoins maintenues risquent de prendre, sous couvert d'une fiction, la valeur d'un véritable privilège[533]. Ceci explique peut-être que les cas de licenciement intervenus pendant cette période de protection prolongée donnent moins souvent lieu à des poursuites pénales[534].

---

[528] Cass. crim., 17 mai 1966, *Bull. crim.* 1966, n° 146 ; *D.* 1966, 543.
[529] *Dr soc.* 1973, 302, obs. J. SAVATIER ; *D.* 1973, 653, note H. SINAY.
[530] Cass. crim., 21 juin 1973, *JCP* 1974, II, 17 796, note J. M. VERDIER.
[531] Cass. soc., 2 déc. 1971, *Jurispr. soc.* 1971, n° 314.
[532] Cass. crim., 11 mai 1966, *Bull. crim.* 1966, n° 142.
[533] J. et A.-M. LARGUIER, « Le délit d'entrave aux fonctions de représentants du personnel », *Dr. soc.* 1967, 550 et s.
[534] Cass. crim., 12 mai 1970, *Bull. crim.*, 1970, n° 163; Cass. crim., 8 févr. 1972, *Bull. crim.* 1972, n° 49.

ii. La procédure de licenciement proprement dite

282. Les faits constitutifs d'entrave peuvent résulter de la mise en œuvre de la procédure de licenciement elle-même, de l'exécution des formalités relatives à la mesure de suspension provisoire ou encore du caractère exclusif reconnu à cette procédure.

283. En subordonnant le licenciement du délégué du personnel à l'autorisation préalable de l'inspecteur du travail du ressort (article 130 (1)), le législateur a entendu faire échapper cette catégorie de licenciement au risque d'arbitraire patronal, ou plus exactement au risque, considéré comme inéluctable, du moins dans certaines entreprises, de voir se concrétiser sous forme de licenciement des mesures discriminatoires à l'encontre des salariés assumant le rôle de délégué du personnel.

À partir de cette donnée de base, la jurisprudence et la doctrine n'ont cessé, en conjuguant leurs efforts, de renforcer le caractère absolu de la procédure spéciale d'autorisation préalable à laquelle elles tendent ainsi à reconnaître un véritable caractère d'ordre public, aussi bien quant à l'exécution des formalités proprement dites qu'en ce qui concerne les situations auxquelles la procédure spéciale doit s'appliquer.

Ainsi, le seul fait pour l'employeur de ne pas recueillir l'autorisation préalable avant d'arrêter la décision de licenciement est constitutif d'infraction[535] : tel est le cas quand bien même l'autorisation nécessaire aurait été obtenue avant l'expiration du délai de préavis, alors que, par conséquent, le contrat n'avait pas cessé définitivement de produire ses effets[536]; il en est également ainsi dès lors que l'employeur use de manœuvre pour contourner cette protection particulière du délégué du personnel contre les licenciements de l'article 130 (1) du Code du travail[537] notamment en annulant sa décision de licenciement lorsqu'il s'aperçoit de sa bavure[538].

---

[535] C. S., arrêt n° 92/S du 20 novembre 1980 : délégué du personnel-licenciement sans autorisation préalable de l'inspecteur de travail -licenciement abusif quelle que soit la faute lourde du délégué.

[536] Cass. crim., 17 juil. 1970, *Bull. crim.* 1970, n° 240; Cass. crim., 4 oct. 1973, *Bull. crim.* 1973, n° 346.

[537] Voir, P.-G. POUGOUÉ, « Réflexions sur la protection du délégué du personnel contre les licenciements en droit du travail camerounais », *RCD* n° 27, 1984, pp. 1 à 28.

[538] Voir, C. S., arrêt n° 131/S du 17 septembre 1987, Centre Pasteur c/NJIPPI Jean ; en l'espèce, une décision de licenciement est prise sans autorisation. S'étant aperçu de sa bavure, l'employeur l'annule. Or, l'autorisation doit être demandée et obtenue avant la réalisation effective du licenciement. Le seul fait de notifier le licenciement avant la mise en œuvre de la procédure d'autorisation devrait constituer un délit d'entrave : en ce sens, Cass. crim. 17 juil. 1970, *Bull. crim.* n° 573 ; Crim., 4 oct. 1973, *Bull. crim.* n° 346. Il s'ensuit que l'annulation ultérieure de la décision de licenciement n'y change rien.

De même, l'infraction est matérialisée dès lors que les formalités requises sont entachées d'irrégularités.

Par ailleurs, l'inobservation de la procédure spéciale de licenciement est constitutive d'infraction en cas de :

- mutation avec maintien du salaire et de classification, mais entraînant une restriction au niveau des responsabilités[539] ;
- mutation refusée par le délégué du personnel, mais assortie de la menace d'être démis en cas de refus de rejoindre le nouveau poste dans le délai fixé par l'employeur[540] ;
- mutation mettant le délégué du personnel dans l'impossibilité d'exercer son mandat dans son établissement d'origine en l'absence de l'autorisation de l'inspecteur du travail ou à défaut de l'accord de l'intéressé exprimé devant l'inspecteur du travail du ressort (article 130 (6))[541].

284. Expressément prévue par l'article 130 (4), la faculté laissée à l'employeur de prendre une mesure de suspension provisoire en s'abritant derrière son pouvoir disciplinaire contre un délégué du personnel en cas de faute lourde peut être constitutive du délit d'entrave dès lors que :

- la mise à pied est prononcée abusivement, c'est-à-dire pour des faits qui ne sont pas constitués d'une faute lourde ;
- le délégué du personnel est empêché d'exercer son mandat après que la mise à pied conservatoire ait pris fin, c'est-à-dire en cas de refus d'autorisation de licenciement de l'inspecteur du travail ;
- le maintien de toute mesure soumise à autorisation malgré le refus de celle-ci constitue un délit d'entrave[542]. Il en est ainsi lorsque la mise à pied se poursuit après la décision de l'inspecteur du travail refusant le licenciement. La réintégration du délégué du personnel, à la fois dans son emploi et dans ses fonctions électives, doit avoir lieu dès la décision de refus de licenciement[543] ;
- l'employeur refuse de payer au délégué du personnel les salaires afférents à la période de suspension.

---

539 Cass. crim., 31 janv. 1974, *Bull. crim.* 1974, n° 52.

540 Cass. crim., 17 mars 1976, *Bull. crim.* 1976, n° 100; *Rev. Dr Trav.* 1976, n° 174.

541 C. S., arrêt n° 60/S du 22 mai 1986, TAMKOUA Jean Jacques c/EKENGLO Hubert : la Cour suprême approuve les juges du fond d'avoir décidé qu'une telle mutation constituait une entrave car elle mettait le délégué suppléant dans l'impossibilité d'exercer son mandat dans son établissement d'origine.

542 Voir, Cass. crim., 9 janv. 1973, *Bull. crim* 1973, n° 12.

543 Voir infra, droit à réintégration.

La question de la survie du mandat du délégué du personnel pendant la mise à pied demeure néanmoins posée.

Il convient de souligner qu'il est admis que la mise à pied du délégué du personnel, quelle que soit sa nature (conservatoire ou disciplinaire), n'a pas pour conséquence de suspendre l'exécution de son mandat[544]. Un employeur ne peut donc désormais refuser de considérer un représentant du personnel comme un interlocuteur valable au prétexte qu'il a été mis à pied[545]. Tirant les conséquences de la survie du mandat de représentation en un tel contexte, le juge criminel a récemment estimé *« que la seule mise à pied d'un salarié protégé, qui ne suspend pas l'exécution de son mandat, ne constitue pas en soi une telle entrave »*[546]. L'opposition à l'exécution de la mission est susceptible d'être incriminée s'il ne peut être avancé aucune justification à l'appui de cette décision[547].

285. La question de savoir si la garantie d'une procédure spéciale de licenciement accordée aux délégués du personnel suffit à légitimer l'obligation pour l'employeur de s'en tenir à cette seule procédure et de renoncer à la procédure de résiliation judiciaire du contrat qui a de tout temps, été appliquée conformément à l'article 1184 du Code civil, demeure ouverte[548].

La jurisprudence dégagée par les arrêts PERRIER[549] a posé le principe selon lequel *« les dispositions législatives ont institué au profit des salariés*

---

[544] Cass. crim., 11 sept. 2007, *Dr. soc.* 2007, p. 1260, note F. DUQUESNE ; *Dr. pén.* 2007, n° 144, note J.-H. ROBERT ; *Dr. ouvrier* 2008, 83 : solution inspirée par le juge social, Cass. soc., 23 juin 1999, n° 97-41.121 ; *Bull. civ.* 1999, V, n° 301 (mise à pied disciplinaire) ; Cass. soc., 2 mars 2004, n° 02-16.554 ; *Bull. civ.* 2004, V, n° 271 (mise à pied conservatoire).

[545] Cette hypothèse d'entrave est à distinguer de celle, voisine, où c'est la sanction disciplinaire elle-même qui constitue l'entrave parce qu'elle n'est pas proportionnée à la faute du salarié : Cass. crim., 8 oct. 1991, *Bull. crim.* 1991, n° 335.

[546] Cass. crim., 8 avr. 2014, n° 12-85.800, *Bull. crim.* 2014, n° 107 ; *JCP S* 2014, 1270, obs. F. DUQUESNE ; *Dr. soc.* 2014, p. 832, note R. SALOMON

[547] Telles des violences faites aux personnes ou des destructions volontaires justifiant la rupture du contrat de travail du salarié protégé sans indemnités.

[548] Le recours de l'employeur à la résiliation judiciaire s'avère plus astucieux dans la mesure où elle revêt la forme d'entrave plutôt radicale puisqu'elle aboutit à priver les travailleurs de leur représentant. Ce recours fut admis par la jurisprudence camerounaise (qui semblait se référer à l'ancienne jurisprudence française) : C. S. CO, arrêt n° 107 du 6/7/ 1968, *Bull.* p. 2287 ; C. S., arrêt n° 50/S du 8 mai 1980, *inédit* ; C. S., arrêt n° 72/S du 17 juillet 1980, *inédit* ; C. S., arrêt n° 89/S du 13 août 1981, *inédit*. Il a toutefois été démontré que cette jurisprudence est nettement contraire à la volonté du législateur camerounais (Voir, P.-G. POUGOUÉ, « Réflexions sur la protection des délégués du personnel contre les licenciements en droit du travail camerounais », *RCD*, n° 27, 1984, pp. 14 et 15) : en effet, la protection légale des délégués du personnel est exceptionnelle et exorbitante du droit commun, ce qui interdit toute tentative de revenir, par un biais quelconque au droit des contrats civils

[549] Chambre mixte, 21 juin 1974, *D.* 1974, 593, concl. TOUFFAIT ; *D.* 1974, chr. 235, note H. SINAY ; *JCP* 1974, II, 17 801 ; *Gaz. Pal.* 1974, 2, 649 ; *D.* 1975, chr. 103, note R. LATOURNERIE.

légalement investis de fonctions représentatives et dans l'intérêt de l'ensemble des travailleurs qu'ils représentent une protection exceptionnelle et exorbitante du droit commun qui interdit, par suite, à l'employeur de poursuivre par d'autres moyens la résiliation du contrat de travail ».

L'Assemblée plénière est allée jusqu'à considérer que le délit d'entrave était constitué par le seul fait d'intenter une action en résolution[550]. À son tour, depuis 1985[551], la Chambre criminelle a indiqué à plusieurs reprises que les dispositions législatives soumettant à l'assentiment préalable de l'inspecteur du travail, le licenciement de salariés légalement investis de fonctions représentatives interdit à l'employeur de poursuivre par d'autres moyens la résiliation du contrat de travail et qu'en conséquence, l'employeur ne saurait se soustraire à l'observation de ces dispositions d'ordre public en proposant aux salariés de mettre fin aux contrats de travail par un accord de résiliation[552].

Au Cameroun, la décision célèbre ayant fait écho de cette jurisprudence est celle de l'arrêt BONG-YOMB Silas contre DESPOTAKIS[553], après que le Tribunal de grande instance de Yaoundé ait reconnu non sans surprise, la *« légitimité »* du licenciement du délégué du personnel BONG-YOMB Silas, en dépit du refus catégorique de l'inspecteur du travail[554].

Par ailleurs, la modification unilatérale du contrat de travail constitue aussi une technique fréquente pour tenter de paralyser l'action du délégué du personnel en escomptant son départ par le refus de cette modification[555]. En

---

550 Cass. ass. plén., 28 janv. 1983, *Bull. crim.* 1983, n° 37 ; Voir, P. COUVRAT et M. MASSÉ, L'exercice punissable d'une action en justice : à propos de l'arrêt de l'Assemblée plénière du 28 janvier 1983, *Dr. soc.* 1984, p. 511.

551 Cass. crim., 26 nov. 1985, *Bull. crim.* 1985, n° 379; Cass. crim., 26 nov. 1996, *Bull. crim.* 1996, n° 428; Cass. crim., 6 janv. 2004, *Bull. crim.* 2004, n° 4; Cass. crim., 28 janv. 2004, *Bull. crim.* 2004, n° 22.

552 La rupture conventionnelle résultant de la loi du 25 juin 2008 portant modernisation du marché du travail (article L. 1237-11 et s. Code du travail) constitue une exception en ce qu'elle nécessite l'homologation de l'administration du travail, ce qui procure une garantie équivalente à celle découlant du statut protecteur proprement dit. Sur la possibilité de rompre un contrat à durée déterminée sur accord des parties après autorisation de l'inspecteur du travail : Cass. crim., 14 nov. 2006, n° 05-87.554, *Bull. crim.* 2006, n° 284.

553 CA Yaoundé, 7 avr. 1981.

554 Sur la base des affaires BONG-YOMB Silas c/ DESPOTAKIS et NDONGO EKOTTO Moïse c/ BICIC, un auteur soutient la thèse selon laquelle au Cameroun, le délit d'entrave à l'exercice des fonctions de délégué du personnel est, comme le reste des infractions en droit pénal du travail camerounais, difficilement sanctionné. Bien plus, du fait de l'insuffisance de la protection du délégué du personnel, cette protection y apparaît comme un mythe : Voir, NDIE NGAH, *Le droit pénal camerounais du travail et de la prévoyance sociale*, Mémoire de maîtrise en droit privé, Université de Yaoundé, 1985, p. 112. Cette opinion est-elle encore d'actualité de nos jours ?

555 Cass. crim., 25 mars 1980, *Bull. crim.* 1980, n° 105; Cass. crim., 15 févr. 1994, *JCP G* 1994, V, n° 1209 ; Cass. crim., 19 oct. 1999, *Dr. ouvrier* 2000, p. 178 ; Cass. crim., 28 janv. 2003, *Liaisons soc.* 2003, *Jurispr.* 807.

cas de poursuite, l'employeur doit apporter la pleine justification de la mesure, sinon le délit est caractérisé[556].

iii. Droit à réintégration

286. Les délégués du personnel ont le droit d'être réintégrés dans leur emploi en cas de licenciement irrégulier. Ce principe a été posé successivement par la jurisprudence criminelle et la jurisprudence sociale. Seul l'article 130 (4) du Code du travail relatif à la mise à pied conservatoire dispose qu'en cas de refus de licenciement, le délégué est réintégré avec paiement des salaires afférents à la période de suspension. À partir du moment où, quelles que soient les circonstances du licenciement irrégulier, il y a obligation de réintégration, les délégués du personnel bénéficient d'une protection accrue et le droit à réintégration qui leur est reconnu prend le caractère d'une véritable garantie statutaire.

Selon la jurisprudence de la Chambre criminelle, le refus de réintégrer un salarié irrégulièrement licencié est, à lui seul, constitutif du délit d'entrave.

Le délit est matérialisé dès la décision définitive de l'inspecteur du travail refusant le licenciement, si l'employeur ne réintègre pas l'intéressé, à la fois dans son emploi et dans l'exercice de ses fonctions électives[557]. Toutefois, l'infraction n'est pas caractérisée dans tous ses éléments s'il existe un obstacle insurmontable pour l'employeur à la réintégration, tel le refus justifié de laisser pénétrer l'intéressé sur son site, opposé par le tiers chez lequel celui-ci travaille pour le compte de l'employeur[558].

Inversement, même si l'employeur ne s'oppose pas à la réintégration, le délit peut être caractérisé par le seul fait qu'à la suite du refus de licenciement, il assigne à l'intéressé *« une besogne inutile, absurde, ridicule et fastidieuse »*, une telle mesure abusive de discrimination étant nécessairement constitutive d'entrave[559].

---

[556] Cass. crim., 6 janv. 2004, *Bull. crim.* 2004, n° 4; Cass. crim., 22 nov. 2005, *RJS* 2006, n° 240.

[557] Cass. crim., 18 oct. 1973, *JCP* 1974, II, 17 685, note ALVAREZ; contra, Cass. crim., 8 oct. 1975, *Bull. crim.* 1975, n° 211. Dans l'arrêt TIEPMA (C. S., arrêt n° 38/S du 28 janvier 1990, affaire CAMAIR c/TIEPMA Jean Calvin), la Cour suprême casse une décision de la Cour d'appel qui a déclaré abusif un licenciement de délégué du personnel intervenu nonobstant le refus de l'inspecteur du travail, et octroyé des dommages-intérêts sur cette base. Un tel licenciement, dit la Haute juridiction, est nul et ne peut produire d'effets juridiques. La conséquence est que le délégué doit recouvrer son emploi, son salaire, ses fonctions représentatives.

[558] Cass. crim., 3 juil. 1968, *D.* 1969, 597, note J.-M. VERDIER ; *JCP* 1968, II, 15 605.

[559] Cass. crim., 10 déc. 1970, *JCP* 1971, II, 16 862.

Le délit se poursuit jusqu'à la réintégration du délégué du personnel dans son emploi ou dans un emploi similaire[560]. Il ne peut, de la sorte, se prolonger alors même que le délai de protection est expiré[561]. Le délit suit dès lors le régime applicable aux infractions continues pour l'application, notamment des mesures d'amnistie et des règles relatives à la prescription.

Cette construction jurisprudentielle est saluée dans la mesure où elle contribue à assurer aux délégués du personnel la sécurité nécessaire pour assumer leur mandat dans une indépendance totale vis-à-vis de l'employeur.

Toutefois, l'on doit relever que la réintégration du délégué du personnel pose en droit du travail camerounais un problème crucial. En effet, si le délégué du personnel a eu gain de cause dans le procès, le licenciement effectué par son employeur étant nul et de nul effet, il est évident qu'il doit être réintégré. Or en pratique, les employeurs refusent de le faire[562]. Ils acceptent promptement de dédommager le délégué du personnel en payant tous les salaires afférents à la période du conflit et une certaine somme d'argent à titre de réparation du préjudice subi. Il va de soi que cette réparation demeure insuffisante.

Il faut souligner qu'il y a des employeurs qui acceptent la réintégration, mais très vite après celle-ci, ils créent un autre conflit propre à entraîner le licenciement du délégué du personnel.

En général, il arrive que dans la plupart des cas, les délégués du personnel aient déjà trouvé un autre emploi et ne sont plus prêts pour la réintégration ou alors ils redoutent simplement l'atmosphère du travail après leur retour. C'est pourquoi ils préfèrent alors garder leur nouvel emploi et toucher les indemnités de licenciement dans la première entreprise.

On le voit, les hypothèses d'entrave effective de la part de l'employeur sont nombreuses et variées : les tentatives visant à s'affranchir des mesures interdites ou soumises à autorisation, l'altération substantielle ou discriminatoire des conditions d'emploi ou d'exercice des fonctions. Aussi, pour ne pas vider l'institution du délégué du personnel de tout son sens, le

---

560 Cass. crim., 23 avr. 1970, *JCP* 1970, II, 16 486, note MICHAUD; *D.* 1970, 628; Cass. crim., 17 déc. 1997, *Bull. crim.* 1997, n° 471.

561 Cass. crim., 4 oct. 1973, *Bull. crim.* 1973, n° 346.

562 Et même du côté des juges, la tergiversation observée a conduit la Haute juridiction a apporté la précision ci-après : « *Attendu que la réintégration, étant obligatoire en cas de refus de l'autorisation de licencier de l'inspecteur du travail, conformément aux dispositions de l'article 137 du Code du travail, le juge est obligé de l'ordonner même si les parties n'en ont jamais discuté et le juge ne peut, sous prétexte d'un défaut de tentative de conciliation, sur un tel chef de demande, se dérober à l'application d'une disposition impérative de la loi* » : C. S., arrêt n° 7/S du 18 octobre 1990, affaire Banque camerounaise de développement c/NKAMLA François.

législateur sanctionne-t-il les entraves décelées dès lors que l'intention coupable de l'employeur est dévoilée.

2. Élément intentionnel de l'infraction

287. Le délit d'entrave est une infraction dont l'intention coupable doit être caractérisée. Faut se demander s'il admet les faits justificatifs.

a. La caractérisation de l'intention coupable

288. Elle est marquée par une évolution de la jurisprudence. Au départ, la Chambre criminelle de la Cour de cassation considérait que le délit d'entrave était une infraction matérielle en retenant que : *« la simple violation d'un statut que le chef d'entreprise ne peut ignorer suffit, l'acte contient en lui-même les éléments tant moraux que matériels du délit »*[563].

Le délit d'entrave se trouve de la sorte, assimilé à un délit contraventionnel. La seule réalisation matérielle de l'infraction la rend punissable, l'employeur étant de toutes les façons, fautif pour n'avoir pas respecté les prescriptions légales ou réglementaires qu'il est censé ne pas pouvoir ignorer.

Cette position que la jurisprudence n'a cessé de confirmer au fil des ans, est conforme au principe pénaliste selon lequel l'intention coupable est la conscience d'accomplir un acte interdit par la loi[564] et à l'objectif visé par le législateur, qui consiste à l'élargissement du statut protecteur, toute chose marquant la singularité du droit pénal du travail par rapport au droit pénal commun.

On note cependant, depuis une époque récente, la tendance de la Chambre criminelle à redonner à l'élément intentionnel de l'infraction, sa place parmi les éléments constitutifs du délit d'entrave. Dans plusieurs affaires concernant des incriminations très diverses, elle s'attache à vérifier si les agissements incriminés ont un caractère volontaire ou encore dans quelle mesure ils peuvent caractériser une intention coupable de la part de l'employeur. La seule constatation de la matérialité de l'infraction ne suffit plus dès lors que la volonté pour l'employeur n'est pas suffisamment caractérisée.

L'exigence d'une intention de commettre l'entrave étant nécessaire, il reste à en déterminer le contenu exact. La Chambre criminelle a toujours rejeté l'exigence d'un dol spécial (la volonté de nuire) en estimant que seul était nécessaire un dol général, c'est-à-dire la volonté consciente de l'agent

---

563 Cass. crim., 10 nov. 1953, *Bull. crim.* 1953, n° 202; *Dr. soc*; 1954, 404, note G. LEVASSEUR; Cass. crim., 10 juin 1986, *Bull. crim.* 1986, n° 302.

564 J. et A. M. LARGUIER, « Les délits d'entrave aux fonctions de représentants du personnel », *Dr. soc.* 1967, p. 566.

d'enfreindre la loi pénale et d'en assumer les conséquences[565]. Par conséquent, on doit considérer que *« le caractère volontaire de l'acte ou de l'omission du prévenu »* suffit à caractériser l'intention[566].

En outre, afin d'assurer une répression efficace, les tribunaux procèdent systématiquement à une appréciation *in abstracto* du dol général en raisonnant en fonction de ce que celui-ci devait savoir ou ne pouvait pas ne pas savoir.

Si le constat d'une volonté peut découler de la réitération du comportement fautif[567], le mobile est indifférent, car il est retenu *« que l'élément intentionnel du délit poursuivi se déduit, non du but recherché par l'intéressé, mais du caractère volontaire du manquement constaté »*[568].

Ainsi, le fait par l'employeur d'engager une action en résiliation judiciaire du contrat de travail d'un salarié protégé ne suffit pas à caractériser le délit d'entrave dès lors que la preuve n'est pas rapportée que l'employeur a eu conscience d'enfreindre les prescriptions légales[569].

b. Les faits justificatifs

289. La jurisprudence a écarté comme fait justificatif de l'absence d'intention coupable : la bonne foi, l'erreur de droit, la force majeure, le fait des délégués du personnel ou d'un tiers. Ils peuvent tout au plus, atténuer la gravité de la faute et être pris en considération, le cas échéant, à titre de circonstances atténuantes pour justifier une réduction de peine.

i. La bonne foi de l'employeur

290. Le principe de bonne foi est expressément consacré par l'article 1134 alinéa 3 du Code civil. Il est considéré comme un moyen de faire pénétrer la règle morale dans le droit positif[570]. Le législateur n'a pas défini la notion de bonne foi pourtant, elle revêt en droit des contrats une double signification[571]. Elle renvoie d'abord à la loyauté du contractant. Celle-ci signifie l'absence de mauvaise foi c'est-à-dire la probité, l'honnêteté. La bonne foi renvoie ensuite à la loyauté contractuelle, qui impose au contractant un devoir de coopération et de collaboration, une attitude empreinte de justice contractuelle.

---

565 Cass. crim., 1er févr. 1951, *JCP* 1951, II, 6333, note G. B.; Cass. crim., 2 août 1951, *Bull. crim.* 1951, n° 246; Cass. crim., 10 nov. 1953, *Bull. crim.* 1953, n° 202; Cass. crim., 26 mai 1961, *Bull. crim.* 1961, n° 273; Cass. crim., 31 janv. 1974, *Bull. crim.* 1974, n° 52.
566 Cass. crim., 17 févr. 1998, *Dr. ouvrier* 1998, p. 429; Cass. crim., 30 nov. 1999, *Bull. crim.* 1999, n° 284.
567 Cass. crim., 15 mai 2007, n° 06-86.896 ; *RJS* 8-9/2007, n° 970.
568 Cass. crim., 6 févr. 2007, n° 06-82.744 ; *Dr. soc.* 2007, 662, obs. F. DUQUESNE.
569 Cass. crim., 16 mars 1978, *préc.*
570 G. RIPERT, *La règle morale dans les obligations civiles*, 4ème éd., LGDJ, Paris, 1949, n° 157, p. 287 et s.
571 Voir, Y. PICOD, *L'exigence de bonne foi dans l'exécution du contrat*, LGDJ, Paris, 1989.

La bonne foi est la croyance erronée et non fautive en l'existence ou l'inexistence d'un fait, d'un droit ou d'une règle juridique. Cependant, l'employeur reconnu coupable d'entrave ne saurait prétendre s'exonérer de sa responsabilité pénale prétextant avoir agi de bonne foi.

ii. L'erreur de droit

291. L'erreur de droit peut consister soit dans une ignorance de la loi pénale, soit dans une interprétation inexacte de ses dispositions. Elle s'analyse comme une ignorance ou une compréhension erronée des dispositions légales. La maxime *« nul n'est censé ignorer la loi »* (*nemo censetur ignorare legem*) qui joue aussi bien en droit civil qu'en droit pénal, mais s'applique avec une rigueur particulière en droit pénal, s'oppose en principe à ce que l'erreur de droit constitue une cause de non-culpabilité. L'ignorance de la loi pénale n'a actuellement aucune influence sur la responsabilité, celle-ci demeure donc entière, qu'il s'agisse d'une infraction intentionnelle ou non-intentionnelle[572].

Transposé au délit d'entrave, il a été retenu que *« la seule circonstance que la matière présentait des incertitudes dans l'interprétation n'est pas de nature à enlever aux agissements de l'employeur leur caractère intentionnel »*[573]. Il en découle que l'erreur de droit ne constitue pas une cause de justification du délit. Elle peut tout au plus valoir circonstance atténuante[574].

L'on comprend alors que l'admission de l'erreur de droit comme cause de non-responsabilité, en dépit de la présomption de connaissance de la loi pénale, ne peut s'expliquer que par une assimilation de l'erreur de droit à une erreur de fait.

L'erreur de fait, qui consiste en une méprise sur la matérialité de l'acte accompli, est parfois retenue. Elle peut dans certains cas et sous certaines conditions, soit transformer un crime en simple délit, soit même faire disparaître totalement l'infraction, et par conséquent la responsabilité. Il en est ainsi lorsqu'il s'agit notamment d'apprécier la gravité de la faute susceptible de légitimer la mise à pied temporaire d'un délégué du personnel[575].

iii. La force majeure ou la contrainte

292. Au sens large, la force majeure désigne tout évènement imprévisible et insurmontable empêchant le débiteur d'exécuter son obligation. Appréhendé dans son sens étroit, la force majeure est un évènement non seulement imprévisible et insurmontable, mais encore d'origine externe,

---

[572] Cass. crim., 8 févr. 1966, *D.* 1966, Somm. p. 88 : *« l'erreur de droit ne constitue ni un fait justificatif, ni une excuse admise par la loi ; elle demeure sans influence sur l'intention coupable »*.

[573] Cass. crim., 2 mars 1961, *JCP* 1961, II, 12 095, note GUERIN; Cass. crim., 9 avr. 1975, *Bull. crim.* 1975, n° 88.

[574] Cass. crim., 29 oct. 1975, *Bull. crim.* 1975, n° 231.

[575] Cass. crim., 25 mai 1955, *JCP* 1956, II, 9443, note BRETHE de la GRESSAYE.

absolument étranger à la personne du débiteur (force de la nature, fait du prince, fait d'un tiers)[576]. Lorsque les conditions de la force majeure sont réunies, le débiteur de l'obligation est totalement exonéré.

La contrainte est une force à laquelle on ne peut résister. À la différence du trouble psychique ou neuro-psychique, qui détruit le discernement et abolit la conscience, la contrainte est une cause psychologique qui enlève à la volonté toute liberté. Elle produit cependant les mêmes effets. Comme lui, elle ne fait pas disparaître l'infraction elle-même, mais seulement la responsabilité personnelle de l'auteur[577]. On distingue la contrainte physique et la contrainte morale[578] et la première est reconnue plus facilement que la seconde. De plus, l'effet exonératoire de responsabilité est plus largement admis dans le premier cas que dans le second et, dans les deux cas, lorsqu'elle est d'origine externe.

La force majeure ou la contrainte n'est admise que lorsqu'elle constitue un obstacle réellement insurmontable pour l'employeur[579]. Dès lors, n'est pas constitutif d'un obstacle insurmontable le fait qu'à la suite du refus par l'inspecteur du travail de l'autorisation de licencier un délégué du personnel, la réintégration de celui-ci se heurte à l'opposition manifestée par de nombreux sociétaires[580]. Pour qu'il en soit ainsi, il faudrait que l'employeur ait usé des moyens en son pouvoir pour tenter de vaincre cette opposition[581].

iv. La volonté des délégués du personnel eux-mêmes

293. Lorsque la volonté des délégués du personnel n'est pas retenue comme cause de justification de l'infraction, elle vaut néanmoins circonstance atténuante. L'inobservation des prescriptions imposant la réception mensuelle des délégués du personnel par le chef d'entreprise peut être justifiée si elle a pour cause le refus ou la défection des délégués du personnel[582].

v. L'intervention d'un tiers

294. Le fait d'un tiers est un acte, fautif ou non, émanant d'une personne, autre que l'auteur de l'infraction, connue ou inconnue. Elle ne peut justifier le délit d'entrave que si elle constitue un obstacle insurmontable assimilable à la

---

[576] S. GUINCHARD, Th. DEBARD, *Lexique des termes juridiques* 2017-2018, 25ème éd., Dalloz, Paris, 2017, p. 532.

[577] Le complice de celui qui a commis une infraction sous l'empire de la contrainte est punissable s'il n'a pas été lui-même contraint.

[578] À la différence de la contrainte physique provoquée par un facteur physique irrésistible, externe ou interne, la contrainte morale résulte d'une pression exercée sur la volonté de l'agent soit par une cause externe (fait d'un tiers), soit par une cause interne (émotion ou passion de l'agent).

[579] Cass. crim., 4 oct. 1977, *Bull. crim.* 1975, n° 285.

[580] Cass. crim., 10 mai 1977, *Bull. crim.* 1977, n° 168.

[581] Cass. crim., 9 déc. 1986, *Bull. crim.* 1986, n° 960.

[582] Cass. crim., 22 oct. 1975, *JCP* 1976, II, 18 396, note CALEB; *Gaz. Pal.* 1976, 1, 79.

force majeure[583]. Le double caractère d'irrésistibilité et d'imprévisibilité est exigé par la jurisprudence.

B. Répression du délit d'entrave

295. Seront examinées les personnes responsables et les modalités particulières de répression.

1. Les personnes responsables

296. La généralité des termes de l'article 168 (4) du Code du travail conduit à imputer l'infraction à toute personne dont les agissements sont constitutifs d'entrave. Il peut s'agir aussi bien de l'employeur, d'un salarié, ou, le cas échéant, d'une organisation syndicale ou d'un tiers. Mais la pratique des relations de travail à l'intérieur des entreprises permet d'exclure d'abord les tiers, ensuite les salariés, sauf circonstances exceptionnellement graves.

Le chef d'entreprise est dans la majorité des cas la personne qui, dans l'entreprise, est poursuivie pour entrave au fonctionnement de l'institution représentative du personnel.

Ce peut être également son représentant ou celui à qui il a délégué ses pouvoirs. À ce titre, le chef du personnel peut être personnellement concerné s'il est l'auteur du fait constitutif d'entrave[584]. Toutefois, une telle délégation n'a pas pour effet d'exonérer l'employeur de toute responsabilité pénale. Il sera reconnu coupable du délit d'entrave notamment s'il n'ignorait pas le caractère chronique des infractions commises[585].

Conformément au principe de la personnalité des peines, la personne poursuivie est celle qui a personnellement commis l'infraction. Seul l'auteur matériel du délit d'entrave doit donc être poursuivi.

Est bien fondé l'arrêt qui, pour prononcer la relaxe du directeur général de la société se base *« sur la constatation que le licenciement et le refus de réintégration, constitutifs du délit retenu, ont été le fait personnel du président directeur général et qu'il n'est pas établi que le directeur général ait pris une part quelconque à ces actes délictueux »*[586].

Il semble que les personnes morales peuvent être aussi déclarées responsables du délit d'entrave.

---

[583] Cass. crim., 8 oct. 1973, *Bull. crim.*, 1973, n° 370; *JCP* 1974, II, 17 685, note ALVAREZ; Cass. crim., 8 oct. 1975, *Bull. crim.* 1975, n° 211.
[584] Cass. crim., 28 juin 1978, *Jurispr. soc.*, n° 392, p. 19.
[585] Cass. crim., 15 avr. 1982.
[586] Cass. crim., 4 oct. 1973, *Bull. crim.* 1973, n° 346.

2. Les modalités particulières de la répression

297. Elles sont relatives au caractère du délit, à la poursuite et à la peine.

a. Le caractère du délit

298. L'entrave est le plus souvent réalisée par un acte isolé qui suffit à la constituer. Dans ce cas, il s'agit d'un délit instantané défini comme une infraction réalisée *« par une action ou omission qui s'exécute en un instant ou dont la durée d'exécution plus ou moins longue est indifférente à la réalisation de l'infraction »*[587]. Toutefois, dans certaines hypothèses, les faits délictueux se prolongent par la réitération de l'attitude coupable de leur auteur et la jurisprudence applique alors le régime des infractions continues, ce qui a pour conséquence d'aggraver de diverses manières les conditions de la répression. Cette qualification particulière s'applique essentiellement en cas de refus de réintégration du représentant du personnel irrégulièrement licencié[588]. L'infraction dure alors tant que la réintégration n'a pas eu lieu[589].

Lorsque le délit a un caractère continu, les conséquences sont importantes. Elles concernent tout d'abord la prescription de l'action publique qui ne court que du jour où le refus délictueux prend fin. De nouvelles poursuites en raison de la persistance des faits peuvent être exercées à l'encontre de l'employeur qui maintient son refus malgré une première condamnation définitive[590] : la règle *non bis in idem* n'a pas à jouer dans ces hypothèses, car on ne sanctionne pas deux fois la même faute, mais on sanctionne plusieurs fois des fautes répétées de même nature ; et, si un jugement est intervenu, l'employeur se trouve alors en situation de récidive. Le caractère continu du délit a enfin pour conséquence d'exclure du bénéfice de l'amnistie le chef d'entreprise qui maintient son refus de réintégrer après la date d'entrée en vigueur de la loi bien que l'origine des faits délictueux se situe avant cette date.

b. Les poursuites

299. En ce qui concerne l'action publique, les poursuites peuvent être engagées à l'initiative de toute personne lésée. Il n'est pas nécessaire que l'infraction soit préalablement constatée par l'inspecteur du travail ou par un

---

[587] B. BOULOC, *Droit pénal général*, 23ème éd., Dalloz, Paris, 2013, n° 220.
[588] Cass. crim., 28 mai 1968, *D.* 1969, p. 471, note J.-M. VERDIER, Cass. crim., 23 avr. 1970, *JCP G* 1970, II, 16 486, note MICHAUD.
[589] Cass. crim., 4 oct. 1973, *Bull. crim.* 1973, n° 346; Cass. crim., 26 juin 1979, *Bull. crim.* 1979, p. 960.
[590] Arrêt RADA, Cass. crim., 28 mai 1968, *JCP* 1968, II, 1557 9 bis ; *D* 1969, 471, note J.-M. VERDIER ; Cass. crim. 3 juil. 1968, *D* 1969, 597 ; Cass. crim. 4 oct. 1973, *Jur. Soc.* n° 333, p. 337 : ainsi en cas de refus de réintégration, après le refus d'autorisation de licenciement, les poursuites à répétition sont possibles contre l'employeur récalcitrant aussi longtemps que le délégué se voit interdire la reprise effective de son emploi antérieur.

officier de police judiciaire[591]. Le dépôt de la plainte avec constitution de partie civile ou la citation directe devant le Tribunal correctionnel (tribunal de première instance), peut être le fait de toute personne physique ou morale, ayant subi un préjudice personnel et direct suite aux faits d'entrave reprochés.

Sont ainsi habilités à engager les poursuites :

- le délégué du personnel qui est personnellement victime de l'entrave ;
- un syndicat, dès l'instant qu'il représente la profession à laquelle le délit d'entrave porte préjudice *« sans qu'il soit nécessaire que ce syndicat ait été reconnu comme représentatif dans l'entreprise »*[592] : l'atteinte à une fonction représentative lèse en effet un intérêt collectif des travailleurs ;
- le procureur de la République[593].

S'agissant de l'action civile des syndicats, sa recevabilité a été très largement admise en la matière, la Chambre criminelle considérant que le préjudice né pour le syndicat de la seule réalisation matérielle d'un fait constitutif d'entrave, quel qu'il soit, suffit[594].

Le droit d'agir très largement reconnu aux syndicats, tend à conférer à leur action civile une finalité extra patrimoniale et à lui octroyer le caractère d'une action quasi publique s'exerçant parallèlement à celle du ministère public. Il s'ensuit que par dérogation aux règles de droit commun, le juge correctionnel est tenu de statuer au fond sur l'action civile même après avoir pris une décision de relaxe et ne peut, par conséquent, que débouter de son action civile la partie civile qui n'a pas rapporté la preuve de la réalité du délit imputé au prévenu[595].

Cette solution a été sévèrement critiquée dans la mesure où, notamment, la jurisprudence serait conduite à la faire prévaloir, quelle que soit la partie civile en cause. Lorsque la victime se porte partie civile, celle-ci serait alors privée du droit d'agir en réparation devant le juge civil, comme c'est le cas en droit commun.

c. Les peines

300. L'article 168 (4) du Code du travail punit d'une amende de 200 000 à 1.500.000 FCFA, toute personne qui porte atteinte à l'exercice régulier des fonctions de délégué du personnel. Des peines d'emprisonnement de six (6)

---

591 Cass. crim., 4 oct. 1973, *Bull. crim.* 1973, n° 346.
592 Cass. crim., 22 nov. 1977, *Bull. crim.* 1977, n° 262.
593 Article 60 du Code de procédure pénale qui dispose que : *« l'action publique est mise en mouvement et exercée par le ministère public ».*
594 Cass. crim., 2 mars 1961 *préc.* ; Cass. crim., 4 mai 1971, *Bull. crim.* 1971, n° 131 ; Cass. crim., 29 mars 1973, *Bull. crim.* 1973, n° 162.
595 Cass. crim., 2 juin 1976, *JCP* 1977, II, 1878, note A.D.

jours à six (6) mois peuvent, en outre, être requises en cas de récidive (article 170 (1)). L'emprisonnement est obligatoirement prononcé en cas de double récidive (article 170 (2)).

La notion d'entrave, largement entendue, assure si l'on veut l'utiliser, une protection des délégués du personnel. Il appartient aux juges de savoir s'en servir en recherchant à chaque fois une parfaite conciliation des différents intérêts en présence, à savoir ceux catégoriels des représentants du personnel et ceux de l'entreprise.

Section 3. Les infractions liées à la grève

301. Le droit de grève fait partie des droits essentiels des travailleurs. Elle a une valeur constitutionnelle[596]. Au-delà de son appréhension sous le prisme de la liberté découlant de la faculté de faire ou de ne pas faire, la grève est aussi considérée comme une prérogative individuelle s'exerçant collectivement. Le Code du travail la définit en son article 157 (4) comme *« le refus collectif et concerté du travail par tout ou partie des travailleurs d'un établissement de respecter les règles normales de travail en vue d'amener l'employeur à satisfaire leurs réclamations ou revendications »*.

Pour protéger la relation de travail, l'exercice du droit de grève est réglementé par le Code du travail. Ainsi, sous peine d'être qualifiée de grève illicite, les employés doivent au préalable respecter certaines étapes qui sont : la conciliation qui se déroule devant l'inspecteur du travail ; en cas d'échec de la conciliation, on passe à la phase d'arbitrage qui est assurée par un conseil d'arbitrage. Celui-ci est institué dans le ressort de chaque Cour d'appel et est composé d'un magistrat de la Cour d'appel, d'un assesseur employeur, d'un assesseur travailleur, et d'un greffier. La grève ne peut donc être exercée qu'en cas d'échec des phases de conciliation et d'arbitrage[597]. On parle dans ce cas de grève licite. Elle aura pour effet de suspendre le contrat de travail des salariés grévistes et par conséquent, ils ne percevront pas le salaire relatif à cette période de suspension. Il s'ensuit que la perte d'une prime d'assiduité, instituée par l'employeur en sus du salaire, ne constitue pas une mesure discriminatoire envers les salariés grévistes, dès lors qu'elle est liée à toute absence, autorisée ou non, et non pas liée spécifiquement à l'absence pour grève[598].

[596] Voir, Constitution du 18 janvier 1996.
[597] Il convient de relever que même en cas d'échec des procédures de conciliation et d'arbitrage, il importe de respecter le préalable du dépôt d'un préavis de grève auprès de l'employeur et de l'inspection du travail.
[598] J.-M. NYAMA, *Droit et contentieux du travail et de la sécurité sociale au Cameroun*, 2ème éd., PUCAC, 2014, p. 325.

Les rapports collectifs de travail sont considérés comme le terreau de la perpétration de diverses infractions où certaines d'entre elles lui sont consubstantielles. Il en est ainsi du délit d'entrave à la liberté du travail, qui se situe dans la continuité des incriminations visant à faire, dès l'ancien droit, de la grève et du lock-out une infraction pénale. À l'occasion de la grève, il s'accompagne souvent de la commission d'autres atteintes aux personnes et aux biens que sanctionne également la loi pénale.

§1. Le délit d'entrave à l'exercice du droit de grève

302. L'article 168 (5) du Code du travail réprime l'atteinte à la liberté de travail en général. Mais en particulier, lors de l'exercice du droit de grève, des entraves peuvent être apportées à ce droit. Celles-ci peuvent résulter des comportements et des actes des employeurs publics ou privés, des syndicats et des travailleurs ainsi que des forces de l'ordre. Le Code pénal dispose en son article 255 qu' *« est puni... celui qui, à l'aide de violences, menaces ou manœuvres frauduleuses, amène ou maintient une cessation concertée du travail pour forcer la hausse ou la baisse des salaires ou pour porter atteinte au libre exercice du travail ou de l'industrie »*. Les éléments constitutifs de l'infraction (A) et ses modalités de répression (B) seront précisés.

A. Éléments constitutifs de l'infraction

303. Pour ce qui est de l'élément matériel, l'infraction est caractérisée par les actes de violence, les menaces ou les manœuvres frauduleuses.

Selon la Chambre criminelle de la Cour de cassation, la sanction du délit d'entrave à la liberté du travail a pour objet de protéger la liberté du travailleur et non de préserver les instruments du travail. Sont considérés comme actes de violence non seulement les coups et blessures proprement dits, mais encore toute atteinte à l'intégrité corporelle d'une personne. Il en est ainsi du fait de saisir une personne sans la frapper, d'employer la contrainte physique pour l'expulser d'un lieu ou de l'empêcher d'y pénétrer, de même que tout acte d'agression qui, sans atteindre physiquement une personne, sont susceptibles de lui causer une impression vive, une émotion violente et de troubler sa sécurité[599]. La notion pure de violence a moins l'occasion de s'appliquer sauf à considérer que les violences morales sont également susceptibles de caractériser l'infraction[600].

En revanche, les actes tendant seulement à la destruction des matériels ou instruments de travail ne suffisent pas à caractériser le délit. De tels

---

[599] Cass. crim., 21 nov. 1951, *D.* 1952, 360; *JCP* 1952, II, 16 686.

[600] CA Grenoble, 18 juil. 1901, *DP* 1902, 2, p. 470 ; Trib. corr. Fougères, 5 oct. 1954, *Gaz. Pal.* 1954, 2, p. 318 ; CA Paris, 19 févr. 1988, *JurisData* n° 1988-022258; CA Paris, 17 janv. 1986, *Dr. soc.* 1986, p. 231, *obs.* J. SAVATIER.

agissements peuvent plutôt servir de base à une autre incrimination[601]. De même, les violences légères qui n'ont pas pour but de porter atteinte à la liberté du travail ne sont pas suffisantes pour caractériser l'infraction. Tel est le cas de simples propos de propagande et d'exhortation sans que ces propos aient été accompagnés de gestes ou de paroles menaçants[602].

Les menaces doivent présenter un caractère suffisant d'intimidation *« de telle nature qu'un homme normalement énergique qui en est l'objet soit amené à agir contre sa propre volonté et à faire ce qu'il ne veut pas faire, parce qu'il aura de sérieuses raisons d'appréhender un attentat contre sa personne, sa famille ou ses biens »*[603]. Il en est ainsi des interpellations faites par les membres d'un piquet de grève à des ouvriers travaillant sur un chantier de l'entreprise en leur intimant l'ordre de cesser le travail de sorte que les intéressés ont dû quitter le chantier par crainte de représailles[604].

Si la présence de piquet de grève n'est pas en soi constitutive d'une menace, il en va autrement dès lors que l'attitude et les dispositions prises par les membres du piquet de grève sont assez impressionnantes pour faire redouter l'éventualité de violences à celui qui voudrait user de son droit de travailler[605] .

Le simple fait d'utiliser un appareil photographique pour prendre des clichés des ouvriers qui se présentaient pour travailler ne peut être considéré comme constitutif d'une attitude d'intimidation suffisante[606].

Les manœuvres frauduleuses peuvent consister, notamment, dans des actes de propagande à caractère mensonger, concernant la situation de l'emploi dans l'entreprise, la sécurité du travail, etc., qui sont de nature à inciter les salariés à se mettre en grève. Toutefois, en dépit de leur caractère mensonger, certains propos ne sont pas suffisants pour être assimilés à des manœuvres frauduleuses. Il en est ainsi de ceux qui tendent à inviter les ouvriers à sortir de l'arsenal au motif qu'il y aurait des bagarres en ville et que le service d'ordre aurait tiré sur les grévistes[607].

---

601 Cass. crim., 29 oct. 1964, n° 63-93.245, *Bull. crim.* 1964, n° 283; Cass. crim., 12 déc. 1951, *Bull. crim.* 1951, n° 340; *D.* 1952, p. 157, rapp. PATIN.

602 CA Nancy, 22 mai 1951, *Gaz. Pal.* 1951, 2, p. 20 ; CA Nîmes, 9 juin 1950, *D.* 1950, p. 472, confirmant Trib. corr. Orange, 26 avr. 1950, *D.* 1950, p. 478.

603 CA Grenoble, 18 juil. 1901, *DP* 1902, 2, p. 470 ; CA Lyon, 8 juil. 1931, *DP* 1932, 2, p. 89, note P. PIC ; *S.* 1932, 2, p. 201, note J. BRÈTHE de la GRESSAYE ; Cass. crim., 7 janv. 1921 et 17 nov. 1926, *S.* 1927, 1, p. 33, note P. PIC ; Cass. crim., 5 févr. 1957, *Bull. crim.* 1957, n° 116 ; D. 1957, somm. p. 112 ; *Gaz. Pal.* 1957, 1, p. 427.

604 Cass. crim., 5 févr. 1957, *Bull. crim.* 1957, n° 116; D. 1957, somm. 112; *Gaz. Pal.* 1957, I, 427.

605 Cass. crim., 5 févr. 1957, *Gaz. Pal.* 1957, 1, p. 427 ; CA Montpellier, 18 oct. 1949, *Gaz. Pal.* 1957, 1950, 1, p. 58.

606 Trib. corr. Bordeaux, *préc.*

607 Cass. crim., 3 mars 1953, *D.* 1953, 444.

304. Il convient de souligner que le délit d'entrave à l'exercice du droit de grève n'est pas l'apanage des travailleurs et des syndicats. Aussi, celui provenant des employeurs peut-il se présenter sous des formes variées telles que :

- - l'embauche de travailleurs temporaires pour briser la grève ;
- les menaces de licenciement des grévistes et des membres des piquets de grève pacifiques ;
- le recours au travail au-delà de la durée normale du travail pour pallier les effets de la grève ;
- le fait de faire bénéficier les travailleurs n'ayant pas participé à la grève.

Par ailleurs, dans certaines circonstances marquées par la violence, les forces de l'ordre peuvent s'ingérer dans les grèves par l'usage de la force et la réquisition pour les briser.

La preuve des éléments matériels de l'infraction constitue certainement une difficulté sérieuse de nature à faire obstacle à l'aboutissement des poursuites. La preuve par constat d'huissier, des agissements reprochés personnellement à chacun des acteurs de l'infraction est l'un des moyens de preuve susceptibles d'être utilisés.

Relativement à l'élément moral de l'infraction, le délit, quelle que soit sa forme, suppose une intention délictueuse et celle-ci doit être entendue au sens de la recherche d'un résultat précis. L'acte incriminé fait intentionnellement, doit avoir pour but de forcer la hausse ou la baisse des salaires ou de porter atteinte au libre exercice du travail ou de l'industrie. En effet, *« la commission du délit d'entrave à la liberté du travail suppose que les auteurs de l'infraction aient eu pour objectif d'attenter à cette liberté. Toutefois, seule l'infraction consommée peut donner lieu à poursuites ; la tentative est exclue du domaine de la répression »*[608]. Ainsi qu'on a pu l'observer[609], *« la cessation concertée du travail n'est que le but premier de l'agent, le but second ou final étant la recherche d'une atteinte aux règles du jeu économique. Le législateur exige donc pour que le délit soit réalisé, un dol spécial ou la recherche d'un résultat précis ».*

B. Répression de l'infraction

305. On rappellera les peines encourues avant de se pencher sur les problèmes posés par l'action civile.

---

[608] H. GUYOT, « Conflits collectifs », in B. TEYSSIE (sous dir.), *La norme pénale et les relations de travail*, Panthéon Assas, Colloque, 2015, p. 298.

[609] J. PRADEL, « Au confluent des relations de travail et du droit pénal : l'exemple du délit d'entrave à la liberté du travail », *Dr. soc.* 199, p. 37.

1. Les pénalités

306. Les peines encourues sont un emprisonnement de quinze (15) jours à trois (3) ans et une amende de cinq mille (5000) à sept cent mille (700 000) francs ou l'une de ces deux peines seulement (article 255 Code pénal).

La simple tentative d'entrave est punissable au même titre que l'entrave (article 94 Code pénal).

S'agissant de la désignation de l'auteur de l'infraction, l'usage du pronom *« celui »* par l'article 255 semble viser les employeurs et les salariés ainsi que les tiers[610]. La jurisprudence récente confirme cette solution ancienne, en réputant complices par fourniture d'instructions les membres du syndicat organisateurs d'un mouvement caractérisant une entrave à la liberté du travail dont les auteurs principaux étaient certains salariés grévistes qui avaient effectué les actes d'obstruction[611].

Sur un autre plan, il faut penser que les responsabilités dans une grève peuvent toucher même un syndicat qui aurait déclenché, organisé ou encouragé la grève[612]. Des amendes seront alors prononcées à son encontre.

2. L'action civile

307. La question qui se pose ici est celle de la recevabilité de l'action civile des victimes du délit d'entrave à la liberté du travail, qu'il s'agisse des employeurs ou des ouvriers non-grévistes.

En ce qui concerne l'action des employeurs, la Chambre criminelle de la Cour de cassation française a eu l'occasion de se prononcer dans une affaire où un employeur avait dû verser un salaire à des ouvriers non-grévistes empêchés de se rendre sur les lieux de leur travail par le comportement d'une autre fraction du personnel. Elle a décidé que cet employeur n'avait pas pour autant subi un préjudice dont il pouvait demander réparation devant la juridiction répressive[613]. Selon l'arrêt, l'infraction d'entrave à la liberté du travail retenue contre certains grévistes n'a pas en effet pour objet la protection du travail en soi, ni la protection de l'employeur, mais seulement la protection des travailleurs contre les contraintes exercées pour les amener à se joindre à une cessation concertée du travail. Il s'ensuit que le préjudice dont, en

---

610 Parmi les tiers, ce sont le plus souvent les dirigeants des syndicats qui font l'objet de poursuites au titre de la complicité : Cass. crim., 7 janv. 1921, *S.* 1922, 1, p. 233, à moins qu'il s'agisse des personnes politiques : Cass. req., 29 juin 1897, *S.* 1898, 1, p. 17, note A. ESMEIN.

611 Cass. crim., 23 avr. 2003, *Dr. soc.* 2003, p. 993, obs. F. DUQUESNE; *Rev. sc. crim.* 2003, p. 806, *obs.* G. GIUDICELLI-DELAGE, *Bull. crim.* 2003, n° 84.

612 P.-G. POUGOUÉ (sous dir.), *Code du travail camerounais annoté,* P U A, 1997, p. 236.

613 Cass. crim., 27 nov. 1979, *Bull. crim.* 1979, n° 339; J. SAVATIER, « L'irrecevabilité de l'action civile exercée par l'employeur devant les tribunaux répressifs pour entrave à la liberté du travail », *Dr. soc.* 1981, p. 147.

l'espèce, la réparation était demandée n'est que la conséquence indirecte de l'infraction relevée à la charge des prévenus.

Par la suite, la Chambre criminelle a précisé de façon claire que le préjudice résultant pour l'employeur de la diminution de la production interrompue en raison des entraves apportées par la violence ou la menace à la liberté du travail des salariés non-grévistes, n'avait qu'un caractère indirect rendant irrecevable la constitution de partie civile[614]. Cette solution a été réaffirmée par un arrêt qui censure les juges du fond ayant accueilli la constitution de partie civile de la société employeur et accordé des dommages-intérêts pour la perte commerciale consécutive à la fermeture du magasin pendant une matinée[615].

Toutefois, un auteur fait remarquer que l'atteinte à la liberté des travailleurs dans de telles affaires où il est relevé que le préjudice était indirect, se confond quasiment avec le chômage forcé des travailleurs et par conséquent, avec la diminution de la production[616].

Quant à la recevabilité de l'action civile des salariés eux-mêmes, il semble que l'article 255 ayant pour objet de protéger la liberté du travail et non la liberté individuelle des salariés, ceux-ci ne peuvent se constituer partie civile[617]. Cependant, dans une espèce, cette action a été déclarée recevable alors même que le préjudice dont les salariés non-grévistes demandaient réparation s'avérait être purement moral ou que, pour la privation des salaires, il prenait sa source directement dans l'inexécution des obligations contractuelles de l'employeur[618].

Lorsque les grévistes ont causé des dommages aux tiers, leur responsabilité individuelle pourra être engagée. Toutefois, l'employeur peut être appelé en garantie pour la réparation du préjudice causé[619].

Indépendamment des sanctions pénales, les agissements fautifs peuvent justifier l'application des sanctions disciplinaires, pour faute lourde[620] ainsi que l'obligation de réparer le préjudice subi par l'employeur pour avoir payé, sans contrepartie de travail, les salaires aux non-grévistes.

---

[614] Cass. crim., 15 mai 1987, *Bull. civ.* 1987, n° 198.
[615] Cass. crim., 23 avr. 2003, *préc.*
[616] Voir, J. PRADEL, « Au confluent des relations de travail et du droit pénal : l'exemple du délit d'entrave à la liberté du travail », *préc.*, p. 39.
[617] CA Angers, 5 févr. 1976, *Jurispr. soc.* 1976, n° 362, p. 187.
[618] Cass. crim., 16 déc. 1982, *Dr. soc.* 1983, p. 182 ; *JCP G* 1983, IV, 71 ; Voir également, CA Paris, 17 janv. 1986, *Gaz. Pal.* 1986, 1, p. 193, qui a accueilli la demande de plusieurs salariés en réparation du préjudice moral résultant du délit d'entrave.
[619] F. B. D. MAYOUE, S. H. APIEMBOMVE, *Code du travail annoté et commenté*, *Cameroun*, éd. JURIAFRICA, 2021, p. 487.
[620] Cass. soc., 5 juin 1971, *Cah. Prud.* 1971, 8/186.

308. Dans la pratique, les sanctions généralement prononcées sont proportionnelles au degré d'implication des grévistes. C'est ainsi que les meneurs de grève peuvent voir leurs contrats rompus, tandis que les autres grévistes peuvent recevoir des mises à pied, des retards à l'avancement ou des affectations disciplinaires s'il s'agit d'une entreprise multi-sites. Quelle que soit la sanction prononcée, elle devra respecter la procédure disciplinaire prévue. Lorsque le gréviste bénéficie d'un statut protégé, il ne peut être sanctionné qu'en respect des règles de sa protection. Il s'ensuit que le délégué du personnel ne peut être licencié en cas de grève irrégulière qu'avec l'autorisation de l'inspecteur du travail du ressort[621].

Il faut relever qu'en dépit du fait que le droit de grève ne figure pas explicitement dans le texte des conventions relatives à la liberté syndicale, il a été reconnu par les organes de contrôle de l'OIT comme un outil essentiel pour les travailleurs et il est considéré comme un corollaire indissociable de la liberté syndicale[622]. C'est dire que le droit de grève, qui est un droit annexe au droit à la liberté syndicale et à la protection syndicale, est également et surtout un droit fondamental[623] et un droit de l'homme[624]. Le droit de grève exercé de manière pacifique doit être reconnu comme un droit de caractère général pour tous les syndicats, fédérations et confédérations, tant dans le secteur public que dans le secteur privé. Les seules exceptions (ou limitations importantes) admises à ce droit concernent les membres des forces armées et de la police, les fonctionnaires exerçant une autorité au nom de l'État, les travailleurs des services essentiels au sens strict du terme (ceux dont l'interruption pourrait mettre en danger la vie, la sécurité ou la santé de tout

---

621 P.-G. POUGOUÉ (sous dir.), *Code du travail camerounais annoté, op. cit.*, p. 236 ; F. B. D. MAYOUE, S. H. APIEMBOMVE, *Code du travail annoté et commenté, Cameroun, op. cit.*, p. 487.

622 Selon le commentaire de X. BEAUDONNET *Droit international du travail et droit interne, Manuel de formation pour juges, juristes et professeurs de droit*, CIF, 1ère éd., Turin, 2009, note de bas de page 21, p. 128, en particulier, le raisonnement de la Commission d'experts à cet égard se fonde sur le droit reconnu aux organisations de travailleurs et d'employeurs d'organiser leurs activités et de formuler leur programme d'action en vue de favoriser et de défendre les intérêts de leurs membres (articles 3, 8 et 10 de la Convention n° 87) : la Commission d'experts estime que le sens courant de l'expression « *programme d'action* » inclut le recours à la grève et considère que ce droit est un des moyens essentiels dont disposent les travailleurs et leurs organisations pour favoriser leurs intérêts économiques et sociaux : Voir, *BIT, Liberté syndicale et négociation collective. Étude d'ensemble de la Commission d'experts pour l'application des conventions et recommandations*, Conférence internationale du Travail, 81ème session, Genève, 1994, rapport III (4B), § 147-151.

623 Consacré notamment par le Préambule de la Constitution précitée et par l'article 157 du Code du travail camerounais.

624 Article 8 (1 a) du Pacte international relatif aux droits économiques, sociaux et culturels de 1966 ratifié par le Cameroun le 27 juin 1984.

ou partie de la population)[625], ou les situations de crise nationale aiguë[626]. La Convention de l'OIT a donné la latitude au législateur national d'encadrer le droit de grève. Cependant, quand la législation établit certaines conditions pour la légalité de la grève, celles-ci doivent être raisonnables et ne pas imposer une limitation importante des possibilités d'action des organisations, ou alors ne pas constituer un obstacle majeur aux possibilités d'action des organisations[627].

L'on doit néanmoins souligner que l'État camerounais, à travers ses autorités législatives, a profité de cette opportunité pour aménager un encadrement excessif, à travers une subordination exagérée[628] qui, au final, porte atteinte au droit de grève, mieux, tend à l'annihiler comme droit de l'homme, droit reconnu aux salariés. La juridiction africaine des droits de l'homme, à savoir la Cour africaine des droits de l'homme[629], peut être saisie à cet effet[630]. Ici, l'on se trouve face à une incohérence entre le texte pénal national et la Convention internationale en relation avec les droits de l'homme.

La Cour constitutionnelle de Colombie[631], afin de déterminer si les licenciements pour participation à une grève déclarée illégale par l'autorité administrative constituaient des licenciements anti-syndicaux, a appliqué les conventions n°s 87 sur la liberté syndicale et 98 sur le droit d'organisation et de négociation collective de l'OIT. Elle a considéré l'illégalité de la grève du fait qu'elle avait été déclarée par l'autorité administrative et non par l'autorité

---

625 Le Comité a considéré que les services suivants sont essentiels : le secteur hospitalier, les services d'électricité, les services d'approvisionnement en eau, les services téléphoniques, la police et les forces armées, les services de lutte contre l'incendie, les services pénitentiaires publics ou privés, la fourniture d'aliments pour les élèves en âge scolaire et le nettoyage des établissements scolaires et le contrôle du trafic aérien : Voir, BIT : *La liberté syndicale, Recueil de décisions et de principes du Comité de la liberté syndicale du conseil d'administration du BIT*, 5ème éd (révisée), Genève, 2006, § 585. Au Cameroun, dans tous les cas de grève (licite ou illicite), il est exigé à certains organismes ou entreprises d'assurer le service minimum obligatoire. C'est le cas par exemple des entreprises publiques ou privées assurant le transport public aérien, maritime, routier ou ferroviaire : article 1er de la Loi n° 98/001 du 14 avril 1998 instituant un service minimum dans le secteur des transports publics.

626 X. BEAUDONNET, *Droit international du travail et droit interne, Manuel de formation pour juges, juristes et professeurs de droit*, CIF, 1ère éd., Turin, 2009, p. 128.

627 *Ibid*, p. 129.

628 Voir, articles 157 à 164 du Code du travail.

629 Ou la Commission Africaine des droits de l'Homme.

630 Comme l'atteste l'affaire LOHÉ ISSA KONATÉ c/ Burkina Faso, Requête N°004/2013 commentée par S. S. KUATE TAMEGHE, *La justice, ses métiers, ses procédures*, 4ème éd., L'Harmattan, Paris, Etudes africaines, p. 521.

631 Cour constitutionnelle de Colombie, 4ème chambre de révision des tutelles, 10 août 1999, affaire n° 206.360 : Syndicato de los Trabajadores de las Empresas Varias de Medellin c. le ministère du Travail et de la Sécurité sociale, ministère de l'Emploi et de la Sécurité sociale, ministère des Relations extérieures, Mairie de Medellin et Empresas Varias de Medellin E. S. P.

judiciaire. Bien plus les travailleurs avaient été privés de la garantie d'impartialité et de la protection contre la discrimination anti-syndicale.

Le Comité de la liberté syndicale indique que, dans les domaines sus-mentionnés où l'on peut valablement limiter ou supprimer le droit de grève, les travailleurs doivent bénéficier des garanties compensatoires. Le Comité souligne que la limitation de la grève doit être accompagnée des procédures de conciliation et d'arbitrage appropriées, impartiales et rapides dans lesquelles les parties intéressées doivent pouvoir participer à toutes les étapes et les décisions rendues doivent être mises en œuvre intégralement et rapidement[632].

En outre, lorsque la grève s'accompagne de la mise en place de services minima, le Comité considère que les organisations d'employeurs et de travailleurs concernés devraient pouvoir participer à leur détermination. À défaut d'accord sur le contenu de ces services minima, la loi devrait prévoir que ce désaccord soit résolu par un organisme indépendant au lieu de l'être par le ministère du Travail ou l'entreprise publique concernée[633].

§2. Les atteintes aux personnes pendant la grève

309. Elles sont constituées des délits d'arrestation et de séquestration (A), de diffamation publique (B) et de violation de domicile (C).

A. Le délit d'arrestation et de séquestration

310. Il convient de s'appesantir sur les éléments constitutifs de l'infraction et sur sa répression.

1. Éléments constitutifs de l'infraction

311. L'article 291 du Code pénal punit *« celui qui, de quelque manière que ce soit, prive autrui de sa liberté »*. Cette infraction trouve sa justification dans le fait que les travailleurs ne doivent pas exercer leur droit de grève en portant atteinte à la liberté des autres.

Sur le plan matériel, l'arrestation est caractérisée par le seul fait de la privation de la liberté imposée contre son gré, à une personne, tandis que la séquestration implique que la victime est plus étroitement resserrée. Il est indifférent qu'aucune menace n'ait été proférée, ni même aucune violence exercée[634]. La séquestration est donc constituée dès lors que les grévistes

---

[632] *BIT : La liberté syndicale, Recueil de décisions et de principes du Comité de la liberté syndicale du conseil d'administration du BIT, op. cit.*, § 596.

[633] *Ibid*, 2006, § 612 et 613.

[634] Cass. crim., 20 déc. 2000, n° 00-82.391 ; Cass. crim., 23 déc. 1986, n° 85-96.630 ; *Bull. crim.* 1986, n° 384.

entravent la liberté d'aller et de venir des dirigeants, peu importe le moyen mis en œuvre. Chaque fois que les grévistes retiennent les dirigeants contre leur volonté, l'infraction de séquestration sera constituée.

Les juges répressifs considèrent qu'un tel délit est constitué lorsque des salariés retiennent contre son gré un chef d'entreprise sur les lieux de travail, même s'ils n'usent pas de violences, afin de le contraindre à accorder les avantages qu'ils réclament. Il est également sans conséquence qu'il n'y ait pas eu empêchement matériel à la mobilité d'autrui. L'infraction est consommée dès qu'il y a opposition au départ de la victime hors du lieu où elle se trouve[635]. Une telle opposition se déduit du cours des évènements, quoiqu'il n'y ait eu aucune tentative par celle-ci pour forcer le passage[636]. L'entrave à la liberté des dirigeants peut être réalisée même en dehors des bureaux des dirigeants. Le simple fait que les grévistes, fassent barrage à la circulation dans un escalier ou empêchent des cadres de sortir d'une salle de réunion caractérise l'infraction[637]. Cependant, elle ne saurait être caractérisée en raison d'un obstacle dressé à l'entrée de locaux, ce qui dessine nettement la frontière entre l'atteinte à la liberté du travail et la séquestration[638].

Il doit être établi que la victime a été retenue contre son gré. Ainsi, il a été jugé que l'infraction n'est pas consommée lorsque le plaignant a pu, à sa convenance, s'enfermer dans son bureau où il disposait de moyens de communication avec l'extérieur, dormir sur un lit de camp qu'il avait installé en dehors dudit bureau et n'a *« pas fait état d'une séquestration à l'inspecteur du travail sur les lieux »*[639]. En revanche, il a été considéré que la détention était caractérisée du fait que toute initiative de la victime soulevait un tollé et que celle-ci devait se tenir sur une chaise sous le regard constant d'un gardien sans avoir le libre usage du téléphone[640]. Généralement, le constat résulte du défaut de contestation par l'agent de la conscience qu'il avait d'entraver la liberté d'aller et venir par sa seule présence[641].

La durée de l'arrestation ou de la séquestration n'est pas un élément constitutif de l'infraction. Elle n'est prise en considération dans l'article 291 que pour la fixation d'une peine plus sévère. Ainsi, lorsqu'elle est commise à l'occasion des relations de travail entre employeur et salariés, l'infraction est

---

635 Cass. crim., 4 avr. 2002, n° 01-86.505.
636 Cass. crim., 20 déc. 2000, n° 00-82.391 *préc.*
637 Cass. crim., 4 avr. 2002, pourvoi n°01-86.505.
638 Cass. crim., 17 janv. 1989, n° 87-90.915; Cass. crim., 13 nov. 2014, n° 13-84.826; *JCP S* 2015, 1025, *obs.* F. DUQUESNE.
639 Cass. crim., 8 nov. 2000, n° 99-83.855.
640 Cass. crim., 20 déc. 2000, *préc.*
641 Cass. crim., 4 avr. 2002, n° 01-86.505 *préc.*

caractérisée dès lors qu'il y a détention ou séquestration effective de personne, quelle qu'en soit la durée[642].

312. Les tribunaux tendent à incriminer largement les faits constitutifs de séquestration, considérant que *« le droit de grève n'a jamais comporté le droit de séquestration »*[643], et que la séquestration *« constitue une sorte de change à la liberté qui s'apparente à la prise d'otage »*[644].

Le délit est donc caractérisé, non seulement lorsque la séquestration a duré moins de cinq jours[645], vingt-quatre heures[646] ou trente-deux heures[647], mais même si elle n'est que d'une heure[648] ou d'une heure et demie[649].

Entre dans le champ de la répression, le fait de retenir une personne sans *« ordre des autorités constituées »*[650]. Ainsi, la pression exercée par les évènements, ou encore les débordements auxquels donne lieu la grève, ne sont pas retenus lorsqu'il ressort de l'examen des faits que l'agent a repris le contrôle de la situation sans rechercher que soit mis fin à la détention des personnes entravées[651].

La preuve des faits constitutifs de détention ou de séquestration peut être faite par tous les moyens, notamment par constat d'huissier, témoignage, tract revendiquant la responsabilité de l'opération ; et chaque fois qu'il y a séquestration d'un dirigeant ou d'un cadre de l'entreprise dans son bureau, la difficulté de la preuve consiste à établir que l'intéressé est retenu dans les lieux contre son gré, et non pour poursuivre une négociation difficile justifiée par la présence prolongée de plusieurs membres du personnel.

Le délit est constitué dès lors que les délégués ne se sont pas bornés à être les intermédiaires auprès des grévistes et des séquestrés et qu'ils se sont associés à la séquestration, notamment en faisant eux-mêmes barrage à la sortie des directeurs[652]. L'autorité administrative exige en effet des représentants du personnel qu'ils adoptent un rôle modérateur en cas de conflit collectif : si, loin d'adopter un tel rôle, un représentant du personnel participe activement à la séquestration du chef d'entreprise, il excède l'exercice normal

---

642 R. VOUIN, *Droit pénal spécial*, T 1, Dalloz, Paris, 1976, n° 208.
643 Trib. corr. Rennes, 1er mars 1972, *Cah. Prud.* 1972, 6/14.
644 Trib. corr. Annecy, 17 avr. 1978, *Jurispr. soc.* 1978, n° 390, p. 405.
645 Cass. crim., 13 déc. 1988, n° 88-82.262.
646 Trib. corr. Rennes, *préc.*
647 Trib. corr. Caen, 24 nov. 1972, *Cah. Prud.* 1973, 6/106.
648 Trib. corr. Chalons-sur-Saône, 30 juin 1978, *Jurispr. soc.*, n° 390, p. 404.
649 Trib. corr. Annecy, *préc.*
650 Trib. corr. Caen, 24 nov. 1972, *Cah. Prud.* 1973, p. 106.
651 Cass. crim., 19 févr. 1991, n° 90-82.686.
652 CA Angers, 5 févr. 1976, *Jurispr. soc.* 1976, n° 362, p. 187.

de son mandat, ce qui justifie une autorisation de licenciement pour faute lourde[653].

L'élément moral, qui renvoie à la détermination de l'intention coupable, ne se résume pas à la seule prise de conscience par le groupe de l'empêchement créé dans le cadre du mouvement collectif. Les prévenus doivent avoir effectivement conscience d'entraver la liberté d'aller et de venir des victimes par cette présence. L'intention délictuelle est caractérisée par la volonté d'empêcher la victime d'aller et de venir librement pendant un temps plus ou moins long, ou de l'isoler du monde extérieur. L'invocation des mobiles ayant animé les prévenus demeure sans effet.

Il s'en déduit que si les revendications sur lesquelles repose le mouvement collectif sont prises en considération par le juge, c'est afin de conforter le constat de l'intention de retenir la victime. Ainsi, ont pu être mis en évidence dans ce but, tant la rancune d'un syndicat à l'égard d'un autre, auquel étaient supposées appartenir les personnes séquestrées, que le sentiment de jalousie des ouvriers à l'encontre des cadres de l'entreprise[654]. De même, il ne fait aucun doute que les revendications des grévistes confortent le constat de l'intention coupable de séquestrer les personnes qui ne leur donnent pas satisfaction. On le voit bien, l'auteur de la séquestration ne bénéficie pas d'un traitement aussi favorable que s'il s'était contenté de porter atteinte à la liberté du travail au sens de l'article 255 du Code pénal.

2. Répression

313. Le délit d'arrestation et de séquestration de personne est puni de peines particulièrement sévères. Il s'agit d'un emprisonnement de cinq (5) à dix (10) ans et une amende de vingt mille (20 000) à un million (1 000 000) de francs.

D'après l'alinéa 2 de l'article 291, si la privation de liberté dure plus d'un mois ou si elle est accompagnée de sévices corporels ou moraux, la peine est un emprisonnement de dix (10) à vingt (20) ans. Ces circonstances aggravantes font appliquer à l'infraction qui est un délit, les peines prévues pour les crimes.

En raison de sa nature intentionnelle, l'infraction de séquestration peut être imputée simultanément au groupement ainsi qu'à la personne physique.

Pour fixer la peine, les tribunaux tiennent compte du rôle joué personnellement par chacun des auteurs de l'infraction pendant la détention ou la séquestration. À ce titre, la participation des délégués du personnel est plus sévèrement sanctionnée en raison de la qualité particulière qu'ils ont,

---

[653] CE, 17 nov. 1986, n° 58.944.
[654] Cass. crim., 6 déc. 1977, n° 76-91.887; *Bull. crim.* 1977, n° 384.

précisément, pour encadrer les grévistes et pour modérer leurs agissements illicites.

Seul l'employeur est recevable à se constituer partie civile en cette qualité. Il est donc retenu que les cadres de l'entreprise qui ont été séquestrés, peuvent se constituer partie civile non pas en leur nom personnel, mais seulement en qualité de représentants de l'entreprise[655]. Une organisation syndicale de cadres peut également se constituer partie civile pour demander réparation du préjudice qu'elle a subi en sa qualité de défenseur de l'intérêt des cadres. Mais la personne morale *« ne saurait exciper d'un préjudice direct et personnel en raison de la séquestration de ses dirigeants »*[656].

Il faut préciser par ailleurs que la séquestration des dirigeants de l'entreprise constitue une faute lourde pouvant justifier le licenciement des salariés, y compris celui des salariés protégés. En effet, eu égard à la gravité de l'acte commis, le licenciement du délégué du personnel peut être autorisé par l'inspecteur du travail si les faits portent atteinte à l'intérêt de l'entreprise. Ainsi, dans une affaire où, en plus de la dégradation des biens de l'entreprise, les grévistes avaient séquestré les dirigeants de l'entreprise et leur avaient infligé des violences, le Conseil d'État a jugé que refuser l'autorisation de licenciement d'un délégué du personnel ayant activement participé à ces faits aurait porté une atteinte excessive aux intérêts de l'entreprise[657].

B. Le délit de diffamation publique

314. Ce délit doit être analysé à partir de ses éléments constitutifs et des modalités particulières de sa répression.

1. Éléments constitutifs du délit

315. Celui qui porte atteinte par l'un des moyens prévus à l'article 152 du Code pénal à l'honneur ou à la considération d'une personne en lui imputant directement ou non des faits dont il ne peut rapporter la preuve est puni (article 305 (1) Code pénal). Il en découle que pour que le délit de diffamation publique soit caractérisé, il faut que soient constatées :

- l'allégation ou l'imputation d'un fait précis de nature à porter atteinte à l'honneur ou à la considération de la personne visée ;
- la publicité des propos ou des écrits diffamatoires.

---

[655] CA Angers, 5 févr. 1976, *préc.*
[656] Cass. crim., 12 mars 1985, n°84-92.284; *Bull. crim.* 1985, n° 107.
[657] CE, 11 janv. 1995, n° 129.392.

Il en est ainsi d'un tract ronéotypé appelant la population à un rassemblement et dénonçant, en termes diffamatoires, la conduite de l'employeur sur le plan privé et sur le plan professionnel[658].

L'affichage à l'intérieur de l'usine d'une note de service annonçant le licenciement de deux ouvriers avec des imputations diffamatoires ne constitue pas le délit de diffamation publique[659] ;

- l'intention de nuire.

Il importe peu que les propos soient vrais ou faux, l'intention de nuire étant toujours présumée. C'est au prévenu qu'il appartient par conséquent d'apporter la preuve des faits justificatifs de sa bonne foi, tels que la vérité des faits diffamatoires. La preuve de certains faits, ceux qui concernent la vie privée de la victime ou remontent à plus de dix ans notamment, est toutefois interdite (article 305 (2) (a et b)). Il en est de même lorsqu'il s'agit d'un fait constituant une infraction amnistiée ou ayant fait l'objet d'une condamnation autrement effacée (article 305 (2) (c)).

Ainsi, en l'état d'un tract syndical reprochant à la direction de l'entreprise d'avoir mis en place un système d'écoute des conversations téléphoniques des organisations syndicales, l'infraction reprochée aux auteurs du tract est caractérisée dès lors que ceux-ci reconnaissent ne pas être en mesure de démontrer l'existence d'une installation d'écoutes téléphoniques à l'époque des faits reprochés[660].

2. Modalités particulières de la répression de l'infraction

316. La poursuite ne peut être engagée que sur plainte de la victime ou de son représentant légal ou coutumier. Jusqu'à la condamnation définitive, le retrait de la plainte arrête l'exercice de l'action publique (article 305 (3)).

La sanction est applicable à l'auteur matériel de l'infraction. En cas de diffamation matérialisée par la diffusion d'un tract, la responsabilité de l'auteur du tract et de l'éditeur de celui-ci peut être engagée[661].

Les peines applicables en cas de diffamation publique commise envers les particuliers sont un emprisonnement de six (6) jours à six (6) mois et une amende de cinq mille (5000) à deux millions (2 000 000) de francs ou l'une de ces deux peines seulement.

---

658 Cass. crim., 17 juil. 1969, *JCP* 1969, IV, p. 239.
659 Cass. crim., 8 oct. 1974, *D.* 1974, I, 231; *Bull. crim.* 1974, n° 280; *Gaz. Pal.* 1975, I, 199.
660 TGI Paris, 12 mars 1979, CIC *inédit*.
661 Cass. crim., 12 avr. 1976, *Bull. crim.* 1976, n° 114; *Rev. sc. crim.* 1978, 637, obs. G. LEVASSEUR.

Les tribunaux tiennent compte très largement des circonstances dans lesquelles le délit a été commis et qui sont susceptibles de justifier une atténuation de la peine infligée[662].

Lorsque la diffamation n'est pas publique, les peines sont réduites de moitié (article 305 (7)) et elles sont doublées lorsque la diffamation est anonyme (article 305 (8)).

S'agissant de la prescription de l'action publique du délit de diffamation, elle est de quatre mois à compter de la commission du délit ou du dernier acte de poursuite ou de l'instruction (article 305 (5).

C. Le délit de violation de domicile

317. En ce qu'elle fait partie des atteintes à la vie privée en général, l'occupation du lieu du travail au cours de l'action collective est susceptible de constituer le délit de violation de domicile que réprime l'article 299 du Code pénal. Seront examinés tour à tour les éléments constitutifs de l'infraction et les modalités particulières de sa répression.

1. Éléments constitutifs de l'infraction

318. Pour que le délit soit constitué, il faut qu'il y ait :

- un acte de violation effective, c'est-à-dire l'introduction ou le fait de se maintenir dans le domicile visé contre le gré de son occupant (article 299 (1) Code pénal) ;
- des menaces, violences ou voies de fait (article 299 (2) Code pénal).

Le domicile est appréhendé largement comme tout lieu où la victime a le droit de se dire chez elle, que ce lieu soit ou non habité en permanence, quel que soit le titre juridique de son occupation et l'affectation donnée aux locaux[663]. Appliquée à l'espace de travail exécuté au service d'un employeur, cette définition vise l'ensemble des périmètres d'accomplissement des tâches aménagés à cette fin, ce qui inclut le bureau d'un dirigeant[664]. Il est indifférent que les locaux soient la propriété d'une personne morale puisque la Chambre criminelle juge que les groupements personnifiés peuvent disposer d'un domicile dont la violation tombe sous le coup de la loi pénale[665]. En revanche, il est impératif que l'accès à ces locaux, ou le maintien en leur sein, se réalise contre la volonté de l'occupant, ou de ses représentants, s'agissant des personnes morales. Il appartient donc au juge de caractériser une telle atteinte.

---

662 CA Amiens, 24 mars 1977, *Jurispr. soc.* 1977, n° 375, p. 264.

663 Cass. crim., 26 févr. 1963, *Bull. crim.* 1963, n° 92.

664 Cass. crim., 24 juil. 1991, n° 90-86.564; Cass. crim., 24 juin 1987, n° 87-82.333, *Bull. crim.* 1987, n° 257.

665 Cass. soc., 23 mai 1995, n° 94-81.141, *Bull. crim.* 1995, n° 193; Dr. pén. 1995, comm. 220; Cass. crim., 19 mars 2014, n° 12-87.215.

Dans le contexte de la grève, l'introduction illégale, le plus souvent, est suivie d'un maintien dans les lieux. Afin de qualifier un tel caractère, l'article 299 (2) du Code pénal désigne un certain nombre de circonstances qui, d'ailleurs, sont à l'origine de l'aggravation des peines encourues : menaces, violences, voies de fait.

Le délit de violation de domicile peut concerner tout ou partie des locaux de l'entreprise dès l'instant où les éléments matériels de l'infraction sont réalisés. Les actes de violence physique ou morale doivent être réels. La simple possibilité d'une violence qui n'a pas été commise est exclusive de toute infraction.

Ainsi, l'entrée en masse d'un groupe de manifestants dans le bureau du directeur de l'usine n'est pas suffisante pour constituer le délit, quand bien même elle est susceptible de rendre toute résistance impossible de la part du directeur ou de ses adjoints, dès lors qu'il n'est pas constaté d'actes caractérisés de menaces ou de violences[666].

En revanche, le délit est constitué par le fait d'avoir pénétré dans l'usine en franchissant le mur d'enceinte la nuit et, une seconde fois, après référé interdisant l'entrée, en escaladant le portail[667].

Le délit de violation de domicile est un délit intentionnel. Il importe peu que leurs auteurs aient une parfaite conscience de ce qu'ils pénétraient au sein du domicile d'autrui et qu'ils faisaient usage de moyens prohibés en ce but. Bien plus, les mobiles de l'agent ne sont pas pris en compte de sorte qu'il importe peu, par exemple, que soit évoquée la volonté des grévistes d'établir un dialogue dans le seul lieu où il leur était possible de rencontrer un interlocuteur[668].

2. Modalités particulières de la répression

319. La poursuite ne peut être exercée que sur plainte de la victime (article 299 (3) Code pénal). Dès lors, l'employeur est, en qualité de propriétaire des locaux de l'entreprise, recevable à se constituer partie civile en raison du préjudice subi du fait de l'infraction.

Les peines encourues sont un emprisonnement de dix (10) jours à un (1) an et une amende de cinq mille (5000) à cinquante mille (50 000) francs ou l'une de ces deux peines seulement.

Elles sont doublées si l'infraction est commise pendant la nuit ou à l'aide des menaces, violences ou voies de fait : soit un emprisonnement de vingt (20)

---

[666] Cass. crim., 2 mars 1972, *Bull. crim.* 1972, n° 613, obs. G. LEVASSEUR.
[667] Trib. corr. Epinal, 1er févr. 1972, *Jurisp. soc.* 1972, n° 316.
[668] Cass. crim., 24 juil. 1991, n° 90-86.564, *préc.*

jours à deux (2) ans et une amende de dix mille (10 000) à cent mille (100 000) francs ou l'une de ces deux peines seulement.

§3. Les atteintes aux biens de l'entreprise pendant la grève

320. À l'occasion de la grève qui dégénère dans ses modalités d'exécution, la violence peut classiquement être exercée sur des choses appartenant à l'entreprise ou à des tiers. Aussi, l'article 316 du Code pénal dispose qu' *« est puni ...celui qui détruit, même partiellement tout bien appartenant, en tout ou partie, à autrui, ou grevé d'une charge en faveur d'autrui »*. De nos jours, la répression des comportements illicites va au-delà. Elle couvre les nouvelles formes d'atteinte au droit de propriété, notamment celles dont sont victimes les systèmes de traitement automatisé des données et les dégradations subies par l'environnement.

A. Les atteintes au matériel

321. Il convient de discriminer selon que l'atteinte portée aux biens présente ou non un danger pour les personnes. La nature de ces biens importe peu[669]. La destruction de matériels informatiques observée à l'occasion d'occupations violentes des locaux du travail n'est en rien exclusive de l'infraction consistant en une atteinte au système de traitement des données. Cette indifférence de l'objet s'étend au moyen utilisé par l'agent pourvu qu'un dommage affectant totalement ou partiellement celui-ci dans sa substance ait été réalisé. Le mobile de l'auteur des faits n'est pas pris en compte tandis que l'état de nécessité ne saurait être invoqué relativement au caractère légitime et non satisfait des revendications sur lesquelles prend appui le mouvement collectif.

L'élément matériel de l'infraction consiste en une destruction, une détérioration ou une dégradation. En général, il faut que l'agent ait causé à la chose un dommage qui la rende impropre à son usage ou en réduit la valeur marchande. Peu importe le moyen employé. La destruction peut se caractériser par des actes tels qu'un coup de pied dans le rétroviseur d'une voiture, un pavé lancé dans une vitrine, le démontage d'un établissement de restauration rapide ou l'arrachage de plants de maïs transgénique[670]. L'infraction est donc consommée par la seule atteinte à la propriété d'autrui. Se rend coupable de destruction de biens le délégué syndical qui abat deux arbres à la tronçonneuse pour empêcher l'accès au club et crève les pneus d'un buggy[671]. L'infraction sera donc constituée lorsque les travailleurs grévistes parce que mécontents,

---

669 Cass. crim., 21 sept. 2004, n° 04-80.555.
670 H. GUYOT, « Conflits collectifs », in B. TEYSSIE (sous dir.), *La norme pénale et les relations de travail*, Panthéon Assas, Colloque, 2015, p. 298.
671 Cass. crim. 21 sept. 2004, Bull. crim. 2004, n° 214, p.770.

décident de saccager les biens de l'entreprise ou les biens des travailleurs non-grévistes. L'infraction peut aussi être constituée *« lorsque les travailleurs grévistes détruisent plusieurs tonnes de verrerie de laboratoire appartenant à leur employeur après avoir intercepté le camion qui les transportait »*[672]. L'infraction serait également réalisée en cas d'abus de droit constitutif d'une faute lorsque par exemple, sous couvert de grève, les travailleurs commettent volontairement les actes de sabotage de l'outil de production de leur employeur difficilement assimilable à une grève.[673]

La nature collective de l'action au cours de laquelle se déroulent les faits peut d'ailleurs être à l'origine d'un renforcement de la répression, car l'accomplissement des actes par plusieurs personnes agissant en qualité d'auteurs ou de complices constitue une circonstance aggravante du délit. Comme en matière d'atteintes à l'intégrité physique, les menaces sont également envisagées lorsqu'elles portent sur les biens. L'action collective qui dégénère dans ses modalités d'exécution s'accompagne souvent de ce type d'agissements.

La réponse pénale dépend ici du caractère dangereux ou non du procédé envisagé ou encore de la nature du dommage susceptible d'être causé. L'on comprend forcément que si une peine d'emprisonnement est prévisible lorsque se présente un danger pour les personnes, en l'absence de celui-ci, une amende peut être retenue, car le dommage à redouter semble plus léger.

B. Les atteintes à l'immatériel

322. Il s'agit des atteintes volontaires au fonctionnement des systèmes de traitement automatisé de données. En effet, il n'est pas rare que le blocage de l'activité de l'entreprise consécutif à l'action collective, conduise les auteurs à entraver ou à fausser un tel fonctionnement. Il est retenu que l'entrave ou l'atteinte doit résulter d'un acte positif et non d'une simple abstention comme celle qui consisterait, par exemple, pour le gréviste, à refuser de remettre le code d'accès[674]. Sous cette réserve, de nombreux comportements sont visés : l'effacement des programmes permettant l'ouverture du système ou la saturation de boîtes aux lettres[675]. Parfois, c'est directement sur les données, objet du système, que porte l'acte qui tombe sous une autre incrimination visant, notamment, la suppression ou la modification frauduleuse de telles

---

[672] H. GUYOT, « Conflits collectifs », art. précité, p. 308.

[673] J.-M. NYAMA, *Droit et contentieux du travail et de la sécurité sociale au Cameroun, op. cit.*, p. 325.

[674] Voir, les illustrations fournies par A. LEPAGE, P. MAISTRE du CHAMBON et R. SALOMON, *Droit pénal des affaires*, 4ème éd., LexisNexis, Paris, 2015, *spéc.* p. 267, n° 621.

[675] A. LEPAGE, P. MAISTRE du CHAMBON et R. SALOMON, *Droit pénal des affaires, op. cit.*, p. 266, n° 619.

données ; il en est ainsi de l'introduction de virus informatiques pour laquelle la tentative est punissable.

Pour voir sa responsabilité engagée, l'agent qui a porté atteinte aux biens de l'entreprise pendant la grève doit avoir voulu non seulement son acte (c'est-à-dire l'atteinte à une chose), mais encore le résultat de son acte (c'est-à-dire le dommage causé à la chose, sa destruction, détérioration ou dégradation). Il doit avoir agi en connaissance de cause, en sachant que le bien appartenait au chef d'entreprise. Le mobile du conflit collectif est inopérant. Le dol spécial est requis ici puisque les travailleurs doivent poser cet acte dans l'intention de nuire à l'employeur ou au chef d'entreprise.

Pour ce qui est de la répression de l'infraction, l'article 316 du Code pénal punit d'un emprisonnement de quinze (15) jours à trois (3) ans et d'une amende de cinq mille (5000) à cent mille (100 000 francs) ou l'une de ces deux peines seulement celui qui détruit, même partiellement tout bien appartenant, en tout ou partie, à autrui, ou grevé d'une charge en faveur d'autrui.

C. Les atteintes à l'environnement

323. Les modalités d'exécution de l'action collective peuvent constituer un risque pour l'environnement. Il en est ainsi lorsque l'occupation de l'entreprise s'accompagne de destructions ayant un impact sur la santé, la faune ou la flore ou plus directement encore, lorsqu'elle est à l'origine de diverses formes de pollution au moyen de substances nocives produisant des effets semblables. S'agissant particulièrement des dégradations, une pratique consiste à empêcher la circulation de matières premières et de fluides nécessaires au fonctionnement de l'entreprise au moyen d'une dégradation des canalisations de transport mettant parfois en danger la sécurité des personnes et des installations voire la protection de l'environnement. Parfois, l'atteinte est constituée de rejet, de déversement ou de libération d'un écoulement dans les eaux de substances ou encore de déchets dont l'action ou les réactions entraînent, même provisoirement des dommages à la flore et à la faune.

On le voit bien, ces différentes atteintes à l'environnement au sein des entreprises conduisent à en faire les principales responsables. Ce qui pose en général la question de la responsabilité sociale/ sociétale ainsi que celle du devoir de vigilance des entreprises[676]. La loi française sur le devoir de vigilance du 27 mars 2017[677] a mis au compte des sociétés dominantes –

[676] T. SACHS, J. TRICOT, « La loi sur le devoir de vigilance : un modèle pour (re)penser la responsabilité des entreprises », *Droit et Société* 106/2020, pp. 683-698.

[677] Loi n° 2017-399 du 27 mars 2017 relative au devoir de vigilance des sociétés mères et des entreprises donneuses d'ordre. Cette loi a permis de mettre un terme à une ingénierie juridique très sophistiquée, grâce à laquelle les entreprises multinationales se jouaient des frontières entre sociétés commerciales et entre États, parvenant ainsi à échapper à toute responsabilité. Dans le

sociétés mères et donneuses d'ordre – un devoir de vigilance vis-à-vis des risques et des atteintes graves envers les droits humains et les libertés fondamentales, la santé et la sécurité des personnes ainsi que l'environnement, qui doit se matérialiser dans un *« plan de vigilance »*[678]. Au-delà, sur l'échiquier d'un droit international traditionnellement peu enclin à définir des obligations à la charge d'acteurs non étatiques, les entreprises se voient reconnaître un rôle dans la gouvernance globale de l'environnement[679]. L'on pense d'ailleurs, qu'elles sont certainement les mieux placées pour lutter contre les impacts qu'engendrent les atteintes à l'environnement[680]. Cependant, il convient de relever que leur interpellation ne devrait pas occulter le rôle de protection générale de l'environnement qui incombe à l'État. Dans ce sens, à titre de droit comparé, les juges de l'Union européenne considèrent que les autorités publiques doivent, dans certaines circonstances, prendre des mesures visant à prévenir les risques sanitaires, sécuritaires et environnementaux, *« en faisant prévaloir les exigences liées à la protection de ces intérêts sur les intérêts économiques »*[681]. En outre, la Cour de Strasbourg souligne que *« l'environnement constitue une valeur dont la défense suscite dans l'opinion publique, et par conséquent auprès des pouvoirs publics, un intérêt constant et soutenu… »*, et que *« des impératifs économiques et même certains droits fondamentaux, comme le droit de propriété, ne devraient pas se voir accorder la primauté face à des considérations relatives à la protection de l'environnement, en particulier*

---

même sens, consciente de la nécessité de définir un cadre harmonisé européen, la Commission européenne a publié la proposition de directive européenne le 23 février 2022 sur le devoir de vigilance des entreprises en matière de durabilité, qui modifie la Directive (UE) 2019/1937. Très largement inspirée par la résolution du Parlement européen du 10 mars 2021, elle contient des recommandations sur le devoir de vigilance et la responsabilité des entreprises. Ce projet qui s'inscrit dans la continuité de la loi française, vise à imposer aux entreprises, répondant à certaines conditions de seuils d'effectif et de chiffre d'affaires, une obligation de vigilance étendue à leur sphère d'influence (sous-traitants, fournisseurs, filiales). Les entités relevant du champ d'application de la proposition de directive sont ainsi invitées à mesurer les risques d'atteintes graves à l'environnement, à la santé et aux droits humains pouvant résulter de leurs activités et à prendre toute mesure destinée à en éviter la survenance.

[678] Art. L225-102-4 du Code de commerce. T. SACHS et J. TRICOT (art. précité), relèvent que l'ambition préventive de l'implication des acteurs privés opère un glissement d'une responsabilité *ex post* dont le droit est coutumier à une logique de responsabilisation *ex ante* des acteurs : voir, L. D'AMBROSIO, « L'implication des acteurs privés dans la lutte contre la corruption : un bilan en demi-teinte de la loi Sapin 2 », *Revue de science criminelle et de droit pénal comparé*, 2019, p. 205 et s.

[679] L. FONBAUSTIER, « Climat, biodiversité… environnement : comprendre les actions contre l'État », *La semaine juridique édition générale* n° 23, 10 juin 2019, étude 615.

[680] P. ABADIE, « L'alliance du droit climatique et de la RSE au soutien de la lutte contre la déforestation importée », *La Semaine Juridique édition générale* n° 28, 12 juil. 2021, doctr. 786.

[681] Trib. UE, 16 sept. 2013, aff. T-333/10, Animal Trading Company (ATC), BV et a. c/ Comm. européenne, § 98.

lorsque l'État a légiféré en la matière »[682]. La cour poursuit en rappelant que *« les pouvoirs publics assument alors une responsabilité qui devrait se concrétiser par leur intervention au moment opportun afin de ne pas priver de tout effet utile les dispositions protectrices de l'environnement qu'ils ont décidé de mettre en œuvre »*[683].

324. Les atteintes à l'environnement représentant un risque global, immédiat et direct pour le droit à la vie, à la vie privée et familiale ainsi que pour le droit de vivre dans un environnement équilibré et respectueux de la santé, il semble que seule une féconde collaboration entre les entreprises et les pouvoirs publics permettra de les juguler[684]. Au demeurant, le non-respect des obligations auxquelles ils sont tenus, aux fins d'assurer la protection de l'environnement, les expose à une mise en jeu de leur responsabilité sur ce fondement[685].

D. Le vol

325. Le vol peut être appréhendé comme la soustraction frauduleuse de la chose d'autrui. C'est aussi « *le fait de s'emparer frauduleusement de la chose mobilière d'autrui avec l'intention d'agir en propriétaire de cette chose* ». L'article 318 (a) du Code pénal dispose qu'est puni… celui qui porte atteinte à la fortune d'autrui : par vol, c'est-à-dire en soustrayant la chose d'autrui.

Pour ce qui est de l'élément matériel du vol lors d'un conflit collectif, il faut relever que les grévistes portent généralement atteinte à la fortune d'autrui à travers plusieurs actes. Il en est ainsi lorsqu'ils emportent le matériel de travail ou les marchandises en stock. Le vol est constitué chaque fois que les grévistes s'approprient la chose d'autrui quel qu'en soit le mobile. Ainsi,

---

682 CEDH, 2 nov. 2006, n° 59909/00, Giacomelli c/ Italie, § 79.

683 N° 59909/00, préc. – V. également CEDH, 27 nov. 2007, n° 21861/03, Hamer c/ Belgique, § 79 – et CEDH, 8 juill. 2008, n° 1411/03, Turgut et a. c/ Turquie, § 90.

684 Dans ce sens, voir la Déclaration de principes tripartite de l'OIT sur les entreprises multinationales et la politique sociale en abrégé la Déclaration sur les EMN. C'est le seul instrument de l'OIT qui fournit une orientation directe aux entreprises sur leur politique sociale et sur les pratiques inclusives, responsables et durables en milieu de travail. La Déclaration sur les EMN élaborée et adoptée par les gouvernements, les employeurs et les travailleurs en 1977, a été modifiée à deux reprises en 2000 et en 2006 et revue en 2017. Elle facilite la sensibilisation et la compréhension de l'Agenda du travail décent dans le secteur privé. Les principes énoncés par cet instrument de portée universelle sont destinés à guider les entreprises multinationales, les gouvernements, les organisations d'employeurs et de travailleurs du monde entier dans des domaines tels que l'emploi, la formation, les conditions de travail et de vie et les relations professionnelles tout comme dans les sujets de politique générale. La Déclaration sur les EMN a pour objet d'encourager les entreprises multinationales à contribuer positivement au progrès économique et social, ainsi qu'à minimiser et à résoudre les difficultés que leurs diverses opérations peuvent soulever.

685 Il s'agit d'une responsabilité pour faute : responsabilité sociétale des entreprises et responsabilité administrative de l'État pour faute ou « carence fautive ».

commettent l'infraction de vol les ouvriers forestiers qui, après une grève de deux mois, décident de reprendre le travail, procèdent au sciage du bois et à la vente des bois travaillés, puis partagent entre eux le produit de la vente ; peu importe qu'ils aient eu l'intention de reverser à l'employeur le surplus restant après paiement de la rétribution qu'ils estimaient leur être due. Le vol ne peut porter que sur les meubles.

L'élément matériel du vol lors d'un conflit collectif peut aussi être constitué lorsque les grévistes s'emparent des biens meubles appartenant soit à l'entreprise, soit aux employeurs, soit aux non-grévistes.

S'agissant de l'élément moral, un dol général est requis. Il doit s'agir d'un acte intentionnel : l'auteur doit avoir conscience et la volonté de commettre une infraction telle qu'elle est définie par la loi pénale.

Quant à la sanction, l'article 318 du Code pénal punit *« d'un emprisonnement de cinq (5) à dix (10) ans et d'une amende de cent mille (100 000) à un million (1 000 000) de francs, celui qui porte atteinte à la fortune d'autrui par vol »*. Il en sera ainsi pour les salariés grévistes.

Titre 2.

Les auteurs de l'infraction

326. Destinée tout à la fois à prévenir et à réprimer les agissements délictueux, la sanction pénale doit pouvoir atteindre la personne du délinquant c'est-à-dire l'auteur matériel du fait incriminé. Il s'agit du principe de la responsabilité du fait personnel qui régit le mécanisme d'imputation de l'infraction en droit commun. En droit pénal du travail, la responsabilité concerne deux catégories de personnes :

- les personnes physiques, sujets traditionnels de la loi pénale ;
- la personne morale rendue responsable, selon les règles du droit commun, adoptées par la loi du 12 juillet 2016 portant Code pénal.

Chapitre 1.

Les personnes physiques

327. En général, les infractions réprimées par le droit pénal du travail consistent en une atteinte au droit établi en faveur des salariés qui se trouvent dans la position de subordonnés à l'égard du chef d'entreprise. Si la loi et la jurisprudence font de ce dernier le responsable en principe des infractions commises dans l'entreprise, il peut cependant s'exonérer en invoquant une délégation de pouvoirs, ce qui conduit à l'identification d'un responsable substitué. Parfois et dans une moindre mesure, c'est le tiers qui sera responsable.

Section 1. Le chef d'entreprise

328. Parmi les multiples incriminations contenues dans le Code du travail, nombreuses sont celles qui ne comportent pas d'imputation spéciale. Cependant, les plus importantes d'entre elles visent exclusivement l'employeur pris en sa qualité de chef d'entreprise[686]. L'on comprend que la responsabilité pénale des manquements à la législation du travail ne saurait peser sur des personnes qui ne sont pas visées par les textes d'incrimination[687]. À l'examen, la responsabilité du chef d'entreprise peut être mise en cause soit à raison de son fait personnel (§1), soit du fait d'un préposé qui est l'auteur matériel de l'infraction (§2).

---

686 Il semble que l'autonomie du droit pénal du travail et les nécessités d'une politique criminelle de lutte contre la *« délinquance patronale »* suffisent à justifier une répression automatique liée à la seule qualité de chef d'entreprise : Voir, 2ème colloque de la commission sociale du syndicat des avocats de France, 10 décembre 1977, Université Paris IX (Dauphine), cité par NDIE NGAH, *Le droit pénal camerounais du travail et de la prévoyance sociale*, Mémoire de maîtrise en Droit privé, Université de Yaoundé, 1985, p. 248.

687 Ainsi, le président d'une société propriétaire de l'immeuble dans lequel est installée une entreprise ne peut se voir imputer l'infraction aux règles de sécurité dont un salarié de son locataire a été victime, au seul motif que l'entretien du monte-charge défectueux qui fut à l'origine de l'accident, lui incombait contractuellement. En revanche, il pourra être condamné en même temps que le chef d'entreprise pour blessures par imprudence, l'inexécution de son obligation contractuelle ayant contribué à provoquer le dommage : Cass. crim., 3 juin 1966, JCP G 1967, II, 14 947, note COMBALDIEU.

§1. Responsabilité du fait personnel

329. Le chef d'entreprise peut être l'auteur immédiat lorsque les agissements incriminés entrent dans le cadre de ses fonctions et que l'inobservation constatée de la loi ou du règlement résulte de son propre fait. Il convient de déterminer au préalable le chef d'entreprise (A), avant d'aborder le régime de cette responsabilité (B).

A. La détermination du chef d'entreprise responsable

330. On verra comment la qualité de chef d'entreprise est attribuée en fonction de la diversité des formes juridiques de l'entreprise. Si la détermination semble aisée lorsqu'une infraction est commise dans une entreprise unique, elle n'est en revanche pas avérée quand plusieurs entreprises sont concernées par une même situation infractionnelle.

1. En cas d'entreprise unique

331. Le chef d'entreprise responsable lorsque l'entreprise est unique peut être un dirigeant légalement désigné, ou un dirigeant de fait.

a. Le dirigeant de droit

332. Lorsque l'infraction est commise au sein d'une entreprise individuelle, le responsable de principe est la personne physique, propriétaire ou gérant, qui en assure la direction effective. Cependant, l'identification de la personne physique responsable d'une personne morale est plus délicate qu'il s'agisse d'une société, association et autres types de groupements correspondants à l'entreprise.

La qualité de chef d'entreprise revient de manière générale à la personne qui détient la plénitude des pouvoirs de direction sur le personnel et les biens affectés à l'activité. Par conséquent, son identification se fait en fonction de la personne morale concernée.

Dans la société à responsabilité limitée (SARL), il s'agit du gérant qui est nécessairement une personne physique. En cas de pluralité de gérants, la responsabilité est collective à moins qu'à travers une répartition des tâches, la mission de faire appliquer la législation du travail incombe en particulier à l'un des dirigeants.

Dans la société anonyme, plusieurs hypothèses méritent d'être distinguées :

- s'il s'agit d'une société anonyme avec conseil d'administration, ce sera le président directeur général c'est-à-dire le président du conseil d'administration à qui est confiée en même temps la direction générale de la société, ou le directeur général. L'hypothèse d'une responsabilité conjointe du président du conseil d'administration et du directeur général n'est pas à exclure lorsque les statuts de la société ont procédé à une répartition des pouvoirs entre eux et qu'il est avéré que chacun d'eux a pris une part personnelle dans la commission de l'infraction[688] ;

- s'il s'agit d'une société anonyme sans conseil d'administration, l'administrateur général, chargé de l'administration et de la direction de la société, est considéré comme chef d'entreprise.

Dans la société par actions simplifiée (SAS), l'article 853-8 de l'Acte uniforme relatif au droit des sociétés commerciales et du groupement d'intérêt économique énonce que *« le président est investi des pouvoirs les plus étendus pour agir en toutes circonstances au nom de la société dans la limite de l'objet social »*. Il en résulte que, sauf dispositions contraires des statuts, le président garde la plénitude des pouvoirs qui définissent ordinairement le chef d'entreprise. Cette qualité peut revenir à un directeur général ou directeur général adjoint si les statuts le prévoient expressément.

Dans les sociétés en nom collectif (SNC) et les sociétés en commandite simple (SCS), la qualité de chef d'entreprise est attribuée soit au gérant unique, soit aux co-gérants sauf s'il existe entre eux une répartition fonctionnelle des tâches de direction.

La détermination du dirigeant de droit concerne également les associations qui, lorsqu'elles emploient un personnel salarié, sont considérées comme des entreprises au regard du droit du travail. Aussi, la responsabilité des infractions à la législation du travail revient-elle au président[689]. Dans les syndicats, elle est attribuée aux directeurs et administrateurs chargés de la gestion interne du groupement[690].

b. Le dirigeant de fait

333. L'attribution de la qualité de chef d'entreprise en présence d'une personne morale ne s'effectue, par référence à la structure juridique de celle-ci, qu'autant que la personne physique ainsi désignée exerce effectivement le pouvoir de direction dans l'entreprise[691]. Dans le cas contraire, la jurisprudence n'hésite pas à écarter la responsabilité du dirigeant de droit pour retenir celle du dirigeant réel du groupement. Ainsi en a-t-il été décidé pour le directeur d'une SARL qui était le gérant de fait de la société et devait comme

---

688 Cass. crim., 23 nov. 2010, n° 10-82.057, *Dr. soc.* 2011, 558, note F. DUQUESNE ; *Dr. pén.* 2011, n° 39, 2e esp.

689 Cass. crim., 18 janv. 1967, *Bull. crim.* 1967, n° 29; CA Paris, 8 oct. 1990, *JurisData* n° 1990-025760.

690 CA Paris, 4 oct. 1999, *JurisData* n° 1999-024590.

691 Cass. crim., 25 sept. 1991, n° 89-86.910, attribuant parmi tous les gérants d'une SARL, la qualité de chef d'entreprise à celui qui détenait en fait les pouvoirs de gestion et de direction.

tel, demeurer responsable de l'infraction[692]. De même, le gérant de fait, directeur technique au moment des faits, a vu sa responsabilité engagée aux motifs que disposant de l'autorité et des moyens nécessaires pour embaucher et affecter les salariés et pour assurer la sécurité des chantiers, il exerçait au sein de la société les pouvoirs d'un co-gérant. Cette décision admet en outre, la responsabilité conjointe des gérants de fait et de droit en affirmant que *« les gérants de droit ou de fait d'une même société peuvent être simultanément coupables d'homicide involontaire en cas de décès d'un salarié causé par un manquement à la réglementation relative à la sécurité des travailleurs »*[693].

Par ailleurs, la Chambre criminelle de la Cour de cassation française a considéré comme responsable d'une infraction à la réglementation sur l'hygiène et la sécurité du travail le débiteur dessaisi dans le cadre d'une procédure de redressement judiciaire de sa société. Elle relève que l'intéressé avait effectué, sans l'accord de l'administrateur judiciaire, des actes étrangers aux pouvoirs propres qui lui sont attribués par la loi et en conclut qu'il restait tenu, en tant que dirigeant de fait, au respect des obligations légales et conventionnelles incombant au chef d'entreprise, lesquelles sont susceptibles d'avoir des conséquences pénales[694]. De même, a-t-elle admis qu'un puisatier était responsable de l'inobservation des règles de sécurité dont l'un de ses deux camarades de travail avait été victime, au motif qu'ils constituaient à eux trois une entreprise et que le prévenu avait assuré la direction des opérations de forage en tant que gérant de la société de fait constituée avec ses compagnons[695].

La recherche du dirigeant réel de l'entreprise a conduit à admettre la condamnation d'un directeur général adjoint d'une coopérative pour méconnaissance des règles relatives à la sécurité des travailleurs[696].

2. En cas de pluralité d'entreprises

334. Plusieurs entreprises juridiquement distinctes les unes des autres peuvent être concernées par une même situation délictuelle. Il faut déterminer lequel des dirigeants des différentes entreprises, sera désigné comme étant le responsable de l'infraction.

---

[692] Cass. Crim., 11 janv. 1972, *Bull. crim.* 1972, n° 14; CA Paris, 20e ch. Corr., 1er juil. 1988, *JurisData* n° 1988-024973; Cass. crim., 23 nov. 2004, *RJS* 2005, n° 45; Cass. crim., 17 juin 2014, n° 13-81.116; Cass. crim., 13 nov. 2013, n° 12-86.932; Cass. crim., 19 nov. 2013, n° 12-85.378.

[693] Cass. crim., 8 juin 2004, n° 03-86.331 et Cass. crim., 13 avr. 2010, n° 09-86.429, *JurisData* n° 2010-006671 ; Cass. crim., 20 mai 2015, n° 13-87.727.

[694] Cass. crim., 12 juin 1996, *RJS* 1997, n° 551 ; Cass. crim., 7 avr. 1999, *Dr. pén.* 1999, n° 131, obs. J.-H. ROBERT.

[695] Cass. crim., 16 mars 1971, *Bull. crim.* 1971, n° 88; *Rev. sc. crim.* 1971, p. 944, obs. G. LEVASSEUR.

[696] CA Paris, 11è ch. Corr., 24 avr. 1989, *JurisData* n° 1989-024055.

On retient en principe la responsabilité du chef d'entreprise dont le personnel a été victime de l'infraction. Dans ce sens, doit être déclaré coupable des délits et contraventions d'homicide et de blessures involontaires, le directeur d'une raffinerie dans laquelle travaillait en *« régie contrôlée »* une équipe d'ouvriers appartenant à une autre entreprise, s'il est établi qu'il a commis une faute personnelle de négligence en relation avec l'accident dont ces ouvriers ont été les victimes.

Mais des solutions plus nuancées doivent être retenues lorsque plusieurs entreprises se trouvent réunies pour l'accomplissement d'un travail commun sous la surveillance ou la direction de l'une d'entre elles et en cas d'utilisation d'une main-d'œuvre temporaire. En outre, l'hypothèse de requalification du lien contractuel ne doit pas échapper à la réflexion.

a. En cas de travail commun

335. Il s'agit de déterminer le responsable dans le cadre des infractions aux prescriptions visant à assurer l'hygiène et la sécurité des travailleurs.

i. Coopération sur un site unique

336. La pluralité de lien de causalité peut être retenue à l'encontre de prévenus appartenant à des entreprises différentes. C'est le cas de la condamnation du chef de chantier de l'entreprise à laquelle appartenait la victime et celle du directeur de l'entreprise de gros œuvre chargé contractuellement d'assurer la sécurité de l'ensemble des salariés à la suite d'un accident survenu au cours d'un travail en commun[697].

Cependant, le chef de l'entreprise à laquelle appartient la victime de l'infraction cesse d'être responsable s'il s'avère que l'exécution des travaux a été placée sous une direction unique autre que la sienne[698]. Cette solution est applicable quelle que soit la nature du travail effectué en commun et n'est subordonnée à aucune condition d'origine contractuelle. La détermination de l'entreprise pilote dépend plutôt des éléments de fait dont l'appréciation souveraine revient aux juges du fond. Il en va ainsi en cas de sous-traitance, lorsque l'entrepreneur principal assure la surveillance de l'ensemble du personnel[699] ; lorsque la victime de l'infraction a été mise à la disposition d'une autre entreprise pour effectuer un travail en commun sous la direction unique d'un préposé de celle-ci.

697 Cass. crim., 22 janv. 1969, *Bull. crim.* 1969, n° 45, Cass. crim., 27 janv. 1971, *Bull. crim.* 1971, n° 28; *Rev. sc. crim.* 1971, p. 942, obs. G. LEVASSEUR.
698 Cass. crim., 18 janv. 1973, *Bull. crim.* 1973, n° 25; *Rev. sc. crim.* 1973, p. 692, obs. G. LEVASSEUR. Dans le cas contraire : Cass. crim., 6 janv. 2015, n° 13-80.268.
699 Cass. crim., 5 janv. 1977, *Dr. ouvrier* 1977, p. 361 ; Cass. crim., 25 mai 1982, *Bull. crim.* 1982, n° 136; CA Paris, 13 sept. 1990, *JurisData* n° 1990, n° 1990-025682.

La coopération peut être organisée entre entreprises en vue du transfert de responsabilité pénale notamment sur les chantiers du bâtiment et des travaux publics où très souvent, sont présents les salariés de plusieurs entreprises représentant divers corps de métiers. Il se peut qu'en raison de la permanence des travaux qu'elle doit effectuer, l'entreprise de gros œuvre contracte selon le cahier des charges, l'obligation d'assurer la sécurité des membres du chantier. En cas d'inobservation de la réglementation, c'est alors le chef de cette entreprise qui sera condamné pénalement et non celui de l'entreprise employant la victime[700].

Mais ce transfert de responsabilité est subordonné à l'existence de stipulations contractuelles précises. En leur absence, l'entrepreneur de gros œuvre n'est *a priori* tenu de prendre des mesures de sécurité qu'à l'égard de ses propres salariés[701].

ii. Travaux effectués dans un établissement par une entreprise extérieure

337. Dans cette situation d'interférence d'activités, il est admis :

- le principe de la responsabilité du chef d'entreprise utilisatrice qui assure la coordination générale des mesures de prévention prises par tous ;
- le principe du maintien de la responsabilité de chaque chef d'entreprise pour l'application des mesures de prévention nécessaires à la protection de son personnel. Les responsabilités respectives peuvent être engagées simultanément[702]. Cela n'exclut pas la possibilité d'engager ces responsabilités distinctement.

b. En cas de travail temporaire

338. La question de la détermination du chef d'entreprise responsable de l'infraction se pose en cas d'emploi d'un personnel intérimaire. En principe, en cas d'inobservation des règles d'hygiène et de sécurité, par exemple en cas d'omission de fourniture d'équipement de travail[703] ou en cas d'emploi d'un travailleur temporaire sans organisation de formation pratique de sécurité[704], c'est la responsabilité pénale du chef d'entreprise utilisatrice qui sera engagée et non celle de l'employeur de la victime[705].

---

[700] Cass. crim., 28 oct. 1969, *Bull. crim.* 1969, n° 269.

[701] Cass. crim., 9 oct.2007, *RJS* 2008, n° 331; Cass. crim., 11 oct. 2011, n° 11-80.122; *Bull. crim.* 2011, n° 203.

[702] Cass. crim., 30 av. 2002, *Dr. soc.* 2002, p. 908, note F. DUQUESNE.

[703] Cass. crim., 27 oct. 2009, n° 09-80.490, *JurisData* n° 2009-050472.

[704] Cass. crim., 16 févr. 2010, n° 09-83.991; *JurisData* n° 2010-003359; Cass. crim., 1er sept. 2010, n° 09-87.331; *JurisData* n° 2010-016518.

[705] Cass. crim., 2 oct. 2012, n° 11-85.032; *Bull. crim.* 2012, n° 206.

c. Requalification du lien contractuel en cas de pluralité d'entreprises

339. En cas de pluralité d'entreprises, le recours à une requalification du lien contractuel est parfois nécessaire pour permettre la désignation du chef d'entreprise responsable. C'est le cas notamment lorsque le contrat de sous-traitance existant entre l'entrepreneur maître de l'ouvrage et le sous-traitant est fictif. Ainsi, la qualité d'artisan ou de dirigeant d'une société commerciale de la victime est écartée lorsque celle-ci travaillait en réalité dans un état de subordination juridique permanente par rapport au donneur d'ouvrage pour imputer à ce dernier, par exemple, l'infraction d'homicide involontaire dont a été victime le prétendu sous-traitant[706].

Si le sous-traitant a des salariés, une requalification du lien contractuel de subordination peut intervenir également et désigner comme étant le véritable employeur de ces derniers, la société donneuse d'ouvrage dont les dirigeants et délégataires devront répondre des infractions commises à leur préjudice. Cette solution trouve à s'appliquer notamment dans l'hypothèse d'un prêt de main-d'œuvre à but lucratif dissimulé sous un prétendu contrat de sous-traitance entre deux sociétés, le dirigeant de la société utilisatrice étant alors condamné pour homicide involontaire et infraction aux règles concernant la sécurité des travailleurs commis au préjudice du salarié prêté qui était placé au moment de l'accident sous l'autorité de ce dirigeant[707].

B. Intervention personnelle du chef d'entreprise

340. Cette intervention peut être exclusive (1) ou bien découler plutôt de l'exercice de son autorité (2).

1. Intervention exclusive du chef d'entreprise

341. De toute évidence, il n'est pas aisé de dresser un catalogue des infractions dont la commission est le fait exclusif du chef d'entreprise. Néanmoins, on peut relever qu'un certain nombre d'infractions sont matérialisées par une décision émanant directement du chef d'entreprise, quelle que soit l'organisation des structures internes de l'entreprise. Parmi les nombreuses obligations que comporte la législation du travail pour aménager les relations entre employeurs et salariés, on en dénombre qui, par nature, relèvent exclusivement du pouvoir de décision du chef d'entreprise, sans que celui-ci puisse être délégué, quand bien même les fonctions à l'intérieur de l'entreprise sont largement diversifiées.

À titre d'illustration, on peut citer l'obligation de :

---

[706] Cass. crim., 19 oct. 1999, *JurisData* n° 1999-004778.
[707] Cass. crim., 14 févr. 1989, *Bull. crim.* 1989, n° 75; *Rev. sc. crim.* 1989, p. 364.

- respecter la procédure d'autorisation préalable avant d'arrêter une décision de licenciement du délégué du personnel ;
- ne pas employer les femmes et les enfants à un travail de nuit dans l'industrie ;
- ne pas faire obstacle au contrôle de l'inspecteur ou du médecin-inspecteur du travail.

La qualification de l'infraction, contravention ou délit, n'est pas à cet effet un critère suffisant. De même, le fait que le texte d'incrimination ou celui qui sert de support à la définition légale de l'infraction impute, expressément ou non l'obligation à l'employeur n'est d'aucune utilité. Seule la nature de l'acte incriminé paraît devoir être prise en considération.

2. Intervention du fait de l'autorité du chef d'entreprise

342. La taille de l'entreprise peut conduire à répartir entre les membres de la hiérarchie des tâches qui comportent nécessairement, à titres divers, l'application de certaines prescriptions de la législation du travail. Ainsi, la faute dans l'organisation matérielle ou administrative du travail avant même que celle-ci ne s'effectue[708], tout comme le défaut de formation du personnel aux questions de sécurité[709] sont imputables au chef d'entreprise.

Mais en raison de l'évolution des structures de l'entreprise, ce défaut d'organisation constitutif d'une faute personnelle correspond de plus en plus souvent au fait, pour le chef d'entreprise, de ne pas avoir délégué ses pouvoirs à l'un de ses collaborateurs dans des conditions conformes aux exigences de la protection physique du personnel, à partir du moment où il n'était plus en mesure de veiller lui-même au respect des textes.

Ainsi, dans une espèce où deux accidents du travail s'étaient produits sur des presses dont les systèmes de protection étaient inexistants ou défectueux, pour pouvoir condamner le chef d'entreprise, il a été relevé à propos du premier accident : *« ...que le dispositif de sécurité avait été démonté la veille et n'avait pas été remis en place avant la reprise du travail ; que cette carence démontre une mauvaise coordination entre l'équipe du soir et celle du matin et une absence de détermination des responsabilités de chaque chef d'équipe ou contremaître ; que l'organisation de la sécurité incombe au chef d'entreprise auquel il appartient de préciser les tâches et responsabilités de chacun et de donner les directives et délégations de pouvoirs nécessaires, ce*

---

708 Cass. crim., 10 juin 1980, *Bull. crim.* 1980, n° 184; Cass. crim., 5 mars 2002, *RJS* 2002, n° 989 ; Cass ; crim., 28 févr. 2006, *Dr. soc.* 2006, p. 1056, note F. DUQUESNE.

709 Cass. crim., 2 mai 1989, *Bull. crim.* 1989, n° 175; Cass. crim., 23 janv. 2007, *RJS* 2007, n° 615; Cass. crim., 6 nov. 2007, *RJS* 2008, n° 298.

qu'en l'espèce le prévenu a omis de faire »[710]. De même, il est rappelé qu'en sa qualité de chef d'entreprise, le prévenu était également et personnellement tenu de veiller à la stricte et constante application des règles relatives à la sécurité, qu'à la suite du décès du chef des travaux auquel il avait délégué des pouvoirs, il n'avait désigné aucun autre délégataire en matière de sécurité[711].

Dans ce sens, l'indisponibilité du dirigeant n'a pas pour effet de le soustraire à son obligation de veiller personnellement à la stricte et constante exécution des dispositions édictées par le Code du travail en vue d'assurer l'hygiène et la sécurité des travailleurs, en l'absence de toute délégation de pouvoirs à un préposé dans des conditions de nature à le décharger de sa propre responsabilité[712].

Ces différentes solutions jurisprudentielles modèlent l'obligation du chef d'entreprise en fonction des prérogatives d'autorité qu'il exerce sur son personnel. Sa faute personnelle consiste alors à ne pas avoir délégué son pouvoir après qu'il ait fait le constat de l'impossibilité d'assumer seul les obligations légales initialement mises à sa charge.

§2. Responsabilité du fait des préposés

343. Dès l'origine, c'est la jurisprudence française qui a posé le principe selon lequel le chef d'entreprise est personnellement responsable des infractions sur les prescriptions du droit du travail commises par ses préposés[713]. Dans le dessein de préciser l'étendue de cette responsabilité de principe, la doctrine s'est attachée à en définir le fondement, sans toutefois qu'une unité de vue ait jamais réussi à prévaloir.

Dans la pratique, une évolution s'est faite peu à peu pour marquer certaines limites à la responsabilité de principe du chef d'entreprise. Celle-ci a été le fait de la jurisprudence française qui a admis la notion de délégation de pouvoirs. Le législateur est intervenu à son tour, pour consacrer en 1976 l'application des règles de droit commun en matière d'infractions aux prescriptions d'hygiène et de sécurité.

En revanche, en l'absence de solutions dérogatoires expresses, les infractions au droit camerounais du travail n'engagent, comme en droit commun, que la responsabilité personnelle de l'auteur matériel des

---

[710] Cass. crim., 19 janv. 1982 Schmidt et Thomas; Cass. crim., 17 oct. 1979, *D.* 1980, inf. rap. p. 296; CA Paris, 12 nov. 1993, *JurisData* n° 1993-023318

[711] Cass. crim., 9 mars 1999, *Dr. ouvrier* 1999, p. 307.

[712] Cass. crim., 7 juin 2006, *Dr. soc.* 2006, p. 1058, note F. DUQUESNE.

[713] J.-H. ROBERT, « Les personnes physiques pénalement responsables des infractions commises à l'occasion du fonctionnement des entreprises », *JCP* 1975, I, 11716, n° 23 et s.

agissements incriminés[714]. Cependant, lorsque le texte d'incrimination impute expressément la responsabilité de l'infraction à l'employeur, titulaire de l'obligation de faire ou de ne pas faire et dont l'inobservation est constitutive d'infraction, il peut être déclaré responsable de l'infraction.

A. Fondement de principe de la responsabilité du chef d'entreprise

344. L'analyse du fondement de la responsabilité de principe du chef d'entreprise a donné lieu à deux principaux courants doctrinaux, apparemment inconciliables dans la mesure où ils mettent en cause des principes fondamentaux autres que ceux sur lesquels repose le droit pénal.

Pour certains auteurs, la responsabilité qui pèse sur le chef d'entreprise n'est pas différente de la responsabilité de droit commun, tandis qu'une autre partie de la doctrine considère que l'imputation à l'employeur de l'infraction commise par ses préposés déroge au principe de la personnalité des peines et doit par conséquent, être d'application restrictive. Les solutions retenues par la jurisprudence s'inspirent tour à tour, de l'une ou de l'autre conception même si la politique criminelle développée par la Cour de cassation française tend pour certaines infractions en matière d'hygiène et de sécurité notamment, à faire prévaloir largement la responsabilité de principe du chef d'entreprise.

1. Responsabilité de droit commun

345. Pour justifier que la responsabilité du fait des préposés repose comme en droit commun, sur l'existence d'une faute de l'employeur, plusieurs théories ont été avancées :

L'employeur serait l'auteur moral de l'infraction ou encore l'auteur intellectuel, sa faute consistant à n'avoir pas empêché la réalisation de l'acte incriminé[715]. Cette conception a été dénoncée comme artificielle et dépourvue de base légale, dans la mesure où la responsabilité de l'auteur moral ne peut, en l'état actuel du droit pénal, être poursuivie que si un texte le prévoit expressément[716].

Plus fréquemment, la faute reprochée personnellement à l'employeur résulte de ce qu'il a manqué à l'obligation qui lui incombe de veiller au respect

---

714 Sur la question du principe de la responsabilité personnelle, Voir, A. MINKOA SHE, *Droits de l'homme et droit pénal au Cameroun*, Economica, Paris, 1999, n° 112, p. 53.

715 A. VENILLET, « Principes généraux de droit pénal du travail », *JCL pénal* ; N. ALVAREZ, *Le droit pénal du travail*, Thèse dactylographiée, Paris I, 1974, p. 53, cité par NDIE NGAH, Mémoire précité, p. 262.

716 M. E. CARTIER, *La responsabilité du fait de l'entreprise*, Masson, Paris, 1977, p. 61.

des prescriptions législatives ou réglementaires et à leur stricte application[717]. Le seul fait que l'infraction a été commise par un préposé suffit à caractériser la carence de l'employeur. La jurisprudence traduit la rigueur de ce principe en refusant d'admettre la preuve de l'absence de faute ou de la bonne foi du chef d'entreprise.

L'obligation générale de surveillance qui pèse sur le chef d'entreprise en sa qualité d'employeur, est une obligation non écrite à laquelle la Chambre criminelle a fait largement référence pour imputer exclusivement au chef d'entreprise la responsabilité des infractions en matière d'hygiène et de sécurité. Selon une opinion fréquemment avancée, cette obligation ne serait que la contrepartie du pouvoir que détient le chef d'entreprise et de l'autorité qu'il exerce à l'égard des salariés placés sous ses ordres, de sorte que la seule cause d'exonération possible réside dans une délégation de pouvoirs[718]. La responsabilité du chef d'entreprise est la contrepartie du pouvoir de direction qui lui permet de réaliser la prévention des infractions. Certains auteurs n'hésitent pas à affirmer qu'une véritable répression des infractions à la législation du travail implique de retenir la responsabilité de celui qui est placé au plus haut niveau de l'entreprise. Seul le chef d'entreprise doit, en raison du pouvoir économique qu'il détient, assumer la responsabilité des décisions qu'il prend dans l'exercice de ce pouvoir[719].

346. Une opinion plus nuancée consiste à faire valoir que cette responsabilité liée au pouvoir ne peut néanmoins être automatique. Si le pouvoir peut être considéré comme fondement de la responsabilité pénale du chef d'entreprise, c'est dans la mesure seulement où celui-ci n'a pas utilisé ses prérogatives dans le sens indiqué par la loi ou bien, à l'inverse, les a affectées à des fins contraires aux impératifs légaux. C'est seulement dans cette mesure que l'exigence d'une faute requise par le droit commun serait satisfaite[720]. Ceci impliquerait de tenir plus largement compte des circonstances totalement indépendantes de la volonté de l'employeur qui concourent à la réalisation de certaines infractions. Aussi longtemps que la Chambre criminelle n'infléchira pas en ce sens certaines solutions particulièrement rigoureuses qu'elle tend à faire prévaloir pour des raisons de politique criminelle, il y aura lieu de considérer que le principe d'imputation au chef d'entreprise de la responsabilité des infractions commises par les préposés reste dérogatoire du droit commun.

---

[717] G. STEFANI et G. LEVASSEUR, *Droit pénal général*, 9ème éd., Précis Dalloz, Paris, 1976, p. 289 ; R. MERLE, A. VITU, *Traité de droit criminel*, 3ème éd., T 1, Cujas, n° 474.

[718] A. CŒURET, « Pouvoirs et responsabilité en droit pénal social », *Dr. soc.* 1975, p. 396 ; Y. REINHARD, La loi du 6 décembre 1976, *Rev. sc. crim.* 1978, 257, n° 58.

[719] J. SAVATIER, note sous Cass. crim., 23 janv. 1979, *Dr. soc.* 1979, 160.

[720] M. E. CARTIER, *La responsabilité du fait de l'entreprise*, *op. cit.*, p. 63.

2. Responsabilité du fait d'autrui

347. Le principe rappelé par la Cour de cassation française est que *« la responsabilité pénale ne peut résulter que d'un fait personnel »*[721]. Il s'agit d'un principe fondé sur les exigences élémentaires de la justice rétributive, car il n'est pas convenable que l'on puisse punir une personne dont la conduite est complètement étrangère à l'infraction poursuivie. Toutefois, ce principe ne peut être rigoureusement appliqué que dans la mesure où la personne qui prétend en bénéficier est moralement innocente de l'infraction d'autrui. Il se peut en effet que, sans avoir physiquement collaboré aux agissements d'autrui, une personne ait cependant facilité indirectement ces agissements par la création d'un état délictueux latent ou par la commission d'une faute. Une analyse minutieuse fait apparaître sous l'écran du fait d'autrui, un fait personnel, plus lointain et immatériel, mais néanmoins susceptible de retenir l'attention. Cette situation autorise à se demander si ce fait personnel de seconde zone, quasiment réduit à une culpabilité morale en relation causale avec l'infraction, quoique matérialisée généralement par une défaillance à des obligations légales précises, n'est tout de même pas de nature à tomber sous le coup de la loi pénale[722].

En réponse, l'on comprend alors que la responsabilité pénale peut découler du fait d'autrui. C'est ainsi que dans un arrêt fondamental, la jurisprudence affirme que : *« si en principe nul n'est passible de peine qu'en raison de son fait personnel, la responsabilité peut cependant naître du fait d'autrui dans les cas exceptionnels où certaines obligations légales imposent le devoir d'exercer une action directe sur les faits d'un auxiliaire ou d'un subordonné notamment dans des industries soumises à des règlements édictés dans un intérêt de salubrité ou de sûreté publique ; la responsabilité pénale remonte essentiellement aux chefs d'entreprises à qui sont personnellement imposés les conditions et modes d'exploitation de leurs industries »* [723]. C'est dans le cadre des entreprises ou des professions réglementées que les manifestations de la responsabilité du fait d'autrui sont les plus nombreuses.

Le caractère dérogatoire du droit commun d'une responsabilité pour autrui imputée à l'employeur, ou encore une responsabilité sans faute, a été dénoncé à plusieurs reprises par la doctrine[724]. Compte tenu précisément de ce caractère dérogatoire, il est admis que l'infraction d'autrui doit contrevenir à des dispositions réglementaires que le responsable du fait d'autrui avait personnellement l'obligation de faire respecter. En outre, le domaine

---

[721] Cass. crim., 28 févr. 1956, *JCP* 1956, II, 9304, note DE LESTANG.

[722] R. MERLE, A. VITU, *Traité de droit criminel*, Tome 1, 5ème éd. Cujas, Paris, 1984, n° 489 et 490, p. 611 et s.

[723] Cass. crim., 28 fevr. 1956, *préc.*

[724] N. CATALA, « De la responsabilité des chefs d'entreprise en matière d'hygiène et de sécurité », *JCP* 1976, I, 12010, n° 19 et s.

d'application de la responsabilité pour autrui est en principe limité. À cet égard, il est proposé de distinguer les infractions matérielles de celles qui constituent une véritable négligence ou qui comportent un élément intentionnel. Pour les premières, la culpabilité n'a pas à être positivement établie. Celle-ci découle du seul fait que la prescription en cause n'a pas été observée. Inversement, les infractions de négligence et, *a fortiori*, les infractions intentionnelles exigent, pour que la responsabilité du chef d'entreprise soit engagée, qu'il ait eu la conscience, sinon la volonté, de commettre l'infraction[725].

348. Cette distinction risque en fait de rester théorique dans la mesure où la jurisprudence tend à faire de la plupart des infractions en droit pénal du travail des infractions matérielles dépourvues de tout élément intentionnel.

Pourquoi dès lors, ne pas s'en rapporter aux textes d'incrimination eux-mêmes et à la volonté du législateur ou de l'autorité réglementaire dont ils émanent ? Lorsque la responsabilité de l'infraction est expressément imputée à l'employeur, la responsabilité de principe de chef d'entreprise ne fait pas de doute. En revanche, beaucoup de textes se contentent, comme en droit pénal, de définir l'objet de l'incrimination sans comporter aucune référence à la personne responsable. Il peut paraître légitime d'affirmer que le droit pénal du travail n'entend pas déroger en pareil cas au droit commun qui impute la responsabilité à l'auteur matériel de l'infraction[726]. Cependant, s'il est vrai que la responsabilité pénale du chef d'entreprise ou du commettant est en quelque sorte *« déclenchée »* par l'acte matériel du préposé, elle n'en prend pas moins sa source directe dans la faute personnelle du patron. Celui-ci avait en effet l'obligation légale de surveiller son préposé et de veiller à l'observation des règlements dont il était personnellement chargé d'assurer l'exécution en sa qualité de chef d'entreprise. Il *« emprunte l'élément matériel de l'infraction commise par son préposé »*[727] parce que le préposé a agi à sa place ; mais moralement, il a commis réellement la même faute que son préposé. Aussi, est-il relevé, qu'en définitive, que l'on fonde la responsabilité pénale du chef d'entreprise sur une faute personnelle ou sur sa qualité d'auteur moral, dans l'un et l'autre cas, il ne s'agit pas véritablement d'une responsabilité pénale du fait d'autrui, mais plutôt d'une responsabilité personnelle à raison du fait délictueux commis matériellement par autrui[728].

---

[725] M. E. CARTIER, *La responsabilité du fait de l'entreprise*, Masson, Paris, 1977, p. 54.

[726] Il a été observé à ce propos que c'est le plus souvent la jurisprudence, notamment celle de la Chambre criminelle, qui a fait prévaloir la responsabilité de principe du chef d'entreprise indépendamment de toute référence aux textes d'incrimination : N. CATALA, *La responsabilité pénale du fait de l'entreprise*, Masson, Paris, 1977, p. 125.

[727] STEFANI et G. LEVASSEUR, *Droit pénal général*, T 1, 12ème éd., Précis Dalloz, Paris, 1976, n° 301.

[728] B. BOULOC, *Droit pénal général*, 26ème éd., Dalloz, Paris, 2019, n° 399, p. 347.

On peut néanmoins se demander, au final, si toutes les analyses doctrinales qui ont été faites essentiellement à partir de la jurisprudence intervenue en matière d'infraction aux règles d'hygiène et de sécurité (fortement préoccupée par la recherche de la responsabilité pénale dans ses manifestations les plus diffuses et dans ses causes les plus lointaines[729]) n'ont pas, par la force des choses, perdu de vue les autres aspects du droit pénal du travail.

B. Les limites de la responsabilité de principe du chef d'entreprise

349. Lorsqu'elle fait prévaloir la responsabilité de principe du chef d'entreprise, la jurisprudence admet néanmoins, sous certaines conditions, que la délégation du pouvoir de direction faite à un préposé d'entreprise constitue une cause d'exonération de la responsabilité du chef d'entreprise. En revanche, elle n'accepte de retenir les autres causes de non-imputabilité qui prévalent en droit commun, que dans des conditions très restrictives.

1. La délégation de pouvoirs

350. La validité de la délégation de pouvoirs comme cause d'exonération de la responsabilité du chef d'entreprise est admise dans son principe depuis une date ancienne et ne donne pas lieu en tant que telle, à discussion[730].

Il en va différemment lorsqu'il s'agit de définir les conditions auxquelles la délégation de pouvoirs doit répondre pour être valable. Plusieurs conceptions s'opposent alors quant à la raison d'être de la délégation de pouvoirs. Si l'on admet que celle-ci joue un rôle essentiellement fonctionnel dans la mesure où elle permet de tenir compte de la répartition effective des fonctions à l'intérieur de l'entreprise, les conditions de sa mise en œuvre conduisent nécessairement à lui réserver un large domaine d'application qui tient compte de la réalité et de la diversité des structures de gestion des

---

[729] A. VITU, *L'orientation moderne des notions d'auteur de l'infraction et de participation à l'infraction, rapport au IIème Congrès international de Droit pénal*, éd. CUJAS, p. 42 et s.

[730] *« Attendu que la loi ne peut s'entendre que comme faisant peser la responsabilité pénale de chaque infraction aux mesures qu'elle prescrit sur le chef immédiat et effectif du service où elle s'est produite ; d'où il suit que le chef d'entreprise doit, à ce titre, être tenu pour pénalement responsable comme étant l'auteur des contraventions commises dans les parties de l'entreprise qu'il administre directement. La responsabilité pénale de celles qui se produisent dans ceux de ses services dont il a délégué la direction pèse au même titre sur le directeur, le gérant ou préposé qui l'y représente, comme chef immédiat, avec la compétence et l'autorité nécessaires pour y veiller efficacement à l'observation de la loi »* : Cass. crim., 28 juin 1902, *Bull. crim.* 1902, n° 237 ; *DP* 1903, I, p. 585, note ROUX.

entreprises. Une partie de la doctrine reconnaît que tel est en effet le rôle de la délégation de pouvoirs[731].

Au contraire, certains auteurs considèrent, que la délégation de pouvoirs est un moyen pour le chef d'entreprise de se soustraire à ses obligations légales en faisant jouer à un subordonné le rôle de *« lampiste »* ou, à tout le moins, qu'elle risque de faire peser sur le seul préposé le risque alors que celui-ci n'en récupère pas le profit[732]. Cette conception reflète pour une large part celle des syndicats de salariés qui estiment qu'en toute hypothèse, le pouvoir dans l'entreprise se situe au niveau le plus élevé de la hiérarchie. Une délégation de pouvoirs ne peut, dans ces conditions, se concevoir que pour les cadres situés au sommet de la hiérarchie.

La jurisprudence a été amenée à préciser le domaine d'application de la délégation de pouvoirs et les conditions de sa validité en écartant successivement les objections qui tendaient à en restreindre la portée. Ce faisant, les solutions dégagées par la Chambre criminelle devraient conduire, en fait, à faire peser la sanction sur celui qui a réellement le pouvoir d'appliquer la prescription incriminée. Une orientation en ce sens de la politique criminelle est souhaitée par une partie de la doctrine afin de réaliser une meilleure prévention des infractions en faisant peser la menace de la sanction sur ceux qui sont le mieux à même de mettre en application les prescriptions en vigueur[733].

Le principe général posé par la Chambre criminelle est tel qu'il laisse en fait aux juges du fond la liberté d'appréciation nécessaire pour tenir compte de la diversité des situations concrètes[734]. C'est pourquoi il est permis d'affirmer que le régime de la délégation de pouvoirs est caractérisé par un principe ferme qui fait appel, pour son application, à des éléments d'appréciation ayant une valeur relative. Il est dès lors difficile de présenter en la matière des solutions comportant toute la précision souhaitée par les praticiens.

---

731 A. CŒURET, « Pouvoirs et responsabilités en droit pénal social », *Dr. soc.* 1975, p. 405 ; N. CATALA et J. C. SOYER, « La loi du 6 décembre 1976 relative au développement de la prévention des accidents du travail », *JCP* 1977, I, 2868 ; *JCP* 1977, CI, II, 12468.

732 BOITEL, « La responsabilité pénale du chef d'entreprise », *Dr. ouvrier* 1952, p. 334 ; Y. SAINT-JOURS, note sous Cass. crim., 15 mars 1973, *JCP G* 1973, II, 17577 ; S. BOUBLI, « La délégation de pouvoirs depuis la loi du 6 décembre 1976 », *Dr. soc.* 1977, p. 82, n° 17.

733 R. LEGEAIS, « Sur qui pèse la responsabilité des infractions aux lois sociales dans l'entreprise », *Dr. soc.* 1961, 342.

734 N. CATALA, « Notion de délégation, formes, conditions, limites et cas », *in La responsabilité du fait de l'entreprise*, Masson, Paris, 1977, p. 121.

a. Domaine de la délégation de pouvoirs

351. Il est essentiellement fonction de l'objet de la délégation de pouvoirs et, par conséquent, des qualités requises du préposé pour pouvoir valablement recevoir délégation de pouvoirs.

La dimension de l'entreprise ne constitue pas à cet égard un critère d'appréciation surtout qu'en deçà d'un certain seuil d'effectif, le chef d'entreprise cumule en fait comme en droit, tous les pouvoirs sans qu'il y ait place pour une quelconque délégation[735]. La structure interne de l'entreprise, en revanche, est un des éléments d'appréciation que retient la jurisprudence[736]. Elle admet que la délégation de pouvoirs est possible non seulement dans un établissement distinct, mais également à l'intérieur d'un même établissement, dès lors que plusieurs services possèdent un domaine d'activité distinct. C'est le cas en particulier des chantiers[737]. Rien ne s'oppose à ce que, au sein d'une même unité de production, plusieurs délégations de pouvoirs interviennent.

La question se pose de savoir si le délégataire peut être valablement désigné pour l'ensemble des entreprises formant un groupe de sociétés. Il est admis qu' *« en cas d'accident du travail, les infractions en matière d'hygiène et de sécurité des travailleurs commises par le délégataire de pouvoirs désigné par chacune des sociétés constituant un groupement d'entreprises à l'occasion de l'attribution d'un marché, engagent la responsabilité de la personne morale membre du groupement qui est l'employeur de la victime »*[738].

Il convient de préciser que cette solution adoptée en matière d'accidents du travail pourrait être transposable à d'autres catégories d'infractions. Le souhait étant qu'il soit tenu compte de la diversité des organisations internes de chaque entreprise délégante.

La nature de l'infraction poursuivie commande également le domaine d'application de la délégation de pouvoirs. Pour que la délégation de pouvoirs puisse être invoquée, il faut que les agissements incriminés ne soient pas de ceux qui mettent nécessairement en cause l'intervention personnelle du chef d'entreprise. En pareil cas, la responsabilité de l'employeur est une

---

[735] Dans ce sens, il semble qu'une délégation de pouvoirs ne se justifie que dans le cas d'entreprises relativement importantes. L'on comprend alors qu'elle ne saurait se concevoir dans les petites entreprises, notamment celles ayant un caractère artisanal.

[736] Cass. crim., 21 mai 1979, veuve Fontaine ; Cass. crim., 18 déc. 1936, *DH* 1937, p. 102 ; Cass. crim., 3 janv. 1964, *Gaz. Pal.* 1964, 1, p. 313.

[737] Cass. crim., 21 oct. 1975, *JCP* 1975, II, 12010.

[738] Cass. com., 23 nov. 2010 : A. CŒURET, « Unité de délégation et pluralité d'entreprises », *RJS* 4/2011, p. 251 ; F. DUQUESNE, « Imputation de la faute du délégataire commun à la personne morale : vers la clarification ? », *Dr. soc.* 2011, p. 361.

responsabilité du fait personnel qui exclut, par définition, une responsabilité du fait d'autrui susceptible de donner lieu à délégation.

Tel est le cas lorsque le chef d'entreprise connaissant parfaitement les infractions à la réglementation qui se commettaient dans son établissement s'est gardé d'intervenir, *« n'ayant en vue que le rendement de l'entreprise au détriment de la sécurité des travailleurs »*[739].

b. Conditions de validité de la délégation de pouvoirs

352. Selon un arrêt du 21 octobre 1975 de la Chambre criminelle, l'efficacité de la délégation est subordonnée à des conditions tenant d'une part, à la personne du délégataire et, d'autre part, à l'objet même de la mission qu'elle comporte.

i. Conditions relatives à la personne du délégataire

353. Elles ont été définies par la Chambre criminelle à propos des infractions aux prescriptions d'hygiène et de sécurité, selon une formulation qui a peu varié au cours des années : *« les juges ne peuvent exonérer le chef d'entreprise de toute responsabilité pénale que s'il est expressément constaté au préalable que celui-ci avait délégué la direction (du chantier) à un préposé investi par lui et pourvu de la compétence et de l'autorité nécessaires pour veiller efficacement à l'observation des dispositions en vigueur »*[740]. L'existence d'une délégation de pouvoirs est par conséquent, subordonnée à la réunion de trois conditions.

- **Le préposé doit se trouver investi par le chef d'entreprise d'une fraction de son pouvoir de direction**

354. Ceci implique que l'intéressé ait, au regard de la prescription incriminée, le pouvoir effectif de décider de son application, ou d'en imposer l'exécution par les salariés placés sous ses ordres. Pour qu'il en soit ainsi, il faut donc que les fonctions dont il est investi comportent une telle mission. La question de savoir si la nécessité d'un acte formel précisant expressément l'objet exact de la délégation de pouvoirs s'imposait et a été longtemps discutée. Une partie de la doctrine considérait que si l'exercice des fonctions d'autorité s'accompagne nécessairement et implicitement d'une délégation de pouvoirs[741], il n'en va pas obligatoirement de même pour les salariés qui occupent une position hiérarchique intermédiaire. Pour écarter le risque de donner en pareil cas à la délégation de pouvoirs une portée excessive, il faudrait que soit établie la réalité d'une délégation expressément consentie en

739 Cass. crim., 27 févr. 1973, *Bull. crim.* 1973, n° 97.
740 Cass. crim., 22 mai 1973, *Bull. crim.* 1973, n° 230.
741 A. CŒURET, art. précité, p. 406.

pleine connaissance de cause, notamment quant aux conséquences pénales de celle-ci[742].

La jurisprudence n'a pas retenu cette solution, considérant que, pour que la délégation soit valable :

- il suffit qu'elle soit effective. Ce qui suppose que le préposé doit disposer d'une autonomie minimale dans l'accomplissement de sa mission. C'est pourquoi, le chef d'entreprise qui a pris part personnellement à la réalisation de l'infraction ne peut ensuite invoquer valablement la délégation de pouvoirs comme moyen de défense. Toute immixtion dans le domaine délégué rend caduque la délégation de pouvoirs[743]. Il en découle que le délégant qui désapprouve l'action du délégataire n'a d'autre choix que de réévaluer le périmètre d'effectivité de la délégation sans s'entremettre, cependant, dans l'exercice de cette dernière. Une telle solution laisse percevoir la complexité des rapports qui s'établissent entre la délégation de pouvoirs et le contrat de travail. Le délégataire ne cesse pas d'être subordonné juridiquement, mais il ne peut recevoir de directives quant à l'accomplissement de sa mission, laquelle constitue parfois pourtant, un aspect essentiel de sa *« prestation de travail »*[744].

Sous un autre angle, la délégation de pouvoirs, en ce qu'elle est liée à la qualification professionnelle de son titulaire, voire à la rémunération de celui-ci, constitue, le plus souvent, un élément substantiel du contrat de travail[745]. Il s'ensuit qu'elle ne peut être redéfinie ou retirée sans son accord, sauf à faire valoir contre l'intéressé une faute de nature disciplinaire, qui pourrait, en cas de refus, être invoquée afin de rompre le contrat.

Dans le même sens, le délégataire ne saurait être astreint à en référer au chef d'entreprise avant toute décision concernant la sécurité du personnel placé sous ses ordres. Se fondant sur cette règle, les tribunaux refusent de considérer comme titulaires de délégations, les intermédiaires hiérarchiques

---

742 B. BOUBLI, « La délégation de pouvoirs depuis la loi du 6 décembre 1976 », *Dr. soc.* 1977, p. 88.

743 Cass. crim., 7 juin 2011, n° 10-84283 ; A. CŒURET, « La délégation de pouvoirs et les responsabilités pénales dans l'entreprise », *RJS* 01/12, chron. p. 5 ; F. DUQUESNE, « Donner et retenir ne vaut- à propos de la ductilité du pouvoir dans l'entreprise », *Dr. soc.* 2011, p. 1196.

744 Il faudra éviter que la subordination juridique du délégataire ne soit utilisée pour contraindre celui-ci à renoncer, sauf abus démontré, au plein exercice de ses prérogatives. Cette vigilance sera assurée par le juge civil, considéré comme gardien des équilibres contractuels.

745 Cass. crim., 28 janv. 2003, n° 02-80.119.

dont le rôle essentiel consiste à transmettre des directives émanant de leurs supérieurs[746].

- il n'est pas nécessaire qu'elle revête une quelconque forme littérale. La preuve de la délégation n'est soumise à aucune condition de forme particulière[747]. Réciproquement, une délégation formelle est dénuée de valeur dès lors qu'elle ne correspond pas à une délégation effective de pouvoirs[748]. La doctrine paraît d'ailleurs admettre de nos jours que la responsabilité est liée aux fonctions plutôt qu'au pouvoir issu d'une délégation connexe au contrat de travail[749].

En pratique, les moyens permettant de vérifier l'existence d'une délégation effective sont divers et dépendent, tout à la fois, de la fonction occupée et des agissements incriminés. Il peut s'agir aussi bien du contrat de travail, du régime de classification applicable dans l'entreprise et des définitions de fonction que celle-ci comporte, que de l'analyse en fait du poste de travail occupé. Les tribunaux fondent leur appréciation sur l'ensemble des éléments de fait qui leur sont soumis[750].

355. La définition du contenu des fonctions imparties aux salariés de l'entreprise, relève en toute hypothèse, quels que soient le niveau hiérarchique concerné et la formulation employée, du pouvoir de décision du chef d'entreprise, seul compétent pour organiser les structures internes de l'entreprise. Cependant, il peut arriver que le préposé mis en cause tienne lui-même ses pouvoirs d'un primo-délégataire. Ce qui pose le problème de sub-délégations et de leur validité sur le plan pénal.

Mécanisme rejeté au départ dans la détermination du responsable substitué, position qui semblait en contraste avec celle plus nuancée de la doctrine[751], sa validité a par la suite été conditionnée par l'exigence d'une décision initiale de l'employeur avant son abandon plus tard par la Chambre criminelle dans l'arrêt rendu le 30 octobre 1996 en ces termes *« l'autorisation du chef d'entreprise, dont émane la délégation de pouvoirs initiale, n'est pas nécessaire à la validité des sub-délégations de pouvoirs, dès lors que celles-*

---

746 Cass. crim., 18 déc. 1964, *D.* 1964, p. 169 ; Cass. crim., 21 févr. 1968, *Bull. crim.* 1968, n° 57 ; Cass. crim., 3 mars 1977, WITTMANN (subordination trop étroite du préposé en cause) ; Cass. crim., 29 mai 1990, MARTIN ; Cass. crim., 8 avr. 2014, n° 12-87.505.

747 Cass. crim., 27 oct. 1976, *Bull. crim.*, 1976, n° 303.

748 Cass. crim., 26 juin 1979, BRUNEAU.

749 Journée d'étude de l'université Paris XII, *La responsabilité du fait de l'entreprise*, Masson, Paris, 1977, p. 149.

750 Cass. crim., 9 janv. 1979, Belzon.

751 Les réserves formulées par la doctrine quant au bien-fondé des *« sub-délégations »* sont basées sur la rédaction des arrêts de la Chambre criminelle qui visent immanquablement le délégué « investi par le chef d'entreprise ». Selon elle, il ne fallait pas exclure a priori toute possibilité de sub-délégation : N. CATALA, *JCP CI* 1976, II, 12010, n° 38 ; N. CATALA, op. cit., p. 129 ; A. CŒURET, *art. préc.*, p. 408 ; BOUBLI, *art. préc.*, p. 85.

ci sont régulièrement consenties et que les sub-délégataires sont pourvus de la compétence, de l'autorité et des moyens propres à l'accomplissement de leur mission »[752]. Cette liberté n'est tout de même pas absolue, car il semblerait que le sub-délégataire doit faire partie du personnel de l'entreprise pour éviter que cette délégation ne soit plutôt assimilée à une sorte d'*« abandon de pouvoir »*[753].

Au demeurant, reste posée la question des sub-délégations successives ou en chaîne voire en cascade. La Cour de cassation, tout en les admettant, veille à ce que la responsabilité de chaque sub-délégataire soit en corrélation avec l'étendue de sa mission et les pouvoirs corrélatifs[754].

Toutefois, une nouvelle délégation donnée au primo-délégataire entraîne de sa part renonciation implicite à la sub-délégation qu'il avait consentie antérieurement à un autre préposé de la même entreprise[755].

Au final, il convient de distinguer le délégataire du coordonnateur. Il est précisé que ce dernier a pour mission non de faire respecter la réglementation dans un domaine précis, mais de façon générale, d'arrêter les mesures adaptées pour harmoniser sur le chantier l'action de toutes les entreprises dans le domaine de la sécurité. Dans ce sens, la désignation par le maître d'ouvrage d'un coordonnateur ne saurait l'exonérer de sa responsabilité pénale telle qu'elle ressort des dispositions du Code du travail. Réciproquement, s'il ne paraît pas possible d'imputer au coordonnateur les infractions visant le maître d'ouvrage, sa responsabilité pourrait être recherchée sur la base des incriminations du droit pénal commun en cas d'accident du travail à savoir les infractions d'homicide et de blessures involontaires[756]. Toutefois, la possibilité d'un cumul de qualités délégataire/coordonnateur n'est pas exclue. La responsabilité de l'intéressé sera donc mise en œuvre conformément au régime de chaque qualité[757].

- **Le préposé doit avoir la compétence nécessaire pour veiller efficacement à l'observation des prescriptions en vigueur**

356. Il est admis que la compétence requise doit être appréciée en fonction de la ou des prescriptions qu'il s'agit d'appliquer ou de faire appliquer et dans certains cas, elle nécessite une formation correspondante[758]. Il ne peut

---

[752] *JurisData* n° 1996-004697

[753] A. CŒURET, E. FORTIS, F. DUQUESNE, *Droit pénal du travail, op. cit.*, n° 358, p. 199.

[754] Cass. crim., 27 oct. 2009, n° 08-86.995.

[755] CA Paris, 20ème ch. corr., 8 déc. 1989, *JurisData* n° 1989-027446.

[756] Cass. crim., 8 avr. 2008, n° 07-80535; Cass. crim., 9 juin 2009, n° 08-82.847 ; *AJP* 2009, 368, obs. J. LASSERRE-CAPDEVILLE ; D. 2009, 1900, obs. A. DARSONVILLE ; *Rev. sc. crim.* 2009, 845, obs. A. CERF-HOLLANDER.

[757] Cass. crim., 23 nov. 2010, n° 09-85.15; *Dr. soc.* 2011, p. 596, obs. F. DUQUESNE.

[758] Cass. crim., 10 janv. 1963, *Bull. crim.* 1963, n° 19; Cass. crim., 17 nov.1970, *Bull. crim.* 1970, n° 299; Cass. crim., 22 mai 1973, *Dr. ouvrier* 1974, p. 325; Cass. crim., 17 oct. 1979, *D.*

évidemment pas être exigé une compétence générale dès lors que la délégation de pouvoirs s'entend elle-même d'une délégation nécessairement limitée.

Les salariés qui se trouvent à un niveau moyen de la hiérarchie sont eux-mêmes susceptibles d'être concernés par une délégation de pouvoirs. C'est en ce sens que s'est faite l'évolution de la jurisprudence[759].

Cette solution est approuvée par une partie de la doctrine dans la mesure où elle permet d'engager la responsabilité pénale d'intermédiaires hiérarchiques plus proches de la situation dans laquelle l'inobservation des règlements est matérialisée et répond, dès lors, plus efficacement à l'objectif de prévention des infractions de l'entreprise[760]. Néanmoins, certains auteurs considèrent que seuls les cadres de haut niveau méritent d'être poursuivis pénalement[761]. En France, la divergence des points de vue en la matière qui s'est manifestée à propos de la poursuite des infractions aux règles d'hygiène et de sécurité n'a plus, en principe, qu'un intérêt limité depuis que la loi de 1976 a fait prévaloir, pour ces infractions, la notion de faute personnelle[762].

- **La compétence n'est pas une condition suffisante, le préposé doit en outre disposer de l'autorité nécessaire**

357. C'est le fondement même de la délégation de pouvoirs. Celle-ci est essentiellement une délégation d'autorité dans la mesure où elle doit assurer le relais de l'autorité normalement dévolue au chef d'entreprise pour faire respecter la législation du travail dans l'entreprise.

L'autorité hiérarchique peut se confondre avec la compétence technique si l'on envisage seulement l'autorité morale. En fait, elle va plus loin. Elle s'apprécie par rapport aux moyens dont dispose le délégué pour faire respecter les mesures obligatoires par les salariés sous ses ordres, et par conséquent, au pouvoir disciplinaire reconnu à celui qui agit pour le compte de l'employeur. Le pouvoir disciplinaire constitue précisément l'un des attributs du pouvoir de commandement, quand bien même il tendrait en fait à s'estomper au profit de certaines formes nouvelles d'organisation du travail[763].

La question de savoir quelle est l'étendue du pouvoir disciplinaire nécessaire pour justifier d'une autorité suffisante n'a jamais été posée sous

---

1980, inf. rap. p. 296; Cass. crim., 25 juil. 1991, *JurisData* n° 1991-004078; Cass. crim., 2 févr. 1993, *JurisData* n° 1993-004783; Cass. crim., 16 mars 1999, *JCP E* 1999, *chron.* p. 2061, obs. E. FORTIS.

759 Cass. crim., 22 avr. 1966, *Bull. crim.* 1966, n° 125.

760 A. CŒURET, *chr. préc.*, p. 406.

761 B. BOUBLI, *chr. préc.*, n° 15 et s.

762 Voir *supra*, les infractions en matière de prévention et de réparation des accidents du travail et des maladies professionnelles.

763 Voir sur la question, MOUTHIEU épse NJANDEU (M. A.), « La mutation du pouvoir hiérarchique dans les nouvelles formes de travail a-t-elle sonné le glas du lien de subordination ? », Revue Scientifique du CRADAT, Volume 3, 2020, pp. 11-26.

cette forme aux tribunaux. La Chambre criminelle a seulement reconnu que le fait de disposer du pouvoir de licenciement, est à lui seul constitutif d'une délégation d'autorité suffisante[764]. Elle n'a pas dit pour autant que seul le pouvoir de licenciement est de nature à justifier une véritable délégation d'autorité. En pratique, il est rare, sauf peut-être dans de très grandes entreprises, que le pouvoir de licencier soit exercé effectivement par une autre personne que le chef d'entreprise ou son représentant immédiat. En revanche, la mise en œuvre des sanctions disciplinaires dépend en fait de l'appréciation portée par le chef hiérarchique sur le comportement fautif du salarié. Il paraît donc difficile de subordonner la validité d'une délégation d'autorité à l'exercice effectif du pouvoir disciplinaire, sauf à restreindre singulièrement son domaine d'application. Néanmoins, l'absence du pouvoir de sanctionner disciplinairement le personnel placé sous les ordres du préposé mis en cause est considérée comme un indice déterminant du défaut de délégation pertinente[765].

L'appréciation par les juges du fond de la compétence et de l'autorité nécessaires pour imputer la responsabilité de l'infraction constatée à une autre personne que le chef d'entreprise exige que soit préalablement établie l'origine exacte de l'infraction. Ceci implique une recherche de causalité des faits incriminés[766]. Pour ce faire, les juges du fond doivent procéder à une analyse particulièrement fine du contenu réel de la fonction exercée et de l'organisation interne de l'entreprise, du service ou de l'atelier considéré, sous peine de procéder à une imputation de responsabilité reposant sur des données incertaines et ressenties comme des décisions marquées par l'arbitraire[767].

ii. Les conditions relatives à l'objet de la délégation

358. Ces conditions sont au nombre de trois : la délégation doit être limitée dans son objet ; elle doit revêtir un minimum de précision et de permanence.

- **Caractère limité de la délégation**

359. Le chef d'entreprise ne peut déléguer l'intégralité de ses prérogatives d'organisation et de surveillance pour l'ensemble de ses établissements ou de ses services à un seul délégataire. Ceci découle du caractère d'ordre public de sa responsabilité pénale[768]. Il demeure responsable des infractions commises dans les parties de son établissement qu'il continue de diriger personnellement

---

764 Cass. crim., 21 oct. 1975, *Bull. crim.* 1975, n° 222.
765 Cass. crim., 8 mars 1988, Lecha; Cass. crim., 31 janv. 1989, Roy; CA Grenoble, ch. corr., 22 sept. 1989, *JurisData* n° 1989-048746; CA Angers, 20 oct. 1990, *JurisData* n° 1990-048382; Cass. crim., 13 sept. 2005, n° 05-80.035.
766 N. CATALA, *chr. préc.*, n° 44.
767 Ph. LAURENT, « Prévention et réparation des accidents du travail, lacunes et ambiguïté », *Gaz. Pal.* 1977, I, doct. 21.
768 Trib. simple police, Grand-Couronne, 27 sept. 1955, 1955, II, 308.

en tant que *« chef immédiat »*[769]. L'on comprend que l'étendue du champ sur lequel la délégation doit s'exercer ne doit pas être large[770]. Ainsi, en cas de dysfonctionnement dans l'organisation de l'entreprise, la responsabilité pénale du délégataire ne saurait être engagée. Il en est ainsi lorsque l'infraction réalisée dans la partie de l'entreprise dont il assure la surveillance résulte d'un fonctionnement général défectueux de l'établissement dans son ensemble[771].

Par ailleurs, il paraît tout à fait possible de faire coexister dans une même entreprise plusieurs délégations de pouvoirs *« dès lors que le champ des responsabilités assumées par chaque délégué peut être aisément circonscrit »*[772].

- **Caractère précis de la délégation**

360. Le caractère limité de la délégation de pouvoirs ressort de la nécessité de délimiter avec précision son objet. La jurisprudence veille à ce que l'investiture du délégataire ait spécialement pour objet le respect des règles relatives à l'hygiène et à la sécurité du travail. Aucun transfert de responsabilité pénale ne pourra avoir lieu lorsque le préposé mis en cause aura seulement été investi d'une délégation générale portant sur l'organisation du travail dans la partie de l'entreprise où s'est produite l'infraction. L'exigence de précision motive certainement le rejet de délégation dont le but est d'assurer la protection physique des travailleurs, dès lors que le chef d'entreprise ne parvient pas à en démontrer le contenu avec suffisamment de rigueur[773].

- **Caractère permanent de la délégation**

361. Pour être efficace sur le plan pénal, la délégation invoquée par le chef d'entreprise doit de surcroît, posséder un minimum de durée et de stabilité. La mission de prévention confiée au délégué serait, en effet, illusoire si elle ne pourrait s'exercer pendant une période de temps suffisamment longue ou si elle devait être ponctuée d'interruptions trop fréquentes. En application de cette exigence, la Cour de cassation refuse, à propos d'une infraction à la réglementation des transports routiers, de considérer comme responsable, le chef d'un service d'entretien des véhicules, au motif que la délégation dont il était censé bénéficier ne possédait pas une permanence suffisante[774].

---

769 Cass. crim., 28 juin 1902 ; 21 janv. 1911 ; 18 déc. 1936 ; 30 nov. 1950 ; 15 oct. 1958 et 22 avr. 1966, *préc.*

770 Cass. crim., 2 oct. 1980, Chalafre; Cass. crim., 5 janv. 1982, Hero; Cass. crim., 2 févr. 1993, *JurisData* n° 1993-004783.

771 Cass. crim., 6 oct. 1955, *Bull. crim.* 1955, n° 388.

772 N. CATALA, chr. préc., n° 44 ; *JCP CI* 1976, *op. cit.*, n° 38.

773 Cass. crim., 28 mars 1979, *Bull. crim.* 1979, n° 127; Cass. crim., 17 janv. 1980, Hiard.

774 Cass. crim., 21 nov. 1973, *Bull. crim.* 1973, n° 431.

En ce qui concerne la délégation de pouvoirs dans l'hypothèse de restructuration juridique de l'entreprise, la question de sa caducité se pose. En principe, elle est maintenue dès lors qu'un tel changement n'avait pas eu pour effet de modifier la portée des pouvoirs initialement consentis[775]. Cette solution semble se fonder sur le principe que la délégation, comme le contrat de travail qui en est le réceptacle, bénéficie de la règle de la transmission énoncée à l'article 42 (1) (a) du Code du travail[776]. Ce qui conforte la stabilité des fonctions du délégataire. Cependant, le juge pénal ne saurait se garder de toute vérification de caducité de délégation notamment dans le cadre de la fusion-absorption ayant entraîné le changement du dirigeant délégant[777]. Il semble que les dirigeants des entreprises restructurées ne pourront bénéficier des effets d'une délégation de pouvoirs antérieure que s'il est démontré qu'ils ont agréé celle-ci ne serait-ce que tacitement. C'est dire que la prudence commande au nouveau dirigeant de valider les délégations préexistantes.

c. Preuve de la délégation de pouvoirs

362. La délégation de pouvoirs, lorsqu'elle est invoquée à temps par l'employeur, constitue un moyen péremptoire de défense. Les juges sont tenus de rechercher si les conditions de la délégation de pouvoirs sont réunies[778]. Il en est ainsi quand bien même le préposé est relaxé au motif qu'il n'a pas reçu délégation de pouvoirs, la chose jugée à l'égard de celui-ci n'empêchant pas l'employeur de soutenir en appel qu'il a délégué son autorité[779].

Elle ne peut évidemment pas être invoquée pour la première fois devant la juridiction suprême[780], mais elle peut l'être en appel[781].

C'est en principe à celui qui l'invoque à son profit qu'il appartient de rapporter la preuve d'une délégation de pouvoirs effective[782]. Cette preuve n'est subordonnée à aucune forme particulière, telle que la forme littérale[783] et peut être rapportée par tout moyen.

---

[775] Cass. crim., 25 juin 1991, n° 90-83.846, Corvée.

[776] *« S'il survient une modification dans la situation juridique de l'employeur, notamment par succession, vente, fusion, transformation de fonds, mise en société, tous les contrats de travail en cours au jour de la modification subsistent entre le nouvel entrepreneur et le personnel de l'entreprise ».*

[777] Cass. crim., 20 juil. 2011, n°s 10-86.705 et 10-87.348 ; *Dr. pén.* 2011, n° 124, obs. J.-H. ROBERT ; F. DUQUESNE, « Sort de la délégation de responsabilité pénale en cas de fusion-absorption », *Semaine sociale Lamy* 2011, n° 1504, p. 10.

[778] Cass. crim., 30 nov. 1950, *Bull. crim.* 1950, n° 286; Cass. crim., 10 janv. 1963, *Bull. crim.* 1963, n° 19.

[779] Cass. crim., 6 juin 1978, *Bull. crim.* 1978, n° 23.

[780] Cass. crim., 13 janv. 1972, *Bull. crim.* 1972, n° 23.

[781] Cass. crim., 6 juin 1978, *préc.*

[782] Cass. crim., 3 mars 1976, *Jurispr. soc.* n° 362, p. 195.

[783] Cass. crim., 27 févr. 1979, *Bull. crim.* 1979, n° 88; JCP 1979, IV, 160; Cass. crim., 16 mars 1999, *JurisData* n° 1999-001702.

Mais si la preuve est libre et soumise au débat contradictoire, cette démonstration devra s'appuyer sur des faisceaux d'indices suffisamment précis et convaincants. Ainsi, le chef d'entreprise n'apporte pas la preuve d'une délégation de ses pouvoirs lorsqu'il se borne à prétendre qu'un chef d'équipe aurait dû le prévenir à temps du danger[784], que la nature du travail accompli sur le chantier impliquait *« par elle-même »* qu'il avait délégué la direction et la surveillance à un préposé[785], que la délégation confiée en matière de signalisation recouvrait la préservation de la santé et de la sécurité au travail[786], que de l'encadrement des salariés découlait une telle délégation[787], ou que celle-ci résulterait de façon tacite de la structure hiérarchique de l'entreprise[788] ou encore, qu'en l'espèce, le chef d'entreprise ne pouvait assurer personnellement et matériellement la surveillance de tous ses chantiers[789].

Bien plus, les preuves, fournies par le chef d'entreprise doivent être dignes de foi. Tel n'est pas le cas, lorsque, outre le caractère mensonger de certaines allégations du prévenu, les juges du fond relèvent le caractère réticent des propres déclarations du préposé mis en cause, que l'on ne saurait retenir pour déterminantes en raison du lien de subordination l'unissant à l'inculpé, au service duquel il est demeuré après l'infraction[790]. De même, ne saurait constituer la preuve d'une délégation certaine et sans ambiguïté de ses pouvoirs à un préposé, une délégation écrite, adressée par le chef d'entreprise à un collaborateur le jour même où l'infraction a été constatée[791].

L'appréciation des différentes preuves fournies par le chef d'entreprise relève du pouvoir souverain des juges du fond qui doivent cependant suffisamment motiver leur décision de façon à permettre à la juridiction suprême d'exercer son contrôle sur la qualification des faits. C'est ainsi que la Cour de cassation n'hésite pas à censurer les décisions qui ne sont pas suffisamment motivées quant à l'existence ou à l'absence d'une délégation effective[792].

---

784 Cass. crim., 16 juin 1971, *Bull. crim.* 1971, n° 192.

785 Cass. crim., 2 oct. 1979, *Bull. crim.* 1979, n° 267.

786 Cass. crim., 8 sept. 2015, n° 14-83.053.

787 Cass. soc., 17 nov. 2015, n° 14-83.647.

788 Cass. crim., 25 mai 1993, *inédit.*

789 Cass. crim., 16 nov. 1982, MARTIN.

790 Cass. crim., 9 janv. 1979, SANTINI ; Cass. crim., 2 févr. 1992, MASTEAU ; Cass. crim., 8 sept. 2015, n° 14-83.053, préc.

791 Cass. crim., 10 juin 1970, *Bull. crim.* 1970, n° 184. Il en va ainsi, *a fortiori*, lorsque la délégation écrite est délivrée après l'accident : Cass. crim., 21 juin 1983, Proc. gén. Près la cour d'appel de Riom.

792 Cass. crim., 18 déc. 1963, *Bull. crim.* 1963, n° 368; Cass. crim., 18 oct. 1977, *Jurispr. soc.* n° 379, p. 412.

d. Effets de la délégation de pouvoirs

363. La délégation de pouvoirs, lorsqu'elle est réelle, a pour effet :

- d'une part, un transfert de la responsabilité pénale qui consiste à substituer la responsabilité du délégataire à celle du chef d'entreprise à l'égard de l'infraction poursuivie. Cette responsabilité est engagée dans les mêmes termes que celle du chef d'entreprise et peut donc être de la même manière, une responsabilité pour fait d'autrui. Le délégataire répond non seulement de l'infraction qu'il a personnellement commise, mais également de celle qui est le fait d'un préposé placé sous ses ordres[793] ;
- d'autre part, d'exonérer le chef d'entreprise c'est-à-dire de faire disparaître la responsabilité qu'il encourt pour l'infraction imputable à son substitut, en mettant fin aux poursuites initialement dirigées contre lui. Cette exonération est de droit. L'inobservation d'un règlement en matière d'infraction aux règles d'hygiène et de sécurité des travailleurs ne peut donner lieu à la mise en cause que d'une seule personne responsable : cela signifie que l'infraction ne peut être retenue à la fois contre le chef d'entreprise et contre le préposé délégué par lui[794].

Pour les infractions acceptant la mise en œuvre de la délégation de pouvoirs, on peut conclure que la responsabilité en droit du travail est alternative et non cumulative[795]. Mais pour les infractions de droit commun (homicide et blessures involontaires) et même pour certaines infractions du droit pénal du travail, la condamnation des délégataires n'exclut pas que des poursuites soient également exercées contre le chef d'entreprise en raison d'une faute personnelle distincte de celle commise par le délégataire. La coaction ou la complicité qui permet la mise en œuvre de cette responsabilité cumulative, s'applique également en cas de neutralisation de la délégation de pouvoirs à la suite de l'immixtion du chef d'entreprise dans le domaine délégué[796].

La délégation de pouvoirs consentie ne remet pas en cause la responsabilité civile de l'employeur en tant que commettant. Quant au délégataire lui-même, sa responsabilité civile est engagée à l'égard du tiers, victime de l'infraction

[793] A. CŒURET, *Droit pénal du travail, JCL travail,* F. 10-3-B.
[794] Cass. crim., 23 janv. 1975, *JCP G* 1976, II, 18333, note J.-H. ROBERT; *D.* 1976, p. 375, note J. SAVATIER; *Bull. crim.* 1975, n° 30; Cass. crim., 10 févr. 1976, *Bull. crim.* 1976, n° 52; Cass. crim., 28 mars 1979, *Bull. crim.* 1979, n° 127.
[795] Cass. crim., 23 janv. 1975, *Bull. crim.* 1975, n° 30; *JCP* 1976, II, 18333, note J.-H. ROBERT, *Dr soc.* 1976, 375, note J. SAVATIER.
[796] Cass. crim., 9 nov. 2010, n° 10-81074 ; *Dr. pén.* 2011, n° 39.

de blessures involontaires, celle-ci fût-elle commise dans l'exercice de ses fonctions[797].

La délégation et la sub-délégation sont susceptibles de permettre l'engagement de la responsabilité pénale de la personne morale correspondant à l'entreprise au sein de laquelle elles ont été données. Il est en effet admis que le délégataire et le sub-délégataire doivent être considérés comme des représentants de la personne morale. Cette solution est susceptible d'accélérer la mise en cause pénale des personnes morales et crée les conditions d'un arbitrage entre la protection du chef d'entreprise et celle du groupement.

2. La contrainte

364. La contrainte est une cause de non-imputabilité et donc d'irresponsabilité pénale. Elle évoque la force majeure du droit civil avec laquelle elle présente d'étroits rapports. Comme celle-ci, la contrainte ne vaut cause d'exonération de la responsabilité pénale qu'à la condition de procéder d'un évènement à la fois imprévisible et irrésistible pour l'auteur de l'infraction[798]. Il faut dire que l'application au droit pénal de la condition d'imprévisibilité ne fait pas l'unanimité,[799] car si l'on incrimine l'agent non plus à cause de ce qu'il a fait, mais parce qu'il n'a pas prévu ce qui l'obligerait à commettre une infraction, ou parce que, l'ayant prévu, il n'a rien fait pour l'éviter, on attache des conséquences pénales à une attitude morale antérieure à l'infraction[800]. Or la responsabilité pénale s'apprécie, en droit classique, au jour de l'infraction[801]. Aussi, s'inscrivant en droite ligne de la doctrine qui enseigne que la condition d'imprévisibilité doit être exclue du droit pénal, le législateur pénal camerounais dispose-t-il à l'article 77 du Code pénal que *« la*

---

[797] Cass. crim., 28 mars 12006, *RJS* 2006, n° 917. La Haute juridiction étend ainsi la solution affirmée par l'arrêt Cousin à propos des conséquences dommageables d'une infraction intentionnelle commise par le préposé à la faute dite *« qualifiée »* de l'article 121-3 du Code pénal relatif à la responsabilité pénale non intentionnelle, en l'espèce la violation délibérée d'une obligation de sécurité : Cass. plén. 14 déc. 2001, *Bull. civ.* 2001, ass. plén. , n° 17 ; *RJS* 2002, n° 142.

[798] R. MERLE et A. VITU, *Traité de droit criminel*, T 1, 5ème éd. Cujas, Paris, 1984, n° 582, p. 733 : la Chambre criminelle de la Cour de cassation française retient notamment la responsabilité de l'agent toutes les fois que l'évènement irrésistible auquel il a obéi était imputable à sa faute antérieure. L'exemple classique est celui du marin, porté déserteur, qui n'a pu regagner son bord à l'heure prévue, parce qu'il s'était enivré à terre et qu'il avait été mis en état d'arrestation pour ivresse publique : Cass. crim., 29 janv. 1921, *S.* 1922, 1, 185, note ROUX ; Cass. crim., 15 nov. 1934, *D.P.* 1935, 1, 11, note DONNEDIEU de VABRES.

[799] Voir ROUX, note au *S.* 1922, 1, 185 précitée ; DONNEDIEU de VABRES, note au *D.P.* 1935, 1, 11 précitée ; AUSSEL, « La contrainte et la nécessité en droit pénal », in *Études sur l'autonomie du droit pénal*, dirigées par G. STEFANI, p. 165.

[800] C'est cette faute antérieure à la réalisation du fait dommageable qu'incrimine le droit civil : Cass. civ., 2 juil. 1946, D. 1946, 392.

[801] R. MERLE, A. VITU, *Traité de droit criminel : Problèmes généraux de la science criminelle, Droit pénal Général*, *op. cit.*, n° 582, p. 734.

responsabilité pénale ne peut résulter ...de la contrainte matérielle irrésistible ». La contrainte dont il est question ici doit donc être matérielle et notamment physique. La contrainte physique suppose la présence de la force externe ou interne à la personne de l'auteur de l'infraction qui agit sur ses mouvements et qu'il lui est impossible de maîtriser. Ce qui signifie qu'il faut que l'auteur de l'infraction se soit retrouvé dans l'impossibilité absolue d'observer la loi. Aussi, a-t-il été jugé qu'un chef d'entreprise qui loge son personnel dans un local ne répondant pas aux prescriptions réglementaires d'hygiène ne peut invoquer la contrainte au motif que ce local a été mis tel quel à sa disposition par le bénéficiaire des travaux[802].

La contrainte est rarement admise en droit pénal du travail dans la mesure où celui-ci tend à faire prévaloir la notion d'infraction matérielle[803]. Elle peut découler du fait de l'employeur, du salarié ou d'un tiers.

a. Le fait de l'employeur

365. Il est rare que la contrainte invoquée soit considérée comme provenant d'un évènement assimilable à un cas de force majeure. Il en est ainsi en matière d'hygiène et de sécurité notamment.

La Chambre criminelle refuse de prendre en considération, par exemple, le seul fait que le chef d'entreprise se trouve dans l'impossibilité matérielle de surveiller les divers chantiers de la société et de n'avoir pu empêcher l'inobservation du règlement de sécurité[804].

De la même manière, l'absence du chef d'entreprise le jour où l'inspecteur du travail vient dans l'entreprise exercer un contrôle suffit à faire obstacle au contrôle et caractériser l'infraction[805].

En revanche, la grève est de nature à constituer un obstacle insurmontable pour l'employeur dès lors qu'il a perdu toute autorité pour faire respecter par le personnel gréviste la réglementation en vigueur[806].

L'erreur de fait commise par l'employeur ne peut elle-même valoir cause de non-imputabilité que lorsqu'elle présente les caractéristiques de la force majeure[807].

---

[802] Cass. crim., 16 mars 1964, *Bull.* n° 102.

[803] Il peut néanmoins être tenu compte, à titre de circonstances atténuantes, des éléments de fait invoqués comme cause de non-imputabilité lorsque celle-ci n'est pas retenue.

[804] Cass. crim., 22 mai 1973, *Bull. crim.* 1973, n° 230; Cass. crim., 28 oct. 1976, *Jurispr. soc.* n° 368, p. 399.

[805] Cass. crim., 18 avr. 1956, *Bull. crim.* 1956, n° 315.

[806] Cass. crim., 9 juil. 1921, *D.* 1922, I, 217, note NEST; *S.* 1922, I, 137, note ROUX.

[807] En droit pénal, l'erreur de droit ne constitue pas une cause de non-imputabilité bien que certains auteurs se soient montrés hostiles à ce principe : E. LEPOINTE, « De l'imputabilité à la non-punissabilité », *D.* 1978, chr. p. 225.

b. Le fait du salarié

366. Il n'est pas souvent admis comme cause de non-imputabilité quand bien même celui-ci pourrait être qualifié de fautif au regard des obligations découlant du contrat de travail, sauf à démontrer que l'intéressé possédait la qualité et la compétence nécessaires pour respecter la prescription incriminée[808]. Encore faut-il que le comportement fautif du salarié n'ait pas été rendu possible ne serait-ce que par une simple négligence de l'employeur[809].

Cette jurisprudence, particulièrement restrictive, rendue certes à propos des infractions aux règles d'hygiène et de sécurité, conduit en fait à faire prévaloir les mêmes exigences qu'en matière de délégation de pouvoirs.

c. Le fait d'un tiers

367. Il peut justifier la non-imputabilité de l'infraction au chef d'entreprise dès lors qu'il constitue pour celui-ci un obstacle insurmontable et qu'il s'apparente à la force majeure.

Tel est le cas du chef d'entreprise qui, à la suite d'un refus d'autorisation de licencier un délégué syndical, est empêché de réintégrer l'intéressé dans son poste de travail par l'entreprise dans laquelle le délégué travaille pour le compte de son employeur[810].

En revanche, le fait pour un fabricant de livrer une marchandise dépourvue de dispositif de protection suffisant ne fait pas disparaître l'infraction commise par le chef d'entreprise en faisant travailler des salariés sur une machine insuffisamment protégée[811].

Section 2. Les préposés

368. La question qui se pose est celle de savoir si, indépendamment des sanctions civiles ou disciplinaires dont un salarié peut faire l'objet pour inexécution des obligations découlant de son contrat de travail, la responsabilité personnelle de celui-ci peut être engagée sur le plan pénal, par l'inobservation des prescriptions législatives ou réglementaires qu'il est tenu de respecter dans l'exercice de son activité salariée. En raison même de son objet, qui consiste à définir les règles protectrices du salarié dans le travail, la législation du travail comporte des sanctions pénales orientées principalement vers la répression des agissements fautifs de l'employeur. Cependant, le

---

808 Cass. crim., 3 mai 1978, *Bull. crim.* 1978, n° 136 ; *JCP* 1979, II, 19073, note M. E. CARTIER.

809 Cass. crim., 20 juin 1978, *Bull. crim.* 1978, n° 206.

810 Cass. crim., 8 oct. 1975 *préc.*

811 Cass. crim., 23 mai 1977, *Bull. crim.* 1977, n° 184.

salarié n'en demeure pas moins susceptible d'être lui-même sujet de répression dès lors que son comportement, au regard de l'ordre social établi, est étranger à toute manifestation, active ou passive, de la volonté du chef d'entreprise. Les agissements personnels du salarié sont répréhensibles lorsque, non seulement ils tombent sous le coup du droit commun pénal, indépendamment de toute référence à la qualité de préposé, mais encore, s'ils procèdent d'un libre pouvoir de décision dans la sphère d'action qui est la sienne. C'est dire que la responsabilité pénale des préposés a un domaine d'application essentiellement relatif commandé à la fois par la nature de l'infraction poursuivie et par le degré d'autonomie dont le salarié dispose pour exécuter les obligations qui lui sont imparties par la fonction qu'il assume dans l'entreprise.

La mise en jeu de la responsabilité personnelle d'un préposé obéit à des règles distinctes, selon la nature des agissements incriminés. Tandis que les infractions au droit commun pénal donnent lieu à des sanctions dans les conditions de droit commun, indépendamment de la qualité de préposé, il en va différemment pour les infractions à la législation du travail en raison précisément de la qualité de préposé de l'auteur matériel de l'infraction.

§1. Infractions de droit commun

369. Dans l'exercice de son activité professionnelle, un salarié est susceptible de se rendre coupable d'agissements délictueux qui tombent sous le coup des sanctions du Code pénal. Celui-ci réprime les atteintes contre les biens ou contre les personnes qui sont le fait de tout citoyen, quel qu'il soit, indépendamment d'une quelconque référence aux circonstances dans lesquelles l'infraction a été commise. Néanmoins, s'agissant des préposés, les circonstances de fait qui entourent la réalisation d'une infraction de droit commun valent souvent excuses atténuantes entraînant une réduction de la peine infligée.

Bien que de telles pratiques restent en fait peu fréquentes ou du moins ne donnent lieu qu'exceptionnellement à poursuites, on peut citer les cas de vol, abus de confiance ou escroquerie, violences et voies de fait volontaires ou encore de violation du secret professionnel.

De la même manière, les actes de violence qui tendent à se développer à l'occasion de certains conflits de travail peuvent justifier des poursuites contre les salariés qui se rendent coupables de voies de fait, de séquestration de personne ou encore d'atteinte à la liberté du travail[812]. La poursuite de telles infractions s'effectue dans des conditions du droit commun. Il suffit par conséquent que soit établie la faute personnelle du prévenu dans la réalisation

---

[812] Voir *supra*, les développements relatifs aux violences, voies de fait et séquestration, pp. 132 et 167.

des faits incriminés. L'employeur peut, en sa qualité de commettant de l'auteur de l'infraction, être reconnu civilement responsable du dommage subi par la victime de l'infraction, à condition toutefois que la réalisation de l'infraction ne soit ni imprévisible, ni indépendante du rapport de préposition unissant l'auteur de l'infraction à son employeur.

Il en est par exemple, des violences volontaires exercées par un préposé envers un co-préposé pour des motifs qui se rattachent à l'exercice de sa profession[813].

Inversement[814], si l'infraction est commise pendant une grève, la grève suspend le contrat de travail et par conséquent, la qualité de préposé de sorte que l'employeur ne peut être déclaré civilement responsable d'une telle infraction.

§2. Infractions à la législation du travail

370. Comme indiqué, le droit pénal du travail déroge sensiblement au droit commun dans la mesure où il fait prévaloir une responsabilité de principe du chef d'entreprise couvrant pour une large part, les infractions susceptibles d'être commises personnellement par les préposés. Toutefois, la mise en œuvre d'une délégation de pouvoirs fait échec à cette responsabilité de principe et conduit à substituer la responsabilité d'un préposé à celle de l'employeur. La validité d'une délégation de pouvoirs étant subordonnée à l'existence d'une délégation d'autorité, seules certaines catégories de salariés peuvent voir leur responsabilité engagée à ce titre.

Indépendamment des infractions commises dans le cadre d'une délégation de pouvoirs, il existe plusieurs catégories d'infractions qui restent imputables à l'auteur matériel des agissements incriminés. C'est en particulier le cas des infractions intentionnelles dont la faute commise personnellement par le prévenu demeure l'un des éléments constitutifs. Le contenu de la faute susceptible en pareil cas d'être constitutif d'infraction est tel que là encore, seul l'exercice de certaines fonctions peut justifier la mise en cause de la responsabilité d'un préposé.

Par ailleurs, l'exercice d'un mandat de délégué du personnel donne à certains préposés une qualité particulière pour assumer la responsabilité des infractions qu'ils sont susceptibles de commettre dans l'exercice de leur mandat. Il en est de même des membres chargés de l'administration ou de la direction d'un syndicat pour toute infraction relative au syndicat.

---

[813] Cass. crim., 26 juil. 1977, *D.* 1978, 109.
[814] Cass. crim., 9 juil. 1921, *préc.*

A. Responsabilité du personnel d'encadrement

371. Les fonctions d'encadrement sont, par nature, celles qui peuvent le plus souvent justifier une mise en cause de la responsabilité personnelle d'un préposé. Le pouvoir de commandement et la délégation partielle d'autorité qui l'accompagne nécessairement, constituent, en effet, l'un des attributs fondamentaux de la fonction de cadre. La responsabilité d'un agent d'encadrement peut être fondée sur l'existence d'une délégation de pouvoirs ou bien sur la faute commise au regard des obligations que lui impose personnellement l'exécution de ses fonctions. Dans l'un et l'autre cas, le contenu de la fonction est déterminant pour apprécier quel est le domaine de la responsabilité personnelle de l'agent d'encadrement. Toutefois, il est des fonctions qui, selon la nature de l'infraction considérée, comportent une responsabilité plus large que d'autres. Ainsi, les agents d'encadrement des services de production sont plus particulièrement concernés par les infractions aux règles d'hygiène et de sécurité. Inversement, les fonctions de gestion comportent la responsabilité des infractions résultant de la mise en œuvre de la réglementation du travail dans ses différentes modalités.

1. Responsabilité consécutive à une délégation de pouvoirs

372. Sous réserve que la délégation de pouvoirs réponde à toutes les conditions requises pour son effectivité, l'agent d'encadrement voit en pareil cas sa responsabilité substituée à celle du chef d'entreprise. À ce titre, les infractions susceptibles de lui être imputées, sont celles pour lesquelles joue la responsabilité de principe du chef d'entreprise.

L'agent d'encadrement peut en outre, être responsable des infractions commises par les préposés placés sous ses ordres. La responsabilité de celui qui est substitué au chef d'entreprise est une responsabilité du fait d'autrui, sous réserve toutefois que les agissements fautifs des préposés soient de ceux qui entrent dans les limites du pouvoir de direction de l'agent d'encadrement.

2. Responsabilité pour faute personnelle

373. Le domaine de la responsabilité pour faute personnelle d'un agent d'encadrement recouvre en partie celui dans lequel sa responsabilité est mise en cause par suite d'une délégation de pouvoirs, compte tenu des critères d'appréciation de la délégation de pouvoirs. Dès lors que, par la nature des fonctions qui lui sont imparties, l'agent d'encadrement assume l'obligation personnelle d'appliquer telle ou telle prescription avec une autonomie suffisante d'action, le manquement à cette obligation caractérise une faute personnelle qui peut elle-même être constitutive d'infraction.

Il en est ainsi pour les infractions intentionnelles dont la répression suppose que l'élément fautif soit le fait du prévenu.

Dans le cas du délit d'entrave par exemple, le chef de service qui refuse de livrer un bon de délégation à un délégué du personnel placé sous ses ordres sous prétexte que le motif d'absence est injustifié, se rend personnellement coupable du délit d'entrave dès lors que les consignes données par le chef d'entreprise interdisent expressément de subordonner la remise d'un bon de délégation à l'examen préalable du motif de l'absence[815].

Pour que la faute d'un agent d'encadrement puisse être retenue, il convient de s'assurer qu'elle ne procède pas d'une faute initialement commise par le chef d'entreprise lui-même. La recherche des responsabilités implique que la ou les causes de l'infraction soient clairement établies au regard de l'obligation que l'exercice de sa fonction impose personnellement à l'agent d'encadrement poursuivi.

B. Responsabilité du personnel d'exécution

374. Par définition, un agent d'exécution ne réunit pas les conditions requises pour faire l'objet d'une délégation de pouvoirs effective. Sa responsabilité personnelle ne peut pas en principe être engagée du fait des infractions qui sont imputables de plein droit au chef d'entreprise, même s'il en est l'auteur matériel. L'irresponsabilité de l'agent d'exécution, en sa qualité de simple préposé dépourvu théoriquement de tout pouvoir d'initiative, est en droit pénal du travail la contrepartie de la responsabilité de principe mise à la charge du chef d'entreprise. L'agent d'exécution est considéré comme étant par nature un irresponsable, du moins au regard de l'application de la législation du travail.

Ce principe d'irresponsabilité paraît prévaloir, sinon en droit, du moins en fait, quelle que soit la nature de l'infraction considérée. Même les infractions qui sont légalement imputables au seul auteur des agissements incriminés, ne donnent pas lieu à la mise en cause de la responsabilité d'un agent d'exécution. Tout au plus, la faute commise par celui-ci peut constituer une cause d'exonération pour l'agent d'encadrement sous les ordres duquel il est placé. Le juge répressif use à cet égard, largement de son pouvoir d'apprécier l'opportunité des poursuites.

Certains employeurs n'hésitent pas à dénoncer les effets psychologiques nocifs que peut avoir un tel principe d'irresponsabilité sur le comportement des salariés dans l'entreprise, en particulier pour tout ce qui concerne la prévention des accidents du travail.

Les salariés peuvent faire l'objet de plusieurs poursuites pénales. À titre d'illustration, on peut citer le cas du salarié qui, en faisant usage d'un contrat fictif ou contenant des indications inexactes, se fait embaucher ou se substitue

---

815 Voir *supra*, les développements portant sur l'entrave à l'exercice des fonctions de délégué du personnel, p. 145.

volontairement à un autre travailleur : celui-ci peut être condamné au paiement d'une amende de 200 000 à 1.500.000 FCFA (article 168 du Code du travail).

C. Responsabilité des délégués du personnel et des directeurs ou administrateurs des syndicats

375. S'agissant des délégués du personnel, le mandat dont ils sont investis leur confère des prérogatives particulières dont l'exercice peut mettre en cause leur responsabilité ès qualités. Pour qu'il en soit ainsi sur le plan pénal, encore faut-il que les agissements fautifs puissent être incriminés au titre d'entraves apportées au fonctionnement de l'institution représentative du personnel. L'article 168 (4) du Code du travail est applicable à toute forme d'entrave, que celle-ci émane de l'employeur ou des salariés protégés eux-mêmes. Le délit d'entrave susceptible d'être le fait personnel d'un délégué du personnel est en fait exceptionnel ou, du moins, ne donne pratiquement jamais lieu à poursuites, en l'état actuel des relations de travail dans les entreprises.

En revanche, il est fréquent que certaines pratiques illicites, mises en œuvre à l'occasion des conflits du travail notamment, tombent sous le coup d'une incrimination de droit commun. En pareil cas, la répression dont les délégués du personnel peuvent être l'objet s'effectue par application des règles du droit commun, indépendamment du mandat dont ils sont investis. Toutefois, il n'est pas exclu que celui-ci soit pris en considération pour apprécier la gravité de la faute reprochée et justifier, le cas échéant, l'application d'une peine plus sévère à un délégué du personnel qu'à un autre salarié de l'entreprise reconnu coupable de la même infraction.

Quant aux membres chargés de l'administration ou de la direction d'un syndicat, l'imputation de responsabilité qui leur est faite prend en considération leur qualité de dirigeants, seuls habitués en tant que tels à engager la responsabilité de la personne morale qu'ils représentent. Il semble, dans ces conditions, que pour être constitutif d'infraction, il suffit que l'acte incriminé soit le fait d'un administrateur ou d'un directeur agissant ès qualités, quand bien même il découlerait de l'exécution d'une décision régulièrement prise par l'instance statutaire. Telle est du moins la position qui prévaut en matière civile.

Les mandataires, ainsi que les représentants légaux des personnes morales, encourent une responsabilité propre s'ils ont participé sciemment à la perpétration d'un délit ou d'un quasi délit, même sur l'ordre des organisations qu'ils représentent[816].

---

816 Cass . soc., 6 janv. 1972, *Jurispr. soc.* 1972, n° 314, p. 88.

Section 3. La responsabilité des tiers

376. Une lecture des dispositions du titre X du Code du travail qui traite des pénalités ou de certains règlements permet de penser que des personnes autres que le chef d'entreprise ou les préposés, peuvent être poursuivies et punies pour infractions à la législation du travail. Il s'agit des tiers qui sont des personnes étrangères à l'entreprise et qui n'ont pas la qualité de préposés du chef d'entreprise. Or, il est précisé aux termes de l'article 1er (1) du Code du travail, que celui-ci *« régit les rapports de travail entre les travailleurs et les employeurs ainsi qu'entre ces derniers et les apprentis placés sous leur autorité »*. Il s'ensuit que les dispositions du Code du travail ne s'appliquent en principe qu'aux travailleurs, aux apprentis et aux employeurs, à l'exclusion des tiers. Comment le tiers peut-il être concerné par les pénalités ?

En réalité, il n'existe aucune disposition en droit pénal camerounais du travail qui impute de manière expresse la responsabilité d'une infraction aux tiers. Mais, à partir du moment où certaines dispositions visent *« toute personne »* ou *« quiconque »*, l'on est en droit de penser qu'en pareil cas, l'infraction constatée doit être imputée à l'auteur matériel du fait incriminé. Celui-ci peut être aussi bien l'employeur, le salarié que le tiers. L'exigence d'une faute personnelle s'avère par conséquent nécessaire. En effet, certaines infractions au droit camerounais du travail sont réprimées conformément aux dispositions du Code pénal. Il s'agit des infractions de droit commun qui visent tout citoyen.

Quelques illustrations d'infractions, pouvant engager la responsabilité pénale des tiers, peuvent être mentionnées :

- usurpation de titre de membre chargé de l'administration ou de la direction d'un syndicat ;
- atteinte à la liberté syndicale ;
- entrave à l'exercice régulier des fonctions de délégué du personnel ;
- violences, voies de fait ou manœuvres frauduleuses contre un travailleur ;
- usage par toute personne d'un contrat fictif ou contenant des indications inexactes ;
- exigence ou acceptation d'une rémunération à titre d'intermédiaire ;
- incitation au refus d'obtempérer à la réquisition des autorités administratives en cas de grève, déclenchée dans un secteur vital de l'activité économique, social ou culturel ;
- entrave à l'exercice des fonctions d'un inspecteur ou médecin-inspecteur du travail ;
- outrage et violences à fonctionnaire ;

- usage du travail forcé ;
- usurpation des fonctions d'inspecteur ou médecin-inspecteur du travail.

Au final, en dépit de la généralisation des textes d'incrimination, les infractions dont il est question paraissent viser principalement les employeurs et, le cas échéant, les salariés. Ce n'est que dans une moindre mesure qu'elles peuvent être commises par les tiers.

Chapitre 2.

La personne morale responsable

377. La responsabilité pénale des personnes morales est instituée par l'article 74-1 du Code pénal qui dispose à cet effet que :

a) « les personnes morales sont responsables pénalement des infractions commises pour leur compte, par leurs organes ou représentants » ;

b) « les dispositions du paragraphe a ci-dessus ne sont pas applicables à l'État et à ses démembrements »

c) « la responsabilité pénale des personnes physiques, auteurs des actes incriminés, peut se cumuler avec celle des personnes morales ».

L'on comprend que le principe *societas delinquere non potest* qui a prévalu pendant longtemps est désormais révolu. Le titre 3 du Code pénal intitulé *« de la responsabilité pénale des personnes physiques et morales »*, à travers les dispositions générales contenues dans le chapitre 1, fonde la responsabilité pénale des personnes morales sur une grande échelle. Il s'agit d'une innovation majeure.

Si l'assise théorique de la responsabilité pénale des personnes morales reste controversée du fait qu'on peut voir dans la manière dont ses règles sont articulées avec celles qui s'appliquent aux personnes physiques une marque d'anthropomorphisme[817], des justifications assez fermes de son adoption peuvent au contraire être trouvées sur un plan de politique criminelle. En effet, il est bien établi de nos jours que les personnes morales sont susceptibles de développer une délinquance particulière, notamment dans les domaines financiers, commerciaux et de l'environnement. S'agissant du domaine social, une certaine prudence s'impose, car les infractions qui s'y rapportent sont souvent la conséquence d'un comportement humain lié à l'exercice de l'autorité. Toutefois, même dans ce cas, il n'est pas exclu que ce qui peut être reproché à une personne physique puisse l'être également par un raisonnement complémentaire au groupement auquel elle appartient. De plus, la condamnation de la personne morale cesse de faire double emploi avec celle

---

[817] Pour ces critiques, Voir J.-H. ROBERT, « La responsabilité des personnes morales et des chefs d'entreprise personnes physiques », *in Dr. sociétés*, 1999, p. 1.

des individus qui l'animent dès lors qu'elle entraîne l'application de sanctions nouvelles dont la vertu préventive complète les peines classiques.

L'institution de la responsabilité pénale des personnes morales fait de ces dernières, des sujets à part entière de la loi pénale. En droit pénal du travail, elle touche de nombreuses infractions auparavant exclues par le principe de la spécialité[818]. L'un des effets qui en est attendu est la diminution des poursuites à l'encontre des personnes physiques.

Il est nécessaire de délimiter le domaine de la responsabilité pénale des personnes morales quant aux groupements concernés (S1), les conditions de sa mise en œuvre (S2) et celles de l'admission d'une responsabilité pénale conjointe (S3).

Section 1. Le domaine de la responsabilité de la personne morale

378. Après avoir identifié les personnes morales punissables (§1), on envisagera les applications pratiques de l'imputabilité de la responsabilité pénale (§2).

§1. Les personnes morales punissables

379. Il convient de relever que c'est la personnalité morale dans son existence même qui apparaît comme la condition indispensable de la responsabilité pénale du groupement[819]. À cet égard, le début et la fin de la personnalité morale peuvent susciter des difficultés. La première est générale en ce qu'elle bute sur l'incertitude entourant la date de la mort de la personnalité morale. Un emprunt aux solutions du droit commercial permet de retenir trois étapes qui se succèdent : la dissolution, la liquidation et la radiation. Si on peut mettre sur le même plan la dissolution et le décès de la personne physique auteur de l'infraction, il convient de souligner que la personnalité morale survit à la dissolution de la personne morale pour les besoins de la liquidation. Ce qui conduit à poser la question de savoir si les poursuites peuvent être engagées contre la personne morale en phase de liquidation et si oui, sur le fondement de quelles infractions ?[820]

---

[818] A. CŒURET, in *RJS* 2006, p. 843; A. VALLAT et A. CŒURET, « Droit pénal et accident du travail après la loi Perben II », *Semaine sociale Lamy* 14 mars 2005, n° 1206, p. 7.
[819] J.-C. PLANQUE, *La détermination de la personne morale pénalement responsable*, L'Harmattan-Paris, coll. « Logiques juridiques », 2003.
[820] J. PRADEL, « La responsabilité pénale des personnes morales en droit français », *Rev. pénit.* 1998, p. 153 ; I. URBAIN-PARLEANI, « Les limites chronologiques à la mise en jeu de la responsabilité pénale des personnes morales », *Rev. sociétés* 1993, p. 239.

La seconde difficulté est liée à la complexité de certaines opérations patrimoniales telles que les fusions. La Chambre criminelle de la Cour de cassation française a seulement pris position dans l'hypothèse de la fusion-absorption en relaxant la société absorbante du chef d'une infraction commise par l'absorbée avant l'absorption,[821] mais sans dater avec précision le moment de la disparition de la société absorbée ni se montrer sensible à une éventuelle fraude à la loi pour échapper aux poursuites pénales[822].

Selon l'article 74-1 (a) du Code pénal, les personnes morales qui sont susceptibles d'encourir une responsabilité pénale, sont de droit privé, à but lucratif ou non lucratif. En effet, l'article 74-1 (b) exclut l'État et ses démembrements du cercle des personnes morales, qui peuvent être déclarées pénalement responsables.

S'agissant plus précisément des personnes morales de droit privé, sont concernés :

- les sociétés civiles ou commerciales régies par le droit commun ou ayant adopté le statut coopératif ;
- les associations, dès lors qu'elles sont déclarées ;
- les groupements d'intérêt économique ;
- les fondations classiques et les fondations d'entreprises ;

Les institutions représentatives de salariés dans l'entreprise dès lors qu'elles se sont vues reconnaître la personnalité civile, peuvent être poursuivies pénalement. Ceci exclut toutes poursuites à l'encontre de la section syndicale d'entreprise à laquelle la personnalité civile a finalement été refusée ainsi que de l'unité économique et sociale, cadre spécifique d'implantation d'institutions représentatives communes aux personnels des différentes personnes morales composant l'unité. En revanche, une incertitude existe à propos des institutions représentatives dont la personnalité civile résulte d'une reconnaissance jurisprudentielle (comité de groupe). Certains commentateurs les considérant comme des personnes morales de fait, excluent

---

821 Cass. crim., 20 juin 2000,n° 99-86.742 ; *Bull. crim.* 2000, n° 237 ; *Dr. soc.* 2000, p. 1150 ; *D.* 2001, 853, note MATSOPOULOU ; somm. comm. 1608, note FORTIS et REYGROBELLET ; Cass. com., 14 oct. 2003, n° 02-86.376, *Bull. crim.* 2003, n° 189; Cass. crim., 27 sept. 2009, n° 08-88.527; Cass. crim., 23 avr. 2013, n° 12-83.244, *Bull. crim.*, 2013, n° 95; *Dr. pén.* 2013, comm. 98; Cass. crim., 18 févr. 2014, n° 12-85.807 ; Cass. crim., 12 nov. 2014, n° 14-84. 182 P.

822 Sur la fraude opérée en ayant recours à une fusion : M. SEGONDS, « Frauder à l'article 121-2 du Code pénal », *Dr. pén.* 2009, chron. n° 18 ; F. STASIAK, *Fusion et responsabilité pénale des personnes morales en droit boursier*, Mél. BOULOC, Dalloz, Paris, 2006, 1091 ; A. GALLOIS, « La responsabilité pénale de la société absorbante en cas de fusion-absorption frauduleuse », *Dr. soc.* 2010, p. 169.

toute responsabilité pénale[823] à leur endroit tandis que d'autres au contraire, l'admettent[824].

L'admission de la responsabilité pénale d'un syndicat professionnel semble possible, car en sa qualité d'employeur, on peut lui reprocher des manquements à des règles dont il a par ailleurs la charge de dénoncer la violation. De même, peut-elle être envisagée sur le terrain des activités représentatives elles-mêmes, en particulier à l'occasion des conflits collectifs du travail, lorsque des débordements constitutifs d'infractions pénales ont eu lieu.

§2. Les applications de la responsabilité de la personne morale

380. Elles doivent être examinées à la fois sur le plan civil (A) et sur le plan pénal (B).

A. Sur le plan de la responsabilité civile délictuelle

381. Il existe trois cas de responsabilité civile délictuelle : la responsabilité délictuelle du fait personnel (article 1382 Cciv.), la responsabilité délictuelle du fait des choses dont on a la garde et la responsabilité délictuelle du fait d'autrui c'est-à-dire des personnes dont on répond (article 1384 (1) Cciv.).

S'il est vrai que les dispositions du Code du travail, des autres textes législatifs et réglementaires visent en général les personnes humaines capables d'une action physique ou non sur les travailleurs, une dérogation est apportée en droit pénal du travail dans la mesure où il prévoit la possibilité de mettre certaines sanctions à la charge de la personne morale. Celle-ci peut seulement être appelée à supporter les conséquences pécuniaires de la condamnation et parfois, ne se voit imputer qu'indirectement la responsabilité de l'infraction. Il en est ainsi notamment :

- de toute violation d'une disposition de la législation du travail qui expose l'employeur à des sanctions pénales et engage sa responsabilité délictuelle consistant en la réparation du dommage causé par la faute pénale. L'employeur endosse la responsabilité du fait de son imprudence, de sa négligence, de son abstention ou de son omission. Ainsi , dans le domaine des accidents du travail, l'employeur *« répond également des accidents ou sinistres dont l'ouvrier, travaillant avec lui, est victime en exécutant le travail qui lui a été confié, lorsque l'accident ou le sinistre a pour cause la violation ou l'inobservation par l'employeur des règlements spéciaux relatifs à l'exercice de son industrie ou de son art »* ;

---

823 Y. GUYON, *Rev. Sociétés* 1993, p. 235.
824 J. MOULY, *LPA* 1993, p. 33.

- pour les condamnations prononcées contre les fondés de pouvoirs ou préposés.

382. Le Code du travail établit ainsi une responsabilité civile de plein droit du chef d'entreprise pour les condamnations prononcées contre les fondés de pouvoirs ou préposés. Cette responsabilité pécuniaire pour l'infraction d'autrui, instituée par l'article 168 du Code du travail, s'apparente à la responsabilité civile des commettants du fait des préposés et trouve sa justification dans l'idée de risque de l'entreprise ; la condamnation encourue par le préposé n'ayant été rendue possible que par le fait même de l'activité exercée pour le compte de l'employeur. Le chef d'entreprise intervient comme garant de son préposé vis-à-vis du créancier.

La question se pose de savoir dans quel cas la garantie de l'employeur doit-elle jouer. Est-elle applicable quelle que soit la nature de l'infraction dont le préposé est reconnu responsable, ou bien ne peut-elle être invoquée que lorsqu'il y a infraction au Code du travail ? La question n'est pas dénuée d'intérêt dès l'instant où la responsabilité personnelle d'un préposé peut être retenue dans d'autres domaines que ceux des infractions au Code du travail.

La jurisprudence n'ayant pas eu à connaître de la question, il est permis de penser que si elle avait eu à se prononcer, elle procèderait, par référence au principe général que l'article 168 édicte, pour en faire application à l'ensemble des infractions au droit camerounais du travail.

Quoi qu'il en soit, lorsque l'infraction commise par un préposé est poursuivie au titre du droit commun, l'article 168 ne joue pas. Pour que la responsabilité civile de l'employeur soit engagée en pareil cas, il faut que l'infraction commise pendant le travail ne soit pas indépendante du lien de préposition.

B. Sur le plan de la responsabilité pénale

383. En prenant appui sur certaines dispositions du droit pénal du travail, rien n'interdit de pénaliser l'entreprise, personne morale dans un certain nombre de cas où les dispositions pénales parlent de *« toute personne », « quiconque », « celui »* ou des *« auteurs d'infractions »*. Cela sera d'autant plus facile que la peine d'amende est la plus fréquemment appliquée en droit pénal du travail. L'amende sera donc à la charge de l'employeur. Une telle application du droit est d'autant plus possible que le texte de qualification ne distingue pas suivant que l'agent est une personne physique ou morale.

Cependant, l'institution généralisée de la responsabilité pénale de la personne morale invite à lui trouver des champs propres. On peut donc considérer que la délinquance par imprudence, spécialement lorsqu'elle intervient dans le cadre de l'entreprise, constitue l'un des domaines privilégiés de la responsabilité pénale des personnes morales. Le délit de non-respect des règles d'hygiène et de sécurité au travail est à l'évidence celui dont l'imputation risque d'être la plus fréquente en raison de l'ampleur des prescriptions dont la violation est susceptible de constituer son élément matériel. Ce délit peut être retenu contre la personne morale en cas d'accident du travail en même temps que les infractions d'atteintes involontaires à la vie ou à l'intégrité physique.

Par ailleurs, le harcèlement moral serait une autre incrimination imputable aux personnes morales. Même s'il ne fait pas encore l'objet d'un délit dans le droit positif camerounais, il est envisagé dans son élément matériel comme des agissements répétés ayant pour objet ou pour effet une dégradation des conditions de travail susceptible de porter atteinte aux droits et à la dignité du salarié, d'altérer sa santé physique ou mentale, ou de compromettre son avenir professionnel[825].

Une première lecture de l'incrimination paraît cantonner l'application du harcèlement moral aux relations inter-individuelles concernant essentiellement les personnes physiques. Mais une autre lecture permet de voir dans le harcèlement moral l'approche d'une réalité collective faite de dégradation effective des conditions de travail d'une partie du personnel, susceptible à terme d'avoir des conséquences négatives sur la santé des salariés. Que cette situation soit considérée comme le résultat d'un choix économique ou qu'elle relève d'une gestion sociale brutale, elle concerne en tout état de cause le fonctionnement habituel de l'entreprise[826]. Du moment où elle dévoile une faille dans la politique sociale de l'entreprise, elle devient compatible avec les conditions d'engagement de la responsabilité pénale de la personne morale employeur[827].

Section 2. Les conditions de la responsabilité pénale des personnes morales

384. Le Code pénal pose des conditions particulières quant à l'imputation matérielle et morale de l'infraction à la personne morale qu'il convient d'examiner. Il faut que l'infraction qu'on entend lui imputer ait été commise pour son compte (§2), par un organe ou un représentant (§1).

---

[825] Définition retenue par le Code pénal français en son article 222-33-2.

[826] A. CŒURET, E. FORTIS, F. DUQUESNE, *Droit pénal du travail*, 6ème éd., LexisNexis, Paris, 2016, n° 414, p. 233

[827] Cass. soc., 1er mars 2011, *Dr. soc.* 2011, 594, note Chr. RADE.

§1. Infraction commise par un organe ou un représentant de la personne morale

385. Il convient d'identifier au préalable l'auteur de l'infraction (A) et de s'appesantir sur la notion d'organe et de représentant (B).

A. Exigence de l'identification de l'auteur de l'infraction

386. L'article 74-1 (a) prévoit que l'infraction doit être commise par un organe ou le représentant de la personne morale. Il devient nécessaire d'identifier ce dernier. Cette question d'identification conduit à censurer les décisions de justice qui concluent à la culpabilité de l'être moral en contemplation d'une faute dont la qualité de l'auteur n'est pas spécifiée, ou dont les recherches menées au sujet de cette qualité n'apparaissent pas suffisantes[828]. Il s'agit de mettre un terme au processus d'anonymisation qui avait atteint la responsabilité des personnes morales depuis un arrêt rendu sur le terrain de l'imprudence pénale[829] et qui rendait facultative l'exigence d'identification de l'organe ou du représentant auteur de l'infraction. La Cour de cassation soutenait que, le débiteur de l'obligation de sécurité ne pouvant être que le chef d'entreprise ou son délégataire, l'infraction d'imprudence qui résulte de sa violation était forcément commise par l'un ou l'autre. Ce raccourci probatoire, qualifié de présomption[830] ou de preuve par implication[831], se comprenait par la volonté de privilégier les poursuites contre la personne morale. Il s'est étendu dans le cadre d'infractions intentionnelles de droit commun de telle sorte qu'à l'occasion d'une poursuite, il fut jugé que les infractions retenues s'inscrivaient *« dans le cadre d'une politique commerciale des sociétés en cause et ne peuvent, dès lors, avoir été commises,*

---

828 Cass. crim., 6 mai 2014, n° 13-82.677, *Bull. crim.* 2014, n° 126 ; Cass. crim., 13 mai 2014, n° 13-81.406, *Bull. crim.* 2014, n° 132 ; Cass. crim., 12 nov. 2014, n° 13-85.772, *JCP S* 2015, 1182 ; Cass. crim., 6 janv. 2015, n° 13-80.268 ; Cass. crim., 20 janv. 2015, n° 13-83.301 ; Cass. crim., 27 mai 2015, n° 14-82.432 ; Cass. crim., 2 juin 2015, n° 14-82.171 ; Cass. crim., 9 juin 2015, n° 14-82.092 ; Cass. crim., 13 oct. 2015, n° 14-86.921 ; Cass. crim., 30 mars 2016, n° 14-85.008 : Voir, pour un aperçu général de cette jurisprudence, A. CŒURET et F. DUQUESNE, « Responsabilité pénale des personnes morales : un tournant décisif ? », *RJS* 07/2012, p. 515 et s. ; « responsabilité pénale des personnes morales : encore des interrogations ! », *RJS* 10/2014, p. 547.

829 Cass. crim., 20 juin 2006, n° 05-85.255, « SOLLAC », *Bull. crim.* 2006, n° 188 : Voir sur cette décision, A. CŒURET, « Responsabilité pénale de la personne morale pour accident du travail : vers la simplification ? » *in Semaine sociale Lamy* 2006, somm. 1281 ; C. MASCALA, *D.* 2008, somm. comm. p. 173.

830 A. CŒURET, *obs. préc.*

831 Y. MAYAUD, « Vers une nouvelle conception de la responsabilité des personnes morales du chef des délits non intentionnels ? », *Rev. sc. crim.* 2006, chron. p. 825; *Rev. sc. crim.* 2013, p. 907.

pour le compte des sociétés, que par leurs organes ou représentants, la Cour d'appel a justifié sa décision »[832].

Cette tendance à la responsabilité directe de la personne morale a connu un revirement. De nos jours, l'exigence de désignation de l'organe ou du représentant est généralisée dans sa portée. Elle est indifférente au contexte au sein duquel l'infraction a été commise[833] et s'étend au domaine de l'imprudence pénale comme à celui du dol criminel[834].

B. La notion d'organe et de représentant

387. La notion d'organe visée par l'article 74-1 (a) du Code pénal doit être appréhendée par rapport au fonctionnement normal de la personne morale et renvoie à la structure dont elle est dotée en vertu de ses statuts ou de par la loi. Pour les personnes morales dotées d'une infrastructure très élaborée comme les sociétés commerciales, s'y rattachent non seulement les organes de gestion à savoir le président du conseil d'administration, le président directeur général, le directeur général, l'administrateur général, le gérant, le président, mais également, les organes de contrôle qui sont les assemblées générales d'associés. Si tous peuvent engager la responsabilité pénale de la personne morale, les premiers, de par les pouvoirs qui leur sont reconnus, paraissent *a priori* plus exposés que les seconds à matérialiser l'infraction.

L'article 74-1 (a) cite également les représentants de la personne morale. Cette notion ne fait pas double emploi avec la première même s'il est admis que les organes de gestion sont aussi des organes de représentation qui, concernant les sociétés, engagent le groupement y compris lorsqu'ils agissent en dehors de l'objet social. Bien plus, au-delà du cas particulier de l'entreprise gérée par un administrateur provisoire, on peut envisager les hypothèses dans

---

[832] Cass. soc., 25 juin 2008, n° 07-80.261, *Bull. crim.* 2008, n° 167; *Dr. pén.* 2008, n° 140.

[833] Avant le revirement, en présence d'une pluralité de sociétés sur le lieu du dommage, l'implication de l'être moral pouvait reposer sur la seule invocation de la qualité ainsi que des attributions des personnes physiques poursuivies : Cass. crim., 11 oct. 2011, n° 01-87.212, *Bull. crim.* 2011, n° 202 ; *AJP* 2012, 35, *obs.* B. BOULOC ; *Dr. soc.* 2012, p. 93, obs. F. DUQUESNE. Sur cette orientation, A. CŒURET, « La délégation de pouvoirs et les responsabilités pénales dans l'entreprise », *RJS* 1/2012, p. 5. Depuis ce moment, le juge pénal sanctionne en des termes identiques toute insuffisance de motivation relative à l'origine de l'infraction d'imprudence imputée à l'être moral, qu'il ait été seul ou non sur le lieu de commission de cette infraction.

[834] Cass. crim., 13 mai 2014, n° 13-81.240, Bull. crim. 2014, n° 132, préc. : Faux et usage de faux ainsi que complicité d'exécution du travail dissimulé ; Cass. crim., 12 nov. 2014, n° 13-85.772, *JCP* 2015, 1182 (entrave à la mission de coordinateur) ; Cass. crim., 20 janv. 2015, n° 13-83.301 ; Cass. crim., 15 déc. 2015, n° 14-85.638 P (travail dissimulé), *JCP G* 2016, 118, note F. DUQUESNE ; Cass. crim., 13 oct. 2015, n° 14-86.921, *préc.* (ouverture au public de l'établissement malgré la décision administrative de sa fermeture hebdomadaire) ; Cass. crim., 1er avr. 2014, n° 12-86.501 P (contrefaçon) ; Cass. crim., 19 juin 2013, n° 12-82.827, *Bull. crim.* 2013, n° 148 (escroquerie).

lesquelles la personne morale aura donné mandat à une personne physique ou à une autre personne morale d'agir à sa place dans la vie juridique. Dans de telles situations de *« représentation spéciale »,* le mandataire peut avoir l'occasion de commettre une infraction imputable à la personne morale.

388. La question de savoir si les organes ou les représentants peuvent engager la personne morale lorsque leur décision a été prise en dehors des limites de leur compétence s'est posée. Une réponse affirmative semble s'imposer. En effet, il a été relevé que *« limiter la capacité délictuelle de la personne morale au domaine restreint des applications fonctionnelles de l'organe qui a agi risquerait de créer une large zone d'irresponsabilité pénale injustifiée »*[835].

Par ailleurs, concernant l'engagement possible par les dirigeants de fait[836] de la responsabilité pénale de la personne morale, les opinions demeurent partagées[837]. La jurisprudence répressive a tranché en faveur de l'imputation possible aux dirigeants de fait[838].

Il ressort du caractère limitatif de l'énumération consacrée par l'article 74-1 (a) que nulle autre personne ou groupe de personnes que celles ayant qualité d'organes ou de représentants ne peut engager la responsabilité pénale de la personne morale. Ces qualités ont donné lieu à d'importantes précisions jurisprudentielles.

Lorsque l'organe a un caractère collégial, pour engager la responsabilité pénale de la personne morale, il convient de caractériser chez l'organe, au niveau collectif, et non chez les membres pris individuellement, les différents éléments de l'infraction[839].

---

[835] R. MERLE et A. VITU, *Traité de droit criminel*, Cujas, Paris, 1988, T 1, n° 60. En outre, lorsque la personne morale a été détournée de son objet, sa dissolution peut être prononcée ; tel est le cas lorsque les organes ou les représentants n'ont pas agi dans les limites de leurs attributions.

[836] Il faut relever que ces dirigeants de fait engagent déjà spécialement, en droit pénal du travail, leur propre responsabilité en tant que décideurs.

[837] Pour certains, la personne morale peut apparaître davantage comme une victime que comme une personne coupable notamment lorsque cette direction de fait peut être analysée comme un coup de force à l'égard des membres du groupement ; ce qui inciterait à ne pas la poursuivre : en ce sens, l'opinion de R. MERLE et A. VITU, *préc.* n° 605. D'autres sont favorables à l'engagement de la responsabilité de la personne morale en cas d'agissements des dirigeants de fait, car une solution contraire risque « de créer une inégalité devant la loi pénale s'il suffit à une personne morale de placer à sa tête de simples prête-noms pour échapper au risque de poursuites pénales en cas d'infractions commises pour son compte » : en ce sens, M. DELMAS-MARTY, *Rev. sociétés* 1993, p. 305.

[838] Cass. crim., 13 avr. 2010, n° 09-86.429, *Dr. soc.* 2010, p. 854, obs. F. DUQUESNE, concernant les délits de blessures involontaires et d'inobservation d'une règle de sécurité et Cass. crim., 15 déc. 2015, n° 14-85.638 préc., en faveur d'une analyse approfondie de la pratique du pouvoir au sein de l'entreprise : Cass. crim., 17 juin 2014, n° 13-81.116.

[839] Cass. crim., 11 mai 1999, *Dr. pén.* 1999, n° 140 ; *Bull. crim.* 1999, n° 93.

S'agissant de la qualité de représentant, dépassant la conception traditionnelle de la représentation par application de laquelle, pour engager la responsabilité du groupement, le délégataire aurait dû disposer du pouvoir d'accomplir des actes juridiques en son nom[840], la Chambre criminelle s'est ralliée à une approche de ce mécanisme de la représentation qui fait passer au second plan la distinction actes juridiques/actes matériels. Il en ressort une approche fonctionnelle du représentant de la personne morale qui désigne tout titulaire secondaire du pouvoir de direction légitimement investi d'une partie de celui-ci par la délégation[841]. Cette solution paraîtrait conforme à la volonté du législateur pénal en ce qu'il a entendu permettre sans limitation artificielle l'imputation de ces infractions aux personnes morales lorsqu'elles ont pour cadre l'entreprise[842]. Dans cette mesure, il est logique de considérer que le sub-délégataire est aussi un représentant de la personne morale au sens de l'article 74-1 (a) du Code pénal. À ce titre, il engage la responsabilité pénale de cette dernière[843].

Au final, la délégation de pouvoirs, si elle protège toujours le principal décideur, expose au contraire la personne morale aux poursuites pénales, élargissant le cercle de ceux qui peuvent, par leurs actes ou leurs omissions, engager sa responsabilité[844]. Cependant, il est fait observer que déléguer n'est pas abandonner son pouvoir ; aussi, le principal décideur garde-t-il en permanence la possibilité de contrôler l'exécution de la mission du délégataire puis, éventuellement, de la lui retirer[845].

---

840 Conclusion de contrats et de conventions, accomplissement d'actes unilatéraux tels que licenciements par exemple, à l'occasion desquels une infraction par ailleurs *a priori* imputable à une personne morale peut être commise (discrimination, conditions d'emplois illégales, atteintes à la dignité, etc.)

841 Cass. crim., 1er déc. 1998, *D.* 2000, p. 34, note HOUTMANN; *Bull. crim.* 1998, n° 325; *RJS* 1999, n° 216, rappr., Cass. crim., 9 nov. 1999, *D.* 2000, inf. rap. p. 61; *Bull. crim.* 1999, n° 252 qui établit nettement le lien entre l'exercice du pouvoir de décision par délégation et la qualité de représentant de la société d'économie mixte et Cass. crim., 14 déc. 1999, *RJS* 2000, n° 350 ; Cass. crim., 30 mai 2000, *Bull. crim.* 2000, n° 206 ; Cass. crim., 5 nov. 2013, n° 12-85.380 ; Cass. crim., 25 févr. 2014, n° 13-80.516.

842 Elle illustre également l'autonomie du droit pénal par rapport au droit civil : Voir, GOUTAL, « L'autonomie du droit pénal, reflux et métamorphose », *Rev. sc. crim.* 1980, p. 911 ; F. ALT, « L'autonomie du droit pénal, mythe ou réalité d'aujourd'hui ou de demain ? », *Rev. sc. crim.* 1987, p. 347.

843 Cass. crim., 25 mars 2014, n° 13-80.376, *Bull. crim.* 2014, n° 94, *préc.* ; Cass. crim., 2 oct. 2012, n° 11-85.032, *Bull. crim.* 2012, n° 206 et Cass. crim., 11 juin 2014, n° 13-85.601 (au profit d'un chef de chantier). Même solution lorsque la sub-délégation a été accordée de manière collective par plusieurs entités réunies à l'occasion de la réalisation d'une activité commune : Cass ; crim., 22 janv ; 2013, n° 12-80.022, *Bull. crim.* 2013, n° 24 ; *JCP S* 2013, 1369, obs. A. CŒURET.

844 Ceci est particulièrement valable en matière intentionnelle, fruit du comportement de chaque délégataire.

845 A. CŒURET, E. FORTIS, F. DUQUESNE, *Droit pénal du travail*, 6ème éd., LexisNexis, Paris, 2016, n° 428, p. 243.

§2. Infraction commise pour le compte de la personne morale

389. *A priori,* cette seconde condition spécifique de la responsabilité pénale des groupements se rapporte à l'intérêt, pour la personne morale poursuivie, de la consommation de l'infraction. Il s'agit d'un intérêt distinct de l'intérêt collectif du groupement qui est une notion dérivée du droit des sociétés et qui semble inadaptée en raison notamment de la grande diversité des personnes morales punissables dont certaines seulement obéissent à une forme sociétaire[846]. L'admission d'un critère purement formel tel que le constat d'un agissement *« au nom »* du groupement ne semble pas indiqué. En effet, il pourrait conduire à des solutions arbitraires puisque n'importe quelle utilisation de la raison sociale par un organe pouvait alors entraîner automatiquement la responsabilité de la personne morale même s'il y avait abus et que cela ne rapportait qu'audit organe.

Si pour autant les avis convergent pour considérer *« qu'agit pour le compte de la personne morale le dirigeant qui agit au nom et dans l'intérêt de celle-ci »*[847], encore faut-il préciser le type de comportement sur lequel sera fondée la responsabilité du groupement. À cet égard, l'idée de lucre ou la recherche d'économies pour le groupement lui-même a parfois été avancée. Il s'agit d'une analyse qui paraît correspondre assez bien aux infractions à la réglementation d'hygiène et de sécurité ayant entraîné un accident du travail[848] ou à celles qui composent la catégorie du travail illégal, comme l'ont illustré certaines décisions[849].

Toutefois, une telle idée demeure insuffisante lorsque le mobile pour lequel l'infraction est commise par la personne physique, auteur direct des faits, correspond à une plus grande diversité de motivations, certaines apparaissant à l'évidence comme totalement étrangères à des considérations économiques, à l'image des délits de harcèlement et de discrimination. On est alors conduit à opter pour un critère plus large qui tiendra compte des caractéristiques propres à ces incriminations. En prenant pour exemple l'infraction polymorphe de l'entrave aux droits collectifs des salariés, il est loisible de

---

[846] Sur ce point, Voir, M. DEMAS-MARTY, « La responsabilité pénale des groupements dans l'avant-projet de Code pénal », *RID pén.* 1980, p. 38.
[847] Rapp. MARCHAND, Doc. AN, séance 2 oct. 1989, n° 896.
[848] Cass. crim., 2 oct. 2012, *JCP E* 2012, 1707, note F. DUQUESNE; Cass. crim., 19 nov. 2013, n° 12-86.554, F-D; *JCP S* 2014, 1062, note F. DUQUESNE; Cass. crim., 25 mars 2014, n° 10-80.376, F-P+B+R+I; *JCP S* 2014, 1217, note F. DUQUESNE; Cass. crim., 6 mai 2014, n° 13-82.677, FS-PBI et Cass. crim., 11 juin 2014, n° 13-85.601; *JCP S* 2014, 1380, *obs.* F. DUQUESNE; Cass. crim., 2 sept. 2014, n°13-82.398, *JCP S* 2014, 1402, note F. DUQUESNE; Cass. crim., 17 nov. 2015, n° 14-83.894.
[849] Cass. crim., 13 nov. 2012, n° 10-80.862, F-P+; *JCP S* 2013, 1087, *obs.* F. DUQUESNE; Cass. crim., 13 mai 2014, n° 13-81.240, F-PBI; *JCP S* 2014, 1380, obs. F. DUQUESNE, *préc.* ; Cass. crim., 2 sept. 2014, n° 13-80.665, *JCP S* 2015, 1016, obs. F. DUQUESNE, Cass. crim., 15 déc. 2015, n° 14-85.638 *préc.*

discerner des hypothèses diversement sensibles à l'action de la personne morale employeur. Ainsi, le prototype de l'entrave imputable à la personne morale apparaît comme celui qui, par ses caractéristiques matérielles, se rattache clairement à une politique de gestion et dévoile un détournement délibéré de la finalité des règles légales comme le défaut d'information-consultation des élus du personnel en cas de fusion ou de cession de contrôle de l'entreprise[850]. On doit alors considérer qu'un tel détournement concerne prioritairement la responsabilité pénale de la personne morale, circonstance que le juge du fond devrait s'attacher à mettre en évidence.

Section 3. L'admission de la responsabilité pénale conjointe

390. La question qui se pose est celle de savoir si l'admission de la responsabilité pénale de la personne morale est exclusive de celle des personnes physiques pour la même infraction. En droit pénal du travail, les responsabilités concurrentes à celle de la personne morale ne concernent pas n'importe quelle personne physique. Elles se rapportent aux individus qui, dans l'organisation, exercent le pouvoir de direction. Il est donc question des relations entre la responsabilité pénale de la personne morale et celle du *« décideur »* chef d'entreprise ou délégataire.

À cet égard, le Code pénal prend explicitement position en faveur du cumul éventuel des responsabilités, l'alinéa (c) de l'article 74-1 énonçant que la responsabilité pénale des personnes physiques, auteurs des actes incriminés, peut se cumuler avec celle des personnes morales. C'est dire que la responsabilité pénale des groupements ne constitue pas un écran utilisé pour masquer les responsabilités des personnes physiques qui n'auraient plus à répondre des mêmes actes pénalement répréhensibles. Ce qui donne tout son sens à l'exigence d'identification préalable de la personne physique.

§1. Le cumul obligatoire de responsabilité

391. Cette possibilité n'ayant pas été envisagée par le législateur pénal, l'on doit à titre de droit comparé, emprunter les hypothèses et solutions au droit français.

C'est au sujet des infractions d'homicide ou de blessures involontaires que l'hypothèse de cumul suscite le plus d'intérêts.

---

[850] Voir, article 42 (1) a du Code du travail. Sur cette orientation, A. CŒURET et F. DUQUESNE, « Responsabilité pénale des personnes morales : un tournant décisif ? », *RJS* 07/2012, p. 515, *op. cit.* et « Responsabilité pénale des personnes morales : encore des interrogations ! », *RJS* 10/2014, p. 547, *op. cit.* Voir également, note F. DUQUESNE sous Cass. crim., 19 nov. 2013, n° 12-86.554, F-D ; *JCP S* 2014, 1062.

En droit pénal français, la loi du 10 juillet 2000 instaure dans l'article 121-3 (4) du Code pénal[851], deux liens de causalité qui permettent d'attribuer la responsabilité pénale en fonction d'une hiérarchie des fautes :

- en cas de causalité directe : n'importe quelle faute d'imprudence peut engager cette responsabilité ; la responsabilité de la personne morale n'est pas subordonnée à la caractérisation à la charge de ses organes ou représentants, d'une faute entrant dans les prévisions de l'article 121-3 (4) du Code pénal[852].
- en cas de causalité indirecte, seule une faute caractérisée ou la violation manifestement délibérée d'une obligation particulière de sécurité ou de prudence imposée par la loi ou le règlement engage la responsabilité de son auteur.

Ainsi, quand l'organe ou le représentant a commis une faute qualifiée au sens de l'article 121-3, le cumul de responsabilités devrait être la règle. C'est cette position qui a été adoptée par la circulaire du 13 février 2006 qui énonce que la mise en cause de la personne physique ne devra intervenir en cas d'infraction non intentionnelle que si une faute personnelle est suffisamment établie à son encontre pour justifier une condamnation pénale. La circulaire ajoute *« il en sera d'ailleurs nécessairement ainsi en cas d'infraction d'imprudence ayant causé indirectement un dommage, du fait des dispositions du quatrième alinéa de l'article 121-3 du Code pénal qui exige à l'égard de la personne physique une faute de mise en danger délibérée ou une faute caractérisée, exigence qui ne concerne en revanche pas la personne morale »*. Tout ceci reste néanmoins subordonné à l'identification initiale de la personne physique, organe ou représentant de la personne morale. Et derrière cette identification, pourrait également se dessiner une diversification de solutions en fonction de la qualité de la personne physique poursuivie.

Toutefois, pour les infractions autres que celles visées à l'article 121-3 du Code pénal, le cumul de responsabilité est possible. Le cumul systématique des responsabilités des personnes physiques et morales a paru s'imposer plus

---

[851] L'article 121-3 (4) du Code pénal français dispose que : *« dans le cas prévu par l'alinéa qui précède, les personnes physiques qui n'ont pas causé directement le dommage, mais qui ont créé ou contribué à créer la situation qui a permis la réalisation du dommage ou qui n'ont pas pris les mesures permettant de l'éviter, sont responsables pénalement s'il est établi qu'elles ont, soit violé de façon manifestement délibérée une obligation particulière de prudence ou de sécurité prévue par la loi ou le règlement, soit commis une faute caractérisée et qui exposait autrui à un risque d'une particulière gravité qu'elles ne pouvaient ignorer »*.

[852] Cass. crim., 14 sept. 2004, *Dr. pénal* 2005, 11 (2e esp.), obs. M. VÉRON : il est retenu qu'en ne donnant pas à ses préposés une formation à la sécurité, une société a commis une faute entrant dans les prévisions de l'article R. 625-2 du Code pénal, peu importe que le délégataire du chef d'entreprise ait été renvoyé des fins de la poursuite.

fermement à l'égard des infractions intentionnelles et est conseillé par la circulaire du 13 février 2006.

§2. Le cumul facultatif de responsabilité

392. C'est l'hypothèse envisagée par l'article 74-1 (c) du Code pénal aux termes duquel *« la responsabilité pénale des personnes physiques, auteurs des actes incriminés, peut se cumuler avec celle des personnes morales »*.

Par cette disposition, le législateur a entendu seulement éviter que le représentant d'une personne morale bénéficie d'une impunité pour la seule raison qu'il aurait agi pour le compte de celle-ci. Ainsi, il n'est pas exigé que la personne morale ait commis des faits distincts de ceux constitutifs de l'infraction reprochée à son organe ou représentant[853]. Sa responsabilité pénale s'analysant comme une responsabilité du fait personnel par représentation, et non de substitution, est engagée dès lors que ses organes ou représentants, qui expriment sur le plan juridique la volonté de celle-ci, ont commis pour son compte, en tant qu'auteurs, l'élément matériel et l'élément moral d'une infraction. Ainsi, la culpabilité du prévenu qui reconnaît avoir agi en pleine connaissance de cause, dans le cadre de ses attributions de gérant et dans l'intérêt exclusif de la SARL, est formellement établie et la SARL sera également retenue dans les liens de la prévention[854]. En réalité, il n'est pas indispensable que l'infraction même intentionnelle commise par une personne physique, organe ou représentant, ait donné lieu à la condamnation de celle-ci pour que la responsabilité pénale de la personne morale soit engagée. Si l'on prend l'exemple d'un prêt illicite de main-d'œuvre[855] accompli par un délégataire dans le cadre d'un prétendu contrat de sous-traitance et caractérisant l'infraction de marchandage, il est assez apparent que c'est surtout le groupement au nom duquel ledit délégataire effectue ce prêt qui a intérêt à l'opération. La personne physique n'est ici qu'un rouage, certes consentant, mais probablement pris dans une stratégie économique qui la dépasse, le point culminant étant atteint lorsque la société a été spécialement constituée pour effectuer ce type de prestations[856]. Il n'en demeure pas moins

---

[853] CA Lyon, 5 mai 1999, *Dr. pénal* 1999, 119, obs. J.-H. ROBERT.

[854] CA Lyon, 3 juin 1998, *Dr. pénal* 1998, 118, obs. J.-H. ROBERT.

[855] Constitue un prêt illicite de main-d'œuvre toute opération à but lucratif ayant pour objet exclusif le prêt de main-d'œuvre, dès lors qu'elle n'est pas effectuée dans le cadre des dispositions du Code du travail relatives au travail temporaire.

[856] Une infraction de ce type a été relevée contre la société utilisatrice de main-d'œuvre dans l'affaire jugée par le Tribunal correctionnel de Versailles le 18 décembre 1995. Bien que la personne physique par laquelle les faits ont été accomplis ait été le principal organe de gestion de la société (PDG), le Tribunal écarte le cumul pour ne retenir que la responsabilité de la personne morale, ce qui fait dire au commentateur de la décision que *« parti à la recherche d'une intention qui aurait dû germer dans l'esprit du dirigeant, le tribunal a découvert une pratique vicieuse de « l'entreprise » elle-même, qu'on songe si peu à reprocher à son président*

que rien ne s'oppose à ce que la personne physique commette l'infraction pour son compte personnel et pour celui du groupement personnifié[857].

Si le cumul est retenu, il résultera de ce choix que la personne morale et la personne physique dirigeante seront réputées coauteurs ou complices de l'infraction. L'on peut déduire implicitement de l'article 74-1 (c) que la personne morale peut être réputée auteur principal si l'un de ses organes ou représentants a lui-même agi en tant que tel, la personne physique parallèlement poursuivie étant alors nécessairement distincte de ces derniers[858].

393. L'article 96 du Code pénal dispose : *« est coauteur, celui qui participe avec autrui et en accord avec lui à la commission d'une infraction »*.

Pour qu'il y ait coaction, il faut nécessairement la conjonction de deux faits :

- la participation c'est-à-dire la commission personnelle de l'ensemble de l'infraction ;
- l'accord c'est-à-dire le consentement mutuel des protagonistes. L'accord ici s'explique par la résolution concertée et arrêtée par deux ou plusieurs personnes de commettre l'infraction. C'est pour cela qu'en matière d'infraction non intentionnelle, il ne saurait y avoir coaction (homicide, blessure involontaire).

Cependant, dans le cas d'une poursuite conjointe dirigée contre la personne morale et son dirigeant de droit, coauteur de l'infraction, la relaxe définitive de la personne morale ne fait pas obstacle à ce que la responsabilité du représentant légal soit retenue par les juges du second degré saisis du seul appel, par le ministère public, du jugement ayant relaxé celui-ci[859].

Contrairement à l'auteur et au coauteur de l'infraction qui ont agi au premier plan, il existe des personnes qui sont qualifiées de complices dont le rôle est moins apparent et partant même, *a priori* moins important. Selon

---

que le parquet a négligé de le poursuivre » : J.-H. ROBERT, préc.) ; Voir également, Cass. crim., 12 mai 2015, n° 12-87.594.

857 Cass. crim., 1er mars 2016, n° 14-86.601, dans l'hypothèse d'un recours prohibé à une main-d'œuvre temporaire en temps de grève *: « après avoir relevé qu'il avait, en sa qualité de responsable départemental des centres de tri, pris la décision du recours à l'intérim et donné les instructions nécessaires à la conclusion des contrats »*.

858 Pour une hypothèse de cumul entre la responsabilité de plusieurs personnes physiques, certaines étant qualifiées de complices, et la responsabilité d'une personne morale réputée quant à elle, auteur principal, voir le jugement rendu par le Tribunal correctionnel de Strasbourg le 9 févr. 1996 dans une affaire de travail clandestin. Un commentateur a critiqué cet aspect de la décision : Ph. DALMASSO, *LPA* 1996, n° 38, p. 19 ; Cass. crim., 11 mars 2003 *préc* ; pour une dénonciation calomnieuse, *Dr. pénal* 2003, n° 84.

859 Cass. crim., 26 oct. 2004, n° 03-86.970 P.

l'article 97 (1) du Code pénal : *« est complice d'une infraction qualifiée de crime ou délit :*

a) celui qui provoque, de quelque manière que ce soit, la commission de l'infraction ou donne des instructions pour la commettre ;

b) celui qui aide ou facilite la préparation ou la consommation de l'infraction ».

On relève de ces définitions, que la complicité est exclue en matière de contravention. Par ailleurs, la tentative de complicité est considérée comme la complicité elle-même (article 97 (2)).

La complicité, à l'instar de la coaction, ne peut exister sans intention. Par exemple, celui qui donne des informations ou facilite la commission d'une infraction sans le savoir n'est pas responsable.

Par ailleurs, pour que l'infraction puisse admettre un cas de complicité, il faut qu'elle soit commise à titre principal et soit objectivement punissable (pas de complicité pour une infraction prescrite ou justifiée par un fait justificatif ou effacée par une loi d'amnistie ; en cas de désistement volontaire de l'auteur : c'est la tentative de complicité à distinguer de la complicité de la tentative qui est punissable puisqu'elle comporte un commencement d'exécution).

L'acte de complicité est un acte positif ou un acte de commission. Il doit être accompli soit antérieurement, soit concomitamment à l'infraction. On distingue la complicité par aide (elle recouvre tous les cas de fourniture de moyens) ou assistance (elle suppose la présence sur place du complice : immobilisation, neutralisation, intervention) qui est la forme la plus connue, de la complicité par instigation qui retiendra notre attention.

L'instigation consiste pour une personne à déterminer une autre à commettre l'infraction soit par provocation, soit par fourniture d'instructions.

L'instigation par provocation ne constitue une complicité punissable qu'à la condition d'être caractérisée par l'un des éléments prévus par la loi. Quelques exemples de provocation tombant sous le coup de la loi :

- remise d'argent ou promesse de remise d'argent pour exécuter un contrat ;
- menace de licenciement par un employeur pour obtenir le faux témoignage dans un procès.

L'instigation par fourniture d'instruction se distingue de la provocation en ce qu'elle n'implique pas de contrainte sur la volonté de l'auteur des faits.

L'auteur principal n'a pas besoin d'être effectivement puni, l'acte de complicité étant rattaché au fait principal. L'on comprend par exemple qu'en cas de non-lieu prononcé à l'égard de l'auteur principal, personne morale employeur, que la ou les personnes physiques complices de l'infraction soient poursuivies sur la base de l'appel fait par le ministère public contre le jugement rendu.

Le droit pénal camerounais du travail comprend une multitude d'infractions dont l'étude a été faite. Cette étude qui s'est située dans une perspective prospective grâce aux emprunts faits aux droits étrangers, permet désormais de connaître et de mieux appréhender ces différentes incriminations. À ce stade, le travail est parcellaire et mérite ainsi d'être complété par les règles qui gouvernent leur constatation et les actions qui s'y greffent.

IIème Partie :

Le droit pénal procédural du travail

394. Lorsqu'une infraction au droit du travail a été commise, la préoccupation devient plus juridique puisque la mise en œuvre des sanctions est, comme en droit commun, subordonnée au respect de la procédure prévue pour déclencher les poursuites. Il convient de rappeler que le Code de procédure pénale camerounais issu de la Loi n° 2005/007 du 27 juillet 2005 entré en vigueur en 2007 régit principalement l'ensemble des procédures à suivre en cas de constat des infractions de manière générale. Toutefois en cas d'infractions spéciales, certaines dispositions de ce code s'éclipsent pour donner la place aux dispositions procédurales spéciales prévues par les lois instituant lesdites infractions spéciales conformément à la maxime : « *specialia generalibus derogant* »[860]. En l'occurrence, il s'agira ici de la Loi n°92/007 du 14 août 1992 portant Code du travail qui prévoit certaines dispositions relatives à la procédure pénale du travail. Celle-ci commence par la constatation des infractions (titre 1) qu'elle réprime (titre 2).

[860] Les lois spéciales dérogent aux lois générales.

Titre 1.

La constatation des infractions

395. Selon les dispositions de l'article 82 du Code de procédure pénale (CPP), « *la police judiciaire est chargée :*

a) de constater les infractions, d'en rassembler les preuves, d'en rechercher les auteurs et complices et, le cas échéant de les déférer au parquet ;

b) d'exécuter les commissions rogatoires des autorités judiciaires ;

c) de notifier les actes de justice ;

d) d'exécuter les mandats et décisions de justice ».

La police judiciaire est exercée, sous la direction du procureur de la République, par les officiers de police judiciaire, les agents de police judiciaire et tous les autres fonctionnaires ou personnes auxquels des lois spéciales confèrent des pouvoirs de police judiciaire (article 78 (1)).

Les personnes énumérées à l'alinéa 1er sont, en cette qualité, des auxiliaires du procureur de la République (article 78 (2)).

La police judiciaire est placée, dans le ressort de chaque Cour d'appel, sous le contrôle du procureur général qui apprécie, à la fin de chaque année, l'activité de police judiciaire des fonctionnaires visés à l'alinéa 1er du présent article (article 78 (3)).

Constater une infraction suppose que l'attention soit portée sur la recherche du fait délictueux par les personnes chargées de l'investigation. Ce qui engendre la mise en œuvre de certains moyens matériels et l'attribution de certains pouvoirs à celles-ci. C'est pourquoi nous allons d'abord nous appesantir sur l'auteur du constat des infractions du droit du travail (chapitre 1), avant d'examiner les moyens qu'il mobilise pour procéder audit constat (chapitre 2).

Chapitre 1.

L'auteur du constat

396. Contrairement à ce qui se passe en droit pénal commun, la police judiciaire générale ne joue en droit pénal du travail qu'un rôle effacé. Les infractions dont il s'agit sont trop spécifiques et techniques dans leurs composantes. De même, les compétences requises sont trop spécialisées pour qu'on puisse faire appel avec profit au personnel habituel de la police judiciaire et à d'autres fonctionnaires. Ils ne jouent ici qu'un rôle secondaire (S2) aux côtés de l'inspecteur du travail à qui revient le rôle principal dans le constat des infractions en droit pénal du travail (S1).

Cette priorité de l'inspecteur du travail sur les autres officiers de police judiciaire est conforme à l'article 84 du Code de procédure pénale qui dispose que :

« l'officier de police judiciaire saisi le premier d'une infraction est, sous réserve des pouvoirs conférés au procureur de la République par l'article 83(5), seul compétent pour effectuer l'enquête.

Toutefois, il doit se dessaisir d'office en faveur des agents visés à l'article 80 ci-dessus en raison de leur compétence »[861]. Cela dit, le gendarme ou le policier qui a été saisi le premier par un salarié ou employeur pour le constat d'une infraction à la législation du travail, doit immédiatement se dessaisir au profit de l'inspecteur du travail territorialement compétent.

Section 1. L'inspecteur du travail, auteur principal du constat

397. Dès son origine, l'Organisation internationale du Travail (OIT) a fait de l'inspection du travail l'une de ses préoccupations prioritaires. La question de l'inspection du travail figurait parmi les principes généraux énoncés à l'article 427, chiffre 9, de la partie XIII du Traité de Versailles, qui créa l'OIT. Il y est stipulé que *« chaque État devra organiser un service d'inspection qui comprendra des femmes, afin d'assurer l'application des lois et règlements pour la protection des travailleurs »*. Aux termes de l'article 10, paragraphe 2

[861] L'article 80 du CPP dispose « *les fonctionnaires et agents des administrations et services publics auxquels des textes spéciaux attribuent certaines compétences de police judiciaire, les exercent dans les conditions et limites fixées par ces textes* ».

b), de la Constitution de l'OIT, l'aide à l'amélioration des systèmes d'inspection du travail fait partie du mandat du Bureau international du Travail. À l'occasion de la toute première Conférence internationale du Travail, en 1919, une recommandation a été adoptée en vue de l'établissement dans tous les pays membres d'un système assurant une inspection efficace des usines et ateliers, ainsi que d'un service public, en relation avec le Bureau international du Travail, spécialement chargé de sauvegarder la santé des ouvriers[862]. Quatre ans plus tard, en 1923, une nouvelle recommandation internationale a établi l'ensemble des principes qui restent les fondements de l'établissement et du fonctionnement efficace d'un système d'inspection du travail[863]. La Convention n° 81, applicable dans les établissements industriels et commerciaux, considérée depuis son adoption en 1947, et encore aujourd'hui, comme l'instrument de référence universel en matière d'inspection du travail, est très largement inspirée de cette recommandation.

Ensuite s'en est suivie l'adoption en 1969 de la Convention (n° 129) sur l'inspection du travail (agriculture), 1969, et de la Recommandation (n° 133) sur l'inspection du travail (agriculture), 1969. Ces deux instruments visent à l'instauration, sous forme séparée ou comme partie du système d'inspection du travail couvrant d'autres secteurs, d'un système d'inspection compétent pour le secteur agricole.

La tendance à assurer au plus grand nombre de travailleurs la protection de l'inspection du travail s'est encore renforcée par l'adoption, en 1995, d'un Protocole dont la ratification est ouverte aux membres liés par la Convention n° 81, applicable aux services non commerciaux[864] puis, en 1996, d'une Convention sur l'inspection du travail concernant les gens de mer[865].

Le Cameroun qui a uniquement ratifié la Convention n° 81 de l'OIT le 03 septembre 1962 à l'exclusion de sa deuxième partie, a défini à l'article 105 alinéa 1 de son Code du travail, l'inspecteur du travail comme :

« ... *tout fonctionnaire du corps de l'administration du travail placé à la tête d'une circonscription d'inspection du travail et de la prévoyance sociale ou son délégué* ». Autrement dit, l'inspecteur du travail est un personnel de l'administration du travail et de la sécurité sociale ayant la qualité d'officier de police judiciaire à compétence spéciale[866]. Ce qui le distingue donc de l'autre inspecteur du travail qui est seulement un fonctionnaire spécialisé de la catégorie A de la fonction publique diplômé de l'ENAM, pendant que celui-ci est bien au contraire tout personnel de l'administration spécialiste ou non,

---

[862] Recommandation (n°5) sur l'inspection du travail (services d'hygiène), 1919 (retirée par la Conférence en juin 2000).
[863] Recommandation (n°20) sur l'inspection du travail, 1923.
[864] Protocole de 1995 relatif à la Convention sur l'inspection du travail, 1947.
[865] Convention (n° 178) sur l'inspection du travail (gens de mer), 1996,
[866] F.A. MPINDA, *De la police judiciaire spéciale*, PUA, Yaoundé, 2019, p. 364.

quel que soit son grade ou son statut, désigné à la fonction d'inspecteur du travail. Ainsi, tous les inspecteurs du travail de grade ne sont pas toujours automatiquement nommés aux fonctions d'inspecteur du travail[867].

Après avoir été nommé aux fonctions d'inspecteur du travail, ce dernier devra au préalable d'abord prêter serment devant la Cour d'appel de la circonscription de sa première affectation, avant d'acquérir la qualité d'officier de police judiciaire à compétence spéciale[868]. Cette prestation de serment de l'inspecteur du travail est le seul et unique serment nécessaire qu'il accomplit pour pleinement jouir de sa qualité d'officier de police judiciaire à compétence spéciale. Contrairement aux agents de l'administration de la forêt, faune et pêche qui renouvellent leur serment chaque fois qu'ils sont affectés dans le ressort d'une nouvelle Cour d'appel.

Des infractions à la législation du travail peuvent être constatées en diverses circonstances. L'inspecteur et le médecin-inspecteur du travail jouent un rôle essentiel en la matière, car ils sont considérés comme autorités de contrôle de l'application de la réglementation du travail (§1). Ils disposent à cet effet de pouvoirs particulièrement étendus et, pour une large part, dérogatoires au droit commun (§2).

§1. La compétence de l'inspecteur du travail

398. Selon les règles générales de la procédure pénale, la compétence de l'inspecteur ou du médecin-inspecteur, auteur du constat, doit être déterminée de deux manières : par la nature du fait délictueux encore appelée la compétence *ratione materiae* (A) d'une part, et par le lieu où l'infraction est commise encore appelé la compétence *ratione loci* (B) d'autre part.

A. La compétence matérielle

399. Les inspecteurs et médecins-inspecteurs du travail ont une compétence générale pour constater les infractions au droit camerounais du travail conformément aux articles 108 et 109 du Code du travail. En outre, cette compétence générale découle de l'article 17, paragraphe 1, de la Convention n° 81 et de l'article 22, paragraphe 1, de la Convention n° 129 de l'OIT, qui précisent que les personnes qui violent ou négligent d'observer les dispositions légales doivent être passibles de poursuites judiciaires ou administratives immédiates sans avertissement préalable.

Par ailleurs les dispositions suivantes, notamment l'article 17, paragraphe 2, de la Convention n° 81 ainsi que l'article 22, paragraphe 2, de la Convention n° 129 prescrivent à cet effet qu'il doit être laissé à la libre

---

[867] *Ibid.*

[868] Article 106 du Code du travail.

décision des inspecteurs du travail de donner des avertissements ou des conseils au lieu d'intenter ou de recommander des poursuites. Cette liberté de décision suppose chez le personnel d'inspection une faculté de jugement lui permettant de distinguer entre l'infraction intentionnelle grave ou répétée, la négligence coupable ou la mauvaise volonté flagrante, qui appellent une sanction, et l'infraction involontaire ou légère, pouvant faire l'objet d'un simple rappel à l'ordre[869].

Des inspecteurs compétents et expérimentés sont conscients de la vertu des conseils et des mises en garde comme moyens d'incitation à une bonne application des exigences légales. Une simple visite de suivi à l'issue du délai imparti à l'employeur pour éliminer les irrégularités constatées leur suffira généralement à atteindre le but recherché. C'est pourquoi, dans la plupart des pays, les inspecteurs du travail préfèrent dans la pratique, recourir sauf infraction intentionnelle ou grave, négligence coupable ou mauvaise volonté flagrante aux conseils et à la persuasion avant d'intenter ou de recommander des poursuites[870]. Celles-ci sont le plus souvent mises en œuvre à l'encontre d'employeurs peu coopératifs, en particulier lorsque les infractions exposent les travailleurs à des risques touchant à leur santé et à leur sécurité[871].

Le législateur camerounais laisse également cette faculté à l'inspecteur du travail de poursuivre ou pas le contrevenant à la législation du travail tel que le révèle clairement son article 109 qui dispose que :

« Les inspecteurs du travail peuvent constater, par procès-verbal faisant foi jusqu'à la preuve contraire, les infractions aux dispositions de la législation et de la réglementation du travail ».

C'est dire que l'usage du verbe « peuvent » confirme à suffisance la faculté laissée aux inspecteurs du travail de poursuivre, d'avertir ou de conseiller le contrevenant au droit du travail. C'est cette faculté qui peut donc justifier la rareté des poursuites pénales des contrevenants au droit du travail par les

---

869 Rapport III partie 1B de la Commission d'experts pour l'application des conventions et recommandations sur l'Étude d'ensemble relative à la Convention n° 81 sur l'inspecteur du travail 1947 et au Protocole de 1995 relatif à la Convention sur l'inspection du travail de 1947, à la Recommandation (n° 81) sur l'inspection du travail, 1947, à la Recommandation (n° 82) sur l'inspection du travail (mines et transports), 1947, à la Convention (n° 129) sur l'inspection du travail (agriculture), 1969, et à la Recommandation (n° 133) sur l'inspection du travail (agriculture), 1969 ; Conférence internationale du Travail, 95e session, 2006 ; Bureau international du Travail, Genève, p. 94.

870 Rapport III partie 1B précité, p. 95.

871 Au Gabon, par exemple, aux termes de l'article 225 du Code du travail, avant que l'inspecteur ne dresse un procès-verbal constatant les infractions aux dispositions des mesures générales de sécurité et de santé au travail, l'employeur est obligatoirement mis en demeure d'avoir à les faire cesser dans un délai fixé en fonction des circonstances et de l'importance des travaux nécessaires.

inspecteurs du travail au Cameroun quand il est établi que la plupart des fonctionnaires camerounais sont exposés à la corruption[872].

Sont donc visées, seules les infractions aux dispositions dont l'inspecteur et le médecin- inspecteur du travail sont chargés de contrôler l'application. Ce sont toutes les dispositions du Code du travail, des lois et règlements non codifiés relatifs au régime du travail, aux services médicaux du travail, ainsi qu'aux conventions et accords collectifs de travail répondant aux conditions légalement fixées, à l'exclusion des dispositions du Code pénal. Autrement dit, il s'agit de manière spécifique d'une compétence de contrôle et de la surveillance des conditions de travail et de protection des travailleurs ainsi que leurs conditions de vie et celles de leur famille.

Quant aux entreprises concernées, il convient de relever que l'inspecteur et le médecin-inspecteur du travail sont compétents à l'égard non seulement des entreprises industrielles, et commerciales, mais également des offices publics et ministériels, des professions libérales, des sociétés civiles, des syndicats professionnels et associations utilisant un personnel salarié.

En dehors de ce champ, les inspecteurs et médecins-inspecteurs du travail peuvent se voir reconnaître une compétence spéciale par différents textes qui ne concernent pas toujours que des salariés.

Toutefois, le Cameroun qui n'a pas ratifié la Convention n° 129 de l'OIT, n'a pas étendu le champ d'application de l'inspecteur du travail au travail agricole.

B. La compétence territoriale

400. La compétence de l'inspecteur et du médecin-inspecteur du travail est territoriale. À ce titre, ils ne peuvent constater que les infractions commises dans le ressort territorial de la circonscription d'inspection du travail où ils exercent leur activité. Au Cameroun, il n'existe pas une brigade nationale des inspections ayant compétence sur toute l'étendue du territoire national. Mais l'on retrouve plutôt des inspecteurs du travail officiers de police judiciaire à compétence spéciale uniquement dans les services déconcentrés du ministère du Travail et de la Sécurité sociale.

La compétence territoriale des inspecteurs du travail au Cameroun est déterminée d'une part par l'article 72 du Décret n° 2012/558 du 26 novembre 2012 portant organisation du ministère du Travail et de la Sécurité sociale, qui prévoit l'existence d'une brigade d'inspection du travail et de la sécurité sociale constituée au minimum de 4 inspecteurs régionaux pour l'ensemble des régions à l'exception des Régions du Centre et du Littoral qui comptent

---

872 Selon Transparency international le Cameroun occupe le 149ème rang du classement mondial de perception de la corruption du secteur public en 2020.

au minimum 9 inspecteurs régionaux. D'autre part, l'article 75, alinéa 2 du même décret prévoit 2 inspecteurs du travail dans les délégations départementales de ce même ministère. Et enfin, l'article 76, alinéa 2 du décret sus-cité prévoit un inspecteur du travail dans les délégations d'arrondissement.

Par contre, les médecins-inspecteurs du travail ont plutôt une compétence territoriale nationale étant entendu qu'ils ne sont pas déployés dans les services déconcentrés du ministère, mais sont uniquement basés à l'administration centrale, notamment à la direction de la sécurité du travail[873].

La question se pose de savoir si les inspecteurs du travail peuvent constater les infractions dont ils ont relevé les éléments constitutifs dans leur section d'inspection ? Dans une affaire jugée par la Chambre criminelle, l'inspecteur du travail avait découvert les infractions aux règles du repos hebdomadaire commises dans une circonscription différente de la sienne (en Savoie) en examinant les documents détenus au siège de l'entreprise situé dans le département dans lequel il était territorialement compétent (Rhône). Le grief de nullité de procédure fut cependant écarté au motif que la loi ne fait pas obligation à ce que lesdites infractions soient constatées au lieu même où elles ont été commises dès lors qu'il existe suffisamment d'éléments en la possession de l'agent de contrôle pour dresser procès-verbal[874].

Cette hypothèse se distingue de celle dans laquelle l'inspecteur du travail compétent pour un établissement, constaterait une infraction commise uniquement au siège en s'étant fait communiquer préalablement par la direction générale des documents révélant la violation de la loi. La Cour de cassation relève que les éléments constitutifs des infractions constatées par les inspecteurs du travail dans leur section d'inspection doivent avoir été rassemblés et portés à leur connaissance en vertu de leur pouvoir d'enquête exercé dans le cadre de leur compétence territoriale. Elle exige alors un rapport direct avec la mission de contrôle des établissements et institutions situés dans le secteur d'inspection du fonctionnement. Or dans l'espèce qui lui était soumise, les éléments constitutifs du délit d'entrave avaient été relevés sur la base d'une communication de pièces sans lien avec l'activité de contrôle de l'établissement situé dans le ressort de compétence de l'inspection du travail du département[875].

Par ailleurs, le silence du législateur camerounais sur la question des entreprises itinérantes séjournant dans une circonscription de compétence territoriale donnée, nous oblige à nous inspirer de la solution du Conseil d'État

---

873 F.A. MPINDA, *op. cit*, p. 365

874 Cass. crim., 7 oct. 1987, *Bull. crim.* 1987, n° 342.

875 Cass. crim., 9 déc. 2003, *Bull. crim.* 2003, n° 238; JCP G 2004, IV, 1241; *JurisData* n° 2003-021647.

français selon laquelle, l'inspecteur du travail dans le ressort duquel séjourne une entreprise itinérante est compétent pour contrôler l'application des dispositions relatives à l'hygiène et à la sécurité alors même que le séjour n'est que temporaire[876].

Par contre, cette solution est inapplicable dans le cas où un inspecteur du travail territorialement incompétent séjourne dans une circonscription, est saisi pour un contrôle d'une entreprise située dans ladite circonscription de son séjour. En effet, ce dernier devra tout simplement se déclarer incompétent et informer son homologue territorialement compétent pour effectuer ce contrôle[877].

Il a été précisé en outre, que la nullité pour incompétence territoriale de la procédure établie par les services de police à l'encontre d'un employeur, n'entache pas la validité de celle diligentée ensuite par l'inspecteur du travail à propos des mêmes infractions dès lors que la propre compétence territoriale de ce dernier n'est pas contestable[878].

Cependant au Cameroun, le Code du travail n'a pas expressément réglé la question du conflit de compétence territoriale des inspecteurs du travail. Mais compte tenu du statut d'officier de police judiciaire à compétence spéciale de ces derniers, ils seront soumis à la règle générale de règlement de conflit de compétence territoriale prévue par le Code de procédure pénale[879]. C'est dire concrètement, qu'en cas de saisine concurrentielle de l'inspecteur du travail du lieu de commission de l'infraction, de l'inspecteur du travail du siège social de l'établissement et du lieu d'arrestation du suspect, la priorité revient à l'inspecteur du travail du lieu de commission de l'infraction.

Bien plus, la compétence territoriale de l'inspecteur du travail devrait le conduire à contrôler les établissements installés au Cameroun et situés dans le ressort de sa circonscription, sans égard au fait qu'ils dépendent d'une personne morale étrangère.

§2. Les pouvoirs de l'inspecteur du travail

401. Pour remplir leur mission de contrôle qui revêt un double aspect juridique et technique[880], les inspecteurs du travail disposent d'un

---

876 CE 6 mai 1996, n° 146824, RJS 7/96 n° 824.

877 H.O. BELOMO TSIMI, *La protection pénale de la relation du travail*, Thèse de Doctorat, Université de Yaoundé II, 2022, p. 173.

878 Cass. crim., 29 oct. 1991, DUPE ET FALIGANT.

879 Article 140 du CPP.

880 Un contrôle juridique pour s'assurer du respect de la réglementation en vigueur et un contrôle technique concernant l'hygiène et la sécurité au travail.
Il peut effectuer le contrôle de sa propre initiative ou sur plainte d'un tiers. Dans cette 2nde hypothèse, il est tenu de conserver la plainte pour confidentielle et de ne pas révéler l'identité de son auteur.

éventail de moyens découlant d'un certain nombre de prérogatives qui leur sont dévolues aux articles 108 et suivants du Code du travail. Il s'agit pour l'essentiel d'un droit de visite dans les établissements soumis à leur surveillance (A), d'un droit d'enquête (B) et d'un droit de communication des pièces accessoires à l'accomplissement de leur mission (C).

A. Le droit de visite

402. Selon l'article 108 (1) du Code du travail, les inspecteurs du travail, munis des pièces justificatives de leurs fonctions, sont autorisés :

- *« à pénétrer librement, aux fins d'inspection sans avertissement préalable, à toute heure de jour et de nuit, dans tout établissement assujetti au contrôle de l'inspection » (article 108 (1) a);*
- *« à pénétrer, aux fins d'inspection, dans toute infirmerie d'entreprise, cantine, installation sanitaire ou d'approvisionnement en eau à l'usage des travailleurs » (article 108 (1) b).*

Les dispositions ci-dessus ont été inspirées par les articles 12 de la Convention n° 81 et 16 de la Convention n° 129 de l'OIT[881] qui visent à assurer que les inspecteurs pourront effectuer des contrôles à tout moment opportun, de manière inopinée et avec la liberté nécessaire pour en assurer la plus grande efficacité tout en veillant à ne pas troubler inutilement le travail en cours.

La visite de l'inspecteur peut être spontanée ou consécutive à une plainte. Dans ce second cas, l'article 106 (4) du Code du travail prévoit que *« les inspecteurs du travail doivent traiter comme confidentielle la source de toute plainte leur signalant un défaut dans les installations ou une infraction aux dispositions légales et réglementaires et doivent s'abstenir de révéler à l'employeur ou à son représentant qu'il a été procédé à une visite d'inspection comme suite à une plainte ».*

Dans le premier cas, les visites des inspecteurs du travail ont en principe un caractère inopiné. Ces dernières ont l'avantage de permettre à l'inspecteur de pénétrer dans le lieu du contrôle sans avertir à l'avance l'employeur ou son représentant toutes les fois où sont à craindre des manœuvres susceptibles de dissimuler une infraction, de modifier dans cette intention les conditions

---

[881] Aux termes de l'article 12, paragraphe 1, de la Convention n° 81 et de l'article 16, paragraphe 1, de la Convention n° 129, les inspecteurs du travail munis de pièces justificatives de leurs fonctions doivent être autorisés: *a)* à pénétrer librement, sans avertissement préalable, à toute heure du jour et de la nuit, dans les établissements assujettis; et *b)* à pénétrer de jour dans tous les locaux qu'ils peuvent avoir un motif raisonnable de supposer qu'ils sont assujettis au contrôle de l'inspection. La Convention n° 129 ajoute, en son article 16, paragraphe 2, qu'ils ne pourront pénétrer dans l'habitation privée de l'exploitant d'une entreprise agricole sans son accord ou une autorisation spéciale délivrée par l'autorité compétente.

habituelles du travail, d'éloigner un témoin ou de rendre le contrôle impossible.

403. Si pour pénétrer dans les locaux de l'entreprise, l'inspecteur du travail doit produire le document justifiant de sa qualité, il n'a pas à justifier les raisons de sa venue, qui ne reposent pas sur une présomption d'infraction, mais plutôt sur l'exercice légal d'une surveillance administrative[882]. Cependant, l'article 108 (2) dispose qu'*« à l'occasion d'une visite d'inspection, l'inspecteur du travail doit informer de sa présence l'employeur ou son représentant, à moins qu'il estime qu'un tel avis risque de porter préjudice à l'efficacité de son contrôle »*. C'est que l'obligation de prévenance n'est pas absolue. Mais en pratique, pour des raisons d'efficacité, il annonce généralement le jour et l'heure de sa visite, ce qui assurera la présence du chef d'entreprise, des représentants du personnel, et permettra la mise à disposition de certains documents. Il est admis que si la présence du chef d'entreprise n'est pas obligatoire, il ne faut pas que son absence serve de prétexte à un refus d'accès. En toute hypothèse, des consignes doivent être laissées sinon à un délégataire, du moins aux salariés responsables des accès à l'entreprise.

Par ailleurs, l'article 108 (1) du Code du travail ne limite pas l'exercice du droit de visite à la seule journée, soit six heures/dix-huit heures, ni même aux heures généralement admises en procédure pénale, mais plutôt à toutes les heures de travail[883] dont l'inspecteur juge efficaces pour sa visite. En outre, les cas de flagrant délit peuvent également justifier la visite de l'inspecteur du travail à n'importe quelle heure au sein de l'entreprise[884]. Les deux Conventions de l'OIT[885] stipulent également que les inspecteurs doivent être autorisés à pénétrer à toute heure du jour ou de la nuit dans les établissements formellement assujettis à leur contrôle, et de jour seulement dans tous les lieux ou locaux dont ils peuvent avoir un motif raisonnable de supposer qu'ils sont assujettis[886]. Le principe selon lequel des visites de jour et de nuit, ou encore à tout moment, sont légalement autorisées est affirmé dans de nombreux pays[887]. L'inspecteur a également accès aux locaux, lorsque l'entreprise organise un travail de nuit. Cette solution s'impose non seulement lorsque le travail de nuit revêt un caractère ostensible, mais également, de façon plus subtile, lorsqu'il existe des indices de nature à penser que le travail y est

---

882 A. COEURET et E. FORTIS, *Droit pénal du travail*, 5ème éd., Paris, LexisNexis, 2012, p. 25

883 Par exemple : Arabie saoudite, El Salvador, Érythrée, Éthiopie, Honduras, Mexique, Papouasie-Nouvelle Guinée et Rwanda.

884 Article 104 al. 2 du Code de procédure pénale.

885 La Convention n° 81 et la Convention n° 129 de l'OIT.

886 Rapport III partie 1B précité, p. 89.

887 Algérie, Angola, Bénin, Bolivie, Cameroun, Chili, Côte d'Ivoire, Gabon, Honduras, Malawi, Maroc,
Nicaragua, Pérou, Slovaquie, Tunisie et République bolivarienne du Venezuela, par exemple.

effectué de nuit[888]. Il peut alors réclamer l'ouverture de cet établissement[889]. Il convient de préciser que l'énumération des endroits de l'entreprise que l'inspecteur peut visiter est purement indicative et dépend de l'objectif de l'inspection qui peut être médical[890] ou non. Ainsi, peut-il par exemple pénétrer dans des logements à usage des travailleurs.

404. Ce droit de visite de l'inspecteur du travail qui revêt une large étendue dérogatoire au principe de l'inviolabilité du domicile, est d'application étroite et ne peut être invoqué que lorsque sont réunies les conditions prévues par la loi.

Il faudra alors admettre que l'inspecteur du travail devra organiser son service de sorte qu'il n'en résulte pas un trouble excessif dans le fonctionnement de l'entreprise. Il est également souhaitable que les visites aient lieu à des heures ouvrables et que les visites de nuit ne se fassent que dans les entreprises qui fonctionnent la nuit. Si le lieu de travail sert en même temps de lieu d'habitation, l'inspecteur du travail ne devrait y pénétrer qu'avec l'autorisation de ses occupants. Aussi, tout refus d'autorisation devrait être justifié et être forcément provisoire[891].

Au demeurant, il n'est pas possible d'interdire l'accès de l'inspecteur du travail à certains locaux pour des raisons tenant au secret de fabrication. Aux termes de l'article 106 (1) du Code du travail, les inspecteurs du travail sont en effet eux-mêmes tenus de ne pas révéler, même après avoir quitté leur service, les secrets de fabrication, et, en général, les procédés d'exploitation dont ils auraient pu prendre connaissance dans l'exercice de leurs fonctions.

Ainsi, l'on peut recenser plusieurs types de formes de visites de l'inspecteur du travail à savoir : la visite sollicitée, la visite d'urgence, la visite spéciale, la visite de réinspection, la visite systématique[892].

Dans la visite sollicitée, le travailleur qui estime avoir subi un préjudice quelconque de la part du chef d'entreprise peut solliciter par une plainte l'intervention de l'inspecteur du travail du ressort. Cette visite peut également être motivée par l'appel d'un employeur en vue de la négociation d'un protocole d'accord concernant la baisse des salaires, le gel des accessoires, la suppression d'un avantage collectif. Il peut aussi s'agir de l'interprétation d'une disposition légale ou réglementaire, de la prévention d'un risque, de l'exercice des droits syndicaux.

---

888 Cass. crim., 14 déc. 1912, *S.* 1914, p. 420.

889 Cass. crim., 12 juil. 1902, *DP* 1903, I, p. 427 ; S 1903, 1, p. 251 ; Cass. crim., 11 mai 1999, *JurisData* n° 1999-002836 rendu en matière de travail dissimulé.

890 F.A. MPINDA, *op.cit*, p. 366.

891 Voir, P.-G. POUGOUÉ (sous dir.), *Code du travail camerounais annoté*, PUA 1997, p. 158.

892 L. NOAH MANGA, *L'inspecteur du travail : Guide pour les visites d'entreprises*, 2ème édition, p. 23.

La visite d'urgence quant à elle est celle due en cas d'accident grave : un incendie ou une explosion ou encore un accident de travail mortel, des événements qui imposent un déplacement immédiat, une prompte enquête pour des raisons tant matérielles que juridiques. Dans cette visite, si l'inspecteur peut aussi constater certaines infractions, son action est plus axée sur la prévention.

La visite spéciale est celle au cours de laquelle l'inspecteur peut recourir en cas d'enquête sur les accidents du travail ou les maladies professionnelles. Dans ce type de visite, *« il peut être question d'une visite commandée par le supérieur hiérarchique en vue de recueillir des informations à caractères économiques ou devant servir par exemple à la détermination ou à l'ajustement du salaire minimum interprofessionnel garanti en-dessous duquel aucun salarié ne pourra être rémunéré (...) »*.

La visite systématique enfin est celle dont l'inspecteur du travail peut avoir recours lorsque son but est de vérifier si tous les documents exigés par la législation et la réglementation du travail sont non seulement tenus et complets, mais également à jour et indiquent des situations absolument régulières vis-à-vis de la législation.

À côté de cette visite, se trouve aussi la visite de réinspection. Cette visite survient *« après avoir fait à l'employeur, au terme d'un contrôle une observation, soit par lettre, soit dans le fascicule n°3 du registre de l'employeur, ou après lui avoir adressé, lorsque l'anomalie relevée est grave, une mise en demeure avec délai de régularisation, l'inspecteur du travail ne doit pas oublier ou négliger de faire une visite de réinspection peu après le délai octroyé. Il se rendra ainsi compte de l'effectivité de la régularisation de l'infraction et du degré de respect par le chef d'entreprise des injonctions qui lui ont été données »*.

B. Le droit d'enquête

405. Ce second droit est le prolongement logique du précédent. Il est également prévu par l'article 108 (1) c du Code du travail.

Sur le plan classique, le droit d'enquête se traduit par la possibilité qu'a l'inspecteur du travail, de procéder à tous examens, contrôle ou enquêtes jugés nécessaires pour s'assurer que les dispositions légales et réglementaires en vigueur sont effectivement observées. L'inspecteur du travail peut également solliciter le chef d'entreprise pour obtenir des éléments supplémentaires destinés à l'éclairer dans son contrôle. Il peut exiger l'affichage des avis dont l'apposition est prévue par les dispositions légales ou réglementaires.

L'article 108 (1) c autorise l'inspecteur du travail *« à interroger, soit seul, soit en présence de témoins, l'employeur ou le personnel de l'entreprise sur toutes les matières relatives à l'application des dispositions légales et réglementaires »*. Cet aspect classique de l'enquête s'est trouvé enrichi par une interprétation jurisprudentielle qui consiste à permettre à l'inspecteur du travail d'auditionner sur place les salariés de son choix[893]. Le chef d'entreprise ne peut s'opposer à cette audition et il paraît douteux, contrairement à ce qui a été prétendu[894] que cette capacité d'audition, qui peut certes perturber le fonctionnement de l'entreprise, implique que l'inspecteur du travail indique à l'employeur l'objet précis sur lequel elle porte. Il est donc indispensable, pour garantir des déclarations aussi spontanées et fiables que possible, que l'inspecteur du travail soit juge de l'opportunité de procéder à ses interrogatoires en toute confidentialité lorsque la matière l'exige. Ainsi peut-il éviter de mettre inutilement dans la gêne l'employeur ou son représentant devant les travailleurs ou, à l'inverse, d'exposer les travailleurs au risque d'éventuelles représailles[895]. Ce pouvoir d'enquête ainsi entendu, se heurte cependant à certaines limites prétextant que l'inspecteur du travail n'a pas la qualité d'officier de police judiciaire.

Les réponses données aux questions posées par l'inspecteur du travail peuvent au-delà de servir de compléments au procès-verbal[896], nourrir des poursuites pénales, ce dont le salarié doit être informé. Les déclarations des salariés peuvent être d'une grande utilité, car elles peuvent aider à l'application de la législation de travail par la requalification de certaines situations de fait. Mais si elles s'avèrent mensongères, elles peuvent constituer un cas d'obstacle aux fonctions[897], susceptible d'être réprimé pénalement[898].

Concrètement, le droit d'enquête devrait accorder à l'inspecteur du travail la possibilité de parcourir les différentes installations de l'entreprise et d'examiner notamment les matériels, les machines et les postes de travail en se faisant accompagner par le délégué du personnel. Dans ce sens, il devrait procéder de façon contradictoire, c'est-à-dire en présence d'un représentant de la direction ou de l'employeur lui-même, dans le cadre plutôt d'une *« déontologie » informelle*[899].

406. L'inspecteur du travail contrôle également lors de son enquête si l'employeur a affiché en un lieu approprié certains documents, tels que les

---

893 Cass. crim., 22 juil. 1981, *Bull. crim.* 1981, n° 237.

894 P. LAGOUTTE, « Le droit de visite de l'inspecteur du travail », *TPS* juin 1994, chron. 11, p. 3.

895 Rapport III partie 1B précité, p. 92.

896 Les procès-verbaux dressés par les inspecteurs du travail font foi jusqu'à preuve contraire (art. 109 du Code du travail camerounais).

897 En revanche, il semble qu'un refus de déclaration de la part d'un salarié sollicité ne pourrait constituer le délit d'obstacle.

898 En effet, « *est puni d'un emprisonnement de quinze jours à trois mois et d'une amende de 5 000 à 50 000 francs, celui qui, par ses déclarations mensongères, influe sur la conduite du fonctionnaire* » (art. 162 alinéa 1 du Code pénal).

899 A. CŒURET, E. FORTIS, F. DUQUESNE, *Droit pénal du travail*, LexisNexis, 6ème éd., 2016, n° 52, p. 29.

règlements d'entreprise, les horaires de travail, les instructions d'utilisation de certains équipements dangereux ou des informations nécessaires pour garantir la sécurité en général. Ce contrôle d'affichage est d'une grande importance, car son but est de garantir que les employeurs et les travailleurs soient clairement informés de leurs droits et obligations respectifs et incités à les respecter.

L'aspect original du droit d'enquête consiste en la prérogative que détient l'inspecteur du travail de prélever et d'emporter aux fins d'analyse des matières et substances utilisées ou manipulées, pourvu que l'employeur ou son représentant soit averti que les matières ou substances ont été prélevées et emportées à cette fin. Dans ce sens, pour assurer l'efficacité du contrôle technique, l'on pourrait suggérer que l'inspecteur du travail soit appuyé par un médecin ou alors qu'il fasse venir sur place tout expert qui peut mieux éclairer sa lanterne sur les installations. Ces analyses permettront de détecter si elles sont susceptibles de comporter ou d'émettre des agents physiques, chimiques ou biologiques dangereux pour les travailleurs. Les prélèvements intéressent en particulier le bloc des infractions aux règles d'hygiène et de sécurité au travail et concernent ainsi le domaine de la santé et la sécurité au travail. À travers leur finalité qui est de connaître l'impact des substances ou produits utilisés sur la santé des travailleurs, ils contribuent à assurer la prévention des maladies professionnelles.

C. Le droit de communication

407. L'article 108 (1) c du Code du travail prévoit que lors de ses visites dans l'entreprise, l'inspecteur du travail peut demander communication de tous livres, registres et documents dont la tenue est prescrite par la législation relative aux conditions de travail, en vue d'en vérifier la conformité avec les dispositions légales ou réglementaires et de les copier ou d'en établir des extraits.

En général, pour la communication des différents documents énumérés, la demande de l'inspecteur du travail n'a pas à prendre la forme d'une réquisition écrite adressée au chef d'entreprise[900]. En outre, la présentation de ces documents ne peut en principe être différée[901] et ce, que l'employeur soit ou non présent dans l'entreprise[902].

En principe, les inspecteurs du travail ne peuvent exiger que la présentation des seuls livres, registres et documents rendus obligatoires par le Code du travail ou par une disposition légale ou réglementaire relative au régime du travail. Cette limitation de documents accessibles renforçait les difficultés

---

[900] Cass. crim., 13 nov. 1985, *Bull. crim.* 1985, n° 905.
[901] Cass. crim., 21 déc. 1955, *Bull. crim.* 1955, n° 588.
[902] Cass. crim., 18 avr. 1956, *Bull. crim.* 1956, n° 315.

probatoires en matière de discrimination. En droit français, la loi du 16 novembre 2001 relative à la lutte contre les discriminations a élargi le droit de communication à tout document ou tout élément d'information, quel qu'en soit le support, utile à la constatation de faits susceptibles de permettre d'établir l'existence ou l'absence d'une méconnaissance des textes relatifs aux discriminations. Cet élargissement du droit de communication concerne aussi les dispositions relatives à l'égalité professionnelle et l'exercice du droit syndical (article L. 8113-5 Code du travail français).

408. Par ailleurs, en raison de la déconcentration fréquente des activités de l'entreprise, la question s'est posée de savoir en quel lieu, siège ou établissement, l'inspecteur du travail pouvait exiger de consulter les documents soumis à son contrôle. Ainsi, un employeur qui n'avait pas prévu la tenue du registre du personnel dans une agence de sa société et avait fait connaître à l'inspecteur du travail qu'il pourrait le consulter au siège de celle-ci, avait été condamné. La Haute juridiction avait en effet estimé que le cadre légal de tenue dudit registre était l'établissement et non pas l'entreprise[903].

Cette solution laissait cependant dans l'ombre la définition de l'établissement, point qui a été tranché par un arrêt ultérieur, dans une espèce où un employeur était poursuivi pour non- présentation du même registre du personnel lors d'un contrôle dans une boutique de vente au détail éloignée du siège de l'entreprise. En des termes très catégoriques, la Cour de cassation censure la cour d'appel qui avait cru pouvoir considérer cette boutique comme un établissement déclenchant l'obligation de présentation du registre parce que, énonce-t-elle : *« les magasins contrôlés ne comportaient aucun représentant des employeurs ayant le pouvoir de recruter du personnel et qu'ils dépendaient d'un établissement auquel ils étaient rattachés (...) »*[904]. C'est dire que la notion d'établissement en droit du travail suppose une autonomie fonctionnelle minimale matérialisée par la déconcentration du recrutement et personnalisée par la présence d'un délégataire du chef d'entreprise.

L'inspecteur du travail en ce qui concerne son rôle d'officier de police judiciaire dans le cadre de la constatation des infractions à la législation du travail, détiendrait un pouvoir juridictionnel. En effet, *« celui-ci prend l'initiative du contrôle, met en œuvre des moyens de contrôle qui supposent une part de contrainte et dresse des constats d'infractions s'il y en a »*[905].

[903] Cass. crim., 29 sept. 1992, *Bull. crim.* 1992, n° 116; *JCP G* 1993, II, 22020, obs. O. GODARD; *JCP E*, II, 385, obs. O. GODARD.

[904] Cass. crim., 17 janv. 1995, *JCP E* 1995, I, 22476, obs. O. GODARD; *Bull. crim.* 1995, n° 23.

[905] Article 107 et s. Code du travail et J.-M. TCHAKOUA, « La tentative de conciliation dans le règlement des différends de travail en droit camerounais », *AFSJP/UD*, n°1, janv.- juin 2002 p. 286.

En somme, il faut reconnaître que le Code du travail camerounais n'a pas affirmé expressément comme l'ont fait d'autres lois pénales spéciales[906], que l'inspecteur du travail détient la qualité d'officier de police judiciaire à compétence spéciale, mais au regard de tous ces pouvoirs reconnus à ce dernier, nous pouvons affirmer sans ambages et conformément aux dispositions des articles 78 et 80 du Code de procédure pénale que l'inspecteur du travail est bel et bien un officier de police judiciaire à compétence spéciale.

Section 2. Les autres fonctionnaires, auteurs secondaires du constat

409. La très forte présence de l'inspecteur du travail ne se traduit pas par un monopole de la constatation des infractions. D'autres fonctionnaires sont investis de la même mission. Il s'agit des officiers de police judiciaire qui conservent les pouvoirs qui leur sont reconnus de plein droit pour constater toute infraction quelle qu'en soit la nature (§1). En outre, certains agents spécialement désignés, peuvent, dans des circonstances déterminées, procéder au constat des infractions à la législation et à la réglementation du travail (§2).

§1. Les officiers de police judiciaire

410. Aux termes de l'article 82 (a) du Code de procédure pénale, la police judiciaire est chargée de constater les infractions, d'en rassembler les preuves, d'en rechercher les auteurs et complices et, le cas échéant, de les déférer au parquet (tant qu'une information n'est pas ouverte).

La compétence générale reconnue en droit pénal aux officiers de police judiciaire pour constater les infractions leur permet également d'intervenir sous certaines conditions en cas d'infractions au droit du travail. Cela est affirmé par l'article 51 de la Loi n° 77-11 du 13 juillet 1977 portant réparation et prévention des accidents du travail et des maladies professionnelles[907]. Mais l'article 51 ne le dit qu'à propos de cette loi et à condition qu'il n'y ait pas d'inspecteurs et de médecins-inspecteurs du travail dans la circonscription où l'infraction est commise.

---

[906] Loi n° 94/01 du 20 janvier 1994 précitée ; la Loi n° 5/001-UEAC-097-CM-06 du 03 Août 2001 portant Code des Douanes de la CEMAC ; Loi n° 2010/12 du 12 décembre 2010 relative à la cyber-sécurité et à la cyber-criminalité au Cameroun ; etc.

[907] L'article 51 de la loi du 13 juillet 1977 dispose : « les inspecteurs du travail, les médecins-inspecteurs du travail et dans les circonscriptions où ceux-ci n'existent pas, les officiers de police judiciaire, peuvent constater par procès-verbaux qui font foi jusqu'à preuve du contraire, les infractions aux dispositions de la présente loi ».

S'agissant de la législation et de la réglementation du travail proprement dites, il n'existe aucune disposition en ce sens ni dans le Code du travail, ni dans les lois et règlements relatifs au régime du travail.

En pratique, l'intervention des officiers de police judiciaire dans la constatation des infractions au droit du travail demeure exceptionnelle, faute pour ceux-ci de disposer de moyens d'intervention aussi efficaces que les inspecteurs et médecins-inspecteurs du travail. Mais il n'est pas rare de voir les officiers de police judiciaire effectuer une enquête systématique lors d'un accident du travail. Il n'est pas non plus certain que le caractère systématique d'une telle enquête recueille toujours l'approbation des parties intéressées, qu'il s'agisse de l'inspecteur du travail ou du chef d'entreprise. Pourtant, l'article 116 (1) du Code de procédure pénale les habilite à procéder aux enquêtes préliminaires soit sur leur initiative, soit sur instructions du procureur de la République.

411. Toutefois, les pouvoirs dont disposent les officiers de police judiciaire pour procéder à une enquête ne sont pas les mêmes que ceux des inspecteurs et médecins-inspecteurs du travail. Ils sont soumis aux règles qui gouvernent l'enquête préliminaire[908] et l'enquête de flagrance[909].

L'enquête préliminaire se définit comme une procédure de caractère policier, diligentée d'office ou sur instructions du parquet par un officier de police judiciaire ou un agent de police judiciaire désigné à cet effet (article 116 (1) CPP). Elle est encore appelée enquête officieuse étant entendue comme la partie du procès pénal qui se déroule avant le déclenchement des poursuites[910]. Elle est le mode de procédé le plus fréquent des commissariats et des brigades de gendarmerie. Dans la pratique, quand un officier de police judiciaire reçoit une plainte ou une dénonciation ou constate une infraction, il prend l'initiative d'éclaircir rapidement l'affaire[911], puis il rassemble les éléments de l'enquête en un dossier, qu'il transmet au parquet avec la plainte, la dénonciation ou le procès-verbal constatant l'infraction ; c'est au vu des indications de ce dossier que le procureur de la République décidera ou non de poursuivre. À son tour, le procureur de la République envoie aux officiers de police judiciaire dépendant de lui les plaintes et les dénonciations qu'il a

---

908 L'article 83 (1) précise que *« outre les attributions définies à l'article 82, les officiers de police judiciaire reçoivent les plaintes et les dénonciations. Ils procèdent à des enquêtes préliminaires dans les conditions prévues par les articles 116 à 120 »*.

909 En cas de crime et délits flagrants, les officiers de police judiciaire exercent les pouvoirs qui leur sont conférés par les articles 104 à 115 : article 83 (2).

910 V. de P. MEVA, *Pratique uniforme de l'enquête préliminaire*, SOPECAM, 2015, p.19.

911 Les officiers et agents de police judiciaire peuvent toujours, d'office, procéder à une enquête préliminaire, quelle que soit la personne qui porte à leur connaissance les faits infractionnels : Cass. crim., 13 janv. 1972, *Bull. crim.* 1972, p. 20 ; *Gaz. pal.* 1972, I, 282.

reçues, en leur demandant d'enquêter et de lui rendre compte à leur sujet ; c'est au retour de l'enquête[912] qu'il prend sa décision[913].

L'enquête de flagrance intervient en présence de la circonstance de flagrance. À ce titre, l'article 103 CPP dispose que :

(1) « Est qualifié crime ou délit flagrant, le crime ou le délit qui se commet actuellement ou qui vient de se commettre.

(2) Il y a aussi crime ou délit flagrant lorsque :

a) après la commission de l'infraction, la personne est poursuivie par la clameur publique ;

b) dans un temps très voisin de la commission de l'infraction, le suspect est trouvé en possession d'un objet ou présente une trace ou indice laissant penser qu'il a participé à la commission du crime ou du délit ;

c) Il y a également flagrance lorsqu'une personne requiert le procureur de la République ou un officier de police judiciaire de constater un crime ou un délit commis dans une maison qu'elle occupe ou dont elle assure la surveillance ».

En cas de crime flagrant, l'officier de police judiciaire avisé informe immédiatement le procureur de la République (article 104 (1) (a) CPP). La loi lui confère de puissants pouvoirs[914] d'intervention, ce qui différencie l'enquête de flagrance de celle préliminaire. En effet, les pouvoirs des officiers de police judiciaire dans l'enquête de flagrance sont de plus en plus étendus, ce qui restreint les libertés du suspect.

---

912 À la clôture de l'enquête, l'officier de police judiciaire retourne la plainte ou la dénonciation, assortie des auditions des parties et témoins éventuels ainsi que de toutes pièces justificatives, sous forme d'un dossier appelé « procès-verbal d'enquête préliminaire ».

913 R. MERLE, A. VITU, *Traité de droit criminel, T 2, Procédure pénale*, 3ème éd., Cujas, 1979, n° 1062, p. 308.

914 Aux termes de l'article 104 (2), *« l'officier de police judiciaire se transporte sans délai sur le lieu du crime et procède à toutes diligences utiles, notamment :*
a) défendre, sous peine des sanctions prévues par le Code pénal pour les témoins défaillants, à toute personne susceptible de le renseigner utilement, de s'éloigner sans son autorisation. Cette interdiction ne peut se prolonger au-delà de douze heures, sous peine de poursuites pénales pour séquestration ;
b) user, si nécessaire, de la garde à vue à l'encontre de toute personne suspecte ;
c) veiller à la conservation des indices et tout ce qui peut servir à la manifestation de la vérité ;
d) saisir tous objets ou documents qui ont servi ou devaient servir à la commission du crime ou qui apparaissent comme le produit de ce crime ;
e) en cas d'urgence, instrumenter hors de son ressort territorial conformément aux dispositions de l'article 88 (2) ;
f) effectuer des perquisitions aux domiciles des personnes suspectées, soit de détenir les pièces ou objets relatifs aux faits incriminés, soit d'avoir participé à la commission du crime ».

Mais, une procédure telle que l'enquête de flagrance n'est possible que pour les crimes et les délits, ce qui, en pratique, concerne surtout les accidents du travail. Bien plus, contrairement aux officiers de police judiciaire traditionnellement habilités à constater les infractions, la mission de l'inspecteur du travail va au-delà du constat. Il peut, par option à lui conférée par le législateur, y mettre fin en adressant à l'infracteur une mise en demeure en vue de la régularisation de la situation.

§2. Les administrations habilitées ou personnes habilitées

412. Comme les inspecteurs et médecins-inspecteurs du travail, les agents de contrôle de la Caisse nationale de Prévoyance sociale (CNPS) assermentés sont compétents pour constater les infractions à la prévoyance sociale et notamment, en matière d'organisation de la prévoyance sociale. Le fondement de cette affirmation peut être recherché à travers les dispositions de l'article 36 de l'Ordonnance n° 73/17 du 22 mai 1973 portant organisation de la prévoyance sociale modifiée par la Loi n° 84/06 du 4 juillet 1984, qui punit des mêmes peines que l'entrave aux fonctions d'inspecteur et médecin-inspecteur du travail, les oppositions et obstacles aux visites et contrôles effectués par les agents de contrôle de la CNPS.

De même, l'allusion au terme de *« son délégué »* qui figure dans la définition de *« l'inspecteur du travail et de la prévoyance sociale »* que donne l'article 105 (1) du Code du travail, permet d'admettre que les fonctionnaires du travail et de la prévoyance sociale non inspecteurs du travail[915], notamment les administrateurs du travail et de la prévoyance sociale, les contrôleurs du travail et de la prévoyance sociale et les contrôleurs-adjoints du travail et de la prévoyance sociale, peuvent agir dès lors qu'ils sont expressément et réellement mandatés par celui-ci.

Par ailleurs, et conformément à l'article 110 (1) du Code du travail, *« dans les établissements militaires employant de la main-d'œuvre civile, les attributions des inspecteurs du travail en matière de contrôle de l'application de la législation et de la réglementation du travail peuvent être confiées à des fonctionnaires ou officiers spécialement désignés à cet effet, chaque fois que l'intérêt de la défense nationale s'oppose à l'introduction dans ces établissements d'agents étrangers au service »*. Les personnes ainsi investies de ces fonctions de contrôle peuvent constater les infractions au droit du travail. Elles doivent tenir l'inspecteur du travail du ressort informé dans les moindres détails de leurs actions (article 110 (3)). Leur désignation est faite

[915] Il faut préciser que la qualité d'inspecteur du travail est une fonction et non un grade. Un administrateur du travail, un contrôleur ou un contrôleur-adjoint du travail peut donc indistinctement être nommé à cette fonction.

par le président de la République sur proposition conjointe du ministre chargé de la Défense et du ministre chargé du Travail (article 110 (2)).

À son tour, le Règlement CEMAC n° 08/12-UEAC-88-CM-23 portant adoption du Code communautaire de la Marine marchande consacre son livre V aux « gens de mer ». Ceux-ci ont pour employeur l'armateur,[916] représenté par le capitaine du navire[917], avec qui ils concluent un contrat d'engagement maritime. Leurs rapports de travail sont, sauf dispositions contraires, régis par le Code du travail, les dispositions relatives à la sécurité sociale[918] ainsi que les conventions collectives applicables[919]. La recherche et la constatation des infractions maritimes sont réglementées par le livre VIII intitulé « contentieux en matière d'infractions maritimes », précisément par le chapitre 2 du titre 1. Il ressort de l'article 759 que *« les contraventions, les délits et les crimes commis à bord sont recherchés et constatés soit sur la plainte de toute personne intéressée, soit d'office :*

a) par les officiers de police judiciaire ;

b) par les administrateurs des affaires maritimes, les officiers et officiers mariniers commandant les bâtiments ou embarcations de chaque État, les inspecteurs de la navigation et du travail maritimes ou les agents faisant fonction, les gendarmes ou assimilés, les agents des douanes et les autres fonctionnaires spécialement habilités ;

c) par les capitaines des navires à bord desquels les crimes, les délits et contraventions ont été commis ».

---

916 L'armateur répond de ses préposés maritimes dans les termes du droit commun, sauf la limitation de responsabilité définie par le livre II Titre V du Code communautaire de la marine marchande.

917 Le capitaine est un professionnel de la navigation maritime désigné par l'armateur pour assurer la conduite d'un navire ; il est responsable de ses fautes dans l'exercice de ses fonctions. Les marins constituent l'équipage du navire, placé sous l'autorité du Capitaine (art. 383 (1) Code communautaire de la marine marchande.

918 Les marins sont affiliés au régime général de sécurité sociale tant en ce qui concerne les prestations maladies, vieillesse que les allocations familiales et les accidents du travail : art. 384 Code communautaire de la marine marchande.

919 *« Tout État membre veille, dans les limites de sa juridiction, à ce que les droits en matière d'emploi et les droits sociaux des gens de mer, tels qu'énoncés dans les paragraphes qui précèdent, soient pleinement respectés, conformément aux prescriptions du présent Code. Sauf disposition contraire de celui-ci, le respect de ces droits peut être assuré par la législation nationale, les conventions collectives applicables, la pratique ou d'autres mesures »* : art. 373 (5) Code communautaire de la marine marchande.

Chapitre 2.

Les moyens du constat

413. Si les inspecteurs du travail ne disposent pas d'un monopole pour la constatation des infractions, ils jouissent cependant d'une indépendance dans le cadre de l'exercice de leur mission de contrôle. Celle-ci doit néanmoins se réaliser selon les règles de l'art. À cet effet, le législateur les a dotés d'outils juridiques d'intervention de natures différentes : la mise en demeure avec ou sans délai et le procès-verbal d'infraction.

Section 1. La mise en demeure

414. Lorsque l'inspecteur du travail relève une infraction au cours de l'un de ses contrôles, il peut, dans un premier temps, inviter le chef d'entreprise à prendre toute mesure utile pour la faire cesser, soit en consignant une observation préalable sur le registre prévu à cet effet, soit en confirmant celle-ci par lettre. Il s'ensuit que la mise en demeure est faite par écrit soit sur le registre d'employeur, soit par lettre et doit préciser les infractions constatées ainsi que le délai dont dispose l'employeur pour les faire disparaître[920].

Mais, il en va autrement lorsque la loi a prévu une procédure de mise en demeure. Dans ce cas, la constatation de l'infraction par procès-verbal ne peut s'effectuer qu'à l'expiration du délai imparti au chef d'établissement pour se mettre en conformité avec la réglementation et à condition que l'état délictueux existe toujours.

§1. Définition et évolution de la mise en demeure

415. La mise en demeure est une interpellation en forme de sommation, lettre missive ou tout acte équivalent, aux termes de laquelle un créancier

---

[920] La mise en demeure est consignée dans le fascicule n° 3 du registre d'employeur ou à défaut adressée par lettre recommandée avec accusé de réception. Elle est datée et signée, et précise l'infraction retenue ainsi que le délai imparti pour y remédier. Les formalités de date et de signature paraissent substantielles ; leur défaut entraînerait la nullité de toute la procédure : dans ce sens, P.-G. POUGOUÉ, *Droit du travail et de la prévoyance sociale au Cameroun*, PUC, Yaoundé, 1988 p. 43. Il faut préciser que le délai accordé à l'employeur pour faire disparaître l'infraction ne sera pas inférieur au minimum fixé par le législateur. Il n'est d'ailleurs pas exclu qu'au vu des efforts fournis par ce dernier, l'inspecteur du travail renouvelle la mise en demeure.

notifie à son débiteur sa volonté de recouvrer sa créance[921]. Elle est appréhendée en procédure civile comme l'acte par lequel un créancier demande à son débiteur d'exécuter son obligation. Elle a pour effet principal de faire courir les dommages et intérêts moratoires. En droit des contrats civils ou commerciaux, la mise en demeure se présente comme le prélude à l'exécution forcée de l'obligation, en même temps qu'elle fait courir des dommages et intérêts moratoires et qu'elle met éventuellement la chose due au risque du débiteur défaillant. En droit administratif, elle est une injonction adressée par une autorité administrative, dans les cas prévus par les textes, pour ordonner à un particulier ou à une collectivité publique de prendre une mesure obligatoire ou de mettre fin à un comportement illégal. En droit du travail, la mise en demeure est une injonction écrite adressée à l'employeur de prendre toute mesure pour mettre fin à une situation dangereuse constatée par l'inspecteur du travail et résultant d'une violation des principes généraux de prévention prévus dans la loi ou d'une infraction à l'obligation générale de santé et de sécurité ou bien pour se conformer, dans un délai déterminé, à des normes réglementaires en matière d'hygiène et de sécurité[922] .

416. En droit pénal du travail, la mise en demeure apparaît comme un attribut exclusif de l'autorité publique chargée de constater l'infraction et où, à l'inverse, elle tend à obtenir du débiteur, l'exécution volontaire de l'obligation légale en cause.

La mise en demeure n'est pas un acte de poursuite[923]. Par conséquent, elle n'a pas pour effet de faire remonter dans le temps le point de départ du délai de prescription de l'action publique qui demeure fixé au jour où le procès-verbal d'infraction est dressé. Il reste que dans le cas de poursuites faisant suite à une mise en demeure non respectée, il appartiendra au juge pénal de s'assurer de l'existence et de la régularité de celle-ci, chaque fois que la loi en fait une condition du procès-verbal[924]. Le non-respect de cette procédure entraînerait la nullité des poursuites[925]. C'est notamment le cas des conditions d'hygiène et de salubrité conformément à l'Arrêté n° 039 /MTPS /IMT du 26 novembre 1984 fixant les mesures générales d'hygiène et de sécurité sur les lieux de travail.

La notion de mise en demeure a fait son apparition dans la première grande loi sur l'hygiène et la sécurité du travail du 12 juin 1893, ce qui révèle à la fois son ancienneté et son domaine d'élection. À l'époque, elle était surtout présentée comme le moyen d'éviter d'imposer de façon brutale les règles souvent novatrices entraînant des frais parfois considérables de mise en

---

[921] G. CORNU, *Vocabulaire juridique*, PUF, 9ème éd., 2011, p. 322.
[922] S. GUINCHARD, Th. DEBARD, *Lexique des termes juridiques*, Dalloz, 25ème éd., 2017, p. 734.
[923] Cass. crim., 10 déc. 1910, DP 1912, p. 24.
[924] Cass. crim., 19 févr. 1979, Capronnier, inédit.
[925] Cass. crim., 18 mars 1896, DP 1900, 1, p. 241 ; Cass. crim., 10 déc. 1910, préc.

conformité pour les entreprises. Par la suite, l'appréciation devint plus mitigée et l'on commença à souligner les inconvénients de la mise en demeure quant à la prévention des infractions et partant, celle des accidents du travail, puisqu'il s'agit d'hygiène et de sécurité[926]. Spécialement, il fut remarqué qu'elle était susceptible d'allonger les délais de la poursuite et qu'elle conduisait parfois à l'aggravation du risque si le débiteur restait passif. Dans certains cas enfin, elle allait jusqu'à permettre une exonération de fait des responsabilités d'infractions, temporaires. En effet, en maintes circonstances, l'activité incriminée a cessé avant que l'inspecteur du travail soit en mesure de constater que la mise en demeure n'a pas été respectée.

Sensible à ces critiques, le législateur a fini par restreindre son champ d'intervention.

§2. Domaine de la mise en demeure

417. La mise en demeure est caractérisée par un domaine d'application limité et des conditions de mise en œuvre qui ne sont pas identiques pour toutes les infractions. La pratique des observations et des avertissements est fréquemment utilisée pour les infractions auxquelles ne s'applique pas la procédure de mise en demeure.

Le recours à la procédure de mise en demeure préalable par le législateur ou par l'autorité réglementaire se fait chaque fois que la spécificité des mesures dont l'inobservation est susceptible d'être constitutive d'infraction le justifie. Exceptionnelle dans son principe, cette procédure ne peut être appliquée que lorsqu'un texte le prévoit expressément.

Dans le domaine de la relation du travail, la mise en demeure en tant qu'outil d'intervention de l'inspection du travail est prévue en cas d'atteinte aux règles législatives et réglementaires régissant la santé et la sécurité, que le danger menaçant la santé des travailleurs soit imminent ou non imminent. Dans ce sens, l'article 30 de l'arrêté du 26 novembre 1984 précise que la mise en demeure est obligatoire lorsqu'une infraction est relative à l'hygiène et à la sécurité.

C'est ainsi que ce même arrêté a dressé un tableau des mises en demeure préalables obligatoires :

---

[926] N. ALVAREZ, *Droit pénal du travail*, thèse dactylographiée, Paris I, 1974, p. 129 ; J. C. JAVILLIER, « Ambivalence, effectivité et adéquation du droit pénal du travail », *Dr. soc.* 1975, 379.

TABLEAU DES DISPOSITIONS POUR LESQUELLES LA MISE EN DEMEURE PRÉALABLE EST OBLIGATOIRE

DISPOSITIONS POUR LESQUELLES EST PRÉVUE LA MISE EN DEMEURE	DÉLAI MINIMUM D'EXÉCUTION DES MISES EN DEMEURE
TITRE 1 - DISPOSITIONS GÉNÉRALES	
Article 3	4 jours
Article 4	15 jours
Article 5 § 2	15 jours
Articles 11 § 1, 12, 13	8 jours
TITRE II - HYGIÈNE	
Article 15	15 jours
Article 18	4 jours
Articles 20,1&2	4 jours
Article 24	2 mois
Article 25	2 mois
Article 26	4 jours
Article 27§1	4 jours
Article 27§2	1 mois
Article 35	15 jours
Article 36	1 mois
Article 87	15 jours
Articles 38, 39&40	15 jours
Articles 41§1,§2, 42	1 mois
Article 44	15 jours
Articles 48,51&53	2 mois
Article 54	15 jours
Article 56	2 mois
TITRE III - DISPOSITIONS RELATIVES À LA SÉCURITÉ DES TRAVAILLEURS	
Article 59	1 mois
Article 64	15 jours
Articles 65,66 & 67	15 jours
Articles 68 & 69	15 jours
Articles 71, 72§1, 74§2	1 mois
Article 74§3	4 jours
Articles 75§1 & 76	8 jours
Article 81§2	15 jours
Articles 83, 86&89	2 mois
Articles 91§92	1 mois
Article 98	15 jours
Articles 99§101	2 mois
Article 102	15 jours
Articles 103&104	1 mois
Articles 114,115§2	1 mois
Articles 120&121	8 jours
Article 123§2	15 jours
Article 124§2	15 jours
Article 127	15 jours
Article 128§3&4	8 jours

418. Par ailleurs, il existe deux types de mise en demeure : la mise en demeure sans délai et la mise en demeure avec délai. L'agent chargé de l'inspection du travail est tenu d'indiquer les mesures que l'employeur doit prendre pour éliminer le danger imminent menaçant la santé et la sécurité des salariés. Celles-ci sont immédiatement exécutoires (article 95 (3) du Code du travail). Ici, aucun délai n'est accordé à l'employeur.

Lorsque le danger menaçant la sécurité ou la santé des travailleurs n'est pas imminent, l'inspecteur du travail invite l'employeur à y remédier. Ici, l'employeur jouit d'un délai et bénéficie de voies de recours.

La durée de la mise en demeure est proportionnelle à la gravité de l'infraction, et tient compte des possibilités objectives de la faire disparaître. Elle peut être renouvelée si l'employeur fait montre d'une bonne volonté de corriger la faute[927].

L'employeur auquel la mise en demeure est notifiée dispose de voies de recours lui permettant de contester la réalité des infractions qui lui sont imputées et le bien-fondé de la procédure dont il fait l'objet. Avant l'expiration du délai fixé par la mise en demeure, il peut soumettre le litige à l'arbitrage de la Commission nationale de santé et de sécurité au travail[928] (article 96 du Code du travail). La saisine de cet organe ne fait pas obstacle à la voie du recours hiérarchique qui demeure ouverte à l'employeur.

Il convient de souligner toutefois, qu'à l'intérieur même de son domaine, la mise en demeure peut voir sa nécessité tenue en échec. C'est ainsi qu'en matière de prescriptions du Code du travail et des textes pris pour son application pour lesquels aucune mise en demeure n'a été prévue, l'inspecteur du travail peut relever les infractions dès qu'il les constate et en dresser immédiatement les procès-verbaux. Il en est ainsi lorsque les faits qu'il constate sont de nature à porter gravement atteinte à l'intégrité physique des

---

927 Dans ce sens, A. BEKOULE, « Procès-verbal d'infraction : l'inspecteur doit être un conseiller et non un gendarme pour les partenaires sociaux », *Monde du travail*, n° 34, juin 1985, pp. 33 et s.

928 Le législateur reste silencieux sur la nature de la décision qui résulte de l'arbitrage de la Commission nationale de Santé et de Sécurité au travail : est-ce un acte juridictionnel ou d'un acte administratif ? Certes, il s'agit pour la Commission de trancher un litige, ce qui conduirait à admettre la nature juridictionnelle de la décision. Mais cette solution serait gênante lorsqu'on envisage le recours éventuel contre la décision. Aussi, conviendrait-il de soutenir l'assimilation de cette décision à un acte administratif : en ce sens, P.-G. POUGOUÉ (sous dir.), *Code du travail camerounais annoté*, PUA 1997, p. 147 ; voir également, F. B. D. MAYOUE, S. H. APIEMBOMVE, *Code du travail annoté et commenté, Cameroun*, JURIAFRICA, éd. 2022, p. 319, qui relèvent que « *les mesures prises par la Commission qui se prononce à la majorité absolue des membres présents (art. 9 du Décret n° 93/084/PM du 26 janvier 1993 fixant l'organisation et le fonctionnement de la Commission nationale consultative du travail) s'imposent à l'employeur* ».

travailleurs[929]. Il y aurait lieu d'admettre la possibilité pour l'inspecteur du travail, de saisir dans le même temps, le juge des référés afin que celui-ci ordonne toutes mesures de nature à faire cesser le risque[930].

En dehors des cas expressément prévus par la loi, la procédure de mise en demeure n'est pas susceptible d'extension[931].

Section 2. Le procès-verbal d'infraction

419. La constatation des infractions à la législation du travail donne lieu à l'établissement d'un procès-verbal. L'objectif de ce dernier est de rassembler dans un document, l'ensemble des données qui permettront de poursuivre un délinquant ou un contrevenant pour infraction à une ou plusieurs dispositions du Code du travail et au tribunal, le cas échéant, de le condamner. Cependant, le procès-verbal ne constitue qu'un des modes de preuve de l'infraction dont l'absence ne fait pas obstacle au déclenchement des poursuites[932] dès lors que cette preuve a pu être rapportée par tout autre moyen : simples rapports, aveu, témoignages, présomptions[933]. L'opportunité de dresser un procès-verbal relevant des infractions à la législation du travail appartient à l'agent chargé de l'inspection du travail. Cette situation trouve son fondement dans l'article 17-2 de la Convention internationale du travail n° 81 sur l'inspection du travail adoptée en 1947 disposant qu' *« il est laissé à la libre décision des inspecteurs du travail de donner des avertissements ou des conseils au lieu d'intenter ou de recommander des poursuites ».* Les procès-verbaux d'infractions établis

[929] Dans ce sens, l'article 192 (4) du Code du travail béninois dispose que : *« toutefois, en cas d'extrême urgence, l'inspecteur du travail peut dresser procès-verbal sans mise en demeure préalable. Il peut également donner des mesures immédiatement exécutoires pour faire cesser tout danger grave et imminent* ». Il est donc prévu que lorsque l'inspecteur du travail constate que des défectuosités dans une installation, un aménagement ou des méthodes de travail sont de nature à menacer la santé ou la sécurité des travailleurs et que ces défectuosités n'ont pas été envisagées par le législateur, il peut ordonner que les modifications nécessaires soient apportées par l'employeur. Ce dernier, dispose d'un recours contre la décision de l'inspecteur du travail devant le juge des référés (art. 193).

[930] Voir, article L. 4732-1 du Code du travail français : dans ce cas, le procès-verbal constatant l'infraction doit explicitement préciser les circonstances de fait et la législation ou les règlements applicables à l'espèce (article L. 4721-5 *in fine*).

[931] Cass. crim., 18 juil. 1931, *Bull. crim.* 1931, n° 109; Cass. crim., 3 mars 1949, *Bull. crim.* 1949, n° 89; Cass. crim., 30 avr. 1954, *D.* 1954, p. 510.

[932] Cass. crim., 4 oct. 1973, *Bull. crim.* 1973, n° 346.

[933] Cass. crim., 20 juil. 1907, *DP* 1907, I, p. 494; Cass. crim., 18 oct. 1913, *Bull. crim.* 1913, n° 451. Ainsi, la Chambre criminelle de la Cour de cassation a-t-elle décidé par un arrêt en date du 22 mars 1990 (*JurisData* n° 1990-002470) qu'un employeur condamné pour infractions à la réglementation du travail d'ouvriers effectuant des travaux forestiers, faisait vainement grief à la Cour d'appel de n'avoir pas prononcé la nullité des poursuites en l'absence du procès-verbal dressé par l'inspecteur du travail dès lors que l'article 1244-4 du Code rural ne fait obstacle à ce que les délits ou contraventions soient établis par tout autre mode de preuve conformément aux articles 427 et 537 du Code de procédure pénale.

par l'inspecteur ou le médecin-inspecteur du travail sont soumis à un régime juridique particulier tant au niveau de leur établissement (§1) qu'en ce qui concerne leur transmission (§2) et leur force probante (§3).

§1. Établissement des procès-verbaux

420. En droit pénal camerounais du travail, l'établissement du procès-verbal d'infraction peut donner lieu au préalable à des observations, avertissements ou mises en demeure faits ou adressés au chef d'entreprise par l'inspecteur du travail, l'invitant à se mettre en conformité avec la réglementation en vigueur. Une telle pratique est en fait très largement utilisée, dans la mesure où elle permet de concilier des impératifs contradictoires auxquels est soumis l'inspecteur ou le médecin-inspecteur du travail. Celui-ci doit en effet d'une part, obtenir de l'employeur qu'il applique effectivement les prescriptions en vigueur, et, d'autre part, réprimer les fautes caractérisées. Par ailleurs, lorsqu'il concerne les dispositions sur l'hygiène et la sécurité, le procès-verbal d'infraction doit obligatoirement être précédé d'une mise en demeure.

Certains auteurs considèrent que le nombre réduit de procès-verbaux, par rapport à celui des infractions constatées, résulte d'un phénomène d'autocensure des inspecteurs du travail, dont les causes sont diverses, phénomène qui contribuerait pour une large part à *« l'ineffectivité »* du droit pénal du travail[934].

Le Code de procédure pénale ne prévoit aucune forme spécifique pour l'établissement du procès-verbal. C'est dire que le procès-verbal peut être manuscrit ou saisi. Il est toutefois nécessaire que son contenu portant au moins ses mentions substantielles soit présenté de façon claire, exhaustive et structurée.

421. Les constatations doivent porter sur les faits qui établissent chacun des éléments de l'infraction : l'assujettissement à l'élément légal, l'existence de l'élément matériel, et dans certains cas, l'élément intentionnel.

Le procès-verbal doit faire état de façon descriptive des faits constitutifs d'infraction qui ont été personnellement constatés par l'inspecteur du travail ou son délégué. Selon la nature de l'infraction, les éléments matériels seront de nature purement technique (défaut d'équipement en matière de sécurité), administrative (défaut d'établissement d'un document, défaut de déclaration), voire relationnelle (propos injurieux visant à harceler). En outre, pour certaines infractions, il est nécessaire d'identifier les salariés concernés soit

---

934 J. C. JAVILLIER, « Ambivalence, effectivité, adéquation du droit pénal du travail », *Dr. soc.* 1975, 375.

en mentionnant leurs noms, soit à défaut, en citant des indices permettant d'en déterminer le nombre, par exemple en matière de durée du travail et de repos.

Cette description doit être détaillée. Ainsi, sur les chantiers du bâtiment par exemple, il sera nécessaire de préciser la hauteur de la chute à laquelle le salarié est exposé ou bien les dimensions du toit sur lequel il travaille, ou encore la profondeur et la largeur de la tranchée dans laquelle il est occupé. L'utilisation de croquis, de schémas, de plans est recommandée, de même que l'utilisation de photographies qui ne doit pas cependant être systématisée compte tenu de la force probante qui s'attache aux constatations personnelles et directes de l'inspecteur.

S'il est nécessaire de faire apparaître d'autres éléments de fait que l'inspecteur du travail n'a pas lui-même constatés tels que les déclarations des délégués du personnel concernant des faits constitutifs d'entrave par exemple, il convient de les distinguer des éléments qui ont été personnellement vérifiés par l'inspecteur, car leur force probante n'est pas la même. En toute hypothèse, un procès-verbal ne peut être établi sur la base des seules déclarations des victimes sans que l'inspecteur ou le médecin-inspecteur du travail ait lui-même constaté la matérialité. La règle générale est que les constats doivent être effectués sur place, notamment au cours des visites et contrôles des lieux de travail par les inspecteurs du travail. Se pose dès lors la question de constat au bureau. Il semble admis que si celui-ci intervient néanmoins, il ne peut être consigné dans le procès-verbal que si le rédacteur détient l'ensemble des documents nécessaires à l'établissement de l'infraction. Ces documents devront être mentionnés avec précision et au besoin une photocopie pourra être utilement annexée au procès-verbal. C'est d'ailleurs la position de la Cour de cassation française dans un arrêt rendu par sa chambre criminelle[935]. En l'espèce, l'inspecteur du travail après diverses investigations avait relevé plusieurs infractions, mais, pour les circonstances de fait de l'accident, il s'était référé au rapport de synthèse établi par la gendarmerie. Le prévenu en concluait que le procès-verbal était nul, car il portait sur des faits que l'inspecteur du travail n'avait pas lui-même constatés. La Cour n'a pas suivi ce raisonnement et a estimé que le procès-verbal ainsi établi était régulier en la forme et obéissait aux prescriptions légales et a donc rejeté l'exception de nullité.

S'agissant des données relatives à l'élément moral de l'infraction, des éléments permettant d'apprécier l'intention délictueuse de l'employeur, peuvent être mis en évidence. Il en est ainsi du rappel des observations antérieures restées sans effet, ou la déclaration de l'employeur reconnaissant qu'il était conscient de commettre une infraction. En outre cet élément moral peut résulter des interrogatoires par l'inspecteur du travail. Aux termes de

---

[935] Cass. Crim., 26 sept. 2000, pourvoi n° S 99-86. 454.

l'article 12, paragraphe 1 *c)* i), de la Convention n° 81, comme de l'article 16, paragraphe 1 *c)* i), de la Convention n°129, les inspecteurs du travail doivent être autorisés à interroger soit seuls, soit en présence de témoins, l'employeur ou le personnel de l'entreprise sur toutes les matières relatives à l'application des dispositions légales. La disposition de la Convention n° 129 prévoit en outre la faculté de l'inspecteur d'interroger, dans les mêmes conditions, toute autre personne se trouvant dans l'exploitation. Cependant, il est indispensable, pour garantir des déclarations aussi spontanées et fiables que possible, que l'inspecteur du travail soit juge de l'opportunité de procéder à ses interrogatoires en toute confidentialité lorsque la matière l'exige. Ainsi peut-il éviter de mettre inutilement dans la gêne l'employeur ou son représentant devant les travailleurs ou, à l'inverse, d'exposer les travailleurs au risque d'éventuelles représailles[936]. Dans les hypothèses où la preuve de l'élément moral est plus délicate, il est suggéré que l'inspecteur du travail fasse état d'écrits, de témoignages, de déclarations recueillies, de coïncidences dont le rapprochement permettra de conclure à l'établissement de l'élément moral.

422. En définitive, l'inspecteur du travail ne peut faire état de la constatation d'une infraction autrement que sous forme de procès-verbal. On peut dire que celui-ci doit en général, mentionner l'identification complète du contrevenant, la nature de l'infraction relevée avec l'indication du texte violé, les explications données par le chef d'entreprise (ou d'établissement) et les lettres de référence ainsi que les mises en demeure restées sans effet. Au demeurant, le procès-verbal doit être rédigé par écrit, daté et signé par l'inspecteur ou le médecin-inspecteur du travail territorialement compétent et le contrevenant ou les déclarants.

Dans certaines législations, il est prévu l'information par l'inspecteur du travail, de la personne visée au procès-verbal des faits susceptibles de constituer une infraction pénale ainsi que les sanctions encourues avant la transmission au procureur de la République[937]. Cette lettre d'information viserait à satisfaire l'exigence du droit au procès équitable et le principe du contradictoire[938]. Dans le même sens, les inspecteurs du travail doivent informer certaines personnes, physiques ou morales, de ce qu'ils ont dressé un procès-verbal relativement à une infraction dont elles ont été les victimes directes ou indirectes. Il en va ainsi lorsque le constat résulte d'une plainte

[936] Rapport III partie 1B précité, p. 92.
[937] Article 55 de la loi française n° 2012-387 du 22 mars 2012 relative à la simplification du droit et à l'allègement des démarches administratives et article L. 8113-7 dernier alinéa du Code du travail.
[938] Rapport WARSMANN Ass. note rapp. n° 3737, T 1.

d'un simple salarié, d'un représentant du personnel ou d'une organisation syndicale[939].

Au final, l'établissement du procès-verbal de constatation d'infraction par l'inspecteur du travail doit se faire quel que soit l'endroit, dans un délai. Mais ce délai dépend bien-sûr d'une part de la flagrance du délit[940], et d'autre part, de la nature juridique du suspect[941]. En principe, les procès-verbaux de constatation d'infraction en matière de flagrant délit doivent être dressés au plus tard dans un délai de 48 heures renouvelable une fois ceci en conformité aux délais de garde à vue[942]. Exceptionnellement, ce délai peut être renouvelé une seconde fois sur autorisation écrite du procureur de la République. En dehors du flagrant délit, c'est la hiérarchie de l'officier de police judiciaire ou le procureur de la République qui fixe et apprécie le délai nécessaire pour clôturer l'enquête. S'agissant de la nature juridique du suspect, elle permet de déterminer la faisabilité de la mesure de garde à vue si le suspect est une personne morale. Ainsi, il sera impossible pour un inspecteur du travail d'envisager la garde à vue d'un employeur personne morale, alors que cela est tout à fait possible pour les personnes physiques. Il est donc clair, contrairement à une certaine doctrine[943], que l'inspecteur du travail en sa qualité d'officier de police judiciaire à compétence spéciale, détient également le pouvoir de garde à vue[944] comme ses homologues[945].

---

[939] Voir, Instruction pénale du 12 septembre 2012. L'auteur de cette plainte doit être informé de la suite qui lui aura été réservée de manière à ce qu'il puisse, le cas échéant, exercer l'action civile devant la juridiction pénale compétente.

[940] Article 103 du CPP.

[941] L'employeur qui peut être une personne physique ou une personne morale et l'employé qui est toujours une personne physique.

[942] Article 119 alinéa 2 du CPP.

[943] F. A. MPINDA, *op. cit.*, p. 55. Pour l'auteur, les officiers de police judiciaire à compétence spéciale n'ont pas un pouvoir de garde à vue, mais plutôt un pouvoir de réquisition d'un officier de police judiciaire à compétence générale aux fins de garde à vue.

[944] Voir, articles 80, 118 et 119 du CPP.

[945] C. SONE et A. NYA, *Guide sur les règles de procédure en matière d'application de la loi Faunique : les éléments essentiels d'un procès-verbal de constatation d'infraction*, Traffic, octobre 2019, p. 7.

QUELQUES PROCÈS-VERBAUX D'INFRACTION

REPUBLIQUE DU CAMEROUN
Paix – Travail – Patrie

MINISTERE DU TRAVAIL ET DE LA SECURITE SOCIALE

DELEGATION REGIONALE ....

DELEGATION DEPARTEMENTALE ....

MEFOU / TEL ....

REPUBLIC OF CAMEROON
Peace – Work – Fatherland

MINISTRY OF LABOUR AND SOCIAL SECURITY

.... REGIONAL DELEGATION

.... DIVISIONAL DELEGATION

MFOU / TEL ....

INSPECTION DEPARTEMENTALE DU TRAVAIL ....
PROCES-VERBAL D'INFRACTION N° 002 03 AOUT 2021

L'an deux mil **vingt et un** et le vingt du mois de **Juillet** Par devant nous, **Madame KWASSI BILLE Erika Epse GAINSOM**, dûment assermenté
Grade et fonction : **contrôleur et Inspecteur du travail**
Avons constaté à l'encontre de **La Société AGEL-IC** représentée par..............................

Fonction dans l'entreprise..............................
Lieu d'implantation..............................
Adresse de l'entreprise..............................
Les infractions suivantes ayant fait l'objet de mise en demeure préalable N°015 du25/01/2021/des..............................
......accordant un/des délai(s) de 15 jours respectivement (1)

Exposé des Faits	Textes violés
Défaut de contrats de travail :	Article 27
Défaut de bulletins de paie :	Article 69 alinéa 1
Défaut de convention de visite:	Article 99 alinéa 2
Défaut de déclaration d'ouverture :	Article 114
Défaut des registres employeurs :	Article 116
Défaut de reçu de versement CNPS :	Article 75 alinéa 1d
Défaut des règlements intérieurs :	Article 29

Sanctions retenus

N°	AMANDES	EMPRISONNEMENT	OBSERVATIONS
01	800 000Fcfa		
02	300 000Fcfa		La santé des travailleurs est primordiale
03	500 000Fcfa		Dissimuler son existence est criminel
04	200 000Fcfa		
05	1 300 000Fcfa		Compromission de l'avenir du 3ème âge
06	100 000Fcfa		
07	1 300 000Fcfa		
Total	4 500 000Fcfa		

(1) Joindre la mise en demeure au présent P.V. (2) Rayer les mentions inutiles.

En foi de quoi le présent Procès-verbal est dressé les jours, mois et an que dessus en 06 exemplaires :
- à Monsieur le Préfet de la Mefou et Afamba
- à Monsieur le Procureur de la République du ressort, aux fins de poursuites.
- à l'auteur des infractions.
- à Monsieur le Ministre du Travail et de la Sécurité Sociale, pour compte rendu.
- au Délégué Régional du ressort, pour compte rendu.
- au classement dans les archives de l'inspection.

L'Inspecteur
INSPECTEUR DU TRAVAIL N°
Mme Kwassi Bille Erik
Contrôleur du Travail
et de la Prévoyance Sociale

REPUBLIQUE DU CAMEROUN
Paix – Travail – Patrie

MINISTERE DU TRAVAIL ET DE LA SECURITE SOCIALE

DELEGATION REGIONALE.................

DELEGATION DEPARTEMENTALE.................

MFOU / TEL :.................

REPUBLIC OF CAMEROON
Peace – Work – Fatherland

MINISTRY OF LABOUR AND SOCIAL SECURITY

.... REGIONAL DELEGATION

.... DIVISIONAL DELEGATION

MFOU / TEL.:.................

INSPECTION DEPARTEMENTALE DU TRAVAIL ....
PROCES-VERBAL D'INFRACTION N° 001

L'an deux mil **vingt et un** et le **quatorze** du mois de **Juillet** Par devant nous, **Madame KWASSI BILLE Erika Epse GAINSOM**, dûment assermenté
Grade et fonction : **contrôleur et Inspecteur du travail**
Avons constaté à l'encontre de **La Société SOCACAM (Nsimalen)** représentée par_______________________
____
Fonction dans l'entreprise_______________________
Lieu d'implantation,_______________________
Adresse de l'entreprise_______________________
Les infractions suivantes ayant fait l'objet de mise en demeure préalable N°015_du25/01/2021/des_______________________
____accordant un/des délai(s) de **15 jours** respectivement (1)

PARQUET D'INSTANCE DE MFOU
ARRIVEE LE 03 AOUT 2021

E/516, m... 28/7/21

Exposé des Faits	Textes violés
Défaut de contrats de travail :	Article 27
Défaut de bulletins de paie :	Article 69 alinéa 1
Défaut de convention de visite:	Article 99 alinéa 2
Défaut de déclaration d'ouverture :	Article 114
Défaut des registres employeurs :	Article 116
Défaut de reçu de versement CNPS :	Article 75 alinéa 1d
Défaut des règlements intérieurs :	Article 29

Sanctions retenus

N°	AMANDES	EMPRISONNEMENT	OBSERVATIONS
01	1 000 000Fcfa		
02			
03	500 000Fcfa		**La santé des travailleurs est primordiale**
04	700 000Fcfa		**Dissimuler son existence est criminel**
05	200 000Fcfa		
06	1 500 000Fcfa		**Compromission de l'avenir du 3ème âge**
07	300 000Fcfa		
08	1 500 000Fcfa		**N'ont jamais daigné recevoir l'inspection du travail**
Total	5 700 000Fcfa		

(1) Joindre la mise en demeure au présent P.V. (2) Rayer les mentions inutiles.

En foi de quoi le présent Procès-verbal est dressé les jours, mois et an que dessus en 05 exemplaires :

- à Monsieur le Procureur de la République du ressort, aux fins de poursuites.
- à l'auteur des infractions.
- à Monsieur le Ministre du Travail et de la Sécurité Sociale, pour compte rendu.
- au Délégué Régional du ressort, pour compte rendu.
- au classement dans les archives de l'inspection.

L'Inspecteur

INSPECTEUR DU TRAVAIL
Mme Kwassi Bille Erika
Contrôleur du Travail
et de la Prévoyance S...

REPUBLIQUE DU CAMEROUN
Paix – Travail – Patrie
MINISTERE DU TRAVAIL ET DE LA SECURITE SOCIALE
DELEGATION REGIONALE DU TRAVAIL ET DE LA SECURITE SOCIALE DU CENTRE
DELEGATION DEPARTEMETALE DU TRAVAIL ET DE LA SECURITE SOCIALE DE LA MEFOU ET AFAMBA
MFOU TEL : 222 32 10 76 /694 47 74 13

REPUBLIC OF CAMEROON
Peace – Work – Fatherland
MINISTRY OF LABOUR AND SOCIAL SECURITY
REGIONAL DELEGATION OF LABOUR AND SOCIAL SECURITY OF THE CENTER
DIVISIONAL DELEGATION OF LABOUR AND SOCIAL SECURITY OF MEFOU AND AFAMBA

MFOU, LE________

Réf: N°...............MINTSS /DRTSSC/DDTSS/MAF

PROCES VERBAL D'INFRACTION

L'an **deux mille vingt** et un et le **premier** du mois de **mars**

Nous, Mme **KWASSI BILLE Erika Epse GAINSOM** dûment assermenté **Inspecteur du Travail n-2**

Grade et fonction : **Contrôleur du Travail (Inspecteur du Travail et de la Sécurité Sociale)**

Ressort **Mefou et Afamba**

Avons constaté à l'encontre de l'entreprise **SOCACAM**

M. /Mme ....

Date et lieu de naissance ....

Nationalité ....

Carte nationale d'identité ....

Adresse : **Nsimalen**

Fonction dans l'entreprise : **Bâtiments et Travaux Publics**

Raison sociale, lieu d'implémentation, adresse de l'entreprise : **SOCACAM**

....

Les infractions ci-après :

INFRACTIONS	TEXTE VIOLE	PENALITES
Défaut de Registre d'employeur	**Art. 116**	**Amende de 100.000frs à 1.000.000frs**
Défaut de convention de visites et de soins signée avec un médecin agréé ;	**Art. 98**	**Amende de 100.000frs à 1.000.000frs**
Défaut de Règlement intérieur ;	**Art. 29**	**Amende de 100.000frs à 1.000.000frs**
Défaut de carnet de bulletin de paie ;	**Art. 69 al. 1 et 2**	
Défaut de reçu de reversement des retenues de salaire ;	**Art. 75 al.1**	**Amende de 200.000frs à 1.500.000frs**
Défaut de déclaration d'ouverture d'établissement ;	**Art. 114 et Art. 115**	**Amende 100.000frs à 1.000.000frs**

En foi de quoi, le présent **PROCES-VERBAL d'INFRACTION** est dressé les jours ; mois et an que dessus, **conformément aux dispositions de l'article 109** du code du travail.

N.B : six (six) exemplaires, destinés :

Au Ministre du Travail et de la Sécurité Sociale
Au Ministre de la Justice, Garde des Sceaux
Au Délégué Régional du Travail et de la Sécurité Sociale du Centre
Au Procureur de la République du Centre
Chrono/Archives

REPUBLIQUE DU CAMEROUN Paix - Travail - Patrie --------- MINISTERE DU TRAVAIL ET DE LA SECURITE SOCIALE --------- DELEGATION REGIONALE DU TRAVAIL ET DE LA SECURITE SOCIALE DU CENTRE --------- DELEGATION DEPARTEMETALE DU TRAVAIL ET DE LA SECURITE SOCIALE DE LA MEFOU ET AFAMBA MFOU TEL : 222 32 10 76 /694 47 74 13	REPUBLIC OF CAMEROON Peace - Work - Fatherland --------- MINISTRY OF LABOUR AND SOCIAL SECURITY --------- REGIONAL DELEGATION OF LABOUR AND SOCIAL SECURITY OF THE CENTER --------- DIVISIONAL DELEGATION OF LABOUR AND SOCIAL SECURITY OF MEFOU AND AFAMBA

N°________/MINTSS/DRTSSC/DDTSS/MAF

MFOU, LE__________

Le Délégué Départemental

À

Monsieur le Responsable du Centre de Santé
« La Colombe »
-NKOABANG-

Objet : **Mise en demeure.**

Monsieur le Responsable,

Lors de ma visite d'inspection dans votre structure **le mercredi 31 mars 2021**, il m'a été donné de constater certaines irrégularités dans le respect et l'application de la législation du travail en vigueur : les infractions ci-dessous ont été constatées :

- **Défaut de Contrats de Travail;**
- **Défaut de Déclaration d'ouverture ;**
- **Défaut de carnet de Bulletins de paie ;**

Vous voudrez bien nous faire parvenir ces documents dans un délai de deux **(02)** semaines dans nos locaux auquel cas, il vous sera adressé un procès-verbal.

Veuillez agréer, Monsieur le Responsable, l'assurance de ma considération distinguée.

Le Délégué Départemental

Ampliations :
- DRTSS/C
- Préfet /MAF
- Intéressé
- Chrono/archives.-

PROCES – VERBAL D'INFRACTION N ....

L'an 2018 et le _____ du mois de ___________.

NOUS ____ASSERMENTEE
CONTROLEUR DU TRAVAIL ET DE LA SECURITE SOCIALE ET INSPECTEUR DU TRAVAIL N°______ A LA DELEGATION REGIONALE DU TRAVAIL ET DE LA SECURITE SOCIALE DU CENTRE

Avons constaté à l'encontre de Monsieur ____________
____

Fonction dans l'entreprise : ____
Raison Sociale, lieu d'implantation, adresse de l'entreprise : ______________________________ BP :
__________ ; ____________________________________
Nationalité : **Camerounaise.**

INFRATION	TEXTES VIOLES	PENALITES
Défaut de déclaration d'ouverture d'établissement.	Article 1 de l'arrêté N°20/MTPS/SG/CJ du 26 mai 1993.	**1.000.000 F CFA**
Défaut de Comité d'Hygiène et sécurité.	Arrêté N° 039/MTPS/IMT du 26/11/1984 article 8 Article 116 de la loi N°92/07 du 14 août 1992.	**2.000.000 F CFA**
Défaut de classification professionnelle des employés.	Arrêté N°20/MTPS/DT du 29/10/10.	**1.500.000 F CFA**
Défaut d'organisation des élections des délégués du personnel.	Arrêté N° 019/MTPS/SG/CJ du 26/05/1993.	**1.000.000 F CFA**
Défectuosité des goulottes et des douches.	Article 95 de la loi N° 92/07 du 14 août 1992.	**500.000 F CFA**
Défaut de registre employeur N°1 et 2.	Arrêté N° 013/MTPS/DEGRE du 18 juin 1968 Article 116 de la loi N° 92/07 du 14 août 1992.	**2.000.000 F CFA**
Défaut de conventions de visite et de soins.	Décret N°79/096 du 21/03/1979.	**1.000.000 F CFA**
Défaut d'avancement du personnel.	Article 4 de l'arrêté N° 010/MTPS/DT du 20 avril 1971	**2.000.000 F CFA**
Défaut d'octroi d'eau aux manutentionnaires.	Article 95 et 97 alinéa 3 de la loi N° 92/07 du 14 août 1992	**500.000 F CFA**
Chaise non ergonomique et défaut de luminosité.	Arrêté N°039/MTPS/IMT du 26/11/1984, chapitre II section III, article 38	**1.000.000 F CFA**
Défaut de planning.	Décret N°75/28 du 10 janvier 1975 article 2.	**1.000.000 F CFA**
Défaut de paiement de l'allocation de congé.	Décret N°75/28 du 10 janvier 1975 article 4, 5 et 6.	**1.500.000 F CFA**

En foi de quoi le présent procès-verbal est adressé les jours, mois et an que dessous en 5 exemplaires, destinés :
Au procureur de la République du ressort
Au contrevenant, [redacted]
Au Ministre du Travail et de la Sécurité Sociale
Au Délégué Régional
Archives

PROCES – VERBAL D'INFRACTION N° ....

L'an ____________________ et le ____________ du mois de ________________

NOUS MONSIEUR ASSERMENTE, CONTROLEUR PRINCIPAL DU TRAVAIL ET DE LA PREVOYANCE SOCIALE ET INSPECTEUR DU TRAVAIL N°____ A LA DELEGATION REGIONALE DU TRAVAIL ET DE LA SECURITE SOCIALE DU CENTRE,

Avons constaté à l'encontre de Monsieur ____
Fonction dans l'entreprise : Directeur Général
Raison Sociale, lieu d'implantation, adresse de l'entreprise : ____________________ ;
____

Nationalité : ________________________________

INFRATIONS	TEXTES VIOLES	PENALITES
Défaut de conventions de visite et de soins avec un médecin agréé en médecine du travail	Article 98 alinéa 1 du Code du travail, article 17 arrêté N°15/MTPS/IMT du 11/10/1979 portant organisation de fonctionnement des services médicaux du travail	**26.000.000 F CFA**
Défaut de Déclaration d'ouverture d'établissement	Article 114 du Code du Travail ; Article 1 de l'arrêté N°20/MTPS/SG/CJ du 26 Mai 1993	**1.500.000 FCFA**
Défaut de visas des contrats de travail de vos employés de nationalité étrangère	Article 27 alinéa 2 du Code du Travail ;Décret N°93/575 du 15 juillet 1993	**1.500.000 FCFA**
Défaut de registres employeurs : (fascicules N°1,2,3)	Article 116 du Code du Travail	**1.500.000 FCFA**
Défaut de comité d'Hygiène et de Sécurité	Article 8 de l'Arrêté N°039/MTPS/IMT du 26/11/1984 ;	**2.000.000 FCFA**
Défaut de planning de départ en congé	Article 89 du Code du Travail	**1.500.000 FCFA**
Défaut de Règlement Intérieur	Article 29 du Code du Travail	**26.000.000 FCFA**
Défaut d'immatriculation de vos employés à la CNPS	Décret N°74-733 du 19 aout 1974	**2.000.000FCFA**
Défaut de délivrance des bulletins de paie	Article 69 du code du Travail	**10.000.000 FCFA**

En foi de quoi le présent procès-verbal est adressé les jours, mois et an que dessous en 5 exemplaires, destinés :
Au procureur de la République du ressort
Au contrevenant, DONG BP : **Yaoundé**
Au Ministre du Travail et de la Sécurité Sociale
Au Délégué Régional
Archives

§2. Transmission des procès-verbaux

423. Une fois le procès-verbal établi, l'inspecteur ou le médecin-inspecteur du travail peut le transmettre au parquet de la juridiction compétente, s'il ne veut pas poursuivre personnellement.

Le procès-verbal transmis a pour effet d'autoriser les poursuites. Mais celles-ci ne sont pas pour autant systématiquement déclenchées. Dans ce sens, on estime que l'inspecteur du travail ne peut être indifférent aux suites judiciaires de ses procès-verbaux[946] ; un classement sans suite par le parquet, une relaxe, mettent en effet en cause sa crédibilité vis-à-vis de l'entreprise et des salariés. C'est à l'audience de jugement que l'action de l'inspecteur du travail est définitivement sanctionnée, favorablement ou non, et que le procès-verbal prend toute sa valeur.

En pratique, quand bien même le procès-verbal est établi, il n'est pas transmis directement au parquet. Ceci est soutenu par une certaine doctrine[947] qui estime que, l'administration n'est pas tenue de transmettre les procès-verbaux au ministère public, ni d'exercer l'action publique. Elle est libre, comme l'est le parquet dans la poursuite des infractions de droit commun. À cet effet, elle peut classer sans suite ou, recourir à l'avertissement, aux conseils, aux *« mesures administratives répressives »*[948] : mise en demeure, régularisation, remise en état. On a pu dire à ce sujet qu'il y a eu *« transfert de fait de l'appréciation de l'opportunité des poursuites du judiciaire vers l'administratif qui développe par là même, « une [véritable] politique d'opportunité des poursuites »*[949]. Ainsi, le procès-verbal suit souvent la voie hiérarchique et à cette occasion, fait l'objet d'un contrôle dont l'opportunité ne se justifie pas. On peut alors affirmer à juste titre que l'autorité hiérarchique dont dépend l'inspecteur ou le médecin-inspecteur du travail pour l'exercice de l'ensemble de ses attributions, peut constituer à cet égard un véritable goulot d'étranglement. Ce qui semble justifier pour une large part, le fait que les infractions au droit camerounais du travail ne donnent pratiquement pas lieu à des poursuites. Les inspecteurs du travail sont eux-mêmes pour partie responsables de cette situation dans la mesure où le législateur leur accorde de larges pouvoirs pour poursuivre directement en justice, devant la juridiction

---

[946] Aussi, l'article 236 du Code du travail gabonais prescrit-il que « l'inspecteur du travail doit être informé de la suite judiciaire réservée aux procès-verbaux ».

[947] A. N. ISSA PAVE, « La poursuite des atteintes à l'environnement au Cameroun : Le Ministère public relégué » ?, *in International Multilingual Journal of Science and Technology (IMJST)* Vol. 5 Issue 9, septembre 2020, p. 1646.

[948] C. OUEDRAOGO « Les sanctions alternatives et complémentaires aux peines classiques en droit de l'environnement : étude comparative (France et Burkina Faso) », *in Revue Juridique de l'Environnement*, n°4, 2000, p. 549 et s.

[949] J. FLAUSS-DIEM, *Polices et justices de l'environnement : le cas de la Picardie*, Coll. CEPRISCA, PUF, 2009, p. 12.

compétente, tous les auteurs d'infractions au droit du travail (article 109(1) Code du travail).

Les procès-verbaux des contraventions, des délits et des crimes commis à bord des navires établis par les officiers de police judiciaire, les administrateurs des affaires maritimes, les officiers et officiers mariniers commandant les bâtiments ou embarcations de chaque État, les inspecteurs de la navigation et du travail maritimes ou les agents faisant fonction, les gendarmes ou assimilés, les agents des douanes et les autres fonctionnaires spécialement habilités et par les capitaines des navires à bord desquels lesdites infractions ont été commises, sont transmis directement à l'autorité maritime compétente du lieu où ils se trouvent (art. 760 Code communautaire de la marine marchande).

On le voit bien, le Code du travail camerounais à l'instar des Codes du travail ivoirien et sénégalais, ne prévoit pas de délai de transmission des procès-verbaux d'infractions établis par les inspecteurs du travail au parquet. Pourtant, sur ce plan, le législateur tchadien indique à l'article 485 de son Code du travail que :

« Sous peine de caducité, le procès-verbal est adressé dans les dix jours de sa clôture au procureur de la République. Un exemplaire est envoyé à la partie intéressée ou à son représentant, deux autres au ministre chargé du Travail et de la Sécurité sociale dont l'un est destiné au directeur du Travail, un quatrième est conservé dans les archives de l'inspection du travail du ressort.

Les inspecteurs du travail sont tenus informés des suites judiciaires réservées aux procès-verbaux ».

En fixant le délai de transmission, le législateur tchadien voudrait donner un coup d'accélérateur à la transmission du procès-verbal. Il s'agit en réalité de rendre l'inspecteur du travail plus diligent[950].

En conclusion, en sa qualité d'officier de police judiciaire à compétence spéciale, à défaut de poursuivre personnellement l'auteur de l'infraction, l'inspecteur du travail se comporte alors comme auxiliaire du procureur de la République. Par conséquent, il est tenu de transmettre dans les meilleurs délais les originaux de ses procès-verbaux au chef de la police judiciaire qui n'est nul autre que le procureur de la République territorialement compétent[951].

---

[950] Il est relevé à juste titre que *« cette inertie entretenue par la loi entraîne un positionnement alambiqué de l'inspecteur du travail dans le dispositif de poursuite »* : Voir, H.O. BELOMO TSIMI, *La protection pénale de la relation du travail*, thèse précitée, n° 335, p. 198.

[951] Voir articles 78, 114 et 116 al. 2 du CPP.

§3. Force probante des procès-verbaux

424. Par dérogation au droit commun, le procès-verbal établi par l'inspecteur ou le médecin-inspecteur du travail fait foi jusqu'à preuve du contraire, quelle que soit la nature de l'infraction constatée (article 116 (1) Code du travail). En effet, pour les infractions de droit commun, seuls font foi jusqu'à preuve du contraire les procès-verbaux constatant les contraventions tandis que les procès-verbaux et rapports concernant les délits ne valent qu'à titre de simples renseignements, sauf dispositions spéciales de la loi. C'est le cas par exemple du procès-verbal rédigé et signé par l'agent assermenté de l'administration de la faune qui a une valeur d'acte authentique en ce qui concerne les constatations matérielles[952].

La même force probante est aujourd'hui reconnue par la jurisprudence au procès-verbal dressé par un contrôleur du travail[953]. Au Cameroun les procès-verbaux établis par les inspecteurs du travail font foi jusqu'à preuve du contraire. Ce qui justifie à suffisance leur qualification en actes non authentiques[954] contrairement aux procès-verbaux dressés par les inspecteurs du travail du Gabon[955] et du Tchad[956] qui ont une valeur d'acte authentique faisant foi jusqu'à inscription en faux.

Les procès-verbaux dûment signés, établis par les officiers et agents habilités à cet effet par l'article 759 du Code de la marine marchande, font foi jusqu'à preuve contraire et ne sont pas soumis à affirmation (art. 760 dudit Code).

La force probante du procès-verbal établi par un inspecteur ou un médecin-inspecteur du travail est limitée aux faits matériels que celui-ci a constatés personnellement[957]. Elle ne s'applique pas aux faits mentionnés dans les déclarations émanant de tiers et enregistrés au procès-verbal, ni aux circonstances que l'intéressé a pu déduire des déclarations recueillies[958]. Mais parfois, il est délicat de distinguer la constatation de la déduction, lorsque le procès-verbal est rédigé de façon unitaire. Il n'empêche que la désignation,

---

[952] Voir article 142 al. 2 de la Loi n° 94/01 du 20 janvier 1994 portant régime des forêts, de la faune et de la pêche.

[953] Cass. crim., 28 avr. 1975, *Bull. crim.* 1975, n° 11 : auparavant, la Chambre criminelle n'attachait une telle force probante qu'au procès-verbal dressé par l'inspecteur du travail au vu du rapport rédigé par le contrôleur du travail (Cass. crim., 28 févr. 1957, *Bull. crim.* 1957, n°2018).

[954] H.O. BELOMO TSIMI, *La protection pénale de la relation du travail*, thèse précitée, n°334, p. 196 et s.

[955] Art. 235 du Code du travail gabonais.

[956] Art. 485 du Code du travail tchadien.

[957] Cass. Crim., 8 mars 1913, *Bull. crim.* 1913, n° 262; CA Nîmes, ch. Corr., 14 mai 1981, *Gaz. Pal.* 1982, 1, somm. p. 19.

[958] Cass. crim., 18 avr. 1975, *Bull. crim.* 1975, n° 111.

dans le procès-verbal, de la personne contre laquelle la poursuite doit être dirigée ne fait pas partie des mentions qui font foi jusqu'à preuve contraire, car cette question incombe à la partie poursuivante.

Cette force probante du procès-verbal n'est également valable que pour les constatations se rapportant aux infractions pour lesquelles l'inspecteur du travail/médecin du travail est territorialement compétent[959].

Le procès-verbal ne fait donc pas foi de la sincérité des déclarations qui ont été faites à l'inspecteur du travail et qu'il y a consignées[960]. En particulier, un aveu constaté dans un procès-verbal peut être rétracté, car le procès-verbal prouve qu'il a été fait, mais pas qu'il était sincère[961].

Les constatations de l'inspecteur du travail sont, en toute hypothèse, valables, quand bien même elles ont été effectuées hors de la présence d'un délégué du personnel, aucun texte n'exigeant la participation d'un délégué du personnel à la constatation des infractions au droit du travail.

425. Il convient de souligner que le juge dispose d'un pouvoir souverain d'appréciation pour admettre la preuve contraire au procès-verbal[962] ou pour la refuser[963]. Le prévenu a le droit de combattre les procès-verbaux par tous les moyens légaux de preuve[964].

En revanche, la notion de preuve contraire en procédure pénale n'est pas si évidente que cela. D'abord, la preuve en elle-même est intimement liée à la notion de vérité et désigne le « *moyen de parvenir à la connaissance de la vérité d'un fait* »[965]. Mais Faustin HELIE souligne cette relativité de la vérité judiciaire en matière pénale en lui préférant le terme de « *certitude* »[966]. La preuve serait alors au service de l'établissement de cette « *certitude* », c'est-à-dire de la conviction du juge chargé de trancher le litige[967]. Ensuite, selon

---

959 Cass. crim, 4 novembre 1992, Pourvoi n° 91-83 265, *Bull. crim.* 1992, n° 354.
960 Cass. crim., 10 oct. 1940, *Gaz. Pal.* 1940, 2, p. 244.
961 Cass. crim., 10 janv. 1914, *Bull. crim.* 1914, n° 28 ; si la réalité des aveux ou des déclarations faits à l'inspecteur et consignés par lui ne peut être contredite que par la preuve contraire, leur sincérité et leur portée peuvent être discutées devant le tribunal.
962 Cass. crim., 27 mai 1898, *S* 1898, 1, p. 479.
963 Cass. crim., 1er mars 1913, *Bull. crim.* 1913, n° 220. Voir, pour un constat d'huissier mentionnant l'existence d'installations conformes, mais ne permettant pas de dater lesdites installations : CA Rouen, 28 avr. 2005, *JurisData* n° 2005-288604 reconnaissant que la preuve contraire n'est pas « *crédible* ».
964 Preuve par écrit ou par témoins.
965 E. MOLINA, *La liberté de la preuve des infractions en droit français contemporain,* Thèse, Aix-Marseille 3, 2000, Aix en Provence, PUAM, 2001, p. 3
966 F. HELIE, *Traité de l'instruction criminelle ou théorie du Code d'instruction criminelle,* Paris, Plon, 2ème édition, 1866, T 4, n° 1759, p. 324.
967 Ph. THÉRY, « Les finalités du droit de la preuve en droit privé », *Droits* n° 23, 1996, p. 48.

Pierre BOLZE[968] la preuve contraire, dans une conception restrictive, serait un raccourci pour désigner les deux moyens (l'écrit et le témoignage) de rapporter des éléments contraires au contenu des procès-verbaux et des rapports. La référence faite au droit pénal en matière de diffamation ne l'a pas conduit à retenir cette conception minimaliste. Une conception intermédiaire permettrait de définir la preuve contraire comme la possibilité offerte à la personne mise en cause de contester des éléments déterminés de l'accusation. Mais si l'on s'en réfère maintenant au concept générique, la preuve pénale désigne le plus généralement la preuve des infractions et par conséquent les moyens pour l'accusation, sur laquelle repose la charge de la preuve, de démontrer la culpabilité de la personne mise en cause. La notion de preuve contraire pourrait alors s'entendre comme la réaction légitime face à l'attaque générale que constitue l'accusation. Elle recouvrirait donc à la fois une preuve spécifique contre des arguments précis émis par l'accusation, mais également, et plus généralement, tout élément de preuve allant à l'encontre de l'accusation, c'est-à-dire tout élément de preuve de nature à établir l'innocence du prévenu ou de l'accusé.

Le droit pénal du travail camerounais a donc recouru au concept de droit à la preuve contraire parce que ce moyen de preuve semble remplir pleinement l'objectif d'assurer une efficacité de la répression tout en préservant les droits fondamentaux des personnes mises en cause[969].

Il résulte de la force attachée aux procès-verbaux que le juge a l'obligation de faire débattre des constatations qui y figurent et qu'il ne peut se contenter à cet égard des seules dénégations du prévenu et du simple doute pour prononcer sa relaxe[970]. Quant aux simples renseignements recueillis par l'inspecteur du travail, par hypothèse dépourvus d'une telle autorité, ils peuvent néanmoins permettre au juge de fonder son intime conviction sans qu'on puisse lui reprocher d'avoir commis, ce faisant, un excès de pouvoir[971].

---

968 P. BOLZE, *Le droit à la preuve contraire en procédure pénale*, Thèse de doctorat en Droit privé, Université de Nancy 2, Faculté de Droit, Sciences économiques et Gestion, 2010, p. 9.

969 P. BOLZE, *Le droit à la preuve contraire en procédure pénale*, Thèse précitée, p. 3.

970 Th. GUESSO NKONO, « L'action de l'inspecteur du travail dans la répression des infractions à la législation du travail », *in Les relations entre les magistrats et les inspecteurs du travail dans le domaine de la législation et de la sécurité au travail*, séminaire national organisé au CRADAT-Yaoundé, du 25 au 29 avril 1994, p. 2 ; Cass. crim., 10 avr. 1959, *Bull. crim.* 1959, n° 207.

971 Cass. crim., 19 avr. 1983, *Jurisp. soc.* 1983, F. 54.

Titre 2.

La poursuite des infractions

426. La poursuite est généralement définie comme l'ensemble des actes accomplis par le ministère public, certaines administrations ou même la victime d'une infraction à l'effet de saisir les juridictions répressives pour obtenir la condamnation de l'infracteur[972]. Pour claire qu'elle soit, cette définition appelle quelques remarques selon Abdel Nasser ISSA PAVE[973]. Il y aurait poursuite seulement lorsque le juge pénal est saisi. Or, la réponse pénale n'est plus monolithique : elle ne résulte plus uniquement du juge pénal. Ce phénomène découle d'un mouvement de refonte des règles de procédure, marqué notamment par une déjudiciarisation[974] au profit des modes alternatifs de règlement des conflits[975]. Légitime devient alors la question de savoir si ces modes alternatifs ne constituent pas des modalités de poursuite. Selon Camille

---

[972] Voir, S. GUINCHARD et Th. DEBARD, *Lexique des termes juridiques*, Dalloz, 25ème éd., 2017-2018, p. 1559 ; R. MERLE, A. VITU, *Traité de droit criminel, Procédure pénale*, T 2, Editions Cujas, 3ème éd., 1979, n° 1051.

[973] A. N. ISSA PAVE, « La poursuite des atteintes à l'environnement au Cameroun : le Ministère public relégué ? » *in International Multilingual Journal of Science and Technology (IMJST)* Vol. 5 Issue 9, septembre 2020, p. 1639 et s.

[974] C'est l'éviction ou l'amoindrissement du rôle du juge. Voir à cet effet, S. CIMAMONTI et J.-B. PERRIER (sous dir.), *Les enjeux de la déjudiciarisation*, Rapport scientifique avec le soutien du GIP Mission de recherche Droit et Justice, 2018, 401 p.

[975] Sur la question Voir, par ex., S.-M. CABON, *La négociation en matière pénale*, Thèse, Université de Bordeaux, 2014, 564 p. ; W. EXPOSITO, *La justice pénale et les interférences consensuelles*, Thèse, Université Jean Moulin-Lyon III, 2005, 714 p. ; A. MARCELLIN, Essai d'une théorie générale de la substitution en matière pénale, Thèse, Université Jean Moulin (Lyon 3), 2018, 449 p. ; J. TANKEU, *Les modes alternatifs de règlement de litiges en matière de propriété intellectuelle*, Thèse, Université de Nantes, 2017, 437 p. ; R. CREN, *Poursuites et sanctions en droit pénal douanier*, Thèse, Université Panthéon Assas 1, 2011, 374 p.

MIANSONI[976], avec l'apparition de la *« troisième voie »*[977], la poursuite est désormais insérée dans la notion plus large de réponse pénale. Il y a donc, même en absence d'intervention du juge pénal, bel et bien poursuite.

Si la constatation des infractions présente certaines particularités en droit du travail, les règles générales de la procédure pénale vont normalement s'appliquer dès le déclenchement des poursuites et ce, pendant toute la procédure. N'importe qui ne peut déclencher les poursuites pénales ou y participer. Deux actions à titulaires déterminés donnent ces possibilités : l'action publique du parquet et l'action civile de la victime et de certains groupements. Cependant, ces deux actions ne sont pas sur un même plan. Certes, ni l'une ni l'autre ne sont forcément exercées, mais, alors qu'il peut y avoir procès-pénal sans action civile, il ne peut y avoir une telle instance sans l'action publique. Dans cette mesure, l'action publique est incontournable tandis que l'action civile est facultative. Ces deux actions seront étudiées séparément. Par ailleurs, il convient de relever que l'exercice de ces deux actions conduit au jugement des auteurs des infractions. D'où :

- la mise en mouvement de l'action publique (chapitre 1)
- l'exercice de l'action civile (chapitre 2)
- le jugement des auteurs des infractions (chapitre 3)

---

[976] C. MIANSONI, *Les modes de poursuite devant les juridictions pénales*, Thèse, Université Panthéon Sorbonne - Paris I, 2018, p. 46 ; Adde., J.-B. PERRIER, *La transaction en matière pénale*, LGDJ, 2014, p. 535.

[977] L. AUBERT, « Systématisme pénal et alternatives aux poursuites en France : une politique pénale en trompe-l'œil », *Droit et Société* n° 74/2010, p. 17.

Chapitre 1.

La mise en mouvement de l'action publique

427. L'action publique qui est entendue comme l'action qui appartient à la société pour la punition des atteintes portées à l'ordre social,[978] est principalement mise en mouvement par le ministère public[979].

Si l'exercice des poursuites pour infraction au droit du travail est soumis pour une large part au régime de droit commun, un certain nombre de dispositions particulières et l'application qui est faite des règles du droit commun lui confèrent néanmoins un aspect original sur plusieurs points. Le particularisme des poursuites en droit pénal du travail est moins manifeste lorsqu'on examine les conditions de leur exercice (S1). Mais, il est marqué au niveau des modalités qui gouvernent leur déclenchement concurrent par l'inspecteur du travail et le ministère public (S2). Par ailleurs, le Code communautaire de la marine marchande consacre l'autorité maritime comme acteur dans la mise en mouvement de l'action publique des infractions commises à bord des navires (S3).

Section 1. Les conditions de mise en mouvement de l'action publique

428. Encore appelées obstacles à la mise en mouvement de l'action publique, ces conditions résultent de l'application des règles habituelles de procédure pénale. Il s'agit de l'absence de la prescription (§1), de l'amnistie ou de l'abrogation de la loi pénale (§2).

§1. L'absence de prescription

429. Pour donner lieu à des poursuites, l'infraction ne doit pas être couverte par la prescription. La prescription est l'extinction de l'action publique résultant du non-exercice de celle-ci avant l'expiration du délai prévu pour agir (article 65 (1) CPP). Le délai de prescription des infractions en droit du

---

[978] R. GARRAUD, *Précis de droit criminel*, Recueil Sirey, 1912, n° 189 ; J.-H. MANGIN, *Traité de l'action publique et de l'action civile en matière criminelle*, NEVE, Librairie de la Cour de cassation, 1837.

[979] Alinéa 1 article 60 du CPP. Voir, Y. BOT, *in Gaz. Pal.* Dimanche 22 au mardi 24 décembre 2002, p. 26, cité par J. BOSSAN, *L'intérêt général dans le procès pénal*, Thèse, Université de Poitiers, 2007.

travail est le délai de droit commun c'est-à-dire un an pour les contraventions (article 65 (5) CPP), trois ans pour les délits (article 65 (4) CPP) et dix ans pour les crimes (article 65 (2) CPP).

Par ailleurs, cette prescription pénale extinctive est différente de celle en vigueur en matière sociale qui est attributive de présomption simple de paiement[980]. En effet, le droit du travail rejette la conception de la prescription extinctive, pour admettre la valeur de paiement à la prescription prévue par la loi. C'est ce qui ressort de l'arrêt de la Cour suprême n° 112/S du 26 mai 1983, affaire S.I.T c/ NGOUMOU Sébatien, qui énonce que *« la prescription en matière sociale est une présomption simple et non une prescription extinctive »*.

Les infractions à la réglementation du travail sont soumises aux règles gouvernant la prescription. Ainsi, en cas de délits et de contraventions connexes, le délai de prescription propre à chaque infraction court, mais tout acte interruptif de prescription concernant l'une des infractions produit effet à l'égard des autres. Ce principe jurisprudentiel trouve sa limite lorsque la prescription d'un an de la contravention est déjà acquise au moment où la cause d'interruption intervient pour les délits soumis à la prescription triennale. C'est par exemple le cas lorsque les contraventions au Code du travail sont connexes au délit d'homicide involontaire, mais qu'un délai d'un an s'est écoulé depuis le dernier acte de poursuite. La prescription des contraventions est acquise et ne peut donc plus être interrompue[981].

Les règles de computation des délais de la procédure pénale s'appliquent également au droit pénal du travail. Traditionnellement, le point de départ du délai de prescription de l'action est le jour de la commission de l'infraction[982]. Par exemple, le délai d'un an commencera à courir le jour où le non-respect d'une règle du repos hebdomadaire aura été commis. Si une violation d'une règle de sécurité a entraîné postérieurement la mort ou les blessures d'une personne, le délai de prescription commencera à courir du jour du résultat dommageable. Ce n'est en effet que ce jour-là que l'infraction est intégralement consommée[983]. Enfin, en cas d'infraction continue, pour laquelle *« l'action ou l'omission se prolonge par une réitération constante de*

---

[980] C. S., Arrêt n° 112/S du 26 mai 1983, affaire S.I.T c/ NGOUMOU Sébatien, obs. F. BIBOUM BIKAY, *in* J.-M. TCHAKOUA, *Les grandes décisions du droit du travail*, Jusprint, juin 2016, 627.

[981] Cass. crim., 23 juin 2015, n° 13-86.922, *Rev. sc. crim.* 2015, 645, obs. Y. MAYAUD.

[982] Avec des aménagements jurisprudentiels reportant le point de départ du délai de prescription au jour où l'infraction est apparue (infractions dites *« clandestines »* : infraction d'escroquerie et d'abus de confiance commises au préjudice d'une personne vulnérable).

[983] Cass. crim., 4 déc. 1990, *Bull. crim.* 1990, n° 413, cassant l'arrêt qui avait retenu comme point de départ du délai de prescription du délit de blessures involontaires la date du départ du salarié de l'entreprise et non la date à laquelle l'incapacité était apparue ; Cass. crim., 3 juin 208, *JCP S* 2008, 1622, note LAHALLE ; *Dr. pén.* 2008, n° 122, obs. M. VÉRON qui retient le jour où la maladie a été diagnostiquée et où a été caractérisée l'incapacité totale de travailler.

la volonté coupable de l'auteur après l'acte initial »[984], c'est le jour du dernier acte ou fait infractionnel marquant la réitération de la volonté qui constitue le point de départ du délai de prescription. Ainsi, il a été jugé que l'entrave à l'exercice des fonctions du délégué du personnel, lorsqu'elle résulte d'un licenciement irrégulier, est un délit continu[985].

430. L'on doit toutefois souligner que le délai de prescription ne s'écoule pas d'une manière continue. Il peut être interrompu ou suspendu.

Les causes d'interruption résident dans les actes d'instruction et de poursuite effectués durant l'écoulement du délai. Dès qu'un tel acte est effectué, à l'instar de la mise en mouvement de l'action publique, un nouveau délai commence à courir. L'interruption vaut alors pour tous les auteurs, coauteurs et complices de l'infraction connus ou inconnus[986].

C'est la jurisprudence qui détermine ce qu'il faut entendre par acte de poursuite ou d'instruction et elle adopte une conception assez large de ces actes. Ainsi, est assimilée à un acte de poursuite la consultation d'un fichier administratif[987]. Est un acte d'instruction, le procès-verbal établi par un officier de police judiciaire recueillant la plainte de la victime[988], ou encore l'ordonnance de soit-communiqué délivrée par le juge d'instruction dès lors qu'elle a pour objet de saisir le procureur de la République aux fins de réquisition sur l'action publique[989].

En revanche, n'est pas un acte interruptif de prescription, la réponse apportée par l'administration aux instructions et demandes du parquet[990].

Pour ce qui est de la suspension de la prescription, elle arrête le cours du délai. Il s'agit de l'application en matière pénale de la maxime *contra non valentem agere non currit praescriptio* : la prescription ne court pas contre celui qui ne peut valablement agir. Il en résulte que c'est le même délai qui est suspendu qui reprend son cours une fois que la cause de suspension a disparu. La loi prévoit quelques causes de suspension parmi lesquelles l'immunité parlementaire, l'attente d'une autorisation préalable à la poursuite, le pourvoi en cassation, la démence du contrevenant ou délinquant survenue postérieurement à la commission de l'infraction, la fuite du contrevenant ou délinquant, l'inscription des affaires au rôle d'une audience et bien d'autres[991]. Quant à la jurisprudence, elle tient compte des obstacles de droit[992] ou de

---

984 B. BOULOC, *Droit pénal général*, Précis Dalloz, 24ème éd., 2015, n° 232.
985 Cass. crim., 23 avr ; 1970, *JCP G* 1970, II, 16 486, note MICHAUD
986 B. BOULOC, *Procédure pénale*, Précis Dalloz, 24ème éd., 2014, n° 238.
987 Cass. crim., 19 juin 2012, *Bull. crim.* 2012, n° 152.
988 Cass. crim., 23 juin 1998, *Bull. crim.* 1998, n° 203; Cass. crim., 5 mars 2013, n° 12-82.887.
989 Cass. crim., 7 juin 2001, *Bull. crim.* 2001, n° 142
990 Cass. crim., 4 nov. 2014, n° 13-85.379.
991 Voir article 68 du Code de procédure pénale.
992 Par exemple, l'examen d'une question préjudicielle.

fait[993] qui ont empêché temporairement les poursuites pour admettre la suspension de la prescription.

§2. L'absence d'amnistie ou abrogation de la loi pénale

431. L'amnistie est la forme la plus ancienne du pardon pénal. Par une disposition générale et impersonnelle, le pouvoir social décide de faire sombrer dans l'oubli certains faits délictueux actuellement poursuivis ou à poursuivre, ou certaines condamnations déjà prononcées. Les faits ne sont pas en tant que tels supprimés, mais leurs conséquences pénales disparaissent. L'amnistie peut alors être définie comme une *« institution pénale reposant sur une fiction et qui a pour but d'enlever pour l'avenir tout caractère délictueux à certains faits pénalement répréhensibles, en interdisant toute poursuite à leur égard ou en effaçant les condamnations qui les ont frappés »*[994].

L'amnistie peut être réelle ou personnelle. La première forme est celle qui est octroyée aux auteurs des infractions énumérés dans la loi, sans qu'il ne soit tenu aucun compte des qualités propres aux bénéficiaires : majeurs ou mineurs, récidivistes ou délinquants primaires, camerounais ou étrangers. Lorsqu'elle revêt un caractère personnel, elle prend en considération non plus la nature ou la gravité des infractions commises, mais certaines classes d'individus que leur passé ou telle qualité particulière rendait dignes de cette mesure.

Parce qu'elle agit directement sur la source objective de la responsabilité pénale en supprimant rétroactivement le caractère délictueux du fait reproché au délinquant, l'amnistie d'une infraction est, au même titre que la prescription, une cause d'extinction de l'action publique. Elle fait obstacle, par conséquent, à l'exercice des poursuites. Pour que l'infraction soit couverte par l'amnistie, il faut que :

- elle entre dans le champ d'application de la loi d'amnistie. Mais, en pratique, il est rare de voir le champ d'application d'une loi d'amnistie englober les infractions du droit du travail ;
- les faits constitutifs d'infraction ont été commis avant l'entrée en vigueur de la loi. La jurisprudence décide à cet égard qu'une infraction continue dont l'effet persiste après l'entrée en vigueur de la loi n'est pas couverte par l'amnistie[995].

---

[993] Par exemple, l'invasion du territoire par les armées ennemies.

[994] R. MERLE, A. VITU, *Traité de droit criminel, Procédure pénale*, T 2, 3ème éd., Cujas, 1979, p. 942 et s.

[995] Cass. crim., 28 mai 1968, *Bull. crim.* 1968, n° 181 ; *Dr. soc.* 1969, 471, note J.-M. VERDIER ; Cass. crim., 23 avr. 1970, *Bull. crim.* 1970, n° 145

432. De l'amnistie, il faut rapprocher l'abrogation de la loi pénale qui enlève à l'acte son caractère délictueux et fait disparaître l'élément légal de l'infraction. L'abrogation peut revêtir plusieurs formes :

- l'abrogation expresse qui est péremptoire. Elle pose des problèmes lorsqu'elle est simplement partielle ou a eu lieu par inadvertance. Dans ce dernier cas, assez fréquent en période d'inflation législative, une loi nouvelle intervient pour compléter une loi ancienne à laquelle elle s'incorpore, mais, en refondant le texte primitif, elle omet de reprendre une disposition qui jadis, était formellement exprimée. L'interprétation stricte du principe de la légalité devrait conduire à décider que dans ce cas, la disposition omise n'a plus cours, même s'il s'agit d'une erreur matérielle. Mais la jurisprudence a tendance à considérer que l'ancien texte est toujours en vigueur sur ce point[996].
- l'abrogation tacite qui ne se présume pas[997], est également considérée comme un procédé régulier d'extinction de la loi pénale. Elle résulte de l'incompatibilité entre une loi ancienne et une loi nouvelle ou un ensemble législatif ou réglementaire. L'étendue de cette forme d'abrogation est variable selon la nature des lois en présence. Une loi générale abroge complètement une autre loi générale à laquelle elle succède, ainsi qu'une loi spéciale antérieure dont les dispositions seraient contraires à celles qu'elle établit ; elle laisse au contraire subsister les lois spéciales concernant les matières qu'elle n'a pas traitées elle-même ; une loi spéciale abroge la loi spéciale antérieure sur tous les points où elle est incompatible avec elle.

Quelles conséquences l'abrogation entraîne-t-elle pour les dispositions réglementaires qui dépendent de la loi abrogée ? Si le législateur abroge purement et simplement une loi, sans la remplacer immédiatement par un ensemble pénal nouveau, les mesures réglementaires prises pour l'application de la loi disparue s'effacent complètement avec elle. Si à l'inverse le législateur substitue au régime antérieur un système nouveau, les règlements anciens demeurent en vigueur, tant qu'ils ne sont pas remplacés par d'autres, à la condition toutefois qu'ils ne soient pas incompatibles avec les règles nouvelles promulguées[998].

On applique dans l'hypothèse de l'abrogation de la loi la règle de la rétroactivité *in mitius* de la loi nouvelle et les poursuites deviennent

---

[996] R. MERLE, A. VITU, *Traité de droit criminel*, T 1, 5ème éd., Cujas, Paris, 1984, n° 198, p. 272.

[997] Elle ne saurait notamment résulter de la non-exécution d'une loi ou d'un règlement pendant une période de temps plus ou moins longue, ni de la tolérance d'usages contraires, quelle qu'en soit l'importance ou la fréquence.

[998] On présume que le législateur a entendu maintenir d'une façon tacite l'habilitation qu'il avait donnée aux détenteurs du pouvoir réglementaire pour prendre les décrets ou arrêtés nécessaires.

impossibles si elles n'avaient pas encore débuté, ou s'arrêtent si l'action publique avait déjà été mise en mouvement.

Si l'amnistie ou l'abrogation de la loi pénale éteint l'action publique, elle laisse au contraire subsister l'action civile. Les droits de la victime demeurent intacts, puisque le fait garde toujours son caractère dommageable.

Section 2. Le déclenchement concurrent de l'action publique par l'inspecteur du travail et le procureur de la République

433. L'article 60 du Code de procédure pénale énonce que l'action publique est mise en mouvement et exercée par le ministère public. Elle peut aussi être mise en mouvement par la victime ou par une administration, dans les conditions déterminées par la loi. Le droit pénal du travail se singularise dans l'application qu'il fait de ce principe tant dans la reconnaissance à l'inspecteur ou au médecin-inspecteur du travail, du pouvoir d'engager directement les poursuites en justice devant la juridiction compétente (§1), qu'en ce qui concerne l'exercice de l'action publique par le ministère public (§2). Cependant, le législateur n'a pas réglé les conflits qui pourraient naître de la concurrence de ces autorités (§3).

§1. Le déclenchement étiolé de l'action publique à l'initiative de l'inspecteur du travail

434. Aux termes de l'article 109 du Code du travail, les inspecteurs et médecins-inspecteurs du travail sont compétents, non seulement pour constater les infractions aux dispositions de la législation et de la réglementation du travail, mais encore pour poursuivre directement en justice, devant la juridiction compétente, tous les auteurs d'infractions au droit du travail. Cette disposition du Code du travail est originale dans la législation et dérogatoire au droit commun.

En droit commun, seul le ministère public, organe de poursuite, a l'initiative de mettre en mouvement l'action publique. Certes, ce droit ne lui est pas exclusif. Il le partage avec la victime de l'infraction lorsque celle-ci se constitue initialement partie civile, mais aussi, avec certaines administrations (douanes, eaux et forêts, domaines) lorsque des infractions portent atteinte à leur patrimoine.

À partir du moment où l'inspecteur ou le médecin-inspecteur du travail exerce les poursuites, des questions méritent d'être posées. L'inspecteur ou le médecin-inspecteur du travail participe-t-il à la mise en mouvement de l'action publique à côté du ministère public ou met-il en mouvement l'action publique au même titre que le ministère public ? S'il en est ainsi, est-il doté de toutes les qualités pour pouvoir le faire ?

Dans la pratique, l'engagement des poursuites par l'inspecteur ou le médecin-inspecteur du travail directement devant la juridiction compétente n'est pas évident. En effet, les infractions à la législation du travail sont, pour la majorité, des contraventions et des délits[999]. Or, le tribunal de première instance, compétent pour connaître des délits et contraventions[1000], « *est saisi, soit par ordonnance de renvoi du juge d'instruction, ou par arrêt de la Chambre de contrôle de l'instruction, soit par citation directe, soit par application de la procédure de flagrant délit* »[1001].

Pour saisir le tribunal par ordonnance du juge d'instruction ou par arrêt de la Chambre de contrôle de l'instruction, il faut au préalable l'ouverture d'une information judiciaire. Seulement, le juge d'instruction ne saurait ouvrir une information judiciaire s'il n'est saisi par un réquisitoire introductif d'instance du procureur de la République[1002], sauf s'il s'agit d'une plainte avec constitution de partie civile. Dans ce dernier cas, seule une personne qui se prétend lésée par un crime ou par un délit peut se constituer partie civile par plainte adressée au juge d'instruction[1003]. Ce qui n'est pas le cas pour l'inspecteur ou le médecin-inspecteur du travail car, en réalité, l'infraction pénale du travail ne lui cause personnellement aucun préjudice.

L'autre mode de saisine du tribunal de première instance est la voie du flagrant délit. Même en cas de flagrant délit, l'inspecteur du travail ou le médecin-inspecteur du travail, officier de police judiciaire spécialisé en matière de travail, est tenu de déférer le suspect devant le procureur de la République qui, après son identification et son interrogation sommaire, peut décider de le poursuivre ou non[1004].

Le seul mode de poursuite directe qui reste à l'inspecteur du travail ou au médecin-inspecteur du travail serait donc la voie de citation directe. En effet, aux termes de l'article 109 du Code du travail, « *les inspecteurs du travail ... sont habilités à poursuivre directement en justice, devant la juridiction compétente, tous les auteurs d'infractions aux dispositions de la présente loi et des textes pris pour son application* ». C'est dire autrement que l'inspecteur du travail peut directement citer les prévenus à comparaître devant la juridiction de jugement.

---

999 Voir les articles 166 à 172 du Code du travail.
1000 Art. 289 CPP.
1001 Art. 290 du CPP.
1002 Art. 143 CPP.
1003 Art. 157 al. 1 CPP.
1004 Art. 114 CPP.

La citation directe ou *« poursuite par acte d'huissier »*[1005] tend à la comparution du prévenu devant le tribunal à une date fixée pour venir répondre des faits qui y sont inscrits[1006]. La citation directe ainsi présentée est prévue comme en matière de la protection de la biodiversité, où l'administration est compétente, de faire citer aux frais du Trésor public tout contrevenant devant la juridiction[1007]. Concrètement, cela veut dire que le chef de l'administration concernée, au niveau central ou déconcentré qui est le supérieur hiérarchique direct de l'agent verbalisateur, peut directement saisir un huissier de justice pour citer le contrevenant à comparaître. Contrairement à la citation directe à l'initiative de la victime qui met indirectement en mouvement l'action publique, puisqu'il est admis que le juge répressif qu'elle saisit ne peut connaître de l'action civile de cette dernière que s'il est saisi de l'action publique[1008], celle initiée par l'administration ou l'inspecteur du travail est différente. En effet, c'est une action principalement pour l'intérêt de la société puisqu'elle est exercée aux frais du Trésor public, mais qui peut, compte tenu du dédoublement de l'administration entre accusation et partie civile, être aussi une action en dommage et intérêts pour l'administration[1009]. Il s'agit là, de *« quelque chose d'exorbitant »*[1010] qui fait de l'administration et plus précisément de l'inspecteur du travail *« l'égal »*[1011] du ministère public[1012], ou à tout le moins, un *« ministère public supplétif »*[1013].

435. Ainsi en droit pénal du travail, l'inspecteur ou le médecin-inspecteur du travail ne vient pas comme la victime d'une infraction, se joindre à l'action publique mise en mouvement par le ministère public. Il est habilité à mettre en mouvement l'action publique au même titre que le ministère public[1014]. Ce qui est certain, c'est que l'inspecteur ou le médecin-inspecteur du travail dispose de pouvoirs qui lui permettent d'apprécier, comme le ministère public, la légalité et l'opportunité d'une poursuite éventuelle. Ce qui conduit à la

---

1005 C. MIANSONI, *Les modes de poursuite devant les juridictions pénales*, Thèse, Université Panthéon Sorbonne - Paris I, 2018, p. 422.

1006 A. N. ISSA PAVE art. préc., p. 1643.

1007 Art. 147 de la Loi n° 94/01 du 20 janvier 1994 portant régime des forêts, de la faune et de la pêche au Cameroun.

1008 D. J. ZAMBO ZAMBO, « Le nouveau Code de procédure pénale et la victime de l'infraction : À propos de l'enrichissement du « parent pauvre » du procès pénal camerounais », *in Revue internationale de droit comparé*, Vol. 63, n° 1, 2011, p. 102.

1009 A. N. ISSA PAVE art. préc., p.1643

1010 L'expression est de MERLE et VITU : Voir, R. MERLE et A. VITU, *op. cit.*, n° 849.

1011 J. PRADEL, *Procédure pénale*, 10ème éd., *op. cit.*, n° 205.

1012 Dans ce sens, l'article 235 du Code du travail gabonais dispose que les inspecteurs du travail ont compétence pour faire citer tout contrevenant aux dispositions de la législation et de la réglementation du travail, de l'emploi, de la sécurité et de la santé au travail ainsi que de la sécurité sociale devant la juridiction.

1013 J.D. ZAMBO ZAMBO, art. précité, p. 103.

1014 H.O. BELOMO TSIMI, *La protection pénale de la relation du travail*, thèse précitée, n° 343, p. 203.

deuxième question, celle de savoir si l'inspecteur ou le médecin-inspecteur du travail détient la qualité requise pour poursuivre directement en justice, devant la juridiction compétente.

De manière théorique, une réponse affirmative s'impose dans la mesure où c'est le législateur lui-même qui l'y habilite, bien qu'il ne soit pas magistrat de formation. « *Il s'agit d'une habilitation spéciale, car d'ordinaire il revient au procureur de la République d'exercer le pouvoir de poursuite des auteurs d'infractions. L'inspecteur du travail apparaît alors comme un ministère public spécialisé, puisque l'intérêt qu'il défend est le même que celui que défend le parquet à savoir l'intérêt général* »[1015]. D'ailleurs il représente l'administration du travail et de la sécurité sociale et à ce titre, il est même conforme au Code de procédure pénale qui prévoyait que l'action publique pouvait aussi être mise en mouvement par l'administration dans les conditions déterminées par la loi[1016]. Dès lors, reconnaître le droit de poursuite à l'inspecteur du travail au même titre que le ministère public n'est qu'une preuve indéniable du particularisme de la poursuite des infractions au droit du travail. Il s'agit aussi de la confirmation de l'autonomie du droit pénal du travail vis-à-vis du droit commun pénal.

Cette habilitation suscite d'autres questions. Quelle est la place de l'inspecteur du travail à l'audience ? Occupe-t-il la place du ministère public sans pour autant le représenter, ou une place à part ? Le procès pénal du travail se déroule-t-il en l'absence du ministère public ou en présence de son représentant ? Dans ce dernier cas, quel est son rôle à l'audience ? Toutes ces questions méritent des réponses.

Athanase FOKO précise que lors des 3ème et 4ème Conférences des inspecteurs du travail, tenus respectivement en février 1982 et mai 1985, deux éminents magistrats ont soutenu des thèses contraires[1017]. Le 1er dont la communication avait pour titre : « *suite donnée par les tribunaux aux procès-verbaux d'infractions établis par les inspecteurs du travail* », relevait que l'inspecteur du travail demeure responsable de la mise en mouvement de l'action publique. Il est tenu de soutenir l'accusation devant la juridiction saisie[1018] et parce qu'il est associé à la procédure, il est directement informé des pénalités infligées aux prévenus. Autrement dit, l'inspecteur du travail se

---

1015 J.-M. TCHAKOUA, « L'inspecteur du travail et la poursuite des infractions en droit pénal du travail : en finir avec de naïves attentes », *Actes du colloque international sur les défis de l'inspection du travail à l'aune de l'émergence de l'Afrique. Contribution à la réflexion sur l'avenir du travail*, novembre 2016, *Revue scientifique du CRADAT* n° 1/2018, p. 141.

1016 Article 60 du CPP.

1017 A FOKO, « La mission de contrôle de l'application de la législation sociale de l'inspecteur du travail et la sauvegarde des droits à la santé et à la sécurité au travail » *in Actes du colloque international précité*, pp. 79-109.

1018 L'article 236 du Code du travail gabonais habilite l'inspecteur du travail lors des poursuites, à prendre des réquisitions écrites ou orales.

substitue purement et simplement au ministère public dans la mise en mouvement de l'action publique en ce qui concerne les infractions à la législation du travail. Il a compétence pour accomplir tout acte permettant d'établir la culpabilité de la personne poursuivie. Dès lors que la décision est rendue par le juge, il est directement informé aux fins d'exercer éventuellement des recours[1019]. Pour le second, dont la thèse a été soutenue dans une communication portant sur le thème « la justice face aux procès-verbaux d'infractions dressés par les inspecteurs du travail », l'inspecteur ne saurait se substituer au procureur de la République pour l'exercice de l'action publique. Celui-ci reste apte et investi de la compétence pour l'exercer ; on ne saurait ni sur le plan des principes ni sur le plan des modalités d'action, le mettre à l'écart au profit de l'inspecteur du travail dans l'exercice de l'action publique par rapport aux infractions aux dispositions légales et réglementaires en matière sociale. Ce dernier devra donc se limiter à déposer les procès-verbaux au parquet de la juridiction compétente, attendre que le procès suive son cours et que l'issue soit communiquée dès la fin de procédure. Malgré ces deux thèses, le doute sur l'office de l'inspecteur du travail après avoir dressé les procès-verbaux persiste. On se pose toujours la question de savoir que doit faire l'inspecteur du travail après avoir dressé le procès-verbal : doit-il se contenter de le déposer et attendre l'issue de la procédure ou doit-il engager les poursuites ? Pour Joséphine DJUIKOUO, « *la réponse est évidente au regard de la lettre du texte : le mot poursuivre utilisé à l'article 109, alinéa 1 implique tant le déclenchement que le soutien de l'action publique* »[1020]. Mais, pour Thomas GUESSOGO NKONO[1021], « *le parquet conserve l'essentiel de ses prérogatives, l'inspecteur du travail n'intervient directement pendant l'audience que pour soutenir l'accusation et requérir les peines* »[1022].

In fine, l'on comprend aisément pourquoi l'inspecteur ou le médecin-inspecteur du travail n'a jamais eu à exercer ses fonctions de poursuite devant la juridiction pénale. Bien que les textes lui reconnaissent des pouvoirs de poursuite, la mise en œuvre de ceux-ci s'avère quand même si peu évidente. L'inspecteur ou le médecin-inspecteur du travail reste donc, de manière pratique, un officier de police judiciaire, à l'instar de celui de droit commun, mais officiant dans une sphère spécifique qu'est le droit du travail.

[1019] En ce sens, l'article 235 du Code du travail gabonais, dispose que les inspecteurs du travail ont droit à la parole à l'audience et ont compétence pour exercer les voies de recours légal devant la juridiction compétente.

[1020] J. DJUIKOUO, « Accidents de travail, Étude comparée des obligations de l'employeur en droits camerounais et français », *AFREDIT*, 2012, p. 407.

[1021] Ancien conseiller technique au ministère du Travail et de la Prévoyance sociale du Cameroun.

[1022] Cité par A. FOKO, « La mission de contrôle de l'application de la législation sociale de l'inspecteur du travail et la sauvegarde des droits à la santé et à la sécurité au travail » *in Actes du colloque international précité*, p. 79.

436. Pourtant, en instituant cette procédure, le législateur visait un but précis à savoir, permettre une répression rapide et efficace des infractions au droit du travail. Mais les pouvoirs étendus conférés par le même législateur aux inspecteurs et médecins-inspecteurs du travail constituent en même temps un obstacle pour atteindre ce but. C'est ainsi que tout se règle habituellement au niveau de l'inspection du travail ou même pas du tout. Ce qui contribue davantage à la négation d'un droit pénal camerounais du travail et pourrait justifier certainement que les infractions au droit camerounais du travail ne donnent pratiquement lieu à aucune poursuite.

Toutefois, nous pouvons déjà d'emblée nous inspirer de l'expérience du droit pénal spécial de la faune pour penser que l'inspecteur du travail ou le médecin-inspecteur du travail puisse siéger à l'audience à la suite du procureur de la République, prendre la parole à tout moment pour observer à charge ou à décharge et en outre mettre en mouvement l'action publique comme le font régulièrement les représentants de l'administration de la faune[1023].

En définitive, le rôle de l'inspecteur du travail dans le droit pénal du travail est prépondérant. De larges pouvoirs dont il dispose en matière de poursuite des infractions au droit du travail font de lui le principal déclencheur de l'action publique. Mais, il ne porte pas entièrement la responsabilité de l'inertie dont souffre le droit pénal camerounais du travail. À notre sens, l'opportunité des poursuites à laquelle il fait très souvent recours constitue également un blocage et ne semble d'ailleurs pas à propos en droit social où les intérêts en jeu peuvent avoir un impact socio-économique important. On le voit bien, elle n'est pas à la faveur des partenaires sociaux dès lors qu'elle frise la complaisance voire la léthargie. Aussi, à défaut de se saisir automatiquement de chaque cas d'infraction constatée et obliger le contrevenant, même par voie de contrainte par corps[1024] (pourquoi pas puisque nous sommes en matière pénale) à y remédier, le recours à la compétence liée[1025] devrait-il permettre de vaincre l'inertie de l'inspecteur du travail[1026],

---

1023 Article 147 de la loi n° 94/01 suscitée ; C. SONE et A. NYA, *Guide sur les règles de procédure en matière d'application de la loi faunique : les éléments essentiels d'un procès-verbal de constatation d'infraction*, Traffic, octobre 2019, p. 12.

1024 Prévue à l'article 364 du Code pénal, la contrainte par corps a lieu pour le paiement de l'amende. Elle est fixée à vingt (20) jours pour les contraventions de 1ère, 2e et 3e classes et à trois (03) mois pour les contraventions de 4ème classe.

1025 Il y a compétence ou pouvoir lié lorsque se trouvant devant telle ou telle circonstance de fait, l'administration est tenue de prendre telle ou telle décision : elle n'a pas de choix entre plusieurs décisions ou solutions.

1026 MOUTHIEU NJANDEU (M.A.), « L'office de l'inspecteur du travail depuis la loi n° 92/007 du 14 août 1992 portant Code du travail en République du Cameroun », *Actes du colloque international*, novembre 2016, *Revue scientifique du CRADAT*, n° 1, 2018, pp. 41-61.

mieux, la reconnaissance du droit de poursuite aux organisations professionnelles chargées de défendre les intérêts collectifs[1027].

§2. Le déclenchement de l'action publique à l'initiative du ministère public

437. Aux termes de l'article 82 du Code de procédure pénale, la police judiciaire est chargée entre autres *« de constater les infractions, d'en rassembler les preuves, d'en rechercher les auteurs et complices et, le cas échéant de les déférer au parquet »*. Cependant, en droit pénal du travail, l'existence d'une infraction est portée à la connaissance du procureur de la République soit par la transmission d'un procès-verbal de l'inspecteur ou du médecin-inspecteur du travail, soit par dépôt d'une plainte de la victime, soit par une dénonciation écrite ou orale d'un tiers[1028], soit le cas échéant, à la suite d'une enquête préliminaire effectuée par un officier de police judiciaire. Il appartient alors au ministère public de décider de l'opportunité des poursuites (A), à travers les moyens dont il dispose à cet effet (B) et éventuellement, d'opter pour la transaction (C).

A. L'opportunité des poursuites

438. Dans l'accomplissement de sa fonction d'accusateur, le ministère public peut voir son attitude dictée par deux conceptions opposées. En d'autres termes, pour décider s'il y a ou non poursuite, le ministère public doit examiner essentiellement deux points : la légalité d'une poursuite éventuelle[1029] et son opportunité. À ce titre, il doit vérifier non seulement si toutes les exigences juridiques requises pour mettre en œuvre la répression sont remplies, mais encore, si la répression représente une utilité concrète au regard notamment, de l'intérêt de la société[1030].

Le procureur de la République n'est pas un serf à la solde de l'administration, qui, bien que saisi par celle-ci, doit encore, en tant que juriste et professionnel, examiner la consistance de l'infraction et de l'existence des

---

[1027] Voir, J.-M. TCHAKOUA, « L'inspecteur du travail et la poursuite des infractions en droit pénal du travail : en finir avec de naïves attentes », article précité, p. 145 et s. et de manière générale, sur le droit d'action des partenaires sociaux ; Voir, Ph. AUVERGNON, *Etude sur les sanctions et mesures correctives de l'inspection du travail*, étude pour le BIT, Genève, 2011, p. 27.

[1028] Article 135 du CPP.

[1029] Le principe de la légalité des poursuites impose au ministère public de poursuivre toute infraction parvenue à sa connaissance, quelles qu'en soient la gravité ou les circonstances, et l'action publique mise en mouvement, lui interdit d'enrayer le cours de la justice par un abandon de l'accusation. Dans ce système, la mise en mouvement et l'exercice de l'action publique sont retirés à la libre appréciation des magistrats du parquet.

[1030] R. MERLE et A. VITU, *Traité de droit criminel*, Cujas, 3ème éd., T 2, n° 1061 et s.

indices[1031]. Sa marge de manœuvre demeure donc intacte : il peut classer l'affaire sans suite ou poursuivre.

Il s'ensuit que la transmission au parquet d'un procès-verbal de l'inspecteur du travail ne déclenche pas automatiquement les poursuites. C'est au procureur de la République que revient en définitive l'initiative de poursuivre[1032]. Au vu des éléments que lui fournit l'enquête policière, il prend une décision sur la suite à donner à l'affaire. Il peut faire retourner ledit procès-verbal d'enquête à la police judiciaire pour complément d'enquête. S'il estime une poursuite nécessaire, il met en mouvement l'action publique, soit en faisant ouvrir une information judiciaire par le juge d'instruction, soit en usant de la citation directe devant le tribunal correctionnel ; dans le cas contraire, il décide du classement sans suite d'une affaire[1033] et le fait notifier au plaignant. On dit alors que le procureur de la République est juge de l'opportunité des poursuites.

Toutefois, une telle décision n'a pas l'autorité de la chose jugée dans la mesure où le classement sans suite est une mesure d'administration et non un acte juridictionnel. Elle est prononcée parce que le procureur estime que le trouble est minime[1034]. Alors que le classement sans suite « *traduit un désaveu pour l'inspecteur de travail, mais le discrédite également aux yeux de l'employeur contrôlé* »[1035], le procureur de la République conserve la possibilité, jusqu'à l'expiration du délai de prescription, de revenir sur son appréciation et d'exercer les poursuites sans avoir à justifier la survenance de faits nouveaux. La victime de l'infraction conserve le droit de mettre en mouvement l'action publique en portant son action civile devant la juridiction de jugement soit par le biais de la plainte avec constitution de partie civile ou par celui de la citation directe à particulier.

B. Les moyens de poursuite

439. Lorsque le procureur de la République décide de poursuivre la répression de l'infraction, il peut ou bien saisir directement le tribunal

---

1031 F.A. MPINDA, *De la police judiciaire*, PUA, Yaoundé, 2019, p. 103.

1032 En raison du principe de la subordination hiérarchique, le procureur de la République peut recevoir des directives du procureur général ou du ministre de la Justice.

1033 Le *« classement sans suite »* se traduit matériellement par l'archivage du dossier au parquet. C'est une mesure d'administration et non un acte juridictionnel : le parquet peut toujours revenir sur un classement sans suite et mettre l'action publique en mouvement. Par exemple, lorsque des éléments nouveaux aggravent le caractère du fait, ou donnent la nature d'une infraction à ce qu'on aurait cru être un fait non punissable. Tel est le cas du suicide qui se révèle être un meurtre.

1034 J. LE ROY, *Procédure pénale*, Paris, L.G.D.J., p. 323

1035 V. BOUCHARD, « Des pouvoirs de police judiciaire de l'inspecteur du travail » : *RSC*, 2005, p. 273.

compétent soit par voie de flagrant délit, soit par voie de citation directe, ou bien par voie d'information judiciaire.

La voie de flagrant délit est celle au cours de laquelle le parquet traduit directement le suspect à la plus proche audience ; ceci simplement après son identification, son interrogatoire sommaire et son placement en détention ou sa libération avec ou sans caution. Cependant, il convient de rappeler que les possibilités de placement en détention provisoire des prévenus des infractions en droit pénal du travail sont très faibles. En effet, les peines privatives de liberté sont exclusivement limitées à quelques cas[1036]. En plus, ces infractions sont commises la plupart du temps par les employeurs qui sont dans la majorité des cas des personnes morales. Les faibles cas dans lesquels le salarié peut être placé en détention provisoire[1037], suspendent son contrat de travail[1038].

La citation directe consiste à assigner directement le délinquant devant le tribunal correctionnel. Elle est faite par exploit d'huissier à la requête du ministère public. La citation directe doit comporter un exposé détaillé des faits reprochés, la juridiction répressive ne pouvant valablement être saisie que des faits figurant dans la citation directe. Celle-ci doit, en outre, préciser l'identité du prévenu. Mais la procédure de citation directe peut ne pas être utilisée dès lors que la gravité de l'infraction justifie une instruction (information judiciaire) préalable.

L'information judiciaire a pour objet la recherche des charges et la détermination de l'inculpé. Facultative en matière de délits et contraventions[1039], la complexité de certaines infractions au droit du travail et les pouvoirs très étendus dont dispose le juge d'instruction, peuvent justifier le recours fréquent à cette procédure plus qu'il n'y paraît *a priori*. À la fin de son information judiciaire, le juge d'instruction rend soit une ordonnance de renvoi, soit une ordonnance de non-lieu partiel ou une ordonnance de non-lieu.

C. La transaction pénale

440. La transaction est appréhendée comme un mode d'extinction de l'action civile. C'est ainsi que la victime peut éteindre son droit d'agir en justice en transigeant avec le délinquant. Or, il est en effet admis que le ministère public est sans droit pour disposer valablement de l'action publique : il ne peut s'engager futilement à ne pas mettre en mouvement l'action publique, ni renoncer à en poursuivre l'exercice une fois qu'il l'a mise en

---

[1036] Alinéa 2 de l'article 170 du Code du travail.

[1037] Les cas d'abus de confiance, d'escroquerie, d'abus de biens sociaux etc…

[1038] Article 32(i) du Code du travail ; C. S., arrêt n° 1/S du 29 octobre 1998, affaire CAMAIR c/ NGOUDAM Abdou ; C. S., arrêt n° 24 du 25 janvier 1973, affaire MESSINA Justin c/ CMR Bertoua.

[1039] Art. 142 al. 2 CPP.

mouvement. Il ne peut non plus renoncer à attaquer les décisions judiciaires rendues. Pourtant, ce droit de transaction qui est accordé à certaines administrations fiscales, à l'administration des eaux et forêts, leur permet de renoncer à l'exercice de poursuites contre un délinquant, en le contraignant à verser une somme destinée à tenir lieu de pénalité[1040]. Le pouvoir conféré à ces administrations conduit au final à l'extinction de l'action publique.

La transaction pénale amène l'officier de police judiciaire à transiger avec les personnes physiques et morales sur la poursuite de certaines infractions. Cette transaction peut être faite tant que l'action publique n'a pas été mise en mouvement et sur autorisation du procureur de la République[1041]. La question se pose de savoir si l'inspecteur ou le médecin-inspecteur du travail détient le pouvoir de procéder à la transaction pénale après établissement du procès-verbal de constat des infractions au droit du travail.

La transaction est valable pour les infractions prévues par le Code pénal et les hypothèses dans lesquelles elle peut intervenir sont nombreuses.

441. En droit du travail, l'admission de la transaction n'a pas été aisée[1042]. À l'origine, la réglementation du reçu pour solde de tout compte[1043] a laissé penser que la transaction était un mécanisme interdit en droit du travail. Ce n'est qu'à partir de 1953 que la jurisprudence française a reconnu pour la première fois, la licéité des transactions en droit du travail. S'inscrivant en droite ligne de cette dernière, le Code du travail du 14 août 1992 retient la transaction comme mode de gestion des litiges qui naissent à l'occasion de l'exécution du contrat de travail[1044]. Il prévoit que tout litige doit

---

[1040] Art. 327 du Code des douanes ; Art. 146 al. 2 Loi n° 94/01 du 20 janvier 1994 portant régime des Forêts, de la Faune et de la Pêche. C'est une mesure efficace, palliant dans une certaine mesure la grande sévérité des législations fiscales et forestières, qui n'admettent que parcimonieusement les circonstances atténuantes et le sursis : la transaction permet d'atténuer cette rigueur et d' *« humaniser les sanctions »* : R. MERLE, A. VITU, *op. cit.*, p. 74.

[1041] À côté de la transaction pénale réalisée sur autorisation du procureur de la République, le droit français a prévu une autre forme de transaction pénale sous l'égide du Défenseur des droits qui a remplacé en 2011, la Haute autorité de lutte contre les discriminations et pour l'égalité (HALDE) créée en 2004 et dont les attributions avaient été renforcées en 2006. Autorité constitutionnelle indépendante, le Défendeur des droits est, dans la continuité des prérogatives accordées à la HALDE, chargé de *« lutter contre les discriminations, directes ou indirectes, prohibées par la loi ou par un engagement international régulièrement ratifié ou approuvé par la France ainsi que de promouvoir l'égalité »* : L. org. n° 2011-333, 29 mars 2011, art. 4, 3°.

[1042] G. COUTURIER, « Les techniques civilistes en droit du travail », *Recueil Dalloz Sirey*, 1975, p. 224 et s.

[1043] C'est un *« écrit délivré par l'employeur pour solde de tout compte au travailleur lors de la résiliation ou à l'expiration de son contrat, qui constate le paiement de ce qui lui est dû et a pour effet d'éteindre les rapports d'obligation entre les parties… »* : G. CORNU, *Vocabulaire juridique*, PUF, 9ème éd., 2011, p. 859.

[1044] L'article 139 (1) dispose que *« tout travailleur ou tout employeur doit demander à l'inspection du travail du lieu du travail de régler le différend à l'amiable »*.

obligatoirement être soumis à la tentative de conciliation devant l'inspecteur du travail avant toute saisine des juridictions sociales[1045]. La Cour suprême casse par conséquent, les décisions des juridictions du fond qui se prononcent favorablement sur des chefs de demandes non soumises à la tentative de conciliation[1046]; elle les considère comme des demandes nouvelles. L'accord de conciliation intervenu en cours de procédure arrête celle-ci, même après une décision non encore définitive[1047]. Tout en reconnaissant la licéité de la transaction en droit du travail, la Cour suprême limite ses effets à l'objet de celle-ci. L'on comprend pourquoi elle motive sa décision en ces termes : *« attendu qu'il ressort que bien que le procès-verbal de régularisation intervenu soit qualifié de conciliation totale, l'arrangement allégué n'a été en fait que partiel, comme excluant expressément la seconde requête de l'employé, objet du procès-verbal de non-conciliation n° 173 du 06 février 1995 du même inspecteur du travail dont les juges du fond étaient également saisis... »*, pour conclure *« qu'en recevant ainsi cette dernière requête, les juges saisis n'ont nullement violé le texte visé au moyen (article 2052 du Code civil), texte qu'ils n'ont du reste pas eu à appliquer »*[1048].

En droit pénal du travail, cette transaction n'est pas utilisable pour les infractions prévues par le Code du travail. C'est dire que l'inspecteur ou le médecin-inspecteur du travail ne peut y recourir. Par conséquent, elle est d'application résiduelle dans le cadre de l'entreprise (délit de vol). Toutefois, on peut déduire de sa passivité à exercer la poursuite contre les auteurs d'infractions constatées en entreprise, qu'il en fait largement usage.

§3. Les conflits de concurrence de compétence

442. C'est évident textuellement que tout comme le procureur de la République, l'inspecteur du travail peut déclencher l'action publique. Mais peut-il aller au-delà et la soutenir ? La réponse affirmative s'impose au regard de la lettre du texte, le mot *« poursuivre »* utilisé par l'article 109 alinéa 2 du

---

Allant dans le même sens, l'article 158 (1) prévoit que *« tout différend collectif doit immédiatement être notifié par la partie la plus diligente à l'inspecteur du travail du ressort. À défaut de procédure de conciliation prévue par la convention collective ou en cas d'échec de ladite procédure, l'inspecteur du travail du ressort convoque sans délai les parties et procède à une tentative de règlement amiable »*

[1045] La jurisprudence a depuis longtemps souligné le caractère obligatoire de la tentative de conciliation : C. S., 20 oct. 1980, TPOM, 576, p. 165). La tentative de conciliation est organisée par l'arrêté n° 11/MTPS du 23 mai 1978. Elle se tient en audience non publique devant l'inspecteur du travail, qui doit obligatoirement être celui du lieu de travail (CA Yaoundé, 11 janv. 1986 TPOM, 702, p. 416).

[1046] C. S., n° 97/S du 25 juin 1987.

[1047] C. S., arrêt n° 128/S du 13 août 1987.

[1048] C. S., arrêt n° 114/S du 18 juin 1998, affaire Socamac contre NDAM Amadou : Voir, Observations de G. G. TSASSE SAHA, sous cet arrêt *in* J.-M. TCHAKOUA (sous dir.), *Les grandes décisions du droit du travail et de la sécurité sociale*, JusPrint, 2016, p. 514 et s.

Code du travail impliquant tant le déclenchement que le soutien de l'action publique.

Qu'adviendrait-il alors si à l'une ou l'autre étape de la procédure, le procureur de la République adopte à l'égard de l'infraction une attitude différente de celle de l'inspecteur du travail ? Par exemple, l'un veut classer l'affaire sans suite pendant que l'autre souhaite continuer la procédure.

Il semble que dans ce cas, l'action doit se poursuivre, du moment où le législateur n'a pas entendu faire de l'inspecteur du travail l'auxiliaire du procureur de la République, ou vice-versa. Il serait donc souhaitable que l'inspecteur du travail s'assure autant qu'il le peut, la collaboration des membres du parquet. Un exemplaire de chaque procès-verbal d'infraction est du reste envoyé au procureur de la République. Ce défaut de moyens techniques à la disposition de l'inspecteur du travail a fait dire à certains professionnels que l'exercice de l'action publique relève exclusivement de la compétence du procureur de la République[1049].

Cette conclusion est tirée non sans une certaine prudence, car on reconnaît que le législateur a voulu faire de l'inspecteur du travail un véritable maître de la poursuite avec pouvoir de déclencher l'action publique, soutenir l'accusation et exercer éventuellement les voies de recours. Le législateur dit que l'inspecteur du travail est habilité *« à poursuivre directement en justice »* les auteurs des infractions. L'emploi de l'adverbe *« directement »* n'est pas innocent ici. Il signifie sans passer par un intermédiaire et traduit la rupture avec le Code du travail de 1967 qui subordonnait l'action de l'inspecteur du travail à l'avis du magistrat ou du fonctionnaire chargé de la poursuite. La nouvelle formule instaurée depuis le Code du travail de 1992 entend faire de l'inspecteur du travail un parquet spécialisé en matière sociale.

Sans doute, le législateur reviendra-t-il un jour pour une meilleure précision ! Mais en attendant, les inspecteurs du travail doivent se comporter comme de véritables maîtres de la poursuite, et non se plaindre comme ils le font actuellement, de ce que les procès-verbaux d'infractions qu'ils dressent restent sans suite.

Section 3. Le déclenchement de l'action publique dans les infractions maritimes

443. Les infractions maritimes sont les infractions aux dispositions d'ordre public édictées par le Code communautaire de la marine marchande. Ce sont notamment :

[1049] N. NYECK NTEP, *Le Monde du travail*, n° 34, 1985, p. 40.

- les infractions aux règles relatives à la sécurité de la navigation et à la sauvegarde de la vie humaine en mer ;
- les infractions aux règles de travail maritime ;
- les infractions aux règles de prévention de la pollution marine ;
- les infractions aux règles d'habitabilité et d'hygiène à bord des navires ;
- le transport illicite d'enfants mineurs ;
- la piraterie et autres actes illicites en mer[1050].

La commission de ces infractions peut conduire soit à l'exercice conjoint de l'enquête préliminaire par le capitaine et l'autorité maritime (§1), soit à la mise en mouvement de l'action publique par le procureur de la République (§2).

§1. L'exercice conjoint de l'enquête préliminaire par le capitaine et l'autorité maritime

444. L'enquête préliminaire se définit comme une procédure de caractère policier, diligentée d'office ou sur les instructions du parquet par un officier de police judiciaire ou un agent de police judiciaire. Elle se différencie de l'enquête sur infraction flagrante par l'absence de la circonstance de flagrance et par des pouvoirs moins puissants conférés à ceux qui en assument la conduite. Elle n'est pas possible quand une instruction préparatoire a été ouverte, sauf dans le cadre d'une commission rogatoire accordée à l'officier de police judiciaire.

Dans l'accomplissement de l'enquête préliminaire, les personnes habilitées à la conduire ont le droit de procéder à toutes les constatations matérielles nécessaires et de se transporter à cet effet sur les lieux de l'infraction. Elles peuvent procéder aux perquisitions et saisies des pièces à conviction[1051], aux auditions, aux gardes à vue,[1052] voire aux arrestations[1053] des suspects.

Dès que le capitaine a connaissance d'une contravention, d'un délit ou d'un crime commis à bord, il procède à une enquête préliminaire[1054]. Le capitaine adresse sa plainte et les pièces de l'enquête préliminaire à l'autorité maritime compétente du premier port où le navire fait escale (art. 761 (6) Code de la marine marchande).

1050 Article 755 (1) Code communautaire de la marine marchande. L'alinéa 2 dudit article indique que la liste et la définition de ces infractions sont précisées au Livre VIII, Titre I, du Code.

1051 Article 93 à 99 du Code de procédure pénale.

1052 Article 118 à 126 du Code de procédure pénale.

1053 Article 117 du Code de procédure pénale.

1054 L'article 761 le dote de pouvoirs exorbitants. Ainsi, en cas de nécessité, le capitaine peut faire arrêter préventivement le suspect. De même, il peut ordonner sa détention préventive qui sera impérativement imputée sur la durée de sa peine.

Dans l'ensemble des États membres de la CEMAC, l'autorité maritime compétente, saisie par le capitaine ou par l'un des officiers ou agents énumérés à l'article 759 ou agissant d'office, complète s'il y a lieu l'enquête effectuée par le capitaine ou procède, dès qu'elle a connaissance de l'infraction, à une enquête préliminaire. Elle saisit ensuite le procureur de la République, sauf si elle estime que les faits ne constituent qu'une faute disciplinaire ; et, dans ce cas, la sanctionne comme telle[1055].

445. Si le délinquant est âgé de moins de 18 ans à l'époque de l'infraction, l'autorité maritime compétente saisit le procureur de la République près le tribunal de la résidence du mineur ou de sa famille qui prendra à l'égard de ce dernier, toutes mesures appropriées prévues par la législation pénale applicable aux mineurs délinquants[1056].

Si le navire doit prochainement aborder dans un port d'un État membre, le capitaine maintient le suspect à bord, soit en liberté provisoire (avec ou sans continuation du service s'il s'agit d'un membre de l'équipage), soit en garde à vue sur le navire, en attendant sa remise à l'autorité maritime compétente[1057].

Si le navire ne doit pas prochainement aborder dans un port de l'État membre dont il bat pavillon, le consul au premier port touché débarque le suspect s'il le juge nécessaire, procède sur place s'il y a lieu à sa garde à vue et prend aussitôt que possible les mesures nécessaires pour assurer son rapatriement dans le port de son pays[1058].

Toutefois, s'il n'est pas possible de prendre à terre les mesures de coercition nécessaires, le consul prononce la garde à vue du suspect sur le navire où il était embarqué, en ordonnant qu'il soit statué à nouveau dans un prochain port[1059].

Dans le cas ci-dessus, le consul confie le dossier de la procédure, sous pli fermé et scellé, au capitaine du navire pour être remis, ainsi que le suspect, dès l'arrivée du navire dans le port de son État, à la disposition de l'autorité maritime compétente qui saisit le procureur de la République dans les conditions prévues à l'article 759[1060].

Si le prévenu suspect est en fuite, le dossier de l'enquête sera confié dans les mêmes formes au capitaine pour être remis à l'autorité maritime compétente de l'État du pavillon du navire[1061].

[1055] Article 762 (1) Code communautaire de la marine marchande.
[1056] Article 762 (2) Code communautaire de la marine marchande.
[1057] Article 762 (3) Code communautaire de la marine marchande.
[1058] Article 762 (4) Code communautaire de la marine marchande.
[1059] Article 762 (5) Code communautaire de la marine marchande.
[1060] Article 762 (6) Code communautaire de la marine marchande.
[1061] Article 762 (7) Code communautaire de la marine marchande.

Par ailleurs, lorsque la contravention, le délit ou le crime a été commis par le capitaine ou avec sa complicité, l'autorité maritime compétente procède, dès qu'elle a connaissance de l'infraction, à une enquête préliminaire. Le cas échéant, le dossier de l'enquête est transmis, sous pli fermé et scellé, à l'autorité maritime compétente de son État qui l'adresse au procureur de la République. Si la gravité des faits incriminés ou la sécurité du navire ou des passagers lui semble l'exiger, l'autorité maritime compétente ou l'autorité consulaire peut prononcer la garde à vue du capitaine et son renvoi dans le port de son État. L'autorité maritime compétente ou consulaire prend alors, autant que possible en accord avec l'armateur, les mesures nécessaires afin de pourvoir à son remplacement[1062].

§2. Le déclenchement de la poursuite par le ministère public

446. Selon les dispositions de l'article 764, il appartient au procureur de la République de chaque État membre de poursuivre, s'il y a lieu, les contraventions, les délits et les crimes prévus par le Code communautaire de la marine marchande.

En ce qui concerne les contraventions et les délits prévus par les articles 771 et 772, le ministère public ne peut engager les poursuites qu'au vu des conclusions de l'autorité maritime compétente ou à l'expiration d'un délai de dix jours, après qu'il aura réclamé ces conclusions par lettre recommandée ou tout autre moyen laissant trace écrite[1063].

Le ministère public peut engager les poursuites pour les autres contraventions ou délits intéressant l'ordre à bord, ceux purement nautiques, ainsi que ceux intéressant la police générale de la navigation, sur avis de l'autorité maritime compétente[1064].

L'autorité maritime compétente doit, si elle le demande, être entendue par le tribunal[1065].

Les crimes maritimes, ainsi que les crimes de droit commun commis à bord des navires, sont de la compétence de la juridiction de chaque État membre compétente en matière de crimes. L'autorité maritime compétente, après avoir complété le dossier d'enquête, saisit directement le procureur de la République, sans avoir à exprimer d'avis ni de conclusion[1066].

[1062] Article 763 Code communautaire de la marine marchande.
[1063] Article 764 (2) Code communautaire de la marine marchande.
[1064] Article 764 (3) Code communautaire de la marine marchande.
[1065] Article 764 (4) Code communautaire de la marine marchande.
[1066] Article 764 (5) Code communautaire de la marine marchande.

Chapitre 2.

L'exercice de l'action civile

447. L'article 71 (1) du Code de procédure pénale dispose que *« l'action civile née d'une infraction appartient à toute personne physique ou morale qui a subi un préjudice »*. Il ressort d'abord de ce texte que la source du dommage doit être une infraction pénale. En second lieu, les victimes sont celles qui souffrent d'un préjudice personnel directement issu de l'infraction, au premier rang desquelles se trouvent la victime initiale et ses proches (S1).

En droit pénal du travail, l'article 71 (1) du Code de procédure pénale s'est révélé impropre à constituer le seul fondement utilisable pour défendre les différents intérêts concernés par une infraction pénale, tant pour les préjudices réparables que pour les personnes reconnues titulaires de l'action civile. Ce texte est complété par d'autres dispositions donnant à certains acteurs de la vie sociale la possibilité d'exercer l'action civile à côté ou à la place de la victime directe. Il en est ainsi notamment de l'article 74 (1) du même Code qui prévoit que les associations, syndicats et ordres professionnels peuvent exercer l'action civile à l'occasion d'une procédure répressive à la condition d'invoquer un dommage certain et un intérêt collectif ou professionnel. C'est donc un nouveau visage de l'action civile qui est apparu à travers son exercice par des groupements pour défendre l'intérêt collectif ou soutenir l'intérêt individuel (S2).

Section 1. L'exercice de l'action civile par la victime directe de l'infraction

448. L'action civile tend à la réparation du dommage causé par une infraction (article 59 (3) Code de procédure pénale). L'action civile peut être exercée en même temps que l'action publique devant la même juridiction lorsque les deux résultent des mêmes faits (article 61). En général, l'action civile est recevable pour tous chefs de dommages, aussi bien matériels que corporels ou moraux qui découleront des faits objets de la poursuite. La victime initiale d'une infraction de droit commun commise dans l'entreprise ou la victime d'une infraction au Code du travail dont la qualité doit être bien précisée (§3), doit donc répondre aux conditions posées par l'article 75 (1) du Code de procédure pénale pour obtenir réparation des préjudices issus de l'infraction sur le plan pénal (§2). Bien plus, la reconnaissance de la double

finalité de l'action civile exercée devant le tribunal répressif s'impose en droit pénal du travail (§1).

§1. La double finalité de l'action civile

449. L'action civile exercée par la victime devant le tribunal répressif poursuit deux finalités : une finalité répressive, pour faire déclarer la culpabilité du prévenu et une finalité indemnisatrice, pour l'octroi des dommages et intérêts[1067].

La question qui s'est posée a été de savoir si la victime qui ne pouvait obtenir réparation devant le tribunal répressif pouvait néanmoins exercer son action civile devant celui-ci dans le seul but de faire déclarer la culpabilité de la personne poursuivie. Cette question a reçu une réponse claire de la Chambre criminelle qui affirmait que l'action civile se justifie par le seul intérêt à la répression du fait délictueux[1068]. Il en découle que si l'action civile a deux finalités, celles-ci peuvent très bien ne pas être poursuivies cumulativement par la même action.

Ce principe produit une conséquence essentielle en droit pénal du travail dans le domaine des accidents du travail. En droit français, la possibilité d'exercer l'action civile est accordée à la victime d'un accident du travail ou à ses ayants droit même quand le tribunal répressif est incompétent pour leur accorder réparation[1069]. Cette solution a été affirmée à plusieurs reprises[1070]. En effet, l'action de la victime peut s'expliquer par un désir de vengeance ou par la volonté de surmonter l'inertie du ministère public. De plus, il y a des victimes qui espèrent que le juge pénal qualifiera avec sévérité le comportement de l'employeur afin d'en tirer profit devant une autre juridiction[1071]. Il en résulte *a contrario* que, s'il ne s'agit pas d'un accident du travail, le tribunal répressif retrouve sa compétence pour accorder des dommages-intérêts aux victimes[1072]. De plus, même quand il s'agit d'un accident du travail, le tribunal répressif peut accorder des dommages-intérêts

---

[1067] J. GRANIER, « Quelques réflexions sur l'action civile », *JCP* 1957, I, 1 386 ; F. BOULAN, « Le double visage de l'action civile exercée devant le tribunal répressif », *JCP G* 1973, I, 2 563.

[1068] Cass. crim., 22 janv. 1953, *D.* 1953, p. 109.

[1069] Voir, pour les étudiants ou les élèves des établissements d'enseignement technique soumis à la législation du travail pour les accidents survenus au cours de cet enseignement et dont la demande en réparation du préjudice ne peut être reçue sur le fondement des règles du droit commun : Cass. crim., 23 juin 2015, n° 14-80.513.

[1070] Cass. crim., 15 mars 1977, *Bull. crim.* 1977, n° 94; Cass. crim., 3 mars 1994, *Bull. crim.* 1994, n° 91; Cass. crim., 30 avr. 2002, *Bull. crim.* 2002, n° 89: ce droit de se constituer partie civile emporte celui d'interjeter appel.

[1071] Cass. crim., 15 oct . 1970, *D.* 1970, p. 733, note COSTA.

[1072] Cass. crim., 14 oct. 1986, *Bull. crim.* 1986, n° 286.

aux victimes, soit parce que certaines d'entre elles ne sont pas des ayants droit, soit parce qu'elles se prévalent d'une faute intentionnelle de l'employeur.

Au Cameroun, la gestion des risques professionnels (accidents de travail et maladies professionnelles) est assurée par la Caisse nationale de Prévoyance sociale (CNPS)[1073].

En effet, certains ayants droit peuvent percevoir des prestations en cas de décès accidentel du salarié : il s'agit du conjoint survivant, des descendants et ascendants à certaines conditions[1074]. Si les conditions ne sont pas remplies, ils peuvent obtenir réparation selon le droit commun[1075].

En cas de faute intentionnelle de l'employeur ou de ses préposés, le salarié conserve son droit à réparation intégrale dans les conditions du droit commun. Cette réparation intégrale sera assurée par les prestations versées en cas d'incapacité temporaire ou en cas d'incapacité permanente et par un recours de la victime contre l'auteur de l'accident exercé selon le droit commun.

450. Une autre question est relative à l'influence d'une transaction civile soumise à l'article 2044 du Code civil entre l'employeur et le salarié aux termes de laquelle l'un d'eux renonce à toute action judiciaire ou extrajudiciaire contre l'autre. Cette transaction est-elle un obstacle à une action civile exercée devant la juridiction pénale ? De prime abord, il faut rappeler que la transaction civile n'empêche pas la poursuite du ministère public (art. 2046 du Code civil). L'action publique est complètement indépendante de la transaction civile. Du côté de l'action civile, la question est plus complexe. Les juges doivent rechercher la portée de la transaction sur la possibilité d'exercer l'action civile. Ainsi, une transaction qui a pour seul objet le règlement des salaires et accessoires dus au titre de l'exécution du contrat de travail ne peut être opposée à la demande en réparation d'un

[1073] Cf. Décret n° 76-321 du 02 août 1976 confiant la gestion des risques professionnels à la Caisse nationale de Prévoyance sociale sur toute l'étendue du territoire national de la République Unie du Cameroun ; Voir également Décret n° 2018/354 du 07 juin 2018 portant réorganisation et fonctionnement de la Caisse nationale de Prévoyance sociale.

[1074] Voir, entre autres, la Loi n° 80-05 du 14 juillet 1980 modifiant la Loi n° 77-11 du 13 juillet 1977 portant réparation et prévention des accidents du travail et des maladies professionnelles ; Décret n° 78-546 du 28 décembre 1978 fixant les modalités de déclaration et la procédure d'enquête en matière d'accidents de travail ou maladies professionnelles ; Décret n° 78-547 du 28 décembre 1978 fixant les modalités de prise en charge des prestations en nature aux victimes d'accidents du travail ou maladies professionnelles.

[1075] Si le salarié a survécu, le conjoint n'a pas la qualité d'ayant droit et peut obtenir réparation dans les conditions de droit commun : Cass. crim., 24 sept. 2014, n° 13-16.471 ; *Bull. crim.* 2014, n° 153.

préjudice ayant sa source dans une infraction de marchandage[1076]. Si la transaction ne concerne pas tous les préjudices, l'action civile est possible.

Mais il faut se poser plus largement la question de la finalité sanctionnatrice de l'action civile quand tous les préjudices civils ont été compris dans la transaction. Selon la jurisprudence précitée, l'impossibilité de demander réparation devant la juridiction pénale n'obère pas le droit d'exercer l'action civile en poursuivant une finalité exclusivement répressive. On peut donc en déduire, concernant les conséquences d'une transaction, que l'action civile peut être exercée devant la juridiction pénale. C'est en ce sens qu'a statué la Chambre criminelle de la Cour de cassation[1077]. En toute logique, la dissociation des finalités de l'action civile conduit à cette solution, dans la mesure où la transaction ne concerne que les intérêts civils. On peut néanmoins s'interroger sur sa pertinence puisque le signataire de la transaction s'engage à renoncer à toute action judiciaire liée à sa situation[1078]. Cette éviction ponctuelle de la finalité réparatrice ne remet cependant pas en cause les conditions générales de recevabilité de l'action civile.

§2. Les conditions d'exercice de l'action civile

451. D'après l'article 75 (1) du Code de procédure pénale, *« l'action civile jointe à une action répressive n'est recevable que si elle est fondée sur un préjudice direct, certain et actuel »*. Il en découle que ce texte réserve l'action civile à ceux qui ont personnellement souffert du dommage directement causé par l'infraction. C'est dire que le préjudice dont la réparation est demandée doit être personnel (A) et direct (B).

A. Existence d'un préjudice personnel

452. Le préjudice issu de l'infraction est subi en premier lieu par la victime dite initiale ou directe de l'infraction. Ce peut être le salarié : il en est ainsi de la victime d'une discrimination sexuelle ou de la violation d'une règle de repos

---

[1076] Cass. crim., 12 mai 1998, n° 96-86.479; *Bull. crim.*, 1998, n° 160; *Rev. sc. crim.* 1999, 316, obs. B. BOULOC: le préjudice a sa source dans une infraction à la loi pénale qui, pour les juridictions, n'était pas visée dans la transaction.

[1077] Cass. crim., 14 janv. 2014, n° 11-81.362; *Bull. crim.* 2014, n° 5 : il a été relevé que *« le protocole de fin de contentieux conclu le 17 juin 2005 entre l'ASSEDIC Alpes-Provence et M. X..., aux termes duquel ce dernier renonce irrévocablement à toute prétention ou réclamation et à toute action judiciaire ou extra-judiciaire à l'encontre des dirigeants et salariés de l'ASSEDIC Alpes-Provence, n'étant pas de nature à lui interdire de se constituer partie civile par voie d'intervention dans la présente procédure, dès lors que cette constitution n'a pour objet que de venir au soutien de l'action publique* mise en mouvement par le syndicat des organismes sociaux des Bouches-du-Rhône CGT-FO ».

[1078] A. CŒURET, E. FORTIS, F. DUQUESNE, *Droit pénal du travail*, LexisNexis, 6ème éd., 2016, n° 261, p. 143.

hebdomadaire ou d'un travail dissimulé[1079], du délégué syndical pour entrave à l'exercice du droit syndical[1080]. Ce peut être l'employeur : c'est le cas du banquier détenteur des fonds des clients qui peut exercer l'action civile contre son préposé qui a détourné les fonds[1081] ou a introduit frauduleusement des données dans un système informatique[1082]. La victime peut être une personne physique ou morale. C'est par exemple le cas du comité d'entreprise victime de l'abus de confiance commis par son secrétaire ayant réglé des dépenses personnelles avec des chèques tirés sur le compte bancaire du comité[1083].

Deux questions intéressent particulièrement le droit du travail : l'attribution de l'action civile aux proches d'une victime d'un accident du travail et la clarification du caractère personnel du préjudice en cas de non-respect des règles relatives aux institutions représentatives.

1. Les proches de la victime d'un accident du travail

453. Pendant longtemps, une distinction était faite parmi les victimes par ricochet entre les proches d'une victime décédée et ceux d'une victime seulement blessée. Alors qu'elle admettait la recevabilité de l'action civile des proches de la victime morte telle que le prévoit le Code de procédure pénale camerounais[1084], la Chambre criminelle refusait de recevoir à l'instance pénale la famille de la victime blessée[1085]. Puis, elle a abandonné cette jurisprudence en admettant la recevabilité de l'action civile des proches, qu'il s'agisse d'une infraction d'homicide ou de blessures involontaires[1086]. On a donc assisté à un élargissement du caractère *« personnel »* du dommage. Cependant, les modalités d'exercice de l'action civile diffèrent selon que la victime initiale est morte ou blessée. Si elle est morte, les victimes par ricochet peuvent exercer l'action civile par voie d'action tandis que, si la victime initiale n'est que blessée, seule la voie de l'intervention leur est autorisée[1087].

1079 Cass. crim., 6 févr. 2001, *Bull. crim.* 2001, n° 32.

1080 Cass. crim., 30 oct. 2006, *Bull. crim.* 2006, n° 260; *APJ* 2007, 33, obs. ROYER.

1081 Cass. crim., 8 janv. 1998, *Bull. crim.* 1998, n° 7; Cass. crim., 5 mars 2003, *Dr. pén.* 2003, n° 94.

1082 Cass. crim., 19 mars 2014, n° 12-87.416, aff. Kerviel, *Bull. crim.* 2014, n° 86 : la banque voit par ailleurs sa réparation diminuée en raison de fautes de sa part.

1083 Cass. crim., 23 nov. 1992, *Bull. crim.* 1992, n° 383; *Dr. ouvrier* 1993, p. 234, obs. N. ALVAREZ-PUJANA.

1084 Article 73 du CPP.

1085 Cass. crim., 5 juil. 1967, *Bull. crim.* 1967, n° 203; Cass. crim., 15 févr. 1972, *Bull. crim.* 1972, n° 58.

1086 Cass. crim., 9 févr. 1989, *Bull. crim.* 1989, n° 63.

1087 Cette hypothèse est à distinguer de l'action successorale qui est l'action de la victime initiale transmise à ses héritiers. Les héritiers peuvent agir devant la juridiction répressive que la victime ait ou non introduit l'action avant son décès, mais à condition que l'action publique ait été mise en mouvement et que la victime n'ait pas renoncé à l'action civile : Cass. ass. Plén., 9

2. Les personnes concernées par le non-respect des règles relatives aux institutions représentatives du personnel

454. Des confusions sont aisées entre l'action civile individuelle des salariés et l'action civile des organes de représentation du personnel, notamment pour défaut de consultation de ces organismes. On peut en effet supposer que les salariés aient un certain intérêt à la bonne application des règles gouvernant leurs institutions représentatives. Néanmoins, en cas de violation de ces règles, la Chambre criminelle déclare irrecevables les constitutions de partie civile des salariés au motif que le défaut de réunion et de consultation d'un tel organisme n'est pas susceptible d'entraîner un préjudice personnel pour ces salariés[1088]. En revanche, un délégué syndical personnellement victime d'une entrave à l'exercice de sa mission est recevable à agir en raison du préjudice subi du fait de l'empêchement de circuler librement dans l'entreprise et d'exercer ses fonctions de représentation[1089].

Sur un autre plan, il faut se demander si le chef d'entreprise est recevable à agir sur le fondement du délit d'entrave en cas de mauvais fonctionnement de l'institution représentative qui ne lui est pas imputable. Des arguments divergents peuvent être avancés. On peut soutenir que l'employeur ne subit pas un préjudice direct et personnel lui permettant de se constituer partie civile selon les articles 71 (1) et 75 (1) du Code de procédure pénale[1090], l'institution représentative étant la seule victime possible d'un dysfonctionnement. À l'inverse, on peut avancer qu'il ne résulte d'aucun élément des textes incriminateurs que l'infraction ne puisse être commise que par l'employeur ou son représentant. Dans cette mesure, l'action civile de l'employeur contre le secrétaire du comité d'entreprise qui n'établit pas les procès-verbaux de réunions dudit comité est recevable[1091]. Sur le plan procédural, l'absence d'auteur désigné dans les textes incriminateurs et la politique d'élargissement des conditions de recevabilité de l'action civile menée aujourd'hui par la Chambre criminelle militent en faveur de la seconde solution[1092].

---

mai 2008, 2 arrêts, *D.* 2008, act. Jurispr. 1415. Ils peuvent aussi se constituer partie civile quand la victime a introduit l'action avant son décès, indépendamment de l'action publique.

[1088] Cass. crim., 3 déc. 1996, *Bull. crim.* 1996, n° 441: en revanche, les syndicats sont recevables.

[1089] Cass. crim., 30 oct. 2006, *Bull. crim.* 2006, n° 260; *AJP* 2007, 33, obs. ROYER: le syndicat est également recevable.

[1090] CA Paris, 11ème ch. B, 16 oct. 1998, *D.* 1999, inf. rap. p. 2.

[1091] CA Paris, 11ème ch. A, 15 mars 1999, *JurisData* n° 1999-022923 se fondant sur l'obligation légale à la charge de l'entreprise de veiller au bon fonctionnement des instructions représentatives.

[1092] Implicitement, Cass. crim., 10 mai 2005, *Dr. soc.* 2005, p. 936, obs. F. DUQUESNE pour l'entrave commise par un trésorier et un secrétaire d'un comité d'entreprise qui se cumule avec l'infraction d'abus de confiance qu'ils ont commise en transférant des fonds sans attendre la délibération du comité. Rappr., Cass. crim., 6 avr. 2005, *Dr. soc.* 2005, p. 825, obs. P.-Y. VERKINDT précisant au surplus les modalités de l'action en justice exercée par le comité.

B. Existence d'un préjudice direct

455. Le caractère direct du préjudice constitue la seconde condition de recevabilité de l'action civile exercée au pénal. Il ne signifie pas que le préjudice n'existe pas s'il est indirect, mais qu'il est en rapport causal trop lointain avec l'infraction. Il faut préciser que la nature particulière du préjudice ne rend pas celui-ci nécessairement indirect[1093]. En général, l'action civile est recevable pour tous les chefs de dommages, aussi bien matériels, corporels ou moraux et affirmer *a priori* qu'une infraction n'est pas susceptible de créer un dommage individuel relève de l'arbitraire. De même, le préjudice constitué par une perte de chance est bien certain et direct et peut être réparé[1094].

Si les préjudices matériels et corporels sont les plus fréquemment invoqués, les préjudices moraux sont également admis. Ainsi, a-t-on déclaré recevable l'action civile d'employés d'un bijoutier victime d'un *« braquage »* en réparation du préjudice moral causé par la menace de l'arme[1095].

Bien plus, pour que le préjudice soit direct, il n'est pas nécessaire que le préjudice soit un élément constitutif de l'infraction, comme c'est le cas dans l'infraction de marchandage[1096] ou en droit commun de l'abus de confiance[1097]. Il n'est pas nécessaire non plus que le résultat entre dans la définition légale de l'infraction. L'action civile n'est pas réservée aux infractions matérielles et la nature formelle ou matérielle de l'infraction n'est pas non plus un critère de recevabilité de l'action civile[1098].

456. L'on doit néanmoins relever que l'appréciation du caractère direct du préjudice se heurte aux difficultés semblables à celles rencontrées pour son caractère personnel. Ainsi, pour un détournement partiel de la subvention de fonctionnement du comité d'entreprise par un de ses membres, un salarié de l'entreprise pris individuellement ne subit aucun préjudice direct et ne peut donc exercer l'action civile fondée sur cet abus de confiance[1099]. Dans le

---

[1093] Ex. : perte totale de salaires liée au licenciement consécutif à un accident de circulation (délit de blessures involontaires) : Cass. crim., 25 avr. 1989, *Dr. pén.* 1989, n° 62.

[1094] Cass. crim., 18 févr. 2014, n° 12-87.629, *Bull. crim.* 2014, n° 43: salariée à temps partiel, victime d'un délit de blessures involontaires, qui a dû refuser une proposition d'emploi à temps plein: la réparation est calculée sur la base de la perte d'une chance d'un travail à temps plein.

[1095] Cass. crim., 17 mai 1995, *Bull. crim.* 1995, n° 176.

[1096] Cass. crim., 25 avr. 1989, *Bull. crim.* 1989, n° 170: privation de garanties légales en matière d'embauche et de licenciement.

[1097] Cass. crim., 6 mars 1997, *Bull. crim.* 1997, n° 90; *Dr. pén.* 1997, n° 105, obs. M. VÉRON qui admet la réparation du préjudice direct subi par l'employeur, expert-comptable, du fait du détournement des chèques clients par son employée.

[1098] E. CARTIER, *La notion de dommage personnel réparable par les juridictions répressives*, Thèse Paris, 1968, p. 40 et s.

[1099] Cass. crim., 16 oct. 1997, *Bull. crim.* 1997, n° 341; Dr. ouvrier 1998, p. 46, note RICHEVAUX.

même ordre d'idées, des salariés sont irrecevables à agir pour absence d'analyse des risques dans l'entreprise suite à un incendie ayant détruit les locaux où ils étaient employés. Cette infraction n'est pas la cause directe de leur préjudice lié à la perte de leur emploi[1100].

Il en est ainsi pour un employeur déclaré irrecevable en sa constitution de partie civile pour délit d'entrave à la liberté du travail (article 255 Code pénal). Le préjudice est directement subi par les salariés non-grévistes à la liberté desquels il est porté atteinte, et non par l'employeur, même s'il a dû verser les salaires des non-grévistes. Pour l'employeur, le préjudice n'est qu'indirectement issu de l'infraction et ne remplit pas la condition posée par l'article 75 (1) du Code de procédure pénale[1101]. En revanche, justifie d'un préjudice direct résultant de l'infraction de travail dissimulé, l'employeur du salarié ayant profité de son activité professionnelle de vendeur automobiles pour acheter et revendre, pour son propre compte et à l'insu de son employeur, des véhicules à des particuliers à titre lucratif alors qu'il n'était pas inscrit au registre du commerce[1102].

Cependant, la principale difficulté réside dans la poursuite éventuelle par des salariés d'infractions qui ne relèvent pas de la réglementation du travail, mais sont des infractions de droit commun ou du droit des affaires. En général, la Chambre criminelle ne reçoit pas leur action en raison du caractère indirect du préjudice subi. Tel est le cas pour les salariés déclarés irrecevables à se constituer partie civile pour faux, usage de faux, présentation de faux bilan, infractions qui auraient provoqué le déficit de la société dans laquelle ils travaillaient et par ricochet, leur licenciement pour motif économique. Pour les juges, la victime pouvant se prévaloir d'un préjudice personnel et direct est la société elle-même. Le préjudice subi par les salariés du fait de leur licenciement économique n'est qu'une conséquence indirecte des agissements dénoncés. La Chambre criminelle souligne en outre que les juges n'étaient saisis d'aucune infraction au Code du travail en matière de licenciement pour motif économique[1103].

[1100] Cass. crim., 13 mars 2001, *Bull. crim.* 2001, n° 62.

[1101] Cass. crim., 2 oct. 1980, *D.* 1981, inf. rap. p. 265, obs. PELISSIER; J. SAVATIER, « L'irrecevabilité de l'action civile exercée par l'employeur devant les tribunaux répressifs pour entrave à la liberté du travail », *Dr. soc.* 1981, p. 147; Cass. crim., 15 mai 1987, *Bull. crim.* 1987, n° 198; Cass. crim., 23 avr. 2003, *Bull. crim.* 2003, n° 84.

[1102] Cass. crim., 17 nov. 1998, *RJS* 1999, n° 560.

[1103] Cass. crim., 5 janv. 1995, n° 94-80.979. Pour un abus de biens sociaux : Cass. crim., 28 janv ; 2004, *Bull. crim.* 2004, n° 18 ; *Dr. pén.* 2004, n° 89, note ROBERT ; Cass. crim., 23 mars 2005, *Dr. pén.* 2005, n° 91, note ROBERT : irrecevabilité même pour préjudice moral.

§3. La qualité de victime directe

457. La victime directe des infractions au droit du travail qui peut être une personne physique (A) ou une personne morale (B), peut prendre l'initiative des poursuites par voie de citation directe devant le tribunal répressif compétent ou par dépôt de plainte avec constitution de partie civile devant le juge d'instruction. Dans ce dernier cas notamment, la partie civile doit préalablement consigner au greffe du tribunal compétent la somme présumée nécessaire pour les frais de procédure[1104].

Lorsque l'action publique a déjà été engagée par le ministère public, la partie civile peut intervenir devant le tribunal répressif, sous réserve que les faits incriminés soient poursuivis au titre d'infraction à la législation du travail[1105].

A. Les personnes physiques

458. Il peut s'agir du salarié ou du chef d'entreprise.

1. L'action civile du salarié

459. Pour qu'un salarié soit recevable à engager l'action civile, il faut que l'infraction poursuivie lui cause personnellement un préjudice direct, sous réserve toutefois que le dommage subi soit susceptible d'être réparé sous forme de dommages et intérêts. Il en est ainsi en particulier chaque fois que les textes en vigueur prévoient expressément la sanction de l'inexécution par l'employeur de son obligation par l'octroi de dommages et intérêts.

La jurisprudence admet, en fait, largement la justification d'un préjudice direct résultant pour un salarié de l'inobservation par l'employeur de la législation du travail en matière de congés payés notamment[1106].

En toute hypothèse, l'action civile exercée par un salarié n'est recevable que pour autant que celui-ci n'a pas déjà porté par ailleurs sa demande de réparation du dommage causé par l'infraction devant la juridiction civile. Pour qu'il en soit ainsi, il faut toutefois que les deux actions aient la même cause. À l'inverse, il est admis qu'*« une partie qui a engagé un procès civil pour des faits déterminés peut, par la suite, à propos des mêmes faits, soit se joindre à une action du ministère public, soit mettre l'action publique en mouvement à*

[1104] L'exigence d'une consignation est critiquée en droit pénal du travail dans la mesure où elle peut avoir un caractère dissuasif pour les salariés et les syndicats : N. ALVAREZ, *Le droit pénal du travail*, Thèse dactylographiée, Paris I, 1974, p. 176.

[1105] Cass. crim., 9 janv. 1979, *Bull. crim.* 1979, n° 14.

[1106] Cass. crim., 21 juin 1976, *JCP* 1977, II, 18 725, note CALEB ; Cass. ch. réunies, 5 avr. 1313, *D.* 1914, I, 65, rapport FALCIMAIGNE, concl. SARRUT ; *S.* 1920, I, 49, note A. MESTRE.

condition de se désister, dans le procès civil »[1107] (article 76 Code de procédure pénale).

2. L'action civile du chef d'entreprise

460. En raison même de son objet, la législation du travail ne comporte qu'exceptionnellement des infractions susceptibles d'être commises à l'encontre du chef d'entreprise. C'est donc dans des situations rares que celui-ci peut avoir la qualité de victime d'une infraction au droit du travail. Il peut en être ainsi en cas de grève déclenchée dans un secteur vital de l'activité économique, sociale ou culturelle dès lors que les grévistes refusent d'obtempérer à la réquisition des autorités administratives visées aux articles 158 et 162 du Code du travail. Dans ce cas, on peut considérer qu'il y a abus du droit de grève. Ce qui peut justifier une action en réparation du préjudice subi par le chef d'entreprise.

Bien plus, les infractions résultant de l'inobservation, par un syndicat, de l'obligation qui lui est faite d'exercer une action à objet exclusivement professionnel et non politique, ont pour effet d'atteindre directement le chef d'entreprise en sa qualité de garant de la bonne marche de l'entreprise et tenu notamment, de faire de l'entreprise un lieu de travail apolitique. Les tribunaux, bien qu'ils soient saisis exceptionnellement de la poursuite de telles infractions, paraissent peu enclins à admettre en pareil cas, l'action civile du chef d'entreprise[1108].

En cas d'infraction de droit commun commise par un préposé dont le chef d'entreprise est personnellement victime, celui-ci peut, en revanche, exercer l'action civile dans les conditions du droit commun, sous réserve d'établir que le préjudice subi découle directement de l'infraction.

Toutefois la recevabilité de l'action civile de l'employeur est également liée à la qualité de son représentant en justice. Celui-ci peut être, son avocat, le représentant de son organisation syndicale, son directeur ou employé. C'est ce qui ressort de l'arrêt n°128/S du 27 août 1968 de la Cour suprême qui rejette l'argument consistant à dire que sieur MILLET n'a pas qualité pour agir au nom et pour le compte de la société franco-camerounaise des tabacs faute d'avoir représenté l'entreprise en instance et oppose un autre de loin plus cohérent. Il n'est inscrit nulle part que le même individu représente une société tantôt devant les juges d'instance, tantôt devant la juridiction d'appel ou devant celle saisie dans le cadre d'un pourvoi. *A contrario*, les parties ont le choix, à telle ou à telle phase du procès, de confier la gestion de leurs intérêts à tel ou à tel mandataire. L'équipe n'ayant pas gagné ici pourrait et sans doute

---

[1107] Sous réserve des conventions internationales, les dispositions de l'article 76 sont inapplicables lorsque le procès civil a été engagé devant un tribunal étranger (article 77).
[1108] Trib. corr. Paris, 11 févr. 1978, FURNON, inédit.

devrait parfois être remaniée là-bas, surtout si le procès a été perdu à cause de négligences, d'une maîtrise insuffisante de la science du droit[1109].

B. L'action civile de la Caisse nationale de Prévoyance sociale (CNPS)

461. Certaines infractions à la législation du travail sont susceptibles, en raison de leur nature particulière, de causer un préjudice à d'autres personnes que les salariés de l'entreprise ou les salariés représentés par une organisation syndicale. Il s'agit essentiellement de la CNPS, personne morale dont l'activité est étroitement dépendante des agissements de l'employeur et de l'application qu'il fait de la législation de prévoyance sociale en vigueur.

Les articles 39 et 43 de la Loi n° 77-11 du 13 juillet 1977 portant réparation et prévention des accidents du travail et des maladies professionnelles fondent l'action civile de la CNPS :

- le premier texte prévoit que lorsque l'accident ouvrant droit aux prestations est dû à la faute d'un tiers, la Caisse nationale de Prévoyance sociale doit verser à la victime ou à ses ayants droit les prestations prévues par la présente loi (alinéa 1). En outre, nonobstant une action en dommages intérêts intentée par la victime ou ses ayants droit, la Caisse nationale de Prévoyance sociale peut exercer un recours direct pour la récupération des prestations versées dans les cas d'accidents où la responsabilité d'un tiers est engagée (alinéa 3).
- il ressort du second texte que si des poursuites pénales sont intentées dans les cas prévus à l'article 39, les pièces de procédure sont communiquées à la victime ou ses ayants droit ainsi qu'à l'employeur et à la Caisse nationale de Prévoyance sociale (alinéa 1). Lorsque la victime ou ses ayants droit exercent une action en réparation du préjudice causé en application de l'article 39 (3), la Caisse nationale de Prévoyance sociale doit solidairement avec l'intéressé intenter une action analogue et inversement (alinéa 2). La victime ou ses ayants droit sont admis à faire valoir les droits résultant de l'action en dommages-intérêts formée conformément à l'article 39 par priorité sur la Caisse nationale de Prévoyance sociale en ce qui concerne l'action de celle-ci en remboursement ou en dommages-intérêts (alinéa 3).

Aussi, conformément aux articles 39 et 43 de la loi du 13 juillet 1977, lorsque l'accident ouvrant droit aux prestations est dû à la faute d'un tiers, la CNPS, après avoir versé à la victime ou à ses ayants droit les prestations auxquelles ils ont droit, doit, solidairement avec ceux-ci et inversement,

---

[1109] C. S., arrêt n° 128/S du 27 août 1968, affaire société franco-camerounaise des tabacs contre Ebanga Benoit, Obs. S.S. KUATE TAMEGHE, sous cet arrêt *in* J.-M. TCHAKOUA (sous dir.), *Les grandes décisions du droit du travail et de la sécurité sociale*, JusPrint, 2016, p. 603.

intenter une action en réparation du préjudice subi du fait des prestations versées, et notamment de leur récupération.

Par ailleurs, en cas de refus par l'employeur de payer les cotisations qu'il doit à la CNPS, le directeur général de cet organisme peut sur plainte préalable, se constituer partie civile à l'expiration du délai de trois mois imparti par la mise en demeure prévue à l'article 9[1110] (article 37 de l'Ordonnance n° 73-17 du 22 mai 1973 portant organisation de la prévoyance sociale et modifiée par la loi du 4 juillet 1984).

Section 2. L'action civile des organisations professionnelles

462. Encore qualifiées d'organismes professionnels et pouvant prendre la forme d'association, de syndicat, d'ordre professionnel, de fédération ou de comité, les organisations professionnelles sont des organismes qui rassemblent les acteurs d'un même secteur d'activité. Dans le cadre de leurs activités, les actions civiles qui leur appartiennent sont très diverses. Selon leur but et la qualité du groupement, l'action civile sera soumise à des conditions plus ou moins libérales, mais différentes de celles posées par l'article 71 (1) du Code de procédure pénale puisqu'il n'est pas la victime initiale du dommage et ne subit pas un préjudice direct. De manière générale, les conditions d'exercice de l'action civile par les groupements sont donc largement dérogatoires au droit commun. À ce titre, l'article 74 (1) dispose clairement que *« les associations, syndicats et ordres professionnels ne peuvent exercer l'action civile à l'occasion d'une procédure répressive qu'à la condition d'invoquer un dommage certain et un intérêt collectif ou professionnel »*. Il s'agit des conditions spécifiques conférant une habilitation à des groupements particuliers pour défendre certains intérêts ou l'intérêt collectif des professions qu'ils représentent[1111].

[1110] L'article 9 de l'Ordonnance du 22 mai 1973 portant organisation de la Prévoyance sociale prévoit que toute poursuite engagée contre un employeur pour recouvrement des cotisations qu'il doit à la Caisse nationale de Prévoyance sociale doit être précédée d'une mise en demeure l'invitant à régulariser sa situation dans un délai de trois mois. Cette mise en demeure est notifiée par la Caisse nationale de Prévoyance sociale soit par lettre recommandée avec avis de réception, soit remise directement à l'intéressé contre récépissé ou émargement.

[1111] En droit français, les syndicats professionnels peuvent exercer l'action civile selon deux modalités différentes : l'action dite *« générale »* qui peut être mise en œuvre dès qu'un préjudice a été causé à l'intérêt collectif de la profession représentée par le syndicat et l'action dite « *de substitution* » de la victime initiale, exercée dans des cas particuliers prévus par la loi. Dans cette seconde modalité, l'organisation syndicale représentative a la possibilité d'agir à la place du salarié sans avoir à justifier d'un mandat du salarié intéressé. Qualifiée par certains *d'« antidémocratique »* (M. COHEN, Le droit de substitution, cadeau empoisonné aux syndicats, *Dr. soc.* 1990, p. 790) ou de *« tutelle syndicale »* (COTTEREAU, « Une innovation : la tutelle syndicale instituée par le nouvel article L. 321-15 du Code du travail », *Semaine*

L'action civile des organisations professionnelles est distincte de l'action collective qui s'entend comme l'action exercée soit directement par les victimes elles-mêmes, soit par un groupement (associations, organisations non professionnelles etc.) en vue de la réparation des préjudices individuels subis par chacune des victimes et procédant d'un même fait dommageable[1112].

Ainsi, il existe une politique criminelle en droit pénal du travail pour l'action civile exercée par les groupements, aussi bien pour les syndicats professionnels (§1) que pour les associations (§2) et les ordres professionnels (§3).

§1. L'action civile des syndicats professionnels

463. L'action syndicale est admise de façon générale par l'article 18 (1) a du Code du travail qui permet aux syndicats professionnels d'exercer devant toutes les juridictions, tous les droits réservés à la partie civile, relativement aux faits portant un préjudice direct ou indirect à l'intérêt collectif de la profession qu'ils représentent[1113]. Cette action diffère de l'action civile individuelle exercée par la victime, car l'intérêt collectif remplace l'intérêt individuel. De plus, le préjudice causé à cet intérêt collectif peut n'être qu'indirect alors qu'il doit être direct lorsqu'il s'agit d'une victime agissant à titre individuel. L'admission du préjudice *« direct ou indirect »* montre que la finalité de l'action syndicale n'est aucunement indemnitaire. Le préjudice apparaît donc secondaire dans l'exercice de l'action (B). Il en est autrement de la notion d'intérêt collectif (A).

A. La défense de l'intérêt collectif de la profession

464. À partir du moment où le préjudice porté à l'intérêt collectif de la profession est démontré, il n'y a pas de raison de discriminer selon que l'action exercée émane d'un syndicat de salariés ou d'un syndicat patronal[1114].

sociale Lamy, 30 oct. 1989), cette action est bien différente de l'action générale dans la mesure où c'est une action à l'origine individuelle qui est syndicale dans son exercice. Cette mixité est un gage de sa validité, le salarié conservant la liberté de conduire personnellement l'action et d'y mettre un terme. Selon la Chambre sociale de la Cour de cassation, l'action de substitution est une action personnelle aux syndicats et non une action par représentation des salariés : Cass. soc., 1er févr. 2000, Servair, *JCP G* 2001, II, 10541, note E. JEULAND.

1112 A. AKAM AKAM, « L'émergence de l'action collective en droit Camerounais », *BDE, 2017 (2)*, p. 100 et s.

1113 Le syndicat doit avoir une existence légale au moment où les faits ont été commis : Cass. crim., 22 mai 2007, *Bull. crim.* 2007, n° 132 ; *JCP S* 2007, 1764, obs. B. GAURIAU.

1114 Il convient de relever que les juridictions avaient tendance à considérer plus favorablement les actions exercées par les syndicats de salariés que celles exercées par les syndicats patronaux. Cette prééminence qui était reconnue à l'action syndicale des salariés et qu'une partie de la doctrine approuvait semblait se justifier par l'objet même du droit du travail qui est d'élaborer des règles propres à protéger le salarié dans ses rapports avec l'employeur : Voir, J. M. VERDIER, p. 334.

L'action syndicale de l'article 18 (1) a du Code du travail a donc une vocation générale.

La notion de « *l'intérêt collectif* » n'a pas été définie. C'est une notion vague qui se distingue des autres intérêts concernés par l'action pénale, à savoir, l'intérêt individuel de la victime initiale et l'intérêt général défendu par le ministère public. Mais, de même que l'intérêt général n'est aucunement exclusif de l'intérêt privé, l'intérêt collectif peut exister à côté d'eux.

En premier lieu, l'intérêt collectif peut se superposer à l'intérêt individuel directement visé. L'action des syndicats d'employés ou de cadres est ainsi admise dans des domaines variés : infractions à la règlementation sur le repos hebdomadaire[1115], de travail temporaire[1116], de harcèlement moral[1117] ou, plus spécialement, parce que le caractère personnel du préjudice est aigu, quand un syndicat de journalistes est recevable à agir pour l'infraction de non-respect des droits d'auteur des journalistes professionnels. La recevabilité d'un syndicat a même été admise sur le fondement du meurtre de deux agents de l'administration du travail. La juridiction saisie a en effet considéré que les meurtres perpétrés par la personne faisant l'objet du contrôle sur les lieux suspects étaient des faits de nature à porter atteinte à l'intérêt collectif des agents qui ne peuvent plus exercer librement leurs activités professionnelles et accomplir leurs missions[1118].

Ainsi, même dans le cas où la nature du dommage subi par la victime est spécifique, le syndicat peut agir. C'est le cas de la recevabilité de l'action syndicale lorsqu'un salarié de l'entreprise est mort ou blessé et que l'auteur est poursuivi pour homicide ou blessures involontaires. On pourrait penser que l'action civile appartient seulement à la victime ou encore qu'il faut absolument viser dans les poursuites la violation d'un règlement particulier d'hygiène ou de sécurité pour que le syndicat soit recevable à agir. Or, la Chambre criminelle affirme que *« (...) dès lors qu'en même temps que la sécurité des personnes en général se trouve intéressée celle des travailleurs en particulier les syndicats sont recevables à se constituer partie civile ».*

Le préjudice est distinct du dommage personnel subi par la victime et de l'atteinte portée à l'intérêt général dans la mesure où les négligences de l'employeur ont eu pour résultat de compromettre la sécurité des travailleurs et de causer un préjudice à l'intérêt collectif de la profession représentée par le syndicat.

En deuxième lieu, l'intérêt collectif peut aussi coexister avec l'intérêt général notamment dans le cas d'infractions qualifiées *« d'infractions à*

1115 Cass. crim., 23 juil. 1980, *Bull. crim.* 1980, n° 232.
1116 Cass. crim., 15 nov. 1983, *Bull. crim.* 1983, n° 299.
1117 Cass. crim., 15 mars 2011, n° 09-88.627 ; Cass. crim., 5 févr. 2013, n° 11-89.125.
1118 CA Bordeaux, ch. Inst., 17 mai 2005, *Dr. ouvrier* 2006, 40.

l'intérêt général » qui paraissent réserver au ministère public le monopole des poursuites[1119]. La Chambre criminelle admet toutefois que cet intérêt général n'exclut pas l'intérêt collectif d'une profession, en particulier pour la répression de l'infraction d'obstacle à l'accomplissement des fonctions de l'inspecteur du travail : *« si les inspecteurs du travail assurent, par l'accomplissement de leurs missions, le respect des dispositions protectrices des travailleurs et participent ainsi à la défense d'un intérêt général, l'intérêt propre de leur profession n'en exige pas moins qu'ils aient la possibilité d'exercer librement leurs fonctions »*[1120]. Dans certaines situations, l'intérêt collectif auquel il a été porté atteinte et qui fonde la recevabilité de l'action civile du syndicat patronal, est encore proche de l'intérêt général *« économique »* dont la défense appartient au ministère public[1121]. On le voit bien, la frontière entre l'intérêt général et l'intérêt collectif est ici très mince, voire inexistante.

En troisième lieu, l'action syndicale peut coexister avec l'action civile d'une institutrice représentative du personnel exercée sur le fondement du délit d'entrave au fonctionnement de cette institution. La jurisprudence est constante sur ce point : *« le délit d'entrave à l'exercice des fonctions de délégué du personnel est générateur d'un préjudice porté à l'intérêt collectif de la profession que ce syndicat représente »*[1122].

B. Fondement des poursuites

465. En principe, l'action des syndicats est liée à la sauvegarde de l'intérêt collectif de la profession. Cependant, il est des cas où l'intérêt collectif est moindre voire n'est pas caractérisé, spécialement quand l'infraction qui fonde les poursuites est une infraction qui ne concerne pas la réglementation du travail[1123].

1119 Voir, J. LARGUIER, « Action individuelle et intérêt général », *Mélanges HUGUENEY*, Sirey, 1964, p. 87 ; S. GUINCHARD, « Grandeur et décadence de la notion d'intérêt général : la nouvelle recevabilité des actions civiles en cas d'infraction à la législation économique », *Mélanges VINCENT*, Dalloz, 1981, p. 137.

1120 Cass. crim., 19 mars 1985, *Bull. crim.* 1985, n° 113; Cass. crim., 4 oct. 1988, *Bull. crim.* 1988, n° 328; Cass. crim., 11 mars 2003, *Bull. crim.* 2003, n° 65.

1121 Cass. ass. Plén., 7 mai 1993, *Bull. civ.* 1993, ass ; plén., n° 10 ; *D.* 1993, p. 437 ; *JCP G* 1993, II, 22 083, obs. SAINT-JOURS ; *JCP E* 1993, II, 470, note J. SAVATIER : La Cour de cassation affirme que *« la méconnaissance de l'article L. 221-5 (ancien devenu art. L. 3132-3) du Code du travail par certains commerçants qui emploient irrégulièrement des salariés le dimanche, rompt l'égalité au préjudice de ceux qui exercent la même activité en respectant la règle légale et porte ainsi atteinte à l'intérêt collectif de la profession »* : l'action civile du syndicat patronal est donc fondée. Cass. crim., 29 oct. 1996, *Bull. crim.* 1996, n° 375.

1122 Cass. crim., 26 mai 2009, n° 08-82.979.

1123 Pour les infractions d'abus de confiance et de corruption de salarié commises au préjudice d'un établissement de santé sur le fondement desquels le syndicat est déclaré irrecevable : Cass. crim., 6 mai 2009, n° 08-84.107.

Il en a été ainsi pour l'infraction de faux certificat par lequel le directeur de l'hôtel aurait valorisé intentionnellement une employée, qui n'était pas représentante du personnel, au détriment d'une autre employée en établissant un certificat attestant que la première candidate avait été notée régulièrement au-dessus de la moyenne du personnel de son grade. Les deux collègues s'étant présentées au concours d'accès à l'école des cadres de la profession, l'une d'entre elles n'avait pas été admise et invoquait le faux certificat dont elle dénonçait l'inexactitude et qui lui aurait porté préjudice. L'action du syndicat a été rejetée parce que ici, seul est concerné l'intérêt privé de la victime atteinte individuellement par un acte intentionnel qui ne saurait se confondre avec l'intérêt collectif de la profession à laquelle la victime appartient[1124]. Le même raisonnement est adopté en matière de harcèlement sexuel (article 302-1 Code pénal) dans la mesure où un tel acte n'est pas susceptible de causer un préjudice direct ou indirect à l'intérêt collectif de la profession représentée par le syndicat[1125]. En outre, l'action civile du syndicat est irrecevable sur le fondement de l'infraction de vol de truffes intervenu chez un membre du syndicat, qui n'a pas porté préjudice direct ou indirect à l'intérêt collectif de la profession[1126]. De toute évidence, il faut qu'il y ait une adéquation entre la mission dévolue au syndicat et l'infraction qui sert de fondement aux poursuites.

Sur un tout autre plan, l'action exercée par le syndicat repose sur le délit d'abus de biens sociaux commis par l'employeur. Les syndicats soutiennent que le délit d'abus de biens sociaux touche directement à la gestion économique de l'entreprise à laquelle les salariés sont intéressés et est de nature à porter atteinte à l'intérêt collectif de la profession du personnel de l'entreprise. De plus, les abus reprochés ont eu pour conséquence, tantôt un licenciement collectif pour motif économique et l'abandon pour les salariés présents de leur treizième mois pour contribuer au redressement de l'entreprise[1127], tantôt une diminution de la participation des salariés aux résultats de l'entreprise[1128], ou alors, la ruine et la liquidation judiciaire des

---

1124 Cass. crim., 16 déc. 1991, *Bull. crim.* 1991, n° 479. Dans le même sens, la Chambre criminelle a considéré que la fouille des caissières dans un grand magasin ne met en cause que des intérêts individuels : Cass. crim., 8 janv. 1980, *Bull. crim.* 1980, n° 11. En revanche, le délit de violation de secret médical, lorsqu'il est commis à l'occasion de l'exercice par l'employeur du contrôle des arrêts de maladie de ses agents hospitaliers, peut être de nature à préjudicier à l'intérêt collectif de la profession à laquelle appartient ce personnel : Cass ; crim., 27 mai 1999, *Bull. crim.* 1999, n° 109 ; RJS 1999, n° 938 ; *D.* 2000, p. 120, note Y. SAINT-JOURS.

1125 Cass. crim., 23 janv. 2002, *Bull. crim.* 2002, n° 12; RJS 2002, 448, n° 592.

1126 Cass. crim., 13 avr. 2010, *Bull. crim.* 2010, n° 66; AJP 2010, 399, obs. G. ROUSSEL.

1127 Cass. crim., 27 nov. 1991, *Bull. crim.* 1991, n° 439 (les victimes sont les détenteurs de capitaux).

1128 Cass. crim., 11 mai 1999, *RJS* 1999, n° 1265; *Bull. crim.* 1999, n° 89; Cass. crim., 29 nov. 2000, *Bull. crim.* 2000, n° 359; Cass. crim., 23 févr. 2005, *Dr. soc.* 2005, p. 588, obs. F. DUQUESNE ; *Dr. pén.* 2005, n° 77.

sociétés en cause[1129]. La Chambre criminelle rejette ces arguments au motif que le préjudice indirect qui serait porté par un délit d'abus de biens sociaux à l'intérêt collectif de la profession ne se distingue pas du préjudice lui-même indirect qu'auraient pu subir individuellement les salariés de l'entreprise. L'emploi du terme indirect pour le préjudice subi par les salariés et l'emploi du conditionnel démontrent que les salariés n'auraient certainement pas été recevables à titre individuel. *A fortiori*, le syndicat ne peut l'être.

On se demande enfin si l'intérêt collectif est concerné par la mise en examen d'un des membres de la profession du chef d'une infraction d'atteinte à l'intégrité physique, en l'espèce un contrôleur aérien poursuivi pour homicide involontaire à la suite d'un accident d'avion ? Alors que le syndicat soutenait qu'il était du plus grand intérêt pour la défense de la profession de connaître les fautes prétendues, la Chambre criminelle déclara irrecevable l'action civile du syndicat au motif que *« la mise en examen pour le délit d'homicide involontaire d'un individu exerçant une profession ne cause pas à l'ensemble de la profession un préjudice collectif... »*[1130].

§2. L'action civile des associations

466. L'article 74 (1) du Code de procédure pénale soumet l'action civile des associations, exercée à l'occasion d'une procédure répressive aux conditions identiques à celles des syndicats et ordres professionnels, à savoir l'invocation d'un dommage certain et un intérêt collectif ou professionnel. Or dans certains pays, l'action civile des associations est très différente de celle des syndicats dans la mesure où elle doit être fondée soit sur un préjudice personnel et direct, soit sur un intérêt altruiste. Il s'ensuit que dans ce dernier cas, leur action sera irrecevable devant le tribunal répressif[1131]. En général, l'association doit être une association régulièrement déclarée à la date des faits et dont l'objet statutaire est en rapport étroit avec l'intérêt défendu devant le tribunal répressif. Elle ne peut fonder son action que sur des infractions précises dans lesquelles l'intérêt collectif est mis à mal. On admet alors qu'elle peut exercer l'action civile par voie d'action ou le faire par voie d'intervention, avec ou sans consentement de la victime initiale.

En droit du travail, le domaine d'élection de l'action associative est l'infraction de discrimination. Dans le Code pénal, le délit de discrimination est envisagé à l'article 242. Sont visées, les discriminations fondées sur la race, la religion, le sexe, le statut médical lorsque ledit statut ne met personne

---

[1129] Cass. crim., 27 oct. 1999, *Bull. crim.* 1999, n° 236; *Dr. ouvrier* 2000, p. 179.

[1130] Cass. crim., 16 févr. 1999, *Bull. crim.* 1999, n° 18; *Dr. pén.* 1999, n° 63, obs. M. VÉRON ; Cass. crim., 10 mai 2011, n° 10-94.037.

[1131] En France par exemple, contrairement aux syndicats professionnels qui disposent d'une habilitation légale générale, les associations ne disposent que d'agréments spécifiques attribués selon des critères divers qui varient selon l'intérêt défendu.

en danger. En marge de ces critères discriminatoires, il semble que l'on devrait admettre que les associations puissent aussi agir lorsque la discrimination viole les règles développées par les articles 4 (2) et 61 (2) du Code du travail relatives à l'égalité professionnelle entre hommes et femmes.

L'association peut en principe agir par voie d'action. Toutefois, lorsque la discrimination est commise notamment en raison du statut médical ou du handicap, l'association ne sera recevable à agir que si elle justifie avoir reçu l'accord écrit de la personne intéressée[1132].

467. À titre de droit comparé, l'on soulignera qu'en droit français, plusieurs lois ont élargi le domaine d'intervention des associations. La loi du 15 juin 2000 autorise les associations qui défendent et assistent les victimes d'accidents du travail ou de maladies professionnelles à agir par voie d'intervention sur le fondement des délits d'homicide ou de blessures involontaires commis à l'occasion d'une activité professionnelle[1133]. La loi du 12 juin 2001 renforçant la prévention et la répression des mouvements sectaires autorise les associations à exercer les droits reconnus à la partie civile en ce qui concerne notamment les infractions d'atteintes aux libertés et à la dignité des personnes[1134]. Sont visées, les infractions de harcèlement sexuel et moral prévues par le Code pénal (articles 222-33 et 222-33-2) et les infractions relatives aux conditions de travail et d'hébergement contraires à la dignité humaine (articles 225-13 et 225-14). Il convient de préciser que les actes en cause doivent avoir été commis dans le cadre d'un mouvement ou d'une organisation ayant pour but ou pour effet de créer ou d'exploiter une dépendance psychologique ou physique, ce qui ne concerne pas *a priori* l'entreprise. La loi du 5 août 2013 autorise l'exercice de l'action civile sur le fondement des infractions de réduction en esclavage, travail forcé et réduction en servitude[1135].

Toutefois, une question demeure, celle de savoir si l'action exercée par les associations ne fait pas double emploi avec l'action des syndicats professionnels.

A priori, l'action associative ne semble pas faire double emploi avec l'action syndicale puisque la première prend davantage en charge les intérêts moraux. Il est en effet apparu que la protection de certains intérêts n'entrait pas forcément dans la sauvegarde des intérêts professionnels dont les syndicats assurent généralement la défense et qu'une certaine complémentarité entre ces deux groupements s'imposait. Cependant, on constate de plus en plus une superposition des actions syndicale et

---

[1132] Article 2-8 et 2-10 du Code de procédure pénale français.
[1133] CPP, art. 2-18 : il est exigé l'accord de la victime ou de son représentant légal.
[1134] CPP, art. 2-17.
[1135] CPP, art. 2-22.

associative[1136] doublée d'une absence de délimitation des périmètres des différentes actions civiles attribuées aux groupements[1137].

§3. L'action civile des institutions représentatives et des ordres professionnels

468. Le Code de procédure pénale dans les dispositions de l'article 74 (1) relatives à l'action civile des groupements, ne vise pas de manière expresse les institutions représentatives (A) comme il l'a fait pour les ordres professionnels (B).

A. L'action civile des institutions représentatives

469. Les institutions représentatives peuvent se porter partie civile pour des faits délictueux qui leur causent un préjudice direct et personnel. Il s'agit du délégué du personnel et à titre de droit comparé, du comité d'entreprise. Le droit du travail fixe l'objet et les attributions de ces instances, leurs modes d'organisation et de fonctionnement et leur assure une protection justifiée par l'importance de l'exercice des mandats de représentation. Le droit pénal du travail est intervenu pour incriminer les entraves et les discriminations qui peuvent affecter ces institutions et assurer leur fonctionnement régulier.

À titre de droit comparé, en France, le comité d'entreprise peut se porter partie civile pour le délit d'entrave à son fonctionnement régulier, entrave qui cause nécessairement à celui-ci un préjudice direct dont il est fondé à obtenir réparation[1138]. Il en est de même pour le comité d'hygiène et sécurité. Les institutions représentatives ne bénéficient donc pas d'un régime particulier d'exercice de l'action civile comme c'est le cas des syndicats et des associations, mais doivent respecter les conditions posées par l'article 2 du Code de procédure pénale. Il convient de noter par ailleurs que cette action ne peut être exercée par des membres de cet organisme agissant à titre individuel. Le délit d'entrave au fonctionnement du comité ne constitue pas une atteinte aux droits et prérogatives attachés à la qualité personnelle de membre du

[1136] À ce titre, l'article 2-21-1 du Code de procédure pénale français issu de la loi du 10 juillet 2014 dite *« loi Savary »* visant à lutter contre la concurrence sociale déloyale, prévoit que toute association, tout syndicat professionnel ou tout syndicat de salariés de la branche concernée… dont l'objet statutaire comporte la défense des intérêts collectifs des entreprises et des salariés peut exercer les droits reconnus à la partie civile sur le fondement des infractions de travail illégal.

[1137] Comme relevé, les conditions d'exercice de l'action civile née dans le cadre de la procédure pénale sont identiques (article 74 (1) Code de procédure pénale) ; Voir, sur l'action des associations en général : A CŒURET, E. FORTIS, F. DUQUESNE, *Droit pénal du travail*, LexisNexis, 6ème éd., 2016, n° 284 et s. spéc. n° 287, p. 156.

[1138] Cass. crim., 29 mars 1973, *JCP G* 1974, II, 17 651 ; Cass. crim., 26 mars 1991, *Bull. crim.* 1991, n° 145 ; Cass. crim., 19 sept. 2006, *Dr. ouvrier* 2007, 300.

comité d'entreprise, mais une atteinte aux droits et prérogatives du comité lui-même.

En ce qui concerne l'admission des comités d'entreprise et des comités d'hygiène et sécurité au prétoire répressif, la Chambre criminelle déclare systématiquement irrecevable cette action qui, pour elle, ne respecte pas les conditions des articles 2 et 3 du Code de procédure pénale. Ces comités n'ont pas pour mission de représenter les différentes catégories de personnel ni les intérêts généraux de la profession[1139]. Cette solution est appliquée aux infractions de droit des affaires[1140].

B. L'action civile des ordres professionnels

470. Les ordres professionnels ont pour mission d'organiser les professions, de veiller à la dignité de leurs membres en exerçant sur eux un pouvoir disciplinaire et de défendre leurs intérêts, notamment auprès des pouvoirs publics. La question se pose de savoir si les ordres professionnels peuvent exercer l'action civile sur le fondement d'infractions de droit commun dont leurs membres sont victimes ? Il semble que la réponse pourrait se déduire des dispositions de l'article 74 (1) du Code de procédure pénale aux termes desquelles le droit d'exercer l'action civile à l'occasion d'une procédure répressive n'est reconnu aux ordres professionnels qu'à la condition d'invoquer un dommage certain et un intérêt collectif ou professionnel.

Les ordres professionnels sont traditionnellement irrecevables dans les actions concernant directement leurs membres. À titre d'exemple, l'ordre des avocats ne peut se constituer partie civile sur le fondement d'une tentative d'homicide volontaire et de séquestration de personnes dont a été victime un avocat de ce barreau[1141]. C'est la solution identique qui est appliquée à l'ordre des médecins dans une poursuite exercée à l'occasion du délit de violences avec arme dont a été victime un médecin inscrit à l'ordre[1142].

En revanche, le plus souvent, les ordres professionnels sont confrontés à des infractions récurrentes qui fondent leur recevabilité : il s'agit de l'exercice illégal de la profession réglementée et/ou l'atteinte à l'image et à la réputation de la profession à la suite d'actes illicites commis par un de leurs membres[1143] ou une personne qui se prétend membre de la profession[1144]. C'est ainsi que

[1139] Cass. crim., 28 mai 1991, *Bull. crim.* 1991, n° 226.

[1140] Cass. crim., 7 juin 1983, *Bull. crim.* 1983, n° 172; *Rev. sociétés* 1984, p. 119, obs. B. BOULOC ; Cass. crim., 4 nov. 1988, *Bull. crim.* 1988, n° 373; *Rev. sc. crim.* 1989, p. 342, obs. A. LYON-CAEN.

[1141] Cass. crim., 5 févr. 1992, *Dr. pén.* 1993, n° 49.

[1142] Cass. crim., 5 juin 1996, *Bull. crim.* 1996, n° 236. Pour une diffamation : Cass. crim., 1er sept. 2004, *Bull. crim.* 2004, n° 193.

[1143] Cass. crim., 19 mai 2015, n° 14-80.888.

[1144] Cass. crim., 20 mai 2009, *Bull. crim.* 2009, n° 100.

l'ordre des avocats est recevable à se constituer partie civile en réparation du préjudice causé aux intérêts collectifs de la profession par l'exercice illicite des activités de consultation et de rédaction d'actes en matière juridique[1145].

L'action civile des groupements présente des modalités très variées. Il faut néanmoins reconnaître que l'action générale des syndicats est largement favorisée[1146] non seulement par rapport aux autres groupements tels que le comité d'entreprise, mais aussi par rapport à l'action de la victime initiale, souvent délicate à mettre en œuvre dans les relations de travail.

1145 Cass. crim., 8 juin 1995, *Bull. crim.* 1995, n° 211; Cass. crim., 5 nov. 1997, *Bull. crim.* 1997, n° 377.

1146 Le syndicat peut agir sur le fondement de l'entrave au fonctionnement d'une institution représentative, infraction constitutive d'un préjudice subi par l'ensemble de la profession concernée : Cass. crim., 16 nov. 1999, *Dr. ouvrier* 2000, p. 180. Dans ce cas, il faut bien constater un cumul d'actions civiles : celle du syndicat et celle de l'institution représentative elle-même.

Chapitre 3.

Le jugement des auteurs des infractions

471. Le jugement est le terme général utilisé pour désigner toute décision prise par un collège de magistrats ou par un magistrat statuant comme juge unique[1147], à l'encontre des délinquants poursuivis à la suite de la commission d'infractions. De manière stricte, il désigne les décisions rendues par les juridictions d'instance.

L'article 288 du CPP en son alinéa 1 définit une juridiction de jugement comme étant « *un organe chargé de statuer conformément à la loi sur les faits dont elle est saisie et de prononcer, le cas échéant, les peines et mesures prévues par la loi* ». L'alinéa 2 ajoute que constituent des juridictions de jugement de droit commun dans le présent code :

a) le Tribunal de première instance ;

b) le Tribunal de grande instance ;

c) la Cour d'appel ;

d) la Cour suprême.

La phase de jugement suit normalement celle de l'instruction judiciaire au cours de laquelle le juge d'instruction dispose pour la recherche des charges, des pouvoirs considérables qu'il exerce tantôt personnellement, tantôt, en déléguant certains à des officiers de police judiciaire par voie de commission rogatoire[1148]. Mais il est possible aussi qu'elle soit abordée directement si l'affaire n'exige pas des investigations particulières pour connaître la vérité et si la loi n'impose pas en l'occurrence le procédé de l'information judiciaire. La phase de jugement est encadrée par de nombreux principes généraux au rang desquels celui gouvernant la preuve. Cette dernière désigne *« l'établissement de la réalité d'un fait ou de l'existence d'un acte juridique »*[1149]. Si l'établissement de l'existence de la convention internationale sur les syndicats ne pose pas de problème juridique après sa

---

[1147] S. GUINCHARD, Th. DEBARD (sous dir.), *Lexique des termes juridiques*, 2017-2018, Paris, Dalloz, 25ème éd., 2017, p. 648.
[1148] Ces pouvoirs peuvent porter des atteintes graves à la liberté individuelle, à l'inviolabilité des domiciles et des correspondances et à la propriété des biens.
[1149] S. GUINCHARD, Th. DEBARD (sous dir.), Lexique des termes juridiques, précité, p. 878.

ratification, son applicabilité[1150] consécutive à son « *invocabilité* »[1151] soulève régulièrement des difficultés d'ordre pratique[1152].

Concrètement, la Constitution[1153] dispose en son article 45 que « *les traités ou accords internationaux régulièrement approuvés ou ratifiés ont, dès leur publication, une autorité supérieure à celle des lois, sous réserve pour chaque accord ou traité, de son application par l'autre partie* ». Les Conventions de l'OIT n° 87 sur la liberté syndicale et la protection du droit syndical de 1948 et n° 98 sur le droit d'organisation et de négociation collective sont des conventions internationales au sens de la disposition constitutionnelle sus-mentionnée. Par ailleurs, elles ont été dûment ratifiées par le Cameroun respectivement le 07 juin 1960 et le 03 septembre 1962. Par leur ratification, elles rentrent dans l'ordonnancement juridique interne. Cependant, la ratification d'une telle convention peut conduire à neutraliser un texte législatif ou réglementaire invoqué. Dans ce contexte, une disposition d'une convention internationale est autorisée à créer un principe général de droit pour éviter de tomber sous le coup du déni de justice[1154]. Cet aménagement conventionnel permettra au juge de résoudre le litige soumis à son examen[1155].

472. Par ailleurs, la Convention n° 87 de l'OIT sur la liberté syndicale et la protection du droit syndical de 1948 prévoit dans ses formalités constitutives que le syndicat est soumis au régime juridique de la déclaration. Étant donné qu'elle a une valeur infra constitutionnelle et supra légale, cette dernière doit être appliquée par les autorités publiques et surtout par les juridictions. Logiquement, le juge saisi d'un litige au cours duquel est invoqué ce conflit de normes doit invalider la norme nationale pour laisser place à la norme internationale, en application de la hiérarchie des normes juridiques[1156]. En fait, l'insertion de la norme internationale du travail dans l'ordonnancement juridique interne avec valeur supra législative a pour effet

---

1150 Directe dans le cadre des normes que les tribunaux peuvent mettre en œuvre telles quelles : Voir, G. MEUNIER, *L'application de la convention des Nations unies relative aux droits de l'enfant dans le droit interne des États parties*, Paris, l'Harmattan, 2010, p. 140.

1151 Terme utilisé dans le cas des questions sur lesquelles les tribunaux doivent se prononcer : Voir, G. MEUNIER, *L'application de la convention des Nations unies, relative aux droits de l'enfant dans le droit interne des États parties, op. cit.*

1152 Si l'objet même de la convention internationale implique son invocabilité par les parties, titulaires des droits qu'elle consacre, encore faut-il qu'elle pose des normes self-executing, c'est-à-dire qui n'appellent pas pour leur exécution une mesure nationale complémentaire.

1153 Du 18 janvier 1996 révisée le 14 avril 2008.

1154 Voir, article 4 du Code civil et article 147 du Code pénal camerounais.

1155 X. BEAUDONNET (sous dir.), *Droit international du travail de droit interne, Manuel de formation pour les juges, juristes et professionnels de droit*, Centre international de formation de l'OIT, 2009, p. 32.

1156 H. KELSEN, *Théorie pure du droit*, Paris, Dalloz, 1962, p. 183.

l'abrogation *erga omnes* de la législation nationale qui lui est contraire[1157]. Le juge est donc tenu de s'abstenir de donner effet à une disposition législative nationale contraire à la Convention de l'OIT dûment ratifiée par le Cameroun.

Une autre question concerne la possibilité d'application, voire l'application directe d'une Convention internationale de l'OIT non ratifiée, mais signée invoquée devant le juge social. À bien y regarder, la reconnaissance du droit naturel par le droit positif pourrait nous suggérer des solutions juridiques. Ainsi, selon la règle *pacta sunt servanda*, la signature d'une convention internationale crée un lien juridique entre les signataires et constitue par conséquent un argument difficilement réfutable en soutien de l'applicabilité de cette dernière.

473. Sur un autre plan, le juge constitutionnel pourra être invité à intervenir à la demande des autorités habilitées à le saisir[1158] lorsqu'il y aura débat entre les dispositions du droit constitutionnel et celles du droit international du travail. Les requérants pourront le solliciter pour un contrôle de constitutionnalité des conventions internationales[1159]. Au cours de ce contrôle par voie d'action, le saisissant lui défère directement la norme dont il conteste la constitutionnalité[1160] avant son entrée en vigueur. La décision du Conseil constitutionnel y relative est insusceptible de voie de recours[1161]. Elle s'impose à tous les pouvoirs publics, aux autorités administratives, militaires et juridictionnelles, ainsi qu'aux personnes physiques et morales[1162]. Cette décision acquiert donc un caractère définitif.

Cette phase de jugement, encadrée par des principes directeurs (S1), conduit au prononcé des sanctions contre les auteurs d'infractions à la législation de travail dont la culpabilité a été établie (S2). Ces sanctions peuvent néanmoins être contestées au moyen des recours prévus par le CPP (S3).

1157 P.-G. POUGOUÉ, I. L. MIENDJEM, *op. cit.*, p. 42 et s ; J. BOULOIS, « Les obligations du juge national découlant de l'effet direct de la primauté du droit communautaire », note, sous CJCE, 09 mars 1978, ADJA, 1978, p. 323.

1158 Voir article 47 (3) de la Constitution qui dispose qu'« *avant leur promulgation, les lois ainsi que les traités et les accords internationaux peuvent être déférés au Conseil constitutionnel par le Président de la République, le président de l'Assemblée nationale, le président du sénat, un tiers des députés ou un tiers des sénateurs, les présidents des exécutifs régionaux...* »

1159 Article 47 (1) de la Constitution réaffirmé dans la Loi n° 2004/004 du 21 avril 2004 portant organisation et fonctionnement du Conseil constitutionnel modifiée et complétée en 2011.

1160 Le plus souvent, ce contrôle peut être déclenché contre les lois ou alors les engagements internationaux ou contre les règlements des assemblées parlementaires, et au terme duquel la déclaration d'inconstitutionnalité de la norme déférée au Conseil constitutionnel pourra en résulter.

1161 Article 50 de la Constitution.

1162 *Ibid.*

Section 1. Les principes gouvernant le procès pénal social

474. En matière pénale, la notion même de principes généraux de la procédure est apparue de façon progressive en jurisprudence. Ainsi, dans un arrêt de 1975, la Cour de cassation française a annulé une procédure d'écoute, car cette opération avait « *pour but et pour résultat d'éluder les dispositions légales et les règles générales de procédure* »[1163]. Cet arrêt suggérait qu'on pouvait avoir à côté des règles légales prévues par le code, des règles étrangères à celui-ci. Plus précisément en 1952, la Cour de cassation affirmait qu'il se déduit de la disposition de l'article 199 du Code de procédure pénale français et des principes généraux du droit que, « *devant la chambre d'accusation, l'inculpé doit avoir la parole en dernier* »[1164].

L'existence des principes généraux de droit était alors clairement posée en jurisprudence sans que l'on sache vraiment de quels principes il s'agissait.

Mais des développements récents ont mieux cerné le problème des principes directeurs de la procédure pénale. De même, les réponses provenant soit des solutions jurisprudentielles (notamment les droits de la défense), soit des conventions internationales à l'instar de la Convention européenne des droits de l'homme qui contient un ensemble de principes rassemblés sous la dénomination générique de « *procès équitable* », ont contribué davantage à en décrypter le contenu.

De manière générale, la doctrine pénale, dans son ensemble a été favorable à l'identification des principes de la procédure pénale et certains auteurs ont même consacré des développements substantiels à ce qu'il est convenu d'appeler « *les principes directeurs du procès pénal* »[1165].

Les principes directeurs de la procédure pénale peuvent être regroupés en trois catégories :

- les principes relatifs à l'autorité judiciaire (§1);
- les principes relatifs aux droits procéduraux des parties (§2);
- les principes relatifs aux droits fondamentaux de la personne poursuivie (§3).

§1. Les principes relatifs à l'autorité judiciaire

475. Deux principes seront abordés ici :

- le principe de la séparation des fonctions de justice répressive et

---

[1163] Cass. crim., 12 juin 1952, *JCP*, 11, 7241.
[1164] Cass. crim., 28 sept. 1983, *Bull. crim.* 1983, p. 593.
[1165] P. CONTE et P. MAISTRE DE CHAMBON, *Procédure pénale*, 4ème éd. 2002, n° 31 et s.

- le principe selon lequel l'autorité judiciaire est gardienne des libertés individuelles

A. Le principe de la séparation des fonctions judiciaires

476. Le principe de la séparation des fonctions de justice répressive n'est pas expressément affirmé par le Code de procédure pénale. Mais, à travers quelques restrictions et incompatibilités rappelées à l'occasion de la détermination des fonctions de certaines autorités judiciaires, on peut tirer une conclusion affirmative sur l'existence du principe en procédure pénale camerounaise. L'article 24 de la Loi n° 2006/015 du 29 décembre 2006 portant organisation judiciaire modifiée et complétée par la loi n° 2011/027 du 14 décembre 2011 dispose à ce sujet que : *« le juge d'instruction est un magistrat du siège. Toutefois, il ne peut participer au jugement des affaires dont il a eu à connaître à l'information judiciaire »*.

Le principe de la séparation des fonctions possède, en réalité un champ d'application beaucoup plus vaste que ce qui est permis par la plupart des codes. En effet, il s'étend à toutes les fonctions exercées par un magistrat au cours du procès pénal : poursuite, instruction, jugement et même exécution de la peine.

Le principe de la séparation des fonctions est lié à l'exigence d'impartialité des magistrats du siège (juge d'instruction, de jugement et d'application des peines). Ce principe d'impartialité a été consacré textuellement par la Convention européenne des droits de l'homme en son article 8 alinéa 1 sous l'expression du droit à un *« tribunal indépendant et impartial »*.

Le principe d'impartialité se décline sous deux formes :

- d'abord, l'impartialité subjective ou personnelle qui concerne les données propres à chaque magistrat (son expérience, ses opinions politiques, sa décision de justice)[1166].
- ensuite, l'impartialité fonctionnelle ou objective qui se rapporte aux fonctions qu'occupe le juge dans la procédure.

La séparation des fonctions relève de l'exigence d'impartialité fonctionnelle des magistrats. Ce principe vise à empêcher qu'un magistrat qui a connu de l'affaire une première fois, soit amené dans la même procédure à statuer une nouvelle fois sur le dossier, mais dans une fonction différente.

À titre d'exemple, un juge d'instruction examine les charges qui pèsent contre la personne mise en examen et apprécie la valeur de ces charges lorsqu'il renvoie le mis en examen devant la juridiction de jugement. Il

---

1166 Par exemple : Cass. crim., 16 mai 2000, *Bull. crim.* 2000, n° 191 pour un juge d'instruction qui a statué sur une plainte avec constitution de partie civile dirigée contre lui.

possède donc un préjugé sur la culpabilité de la personne poursuivie. Et ce préjugé nuira nécessairement à l'accusé ou au prévenu, si le juge d'instruction siège, par la suite, dans la juridiction de jugement.

L'exigence d'impartialité concerne non seulement les juges, mais aussi les experts qui sont amenés à rendre des conclusions techniques dans une affaire pénale.

Ainsi, la Cour de cassation française retient que le défaut d'impartialité d'un expert peut constituer une cause de nullité[1167].

L'impartialité s'impose encore aux magistrats du ministère public qui agissent comme des parties au procès lorsqu'ils exercent l'action publique. Ils ne doivent pas siéger par la suite, dans la juridiction de jugement sous peine de devenir juge et partie ;

Le principe d'impartialité est plus vaste que le principe de séparation des fonctions. Mais il s'agit de deux principes également importants. On comprend donc que la Cour de cassation française à travers la jurisprudence veille au respect de ces deux principes fondamentaux de la procédure pénale.

B. Le principe de l'autorité judiciaire gardienne des libertés individuelles

477. Le principe est exprimé de diverses manières dans le Code de procédure pénale camerounais. Une illustration peut être tirée de l'article 18 de la Loi 2006/015 du 29 décembre 2006 portant organisation judiciaire et relative à la compétence du tribunal de grande instance (TGI).

En effet, aux termes de l'alinéa 2 b de cet article, le président du Tribunal de Grande Instance ou le magistrat par lui délégué à cet effet, est compétent pour connaître des requêtes en *habeas corpus* (libération immédiate) formées par une personne arrêtée ou détenue ou en son nom par toute autre personne, et fondées sur l'illégalité d'une arrestation ou d'une détention ou sur l'inobservation des formalités prescrites par la loi.

Il est également compétent pour connaître des recours intentés contre les mesures de garde à vue administrative.

Cette disposition signifie que dans tous les cas d'atteinte à la liberté individuelle, le conflit ne peut être élevé par l'autorité administrative et les tribunaux de l'ordre judiciaire sont toujours exclusivement compétents.

Le principe est encore confirmé à travers les articles 218, 221 et 222 du Code de procédure pénale relatifs aux prérogatives du juge d'instruction au regard de la détention provisoire. En effet, au cours de l'instruction, c'est le

[1167] Cass. crim, 8 juin 2006, *procédure* 2006, coooo25.

juge d'instruction, magistrat du siège qui prend les mesures attentatoires aux libertés individuelles, en assure le contrôle et y met fin. Seul le contentieux de la détention provisoire lui échappe au profit de la Chambre de contrôle de l'instruction.

Si le principe est clairement affirmé, il faut tout de même se poser la question de savoir si la protection des libertés individuelles doit être réservée aux magistrats du siège ou peut être dévolue aux magistrats du parquet. Pour le Conseil constitutionnel français, l'autorité judiciaire qui assure le respect de la liberté individuelle, comprend à la fois les magistrats du siège et ceux du parquet.

Le Code de procédure pénale camerounais semble aller dans ce sens.

En effet, durant l'enquête, le Code de procédure pénale confie la protection des libertés au procureur de la République. C'est ainsi qu'aux termes de l'article 137 dudit Code, il peut à tout moment se transporter dans les locaux de la police ou de la gendarmerie pour procéder au contrôle de garde à vue. Au cours de ce contrôle, les personnes dont il ordonne la libération d'office ou en vertu d'une ordonnance d'*habeas corpus*, doivent être immédiatement libérées, sous peine de poursuites judiciaires pour détention illégale contre l'officier de police judiciaire responsable du local où s'effectue la garde à vue.

Le principe selon lequel l'autorité judiciaire est gardienne des libertés individuelles permet, en définitive, d'assurer le contrôle sur les actes d'enquête qui sont, pour la plupart, réalisés par les membres de la police judiciaire. Tout en s'appliquant à l'autorité judiciaire, ce principe ne constitue pas moins une véritable prérogative pour la personne suspectée ou poursuivie qui par ailleurs, bénéficie de nombreux autres droits procéduraux.

§2. Les principes relatifs aux droits procéduraux

478. Sont envisagés sous cette rubrique, le principe du contradictoire, l'équilibre des droits des parties ou des armes, l'égalité devant la loi pénale, les droits de la défense, le droit d'être jugé dans un délai raisonnable, le droit à un recours.

A. Le principe du contradictoire

479. Le contradictoire est le principe dont le domaine d'application déborde largement la procédure pénale. En réalité, le contradictoire s'impose dans toutes les procédures contentieuses, car il incarne le débat entre les parties sous les différents éléments du litige. La Cour européenne des droits de l'homme en donne une définition synthétique en considérant que ce principe implique la faculté, pour les parties à un procès pénal ou civil, de prendre connaissance de toutes les pièces ou observations présentées au juge,

même par un magistrat indépendant en vue d'influencer la décision et de la discuter[1168].

En procédure pénale, le principe du contradictoire domine une partie de la procédure. Sa présence n'est pas très marquée au cours de l'enquête.

Par exemple, durant l'enquête préliminaire, la personne placée en garde à vue est informée par un officier de police judiciaire de la nature de l'infraction qui fait l'objet de l'enquête (article 119 du Code de procédure pénale). En revanche, elle ne peut accéder au dossier de la procédure ou prendre connaissance des pièces qui étaient sa mise en cause.

Durant l'audience, le contradictoire produit son plein effet. Ainsi, au cours des débats, après chaque déposition, le ministère public et les parties ont le droit de poser au témoin les questions qu'ils jugent nécessaires. Ces différentes règles qui ponctuent le Code de procédure pénale permettent de favoriser l'information de chacune des parties au procès et de provoquer, chaque fois que cela est nécessaire, la discussion. Par ailleurs, l'interrogatoire des témoins au cours des débats ouvre au contradictoire une occasion supplémentaire de s'exprimer.

En effet, en application de l'article 331 du Code de procédure pénale, le témoin peut être interrogé à trois stades différents : à travers l'*« examination in chief »*, la *« cross-examination»* et la *« re-examination».*

- L'interrogatoire d'un témoin par la partie qui l'a fait citer est appelé *« examination in chief »* ;
- L'interrogatoire d'un témoin par la partie autre que celle qui l'a fait citer est dit *« cross-examination » ;*
- L'interrogatoire après la *« cross-examination»* d'un témoin par la partie qui l'a fait citer est appelé *« re-examination».*

Chaque témoin subit d'abord l'*« examination in chief »,* puis, si l'autre partie le désire, l*a « cross-examination»* et enfin, la *« re-examination»* si la partie qui l'a fait citer le souhaite.

La *« cross-examination »* vise en principe deux buts :

- affaiblir, modifier ou détruire la thèse de la partie adverse.
- susciter des témoins de la partie adverse des déclarations favorables à la thèse de la partie qui procède à la *« cross-examination».*

1168 CEDH, 20 février 1996, Vermeylen C/Belgique, *D.* 1997, Somm. com. p. 2008 ; S. NGONO, *Le procès pénal camerounais au regard des exigences de la Charte africaine des droits de l'homme et des peuples*, L'Harmattan, Paris, 2002, p. 106 et s ; Cl. ASSIRA, *Procédure pénale camerounaise et pratique des juridictions camerounaises*, Clé, Yaoundé, 2011.

Toutefois, la *« cross examination »* permet d'expliciter ce qui a déjà été dit lorsque l'on cherche à attirer l'attention particulière du tribunal sur un point précis. En outre, cette phase de la procédure pénale a également pour but d'éclaircir les faits lorsque ceux-ci ne le sont pas suffisamment.

Au stade de l'instruction, le contradictoire est également affirmé par le Code de procédure pénale.

En effet, aux termes de l'article 172 du Code de procédure pénale, l'avocat de l'inculpé une fois constitué, a le droit d'assister son client chaque fois que celui-ci comparaît devant le juge d'instruction.

Il doit être avisé de la date, et de l'heure de comparution au moins quarante-huit (48) heures avant le jour de cette comparution si le conseil réside au siège du tribunal, et soixante-douze (72) heures s'il réside hors du siège du tribunal, par tout moyen laissant trace écrite.

Le dossier de procédure est tenu auprès de l'avocat au cabinet d'instruction, vingt-quatre (24) heures avant chaque interrogatoire ou confrontation.

Le principe du contradictoire s'impose tant aux parties qu'au juge à l'instar de la procédure écrite. Le juge doit en toute circonstance, faire observer et observer lui-même le principe de la contradiction.

Dans une jurisprudence de la CEDH, la France a été condamnée en raison du fait que *« l'Avocat général près de la Cour de cassation ne communique pas ses conclusions aux parties »*.

B. L'équilibre des droits des parties

480. Le principe de l'égalité des armes impose que la procédure offre la possibilité raisonnable pour chaque partie de présenter sa cause dans des conditions qui ne la placent pas dans une situation de net désavantage par rapport à son adversaire[1169].

Il s'agit d'un principe d'origine européenne dégagé par la CEDH à partir de l'article 681 de la convention.

Le principe est parfois utilisé pour condamner une atteinte au principe du contradictoire. Ainsi, l'administration des douanes doit, sur le fondement de l'égalité des armes, communiquer toutes les pièces du dossier à la personne poursuivie[1170]. De la même manière, il y a violation du principe de l'égalité alors que ce droit a été refusé à son adversaire[1171].

1169 A. MINKOA SHE, *Droits de l'homme et droit pénal au Cameroun*, Economica, Paris, 1999, n° 133, p. 61.
1170 CEDH, 24 février 1994, Bendenum, série A n° 284.
1171 CEDH, 27 octobre 1993, Dombo Behen, série A n° 274.

Le principe d'équilibre des droits des parties et son corollaire, le principe d'égalité des armes, jouent un rôle croissant sur l'exécution de la procédure pénale. Ces principes ont permis aux parties privées, d'acquérir de nouveaux droits. En conséquence, le déséquilibre historique entre le ministère public et les parties privées tend à se réduire de façon significative.

Le principe de l'équilibre des droits des parties est contenu dans le Code de procédure pénale à travers les articles 373, 374, 375, 376 et 377 relatifs à la procédure à l'audience et des débats.

C. L'égalité devant la justice

481. Ce principe est consacré par l'article 1er du Code pénal camerounais en ces termes : *« la loi pénale s'impose à tous »*. De manière plus précise, ce texte veut que tout homme sans distinction aucune soit égal devant la loi et que les personnes se trouvant dans les conditions semblables et poursuivies pour les mêmes infractions, soient jugées selon les mêmes règles.

Cela ne signifie pas que les mêmes règles de procédure doivent être appliquées à tous les justiciables : *« distinguer n'est pas discriminer »* affirme-t-on à propos du principe d'égalité présenté au droit européen sous la forme de l'interdiction des discriminations.

Ainsi, le CEDH énonce que *« la notion de discrimination englobe d'ordinaire les cas dans lesquels un individu ou un groupe se voit, sans justification adéquate, moins bien traité qu'un autre »*.

Le principe d'égalité n'interdit pas l'existence de régimes procéduraux dérogatoires (jugement de mineurs). Telle est aussi la position du Conseil constitutionnel français, selon lequel le législateur peut prévoir les règles différentes selon les faits, les situations et les personnes, *« pourvu que ces différences ne procèdent pas de discriminations injustifiées »*[1172]. Ainsi dans une décision n° 86-215 du 3 septembre 1986, le conseil a jugé, à propos de la comparution immédiate, laquelle permet de juger un prévenu dans des délais très brefs, que cette procédure ne portait pas atteinte au principe d'égalité devant la justice *« pourvu que soient assurées aux justiciables des garanties égales, notamment quant au respect du principe des droits de la défense »*.

En définitive, l'égalité devant la justice ne s'impose strictement que face à des situations similaires et une différence de traitement est admise pourvu qu'elle soit justifiée et qu'elle ne porte pas atteinte aux droits de la défense.

[1172] Conseil constitutionnel, décision n°80-127,19-20 janvier. Sécurité et liberté : *JCP* 1981.

D. Les droits de la défense

482. Le principe des droits de la défense est commun à la justice administrative et à la justice judiciaire. À l'intérieur de celle-ci, il s'applique au procès civil comme au procès pénal.

C'est cependant en matière pénale qu'il a une importance particulière. On le définit comme l'ensemble des droits qui garantissent aux personnes mises en cause la possibilité d'assurer la protection de leurs intérêts de manière efficace.

Ces prérogatives s'appliquent à toutes les étapes de la procédure, pendant l'enquête de police, l'instruction, le procès, et même après le jugement dans le cadre de l'exécution des peines.

Les droits de la défense sont un principe fondamental de la procédure pénale. Ils regroupent un certain nombre de droits permettant à la personne mise en cause de se protéger contre la menace d'un procès pénal. Ils garantissent :

- un procès public devant un tribunal indépendant et impartial ;
- le droit pour le mis en cause de connaître la nature des poursuites dont il fait l'objet et le contenu de son dossier (pour lui permettre de préparer ses arguments) ;
- le droit au silence ;
- le droit d'être assisté d'un avocat à tous les stades de la procédure (garde à vue, instruction, jugement), ainsi que le temps et les moyens de préparer sa défense ;
- le droit à un interprète si la communication n'est pas possible ;
- le droit à ce que sa cause soit entendue dans un délai raisonnable ;
- que nul ne puisse être poursuivi ou condamné pour des faits qui ne sont pas prévus, réprimés ou punis d'une peine déterminée par la loi ;
- le droit à la présomption d'innocence.

Les droits de la défense trouvent leur source dans de nombreux textes[1173] :

- la Déclaration universelle des droits de l'homme (articles 7, 8, 10, 11) ;
- la Convention européenne des droits de l'homme (article 6 § 1 et 3) ;
- le Pacte international relatif aux droits civils et politiques (article 14) ;
- la Déclaration des droits de l'homme et du citoyen (article 16) ;

[1173] Dès 1976, le Conseil constitutionnel en a fait un principe fondamental reconnu par les lois de la République (PFRLR). De son côté, le Conseil d'État considère les droits de la défense comme un principe général du droit. Le 31 juillet 2015, il a élevé le principe des droits de la défense au rang de « *principe constitutionnel* ».

- la Charte des droits fondamentaux de l'Union européenne (article 48) ;
- la Charte africaine des droits de l'homme et des peuples (article 7 (1) c).

Sans être expressément définis comme tels par le Code de procédure pénale, ils peuvent tout de même être identifiés à travers l'examen du chapitre II relatif, à la plainte avec constitution de partie civile (article 157 à 163) et III relatif au déroulement de l'information judiciaire (articles 167 à 176 sur les droits de l'inculpé).

En effet, le principe s'applique au demandeur et au défenseur dans le procès pénal, comme d'ailleurs en procédure civile.

En d'autres termes, les droits de la défense profitent tout autant à la personne poursuivie, à la victime et, en théorie au ministère public.

En pratique, le principe concerne surtout les droits des parties privées (victimes et personnes poursuivies). Son domaine est si général qu'on peut le confondre à celui du droit équitable. Le principe des droits de la défense recouvre aussi bien le principe du contradictoire, que celui de l'égalité des armes.

Ce sont les juges qui veillent au respect et à la garantie de ces droits. La violation d'une des règles composant le principe des droits de la défense, est sanctionnée par la nullité de la procédure. La jurisprudence utilise ce principe de façon très générale et aléatoire pour prononcer la nullité d'un acte de procédure ou encore pour rejeter une preuve douteuse.

E. Le droit à un recours

483. L'article 8 de la Déclaration universelle des droits de l'homme reconnaît un *« droit au recours effectif » « contre les actes violant les droits fondamentaux ».* Ce principe consacre en effet une exigence élevée de protection, qui s'exprime à trois niveaux dans la formulation retenue.

En premier lieu, le recours ouvert à la personne qui allègue d'une violation des droits fondamentaux doit présenter un caractère *« effectif ».* Cela signifie qu'il doit être non pas formel, mais efficient, apte à réagir dans les faits à une situation d'atteinte aux droits fondamentaux. L'exigence d'effectivité implique que l'intéressé puisse accéder concrètement à un tribunal et, en cas de violation avérée, obtienne le redressement de sa situation.

En deuxième lieu, le champ des mesures susceptibles d'être contrôlées sur le fondement du droit au recours est large. En effet, pour définir le champ d'application couvert par cette disposition, l'article 8 se réfère à la notion *« d'actes »,* sans autre précision. En l'absence de limitation textuelle ou d'indications résultant des travaux préparatoires, quatre catégories d'actes peuvent entrer *a priori* dans le champ du droit au recours : les actes administratifs, auxquels songeaient en premier lieu les rédacteurs du texte, mais aussi les actes législatifs, les actes juridictionnels et les actes des particuliers.

En troisième et dernier lieu, l'organe compétent pour assurer la défense des droits fondamentaux doit être un organe juridictionnel. Il s'agit là d'un élément particulièrement important car le demandeur bénéficie de l'assurance que sa plainte sera examinée avec toutes les garanties qui s'attachent à l'intervention d'un organe de cette nature[1174]. Tirant les conséquences de cette primauté du juridictionnel, l'article 8 prescrit de placer les droits fondamentaux sous la protection des juridictions et, plus précisément, des *« juridictions nationales compétentes »*. Il résulte de cette précision que les tribunaux nationaux sont en première ligne dans la protection des droits fondamentaux et que l'intervention, s'il y a lieu, de juridictions supranationales est conçue dans une stricte logique de subsidiarité.

A son tour, la Convention américaine sur les Droits de l'homme, dispose en son article 25 (1) que *« toute personne a droit à un recours simple et rapide ou à tout autre recours effectif devant les juges et tribunaux compétents, destiné à la protéger contre tous actes violant ses droits fondamentaux reconnus par la Constitution, par la loi ou par la présente Convention, lors même que ces violations auraient été commises par des personnes agissant dans l'exercice de fonctions officielles »*. Dans le même ordre d'idées, la Charte africaine des droits de l'homme et des peuples reconnaît à toute personne, en son article 7 (1) a *« le droit de saisir les juridictions nationales compétentes de tout acte violant les droits fondamentaux qui lui sont reconnus et garantis par les conventions, les lois, règlements et coutumes en vigueur »*[1175]. La Convention européenne des droits de l'homme prévoit en son article 13 que *« toute personne dont les droits et libertés reconnus dans la présente Convention ont été violés, a droit à l'octroi d'un recours effectif devant une instance nationale, alors même que la violation aurait été commise par des personnes agissant dans l'exercice de leurs fonctions officielles »*. Pour sa part, le Pacte international relatif aux droits civils et politiques prévoit, à travers une formule similaire, que les États parties s'engagent à *« garantir que toute personne dont les droits et libertés reconnus dans le présent Pacte auront été violés disposera d'un recours utile, alors même que la violation aurait été commise par des personnes agissant dans l'exercice de leurs fonctions officielles »* (article 2 (3) a).

[1174] Les protections ont d'abord été non juridictionnelles, puis ont acquis progressivement un caractère juridictionnel. Le contrôle juridictionnel apparaît, dans une perspective historique, comme plus efficace et plus sûr que le contrôle non juridictionnel : J.-M. PONTIER, « Contrôle juridictionnel et nouvelles protections en France », *AEAP*, 1983/VI, p. 60.

[1175] Voir, sur cette question, O. Le BOT, « Le droit au recours comme garantie des droits fondamentaux : l'article 8 de la Déclaration universelle des Droits de l'homme », https://doi.org/10.4000/crdf6692, consulté le 20 août 2021 à 21h.

« Toute personne condamnée a le droit de faire examiner sa condamnation par une autre juridiction »[1176]. Sans affirmer expressément dans un article séparé le droit à un recours, le Code de procédure pénale examine, les voies de recours dans le livre IV.

Ainsi constituent des voies de recours ouvertes aux justiciables :

- l'opposition (articles 427 à 431)
- l'appel (articles 439 à 468)
- le pourvoi en cassation (articles 472 et suivants)
- la révision du procès pénal (articles 535 et suivants).

§3. Les principes relatifs aux droits fondamentaux de la personne poursuivie

484. Alors que certains principes servent de fondement à l'application des règles techniques de la procédure, d'autres transcendent toutes les matières parce qu'ils s'attachent à l'homme dans tous les aspects de sa vie sociale.

À cet égard, l'honneur de la personne suspectée ou poursuivie doit être préservé grâce au principe de la présomption d'innocence. De même, cette personne doit faire l'objet d'une protection particulière en ce qui concerne le respect de sa dignité ou encore à l'égard des mesures de contrainte dont elle pourra faire l'objet.

A. La présomption d'innocence

485. La présomption d'innocence est un principe qui se rapporte à la charge de la preuve pénale. Depuis la Déclaration des droits de l'homme et du citoyen en 1789, la présomption d'innocence est consacrée au rang des principes fondamentaux consubstantiels au régime démocratique. L'article 7.1b de la Charte africaine des droits de l'homme et des peuples en fait un droit fondamental de la personne. Toute personne poursuivie bénéficie généralement de la présomption d'innocence, principe proclamé par des textes suréminents relatifs aux droits de l'homme[1177].

La présomption d'innocence est consacrée au Cameroun comme principe constitutionnel. En effet, il est inscrit dans le préambule de la constitution en ces termes : *« tout prévenu est présumé innocent jusqu'à ce que sa culpabilité soit établie au cours d'un procès conduit dans le strict respect des droits de la défense »*.

[1176] Protocole additionnel n° 7 à la CEDH.

[1177] Déclaration universelle des droits de l'homme et du citoyen, Convention européenne des droits de l'homme, Charte africaine des droits de l'homme et des peuples.

Le Code de procédure pénale en son article 8 (1) affirme également ce principe quand il dispose : « *toute personne suspectée d'avoir commis une infraction est présumée innocente jusqu'à ce que sa culpabilité ait été légalement établie au cours d'un procès où toutes les garanties nécessaires à sa défense lui seront assurées* ».

La présomption d'innocence telle que définie s'applique au suspect, à l'inculpé, au prévenu et à l'accusé (article 8 (2)).

486. Ce principe implique un certain nombre de droits au profit des personnes poursuivies. C'est pourquoi certaines législations lui accordent une protection toute particulière.

En France par exemple, il existe une action en responsabilité fondée sur l'atteinte à ce principe. Cette action est visée par l'article 9-1 du Code civil français, lequel énonce que « *lorsqu'une personne est, avant toute condamnation, présentée publiquement comme coupable des faits faisant l'objet d'une enquête ou d'une instruction judiciaire, le juge peut, même en référé, sans préjudice de la réparation du dommage subi, prescrire toutes mesures, telles que l'insertion d'une rectification ou la diffusion d'un communiqué, aux fins de faire cesser l'atteinte à la présomption d'innocence, et ce, aux frais de la personne physique ou morale responsable de cette atteinte* ».

Il n'y a aucune difficulté à concevoir que cette disposition vise les faits qui se déroulent à l'extérieur du procès et non pas au cours des débats. Par exemple, le procureur de la République, peut, lors de ses réquisitions à l'audience, désigner le prévenu ou l'accusé comme coupable sans porter atteinte à la présomption d'innocence. À l'inverse, tant qu'une décision irrévocable de condamnation n'est pas intervenue, un journaliste, un écrivain ou toute autre personne ne peut affirmer publiquement la culpabilité d'une personne suspecte ou poursuivie.

Le respect de la présomption d'innocence s'impose aussi à l'État qui peut être auteur d'une atteinte à ce principe par l'intermédiaire de l'un de ses représentants.

Tel a été le cas d'une condamnation prononcée par la Cour européenne des droits de l'homme contre la France[1178].

Dans cet arrêt, la Cour a décidé qu'une atteinte à la présomption d'innocence pouvait émaner d'une autorité publique. En l'espèce, le ministre de l'intérieur avait au cours d'une conférence de presse donnée en 1976, désigné une personne l'auteur d'un assassinat contre un ancien ministre. Suite à un non-lieu, l'affaire fût portée devant la CEDH qui condamnera la France.

[1178] 10 février 1995, Allenet et Ribemont, série A, n° 308.

Cette reconnaissance européenne de la protection de l'homme et de la personne rappelle que chaque individu qui fait l'objet de poursuites, conserve le bénéfice de ses droits fondamentaux parmi lesquels, figure encore la dignité de la personne.

Le Code de procédure pénale tout en affirmant le principe de la présomption d'innocence, l'entoure de quelques mécanismes de protection. Cette protection de la présomption d'innocence concerne certains aménagements et sanctions prévus dans le cadre de la garde à vue ainsi que de la détention provisoire.

487. Pour la garde à vue, les éléments ci-après peuvent être relevés :

- une personne ayant une résidence connue ne peut, sauf cas de crime ou de délit flagrant, faire l'objet de la mesure de garde à vue ;
- la garde à vue est placée sous le contrôle d'une autorité judiciaire gardienne des libertés individuelles ;
- le délai de la garde à vue est limité à 48 heures et les prorogations sont soumises à l'autorisation préalable du procureur de la République qui ne peut la renouveler plus de deux fois ;
- les personnes gardées à vue peuvent recevoir de leurs familles et de leurs amis les moyens nécessaires à leur alimentation et à leur entretien.

L'article 122 (5) du Code de procédure pénale par ailleurs dispose que tout manquement, violation ou entrave à l'application de ces mesures de protection de la présomption d'innocence au cours de l'enquête préliminaire expose son auteur à des poursuites judiciaires sans préjudice, le cas échéant, des sanctions disciplinaires.

488. Au cours de l'information judiciaire, la présomption d'innocence connaît également quelques mesures de protection. À cet égard, les éléments ci-après peuvent être retenus :

- un inculpé justifiant d'un domicile connu ne peut faire l'objet d'une détention provisoire qu'en cas de crime ;
- la durée de la détention provisoire, contrairement à ce qui a longtemps prévalu avant la promulgation du Code de procédure pénale, est limitée à six (6) mois prorogeable au plus pour douze (12) mois en cas de crime et six (6) mois en cas de délit, par ordonnance motivée ;
- à l'expiration du délai de validité du mandat de détention provisoire, le juge d'instruction doit, sous peine de poursuite disciplinaire, ordonner immédiatement la mise en liberté de l'inculpé, à moins qu'il ne soit détenu pour autre cause ;
- toute personne légalement détenue à ce titre peut bénéficier de la mise en liberté moyennant une des garanties visées à l'article 246 (7) du CPP

destinées à assurer notamment sa représentation devant un officier de police judiciaire ou une autorité judiciaire compétente (sauf pour les personnes poursuivies pour crime passibles de l'emprisonnement à vie ou de la peine de mort) ;

- l'une des mesures protectrices de la présomption d'innocence les plus importantes concerne l'indemnisation en raison d'une détention provisoire ou d'une garde à vue abusive.

En effet, aux termes de l'article 236 (1) du CPP, « *toute personne ayant fait l'objet d'une garde à vue ou d'une détention provisoire abusive peut, lorsque la procédure aboutit à une décision de non-lieu ou d'acquittement devenue irrévocable, obtenir une indemnité si elle établit qu'elle a subi du fait de sa détention un préjudice actuel d'une gravité particulière* ». Cette indemnité est à la charge de l'État qui peut exercer une action récursoire contre son agent fautif.

D'autres mesures protectrices concernent la nullité des actes de l'enquête préliminaire accomplis en violation des droits de la défense tels que prévus par l'article 124 (4) du CPP.

Enfin, tout acte d'instruction accompli en violation des dispositions dont l'objet est la sauvegarde des droits de la défense est aux termes de l'article 251 (1) du CPP nul, et cette nullité ne peut pas être couverte.

489. Au-delà, il faut souligner que le droit au respect de la présomption d'innocence mérite d'être protégé de manière spécifique contre les inquisitions de la presse. Au nom du respect du droit à la présomption d'innocence, toute personne accusée d'un délit pénal doit *a priori* être considérée comme ne l'avoir pas commis. Elle bénéficie de cette présomption jusqu'à ce que sa culpabilité soit établie de manière définitive (y compris les voies de recours) par une juridiction pénale compétente. De sorte que toute divulgation d'information en violation de la présomption d'innocence porte de manière générale atteinte à la vie privée de la personne concernée.

B. Le respect de la dignité humaine

490. Le principe du respect de la personne humaine domine de très nombreux domaines du droit[1179]. Du latin *dignitas*, la notion de *« dignité »*, puise ses fondements dans la religion et la philosophie. Elle apparaît comme l'élément que l'on doit faire respecter en l'être humain en cette seule qualité et qui, selon la vision kantienne, impose de traiter la personne humaine toujours comme une fin et jamais comme un moyen[1180]. C'est plus simplement

[1179] J.-M. TCHAKOUA, *Dignité et droits fondamentaux des salariés : réflexions à partir des droits camerounais et français*, thèse de Doctorat, Université de Yaoundé II, 1999.
[1180] E. KANT, *Fondements de la métaphysique des mœurs*, 1785.

comme l'écrit le doyen CORNU, *« le respect en chaque personne de son humanité »*[1181]. Sur un plan textuel, c'est aussi à travers la sauvegarde de la dignité que se traduit, du moins au niveau universel, l'humanisme juridique. Le terme fait son apparition à la fin de la seconde guerre mondiale dans les textes internationaux[1182] à savoir, la Déclaration de Moscou du 30 octobre 1943, celle de Philadelphie du 10 mai 1944 et la Charte des Nations-Unies du 26 juin 1944. Mais, c'est surtout avec la Déclaration universelle des droits de l'homme (DUDH) du 10 décembre 1948 que le principe sera pleinement affirmé.

La notion de dignité humaine est quasi-absente des lois camerounaises[1183]. Le principe du respect de la dignité de la personne humaine est plutôt un principe à valeur constitutionnelle. En effet, le préambule de la constitution de la République du Cameroun l'affirme en ces termes : *« toute personne a droit à la vie et à l'intégrité physique et morale. Elle doit être traitée en toute circonstance avec humanité. En aucun cas, elle ne peut être soumise à la torture, à des peines ou traitements cruels, inhumains ou dégradants »*. Le Code de procédure pénale affirme ce principe au passage quand il évoque les conditions de la garde à vue en son article 122 où il est rappelé que le suspect doit être traité matériellement et moralement avec humanité.

491. La Déclaration universelle des droits de l'homme vise dans son préambule, la *« dignité inhérente à tous les membres de la famille humaine »*.

En France, le principe a été consacré par le Conseil constitutionnel dans ses décisions relatives aux lois bioéthiques de 1994[1184].

[1181] Il convient néanmoins de relever que l'appréhension de la notion de dignité est duale ; elle met en exergue deux thèses à savoir, celle de la *« dignité-droit subjectif » (ou attribut de la personne ; davantage un droit), qui relèverait de la liberté individuelle et celle de la « dignité-droit objectif »* (ou attribut de l'humanité ; davantage un devoir), permettant de protéger la personne en restreignant sa liberté. Il semble que le principe de « *l'autonomie personnelle* » ne devrait pas faire perdre de vue le fait que la dignité humaine fait partie des droits fondamentaux et à ce titre, elle se doit d'être protégée par la société. Il s'agirait alors de protéger la personne à la fois contre autrui et contre elle-même.

[1182] Voir, R. CABRILLAC, M. A. FRISON-ROCHE, Th. REVET, *Libertés et droits fondamentaux*, Dalloz, 2012, 18ème éd., n° 236 et s.

[1183] C'est surtout dans le bloc de constitutionnalité qu'il faut la chercher : les Pactes de 1966 (Pacte international relatif aux droits économiques, sociaux et culturels et Pacte international relatif aux droits civils et politiques) ; la Charte africaine des droits de l'homme et des peuples (CADHP) dont l'article 5 dispose *: « tout individu a droit au respect de la dignité inhérente à la personne humaine et à la reconnaissance de sa personnalité juridique. Toutes formes d'exploitation et d'avilissement de l'homme notamment l'esclavage, la traite des personnes, la torture physique et morale, et les peines ou les traitements cruels inhumains ou dégradants sont interdites »* ; la Déclaration universelle sur le génome humain et les droits de l'homme de l'UNESCO du 11 novembre 1997 ; la Convention d'Oviedo du 4 avril 1997.

[1184] Conseil const., déc. 94-343-344 DC du 27 juillet 1994.

Le juge constitutionnel affirme que *« la sauvegarde de la dignité de la personne humaine contre toute forme d'asservissement et de dégradation est un principe à valeur constitutionnelle »*[1185].

En procédure pénale, le principe de dignité interdit l'utilisation de la torture et des brutalités physiques ou psychiques durant le déroulement du procès et particulièrement, au cours des confrontations entre les personnes poursuivies et les autorités de poursuite.

La prohibition de la torture, des traitements inhumains et dégradants a donné lieu en jurisprudence, à plusieurs décisions. Celles de la Cour européenne des droits de l'homme ont particulièrement retenu l'attention.

Dans un arrêt Irlande c/ Royaume Uni[1186], la Cour avait à connaître les traitements infligés sur les personnes soupçonnées de terrorisme durant leur garde à vue avec pour but de leur arracher des aveux, renseignements ou dénonciations. La juridiction européenne parle alors de *« mesure de nature à créer chez les individus des sentiments de peur, d'angoisse et d'infériorité propres à les humilier, à les avilir et à briser éventuellement leurs résistances physiques ou morales »* et le Royaume Uni a été condamné pour traitements inhumains et dégradants.

La France n'a pas échappé aux condamnations de la CEDH et deux décisions ont particulièrement marqué les esprits.

La première a donné lieu à un arrêt Tomasi[1187]. Une personne poursuivie dans une affaire de terrorisme se plaignait d'avoir subi de nombreux sévices durant sa garde à vue comme en attestaient les certificats médicaux établis à l'issue de la mesure.

Selon la Cour européenne, les rapports médicaux attestent de l'intensité et de la multiplicité des coups reçus par la personne poursuivie et permettent de caractériser le traitement inhumain et dégradant.

Dans l'arrêt Selmouni c/ France[1188], la Cour rappelle que l'article 3 consacre l'une des valeurs fondamentales des sociétés démocratiques. Elle relève que de multiples brutalités ont été exercées sur une personne placée en garde à vue *« de nature à créer des sentiments de peur, d'angoisse et d'infériorité propres à humilier, avilir et briser éventuellement la résistance*

1185 Le Conseil d'État considère qu'*« il appartient à l'autorité investie du pouvoir de police municipale de prendre toute mesure pour prévenir une atteinte à l'ordre public ; que le respect de la dignité de la personne humaine est une des composantes de l'ordre public ; que l'autorité investie du pouvoir de police municipale peut, même en l'absence de circonstances locales particulières, interdire une attraction qui porte atteinte au respect de la dignité de la personne humaine »*

1186 18 janvier 1978, série A n° 25.

1187 27 nov. 1992 série A, n° 241-A.

1188 28 juillet 1999, Grande Chambre, *JCP* 1999, II, 10193.

physique et morale du requérant ». De tels agissements ont été qualifiés d'actes de torture.

Le principe de dignité trouve des applications indirectes dans le CPP, dans les dispositions relatives à la garde à vue (articles 122, 123 et 124 du CPP), qui peuvent se résumer ainsi qu'il suit : la personne qui fait l'objet de la mesure de garde à vue a le droit de consulter un médecin. La durée des interrogations dont elle fait l'objet doit être consignée dans le procès-verbal d'audition ainsi que les périodes de repos et les heures auxquelles elle a pu s'alimenter.

Toutes ces dispositions visent la transparence des mesures de connaître qui peuvent conduire à une atteinte à la dignité de la personne poursuivie.

Section 2. La sanction

492. La sanction est généralement appréhendée comme *« tout moyen destiné à assurer le respect et l'exécution effective d'un droit ou d'une obligation »* à l'instar de l'action en justice ouverte au titulaire d'un droit qui est la sanction de ce droit. Dans un sens strict, elle est synonyme de *« punition, peine infligée par une autorité à l'auteur d'une infraction, mesure répressive destinée à le punir»* tandis qu'au sens large, elle vise *« toute mesure - même réparatrice- justifiée par la violation d'une obligation »*[1189]. D'une manière générale, les sanctions applicables en droit pénal camerounais du travail sont dans leur ensemble, moins sévères que celles du droit commun. Il faut espérer qu'un tel dispositif est de nature à permettre une répression véritablement efficace des infractions en droit camerounais du travail. Aussi, convient-il d'apprécier ce système répressif en vigueur dans le Code du travail à partir des sanctions à visage pluriel qu'il contient (§1), ce qui invite par conséquent à saisir la réalité de leur mesure (§2).

§1. La nature des sanctions

493. La lecture du Code du travail laisse percevoir que les sanctions pénales qui constituent la catégorie la plus importante, sont parfois accompagnées des sanctions civiles. Mais il arrive aussi que des sanctions disciplinaires et administratives soient prononcées dans le cadre de l'exercice du travail. Il devient dès lors utile de les envisager toutes.

[1189] G. CORNU, *Vocabulaire juridique*, Association Henri Capitant, 10ème éd., PUF, 2014, p. 941.

A. Les sanctions pénales

494. Les mesures répressives sont utilisées lorsque l'acte antisocial n'a pu être évité. La peine prévue par le droit pénal sera alors prononcée. Elle frappe le coupable, mais elle n'a pas pour unique objet de punir et châtier. Un certain effet préventif est également attendu de cette sanction. Aussi, la peine doit être telle que le condamné ne renouvelle pas son infraction, et n'enfreigne plus les prescriptions légales ; elle doit éviter la récidive[1190].

Il faut néanmoins relever qu'il est rare qu'un système législatif se borne à adopter un seul type de sanction. Il n'existe à l'heure actuelle aucune législation qui utilise exclusivement des peines. On pratique presque partout la technique dite de la *« double voie »,* qui consiste à utiliser parallèlement des peines et des mesures de sûreté de façon à mettre en œuvre tous les procédés de politique criminelle. Les mesures de sûreté peuvent être définies comme de simples précautions de protection sociale destinées à prévenir la récidive d'un délinquant ou à neutraliser l'état dangereux. Elles se distinguent des peines par leur fondement, par leur but, et par leur contenu. Leur fondement n'est pas la culpabilité du délinquant, mais l'état dangereux qu'il représente. Aussi, sont-elles dépourvues de tout but rétributif ou expiatoire, et par voie de conséquence logique ne comportent-elles aucun caractère afflictif ou infamant prémédité. Elles sont choisies en considération de leur action potentielle sur l'élimination de l'état dangereux, et non point, en fonction de la souffrance ou de l'humiliation qu'elles seraient susceptibles de procurer au condamné[1191].

En droit pénal camerounais du travail, les sanctions sont pour une large part, de même nature que celles prévues par le droit commun pénal. Ainsi, à côté des peines principales, sont prévues des peines accessoires. Toutefois, la consécration des peines alternatives par le nouveau Code pénal camerounais augmente également la panoplie des sanctions pénales du droit pénal du travail camerounais.

1. Les peines principales

495. Les peines principales sont celles que la loi prévoit à titre principal pour l'infraction dont la personne poursuivie est reconnue coupable et que la juridiction est tenue de prononcer sauf si cette personne bénéficie d'une exemption de peine. La peine principale encourue permet de déterminer la nature de l'infraction (crime, délit, contravention). Lorsque la loi prévoit plusieurs peines principales, c'est la plus élevée qui permet de classer l'infraction. Si la loi ne prévoit qu'une peine principale, le juge doit la

---

[1190] G. STEFANI, G. LEVASSEUR, B. BOULOC, *Droit pénal général*, Précis Dalloz, 11ème éd., 1980, n° 26, p. 27

[1191] R. MERLE, A. VITU, *Traité de droit criminel*, T 1, 5ème éd., Cujas, Paris, 1984, n° 605, p. 770.

prononcer, sauf à la modérer en fonction des circonstances de l'infraction et de la personnalité de l'auteur. En droit pénal du travail, on note que si l'accent est prononcé sur les amendes, il est tout de même tempéré pour ce qui est des peines privatives de liberté et de la fermeture d'établissement.

a. Les amendes

496. Le Code pénal en son article 25-1 alinéa 1 dispose que *« l'amende est une peine pécuniaire en vertu de laquelle le condamné, personne physique ou morale, verse ou fait verser au trésor public une somme d'argent déterminée par la loi »*[1192].

Les amendes pénales qui sont des peines soumises par conséquent à toutes les règles du droit pénal : principe de légalité, sursis, amnistie, prescription, grâce, se distinguent :

- des amendes civiles qui sanctionnent l'inaccomplissement de certaines formalités ou certaines attitudes ;
- des amendes disciplinaires qui sanctionnent certaines fautes commises dans l'exercice d'une profession ;
- des amendes fiscales qui sanctionnent les infractions préjudiciables au fisc.

Les articles 166 à 173 du Code du travail qui prévoient les pénalités en droit camerounais du travail déterminent le plancher des amendes qui est de 20 000 (vingt mille) et le plafond qui est de 2 000 000 (deux millions) de francs. Quelques amendes seront évoquées à titre d'illustration.

La discrimination relative à la liberté syndicale est sanctionnée par les peines d'amende. À cet effet, le Code du travail punit d'une amende de 20.000 à 1.500.000 FCFA, toute personne qui commet à l'égard d'un travailleur affilié à un syndicat un acte de discrimination tendant à porter atteinte à la liberté syndicale en matière d'emploi (article 168).

L'article 169 du Code du travail punit d'une amende de 1.000.000 à 2.000.000 FCFA, toute personne qui s'oppose à l'exécution des obligations

---

[1192] L'amende a l'avantage de ne pas être corruptrice (comme la prison) et de conserver son effet afflictif malgré sa réitération (alors que la valeur intimidante et afflictive de la prison s'émousse vite) ; elle peut être proportionnée à la gravité de la faute (si le maximum légal est assez élevé ; d'ailleurs certaines amendes sont proportionnelles), et se trouve adaptée particulièrement à la répression des infractions inspirées par un mobile de lucre ; enfin, elle est très avantageuse pour le Trésor public (alors que l'exécution des peines privatives de liberté coûte très cher). Aussi, certains pays notamment l'Allemagne ont-ils fait, dans leur nouveau Code pénal, une place très importante aux peines d'amende.
Mais la peine d'amende, amputant le patrimoine, frappe tous ceux qui vivaient de ce patrimoine ou qui avaient des droits sur lui ; de même, elle est inégale, car frappant davantage le pauvre que le riche et peut d'ailleurs se heurter à l'insolvabilité du condamné : Voir, B. BOULOC, *Droit pénal général*, 26ème éd., Dalloz, Paris, 2019, n° 629, p. 520.

ou à l'exercice des pouvoirs qui incombent aux inspecteurs du travail et aux médecins-inspecteurs du travail.

La particularité au niveau des taux des amendes découle de ce que le législateur reconnaît aux juridictions répressives le pouvoir souverain d'apprécier l'étendue et l'opportunité de la peine susceptible d'être infligée selon la qualification donnée aux faits imputés. Le taux de l'amende varie entre un minimum et un maximum fixé par chaque texte d'incrimination.

En ce qui concerne leur mise en œuvre, le principe retenu est dérogatoire au droit commun du non-cumul des amendes. Considérant que la gravité de l'atteinte à l'ordre social dépend du nombre de travailleurs exposés au risque et non de la réalisation de celui-ci[1193], le principe du cumul des amendes est consacré en droit pénal du travail. Il est de nature à donner à la peine d'amende un caractère particulièrement dissuasif. Mais, en raison de son caractère dérogatoire, ce système spécial de répression devrait être d'application limitée[1194].

Parfois, ces peines d'amende sont assorties des peines privatives de liberté.

b. L'emprisonnement

497. L'emprisonnement est défini à l'article 24 du Code pénal comme *« une peine privative de liberté pendant laquelle le condamné est astreint au travail, sauf décision contraire et motivée de la juridiction »*. La privation de liberté consiste dans un confinement de l'individu, incarcéré sans possibilité d'organiser sa vie, et séparé des siens, de son milieu professionnel, etc.

En droit pénal du travail, les peines d'emprisonnement n'apparaissent qu'en cas de récidive. La récidive est le fait pour un individu de commettre dans un délai variable selon la nature de l'infraction, une nouvelle infraction après avoir été condamné par une décision définitive pour une première infraction. Le fait de commettre à nouveau l'infraction entraîne l'application d'une sanction plus lourde. Elle génère une aggravation d'une peine contraventionnelle, délictuelle ou criminelle qui s'applique chaque fois qu'une personne, après avoir été déjà condamnée définitivement pour une première infraction, en commet une autre. Il faut en principe que les deux infractions aient une qualification identique.

Une distinction est faite ici entre la récidive et la double récidive.

1193 J. SAVATIER, note sous Cass. crim., 21 oct. 1975, *D.* 1976, 375.

1194 En cas de concours réel d'infractions, le cumul des amendes n'est autorisé que dans la limite du nombre de salariés concernés par la ou les infractions. Il ne peut y avoir addition pure et simple du nombre de salariés figurant dans chaque procès-verbal, dès lors que les infractions concernent, en tout ou partie, les mêmes salariés : Cass. crim., 10 janv. 1979, *JCP éd. CI*, 7676, *Bull. crim.* 1979, n° 19.

L'alinéa 1 de l'article 170 du Code du travail punit la récidive des peines d'emprisonnement de six (6) jours à six (6) mois. Les infractions auxquelles s'appliquent la récidive concernent les infractions aux dispositions des articles 26, 27 alinéa 2, 30 alinéa 1, 67, 68, 75 alinéa 1, 82, 84 alinéas 2, 3 et 4, 86, 88, 89, 90, 92, 93, 98 alinéa 1 et dans les cas prévus aux articles 167 alinéa 3, 168 alinéas 2 à 8 et 169. En cas de récidive, la peine d'emprisonnement est facultative. C'est dire que le juge jouit ici de la latitude de la prononcer ou pas.

Pourtant, en cas de double récidive, l'emprisonnement est obligatoirement prononcé. Il en est de même chaque fois que l'auteur des infractions visées à l'article 168 alinéa 8 [1195]est l'un des membres chargés de l'administration ou de la direction d'un syndicat ou appartient au personnel de l'administration du travail et de la prévoyance sociale (article 170 (2) du Code du travail).

c. La fermeture d'établissement

498. Elle constitue pour la personne morale, une peine principale dans la mesure où elle fait perdre parfois au délinquant la valeur patrimoniale représentée par le fonds. Elle consiste dans la fermeture temporaire ou définitive d'un établissement entendu au sens d'une personne morale. Il s'agit de retirer de la vie commerciale ou publique un *« établissement »* (fonds de commerce, magasin, officine, bureau, usine) qui a été le théâtre, l'instrument ou l'occasion de certaines activités dangereuses pour l'ordre public. La fermeture d'établissement emporte interdiction pour la personne morale en cause, d'exercer l'activité à l'occasion de laquelle l'infraction a été commise et se distingue à ce titre de l'interdiction d'exploiter qui est à la fois plus intimement liée à la personne du condamné et plus large, puisqu'elle empêche l'intéressé de gérer non seulement l'établissement particulier qui fait l'objet d'une fermeture temporaire ou définitive, mais tous autres établissements de même catégorie. C'est une sanction qui frappe essentiellement l'établissement ou la succursale mis en cause, quel que soit son propriétaire, et non l'entreprise de manière globale. Il importe donc peu que le prévenu n'en soit pas propriétaire ou que l'infraction ait été commise par le gérant ou par un employé. La fermeture peut même être décidée si l'établissement a été vendu depuis que l'infraction avait été commise ou si l'irrégularité a cessé depuis la constatation de l'infraction. Cependant, la fermeture d'établissement présente des inconvénients en particulier pour tous ceux qui ont des droits sur le fonds en question qu'il s'agisse des créanciers nantis ou chirographaires, du vendeur impayé, etc. Il en est d'autant plus ainsi que cette peine n'est pas susceptible de relèvement comme les incapacités professionnelles. La durée de la

---

[1195] Il s'agit de toute personne qui exige ou accepte d'un travailleur une rémunération, quelconque à titre d'intermédiaire dans le règlement ou le paiement des salaires, indemnités, allocations et frais de toute nature ou pour l'obtention d'un emploi ou le règlement d'un différend de travail quel qu'en soit l'objet.

fermeture temporaire ne peut excéder cinq (5) ans et le sursis ne peut être prononcé (article 25-3 du Code pénal).

2. Les peines accessoires

499. La notion de peine accessoire doit être réservée aux peines qui sont attachées automatiquement à certaines peines principales, en sorte qu'elles suivent celles-ci même si le juge ne les a pas expressément prononcées. Les peines accessoires existent, à côté des peines principales, pour un nombre insignifiant d'infractions. Elles ont pour objet d'adapter la répression en fonction de la nature particulière de l'infraction poursuivie et de la personnalité du délinquant. Les peines accessoires sont constituées en droit du travail, des déchéances et de la fermeture d'établissement.

a. Les déchéances

500. La déchéance est la perte d'un droit, d'une fonction, d'une qualité ou d'un bénéfice, encourue à titre de sanction. L'article 30 du Code pénal consacré à la définition des déchéances dispose qu'elles consistent dans :

- la destitution et l'exclusion de toutes fonctions, emplois ou offices publics ;
- l'incapacité d'être juré, assesseur, expert, juré-expert ;
- l'interdiction d'être tuteur, curateur, subrogé tuteur ou conseil judiciaire, si ce n'est de ses propres enfants, ou membre d'un conseil de famille ;
- l'interdiction de porter toute décoration ;
- l'interdiction de servir dans les forces armées ;
- l'interdiction de tenir une école ou même d'enseigner dans un établissement d'instruction et, d'une façon générale, d'occuper des fonctions se rapportant à l'éducation ou à la garde des enfants.

En cas de condamnation pour délit et lorsque la loi l'y autorise, le tribunal peut prononcer pour une durée de cinq (5) ans au plus tout ou partie de ces déchéances (article 31 (4) Code pénal). Cependant, en cas de condamnation par défaut, elles sont encourues à partir du jour de l'accomplissement des mesures de publicité prévues par le Code de procédure pénale (article 32 Code pénal).

Les déchéances sont prévues pour les infractions du Code du travail réprimées conformément aux dispositions du Code pénal. Il s'agit, des infractions de droit commun, qui visent en principe toute personne. Sont concernées d'une part, les outrages et violences contre un inspecteur ou un médecin-inspecteur du travail et de la prévoyance sociale (articles 171 (1) Code du travail, 154 alinéa 1 (a) et 156 du Code pénal) et, d'autre part, de l'usurpation des fonctions d'inspecteur ou de médecin-inspecteur du travail et de la prévoyance sociale (articles 171 (3) Code du travail, 216 et 219 du Code pénal).

b. La fermeture d'établissement

501. La fermeture d'établissement constitue également une peine accessoire en droit pénal camerounais applicable à la fois aux personnes physiques et aux personnes morales (article 19 du Code pénal). Ainsi, lorsque la fermeture d'un établissement commercial ou industriel ou d'un local professionnel ayant servi à commettre une infraction est ordonnée par une juridiction compétente, cette décision emporte l'interdiction pour le condamné ou pour le tiers auquel le condamné a vendu, cédé ou loué l'établissement professionnel ou le local, d'exercer dans le même local le même commerce, la même industrie ou la même profession.

Relativement aux personnes morales, cette peine accessoire se traduit par la fermeture pour une durée déterminée, des établissements ou succursales ayant servi à la commission des faits incriminés (article 19 du Code pénal).

Le Code du travail camerounais ne met pas l'accent sur cette peine. La seule qui est visée à l'article 79 s'apparente plutôt à une sanction administrative, eu égard à l'autorité habilitée à l'administrer.

Doit-on pour autant en conclure que la fermeture d'établissement ne constitue pas une peine en droit pénal du travail ? C'est le lieu de rappeler que le droit pénal du travail est régi à la fois par les dispositions du Code du travail et du Code pénal, et chaque fois qu'un établissement commercial ou industriel ou un local professionnel a servi à la commission d'une infraction (pas nécessairement une infraction à la législation du travail), le juge peut en ordonner la fermeture. (On comprend donc que le juge joue un rôle crucial après les inspecteurs du travail dans le cadre de la procédure en matière du droit pénal du travail).

3. Les peines alternatives

502. Absentes de la Loi n° 67/LF/01 du 12 juin 1967, portant Code pénal camerounais, les peines alternatives[1196] ont été instituées[1197] à la faveur de la modification intervenue en 2016[1198]. Ces peines alternatives sont au nombre de deux : le travail d'intérêt général (a) et la sanction-réparation (b).

[1196] Inspirées du système juridique anglo-saxon notamment en Grande-Bretagne et dans l'État de New York pour ce qui est précisément des travaux d'intérêt général.
[1197] En France par la loi du 10 juin 1983.
[1198] Loi n° 2016/007 du 12 juillet 2016 portant Code pénal modifiée et complétée en 2019.

a. Le travail d'intérêt général

503. Le travail d'intérêt général consiste en une peine applicable aux délits passibles d'un emprisonnement inférieur à deux ans ou d'une peine d'amende[1199]. Le législateur pénal a également pris le soin de préciser les modalités de cette peine alternative. Elle est exécutée en faveur, soit d'une personne morale de droit public, soit d'une personne morale de droit privé chargée d'une mission de service public, soit encore d'un organisme habilité à mettre en œuvre les travaux d'intérêt général. Par ailleurs, il a désigné la juridiction compétente, notamment celle de jugement. Cette dernière a la charge de prononcer cette peine à la place de l'emprisonnement ou de l'amende, après la déclaration de culpabilité et sur consentement préalable du prévenu[1200]. En outre, il a fixé la durée de cette peine alternative en indiquant qu'elle ne peut être inférieure à deux cents (200) heures ou supérieure à deux cent quarante (240) heures et ce, sans prononcé du sursis[1201]. Le travail d'intérêt général n'est pas rémunéré[1202]. Dans l'optique de contraindre[1203] le condamné à s'exécuter, possibilité est offerte au juge de prévoir dans le prononcé de la décision y relative la durée de l'emprisonnement encourue en cas d'inexécution de la peine de travail d'intérêt général. Ladite peine est assortie de sursis[1204].

b. La sanction-réparation

504. Comme les infractions telles que l'expulsion du domicile conjugal[1205] et la filouterie de loyers[1206], la sanction-réparation, qui elle est une peine alternative, constitue les incursions du civil dans le pénal. La sanction réparation consiste *« dans l'obligation pour le condamné de procéder à la réparation matérielle du préjudice subi par la victime dans le délai et selon les modalités fixées par la juridiction compétente »*[1207]. Comme le travail d'intérêt général, la sanction-réparation est unc peine applicable aux délits passibles d'un emprisonnement inférieur à deux ans ou d'une peine d'amende[1208]. Elle est prononcée par la juridiction de jugement à la place de l'emprisonnement ou de l'amende, après la déclaration de culpabilité excluant

---

1199 Art. 26 du CP.
1200 Art. 26 al. 2 du CP.
1201 Art. 26 al. 3 du CP.
1202 Art. 26 al. 4 du CP.
1203 Ceci nous amène à penser à l'astreinte telle qu'appliquée en matière civile.
1204 Art. 26 al. 5 du CP.
1205 Voir à c'est effet : M.A. MOUTHIEU NJANDEU, « L'expulsion motivée du domicile conjugal de l'article 358-1 du Code pénal camerounais ou la figure inversée du droit de répudiation. », *Juridis périodique* n° 118, avril-mai-juin 2019, pp. 93-105.
1206 Art. 322-1 du CP.
1207 Art. 26-1 al. 1 du CP.
1208 *Ibid.*

toute possibilité de bénéfice de sursis[1209]. Dans la même veine, la décision du juge prévoit la durée de l'emprisonnement encouru en cas d'inexécution de la peine de sanction-réparation. Cette peine d'emprisonnement ne peut être assortie de sursis[1210].

Le travail d'intérêt général et la sanction-réparation poursuivent les objectifs communs de décongestion des prisons[1211] et de resocialisation du condamné[1212] ; leurs modalités d'application sont fixées par un texte particulier qui, jusqu'à date n'est pas effectif. Sont cependant exclus du bénéfice des peines alternatives, les auteurs des infractions à la législation sur les armes, d'offenses sexuelles et d'atteintes à l'intégrité corporelle. S'il est clair de manière générale que les peines d'emprisonnement prévues par le Code du travail sont inférieures à deux ans, il y a lieu de préciser par déduction relativement aux deux dernières infractions ci-dessus, qu'en droit pénal du travail singulièrement les infractions courantes telles que le harcèlement sexuel et l'homicide involontaire ne peuvent se voir appliquer ces peines alternatives.

B. Les sanctions civiles

505. L'observation des règles de la vie sociale peut en effet être obtenue bien souvent sans l'intervention du droit pénal, au moyen de sanction d'un autre ordre. Il en est ainsi des sanctions civiles qui sont de nature variée : nullité, révocation, déchéance, obligation de faire, astreinte, dommages et intérêts. En droit pénal du travail, seuls les nullités et les dommages-intérêts sont visés par le législateur.

1. Les nullités

506. La nullité est la sanction encourue par un acte juridique (contrat, acte de procédure, jugement) entaché d'un vice de forme ou d'une irrégularité de fond qui consiste dans l'anéantissement de l'acte. Elle se distingue de l'annulation qui proclame la nullité, celle-ci existant, au moins virtuellement, dès avant son prononcé, dès que survient la cause de nullité[1213]; de l'inopposabilité qui se caractérise par le fait qu'elle n'entraîne pas

---

[1209] Art. 26-1 al. 2 du CP.
[1210] *Ibid.*
[1211] D. SOWENG, « L'avènement des peines alternatives en droit pénal camerounais : contour et concours de l'une des innovations de la réforme législative du 12 juillet 2016 », *les Annales de Droit*, 13/2019, pp. 185-213 ; R. NGONO BOUNOUNGOU, *La réforme du système pénitentiaire camerounais : entre héritage colonial et traditions culturelles*. Thèse de Droit, Université de Grenoble, 2012, Français. NNT : 2012 GREND001. Tel-00808408.
[1212] F. N. P. NKOA, « L'effectivité des peines alternatives dans le Code pénal : un renforcement de la fonction resocialiste du droit pénal », *Juridis périodique* n° 119, juillet-août-septembre 2019, pp. 123-134.
[1213] G. CORNU, *Vocabulaire juridique*, PUF, 9ème éd., 2011, p. 690.

l'anéantissement de l'acte : celui-ci reste valable entre les parties, mais son irrégularité empêche qu'il puisse produire des effets à l'égard des tiers[1214]. Pour sanctionner certains actes, décisions ou situations en matière de relations de travail, le législateur a institué les nullités en cas de violation des dispositions de la législation du travail d'ordre étatique ou d'origine conventionnelle ou aussi en cas de renonciation à certains droits. Le Code du travail comprend une panoplie de situations susceptibles d'être annulées.

a. La nullité des actes portant atteinte à la liberté de travail

507. Dans le cadre de l'exercice de la liberté syndicale, les travailleurs et les employeurs ont le droit de s'affilier à un syndicat de leur choix au niveau de leur profession ou de leur branche d'activité (article 4 al. 1). Pour garantir cette liberté syndicale, le législateur du travail interdit à l'égard des travailleurs : tout acte de discrimination tendant à porter atteinte à la liberté syndicale en matière d'emploi ; toute pratique tendant à subordonner leur emploi à leur affiliation ou à leur non-affiliation à un syndicat, à les licencier ou leur causer un préjudice quelconque en raison de leur affiliation ou de leur non-affiliation à un syndicat ou de leur participation à des activités syndicales. Tout acte contraire à ces prescriptions législatives est *« nul et de nul effet »* (article 4 al. 3).

b. La nullité des conventions de travail

508. Il s'agit des contrats de travail et des conventions collectives de travail.

1214 Deux autres sanctions se caractérisent comme la nullité, par l'anéantissement de l'acte : il s'agit de l'inexistence et de la caducité.
La théorie de l'inexistence comme sanction spécifique de la formation du contrat n'est pas unanimement admise : tant la jurisprudence qu'une partie de la doctrine préfèrent voir, dans les prétendus cas d'inexistence, des cas de nullité absolue. Les cas d'inexistence seraient ceux où il manque un élément essentiel à la formation de l'acte (l'absence de consentement, l'absence d'objet, l'absence de cause et l'absence de forme pour les contrats solennels), mais de telle sorte que l'acte n'ait aucune apparence formelle, car, sans cela, il faudrait annuler cette apparence. Les cas de nullité seraient alors ceux où l'acte contient apparemment tous ses éléments essentiels, mais où l'un d'eux manque en fait ou est atteint d'un vice, plus ou moins grave, nécessitant la protection de plus ou moins de personnes, ce qui entraînera une nullité absolue s'il s'agit de protéger l'intérêt général ou l'ordre public ou relative s'il s'agit de protéger un intérêt particulier de l'un des contractants.
La caducité tout comme la nullité, sanctionne les conditions de formation du contrat et elle entraîne son anéantissement. Cependant, à la différence de la nullité, elle atteint un acte valablement formé et dont les conditions de formation ont été correctement remplies, mais qui perd ensuite un élément de sa validité par suite d'un évènement postérieur. La disparition de l'acte se produit donc en principe seulement pour l'avenir, sans rétroactivité, contrairement à la nullité qui est rétroactive : Voir, sur ces questions, Y. BUFFELAN-LANORE, V. LARRIBAU-TERNEYRE, *Droit civil, Les obligations*, 12ème éd., Dalloz, Paris, 2010, nos 981 et 982, pp. 345-346.

i. Le cas des contrats de travail

509. Aux termes de l'article 27 alinéas 1 et 2 du Code du travail, tout contrat de travail stipulant une durée déterminée supérieure à trois mois ou nécessitant l'installation d'un travailleur hors de sa résidence habituelle doit être constaté par écrit. Une ampliation du contrat est adressée à l'inspecteur du travail du ressort. Le contrat de travail concernant un travailleur de nationalité étrangère doit, avant tout commencement d'exécution, être visé par le ministre chargé du Travail. La demande de visa incombe à l'employeur. Si le visa est refusé, *« le contrat est nul de plein droit »*[1215]. Le refus du visa, tout comme l'omission de la demande de visa, entraîne la nullité du contrat[1216].

L'article 46 du Code du travail dispose que le contrat d'apprentissage doit être constaté par écrit, à peine de nullité absolue. Mais cette nullité n'abolit pas le fait qu'est l'emploi. La conséquence en sera que le contrat d'apprentissage sera nul en tant que tel et sera remplacé par un contrat de travail pur et simple à durée indéterminée. Il s'ensuit que le travailleur se voit conférer les droits découlant de ce type de contrat, notamment la perception du salaire prévu par la loi ou les conventions collectives, selon sa qualification.

ii. Le cas des conventions collectives de travail

510. Selon les dispositions de l'article 26 du Décret n° 93/578/PM du 15 juillet 1993 fixant les conditions de fond et de forme applicables aux conventions collectives de travail, les organisations syndicales, les personnes physiques ou morales liées par une convention collective peuvent intenter une action en justice, pour faire sanctionner l'inobservation des clauses contractuelles.

La nullité s'apparente ici à la dénonciation de la convention collective. La nullité de la convention collective ordinaire[1217] pose moins de problèmes que la nullité de la convention collective étendue[1218].

[1215] C. S., arrêt n° 33 du 15 janvier 1963, affaire Société Barreau Chauvin c/ECHÉ Marc.

[1216] C. S., arrêt n° 24/S du 3 avril 1975 et arrêt n° 52/S du 14 mars 1985.

[1217] Elle s'identifie avec la nullité en matière civile. Les causes de l'action en nullité peuvent être assez diverses. Ce peut être tout d'abord, l'inobservation des dispositions du Code civil concernant la validité du contrat, notamment l'article 1108 du Code civil relatif aux vices de consentement. Mais l'action en nullité peut aussi être fondée sur la méconnaissance des exigences propres au droit des conventions collectives. Il pourra en être ainsi pour défaut de capacité ou de qualité des parties, pour absence de forme écrite ou de dépôt, de publicité et pour absence de signature de chaque négociateur : article 6 du Décret n° 93/578/PM du 15 juillet 1993 fixant les conditions de fond et de forme applicables aux conventions collectives de travail.

[1218] L'extension a pour effet de rendre la convention collective obligatoire pour tous les travailleurs et employeurs qui sont compris dans son champ d'application professionnel et territorial.

Aux termes de l'article 53 du Code du travail, la demande d'extension peut provenir de l'une des organisations syndicales la plus représentative, ou être initiée par le ministre chargé du Travail. La convention collective étendue se caractérise par son aspect hybride : il revêt la forme d'un contrat de droit privé et celle d'un acte administratif unilatéral. Aussi, l'action en nullité peut-elle revêtir deux formes :

- elle peut d'abord prendre la forme d'un recours en annulation pour excès de pouvoir dirigé contre le décret d'extension. Le requérant doit alors établir l'illégalité de l'acte en invoquant les moyens telles l'incompétence ou la violation de certaines règles de fond ;
- mais le requérant peut aussi invoquer la nullité de la convention collective elle-même, car la légalité du décret d'extension dépend de la validité de celle-ci. L'autorité chargée de se prononcer sur l'extension doit donc vérifier la conformité de l'accord collectif avec les textes en vigueur et l'on sait d'ailleurs, qu'elle peut refuser, en tout ou en partie l'extension d'une convention qui serait contraire aux dispositions réglementaires et législatives.

Les juges ont le pouvoir d'annuler le décret d'extension lorsque la convention qui lui sert de support juridique est elle-même entachée de nullité.

c. La nullité consécutive à la violation des règles protectrices

511. Le licenciement d'un salarié protégé est irrégulier s'il a été prononcé sans observation des formes de la procédure protectrice ou au mépris d'une décision administrative refusant l'autorisation. Un tel licenciement se distingue par sa nature et ses conséquences, du licenciement prononcé en vertu d'une autorisation administrative ultérieurement annulée sur recours hiérarchique ou contentieux qui rend le licenciement non pas nul, mais plutôt inopérant.

i. L'annulation de la décision administrative d'autorisation de licenciement du délégué du personnel

512. Le licenciement du délégué du personnel se caractérise par l'étroite imbrication d'un acte administratif unilatéral et d'un acte unilatéral de droit privé émanant de l'employeur.

Le premier acte peut être attaqué grâce à la procédure de recours en annulation pour excès de pouvoir dirigée contre l'arrêté de l'inspecteur du travail et de la prévoyance sociale. Si l'action en annulation pour excès de pouvoir aboutit, le licenciement est inopérant. En effet, la décision administrative qui lui sert de support juridique étant nulle, le licenciement ne peut donc être valable. Loin de purger l'autorisation de ses vices, le licenciement voit au contraire sa légalité dépendre de la validité de celle-ci[1219].

ii. L'annulation des licenciements irréguliers

513. Aux termes de l'article 130 (3) du Code du travail, tout licenciement du délégué du personnel sans autorisation de l'inspecteur du travail et de la prévoyance sociale est nul et de nul effet, avec les conséquences attachées à cette nullité.

Il en résulte que le licenciement irrégulier d'un salarié protégé, prononcé en violation de la procédure protectrice ou en dépit d'une décision administrative de refus d'autorisation est frappé de nullité[1220]. Il en sera également ainsi si le salarié protégé a commis une faute lourde privative des indemnités de rupture.

iii. L'annulation de la mise à pied spéciale

514. L'article 30 alinéa 3 du Code du travail énonce que la mise à pied est *« nulle et de nul effet »* si les conditions suivantes ne sont pas simultanément remplies :

a) être d'une durée maximale de huit jours ouvrables, déterminée au moment où elle est prononcée ;

b) être notifiée au travailleur par écrit avec indication des motifs pour lesquels elle a été infligée ;

c) être communiquée dans les quarante-huit heures à l'inspecteur du travail du ressort.

La question s'est posée de savoir si le délégué du personnel est protégé contre la mise à pied. Il convient d'y répondre par l'affirmative dans la mesure où l'article 30 du Code du travail n'exclut aucun employé de son champ d'action.

L'inspecteur du travail doit-il intervenir pour la mise à pied comme dans l'hypothèse du licenciement du délégué du personnel où son autorisation est préalable ? L'article 30 (c) exige seulement que l'inspecteur du travail soit informé dans les 48 heures qui suivent la décision de mise à pied.

[1219] On doit en conclure que l'annulation de l'autorisation de licenciement d'un salarié protégé rend celui-ci inopérant de manière rétroactive à compter du jour du licenciement.

[1220] Il s'agit de la nullité prononcée du seul fait de l'inobservation de la procédure. Ces décisions rendues en matière de compressions d'effectif, doivent être transposées purement et simplement au licenciement irrégulier du délégué du personnel : C. S., arrêt n° 64/S du 24 avr. 1982 ; C. S., arrêt n° 11/S du 20 oct. 1980 ; Voir également, P.-G. POUGOUÉ, *in Monde du travail* 1985, n° 33.

La mise à pied doit être justifiée par une faute lourde ou par une faute grave. L'appréciation de cette faute est de la compétence des juges.

La mise à pied du délégué du personnel cesse ses effets lors de l'intervention administrative sur le projet de licenciement. Cette mesure est caduque si le licenciement est refusé. Elle est annulée et ses effets supprimés de plein droit. Cette annulation étant rétroactive, l'employeur est tenu de verser au salarié ayant fait l'objet de la mise à pied, les salaires non perçus pendant la période d'exécution de cette mesure[1221]. Il doit aussi réintégrer le salarié dans l'entreprise, au poste que celui-ci occupait avant le prononcé de la mesure. En d'autres termes, le salarié protégé concerné doit être replacé dans la situation qui aurait été la sienne si la mesure annulée n'était pas intervenue. Cette réintégration doit être effective.

d. Les autres hypothèses de nullité

515. Le Code du travail sanctionne également par la nullité l'inobservation de certaines normes jugées substantielles. Ses diverses dispositions en la matière le témoignent. L'on peut citer entre autres, la nullité de toutes violations aux règles relatives à la constitution des syndicats professionnels (article 13 (1) Code du travail), la nullité de l'objet illicite du syndicat (article 13 (1 b) Code du travail), la nullité pour fraude ou erreur sur l'enregistrement du syndicat (article 13 (1 a) Code du travail), la nullité de certaines clauses du règlement intérieur de l'entreprise relatives à la rémunération (article 29 (2) Code du travail), la nullité de l'opposition irrégulière d'une sentence arbitrale (article 163 (3) Code du travail), la nullité des violations des règles relatives au salaire (article 67 Code du travail).

Dans le cadre de l'exercice de la liberté syndicale, les travailleurs et les employeurs ont le droit de s'affilier à un syndicat de leur choix au niveau de leur profession ou de leur branche d'activité (article 4 (1) Code du travail). Pour garantir cette liberté syndicale, le législateur du travail interdit à l'égard des travailleurs : tout acte de discrimination tendant à porter atteinte à la liberté syndicale en matière d'emploi ; toute pratique tendant à subordonner leur emploi à leur affiliation ou à leur non-affiliation à un syndicat, à les licencier ou leur causer un préjudice quelconque en raison de leur affiliation ou de leur non-affiliation à un syndicat ou de leur participation à des activités syndicales. Tout acte contraire à ces prescriptions législatives est *« nul et de nul effet »* (article 4 (3) Code du travail).

Le Code du travail exige que le règlement intérieur soit établi par le chef d'entreprise et que son contenu soit limité exclusivement aux règles relatives

[1221] Si le grief allégué pour la justifier est reconnu insuffisant par le tribunal, le travailleur à l'encontre duquel elle a été prononcée perçoit une indemnité compensatrice correspondant au salaire perdu et, éventuellement, des dommages-intérêts, s'il apporte la preuve qu'il a subi de ce fait un préjudice distinct de celui de la perte du salaire : article 30 (4) Code du travail.

à l'organisation technique du travail, aux normes et à la procédure disciplinaire, aux prescriptions concernant l'hygiène et la sécurité du travail, nécessaires à la bonne marche de l'entreprise (article 29 (1) Code du travail). Toutes les autres clauses qui viendraient à y figurer, notamment celles relatives à la rémunération, seront considérées comme *« nulles de plein droit »*, sous réserve des dispositions de l'article 68 (4) du Code du travail[1222].

D'après l'article 67 du Code du travail, le salaire doit être payé en monnaie ayant cours légal, tout autre mode de paiement étant interdit. Toute stipulation contraire est *« nulle et de nul effet »*[1223].

À son tour, l'article 75 du Code du travail précise qu' *« en dehors des prélèvements obligatoires, du remboursement des prestations prévues à l'article 66 alinéa (3) et des consignations qui peuvent être prévues par les conventions collectives et les contrats individuels, il ne peut être fait des retenues sur les salaires que dans les cas ci-après :*

a) par saisie-arrêt ;

b) par application des dispositions prévues à l'article 21 de la présente loi ;

c) par cession volontaire souscrite par le cédant en personne et communiquée pour vérification à l'inspecteur du travail du ressort quand il s'agit du remboursement d'avances consenties par l'employeur au travailleur et devant le président du tribunal compétent dans les autres cas ;

d) en cas d'institution, dans le cadre des dispositions législatives et réglementaires en vigueur, de sociétés de secours mutuels comportant le versement de cotisations par le travailleur ».

Il s'ensuit que les dispositions d'une convention collective ou d'un contrat individuel autorisant tous les autres prélèvements sont *« nulles et de nul effet »* (article 75 (3) Code du travail).

[1222] Article 29 (2) Code du travail.

[1223] L'on doit relever qu'en marge du salaire, les alinéas 1 et 3 de l'article 66 disposent que :
- 1) L'employeur est tenu d'assurer le logement de tout travailleur qu'il a déplacé pour exécuter un contrat de travail nécessitant l'installation de ce travailleur hors de sa résidence habituelle. Ce logement doit être suffisant et décent, correspondre à la situation de famille du travailleur et répondre aux conditions fixées par arrêté du ministre chargé du Travail, pris après avis de la Commission nationale consultative du travail.
- 3) L'employeur est tenu d'assurer le ravitaillement régulier en denrées alimentaires de tout travailleur logé avec sa famille par ses soins, lorsque celui-ci ne peut se les procurer par ses propres moyens. Cette prestation est fournie à titre onéreux. Sa valeur de remboursement est fixée par l'arrêté visé ci-dessus.

Toutes ces hypothèses de nullité ont un régime particulier dans la mesure où la nullité s'opère de plein droit et s'apparente ainsi à la nullité absolue.

Il existe deux types de nullité : la nullité relative et la nullité absolue. Encore appelée nullité de protection, la nullité relative sanctionne la violation des conditions qui protègent les parties au contrat c'est-à-dire les irrégularités susceptibles de nuire particulièrement à l'un des contractants. Cette nullité n'existe que dans l'intérêt de la personne que la loi a voulu protéger. La nullité relative est susceptible de confirmation. Au contraire, la nullité absolue sanctionne la violation des conditions qui tendent à protéger l'ordre public voire un intérêt général et les bonnes mœurs. Cette nullité peut être invoquée par toute personne ayant un intérêt à agir (Exemple : contractant, héritiers, créanciers). La nullité absolue n'est pas susceptible de confirmation.

Le principe est que l'acte annulé disparaît rétroactivement. Dans certains cas, ces sanctions de nullité entraînent la condamnation du délinquant au paiement des dommages-intérêts.

2. Les dommages-intérêts

516. Considérés comme mode de réparation par équivalent, les dommages et intérêts qui sont le plus usités, existent aux côtés de la réparation en nature qui est de loin préférable, car elle permet de rétablir la situation de la victime dans l'état où elle était avant la survenance de l'acte dommageable. Les dommages-intérêts peuvent être définis comme la sanction financière prononcée à l'encontre de l'auteur d'un acte dommageable en vue de réparer le préjudice subi par la victime. On distingue les dommages-intérêts compensatoires ayant pour seule finalité la réparation intégrale du dommage, des dommages-intérêts punitifs visant à punir la faute commise par son auteur. Les dommages-intérêts compensatoires sont octroyés à la victime d'un fait dommageable au titre de réparation intégrale du préjudice qui en résulte.

En droit pénal, les dommages-intérêts consistent au paiement d'une somme d'argent à la victime d'un acte attentatoire à un droit matériel ou moral d'origine légale ou conventionnelle et ont pour finalité la réparation des dommages ou le rétablissement des situations.

Lorsque le fait dommageable est constitutif de délit tels les cas de certaines infractions lucratives, le juge a la possibilité d'attribuer également des dommages-intérêts punitifs[1224]. En l'absence de réglementation du droit de retrait du salarié en cas de danger grave et imminent pour sa santé et sa vie[1225],

---

1224 Pour obtenir la condamnation au paiement des dommages et intérêts punitifs, le demandeur devra rapporter la preuve univoque de ce que le défendeur a agi de manière volontaire, intentionnelle, malveillante, délibérée ou gravement imprudente.

1225 En effet, l'article 13 de la Convention de l'OIT n° 155 sur la sécurité et la santé des travailleurs adoptée en 1981 dispose qu' *« un travailleur qui s'est retiré d'une situation de*

il semble que le salarié peut se fonder sur la faute inexcusable de l'employeur[1226] qui est tenu envers lui, d'une obligation de sécurité-résultat. La démonstration de l'existence d'une faute inexcusable pour justifier le retrait du salarié de l'entreprise tient à deux conditions : la conscience du danger par l'employeur et l'absence de mesure prise pour en préserver les salariés. L'on comprend que dans cette situation, le salarié victime de cette défaillance de l'employeur serait en droit de solliciter la condamnation de ce dernier au paiement des dommages-intérêts punitifs en sa faveur.

Parmi les sanctions de dommages-intérêts prévues par le Code du travail, il y en a qui sont associées aux sanctions pénales envisagées par la législation du travail. À titre d'illustration, l'article 30 alinéa 4 énonce que si le grief allégué pour justifier la mise à pied est reconnu insuffisant par le tribunal, le travailleur à l'encontre duquel elle a été prononcée perçoit une indemnité compensatrice correspondant au salaire perdu et, éventuellement des dommages-intérêts, s'il apporte la preuve qu'il a subi de ce fait un préjudice distinct de celui de la perte du salaire.

Par ailleurs, les dommages-intérêts qui sont développés dans le Code civil à travers les articles 1382 sont également applicables en droit du travail.

Ainsi, la partie responsable de la rupture avant terme du contrat de travail à durée déterminée et non justifiée par la faute lourde de l'autre partie ou par un cas de force majeure (article 38 Code du travail) peut être condamnée à verser à la victime, des dommages-intérêts qui correspondent, en général, à la somme des salaires qui devaient être versés pendant toute la période qui restait à courir. De même, tout licenciement d'un salarié intervenu de manière abusive, c'est-à-dire sans motif valable peut donner lieu à des dommages et intérêts dont le montant, sans excéder un mois de salaire par année d'ancienneté dans l'entreprise, ne peut être inférieur à trois mois de salaire. Lorsque le licenciement légitime d'un travailleur est irrégulier, c'est-à-dire lorsqu'il est survenu sans observation par l'employeur des formalités prévues à cet effet, il ouvre en faveur du travailleur, droit aux dommages-intérêts dont le montant ne peut excéder un mois de salaire (article 39 (1), (4 b) et (5) Code du travail).

C. Les sanctions disciplinaires

517. Le comportement répréhensible du travailleur du fait de son caractère nuisible au bon fonctionnement de l'entreprise, peut trouver sa sanction au

---

travail dont il avait un motif raisonnable de penser qu'elle présentait un péril imminent et grave pour sa vie, ou sa santé devra être protégé contre des conséquences injustifiées conformément aux conditions et pratiques nationales ». Or, le Cameroun n'a ratifié ni la Convention n° 155 ni introduit dans sa législation sociale, des dispositions sur le droit de retrait.

[1226] ILLY (M), « COVID-19 et faute inexcusable de l'employeur : est-ce possible ? », *Recueil Dalloz*, avril 2020, p. 829.

sein de l'entreprise *« alors que la répression pénale sanctionne les actes nuisant d'abord à la société dans son ensemble »*[1227]. Les sanctions disciplinaires apparaissent comme des normes juridiques propres à l'entreprise. Elles sont prises par l'employeur contre un travailleur qui n'a pas observé les règles de discipline de l'entreprise. Elles correspondent à des règles internes de l'entreprise reconnues par l'État et intégrées au système juridique[1228]. Les sanctions disciplinaires interviennent en cas de faute disciplinaire, considérée comme inobservation de toute prescription ou injonction émanant de l'employeur. Elles ont pour finalité d'assurer la discipline et l'ordre au sein de l'entreprise. Cela se justifie dans la mesure où, parmi les pouvoirs reconnus au chef d'entreprise, figure celui d'infliger des sanctions disciplinaires. Ces dernières sont fondées sur la nécessité de respecter les règles d'organisation, de fonctionnement et de la discipline au sein de l'entreprise.

Les articles 30 et 31 du Code du travail qui traitent du règlement intérieur de l'entreprise et des sanctions disciplinaires n'ayant pas défini ces sanctions, il convient de se référer à l'article 122-40 du Code de travail français aux termes duquel *« constitue une sanction toute mesure, autre que les observations verbales, prise par l'employeur à la suite d'un agissement du salarié considéré par lui comme fautif, que cette mesure soit de nature à affecter immédiatement ou non la présence du salarié dans l'entreprise, sa fonction, sa carrière ou sa rémunération »*.

L'on comprend que pour qu'il y ait sanction au sens de ce texte, il faut qu'il y ait une décision de l'employeur (considérée comme l'attribut essentiel du pouvoir disciplinaire), que cette décision affecte la relation contractuelle de travail, qu'elle soit justifiée par un comportement fautif du salarié résultant d'un acte positif ou d'une abstention volontaire. Ainsi, certaines mesures ne sont pas des sanctions si elles n'ont pas pour cause une faute du salarié. Tel est le cas par exemple du changement de poste pour effectuer un remplacement.

518. Les sanctions disciplinaires sont très variées et sont caractérisées par leur inégale gravité. Cependant, la législation ne prévoit pas les actes susceptibles d'être qualifiés de fautes disciplinaires et susceptibles d'être sanctionnés en tant que telle. Il appartient donc à l'employeur de les établir dans le règlement intérieur ou de considérer comme faute disciplinaire tel ou tel comportement, même non prévu dans le règlement intérieur dès lors qu'il

---

[1227] A. CŒURET, E. FORTIS, F. DUQUESNE, *Droit pénal du travail*, LexisNexis, 6ème édition, Paris, 2016, § 201, p. 109.

[1228] N. NGADJUI, *Les sanctions de la violation des normes en droit du travail camerounais*, Mémoire de Maîtrise en Droit privé, Université de Yaoundé, 1989, p. 62 et s.

est nuisible à la marche de l'entreprise[1229]. Il faut donc craindre que la liste des sanctions figurant dans le règlement intérieur n'ait qu'un caractère énonciatif. Ce qui peut constituer un facteur d'insécurité pour le travailleur et une source d'abus de la part de l'employeur. On comprend que ce pouvoir soit contrôlé tant au niveau de la faute (faute légère, grave ou lourde) que de la sanction disciplinaire par le juge judiciaire. Dans ce sens, les juges procèdent au contrôle de proportionnalité entre la faute et la sanction infligée au travailleur. C'est ainsi que la faute la plus simple ne peut donner lieu à une sanction extrême[1230]. De même, en application de la règle pénale « *non bis in idem…* », il est retenu qu'une même faute ne peut donner lieu à une double sanction au plan disciplinaire[1231].

En droit camerounais, les sanctions disciplinaires peuvent être rangées dans deux catégories à savoir les sanctions purement morales et les sanctions portant sur l'activité professionnelle. L'on doit souligner l'interdiction expresse des amendes par le législateur (article 30 (1) Code du travail).

1. Interdiction des amendes et autres sanctions pécuniaires

519. L'article 30 (1) du Code du travail fait interdiction au chef d'entreprise d'infliger des amendes[1232]. Il en est de même des autres sanctions pécuniaires qu'il pourrait prononcer en vertu de son pouvoir disciplinaire. Dans ce sens, Paul-Gérard POUGOUÉ souligne que l'interdiction vise toutes formes de retenues sur salaire contre le salarié qui a régulièrement rempli ses obligations contractuelles. L'on doit donc exclure de l'interdiction les réductions de salaire en cas d'exécution défectueuse volontaire de sa prestation. Peut être considérée comme une amende interdite *« la retenue sur salaire d'une somme forfaitaire ne correspondant pas au temps de travail non*

[1229] Aussi, admet-on que lorsque le règlement intérieur de l'entreprise est exigé de manière obligatoire, les sanctions disciplinaires doivent figurer dans ledit règlement. À l'inverse, quand il n'est pas obligatoire, l'employeur peut prononcer une sanction même si celle-ci n'a pas été préalablement portée à la connaissance du personnel : C. S., arrêt n° 32/S du 19 septembre 1967, *Bull.* 1967.

[1230] Voir, affaire Brasseries du Cameroun c/MESSE NDZESSA Gaspard : C. S., arrêt n° 85/S du 14 mai 1987.

[1231] La seule exception est celle prévue à l'article 130 (4) du Code du travail qui permet à l'employeur de prononcer la suspension provisoire d'un délégué du personnel qui a commis une faute lourde, en attendant l'autorisation de son licenciement de l'inspecteur du travail. Si l'autorisation est accordée, le délégué du personnel pourra alors être licencié à la suite de sa suspension. La même faute aura ainsi donné lieu à une double sanction au plan disciplinaire.

[1232] Le contrevenant s'expose aux sanctions pénales prévues à l'article 167 (1) du Code du travail : il s'agit d'une peine d'amende de 100 000 à 1 000 000 de francs. En cas de récidive, des peines d'emprisonnement de six (6) jours à six (6) mois peuvent, en outre être requises (art. 170 (1) Code du travail).

effectué »[1233]. Au contraire, les réductions ou suppressions de primes ne sont pas interdites.

La seule sanction fondée sur le pouvoir disciplinaire de l'employeur qui puisse entraîner la privation de salaire est celle de la mise à pied qui entraîne l'absence de prestation de travail (article 30 (2) Code du travail).

2. Les sanctions purement morales

520. Les sanctions purement morales sont celles qui n'ont aucune incidence directe sur l'emploi du travailleur, ni sur sa rémunération. Elles sont d'une gravité négligeable et ne soulèvent pas de difficultés. Elles n'ont pas besoin d'être prévues dans le règlement intérieur pour être infligées[1234]. Rentrent dans les sanctions morales : les simples avertissements, la réprimande, le blâme assorti ou non d'une publicité. Ces sanctions, qui visent à atteindre le travailleur dans son amour propre, peuvent être le préalable de sanctions plus sévères. En effet, un certain nombre d'avertissements et/ou de blâmes dans une période déterminée peut donner lieu au congédiement. On peut aussi établir une certaine gradation entre ces sanctions. Ainsi, l'avertissement serait moins sévère que la réprimande qui, elle, est moins sévère que le blâme.

3. Les sanctions portant sur l'activité professionnelle

521. Les sanctions prises par l'employeur pour sanctionner les fautes du travailleur et qui frappent celui-ci dans son activité professionnelle sont les plus nombreuses et aux conséquences plus sévères[1235]. Elles vont par ordre de gravité croissante, du retard dans l'avancement à la rétrogradation, à la mise à pied et au congédiement[1236].

a. La rétrogradation

522. Elle consiste à abaisser la situation professionnelle du salarié, à le faire descendre d'un ou de plusieurs degrés dans la hiérarchie du personnel. Elle affecte parfois le titre et la fonction du salarié. Dans tous les cas, elle entraîne pour le salarié une diminution de sa rémunération. Autrement exprimée, la rétrogradation entraîne un déclassement professionnel, c'est-à-dire un changement dans l'emploi ou les fonctions entraînant l'alignement de la rémunération sur le nouvel emploi ou les nouvelles fonctions. À défaut de

---

1233 P.-G. POUGOUÉ, *Droit du travail et de la prévoyance sociale au Cameroun*, T 1, PUC, Yaoundé, 1988, n° 267, p. 112.

1234 N. NGADJUI, Mémoire de maîtrise précité, p. 64.

1235 Voir sur l'ensemble de la question, N. NGADJUI, *ibid.*, p. 65 et s.

1236 Il est souvent difficile de distinguer certaines de ces sanctions de simples mesures d'ordre intérieur, motivées par les nécessités du service et fondées sur des considérations techniques ou économiques, relevant uniquement du pouvoir de direction de l'employeur

modification de l'emploi ou des fonctions, la réduction des rémunérations serait une sanction pécuniaire interdite.

b. La mise à pied

523. Elle est une sanction assez sévère. Elle consiste à faire interdiction au coupable d'accéder au lieu de travail pendant un certain temps et à le priver du salaire correspondant. Analysée au fond, la mise à pied est une forme de suspension du contrat de travail, décidée purement et simplement, unilatéralement par l'employeur. Elle revêt un caractère provisoire. En effet, à l'expiration de la mise à pied, le travailleur devra reprendre normalement ses fonctions. S'il refuse de le faire, il y aura de sa part, rupture du contrat de travail, avec toutes les conséquences qui en découlent.

c. Le congédiement

524. Le congédiement présente un caractère équivoque, car on peut le considérer aussi bien comme une sanction disciplinaire que comme l'usage du pouvoir de résiliation unilatérale reconnu aux parties, notamment en présence de contrat à durée indéterminée. Il constitue la sanction disciplinaire la plus grave, en ce sens qu'elle rompt la relation de travail d'une manière définitive.

L'on peut néanmoins se poser la question de savoir si une infraction pénale commise par un salarié constitue une faute susceptible d'entraîner une sanction disciplinaire. La jurisprudence y répond par la négative lorsqu'elle est totalement étrangère à l'exécution de la prestation de travail[1237]. En revanche, lorsque les faits constituent la violation de l'obligation de loyauté à la charge du salarié envers son employeur[1238], ou plus largement d'une obligation découlant du contrat de travail[1239], la sanction disciplinaire est possible. Pour qualifier le trouble caractérisé causé à l'entreprise, une condamnation pénale définitive n'est pas exigée.

[1237] Mais une infraction commise hors du temps de travail n'est pas forcément étrangère aux fonctions et peut constituer une faute grave, cause du licenciement : Cass. soc., 20 nov. 1991, *Bull. civ.* 1991, V, n° 512 ; J.-M. VERDIER, « Interaction entre vie personnelle et vie professionnelle à l'intérieur et à l'extérieur de l'entreprise », *Gaz. Pal.* 1996, 2, doctr., p. 1411 ; J. RICHARD de la TOUR, « La vie personnelle du salarié, Étude sur la jurisprudence récente de la Chambre sociale de la Cour de cassation », *in Rapp.* Cour cass. 1999, Doc. fr., p. 191.

[1238] Cass. soc., 25 févr. 2003, *Bull. civ.* 2003, V, n° 66 ; *Dr. soc.* 2003, p. 625, note J. SAVATIER ; E. FORTIS, « Vie personnelle, professionnelle et responsabilité pénale », *Dr. soc.* 2004, p. 44.

[1239] Cass. Soc., 27 mars 2012, n° 10-19 915, *Bull. civ.* 2012, V, n° 106 ; *Dr. soc.* 2012, 526, obs. MOULY ; *JCP S* 2012, 1245, obs. ROZEC : le salarié qui appartenait au « personnel critique pour la sécurité » avait consommé des drogues dures pendant des escales entre deux vols ; se trouvant sous l'influence de produits stupéfiants pendant l'exercice de ses fonctions, il n'avait pas respecté les obligations prévues par son contrat de travail et avait ainsi fait courir un risque aux passagers : la Cour d'appel a pu en déduire qu'il avait commis une faute grave justifiant la rupture immédiate du contrat de travail.

D. Les sanctions administratives

525. De manière générale, la sanction désigne en droit administratif, toute mesure que les autorités administratives ont le pouvoir d'infliger elles-mêmes à des particuliers afin de réprimer un comportement fautif de ceux-ci. Les sanctions administratives sont celles qui répriment l'inexécution de lois ou de réglementations ; elles se distinguent des actes administratifs qui peuvent avoir le même contenu (refus, retraits, interdictions) par le fait qu'elles sont destinées à punir une infraction[1240].

L'intervention de la puissance publique dans la relation du travail pour le contrôle de l'exécution des lois ou des réglementations a justifié les sanctions administratives. Le Conseil d'État français définit la sanction administrative comme étant *« une décision unilatérale prise par une autorité administrative agissant dans le cadre de prérogatives de puissance publique»* et qui *«inflige une peine sanctionnant une infraction aux lois et règlements»*[1241]. Les sanctions administratives sont prévues pour des cas de violation des règles relatives à la politique de promotion de l'emploi et de la main-d'œuvre, à la surveillance exercée sur le travail des étrangers, à la migration, à la lutte contre les discriminations, à des mesures d'hygiène et de sécurité des travailleurs, à des règles relatives à la médecine du travail, à la grève ou lock-out engagée en contravention des règles sur l'arbitrage, à la protection des travailleurs à certains emplois et à l'apprentissage.

L'autorité administrative se trouve alors investie d'importants pouvoirs de décision, pour pourvoir au respect des lois et règlements et prévenir ou résoudre les conflits[1242]. Il en va ainsi, par exemple, s'agissant de l'inspecteur du travail et de la prévoyance sociale. Dans la relation du travail, la sanction administrative est rare du fait que traditionnellement, le droit du travail a opté principalement pour la sanction pénale. Seul l'article 79 du Code du travail prescrit la fermeture d'établissement en cas de fonctionnement d'un économat[1243] en violation de la loi notamment lorsque son ouverture dans les conditions prévues à l'article 78[1244] n'a pas fait l'objet d'une déclaration

[1240] Voir, G. CORNU, *Vocabulaire juridique*, PUF, 9ème éd., 2011, p. 93 ; il convient de souligner par ailleurs que dans le droit des contrats administratifs, les sanctions disciplinaires sont des mesures que l'administration peut décider elle-même à l'encontre de son cocontractant, qu'elles soient pécuniaires (amendes, dommages-intérêts) ou coercitives.

[1241] « Les pouvoirs de l'Administration dans le domaine des sanctions. Les études du Conseil d'État », pp. 35-36, *in La Documentation Française*, 1955.

[1242] X. PRETOT, « Les sanctions administratives de l'insécurité au travail », *Dr. soc.* n° 6, juin 2007, p. 711.

[1243] *« Est considérée comme « économat » toute organisation où l'employeur pratique, directement ou indirectement, la vente ou la cession de marchandises aux travailleurs de l'entreprise pour leurs besoins personnels et normaux ».*

[1244] L'article 78 (2) dispose que *« les économats sont admis à fonctionner sous la quadruple condition :*
a) que les travailleurs demeurent libres de s'y approvisionner ou non ;

auprès de l'inspecteur du travail du ressort ou encore lorsque son fonctionnement n'est pas conforme aux prescriptions dudit article. L'on comprend alors que si les quatre conditions prévues à l'article 78 sont satisfaites, l'ouverture de l'économat doit être révélée à l'inspecteur du travail du ressort et que si l'employeur n'observe pas les règles de création ou de fonctionnement d'un économat, l'inspecteur du travail peut ordonner sa fermeture. Il s'agit ici d'une sanction administrative, car la fermeture provisoire pour une période qui ne peut dépasser un mois peut être prononcée par l'inspecteur du travail et la fermeture définitive par le ministre du Travail sur proposition de l'inspecteur du ressort, lorsque l'employeur viole une fois de plus, la réglementation sur l'économat (c'est-à-dire en cas de récidive).

Par ailleurs, il est possible d'envisager l'amende administrative. Dans ce sens, il semble que la Commission nationale d'hygiène et de sécurité du travail soit habilitée, en vertu de l'article 95 (3) à prononcer des peines d'amende en cas de manquement de l'employeur aux obligations relatives à l'hygiène et à la sécurité des travailleurs, ainsi qu'à la médecine du travail[1245].

La sanction administrative peut également se traduire de manière plus énergique par la révocation des avantages consentis à l'employeur. On retrouve cette modalité de sanction dans les dispositions relatives à l'arbitrage. Aux termes de l'article 165 du Code du travail, le lock-out et la grève engagée en contravention des dispositions sur l'arbitrage peuvent entraîner pour l'employeur pendant deux ans au moins, l'inéligibilité aux fonctions de membre d'une chambre consulaire et l'interdiction de participer sous une façon quelconque à une entreprise de travaux ou à un marché de fournitures pour le compte de l'État, d'une collectivité publique locale ou d'un établissement public.

Le retrait d'agrément est l'une des sanctions administratives généralement prononcées. Il frappe l'employeur habilité à former les apprentis et le médecin agréé à exercer dans la médecine de travail[1246].

§2. La mesure de la sanction

526. Le juge qui constate que le comportement reproché à l'auteur de l'infraction réunit tous les éléments constitutifs d'une infraction déterminée doit prononcer une sanction s'il n'existe aucune cause légale d'exemption.

---

b) que la vente des marchandises y soit pratiquée exclusivement au comptant et sans bénéfice ; c) que la comptabilité de l'économat ou des économats de l'entreprise soit entièrement autonome et soumise au contrôle d'une commission de surveillance élue par les travailleurs ; d) qu'il n'y soit mis en vente ni alcool, ni spiritueux ».

1245 L'article 95 (3) dispose : *« ...toutefois, en cas de danger imminent pour la santé et la sécurité des travailleurs, l'inspecteur du travail ou le médecin-inspecteur du travail ordonne les mesures immédiatement exécutoires ».*

1246 Voir, article 12, Décret 79/096 du 21 mars 1979 sur la médecine du travail.

Dans l'hypothèse la plus courante, celle où la peine applicable comporte un maximum, le juge choisit une peine située entre ce maximum et le minimum indiqué. Il dispose à cet effet d'une grande liberté.

Pour fixer l'étendue des sanctions applicables, le droit pénal général prend en compte diverses circonstances liées à l'infraction, à la personnalité de son auteur, à sa situation familiale et professionnelle, qui sont de nature à justifier soit une aggravation de la répression, soit au contraire une atténuation de la peine. C'est dire que pour la détermination de la sanction applicable à l'auteur d'une infraction, le juge tiendra compte de l'importance du trouble social causé par l'infraction, de la gravité de la faute commise par l'auteur et aussi de la personnalité de celui-ci, afin que la peine prononcée soit susceptible de conduire à sa réinsertion sociale le plus rapidement et dans les meilleures conditions. Ainsi, le cumul d'infractions réalisées dans le même temps ou encore l'état de récidive consistant à réaliser successivement la même infraction, peut autoriser l'application de peines plus sévères, sous certaines conditions expressément définies par la loi, compte tenu du principe de la légalité des peines. À l'inverse, lorsqu'un allègement de la peine peut être envisagé, il appartient au juge d'en décider. Il dispose à cet effet de plusieurs moyens et il peut notamment, par l'octroi des circonstances atténuantes, des peines alternatives à l'emprisonnement et à l'amende que sont le travail d'intérêt général et la sanction-réparation ou du sursis, atténuer la peine prononcée ou en adoucir l'application. Au final, l'on peut affirmer à la suite du législateur pénal français que la nature, le quantum et le régime des peines doivent être fixés de manière à concilier la protection effective de la société, la sanction du condamné et les intérêts de la victime, avec la nécessité de favoriser l'insertion ou la réinsertion du condamné et prévenir la commission de nouvelles infractions[1247].

Ces principes relevant du droit pénal général s'appliquent directement en droit pénal du travail, sauf disposition spécifique expresse du Code du travail dérogeant au mode de calcul des peines notamment en matière de récidive.

A. Le concours d'infractions

527. Le concours d'infractions est une hypothèse assez fréquente en droit du travail. Les solutions apportées dérogent dans une certaine mesure au droit commun et aux modes de calcul des peines.

1. Le droit commun

528. On distingue traditionnellement le cumul ou concours réel d'infractions et le concours idéal d'infractions.

[1247] Voir, article 130-1 Code pénal français.

Les infractions se trouvent en cumul réel lorsque la seconde (ou même les infractions suivantes s'il y en a plus de deux) a été commise avant que la première ait fait l'objet d'une condamnation définitive passée en force de chose jugée. Cela signifie qu'on est en présence d'un cumul réel d'infractions, lorsqu'une même personne se rend coupable de plusieurs infractions non séparées les unes des autres par une condamnation définitive. Au contraire, dès qu'une condamnation devient définitive, toutes les infractions qui seront commises ensuite ne pourront être en concours réel avec les agissements antérieurs que cette condamnation sanctionne. La situation du cumul réel ne doit pas être confondue avec l'hypothèse de l'infraction d'habitude, qui requiert au moins deux actes, mais dont chacun pris isolément ne constitue pas une infraction, ou avec l'infraction réitérée[1248] ou le cas de l'infraction continue où la loi prend en compte une situation[1249]. Le cumul réel d'infractions est particulièrement fréquent en droit pénal du travail. C'est le cas par exemple de l'employeur qui verse pendant plusieurs mois consécutifs à un salarié, une rémunération inférieure au salaire minimum ou encore qui commet successivement plusieurs infractions aux multiples règles d'hygiène et de sécurité auxquelles il est tenu.

Plus ambiguë, est l'hypothèse du concours ou cumul idéal d'infractions. Elle est réalisée par un agissement unique qui tombe sous le coup de plusieurs incriminations distinctes. En réalité, il s'agit d'une seule activité qui, par suite de son agencement matériel, tombe sous le coup de plusieurs textes répressifs portant des incriminations et des peines différentes[1250]. Il n'y a pas pluralité d'infractions dans cette hypothèse, mais seulement une infraction unique dont il s'agit de trouver la qualification exacte[1251]. C'est donc un conflit de qualifications qui doit être résolu, en principe, par la préférence donnée à la qualification la plus élevée, et une seule condamnation doit être prononcée[1252]. C'est par exemple le cas du refus par un employeur de déclarer son activité, également constitutif du refus de se conformer à la législation du travail.

En droit commun, le cumul d'infractions n'autorise le cumul des peines que lorsqu'il y a cumul réel de contraventions ou, le cas échéant, cumul réel d'une contravention et d'un délit.

Le cumul de contraventions est prévu à l'article 51 (5) du Code pénal. Il ne peut résulter que de la réalisation de plusieurs contraventions successives

---

[1248] Voir toutefois, pour l'adjonction d'une adresse pour accéder à un site internet existant : Cass. crim., 6 janv. 2009, *Bull. crim.* n° 4.

[1249] B. BOULOC, *Droit pénal général*, 26ème éd., Dalloz, Paris, 2019, n° 771, p. 608.

[1250] R. MERLE, A. VITU, *Traité de droit criminel*, T 1, 5ème éd., CUJAS, Paris, 1984, n° 361, p. 465.

[1251] CAZALBOU, « Retour critique sur le principe d'unicité des qualifications des faits en droit pénal », *RSC* 2018, p. 387.

[1252] Cass. crim., 9 mars 1966, D. 1966, somm. 115; Cass. crim., 15 déc. 1993, *Bull. crim.* n° 389 ; Cass. crim., 10 oct. 2000, *Bull. crim.* n° 291 ; Cass. crim., 8 déc. 2009, *Bull. crim.* n° 209.

ou simultanées, concernant un ou plusieurs salariés, ou encore de plusieurs agissements fautifs distincts. Toutefois, conformément au même article du Code pénal ci-dessus, le tribunal peut décider de ne pas cumuler les peines même en matière de contraventions. Dès lors, en l'absence de toute référence expresse à la règle de multiplication des amendes en fonction du nombre de salariés concernés par l'infraction, le cumul des amendes s'effectue conformément à ce principe de droit commun[1253].

Le cumul de délits et contraventions n'a pas été expressément envisagé par le législateur camerounais dans l'article 51 du Code pénal qui n'évoque que les contraventions connexes à un délit c'est-à-dire le cas où les infractions constatées procèdent d'un même fait commis par un même prévenu. Ce silence autorise à admettre que les peines contraventionnelles se cumulent avec les peines correctionnelles dès l'instant où les agissements incriminés sont constitutifs de fautes distinctes[1254]. Il en est ainsi en droit français[1255] où, lorsque les infractions procèdent d'un fait unique, la jurisprudence applique à cette hypothèse particulière le régime du cumul réel d'infractions si les valeurs protégées par les infractions en concours sont distinctes. Tel est le cas en droit pénal du travail des infractions en matière d'hygiène et de sécurité qui peuvent se cumuler avec les infractions d'homicide et de blessures involontaires lors d'un accident du travail, car elles *« tendent à la protection d'intérêts collectifs ou individuels distincts et peuvent dès lors être poursuivies simultanément ou successivement »*[1256].

Le cumul des peines est interdit en cas de concours réel de plusieurs délits (article 51 (1) Code pénal), ainsi que, selon la doctrine dominante, dans le cas de concours idéal d'infractions, contraventions ou délits, chaque fois qu'il n'est pas possible d'imputer au délinquant des fautes distinctes punissables séparément[1257]. Le droit pénal du travail demeure soumis à cette règle en l'absence de toute disposition spéciale contraire. Il s'ensuit qu'en cas de poursuite unique pour plusieurs délits ou contraventions connexes, seule la peine la plus rigoureuse est prononcée. En cas de poursuites successives, la confusion des peines principales peut être prononcée. Dans cette hypothèse de

---

1253 Cette situation est critiquée par la doctrine qui estime que le besoin d'assurer la protection du salarié dans ses rapports avec l'employeur et la gravité de l'atteinte portée à l'ordre social en pareil cas, devraient militer en faveur de l'élaboration des règles propres à la législation sociale : NDIE NGAH, *Le droit pénal camerounais du travail et de la prévoyance sociale*, Mémoire de maîtrise en Droit Privé, Université de Yaoundé, 1985, p. 371.

1254 Cette hypothèse peut d'ailleurs être fréquente en droit pénal du travail : Voir, NDIE NGAH, *Mémoire précité*, p. 372.

1255 A. CŒURET, E. FORTIS, F. DUQUESNE, *op. cit.*, n° 504, p. 282.

1256 Cass. crim., 16 mars 1999, *JurisData* n° 1999-001704 ; *JCP E* 1999, p. 2062, obs. E. FORTIS.

1257 R. MERLE, A. VITU, *op. cit.*, T 1, n° 362, p. 466.

cumul, l'ensemble des peines prononcées ne peut dépasser le maximum de la peine encourue pour l'infraction la plus grave (article 51 (2)).

2. Les aménagements en droit du travail

529. Les règles du droit pénal commun ne sont pas totalement respectées par le Code du travail. Afin d'accroître la répression dans certains secteurs, des règles spéciales ont été aménagées en tenant compte du nombre de salariés concernés par la violation de la norme. (Il est en effet fréquent que la violation d'une seule norme concerne plusieurs salariés. Cependant, cette règle est parfois neutralisée par d'autres modes de calcul de la peine).

Il ne s'agit pas à proprement parler de concours d'infractions ici puisqu'un seul acte infractionnel entraînant une seule qualification a été commis et ne devrait en principe entraîner que le prononcé d'une seule peine. Cependant, pour des raisons d'efficacité, le Code du travail prévoit dans ses dispositions, au cas par cas, que la peine d'amende est multipliée par le nombre de salariés concernés par la violation de la norme, qu'il s'agisse d'un délit ou d'une contravention. C'est dire qu'il y a souvent *« autant de fois d'infractions qu'il y a de salariés à l'égard desquels les dispositions du Code du travail n'ont pas été observées »* (article 172 du Code de travail). La pluralité des infractions en fonction des salariés qui constitue une des caractéristiques de beaucoup d'infractions en droit pénal du travail est établie dans de nombreux articles du Code du travail ; il en est ainsi notamment des infractions aux dispositions des articles ci-après :

- article 29 sur le règlement intérieur ;
- article 40 sur le licenciement pour motif économique ;
- article 62 sur la fixation du SMIG, des catégories professionnelles et les salaires y afférents ;
- article 64 sur la publication des modalités de rémunération du travail à la tâche ou aux pièces ;
- article 67 sur le paiement du salaire en monnaie ayant cours légal ;
- article 68 sur les modalités de paiement du salaire ;
- article 82 sur la durée de repos des femmes et enfants ;
- article 86 sur les conditions de travail des enfants ;
- article 87 sur le contrôle du respect de la réglementation du travail des enfants et des femmes par l'inspecteur du travail ;
- article 88 sur le repos hebdomadaire ;
- article 97 sur la réglementation de la consommation des boissons alcooliques sur les lieux de travail ;
- article 98 sur la mise en place du service médical et sanitaire en entreprise ;

- article 100 sur l'examen médical obligatoire du travailleur avant l'embauche.

Il convient de relever que le coefficient multiplicateur peut conduire au prononcé de lourdes peines d'amende lorsque de nombreux salariés sont concernés[1258].

Ce mode de calcul est encore plus délicat à appliquer quand il doit être combiné avec le principe de la limite du maximum légal le plus élevé des peines de même nature applicable en cas de concours réel d'infractions[1259].

530. *Quid* de plusieurs infractions commises contre un salarié ou des salariés identiques?

En ce qui concerne les infractions en matière de repos hebdomadaire dominical, la Chambre criminelle de la Cour de cassation française additionne toutes les infractions commises à l'égard d'un salarié. Ainsi, lorsque l'employeur a omis de donner le repos dominical à deux reprises, à quatre salariés et a fait travailler plus de six jours de suite deux salariés et à deux reprises, douze amendes doivent être prononcées[1260]. On le voit bien, le caractère répétitif du comportement est intégré dans la sanction, ce qui semble logique et fonde l'abandon du calcul de l'amende opéré en fonction du nombre de salariés concernés par l'infraction, quel que soit le nombre de dimanches travaillés[1261].

En revanche, quand le texte prévoit expressément que l'amende est fonction du nombre de salariés concernés, le nombre d'amendes ne peut dépasser le nombre de salariés, différentes victimes de la violation de la règle. Ainsi, en est-il quand un seul salarié est victime de la violation de plusieurs règles d'hygiène et sécurité. La Chambre criminelle affirme que leur violation ne peut pas entraîner le prononcé d'un nombre d'amende supérieur au nombre de salariés concernés[1262]. Cela signifie que *« l'amende est appliquée autant de fois qu'il y a de salariés de l'entreprise concernés indépendamment du nombre d'infractions relevées dans le procès-verbal »*[1263].

[1258] Voir en droit français, une condamnation à une peine d'amende de 516 000 euros prononcée contre une enseigne de la grande distribution pour non-respect du SMIC concernant 172 salariés : une peine d'amende de 3000 euros a été prononcée par salarié : T. pol. Lyon, 24 oct. 2008, n° 07/59268. Voir, en dernier lieu dans cette affaire, Cass. crim., 15 févr. 2011, n° 01-87. 18; Cass. crim., 14 févr. 2012, n° 11-82.949, *Dr. pén.* 2012, n° 75, obs. J.-H. ROBERT.

[1259] Cass. crim., 19 nov. 2013, n° 12-85.378.

[1260] Cass. crim., 25 nov. 1997, *Bull. crim.* 1997, n° 401.

[1261] Cass. ass. Plén. 22 janv. 1982, *JCP G* 1982, II, 19 865, obs. R. de LESTANG.

[1262] Cass. crim., 17 mai 1977, *Bull. crim.*, 1977, n° 176.

[1263] Voir, article L 4741-1 du Code du travail français modifié par la loi du 17 mai 2011. Cette jurisprudence est aussi appliquée en matière d'établissement de bulletin de paie (Cass. crim., 17 juil. 1986, *Bull. crim.* 1986, n° 237 ; *JCP E* 1987, I, 16 770, p. 384, obs. O. GODARD), de

B. La récidive

531. La récidive qualifie la situation dans laquelle une personne physique ou morale déjà condamnée définitivement pour une infraction commet une nouvelle infraction dans un certain délai à compter de l'expiration ou de la prescription de la précédente peine. Pour qu'il y ait récidive au sens technique de ce mot, il faut qu'il y ait eu tout d'abord une condamnation définitive, passée en force de chose jugée, condamnation qui constitue le premier terme de la récidive ; il faut ensuite qu'une nouvelle infraction, qui constitue le deuxième terme de la récidive, soit commise dans certaines conditions dont les unes tiennent à la nature de l'infraction, et les autres tiennent au délai qui s'est écoulé entre le premier terme et la nouvelle infraction. Or, ces conditions ne sont pas les mêmes selon que le premier terme et le deuxième terme sont constitués par des peines ou par des infractions de nature criminelle, correctionnelle ou de police[1264]. La récidive ne doit pas être confondue avec la réitération d'infractions pénales qui est constituée *« lorsqu'une personne a déjà été condamnée définitivement pour un crime ou un délit et commet une nouvelle infraction qui ne répond pas aux conditions de la récidive légale »*[1265]. Elle génère une aggravation d'une peine contraventionnelle, délictuelle ou criminelle. La loi double en principe les maxima des peines d'amende et privatives de liberté encourues pour la seconde infraction (article 88 Code pénal). La récidive entraîne pour la personne morale le doublement du taux maximum de l'amende qui lui est applicable. Puisqu'elle encourt déjà le quintuple de la peine prévue pour la personne physique (article 25-1 (3) Code pénal), la récidive permet de multiplier par dix (10) cette peine encourue par la personne physique.

D'une manière générale, le régime de la récidive est moins rigoureux en droit pénal du travail. Dans tous les cas, la constatation de l'état de récidive ne donne pas lieu à l'application du double de la peine prévue pour la première infraction, mais seulement à celle dictée par le texte d'incrimination. Dans ce sens, l'alinéa 1 de l'article 170 du Code du travail punit la récidive des peines d'emprisonnement de six (6) jours à six (6) mois. Les infractions auxquelles s'appliquent la récidive concernent les infractions aux dispositions des articles 26, 27 alinéa 2, 30 alinéa 1, 67, 68, 75 alinéa 1, 82, 84 alinéas 2, 3 et 4, 86, 88, 89, 90, 92, 93, 98 alinéa 1 et dans les cas prévus aux articles 167 alinéa 3, 168

---

non-respect du SMIC (art. R. 3233 Code du travail ; Cass. crim. , 27 janv. 1987, *Bull. crim.* 1987, n° 46 : les juges du fond ne peuvent prononcer 292 amendes sans vérifier que les soixante-treize employés lésés pendant quatre mois étaient chaque mois différents) et de travail de nuit (Cass. crim., 20 nov. 2007, *RJS* 2008, n° 553).

[1264] G. STEFANI, G. LEVASSEUR, B. BOULOC, *Droit pénal général*, *op. cit.*, n° 567, p. 499 et s.

[1265] Voir, article 132-16-7 du Code pénal français issu de la loi n° 2005-1549 du 12 décembre 2005 relative à la récidive.

alinéas 2 à 8 et 169. La peine d'emprisonnement n'est obligatoire qu'en cas de double récidive[1266].

L'on doit néanmoins relever que parmi les causes d'aggravation de la peine, la récidive joue en droit pénal du travail un rôle essentiel bien que son organisation soit parfois dérogatoire des dispositions du droit commun. Pour ses autres aspects qui ne sont pas régis par des dispositions spéciales, l'on devrait s'en tenir à celles de droit commun telles que prévues par l'article 88 du Code pénal.

C. Les circonstances atténuantes et le sursis

532. L'article 90 du Code pénal prévoit que *« les circonstances atténuantes peuvent être admises par décision motivée en faveur d'un condamné, sauf dans les matières où la loi les exclut formellement »*. Il s'agit des faits qui permettent au juge, de prononcer une peine moins forte que celle légalement attachée aux faits dont l'individu était reconnu coupable. Elles ne font l'objet d'aucune énumération. À la différence des circonstances aggravantes, précisées pour chaque infraction, les circonstances atténuantes sont laissées à l'appréciation discrétionnaire du juge[1267]. C'est dire que le juge apprécie en toute liberté, mieux, dispose d'un pouvoir souverain pour apprécier les circonstances qui lui paraissent de nature à justifier en l'espèce, une atténuation de la sanction encourue. Ce peut être une circonstance extérieure à l'infraction (faible préjudice causé, simple tentative, fâcheux concours de circonstances, victime peu intéressante, etc.) et même postérieure à celle-ci (réparation du préjudice causé) ou une circonstance psychologique personnelle à l'auteur (tempérament, caractère, éducation, mobile louable, repentir, réadaptation probable, etc.). En effet, le juge n'a même pas besoin de préciser les circonstances atténuantes qu'il relève ; l'on déduira du seul fait qu'il a appliqué une peine inférieure au minimum légal, qu'il a reconnu implicitement l'existence de circonstances atténuantes. L'on en conclut qu'il suffit que le juge trouve le minimum de la peine trop élevé pour s'estimer autorisé à faire jouer les circonstances atténuantes. Dans la pratique, le juge pénal camerounais a pour habitude de justifier dans la majorité des cas les circonstances atténuantes qu'il accorde aux coupables par leur qualité de délinquants primaires.

Lorsque les circonstances atténuantes ont été accordées au coupable, l'effet qui en résulte sur le choix de la peine varierait en fonction des infractions commises et de leurs auteurs voire selon que la peine normalement encourue était criminelle, correctionnelle ou de police. Par ailleurs, il faut également

---

[1266] Elle est aussi obligatoire chaque fois que l'auteur des infractions visées à l'article 168 alinéa 8 est l'un des membres chargés de l'administration ou de la direction d'un syndicat ou appartient au personnel de l'administration du travail et de la prévoyance sociale (article 170 (2) du Code du travail).

[1267] Le législateur italien, connaît au contraire deux variétés de circonstances atténuantes, les unes reconnues telles par la loi, les autres laissées à la discrétion du juge.

envisager l'effet sur les peines accessoires. On le voit bien, la souplesse et la généralité qui découlent de cette institution couvrent un domaine assez étendu.

533. Cependant, la question de l'admission des circonstances atténuantes en droit pénal du travail pour fixer la peine principale et le cas échéant, la peine accessoire, demeure discutée. En effet, eu égard à la faiblesse de la répression dans cette matière[1268] couplée au fait que la peine d'emprisonnement n'y est qu'exceptionnellement prononcée, il ne semble pas opportun d'y consacrer une ouverture à la clémence véhiculée par cette institution[1269]. Son admission ne serait nullement justifiée, car l'association de la clémence à la faiblesse de la répression ne rime à rien.

534. Il convient de souligner par ailleurs, que la sanction prononcée par le juge devrait recevoir exécution pendant le temps fixé par l'autorité judiciaire. Mais la loi a prévu que l'exécution de la sanction pourrait dans certains cas être suspendue. Elle peut l'être dès l'instant où elle est prononcée et par les soins du juge qui vient de rendre la décision. Celui-ci décide alors qu'il sera sursis à l'exécution de la peine qu'il vient de prononcer. Elle peut également être suspendue en cours d'exécution soit de façon provisoire (c'est le cas de la suspension d'une peine d'emprisonnement correctionnel), soit de façon qui s'espère définitive (c'est ce qui se produit en cas de libération conditionnelle[1270] applicable aux peines privatives de liberté).

Le sursis à l'exécution des peines est donc une suspension totale ou partielle de l'exécution d'une peine correctionnelle qui peut être ordonnée si les conditions légales en sont réunies par le juge qui a prononcé la sentence et devient définitive après un certain délai écoulé sans incident[1271]. Les articles 54 à 60 du Code pénal, réglementent deux formes de sursis à savoir, le sursis simple et le sursis avec probation. Les conditions dans lesquelles l'une ou l'autre forme de sursis peut être prononcée par le juge pour les infractions de droit commun s'appliquent également en droit pénal du travail.

Les conditions d'application et les effets du sursis simple sont définis par l'article 54 du Code pénal[1272]. Il ne peut être accordé qu'aux délinquants

---

1268 Cet état de choses est fréquemment dénoncé par les représentants des salariés : Voir, M. COHEN, « Les sanctions pénales en droit du travail », *Rev. Inter. Trav.* 1977, 23.

1269 En France par exemple, les circonstances atténuantes ont été supprimées du Code pénal depuis 1994.

1270 La libération conditionnelle est la mise en liberté anticipée du condamné à une peine privative de liberté, ou soumis, par la décision de condamnation, à une mesure de sûreté de même nature. Elle est accordée et révoquée par décret (art. 61 (1) Code pénal).

1271 G. CORNU, *Vocabulaire juridique*, *op. cit.*, p. 1004.

1272 L'article 54 du Code pénal traite des conditions d'application et effets du sursis simple. Il dispose que :
« *(1) En cas de condamnation pour crime ou délit à une peine d'emprisonnement inférieure ou égale à cinq (5) ans ou à une amende, sauf dans le cas prévu à l'article 92 (2) ci-dessous et si le condamné n'a pas fait l'objet de condamnation antérieure et non effacée à*

n'ayant fait l'objet d'aucune condamnation, et s'ils ont été condamnés à une peine d'emprisonnement, que celle-ci soit effacée. Le sursis a pour effet de dispenser le délinquant d'exécuter la peine infligée si, pendant un certain délai, il ne commet pas une nouvelle infraction.

Les condamnations pour infractions contraventionnelles ne sont pas prises en considération[1273]. Cette précision est d'autant plus importante que le droit pénal camerounais du travail comprend toute une multitude de contraventions de 4ème classe. Mais, la condamnation à une peine d'amende peut être assortie du sursis à l'exécution, exception faite des amendes prononcées en vertu de l'article 92 (2) du Code pénal, c'est-à-dire intervenues dans le cadre de l'octroi des circonstances atténuantes. Bien plus, une peine privative de liberté n'est selon l'article 54 (1) assortie du sursis que si elle est inférieure ou égale à cinq ans.

L'octroi du sursis est facultatif ; seulement, une fois retenu, le sursis doit être motivé[1274]. La juridiction qui accorde le sursis doit fixer le délai de l'épreuve qui selon l'article 54 (1), varie entre trois et cinq ans. Ce délai commence à courir du jour où la condamnation est définitive. Si le jugement originaire a été frappé d'appel puis confirmé, le délai court à partir du premier jugement. Le sursis ne s'étend pas aux peines accessoires et aux mesures résultant de la condamnation (article 54 (2)). La déchéance du sursis est acquise lorsque la condamnation emportant la révocation devient définitive. En cas de révocation, la peine suspendue est exécutée en priorité et sans confusion avec la seconde peine (article 54 (3)).

Quant au sursis avec épreuve, il s'agit d'une mesure particulière instituée pour les condamnations à l'emprisonnement pour crimes ou délits de droit commun. Il s'ensuit que son application en droit pénal du travail ne peut être qu'exceptionnelle. Néanmoins, application peut en être faite dans le cas d'infraction aux règles de prévention des accidents du travail et des maladies professionnelles ayant entraîné un accident du travail qui est constitutif du délit de blessures involontaires (articles 49 (1) de la loi du 13 juillet 1977).

---

l'emprisonnement, la juridiction saisie peut ordonner, sauf disposition contraire de la loi, qu'il est sursis à l'exécution de la peine principale pendant un délai de trois (03) à cinq (05) ans.
(2) Le sursis est sans effet sur les peines accessoires et sur les mesures résultant de la condamnation.
(3) Si pendant le délai ainsi fixé, comptant du jour où le jugement ou l'arrêt est devenu définitif, le condamné commet un autre crime ou délit suivi d'une condamnation à l'emprisonnement non assortie de la probation, la peine suspendue est exécutée en priorité et sans confusion avec la seconde peine.
*(4) Dans le cas con*traire, l'expiration du délai produit les effets de la réhabilitation prévus à l'article 676 du Code de procédure pénale ».

[1273] C. S. Cam. Or., arrêt n° 205 du 10 sept. 1968, *Bull.* 2216 ; C. S. CAM. Or., arrêt n° 41 du 30 nov. 1971, *Bull.* 3212.

[1274] C. S. Cam. Or., arrêt n° 43 du 13 nov. 1968, *Bull.* 2251 ; arrêt n° 104 du 18 févr. 1969, *Bull.* 2350.

Le sursis avec probation peut être prononcé dans les mêmes conditions que le sursis simple, lorsque la peine est égale ou supérieure à six (06) mois d'emprisonnement. Il peut également être accordé aux individus condamnés antérieurement à une peine d'emprisonnement assortie du sursis simple ou à une peine d'emprisonnement sans sursis simple ou à une peine d'emprisonnement sans sursis inférieure à six (06) mois (article 55 (1) Code pénal). La période d'épreuve ne peut être inférieure à trois (03) ans ni supérieure à cinq (05) ans. Le régime de probation comprend des obligations générales et, le cas échéant, spéciales, de surveillance et d'assistance dont l'observation est contrôlée par un magistrat désigné à cet effet, assisté de délégués à la probation, bénévoles ou rétribués. Il s'ensuit que la juridiction qui prononce la condamnation peut imposer certaines prescriptions individuelles dont les unes sont positives et les autres négatives. Dans les deux cas, il s'agit des mesures post-pénales des articles 41[1275] et 42[1276] du Code pénal. La condamnation avec sursis ne peut faire l'objet d'une grâce, et le probationnaire ne peut pas demander sa réhabilitation durant la période d'épreuve.

[1275] L'article 41 du Code pénal relatif aux obligations générales dispose que *« les obligations générales qui s'imposent de plein droit au condamné sont les suivantes :*
1. établir son domicile en un lieu déterminé ;
2. répondre aux convocations de l'autorité chargée de la mission de surveillance et d'assistance ;
3. recevoir les visites du surveillant et lui communiquer les renseignements ou documents de nature à permettre le contrôle de ses moyens d'existence ;
4. informer le surveillant ou justifier auprès de lui les motifs de ses changements d'emploi ou de résidence ;
5. prévenir le surveillant de toute absence excédant quinze (15) jours et l'aviser de son retour ;
6. obtenir l'autorisation préalable de l'autorité chargée de cette mission avant tout déplacement à l'étranger ».
[1276] L'article 42 traite des obligations spéciales. À cet effet, il dispose que « outre les obligations générales imposées par l'article 41 ci-dessus, la juridiction peut imposer au condamné tout ou partie des obligations suivantes :
1. établir sa résidence en un ou plusieurs lieux déterminés ;
2. ne pas paraître en certains lieux déterminés, sauf autorisation spéciale et temporaire ;
3. exercer une activité professionnelle, suivre un enseignement ou recevoir une formation professionnelle ;
4. se soumettre à des mesures de contrôle, de traitement ou de soins, même sous le régime de l'hospitalisation, notamment aux fins de désintoxication ;
5. contribuer aux charges familiales ou acquitter régulièrement les pensions alimentaires ;
6. réparer les dommages causés par l'infraction ;
7. ne pas conduire certains véhicules déterminés par les catégories de permis en vigueur ;
8. ne pas fréquenter certains lieux tels que les débits de boisson, champs de courses, maisons de jeux ;
9. ne pas engager de paris ;
10. s'abstenir de tout excès de boissons alcoolisées ;
11. ne pas fréquenter certains condamnés, notamment les coauteurs ou complices de l'infraction ;
12. s'abstenir de recevoir ou d'héberger à son domicile certaines personnes ».

Section 3. Les voies de recours

535. Les voies de recours permettent aux parties de contester les décisions rendues par les juridictions inférieures. En effet, les décisions rendues par les juridictions d'instance (TPI, TGI), d'instruction (juge d'instruction et Chambre de contrôle de l'instruction) voire d'appel, peuvent parfois être entachées d'erreurs ou même d'injustices en dépit des précautions prises par la loi pour assurer aux justiciables le maximum de garanties dans le cheminement du procès pénal. En matière pénale, les conséquences sont particulièrement redoutables, puisque la liberté, l'honneur et le patrimoine des citoyens sont en jeu. Il est donc naturel que le Code de procédure pénale (CPP) ouvre aux justiciables des voies de recours efficaces leur permettant de faire reformer les décisions de justice qui porteraient atteinte à leurs droits[1277]. Les voies de recours prévues dans le livre IV du CPP sont diverses ; mais on peut distinguer les voies de recours ordinaires (§1), des voies de recours extraordinaires (§2).

§1. Les voies de recours ordinaires

536. Les voies de recours ordinaires ont pour but de faire juger une nouvelle fois une affaire ; elles sont admises très généralement, sans limitation des cas d'ouverture. Ce sont des garanties accordées aux justiciables pour lutter contre les erreurs judiciaires. Par leur utilisation, les justiciables peuvent faire rejuger la même affaire devant le même juge qui l'a d'abord connue : on parle de voie de rétractation. C'est le cas de *« l'opposition »*. Au contraire, l'affaire peut être portée à l'examen d'une juridiction supérieure : on parle de voie de reformation. C'est le cas de *« l'appel »* qui est la manifestation efficace du double degré de juridiction. Que ce soit l'appel ou l'opposition, le but recherché est d'empêcher à une décision d'acquérir l'autorité de la chose jugée. Dans tous les cas, ces voies de recours sont utilisées par les parties au procès pénal et plus spécialement la partie dite faible dans l'optique de fragiliser la décision des premiers juges.

A. L'opposition

537. L'opposition se justifie par le principe que nul ne peut être condamné sans avoir été entendu (*audi alteram partem*, disait l'adage latin) et que le défaillant doit pouvoir faire connaître ses arguments avant qu'un terme soit mis au procès. De ce droit de faire opposition donné au défaillant, on avait souvent et abusivement déduit un prétendu droit de faire défaut. Cependant, les règles relatives à la comparution et à la représentation du prévenu ou

---

[1277] G. LEVASSEUR, A. CHAVANNE, J. MONTREUIL, B. BOULOC, *Droit pénal général et procédure pénale*, *op. cit.*, p. 263.

accusé devant les juridictions répressives (TPI et TGI) établissent une distinction entre l'absence du prévenu ou accusé et le défaut. Aujourd'hui, bien qu'étant absent, un prévenu peut être jugé contradictoirement (article 349 CPP). La décision sera considérée comme rendue par défaut, non pas toutes les fois que le prévenu régulièrement cité à personne ou ayant eu connaissance de la citation n'a pas comparu (article 351 CPP), mais seulement lorsque, ayant été cité à personne, il a fourni une excuse reconnue valable pour ne pas comparaître (article 349 CPP) ou lorsque n'ayant pas été cité à personne, il n'est pas établi qu'il ait eu connaissance de la citation (article 349 CPP). Dans tous les autres cas où il ne comparaît pas ou ne se fait pas représenter, le prévenu est certes absent du procès, mais il ne fait pas *« défaut »*. Or c'est seulement lorsqu'il fait défaut, qu'il peut exercer contre le jugement, l'opposition. Dans ce sens, l'article 427 du CPP dispose qu' : *« à l'exception du ministère public, toute partie au procès peut faire opposition »*[1278].

1. Conditions de recevabilité de l'opposition

538. Le législateur camerounais n'admet l'opposition de la personne poursuivie et de la partie civile que si elle respecte certaines conditions, dont la violation est sanctionnée par le juge. Il s'agit pour ces dernières d'avoir intérêt et qualité pour agir.

Ainsi, pour ce qui est de la personne poursuivie, la Cour suprême camerounaise admet l'exercice de l'opposition lorsqu'elle remplit lesdites conditions[1279]. Par contre, elle frappe d'irrecevabilité l'opposition du prévenu relaxé au bénéfice du doute, et l'opposition contre un arrêt de défaut ne comportant pas de condamnation du prévenu, celui-ci n'ayant pas d'intérêt[1280].

Quant à la partie civile, celle-ci peut faire opposition d'un jugement ayant sursis à statuer sur les intérêts civils : preuve de sa volonté de poursuivre l'action civile parallèlement à l'action publique[1281]. De même, elle peut exercer l'opposition contre un arrêt de relaxe rendu par défaut à son

[1278] L'on comprend que la partie poursuivie, qui a fait défaut, a le droit de faire opposition contre les décisions portant atteinte à ses droits. Toutefois, lorsque régulièrement citée, la partie civile ne comparaît, ne conclut ni ne se fait représenter à l'audience, sans justifier d'un motif légitime sa non comparution, elle est considérée comme s'étant désistée de son action civile. Dans ce cas, elle n'est pas recevable à faire opposition au jugement intervenu. Si l'action publique a été mise en mouvement par la partie civile défaillante, le tribunal se borne à statuer sur l'action publique, sur réquisition du ministère public.

[1279] C. S., arrêt n° 111/P du 17 mars 1977, *B.A.C.S.*, n° 36, p. 5224.

[1280] C. S., arrêt n° 62/P du 28 janvier 1966, *B.A.C.S.*, n° 14, p. 1238 ; C. S. arrêt n° 46/P du 24 décembre 1985. Cette décision est fondée dans la mesure où l'opposition est une arme destinée à sauvegarder les intérêts de la personne poursuivie lorsque ces derniers ont été empiétés. Cette opposition ne saurait être utilisée par elle si jamais malgré le défaut, aucune condamnation n'a été retenue.

[1281] C. S., arrêt du 15 septembre 1981, *R.C.D./C.L.R.* 1981 n° 21-22 pp. 84-87, rapport Nestor EBONGUE NYAME.

encontre[1282]. Par ailleurs, l'on comprend donc que c'est à bon droit que le juge suprême camerounais a cassé un arrêt de la Cour d'appel qui était réputé contradictoire alors qu'il devait être par défaut, parce que la partie civile appelante n'avait pas renoncé expressément à comparaître, soit dans l'acte d'appel, soit dans la citation à elle servie[1283].

2. Les délais d'opposition

539. Le législateur camerounais de 2005 dans l'optique de faciliter l'opposition des parties, a mis sur pied plusieurs délais d'opposition en considération de la position des parties au procès pénal. Ces délais prennent en considération la distance et le lieu où se trouvent les personnes en question et a pour but de faciliter l'opposition de ces dernières, preuve d'une quête de l'équilibre des rapports de force entre parties au procès pénal. Ainsi, aux termes de l'article 430 du CPP :

« 1) le délai d'opposition est de dix (10) jours à compter du lendemain de la signification du jugement à personne, lorsque le condamné réside au Cameroun.

2) il est de trois (3) mois à compter du lendemain de la signification faite à personne à l'étranger ;

3) si la signification a été faite conformément à l'article 57, le délai d'opposition est de dix (10) jours à compter du lendemain du jour de la signification ;

4) dans les cas visés à l'alinéa (3), s'il n'est pas établi que la personne concernée a connaissance de la signification, l'opposition demeure recevable jusqu'à l'expiration des délais de prescription de la peine fixés par l'article 67 du Code pénal ».

B. L'appel

540. L'appel est une voie de recours ordinaire contre les jugements qui ont été rendus contradictoirement ou même par défaut. Mais, à la différence de l'opposition, c'est une voie de réformation qui permet un nouvel examen de l'affaire au fond devant une juridiction supérieure à celle qui a jugé l'affaire en première instance, en application de la règle du double degré de juridiction. Le CPP consacre ce droit au profit des parties qu'il s'agisse du ministère public, ou de la partie privée : il s'agit d'un droit d'appel non discriminatoire des parties au procès. À cet effet, l'article 439 dispose que :

« le droit d'interjeter appel appartient :

1282 C. S., arrêt n° 111/P du 17 mars 1977 *B.A.C.S.*, n° 36, p. 5224.
1283 C. S., arrêt n° 195/P du 28 septembre 1989 inédit.

a) au condamné ;

b) au civilement responsable ;

c) à l'assureur de responsabilité, s'il a été partie au procès ;

d) à la partie civile ;

e) au procureur de la République ;

f) au procureur général près de la Cour d'appel ;

g) aux administrations publiques ayant mis l'action publique en mouvement, dans le cas prévu par l'article 60 du présent Code ».

En effet, contrairement au droit étranger et plus spécialement français qui avait consacré un droit d'appel discriminatoire au détriment de la personne poursuivie[1284], le Code de procédure pénale camerounais reconnaît ce droit à toutes les parties au procès pénal. Ainsi, une décision de la Cour européenne des droits de l'homme sanctionne sur le fondement de l'irrespect du principe de l'égalité des armes, le droit d'appel discriminatoire, parce que reconnu uniquement au profit du ministère public au détriment de la personne poursuivie[1285].

1. Les conditions de recevabilité de l'appel

541. Pour être éligible, il faut avoir été partie au procès à l'instance comme l'a affirmé la Cour suprême camerounaise : *« pour être recevable, tout appel d'un jugement correctionnel doit obligatoirement émaner de l'une des parties au procès, attendu qu'en déclarant recevable l'appel de l'union des assurances de Paris agence de Garoua, laquelle n'avait pas été mise en cause en première instance par la Société camerounaise de peintures, seule déclarée civilement responsable de son préposé, le juge d'appel a violé (la loi sur l'organisation judiciaire), autant qu'il a méconnu l'effet dévolutif de l'appel... cassation... »*[1286].

En outre, il faut avoir la qualité et l'intérêt. Pour ce qui est de la qualité, le droit d'interjeter appel appartient aux parties en cause, au mandataire ayant reçu une procuration générale, au requérant ayant déposé une plainte avec constitution de la partie civile. Toutefois, n'a pas qualité pour interjeter appel, le ministère public lorsque les intérêts civils sont seuls en cause. Le juge suprême frappe d'irrecevabilité ce genre d'appel en ces termes : *« il convient de relever d'office que l'appel du ministère public contre le jugement par un magistrat qui l'a rendu et qui bien que chargé de l'action publique ne peut se pourvoir contre sa propre décision d'une part, et parce que des intérêts civils*

[1284] Article 546 du CPP français.

[1285] Cass. crim, 6 mai 1997, pourvoi n°96-83-512, *Bull. crim*, n°170 ; *JCP* 1998, III, 10056, note LASALLE.

[1286] C. S., arrêt n°186/P du 24 août 1989 inédit.

étaient seuls en cause le ministère public n'a pas qualité pour appeler ; d'où il suit que l'arrêt qui a néanmoins reçu l'appel du ministère public encourt encore la cassation de ce chef... »[1287]. Bien plus, n'a pas qualité toute personne qui n'a pas été partie au procès et qui ne s'est pas faite représenter au jugement comme l'affirme le même juge[1288].

Quant à l'intérêt pour interjeter appel, il faut noter qu'a intérêt, le civilement responsable faisant appel à l'effet de remettre en cause la responsabilité retenue contre son propre co-prévenu non appelant et en l'absence d'appel du ministère public. Le civilement responsable peut remettre en question devant la juridiction la participation du prévenu à l'infraction et la responsabilité de celui-ci, bien qu'à l'égard de ce dernier, il y ait chose jugée par suite du défaut d'appel du prévenu et du ministère public[1289]. À l'inverse, n'a pas intérêt à agir le magistrat chargé de l'action publique qui interjette appel contre sa propre décision[1290] ; il en est de même du président ou du juge qui fait appel contre la décision qu'il a lui-même rendue[1291] et également ainsi du civilement responsable mis hors de cause suite à la relaxe de son préposé, du fait qu'il n'avait aucun grief à former contre le jugement[1292].

2. Les délais d'appel

542. Le Code de procédure pénale camerounais consacre, au bénéfice des parties au procès pénal un même délai d'appel en cas d'appel principal, incident ou si le jugement est rendu par défaut. Son article 440 dispose que :

« 1) Le délai pour interjeter appel en principe est de dix (10) jours pour toutes les parties, y compris le ministère public, à compter du lendemain de la date du jugement contradictoire ;

2) Le délai pour interjeter appel incident est de cinq (5) jours à compter du lendemain de la notification de l'acte d'appel principal aux autres parties, conformément aux dispositions de l'article 443 ;

1287 C. S., arrêt n° 129/P du 30 avril 1963, *B.A.C.S.*, n° 8, p. 468.

1288 C. S., arrêt n° 193/P du 27 août 1968, *B.A.C.S.*, n° 19, p. 2206 : *« attendu qu'il est de principe que pour le droit d'attaquer une décision par la voie de l'appel, il faut y avoir été partie et y avoir éprouvé des condamnations (...) le Sem nord et l'Urbaine-Seine, n'ayant été ni parties, ni représentés au jugement du 28 décembre 1966, et n'ayant éprouvé aucune condamnation personnelle, étaient non recevables à former appel. La Cour d'appel devait déclarer leurs appels irrecevables ; en statuant comme elle l'a fait, la Cour a commis un excès de pouvoir... ».*

1289 C. S., arrêt n° 13/P du 08 octobre 1968, *B.A.C.S.*, n° 19. p. 2233.

1290 C. S., arrêt n° 182/P du 18 juin 1963, *B.A.C.S.*, n° 8 p. 468.

1291 C. S., arrêt n° 28/P du 17 décembre 1963, *B.A.C.S.*, n° 9 p. 644.

1292 C. S., arrêt n° 193/P du 27 août 1968, *B.A.C.S.*, n° 19. p. 2205.

3) Si le jugement est rendu par défaut, le délai d'appel commence à courir le lendemain de la date d'expiration du délai d'opposition ».

Seulement, le délai unique ne concerne que le délai principal, incident, des jugements par défaut et des jugements avant-dire droit[1293], exclusion faite des délais de distance. Le Code n'a pas réglementé les délais de distance, en cas d'appel contrairement au droit antérieur.

§2. Les voies de recours extraordinaires

543. Les voies de recours extraordinaires ne sont ouvertes que dans les cas déterminés par la loi et tendent seulement à faire juger la décision attaquée, en vue de son annulation s'il y a lieu. Elles ne peuvent pas être exercées en même temps que les voies de recours ordinaires qui doivent avoir été employées au préalable avant leur utilisation. Les voies de recours extraordinaires sont constituées du pourvoi en cassation (A) et du pourvoi en révision (B).

A. Le pourvoi en cassation

544. Pour permettre aux parties de contester les décisions rendues par le juge d'appel qui leur font grief, le législateur pénal met au bénéfice de celles-ci, une voie de recours appelée pourvoi en cassation. L'examen des textes consacrés au pourvoi en cassation contre les décisions des juges d'appel montre qu'il existe un pourvoi de droit commun, ouvert aux parties au procès et des pourvois dits *« réservés »* lorsque la décision attaquée contient une violation de la loi.

Initiés par le procureur général près la Cour suprême, les pourvois en cassation dans l'intérêt de la loi ne permettent pas aux parties de défendre leurs intérêts privés, mais seulement à l'autorité publique, entendue largement, de défendre la règle de droit. Dans cet esprit, le procureur général n'est soumis à aucun délai. La décision éventuelle de cassation n'a pas d'effet sur la situation des parties. Plusieurs raisons peuvent justifier le recours en cassation du pourvoi dans l'intérêt de la loi[1294]. La particularité de cette voie de recours extraordinaire est de s'exercer indépendamment des justiciables. Cependant, le produit de son exercice et la cassation pouvant en résulter ne peuvent pas nuire aux parties au procès.

Quant à l'exercice du pourvoi fait dans l'intérêt des parties, il commande à ce que ces dernières puissent attaquer la décision du juge d'appel qui leur

---

[1293] Aux termes de l'article 437 (1) du CPP, lorsque le tribunal rend un jugement avant-dire droit, mettant fin à un incident de procédure, l'appel formé contre le jugement est recevable. Les délais et formes de cet appel sont ceux prévus aux articles 271 et s. et 441 et s. Or, selon l'article 271, le délai d'appel est quarante-huit (48) heures. Il court à compter du lendemain du jour de la notification de l'ordonnance.

[1294] Article 533 du CPP.

fait grief en saisissant le juge suprême sans discrimination. C'est ce qui résulte des dispositions de l'article 477 du Code de procédure pénale camerounais : *« toute personne qui a été partie au procès ainsi que le procureur général près de la Cour d'appel peuvent se pourvoir en cassation devant la Cour suprême, dans les délais prévus aux articles 478 et 479 ».*

1. Les conditions de recevabilité

545. En règle générale, le pouvoir d'agir n'ayant pas été réservé par la loi à certaines personnes déterminées, il appartient à tout intéressé qui a qualité et qui peut justifier d'un intérêt direct et personnel. Qualité et intérêt sont deux conditions sans lesquelles, tout demandeur au pourvoi en cassation ne peut voir son action reçue devant la Cour suprême. La qualité s'entend du droit accordé par la loi à certaines personnes pour agir en justice. Ainsi, lorsque la loi attribue le monopole de l'action à certains, seules les personnes qu'elle désigne ont qualité. Pour être recevable à former un pourvoi contre une décision du juge d'appel, il faut avoir été partie dans l'instance pénale[1295]. Ainsi, seules les parties ayant eu la qualité de partie au procès en instance peuvent se pourvoir en cassation contre la décision intervenue[1296]. Quant à l'intérêt, il constitue alors l'une des conditions maîtresses de recevabilité du pourvoi en cassation. C'est ainsi que pour être recevable selon le juge suprême, le demandeur au pourvoi doit avoir un intérêt quelconque à l'annulation, sur la base du moyen produit à l'appui du recours de la décision qu'il a attaquée. À défaut d'intérêt, le moyen doit être déclaré irrecevable[1297].

2. Les conditions de recevabilité du pourvoi des parties privées

546. L'expression *« parties privées »* renvoie à la partie civile et à la partie poursuivie. Pour que leur action soit recevable par le juge suprême, ces deux protagonistes du procès pénal doivent également respecter certaines conditions.

Relativement à la partie civile, elle a certes le droit d'exercer son pourvoi contre les arrêts de la Cour d'appel ; mais elle n'est recevable qu'autant qu'elle respecte les conditions qui sont placées à son passif. Ces conditions concernent la présence personnelle ou par représentation à l'audience, la constitution de partie civile au cours de la procédure[1298]. Le pourvoi doit être formulé dans les délais[1299] et ne peut être exercé contre une disposition qui lui

---

1295 C. S., arrêt n° 104/P du 20 avril 1965, *B.A.C.S.*, n° 12, p. 985. ; C. S., arrêt n° 198/P 27 août 1968, *B.A.C.S.*, n° 19, p. 2213.

1296 C. S., arrêt n° 186/P du 24 août 1989, inédit.

1297 C. S., arrêt n° 4/P du 25 octobre 1973. *B.A.C.S.*, n° 29, p. 4073 et *R.C.D./C.L.R.*, 1975, n°8, p. 155.

1298 C. S., arrêt n° 144/P du 20 avril 1963, *B.A.C.S.*, n° 12, p. 985.

1299 C. S., arrêt n° 62/P du 28 janvier 1966, *B.A.C.S.*, n° 14, p. 1238.

est favorable[1300]. Par ailleurs, il est interdit à la partie civile d'exercer un pourvoi contre un arrêt de mise en liberté provisoire dans la mesure où celui-ci relève du domaine d'exercice exclusif du ministère public[1301].

Quant à la personne poursuivie (prévenu, accusé ou condamné), il repose également sur elle un certain nombre d'obligations dont l'irrespect entraîne l'irrecevabilité de son recours, malgré l'opportunité que lui offrent les dispositions de l'article 477 du CPP précité. Lorsque le condamné a une double qualité de prévenu et de partie civile, une distinction est nécessaire selon l'objet de son pourvoi[1302]. Pour exercer un pourvoi en cassation, il doit obligatoirement avoir été présent en appel, même s'il l'a été en instance sous peine de voir son pourvoi frappé d'une irrecevabilité. Ainsi a-t-il été jugé qu'est irrecevable dans son pourvoi une personne qui ayant interjeté appel contre une décision, a obtenu sur sa demande, acte de désistement de l'appel[1303]. En outre, le condamné est sans intérêt et par suite sans droit pour invoquer un grief tendant à une aggravation de peine, d'autant que, certainement à ses prétentions, la loi prétendument violée prévoit l'octroi des circonstances atténuantes[1304]. De même, un prévenu faute d'intérêt ne peut se prévaloir de ce que la peine est inférieure au minimum légal ou de ce que les circonstances atténuantes lui ont été accordées dans les conditions irrégulières[1305]. Dans ce sillage, le juge suprême déclare irrecevable pour défaut d'intérêt, tout pourvoi du condamné contre la décision n'ayant pas inculpé son prétendu complice[1306].

3. Les délais de pourvoi

547. L'article 477 du CPP dispose à cet effet que : *« toute personne qui a été partie au procès pénal ainsi que le procureur général près la Cour d'appel peuvent se pourvoir en cassation devant la Cour suprême, dans les délais prévus aux articles 478 et 479 »*. L'article 478 du CPP auquel renvoie l'article 477, dispose que :

« 1) Le délai pour se pourvoir en cassation contre les arrêts rendus au fond est de dix (10) jours. Il est de sept (7) jours pour les arrêts avant- dire- droit visés à l'article 473.

[1300] C. S., arrêt n° 111/P du 26 mars 1968, *B.A.C.S.*, n° 18, p. 1989.
[1301] C. S., arrêt n° 336/P du 15 septembre 1983, *R.C.D/C.U.R*, 1985, n° 29, pp. 91-97, rapport F. MVONDO MBO.
[1302] Arrêt n° 313 du 24 octobre 1961, *B.A.C.S.*, n° 5, p. 208.
[1303] C. S., arrêt n° 10/P du 10 novembre 1963, *B.A.C.S*, n° 963, p. 64.
[1304] C. S., arrêt n° 62/P du 21 janvier 1964, *B.A.C.S*, n° 10, p. 721.
[1305] C. S., arrêt n° 4/P du 21 mai 1963, *B.A.C.S*, n° 8, p. 490.
[1306] C. S., arrêt n° 235/P du 02 mai 1985, *R.C.D./C.L.R*, 1985, n° 30, pp. 117-118, Rapp. F. ONOMO FOUDA ; C.S., arrêt n° 39 /P du 08 janvier 1981 inédit ; C.S., arrêt n° 33/P du 06 février 1986, *R.C.D./C.L.R* 1986 n° 31-32, pp. 141-142, Rapp. C. FOUDA ONANA.

2) Les délais de pourvoi courent à compter du lendemain du jour du prononcé de l'arrêt, s'il est contradictoire.

Toutefois, ils ne commencent à courir qu'à compter du lendemain de la signification de l'arrêt pour :

a) la partie qui, après débat contradictoire, n'était pas présente ou représentée à l'audience où l'arrêt a été prononcé et s'il ne ressort pas de l'arrêt que le président, après avoir mis l'affaire en délibéré, avait expressément informé les parties du jour où l'arrêt devait être prononcé ;

b) le prévenu ou l'accusé qui a demandé à être jugé en son absence conformément aux dispositions de l'article 350 (1).

3) Le délai de pourvoi contre les arrêts par défaut est de (30) jours. Il court à l'égard du demandeur à compter du lendemain de l'expiration du délai d'opposition ».

Comme on peut le constater, le législateur a accordé aux parties les mêmes délais de pourvoi, sans aucune discrimination. Il leur suffit de les respecter sous peine de forclusion. Il s'ensuit que le délai de pourvoi est absolu et d'ordre public, sa violation entraîne déchéance systématique[1307].

B. Le pourvoi en révision

548. En dépit de l'existence du double degré de juridiction et du pourvoi en cassation qui permettent de corriger les erreurs de droit des tribunaux répressifs, les décisions judiciaires, bien que revêtues de l'autorité de la chose jugée, peuvent être entachées d'erreurs de fait. Si l'erreur de fait a entraîné l'acquittement d'un coupable, l'autorité de la chose jugée constitue un obstacle absolu à toute modification de la décision d'acquittement prononcée à tort. Mais si au contraire, par suite d'une erreur de fait, un innocent a été injustement condamné, il est alors possible, malgré l'autorité de la chose jugée pour la personne poursuivie, de solliciter sa réparation. C'est à ce but que répond le pourvoi en révision régi par les articles 535 à 544 du Code de procédure pénale, sous la rubrique de *« la révision du procès pénal ».*

Comme le pourvoi en cassation, le pourvoi en révision est une voie de recours extraordinaire soumise à la Chambre criminelle et dirigée contre une décision de condamnation. Il n'est ouvert que contre les décisions répressives affirmant, en matière criminelle ou correctionnelle, la culpabilité pénale de la personne poursuivie, rendues par les juridictions et ayant acquis l'autorité de la chose jugée. La révision n'est donc pas permise à titre principal contre les condamnations à des dommages-intérêts prononcées par un tribunal répressif, ni contre les condamnations de police parce que non déshonorantes[1308], ni enfin contre les condamnations pour lesquelles l'opposition, l'appel ou le pourvoi en cassation

---

[1307] C. S., arrêt n° 34 / P du 11 novembre 1969, *B.A.C.S.*, n° 21, p. 2500.

[1308] Cass. crim., 5 mai 1899, *S.* 1901, 1, 297, note ROUX.

sont encore ouverts ou contre lesquelles il existe d'autres moyens de droit pour réparer l'erreur commise[1309]. Mais à la différence du pourvoi en cassation qui n'est possible qu'en cas de violation de la loi, et tout au moins le pourvoi dans l'intérêt des parties seulement contre une décision non revêtue de l'autorité de la chose jugée, la révision peut être demandée contre une décision de condamnation passée en force de chose jugée et contenant une erreur de fait. Ce qui va amener la Cour suprême qui ne connaissait normalement que des questions de droit, à examiner aujourd'hui des questions de fait. Le pourvoi en révision, ouvert dans les cas particuliers[1310], met aux prises les différents protagonistes du procès pénal.

1. L'ouverture du pourvoi en révision

549. Le ministère public tout comme la personne poursuivie, ont la possibilité de saisir le juge pour faire réviser la décision rendue, mais entachée d'erreur[1311]. En effet, l'article 535 (1) du CPP dispose que :

« la révision du procès pénal peut être demandée au profit de toute personne condamnée pour crime ou délit :

a- lorsque, après une condamnation pour homicide, de nouvelles pièces produites sont de nature à prouver que la prétendue victime est encore en vie ;

b- lorsque, après une condamnation, il a été établi que le condamné était innocent, même s'il est responsable de l'erreur judiciaire commise ;

c- lorsqu'une personne autre que le condamné a reconnu, devant des témoins dignes de foi, être l'auteur du délit ou crime, et a confirmé ses aveux devant un officier de police judiciaire ;

d- lorsque, après une condamnation, de nouvelles pièces ou des faits nouveaux de nature à établir l'innocence du condamné[1312] sont découverts ».

A son tour, l'article 537 alinéa 1er du CPP ajoute que :

« le droit de demander la révision appartient :

a) au ministre chargé de la Justice ;

b) au condamné ou, en cas d'incapacité, à son représentant légal ;

c) à toute personne ayant intérêt à agir à cette fin, en cas de décès ou d'absence juridiquement constatée, d'un condamné ».

[1309] C'est le cas par exemple de la procédure de rectification du casier judiciaire, de la condamnation sous un faux état civil : Cass. crim., 21 juillet 1966, *Bull.* n° 209 ; *D.* 1966, Somm. 119 ; *RSC* 1967, 190, obs. ROBERT.

[1310] Article 535 alinéa 1er du CPP.

[1311] L'article 535 (2) précise dans ce sens que *« le recours en révision n'est recevable qu'à l'encontre d'une décision de condamnation devenue irrévocable ».*

[1312] L'article 536 dispose explicitement que l'intervention d'une nouvelle loi ne constitue pas une cause de révision.

Ainsi, la personne condamnée ou en cas d'incapacité, son représentant légal ou toute personne ayant intérêt, ont le droit de demander la révision du procès pénal[1313]. Toutefois, le ministère public ne peut le faire que par le biais du ministre de la Justice comme le laisse entrevoir explicitement la loi. Le ministère public étant indivisible, tout membre de ce corps qui reçoit l'ordre du ministre de la Justice lui demandant d'exercer un tel pourvoi, est tenu de le faire sous peine de sanction disciplinaire.

2. L'absence de délai de révision

550. L'alinéa 2 de l'article 537 dispose qu' : « *aucune condition de délai n'est exigée pour l'introduction d'une demande en révision* ». Il s'ensuit qu'il s'agisse du ministère public ou des autres protagonistes du procès pénal, aucun délai n'est assorti à ces derniers pour faire réviser une décision entachée d'erreur devenue irrévocable. Une telle attitude est à saluer, car s'il fallait limiter dans le temps la période à laquelle les parties ont la possibilité d'exercer ce droit, il semble que ce serait créer une injustice. Les cas d'ouverture du pourvoi en révision plaident à ce qu'aucun délai ne soit fixé ici. L'on conçoit mal que le législateur limite dans le temps ce droit, alors qu'à n'importe quel moment de nouvelles pièces produites sont de nature à prouver que la prétendue victime est encore en vie[1314] ; qu'à n'importe quel moment après condamnation, il peut être établi que le condamné était innocent même s'il est responsable de l'erreur judiciaire commise ou qu'à n'importe quel moment une personne autre que le condamné a reconnu devant les témoins dignes de foi, être l'auteur du délit ou du crime et a confirmé ses aveux devant un officier de police judiciaire (OPJ) ; enfin qu'à tout moment après une condamnation, de nouvelles pièces ou des faits nouveaux de nature à établir l'innocence du condamné sont découverts[1315].

La demande en révision doit être accompagnée d'une copie de la décision attaquée et de toutes pièces utiles adressées au procureur général près la Cour suprême, qui met le dossier en état et en saisit la Cour[1316]. Il est nécessaire de respecter ces conditions légales de saisine, faute de quoi le recours en révision sera déclaré irrecevable[1317]. Lorsque la demande est recevable et l'affaire en état, la Cour rend un arrêt de rejet, si elle la juge mal fondée. Elle annule la décision attaquée et relaxe ou acquitte le condamné, si elle juge la demande fondée. La décision est affichée dans toutes les mairies au choix du demandeur[1318].

1313 On le voit bien, le cercle de personnes susceptibles de solliciter la révision d'une décision de justice est large.

1314 Cass. crim 8 avril, *Gaz. Pal.* 1967, 2. 40.

1315 Voir, S. C. NGASSA NGEBDJO, *L'égalité des armes dans le procès pénal*, thèse de Doctorat précitée, p. 484.

1316 Art. 538 du CPP.

1317 C. S., arrêt du 02 Juin 1977, *R.C.D / C.L.R*, 1977, n°s 13-14, p. 152.

1318 Art. 534 du CPP.

Index alphabétique

Les numéros renvoient à la progression des développements

Bibliographie

I- OUVRAGES

BEAUDONNET X. (sous dir.), *Droit international du travail et droit interne, Manuel de formation pour juges, juristes et professeurs de droit*, Turin, Centre de formation de l'OIT, 2009, 240 p.

BOUBOU P., *Code du travail et textes d'application*, Editions Avenir, Douala, 1999, 480 p.

BOUHARROU A., *Le droit pénal du travail et de la sécurité sociale, Les infractions à la législation sociale et leurs sanctions*, éd. Maarif, Friedrich Ebert Stiftung, 2012, 240 p.

BOULOC B., *Droit pénal général*, Dalloz, Paris, 26e éd., 2019, 794 p.

BUFFELAN-LANORE Y., V. LARRIBAU-TENEYRE, *Droit Civil, Les obligations*, Dalloz, Paris, 12e éd., 2010, 984 p.

G. F. RANERI, C.E. CLESSE, La doctrine juridictionnelle du droit pénal social, Bruxelles, Larcier, 2010, 1147 p.

COEURET A., FORTIS E., DUQUESNE F., *Droit pénal du travail : infractions, responsabilité, procédure pénale en droit du travail et de la sécurité sociale*, Paris, LexisNexis, 6e éd., 2016, 612 p.

CORNU G., *Vocabulaire juridique*, Paris, PUF/Quadrige, 9e éd., 2011, 1095 p.

DJILA KOUAYI KEMAJOU R., *Le droit pénal des affaires au Cameroun*, L'Harmattan, Paris, 2015, 344 p.

DJOGBENOU J., *Code de procédure civile, commerciale, sociale, administrative et des comptes commenté et annoté*, Cotonou, CREDIJ, 1ère éd., 2012, 542 p.

DJUIKOUO J., *Accidents de travail, Etude comparée des obligations de l'employeur en droits camerounais et français*, AFREDIT, 2012, 476 p.

FABRE-MAGNAN M., *Introduction générale au droit : Droit des personnes, méthodologue juridique*, Paris, PUF, 1ère éd., 2009, 298 p.

GRANDGUILLOT D., *L'essentiel du droit du travail*, LGDJ, Paris, 9e éd., 2008, 144 p.

GUINCHARD S., DEBARD T. (sous dir.), *Lexique des termes juridiques*, Dalloz, Paris, 25e éd., 2018, 1200 p.

HIRIGOYEN M. F., *Le harcèlement moral, la violence perverse au quotidien*, Syros, 1998, 214 p.

KUATE TAMEGHE S. S., *La justice, ses métiers, ses procédures,* L'Harmattan, Paris, 4e éd., 2021, 1458 p.

F. LAGASSE, M. PALUMBO, *Manuel de droit pénal social*, 2ème éd., Larcier, 2011, 392 p.

LAZOUDI M., Code du travail, *Recueil des textes législatifs, éd. Revue et argumentée*, Casablanca, Najah El Jadida, 1994, 436 p.

LEVASSEUR G., *Droit social et droit pénal* , Mélanges offerts à André BRUN, Librairie sociale et économique, Paris, 1974, 623 p.

MAZEAUD A., *Droit du travail*, Montchrestien, Paris, 6e éd., 2008, 678 p.

Mélanges en l'honneur de Paul Gérard POUGOUE, *De l'esprit du droit africain*, Wolters Kluwer, CREDIJ, 2014, 802 p.

MERLE R., VITU A., *Traité de droit criminel : Problèmes généraux de la science criminelle, droit pénal général*, Cujas, Paris, 5e éd., 1984, 1022 p.

MERLE R., VITU A., *Traité de droit criminel : Procédure pénale*, Tome 2, Cujas, Paris, 3e éd., 1979, 1002 p.

MINKOA SHE A., *Droit de l'Homme et droit pénal au Cameroun*, Economica, Paris, 1999, 321 p.

MOUTHIEU épouse NJANDEU M. A., *L'intérêt social en droit des sociétés*, L'Harmattan, Paris, 2009, 420 p.

MOUTHIEU M. A. (sous dir.), *Le consommateur des technologies de l'information et de la communication en Afrique noire francophone*, L'Harmattan, Paris, 2021, 824 p.

NYAMA J.-M., *Droit et contentieux du travail et de la sécurité sociale au Cameroun*, Yaoundé, Presses de l'UCAC, 2e éd., 2014, 476 p.

PELISSIER J., SUPIOT A., JEAMMAUD A., *Droit du travail*, Dalloz, Paris, 22e éd., 2004, 1353 p.

PERRIER J.-B., *La transaction en matière pénale*, LGDJ, Paris, 2014, 806 p.

POUGOUÉ P.-G., *Droit du travail et de la prévoyance sociale au Cameroun : introduction, générale, relations individuelles du travail*, Tome 1, Paris, Rescue Afrique, 1988, 333 p.

POUGOUÉ P.-G. (sous dir.), *Code du travail camerounais annoté*, PUA, Yaoundé, 1997, 540 p.

POUGOUÉ P.-G. (sous dir.), *Encyclopédie du droit OHADA*, Lamy, Paris, 2011, 2174 p.

POUGOUÉ P.-G, MIENDJIEM I. L., *Droit camerounais du travail : Relations individuelles du travail*, PUA, Yaoundé, 2e éd., 2021, 504 p.

POUGOUÉ P.-G., TCHOKOMAKOUA V., *Jurisprudence sociale annotée*, Tome 2-année 1986-1987, SOPECAM, Yaoundé, 1989, 142 p.

SOCKENG R., *Droit pénal des affaires OHADA*, Presses Minsi le Competing, Paris, 2e éd., 2007, 242 p.

SOYER J.-C., *Droit pénal et procédure pénale*, LGDJ, Paris, 18e éd., 2004, 441 p.

STASIAK F., *Droit pénal des affaires*, 2ème éd., LGDJ, Paris, 2009, 564 p.

STEFANI G., LEVASSEUR G., BOULOC B., *Droit pénal général*, Dalloz, Paris, 11e éd., 1980, 670 p.

TCHAKOUA J.-M., *Introduction générale au droit camerounais*, L'Harmattan, Paris, 2017, 442 p.

TCHAKOUA J.-M. (sous dir.), *Les grandes décisions du droit du travail et de la sécurité sociale*, Jusprint, 2016, 858 p.

TERRE F., FENOUILLET D., *Droit civil : Les personnes, la famille, les incapacités*, Dalloz, Paris, 7e éd., 2005, 1382 p.

TEYSSIE B., *Droit du travail : Relations individuelles du travail*, Litec, Paris, 2e éd., 1992, 759 p.

TEYSSIE B. (sous dir.), *La norme pénale et les relations de travail*, Panthéon Assas, Colloques, 2015, 336 p.

TSASSE SAHA G. G., *Les dimensions du droit syndical au Cameroun,* L'Harmattan, Cameroun, 2019, 277 p.

II- THESES ET MEMOIRES

ALVAREZ N., *Le droit pénal du travail*, Thèse dactylographiée, Paris I, 1974, 250 p.

BELOMO TSIMI H. O., *La protection pénale de la relation de travail*, Thèse de Doctorat, Université de Yaoundé II, 2022, 355 p.

BOLZE P., *Le droit à la preuve contraire en procédure pénale*, Thèse de doctorat en Droit privé, Université de Nancy 2, Faculté de Droit, Sciences économiques et Gestion, 2010, 385 p.

CABON S.-M., *La négociation en matière pénale*, Thèse, Université de Bordeaux, 2014, 564 p.

CREN R., *Poursuites et sanctions en droit pénal douanier*, Thèse, Université Panthéon Assas 1, 2011, 374 p.

EXPOSITO W., *La justice pénale et les interférences consensuelles*, Thèse, Université Jean Moulin-Lyon III, 2005, 714 p.

A. MARCELLIN, Essai d'une théorie générale de la substitution en matière pénale, Thèse, Université Jean Moulin (Lyon 3), 2018, 449 p.

MEYNADIER F., « Le harcèlement professionnel », thèse Montpellier I, 2007, 575 p.

MIANSONI C., *Les modes de poursuite devant les juridictions pénales*, Thèse, Université Panthéon Sorbonne - Paris I, 2018, 750 p.

MIENDJIEM I. L., *Egalité et discrimination en droit camerounais du travail*, Thèse de doctorat 3ème cycle, Université de Yaoundé II, 1997, 360 p.

MOUTHIEU épse NJANDEU M. A., *La femme face au droit social camerounais*, Thèse de doctorat 3ème cycle, Université de Yaoundé, 1991, 234 p.

NDIE NGAH, *Le droit pénal camerounais du travail et de la prévoyance sociale*, Mémoire de maîtrise en droit privé, Université de Yaoundé, 1985, 383 p.

NGADJUI N., *Les sanctions de la violation des normes en droit du travail camerounais*, Mémoire de maîtrise en droit privé, Université de Yaoundé, 1989, 91 p.

NGASSA NGEBDJO Salomon Colonel, *L'égalité des armes dans le procès pénal*, Thèse de doctorat, Université de Yaoundé II, 2013, 579 p.

SICHEL-LICARI S., *La protection pénale de la dignité du salarié*, Thèse de doctorat, Nancy 2, 1999, 406 p.

TANKEU J., *Les modes alternatifs de règlement de litiges en matière de propriété intellectuelle*, Thèse, Université de Nantes, 2017, 437 p.

TCHAKOUA J.-M., *Dignité et droits fondamentaux des salariés : réflexion à partir des droits camerounais et français*, Thèse de doctorat d'État, Université de Yaoundé II, 1999, 480 p.

III- ARTICLES

ABADIE P., « L'alliance du droit climatique et de la RSE au soutien de la lutte contre la déforestation importée », *La Semaine Juridique édition générale* n° 28, 12 juil. 2021, doctr. 786.

AUBERT-MONPEYSSEN T., « Le renforcement de la lutte contre le travail illégal », *Dr soc.* 1997, pp. 915-921.

AUBERT L., « Systématisme pénal et alternatives aux poursuites en France : une politique pénale en trompe-l'œil », *Droit et Société* n° 74/2010, pp. 17-33.

AUSSEL, J.-M., « La contrainte et la nécessité en droit pénal », *in* G. STEFANI (sous dir.), Quelques aspects de *l'autonomie du droit pénal*. Etudes de droit criminel, Paris, Dalloz 1956, pp. 253-292.

BATOUAN BOUYOM J. A., « La protection de la vie privée du consommateur des TIC », in MOUTHIEU M. A (sous dir.), *Le consommateur des technologies de l'information et de la communication en Afrique noire francophone*, L'Harmattan, Paris, 2021, pp. 377-403.

BAUGARD D. (sous dir.), « Le travail illégal », *Cah. Soc.* 2014, p. 189 et s.

BEKOULE A., « Procès-verbaux d'infractions : l'inspecteur doit être un conseiller et non un gendarme pour les partenaires sociaux », *in Monde du travail*, n° 34, juin 1985, p. 33.

BOITEL, « La responsabilité pénale du chef d'entreprise », *Dr. ouvrier* 1952, p. 334 et s.

BOSSUS B., « Confiance en droit du travail », in B. TEYSSIE (sous dir.), *La cause en droit du travail*, Paris, éd. Panthéon-Assas, 2013, p. 215 et s.

BOUBLI S., « La délégation de pouvoirs depuis la loi du 6 décembre 1976 », *Dr. soc.* 1977, p. 82 et s.

BOUCHARD V., « Des pouvoirs de police judiciaire de l'inspecteur du travail » : *RSC*, 2005, pp. 273-290.

BOULAN F., « Le double visage de l'action civile exercée devant le tribunal répressif », *JCP G* 1973, I, 2 563.

CATALA N., « De la responsabilité des chefs d'entreprise en matière d'hygiène et de sécurité », *JCP C I* 1976, I, 12 010.

CATALA P., « Notion de délégation, formes, conditions, limites et cas », *in La responsabilité du fait de l'entreprise*, Masson, Paris, 1977, p. 115 et s.

CAZALBOU P., « Retour critique sur le principe d'unicité des qualifications des faits en droit pénal », *RSC* 2018, pp. 387-402.

CŒURET A., « Pouvoirs et responsabilité en droit pénal social », *Dr. soc.* 1975, p. 396 ;

DEMAS-MARTY M., « La responsabilité pénale des groupements dans l'avant-projet de Code pénal », *RID pén.* 1980, p. 38 et s.

DUQUESNE F., « Imputation de la faute du délégataire commun à la personne morale : vers la clarification ? », *Dr. soc.* 2011, p. 361 et s.

FAVENNEC-HERY F. et GRASSI B., « Rigueur et incertitudes du principe du repos dominical », *Dr. soc.*1993, pp. 336-344.

FOKO A., « La rémunération du travail et la paix sociale », *in De l'esprit du droit africain*, Mélanges en l'honneur de Paul Gérard POUGOUÉ, Wolters Kluwer, CREDIJ, 2014, pp. 279-304.

FONBAUSTIER L., « Climat, biodiversité… environnement : comprendre les actions contre l'État », *La semaine juridique édition générale* n° 23, 10 juin 2019, étude 615.

FORTIS E., « Droit pénal de l'entreprise », *JCP*, 2005, p. 816 et s.

FOURNEL J.-P., « L'évolution des comportements frauduleux en matière de travail dissimulé », *Dr. soc.* 2011, pp. 518-519.

GRANIER J., « Quelques réflexions sur l'action civile », *JCP* 1957, I, n° 1386.

GUESSO NKONO Th., « L'action de l'inspecteur du travail dans la répression des infractions à la législation du travail », *in Les relations entre les magistrats et les inspecteurs du travail dans le domaine de la législation et de la sécurité au travail*, séminaire national organisé au CRADAT-Yaoundé, du 25 au 29 avril 1994, p. 2 et s.

GUICHAOUA H., « Quarante ans de lutte contre le travail illégal », *Dr. soc.* 2014, pp. 51-63.

GUYOT H., « Conflits collectifs », in B. TEYSSIE (sous dir.), *La norme pénale et les relations de travail*, Panthéon Assas, Colloques, 2015, p. 298 et s.

HENNEBELLE D., « La place de l'infraction formelle en droit pénal du travail : regard d'un travailliste », *Dr. soc.* 2001, p. 935 et s.

ILLY M., « COVID-19 et faute inexcusable de l'employeur : est-ce possible ? », *Recueil Dalloz*, avril 2020, pp. 829-836.

ISSA PAVE A. N., « La poursuite des atteintes à l'environnement au Cameroun : Le Ministère public relégué » ?, *in International Multilingual Journal of Science and Technology (IMJST)* Vol. 5 Issue 9, septembre 2020, p. 1646 et s.

JAVILLIER J. C., « Ambivalence, effectivité, adéquation du droit pénal du travail », *Dr. soc.* 1975, pp. 375-395.

LAGOUTTE P., « Le droit de visite de l'inspecteur du travail », *TPS* juin 1994, chron. 11, p. 3 et s.

LAHALLE T., « Les syndicats », in B. TEYSSIE *La norme pénale et les relations de travail*, Panthéon Assas, Colloques, 2015, p. 256 et s.

LARGUIER J. et A. M., « Les délits d'entrave aux fonctions de représentants du personnel », *Dr. soc.* 1967, p. 550 et s.

LAURENT Ph., « Prévention et réparation des accidents du travail, lacunes et ambiguïté », *Gaz. Pal.* 1977, I, doct. p. 21 et s.

Le BOT O., « Le droit au recours comme garantie des droits fondamentaux : l'article 8 de la Déclaration universelle des Droits de l'homme », https://doi.org/10.4000/crdf6692.

LEGEAIS R., « Sur qui pèse la responsabilité des infractions aux lois sociales dans l'entreprise », *Dr. soc.* 1961, 342 et s.

MALABAT V., « A la recherche du sens du droit pénal du harcèlement », Dr soc. 2003, p. 491 **et s.**

MAYAUD Y., « Vers une nouvelle conception de la responsabilité des personnes morales du chef des délits non intentionnels ? », *Rev. sc. crim.* 2006, chron. p. 825.

MOUTHIEU Epse NJANDEU M. A., « Le risque de crédit bancaire : Prévention et stratégies ex-post, in A. TIOUMAGNENG (sous la coordination de), *Banques en Afrique centrale : Problématiques organisationnelles*, l'Harmattan, Paris, 2020, chap. 10, pp. 181-192.

MOUTHIEU Epse NJANDEU M. A., « Heurs et malheurs du travailleur atteint d'une maladie non professionnelle » *in L'effectivité du droit*, Mélanges en l'honneur du Professeur François ANOUKAHA, L'Harmattan, Paris, pp. 523-536.

NDOKO N. C., YAWAGA S., « Infractions relatives à la gestion des sociétés », *Encyclopédie du droit OHADA*, Lamy, Paris, 2011, pp. 958-987.

NKOA F. N. P., « L'effectivité des peines alternatives dans le Code pénal : un renforcement de la fonction resocialiste du droit pénal », *Juridis périodique* n° 119, juillet-août-septembre 2019, pp. 123-134.

OUEDRAOGO C., « Les sanctions alternatives et complémentaires aux peines classiques en droit de l'environnement : étude comparative (France et Burkina Faso) », *in Revue Juridique de l'Environnement*, n°4, 2000, p. 533-553.

PAGNERRE Y., « Détournement de la relation de travail : l'abus de confiance du salarié », in B. TEYSSIE (sous dir.), *La norme pénale et les relations de travail, Panthéon Assas, Colloque,* 2015, p. 224 et s.

PRADEL J., « La responsabilité pénale des personnes morales en droit français », *Rev. pénit.* 1998, p. 153.

PONTIER J.-M., « Contrôle juridictionnel et nouvelles protections en France », *AEAP*, 1983/VI, p. 60 et s.

POUGOUÉ P.-G., « Réflexions sur la protection du délégué du personnel contre les licenciements en droit du travail camerounais », *RCD* n° 27, 1984, p. 1 et s.

POUGOUÉ P.-G., « Idéaux de la révolution française et droit du travail en Afrique », *Bull. Comptrasec*, Bordeaux, 1987, p. 213 et s.

POUGOUÉ P.-G., *La perte de confiance consécutive à des poursuites répressives dans la jurisprudence camerounaise,* Revue camerounaise de droit, n° 26, 1983, pp. 13 à 31.

POUGOUÉ P.-G., *L'entrave à l'exercice des fonctions du délégué du personnel (A propos des arrêts n° 60/S du 22 mai 1986 et 131/S du 17 septembre 1987 de la Cour suprême),* Jurisprudence sociale annotée, tome II, année 1986/1987, pp. 27 à 43.

REINHARD Y., La loi du 6 décembre 1976, *Rev. sc. crim.* 1978, p. 257.

RICHARD de la TOUR J., « La vie personnelle du salarié, Etude sur la jurisprudence récente de la Chambre sociale de la Cour de cassation », *in Rapp.* Cour cass. 1999, Doc. fr., p. 191 et s.

ROBERT J.-H., « Les personnes physiques pénalement responsables des infractions commises à l'occasion du fonctionnement des entreprises », *JCP* 1975 CI, II, 11716.

ROBERT J.-H., « La responsabilité des personnes morales et des chefs d'entreprise personnes physiques », *in Dr. sociétés*, 1999, p. 1 et s.

SACHS T., TRICOT J., « La loi sur le devoir de vigilance : un modèle pour (re)penser la responsabilité des entreprises », *Droit et Société* 106/2020, *in Des justiciables inégaux? Devoir de vigilance des entreprises transnationales*, LGDJ, 2021, p. 283 et s.

SAVATIER J., « L'irrecevabilité de l'action civile exercée par l'employeur devant les tribunaux répressifs pour entrave à la liberté du travail », *Dr. soc.* 1981, p. 147 et s.

SAVATIER, J. « L'assouplissement des règles sur le repos dominical », *Dr. soc.* 1990, p. 434 et s.

SAVATIER J. et FORTIS E., « Vie personnelle, professionnelle et responsabilité pénale », *Dr. soc.* 2004, p. 44 et s.

SOMMÉ C., « Le salarié victime du travail dissimulé », *Dr. soc.* 2014, p. 938 et s.

TCHAKOUA J.-M., « L'inspecteur du travail et la poursuite des infractions en droit pénal du travail : en finir avec de naïves attentes », *Rev. Scientifique du CRADAT*, n°/2018, cahier spécial, pp. 135-149.

TEYSSIE B., « Personnes, entreprises, et relations de travail », *Dr. social* 1988, p. 400 et s.

THÉRY Ph., « Les finalités du droit de la preuve en droit privé », *Droits, Revue française de théorie juridique,* 1996, n° 23, pp. 41-52.

VERDIER J.-M., « Interaction entre vie personnelle et vie professionnelle à l'intérieur et à l'extérieur de l'entreprise », *Gaz. Pal.* 1996, 2, doctr., p. 1411 et s.

URBAIN-PARLEANI I., « Les limites chronologiques à la mise en jeu de la responsabilité pénale des personnes morales », *Rev. sociétés* 1993, p. 239 et s.

ZAMBO ZAMBO D. J., « Le nouveau Code de procédure pénale et la victime de l'infraction : À propos de l'enrichissement du « parent pauvre » du procès pénal camerounais », *in Revue internationale de droit comparé*, Vol. 63, n° 1, 2011, pp. 69-108.

IV- CODES ET TRAITÉS

Code communautaire de la marine marchande de la CEMAC, 2001, 207 p.

Code du travail des territoires d'outre-mer de 1952, Paris, Société d'éditions africaines, 301 p.

Code du travail, Loi n° 74-14 du 27 novembre 1974, 165 p.

Code du travail camerounais annoté, PUA, 1997, 540 p.

Code du travail annoté et commenté, Cameroun, Douala, JURIAFRICA, 2022, 926 p.

Code de procédure pénale, Yaoundé, PUA, 2005, 177 p.

Code du travail en République du Bénin (Loi n° 98-004), 86 p.

Code du travail en république du Tchad (Loi n° 038/PR/96 du 11 décembre 1996), Le droit par les textes, Banque tchadienne de données juridiques, novembre 2000, 216 p.

Traité et Actes uniformes commentés et annotés, Paris, Juriscope, 2018, 1521 p.

Table des matières

Structures éditoriales du groupe L'Harmattan

L'Harmattan Italie
Via degli Artisti, 15
10124 Torino
harmattan.italia@gmail.com

L'Harmattan Hongrie
Kossuth l. u. 14-16.
1053 Budapest
harmattan@harmattan.hu

L'Harmattan Sénégal
10 VDN en face Mermoz
BP 45034 Dakar-Fann
senharmattan@gmail.com

L'Harmattan Cameroun
TSINGA/FECAFOOT
BP 11486 Yaoundé
inkoukam@gmail.com

L'Harmattan Burkina Faso
Achille Somé – tengnule@hotmail.fr

L'Harmattan Guinée
Almamya, rue KA 028 OKB Agency
BP 3470 Conakry
harmattanguinee@yahoo.fr

L'Harmattan RDC
185, avenue Nyangwe
Commune de Lingwala – Kinshasa
matangilamusadila@yahoo.fr

L'Harmattan Congo
219, avenue Nelson Mandela
BP 2874 Brazzaville
harmattan.congo@yahoo.fr

L'Harmattan Mali
ACI 2000 - Immeuble Mgr Jean Marie Cisse
Bureau 10
BP 145 Bamako-Mali
mali@harmattan.fr

L'Harmattan Togo
Djidjole – Lomé
Maison Amela
face EPP BATOME
ddamela@aol.com

L'Harmattan Côte d'Ivoire
Résidence Karl – Cité des Arts
Abidjan-Cocody
03 BP 1588 Abidjan
espace_harmattan.ci@hotmail.fr

Nos librairies en France

Librairie internationale
16, rue des Écoles
75005 Paris
librairie.internationale@harmattan.fr
01 40 46 79 11
www.librairieharmattan.com

Librairie des savoirs
21, rue des Écoles
75005 Paris
librairie.sh@harmattan.fr
01 46 34 13 71
www.librairieharmattansh.com

Librairie Le Lucernaire
53, rue Notre-Dame-des-Champs
75006 Paris
librairie@lucernaire.fr
01 42 22 67 13

www.ingramcontent.com/pod-product-compliance
Lightning Source LLC
LaVergne TN
LVHW021140061026
849535LV00002B/302
* 9 7 8 2 3 3 6 4 1 9 3 0 5 *